INHALTSVERZEICHNIS – STEUERUNG UND KONTROLLE

1 Geschäftsvorfälle erfassen und buchen

1.1 Bedeutung und Notwendigkeit des Rechnungswesens ... 276
1.2 Inventur - Inventar - Bilanz ... 277
1.3 Wertänderungen in der Bilanz ... 278
1.4 Bestandskonten mit Abschluss ... 279
1.5 Ergebniskonten mit Abschluss ... 280
1.6 Die Umsatzsteuer ... 281
1.7 Lohn- und Gehaltsbuchungen ... 284
1.8 Kontenrahmen – Kontenplan – Bücher ... 287
1.9 Buchungen: Einkauf, Produktion und Verkauf ... 288

2 Kosten- u. Leistungsrechnung (KLR) I: Grundlagen - Abgrenzungsrechnung

2.1 Grundbegriffe und Aufgaben ... 299
2.2 Kalkulatorische Kosten ... 301
2.3 Ergebnistabelle ... 303
2.4 Prüfungsaufgaben ... *304*

3 KLR II: Vollkostenrechnung

3.1 Die Kostenstellenrechnung (BAB) ... 305
3.2 Normalkosten und Istkosten ... 306
3.3 Kostenträgerstückrechnung ... 307
3.4 Aufgaben zu 3.1 bis 3.3 ... 308
3.5 Maschinenstundensätze ... 311
3.6 Prüfungsaufgaben ... *314*

4 KLR III: Deckungsbeitragsrechnung

Deckungsbeitragsrechnung ... 320
Prüfungsaufgaben ... *325*

5 Erstellung + Auswertung des Jahresabschlusses

5.1 Bestandteile des Jahresabschlusses einer Kapitalgesellschaft ... 327
5.2 Die Bewertung (Ziele, allgemeine Bewertungsgrundsätze) ... 328
   Exkurs: Währungsrechnen (Valuta-Forderungen und -Verbindlichkeiten) ... 331
5.3 Kauf von Anlagen ... 332
5.4 Abschreibungen – geringwertige Wirtschaftsgüter ... 334
5.5 Verkauf von gebrauchten Anlagegütern ... 337
5.6 Bewertung von Vorräten ... 340
5.7 Bewertung von FE und UFE zu Herstellungskosten ... 341
5.8 Zweifelhafte und uneinbringliche Forderungen ... 342
   (Valuta-Forderungen –> Kap. 5.5)
5.9 Rückstellungen ... 343
5.10 Bilanzaufbereitung und Strukturbilanz ... 344
Prüfungsaufgaben ... *345*

6 Prüfung Steuerung und Kontrolle 2004/2005 ... 347

7 Prüfung Steuerung und Kontrolle 2005 ... 351

8 Prüfung Steuerung und Kontrolle 2005/2006 ... 355

9 Prüfung Steuerung und Kontrolle ... 363

KONTENRAHMEN (letzte Seiten)

Schwerpunkt Betriebswirtschaft

1 Rechtliche Grundlagen des Wirtschaftens

1.1 Willenserklärungen und Rechtsgeschäfte

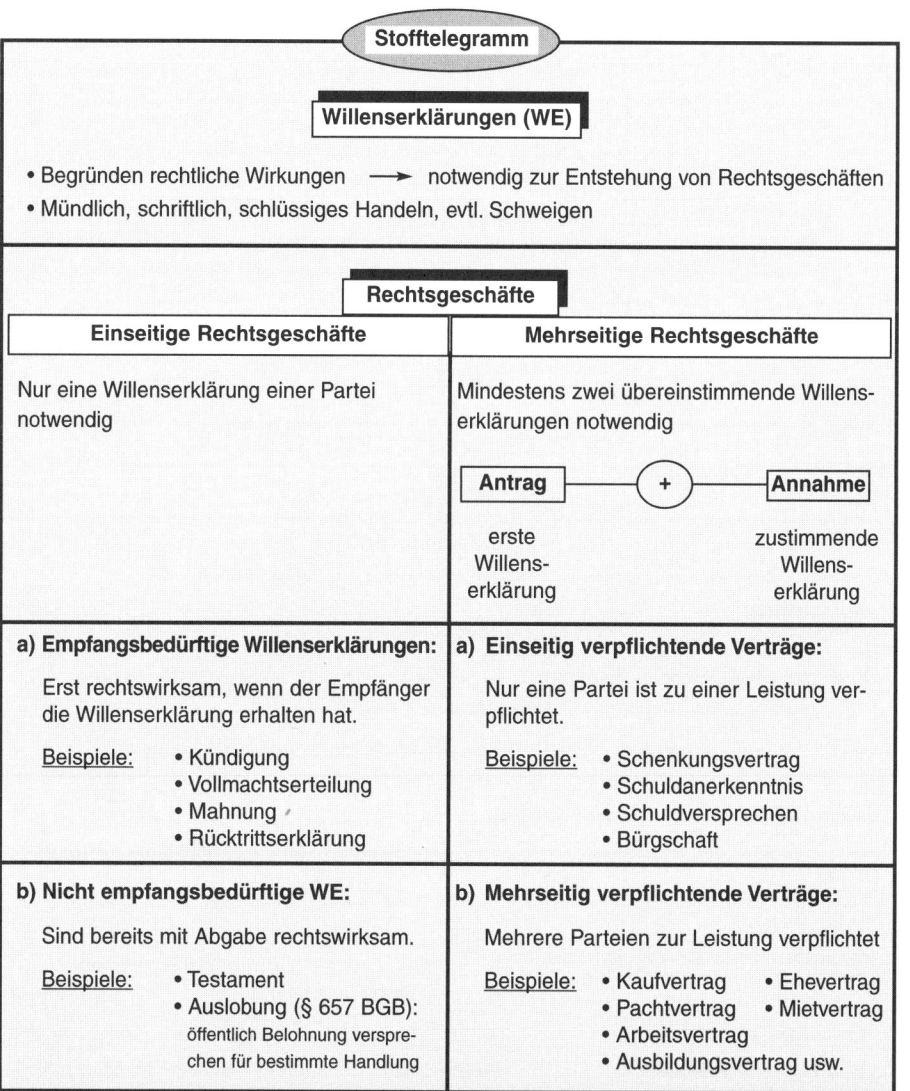

BWL: Rechtliche Grundlagen des Wirtschaftens

Aufgaben

1. Welche Konsequenz haben Willenserklärungen im kaufmännischen Sinne?
2. Wie können Willenserklärungen abgegeben werden?
3. Wie nennt man Willenserklärungen, die zu einem Vertrag führen?
4. Nennen Sie je ein Beispiel für die Abgabe einer Willenserklärung durch
   a) schlüssiges Handeln   b) Schweigen.
5. Welche Arten von Rechtsgeschäften liegen bezüglich der erforderlichen Willenserklärungen vor?
   a) Kündigung   d) Arbeitsvertrag   g) Bürgschaft
   b) Schenkung   e) Testament   h) Schuldversprechen
   c) Kaufvertrag   f) Anfechtung
6. a) Die Kündigungsfrist des Angestellten Schlampp beträgt 6 Monate zum Quartalsende. Der Arbeitgeber schickt das Kündigungsschreiben (Kündigung zum 31. Dezember) am 30. Juni per Post an Schlampp ab, der es am 1. Juli in seinem Briefkasten vorfindet. Ist die Kündigung rechtzeitig erfolgt? Begründung.

   b) Wie wäre Fall a) zu beantworten, wenn Schlampp kündigen will und das Kündigungsschreiben bereits am 28. Juni abschickt, die Post den Brief am 30. Juni um 10:00 Uhr in den Briefkasten des Arbeitgebers wirft, und dieser aufgrund einer Geschäftsreise den Brief erst am 2. Juli öffnet?
7. Der 98-jährige Gustav Hämmerle hat sein Testament handschriftlich erstellt, ohne jemanden darüber zu informieren. Liegt ein Rechtsgeschäft vor? Begründung.

1.2 Form der Rechtsgeschäfte

Stofftelegramm

Grundsatz: **Formfreiheit**. Ausnahme: **Formzwang** in bestimmten Fällen:

Schriftform → Eigenhändige Unterschrift notwendig. Beispiele:
- Kündigung
- Bürgschaft (Ausnahme: Formfreiheit, wenn Bürge als Kaufmann i. S. des HGB die Bürgschaft im Rahmen seines Geschäfts abgibt)
- Testament
- Grundstücks- und Wohnungsmietverträge auf länger als ein Jahr
- Schuldversprechen
- Schuldanerkenntnis

Öffentliche (notarielle) Beglaubigung → Bestätigung der Echtheit der **Unterschrift** durch einen berechtigten Beamten (**Notar**)
- Schriftliche Anmeldung zum Handelsregister oder Grundbucheintrag

Öffentliche (notarielle) Beurkundung → Bestätigung der **Unterschrift** und des **Inhalts** der Erklärung z. B. durch einen **Notar**
- Grundstückskaufverträge
- Schenkungsversprechen
- Erbverzicht
- Ehevertrag
- Hauptversammlungsbeschlüsse einer AG

BWL: Rechtliche Grundlagen des Wirtschaftens

Aufgaben

1. In welcher Form können Rechtsgeschäfte fixiert werden?
2. Warum ist die Formfreiheit die übliche und ausreichende Form bei Rechtsgeschäften?
3. Warum ist bei bestimmten Rechtsgeschäften Formzwang notwendig?
4. Welche Form ist die beweissicherste? Begründung.
5. Welche Konsequenz ergibt sich für ein Rechtsgeschäft, das nicht in der vorgeschriebenen Form abgeschlossen wurde?
6. Welche Formvorschriften gelten bei folgenden Rechtsgeschäften?

   a) Grundstückskauf
   b) Kauf eines Fließbands für 2 Mio. €
   c) Anmeldung zum Handelsregister
   d) Testament
   e) Schenkungsversprechen
   f) Hauptversamml.beschluss einer großen AG
   g) Bürgschaft, die ein Kaufmann i. S. des HGB im Rahmen seines Handelsgewerbes abgibt
   h) Bürgschaft eines Privaten
   i) Schuldanerkenntnis
   j) Kündigung

1.3 Rechtsfähigkeit und Geschäftsfähigkeit

Stofftelegramm

Rechtsfähigkeit 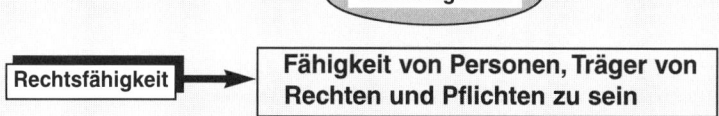 **Fähigkeit von Personen, Träger von Rechten und Pflichten zu sein**

Natürliche Personen:
- Alle natürlichen Personen (Menschen) sind rechtsfähig
- Rechtsfähigkeit ab Geburt bis Tod

Juristische Personen des Privatrechts:

- Kapitalgesellschaften (AG, GmbH, eG): - Entstehung durch Eintrag im Handelsregister (AG, GmbH) bzw. Genossenschaftsregister
  - Der Eintrag im Handels- bzw. Genossenschaftsregister ist konstitutiv.

- Eingetragene Vereine: Entstehung durch Eintrag im Vereinsregister (konstitutiv)

Juristische Personen des öffentlichen Rechts:

- Bund, Länder, Kreise, Gemeinden
- gesetzliche Krankenkassen
- Universitäten
- Industrie- und Handelskammern
- Berufsgenossenschaften
- Landesversicherungsanstalten

BWL: Rechtliche Grundlagen des Wirtschaftens

Zeichnung: Linders

Quelle: „HOT" - Holzer-Telegramm (Unterrichtsmagazin für Wirtschaftsfächer), Bildungsverlag EINS

Zeichnung: Linders

BWL: Rechtliche Grundlagen des Wirtschaftens

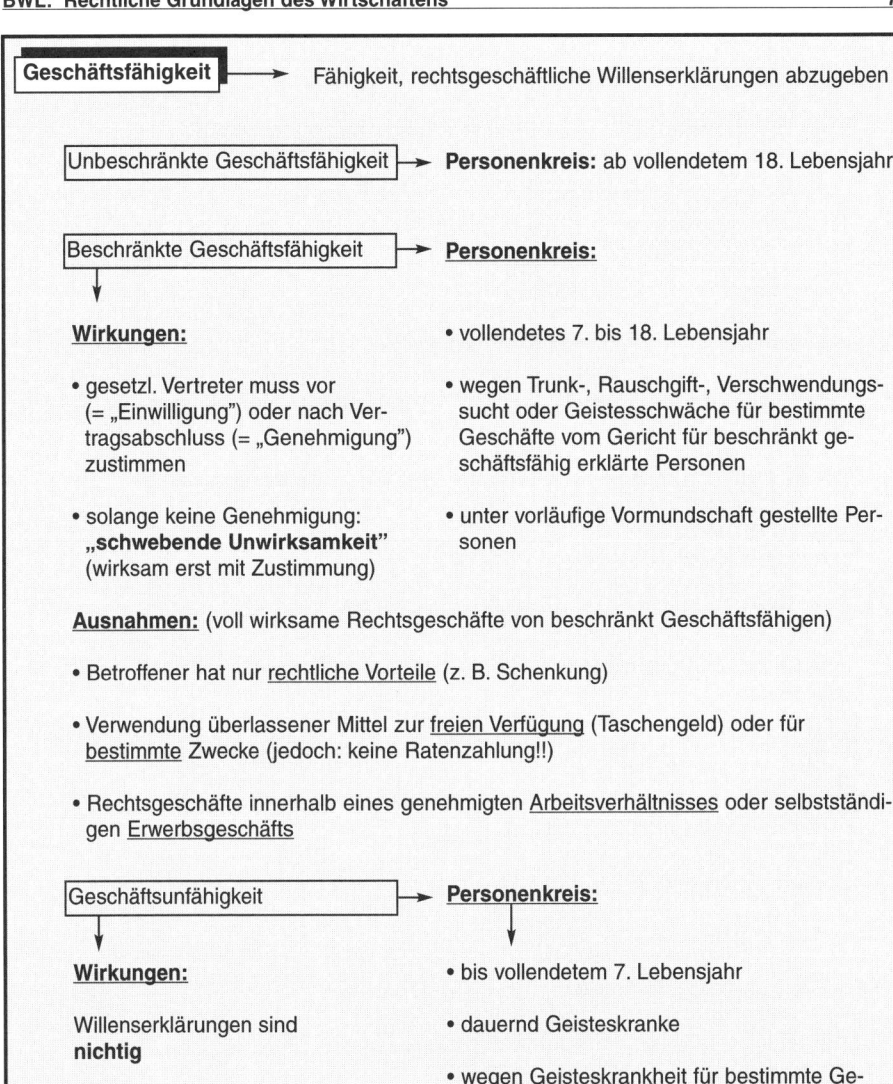

Aufgaben

1. Der 99-jährige Gustav Gregorius stirbt. In seinem Testament sind seine beiden Hunde, vier Katzen und seine Kuh Isolde als glückliche Erben eingesetzt. Nehmen Sie Stellung.

2. Was versteht man unter Rechtsfähigkeit?

3. Wer ist rechtsfähig?

4. Erklären Sie die Begriffe natürliche und juristische Person.

BWL: Rechtliche Grundlagen des Wirtschaftens 8

5. In welchen Fällen handelt es sich um eine juristische Person?

   a) Gemeinde Eierbach   b) Vorstandsmitglied einer AG   c) OHG

   d) GmbH   e) Einzelunternehmung   f) AG

   g) eingetragener Verein   h) KG   i) Universität

   j) Steuerberater   k) IHK

6. Wer vertritt juristische Personen des Privatrechts?

7. Nennen Sie die drei Formen der Geschäftsfähigkeit. Notieren Sie die dazugehörigen Altersstufen.

8. Welche rechtliche Wirkung hat die Abgabe einer Willenserklärung durch

   a) Geschäftsunfähige
   b) beschränkt Geschäftsfähige

9. Erklären Sie den Begriff „schwebende Unwirksamkeit".

10. In welchen Fällen sind die Rechtsgeschäfte beschränkt Geschäftsfähiger von Anfang an voll wirksam?

11. Prüfen Sie, welche Art von Geschäftsfähigkeit bei folgenden Personen vorliegt.

    a) Der 25-jährige Alf Labil darf wegen Rauschgiftsucht bestimmte Geschäfte laut Gerichtsbeschluss nicht mehr tätigen.

    b) Martin, 6 Jahre alt

    c) Daniel, 7 Jahre alt

    d) Ein dauernd Geisteskranker

    e) Eine unter vorläufige Vormundschaft gestellte Person

    f) Georg Säusel, Gelegenheitstrinker, 25 Jahre alt

Beurteilen Sie folgende Rechtsfälle (Begründungen):

12. Der 6-jährige Sepp bestellt telefonisch bei einem Spielwarenhändler eine elektrische Eisenbahnanlage.

13. Der 5-jährige Heiko nimmt seiner Mutter unbemerkt 10,00 € aus der Geldbörse und kauft 10 Rosen, die er auf dem Rückweg an vorbeigehende Omas verschenkt.

14. Die 16-jährige Dodo, Tochter eines Millionärs, erhält monatlich 300,00 € Taschengeld. Sie spart hiervon 900,00 € zusammen und unterschreibt ohne Einwilligung ihrer Eltern einen Kaufvertrag über einen PC. Ihr Vater ist nachträglich nicht einverstanden.

BWL: Rechtliche Grundlagen des Wirtschaftens

15. Wie wäre Fall 14 zu beurteilen, wenn Dodo statt eines PC ein gebrauchtes Moped gekauft hätte?

16. Die 16-jährige Dodo kauft einen CD-Player für 800,00 €.

    Von ihrem Taschengeld macht sie eine Anzahlung über 200,00 €, die Restzahlung soll in monatlichen Raten von je 100,00 € - ebenfalls von ihrem Taschengeld - erfolgen.

    Ihre Eltern versagen nachträglich ihre Genehmigung.

17. Die 10-jährige Anke erhält von ihrem Onkel 20,00 € geschenkt. Ihre Eltern sind dagegen und möchten die Schenkung verhindern.

18. Der 14-jährige Jürgen Groß erhält von einer Nachbarin 20,00 € geschenkt mit der Auflage, ihr demnächst beim Umzug zu helfen.

19. Die 17-jährige Gesine Flott erhält von ihrem Vater 200,00 € für den Kauf eines Kleides. Sie besorgt sich stattdessen einen Kassettenrekorder.

20. Die 17-jährige Ingrid ist mit Einverständnis ihrer Eltern seit einem Jahr in einer Boutique beschäftigt. Nach einem Streit mit der Inhaberin kündigt sie fristgemäß.

    Ihre Eltern sind empört und wollen dies verhindern.

21. Ein 17-jähriger Auszubildender vereinbart mit seinem Chef einen Sonderurlaub und bucht eine 4-wöchige USA-Reise für 7.000,00 €.

    Die Eltern widersprechen beiden Handlungen.

22. Franziska Dusel, 16 Jahre alt, spielt Lotto. Den Spieleinsatz zahlt sie von ihrem Taschengeld. Sie gewinnt 10.000,00 € und kauft sich davon eine neue Zimmereinrichtung.

23. Der 17-jährige Ingo Frühreif betreibt mit Genehmigung seiner Eltern und des Vormundschaftsgerichts ein Computerfachgeschäft. Er stellt ohne vorherige Rücksprache mit den Eltern eine Verkäuferin ein.

24. Die 17-jährige Eva Schmuck besucht eine Krankengymnastikschule in Stuttgart und bewohnt dort ein möbliertes Zimmer.

    Von ihren Eltern erhält sie für Ausbildungszwecke 400,00 € monatlich. Ohne deren Wissen kauft sie sich eine Halskette für 280,00 € und ein Medizinisches Lexikon für 70,00 €.

1.4 Eigentum und Besitz

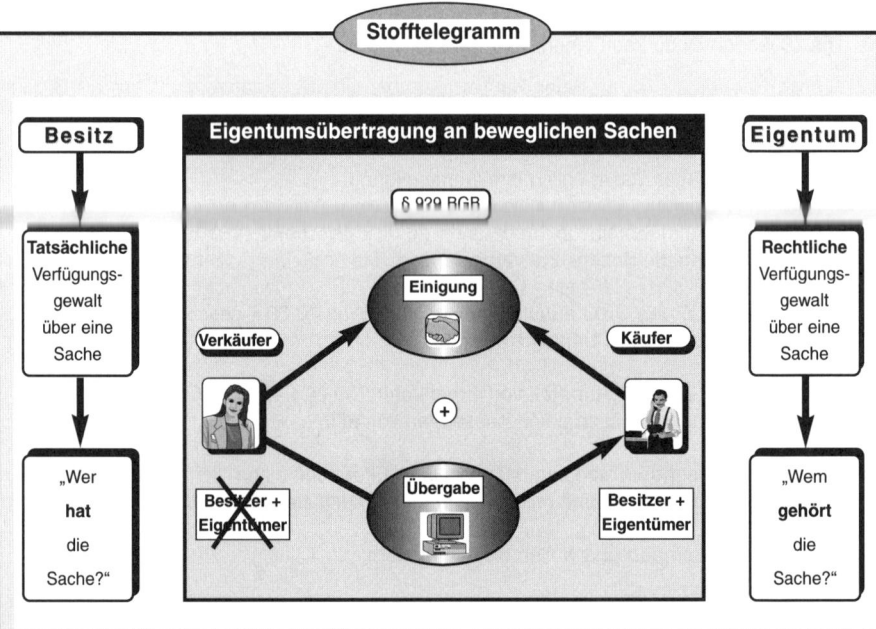

Eigentumsübertragung

a) **Bewegliche Sachen:** Einigung + Übergabe bzw.

Einigung + Besitzkonstitut bzw.

Einigung + Abtretung des Herausgabeanspruchs

b) **Unbewegl. Sachen:** Notariell beurkundete Einigung (= Auflassung)
+
Eintrag im Grundbuch

Gutgläubiger Eigentumserwerb → = Eigentumserwerb vom Nichteigentümer

Der Käufer wird Eigentümer, wenn er den Verkäufer für den Eigentümer hält (in „gutem Glauben" kauft).

Kein gutgläubiger Eigentumserwerb möglich bei
- gestohlenen Sachen
- verloren gegangenen Sachen
- sonst abhanden gekommenen Sachen

BWL: Rechtliche Grundlagen des Wirtschaftens

Aufgaben

1. Definieren Sie kurz die Begriffe Eigentum und Besitz.

2. Wie wird Eigentum an beweglichen bzw. unbeweglichen Sachen üblicherweise übertragen?

3. A unterschreibt am 15. Juli einen Kaufvertrag über eine Stereoanlage, die erst am 30. Juli lieferbar ist. Den Kaufpreis begleicht er sofort mit Scheck. Ist er damit Eigentümer?

4. A kauft ein Rennrad für 1.500,00 €, welches er sofort mitnimmt. Die Zahlung soll innerhalb von 14 Tagen erfolgen. Ab wann ist A Eigentümer des Fahrrads?

5. Maier verkauft und übergibt an Flegel einen PC. Flegel soll innerhalb von 4 Wochen zahlen. Nach 8 Wochen steht die Zahlung noch aus. Maier verlangt daher den PC wieder zurück. Klären Sie die Rechtslage.

6. Maier verkauft und übergibt an Schweinberger einen PC, den Letzterer noch vor Zahlung an Schmidt weiterveräußert und übergibt.

   a) Wer ist nach diesen Transaktionen Eigentümer? Begründung.

   b) Wie wäre die Situation zu beurteilen, wenn Schmidt wusste, dass Schweinberger den PC noch nicht bezahlt hat?

7. Lötterle leiht sich von Schnaufer eine wertvolle Lederhose für einen Faschingsball. Noch nüchtern verkauft und übergibt er das Prachtstück an Bayer.
   Wer ist Eigentümer? Begründung.

8. Stiehler entwendet in einer Buchhandlung das Werk „So wird man reich", liest es und verkauft es für 30,00 € an den gutgläubigen Sepp Ehrlich.
   Wer ist Eigentümer? Begründung.

9. Gudermann kauft von Raff den jungen Rauhhaardackel Stupsi, den er zwei Tage später abholen will. Zwischenzeitlich bietet der Hundenarr Drexler den doppelten Preis und nimmt das Tier gleich mit.
   Wer ist Eigentümer? Begründung.

10. Gudermann sucht den Tierhändler Kauffmann auf und kauft den Rauhhaardackel Hopsi, den er zwei Tage später abholen will. Aus Erfahrung klug geworden, sichert er sich ab. Wie?

11. Hans Klau stiehlt seinem Bekannten Werner Reich einen 500- €-Schein, bucht anschließend beim Reisebüro Samurai eine Flugreise nach Bangkok und leistet mit dem gestohlenen Tausender eine Anzahlung.

    Reichs Nachforschungen ergeben, dass sich der Schein beim Reisebüro Samurai befindet. Er fordert die Herausgabe.
    Klären Sie die Rechtslage.

12. K beabsichtigt, von V ein Grundstück zu kaufen. V erklärt sich mit Schreiben vom 10. Mai einverstanden, der Kaufvertrag wird in Anwesenheit beider Vertragsparteien am 30. Mai vor dem Notar beurkundet. Die Umschreibung im Grundbuch erfolgt am 20. Juli.

    a) Wann wurde der Kaufvertrag rechtswirksam abgeschlossen?

    b) Wann wurde K Eigentümer?

1.5 Der Kaufvertrag

BWL: Rechtliche Grundlagen des Wirtschaftens

Der Kaufvertrag

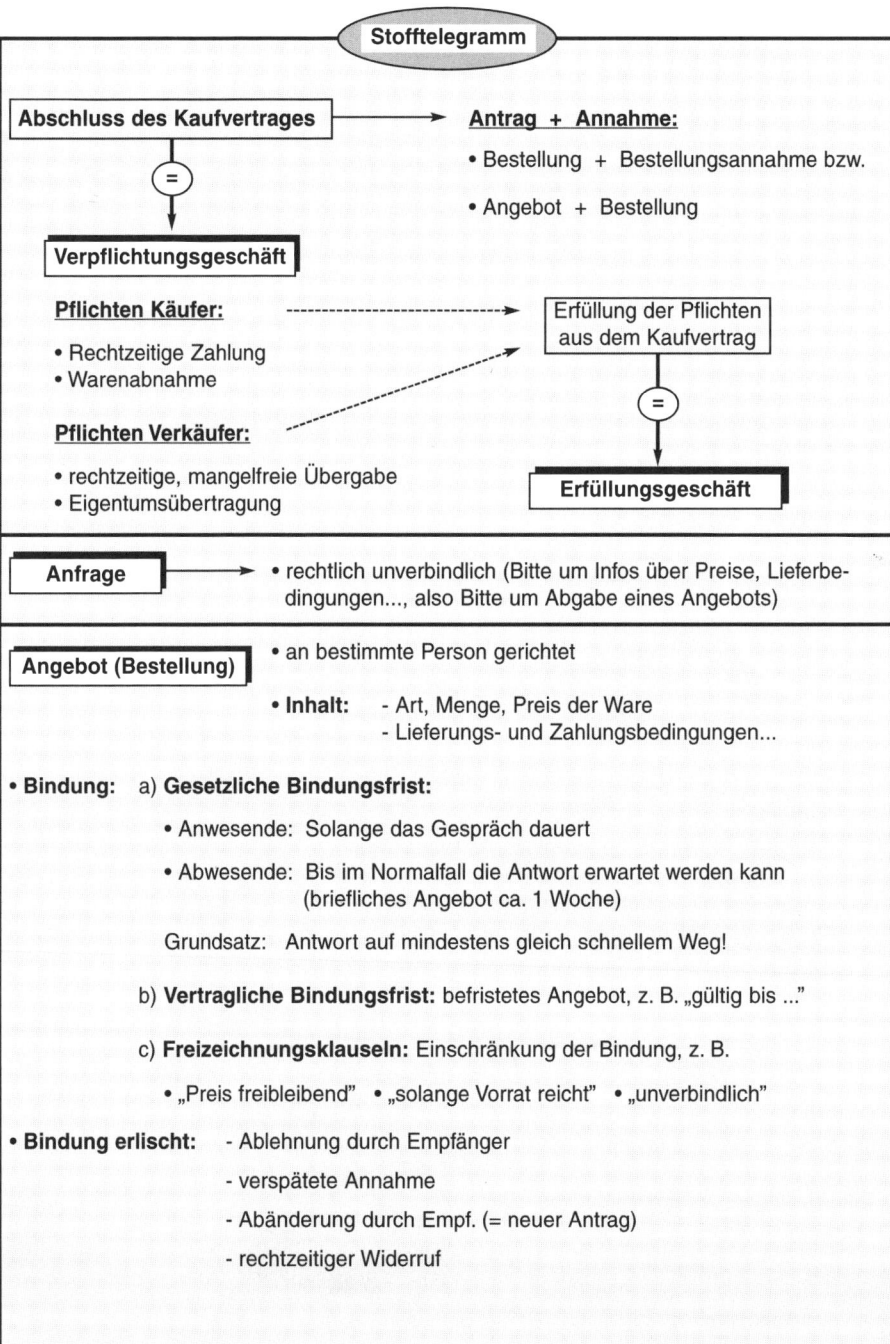

BWL: Rechtliche Grundlagen des Wirtschaftens

Anpreisung

- an Allgemeinheit gerichtet
- gilt nicht als Angebot

• Beispiele:
- Schaufensterauslagen
- Zeitungsinserate
- Rundfunk und Fernsehwerbung...

Erfüllungsort ⟶ = Ort der Pflichterfüllung durch Käufer (Geldschuldner) bzw. Verkäufer (Warenschuldner)

Gesetzlicher Erfüllungsort: Wohn- (Geschäfts-)sitz des „Schuldners"

- Erfüllungsort für die Zahlung: Sitz des Geldschuldners (Käufers)
- Erfüllungsort für die Lieferung: Sitz des Warenschuldners (Verkäufers)

Vgl. Skizze nächste Seite!

Bedeutung des Erfüllungsortes für die Geldschuld:

- fristgemäß überweisen
- Gefahr und Kosten der Zahlung trägt Käufer (Geldschuld = Schickschuld)
- Erfüllungsort bestimmt Gerichtsstand bei HGB-Kaufleuten:
  Zahlungsklage somit am Sitz des Käufers

Bedeutung des Erfüllungsorts für die Warenschuld:

- bis zur fristgemäßen Übergabe an Transportunternehmen trägt Verkäufer Gefahr und Kosten des Transports, danach Käufer;

  Ausnahme: **Verbrauchsgüterkauf** (vgl. nächste Seite unten).

- Erfüllungsort bestimmt Gerichtsstand bei HGB-Kaufleuten:
  Klage wegen Warenmängel somit am Sitz des Verkäufers

Lieferung mit eigenem LKW: Verkäufer trägt Transportgefahr - unabhängig vom Erfüllungsort

---

Zusendung unbestellter Ware = Antrag (Angebot)

- **Kaufvertrag** entsteht, wenn der Käufer seine Annahme erklärt, den Kaufpreis zahlt oder die Ware in Gebrauch nimmt.

- **Stillschweigen** des Empfängers bedeutet:

  - Bestehende Geschäftsverbindung: Schweigen = Annahme
  - Fehlende Geschäftsverbindung: Schweigen = Ablehnung
  - Privatmann: (Verstoß gegen UWG!) Schweigen = Ablehnung

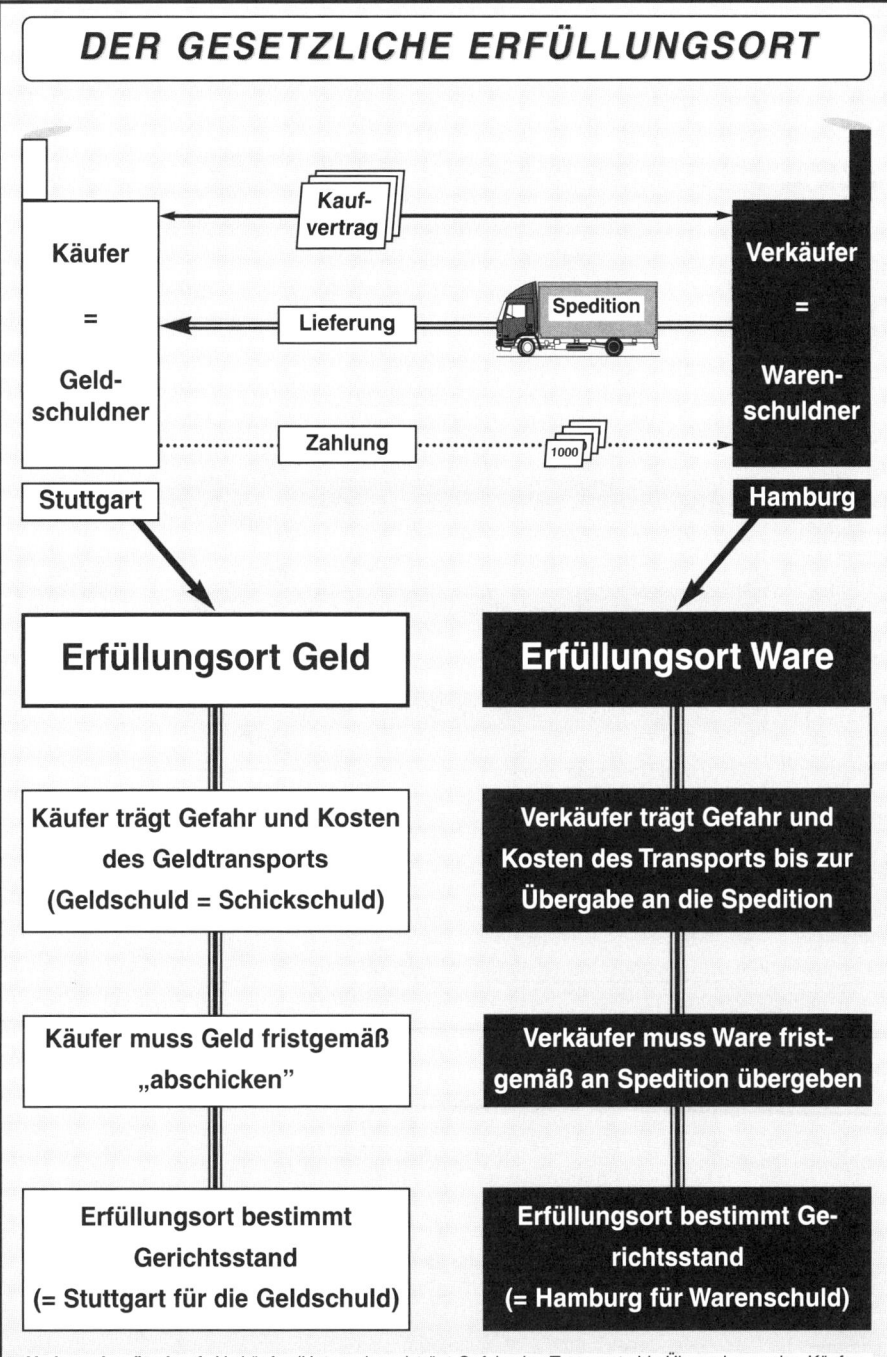

BWL: Rechtliche Grundlagen des Wirtschaftens

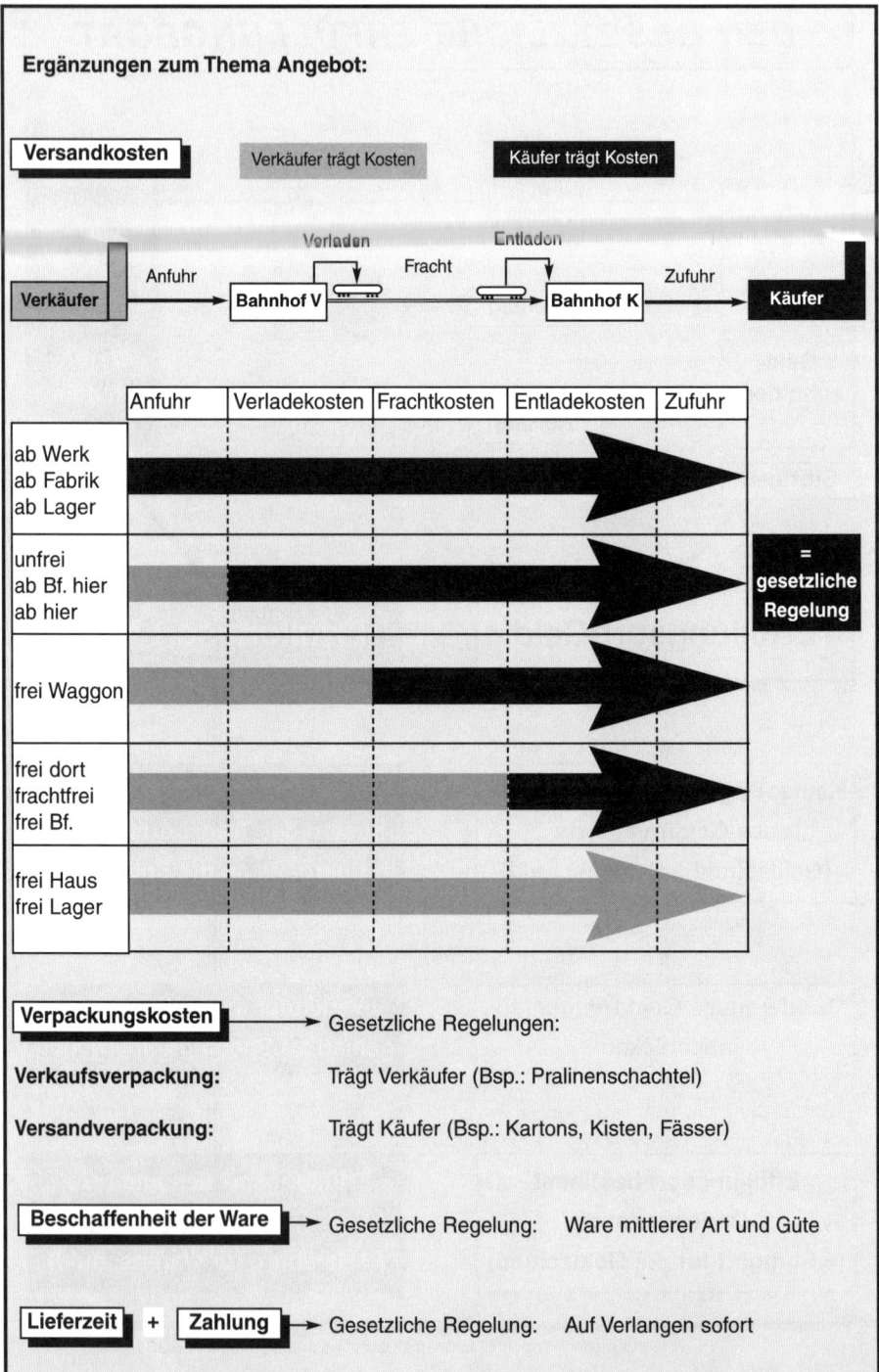

BWL: Rechtliche Grundlagen des Wirtschaftens

Angebotsvergleich

Einzubeziehende Gesichtspunkte u.a.:

- Preis, Preisnachlässe?
- Lieferungs- u. Zahlungsbedingungen?
- eventuelle Gegengeschäfte?
- Risiko einer eventuellen Insolvenz?
- Qualität?
- Zuverlässigkeit?
- Kundendienst?
- Beratung?

Bezugskalkulation: vgl. „Steuerung und Kontrolle" (Kostenträgerstückrechnung)
Lieferantenauswahl mit „Scoring-Modell": vgl. Kapitel 6

Überwachung der Beschaffung

- **Warenprüfung (Wareneingangskontrolle):**

  – **Äußere Kontrolle der angelieferten Sendung:**

  Begleitpapiere wie z. B. Lieferschein prüfen (bei Abweichungen: bestätigen lassen durch Überbringer); äußere Verpackung prüfen (bei Mängeln: bestätigen lassen)

  – **Prüfung der angenommenen Sendung:**

  unverzügliche **Prüfung!**

  Bei Mängeln: unverzüglich **rügen!** = gesetzliche Vorschrift. Nur dann können die Rechte aus der mangelhaften Lieferung geltend gemacht werden.

- **Ermittlung der Bestellrückstände:** – Bestellrückstandsliste

  – Bei Rückständen: Rückstandsmeldung an Lieferer (evtl. Mahnung)

Aufgaben

1. Was versteht man unter Verpflichtungs- und Erfüllungsgeschäft?

2. Wie entsteht ein Kaufvertrag?

3. Welche Pflichten entstehen bei Abschluss des Kaufvertrages?

4. Unterscheiden Sie rechtlich Anfrage, Angebot und Anpreisung.

5. Nennen Sie drei Beispiele für Anpreisungen.

6. Welche Angaben sollte ein Angebot enthalten?

7. Firma A sendet am 14. Juni per Telex ein Angebot an Firma B. Am 17. Juni gibt Firma B brieflich die entsprechende Bestellung auf, die bereits am 18. Juni bei Firma A eintrifft. Firma A lehnt jedoch die Bestellung ab. Klären Sie die Rechtslage.

BWL: Rechtliche Grundlagen des Wirtschaftens

8. Wann erlischt die Bindung an ein Angebot?

9. Innerhalb welcher Frist muss die Annahme erfolgen?

10. Ist die Bestellung rechtlich ein Antrag oder eine Annahme?

11. Welche der folgenden Willenserklärungen sind rechtlich bindend?

    a) Angebot   c) Bestellung   e) Freibleibendes Angebot   g) Anpreisungen
    b) Anfrage   d) Fernsehwerbung   f) Schaufensterauslagen   h) Bestellungsannahme

12. Welche gesetzlichen Regelungen gelten, wenn in folgenden Punkten keine vertraglichen Vereinbarungen getroffen wurden?

    a) Beschaffenheit der Ware b) Verpackungskosten c) Transportkosten d) Lieferzeit e) Zahlung

13. Begründen Sie, ob bzw. wie in folgenden Fällen Kaufverträge entstehen.

    a) V (Verkäufer) macht ein Angebot, K (Käufer) bestellt zu spät.

    b) V macht ein Angebot, K bestellt rechtzeitig mit Änderungen.

    c) V macht ein freibleibendes Angebot, K bestellt.

    d) V sendet an die ihm unbekannte Firma K unbestellte Ware. K meldet sich nicht und bewahrt die Ware auf.

    e) V sendet unbestellte Ware an seinen langjährigen Geschäftspartner K. K meldet sich nicht.

    f) V sendet unbestellte Ware an Privatmann K, der stillschweigt.

14. Josef Hektik verschickt ein briefliches Angebot. Am gleichen Tag bemerkt er, dass er sich verkalkuliert hat. Was tun?

15. Wo befindet sich der gesetzliche Erfüllungsort? Welche Bedeutung hat er?

16. Geschäftssitz: Verkäufer V. in Leipzig, Käufer K. in Stuttgart.
    Welche Versandkosten trägt V. bei folgenden Vereinbarungen?

    a) Gesetzl. Regelung   d) frei Waggon   g) ab Werk
    b) frei dort   e) frachtfrei   h) unfrei
    c) ab hier   f) frei Haus   i) frei Bahnhof

17. Welche gesetzlichen Regelungen gelten für die

    a) Verpackungskosten   c) Lieferzeit
    b) Beschaffenheit der Ware   d) Zahlung?

18. Welche Faktoren sind bei einem Angebotsvergleich in die Betrachtung miteinzubeziehen?

19. Erklären Sie in Stichworten, in welcher Form eine Überwachung der Beschaffung erfolgt.

1.6 Störungen bei der Vertragserfüllung

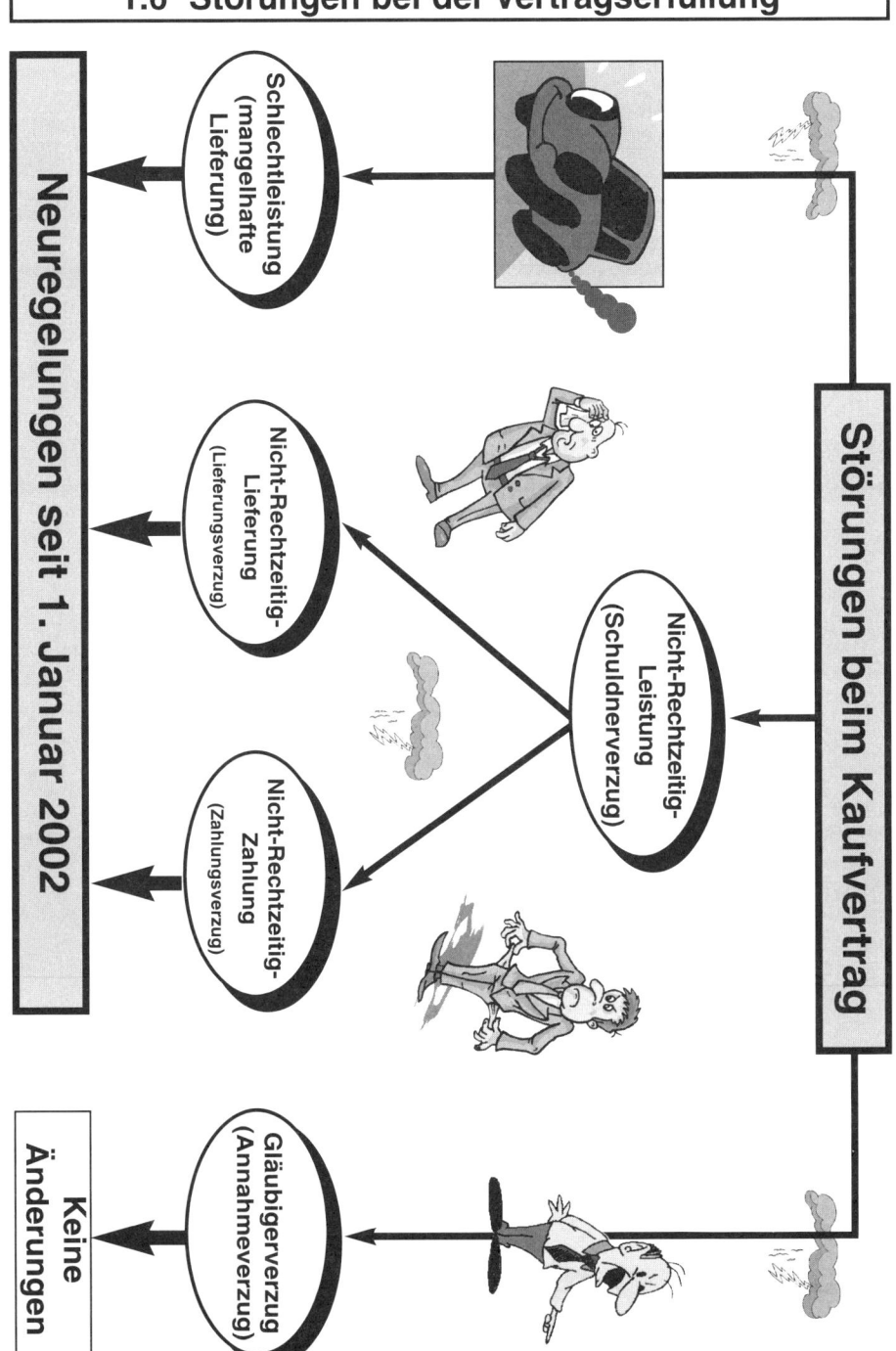

1.6.1 Mangelhafte Lieferung (Schlechtleistung)

- Rechte des Käufers gemäß § 437 ff. BGB -

Nacherfüllung § 439 BGB

- auch bei **geringfügigen Mängeln**
- **verschuldensunabhängig**
- § 439 (3) BGB: Verkäufer kann Nachbesserung und/oder Neulieferung verweigern, wenn **unverhältnismäßig hohe Kosten** anfallen würden.
- § 440 BGB: Nacherfüllung fehlgeschlagen nach **zwei erfolglosen Nachbesserungsversuchen**
- § 275 BGB: Anspruch auf Leistung entfällt, soweit diese **unmöglich**

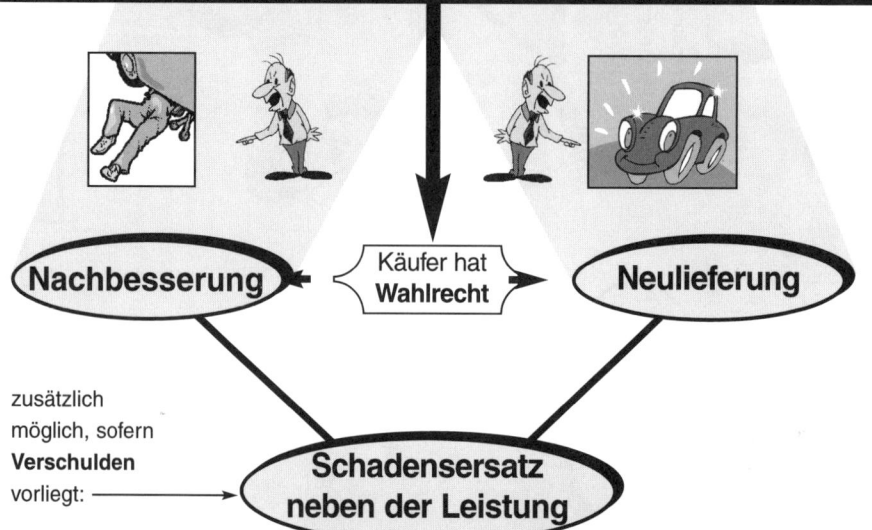

Nachbesserung ← Käufer hat **Wahlrecht** → **Neulieferung**

zusätzlich möglich, sofern **Verschulden** vorliegt: → **Schadensersatz neben der Leistung**

BWL: Rechtliche Grundlagen des Wirtschaftens 21

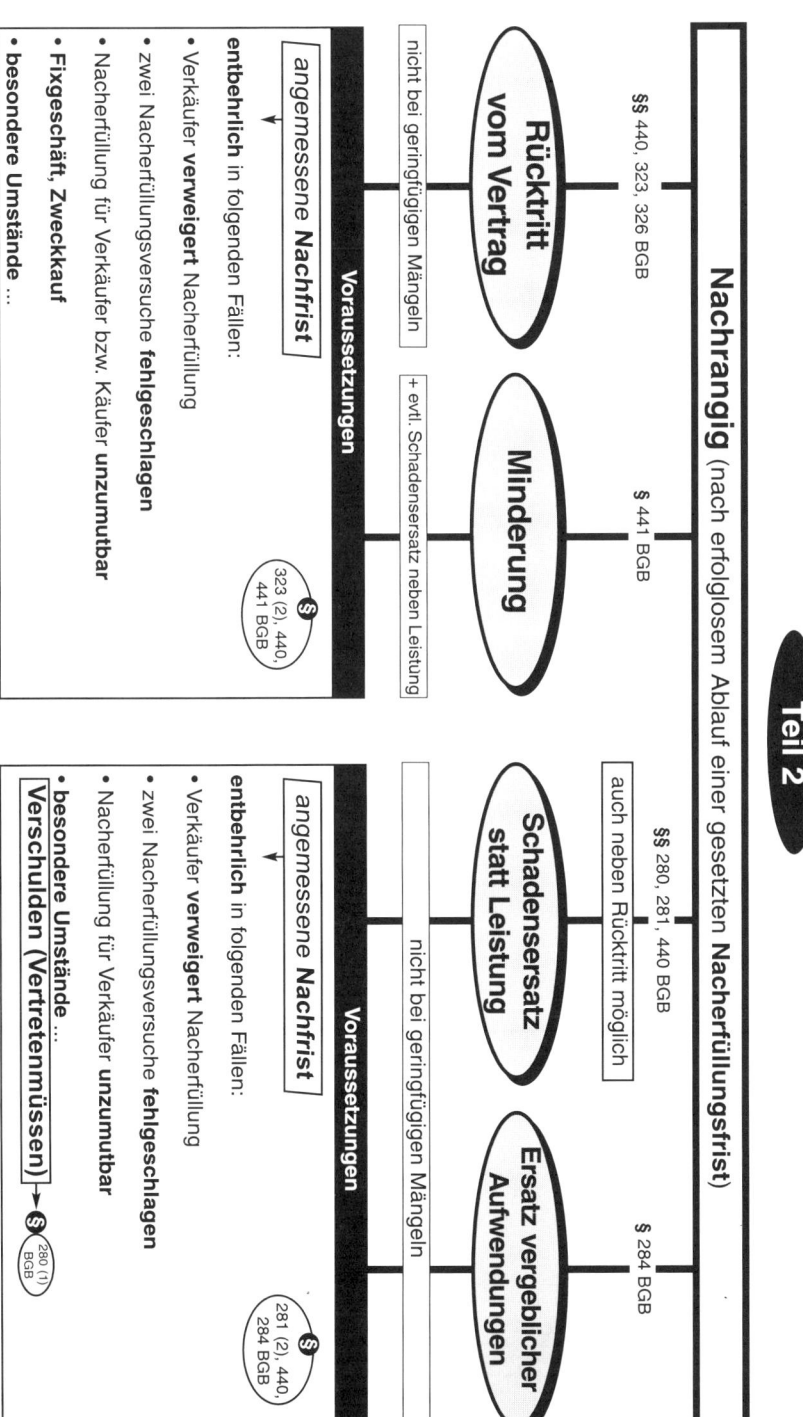

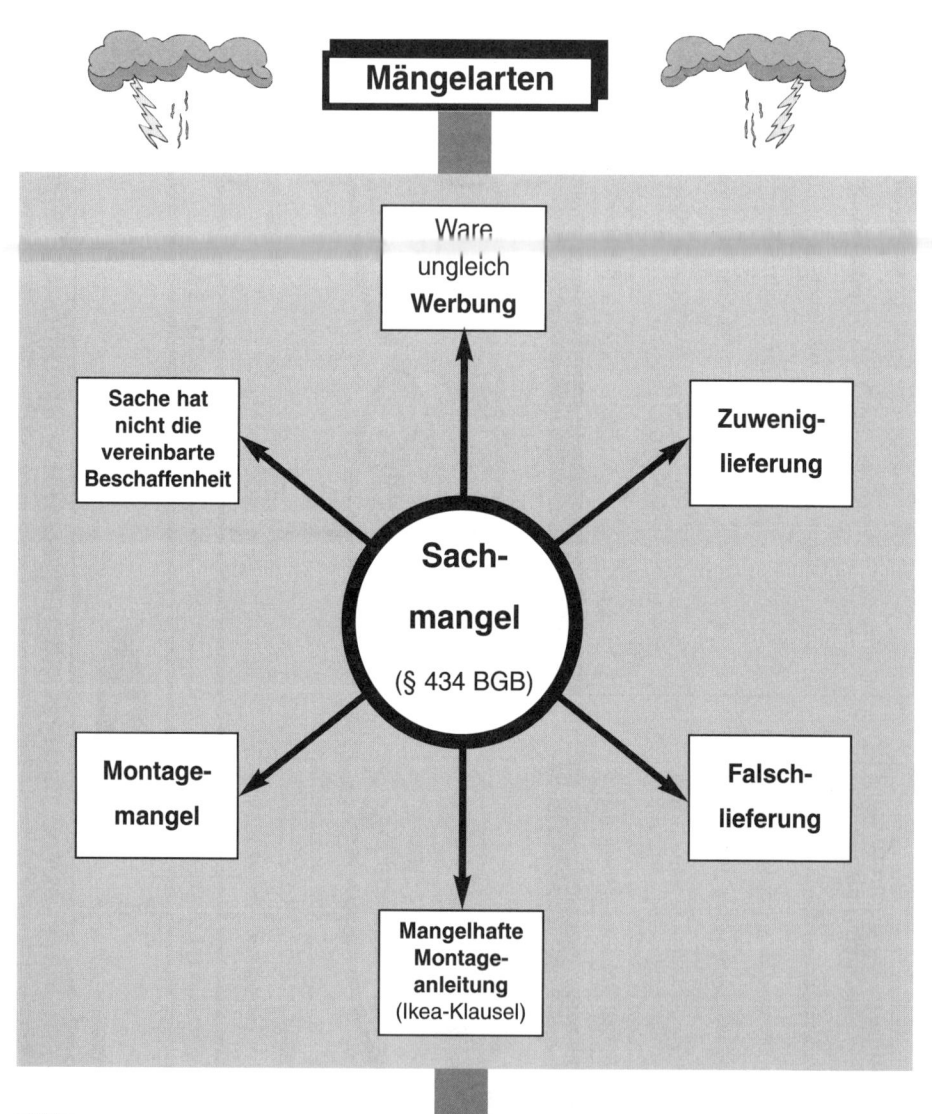

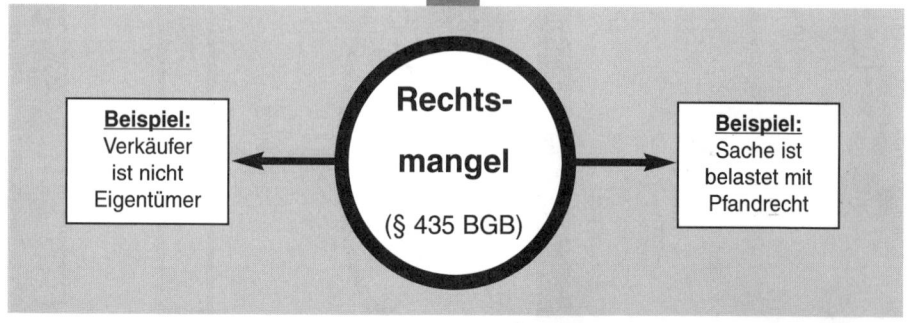

Mängelarten

Sachmangel (§ 434 BGB)

- Ware ungleich Werbung
- Sache hat nicht die vereinbarte Beschaffenheit
- Zuweniglieferung
- Montagemangel
- Falschlieferung
- Mangelhafte Montageanleitung (Ikea-Klausel)

Rechtsmangel (§ 435 BGB)

Beispiel: Verkäufer ist nicht Eigentümer

Beispiel: Sache ist belastet mit Pfandrecht

BWL: Rechtliche Grundlagen des Wirtschaftens

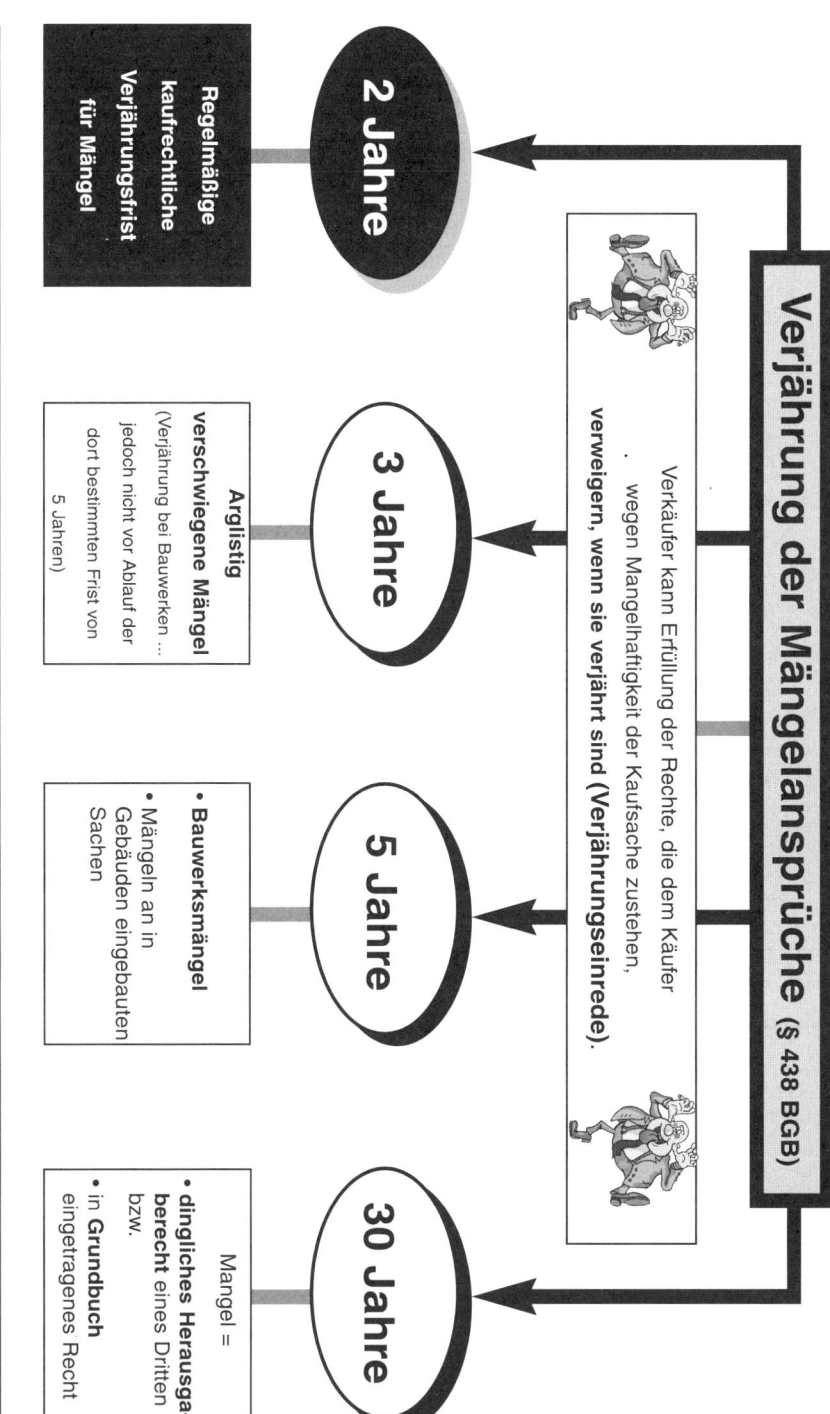

Verjährung der Mängelansprüche (§ 438 BGB)

Verkäufer kann Erfüllung der Rechte, die dem Käufer wegen Mangelhaftigkeit der Kaufsache zustehen, **verweigern, wenn sie verjährt sind (Verjährungseinrede)**.

2 Jahre — Regelmäßige kaufrechtliche Verjährungsfrist für Mängel

3 Jahre — **Arglistig verschwiegene Mängel** (Verjährung bei Bauwerken ... jedoch nicht vor Ablauf der dort bestimmten Frist von 5 Jahren)

5 Jahre
- **Bauwerksmängel**
- Mängeln an in Gebäuden eingebauten Sachen

30 Jahre — Mangel =
- **dingliches Herausgaberecht** eines Dritten bzw.
- in **Grundbuch** eingetragenes Recht

Beginn der Verjährung:

Mit **Ablieferung** (bei **Grundstücken** mit **Übergabe**); **arglistig verschwiegene Mängel**: Schluss des Jahres, in dem Gläubiger **Kenntnis** erlangte

Verbrauchsgüterkauf (Besonderheiten) - § 474 ff. BGB -

Einseitiger Handelskauf

Sport-Fuchs Unternehmer (Verkäufer) ←—— **Kaufvertrag** ——→ Verbraucher/in

Eingeschränkte Vertragsfreiheit (§ 475 BGB)

- §§ im allg. Kaufvertragsrecht **zwingend**

- **AGB + Individualvereinbarung:**

  keine Abweichung zum Nachteil des Verbrauchers!

Ausnahmen:

1. Gebrauchte Sachen

Gewährleistungsfrist auf ein Jahr verkürzbar.

Verbotene Formulierungen z. B.: „gekauft wie gesehen", „unter Ausschluss jeder Gewährleistung"

2. Schadensersatz (§ 475 Abs. 3 BGB)

Beweislastumkehr (§ 476 BGB)

- Mängel, die innerh. von **sechs Monaten** gerügt werden:

  Unterstellung, dass Mangel bereits bei Übergabe bestand.

  Lehnt Verkäufer die Mängelrüge des Verbrauchers ab, muss **er** nachweisen, dass Käufer die Ware beschädigt hat.

- **Nach Ablauf von sechs Monaten:**

  Beweislast liegt beim Käufer

Sonderbestimmungen für Garantien (§ 477 BGB)

Garantieerklärung

- einfach/verständlich!

- Inhalte:

  - Hinweis, dass Garantie gesetzliche Rechte nicht einschränkt

  - Inhalt + Dauer der Garantie sowie alle wesentl. Angaben, die für Geltendmachung der Garantie erforderlich sind

- Garantie darf gesetzliche Rechte nicht einschränken.

BWL: Rechtliche Grundlagen des Wirtschaftens 25

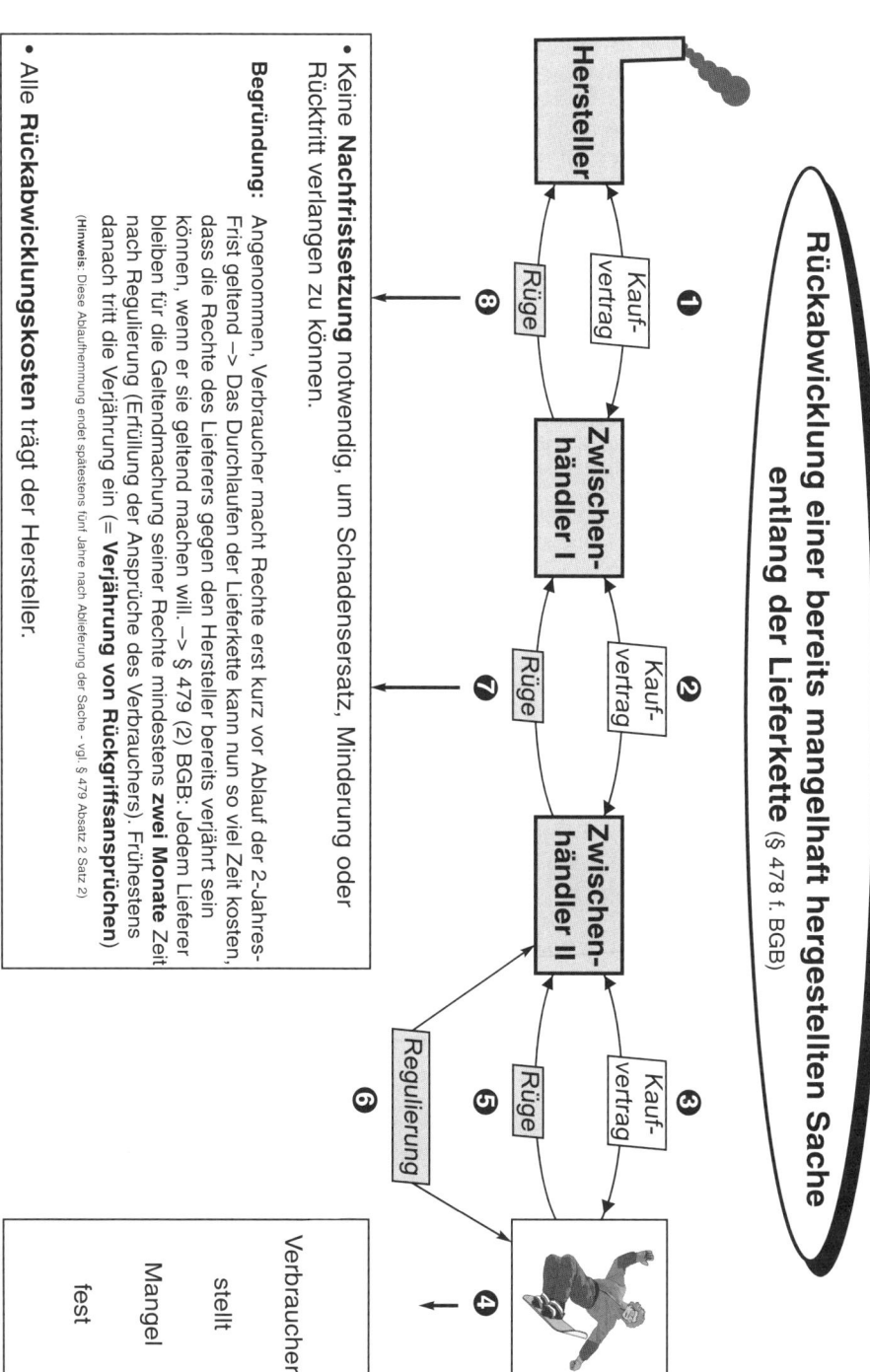

Rückabwicklung einer bereits mangelhaft hergestellten Sache entlang der Lieferkette (§ 478 f. BGB)

Hersteller — ❶ Kaufvertrag — Zwischenhändler I — ❷ Kaufvertrag — Zwischenhändler II — ❸ Kaufvertrag — ❹ Verbraucher stellt Mangel fest

❺ Rüge — ❻ Regulierung — ❼ Rüge — ❽ Rüge

- Keine **Nachfristsetzung** notwendig, um Schadensersatz, Minderung oder Rücktritt verlangen zu können.

  Begründung: Angenommen, Verbraucher macht Rechte erst kurz vor Ablauf der 2-Jahres-Frist geltend –> Das Durchlaufen der Lieferkette kann nun so viel Zeit kosten, dass die Rechte des Lieferers gegen den Hersteller bereits verjährt sein können, wenn er sie geltend machen will. –> § 479 (2) BGB: Jedem Lieferer bleiben für die Geltendmachung seiner Rechte mindestens **zwei Monate** Zeit nach Regulierung (Erfüllung der Ansprüche des Verbrauchers). Frühestens danach tritt die Verjährung ein (= **Verjährung von Rückgriffsansprüchen**)

  (Hinweis: Diese Ablaufhemmung endet spätestens fünf Jahre nach Ablieferung der Sache - vgl. § 479 Absatz 2 Satz 2)

- Alle **Rückabwicklungskosten** trägt der Hersteller.

BWL: Rechtliche Grundlagen des Wirtschaftens

Aufgaben

1. Welche Arten von Mängeln gibt es?

2. a) Welche Pflichten hat der Käufer (Kaufmann i. S. des HGB) bei mangelhafter Lieferung?
   b) Ein Käufer versäumt, rechtzeitig zu rügen. Folgen?

3. Käufer K kauft von Händler V einen Neuwagen. Vier Wochen nach Übergabe funktioniert die **Klimaanlage** auf langen Fahrten nicht ordnungsgemäß. Der Mangel war für V trotz intensiver Prüfung des PKW nicht zu erkennen. Welche Rechte kann K gegen V geltend machen und welche Voraussetzungen sind dabei zu beachten?

4. K kauft von V ein Videogerät. Beim Anschluss an sein Fernsehgerät stellt K **kleinere Farbflecken** fest, die auch V nicht aufgefallen waren.
   Kann K Nachbesserung und / oder Neulieferung verlangen? Begründung.

5. K kauft von V einen Neuwagen. Nach einigen Wochen stellt K **erhebliche Mängel** fest. Außerdem ist ihm durch die Mängel ein **Schaden** in Höhe von 200,00 € entstanden. Unter welchen Voraussetzungen kann K im Normalfall das Recht „**Schadensersatz statt Leistung**" geltend machen?

6. K kauft von V einen neuen PKW (Marke „X") des Produzenten P, der in **Werbebroschüren** mit dem Slogan „Mit durchschnittlich fünf Litern pro 100 km sind Sie bei X dabei" wirbt. Nach Übergabe stellt K fest, dass der tatsächliche Verbrauch des „X" bei sieben Litern liegt. Welche Rechte stehen K zu?

7. Der normalgewichtige K kauft von V das neue Mountainbike „Biky". Schon des Öfteren gab es Reklamationen bei V hinsichtlich Bruch von „Biky"-Pedalen. Bei seiner ersten Ausfahrt des K bricht ein **Pedal**, K stürzt und verletzt sich. Ein Taxi bringt ihn ins nächste Dorf zum Arzt. **Taxikosten**: 40,00 €; **Arztkosten**: 70,00 €. Welche Rechte kann K geltend machen?

8. K kauft von V ein Fitnessgerät für den Selbstaufbau. Aufgrund der fehlerhaften **Montageanleitung** baut K das Gerät falsch zusammen. Welche Rechte kann er geltend machen?

9. V verkauft einen 30 Jahre alten Ohrring aus „echtem Gold" an K. K entdeckt später, dass der Ring nicht aus Gold, sondern nur aus vergoldetem Messing war. V konnte hiervon nichts wissen. Welche Rechte stehen K zu?

10. K (Privatmann) kauft von Händler V ein neues Motorrad. Drei Monate nach Übergabe streikt der Motor. Es ist nicht feststellbar, ob der Mangel aufgrund eines Materialfehlers bereits bei **Übergabe** programmiert war oder auf **fehlerhafte Bedienung** des K zurückzuführen ist. Kann K Gewährleistungsrechte geltend machen?

11. K kauft am 10. Mai 2002 von V einen Rasenmäher, der am gleichen Tag geliefert wird. Infolge eines Produktionsfehlers versagt am 10. November 2003 der Motor. K verlangt einen neuen Rasenmäher, V beruft sich auf **Verjährung**. Klären sie die Rechtslage.

12. K kauft am 10. Mai 2002 von V eine Maschine, die am gleichen Tag geliefert wird. V verschweigt **arglistig** einen Mangel. K entdeckt den Mangel am 10. Juli 2005 und macht Gewährleistungsansprüche geltend. Rechtslage?

13. Am 10. Mai 2002 lässt K von V eine Dachsanierung durchführen. Am 20. Mai 2007 stellt K erhebliche Mängel - bedingt durch fehlerhafte Sanierungsarbeit - fest. Sind seine Mängelansprüche **verjährt**? Begründung.

14. Privatmann K kauft von Händler V einen Gebrauchtwagen. Vertraglich wird vereinbart, dass die Mängelgewährleistungsansprüche gemäß § 437 BGB ein Jahr nach Ablieferung verjähren. Nach 15 Monaten stellt K einen Mangel fest. Sind seine Gewährleistungsansprüche **verjährt**?

1.6.2 Nicht-Rechtzeitig-Lieferung

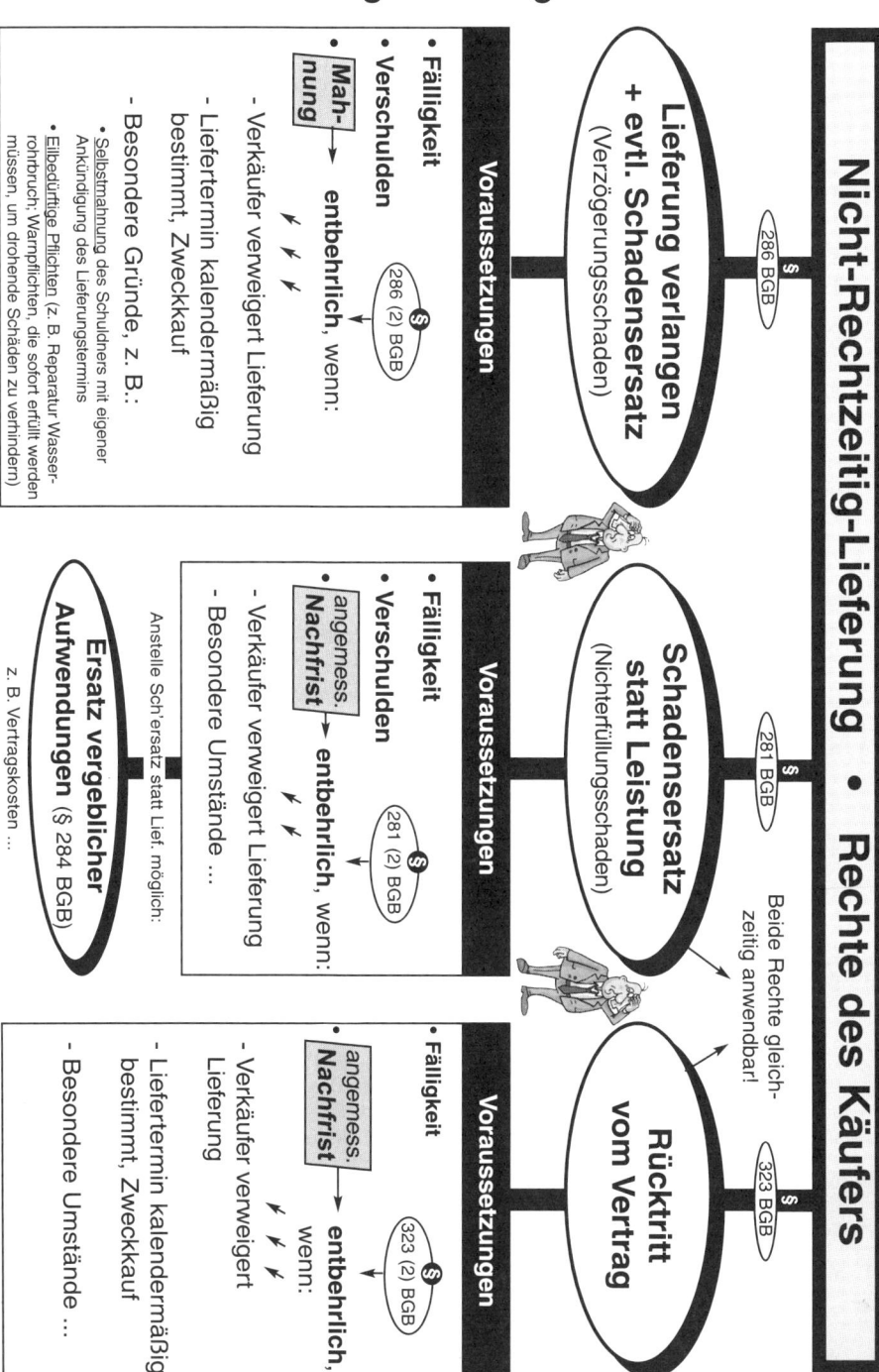

BWL: Rechtliche Grundlagen des Wirtschaftens

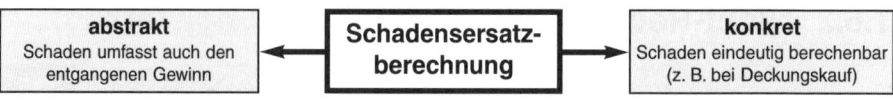

| abstrakt | Schadensersatz- | konkret |
| Schaden umfasst auch den entgangenen Gewinn | berechnung | Schaden eindeutig berechenbar (z. B. bei Deckungskauf) |

Schadensersatzberechnung umgehbar, wenn von vorneherein eine **Vertragsstrafe (Konventionalstrafe)** vereinbart wird

---

Aufgaben

1. V liefert nicht rechtzeitig. Welche **Rechte** hat der Käufer und welche **Voraussetzungen** sind zu beachten?

2. K verlangt aufgrund Nicht-Rechtzeitig-Lieferung des V weiterhin Lieferung sowie Ersatz des **Verzögerungsschadens**. Wann kann K auf eine **Mahnung** verzichten?

3. K verlangt aufgrund Nicht-Rechtzeitig-Lieferung des V **Schadensersatz statt Leistung**. Wann kann K auf Setzung einer angemessenen **Nachfrist** verzichten?

4. K möchte aufgrund Nicht-Rechtzeitig-Lieferung des V vom Vertrag **zurücktreten**. Wann kann er auf Setzung einer **Nachfrist** verzichten?

5. K möchte seine Rechte aufgrund Nicht-Rechtzeitig-Lieferung des V geltend machen und verlangt nach Ablauf einer angemessenen Nachfrist **Rücktritt vom Vertrag und Schadensersatz statt Leistung**. Ein Verschulden des V liegt vor. Kann K beide Rechte gleichzeitig geltend machen? Begründung.

6. Käufer K vereinbarte im Kaufvertrag mit Verkäufer V die Lieferung von zehn PCs. Ein Liefertermin wurde nicht vereinbart. Nachdem V mit einem anderen Käufer einen höheren Preis ausgehandelt hat, weigert er sich, die Lieferung vorzunehmen. Kann K seine erlittene **Gewinneinbuße** von V ersetzt verlangen? Begründung.

7. Der Inhaber einer Pizzeria P entdeckt um 15:00 Uhr einen **Wasserrohrbruch**, der zur Überschwemmung eines Teils des Restaurants führte. Telefonisch teilt er dem Klempner X mit, dass er um 18:00 Uhr öffnen müsse, um nicht Umsatzeinbußen zu erleiden. Klempner X sagt sofortige Reparatur zu. Ärgerlicherweise erscheint X erst um 19:00 Uhr. **Entgangener Gewinn** für die Pizzeria: 1.000,00 €. P verlangt **Schadensersatz**. Rechtslage?

8. Unternehmer K hat mit Verkäufer V einen **Just-in-time-Vertrag** geschlossen. V muss demzufolge zu bestimmten Zeitpunkten liefern, um die Produktion nicht zu gefährden. Als eine Lieferung ausbleibt, kommt es zum vorübergehenden Produktionsstillstand. Kann K ohne Nachfristsetzung **Schadensersatz statt Leistung** verlangen? Begründung.

9. Händler V verkauft telefonisch einen Anzug des ehemaligen Beatles-Schlagzeugers Ringo Starr für 5.000,00 €. K möchte den Anzug am nächsten Morgen abholen. Der nicht im Laden tätige Sohn des Händlers holt ohne zu fragen am Abend den Anzug aus dem verschlossenen Schrank im Laden und nimmt ihn auf eine 14-tägige Reise nach Mallorca mit. K setzt V eine Nachfrist von acht Tagen und verlangt bei ergebnislosem Ablauf **Schadensersatz statt Leistung** in Höhe von 3.000,00 €, weil er den Anzug einem Beatles-Fan zum Preis von 8.000,00 € versprochen habe. Zusätzlich **trete er vom Vertrag zurück**.
V ist nicht einverstanden und besteht weiterhin auf Abnahme und Zahlung. Rechtslage?

10. K bestellt bei V 50 Kisten Champagner. V liefert nicht. Zwischenzeitlich sind die Champagnerpreise stark gefallen. K deckt sich daher bei X erheblich preisgünstiger ein und informiert V. Letzterer verlangt Abnahme und Zahlung, weil K keine Nachfrist gesetzt habe. Rechtslage?

11. Was versteht man unter   a) abstraktem   b) konkretem Schaden?

12. Wie kann die Schadensberechnungsproblematik umgangen werden?

13. Was versteht man unter Konventionalstrafe?

1.6.3 Nicht-Rechtzeitig-Zahlung (Zahlungsverzug)

Quelle: „HOT" - Holzer-Telegramm (Unterrichtsmagazin für Wirtschaftsfächer), Bildungsverlag EINS

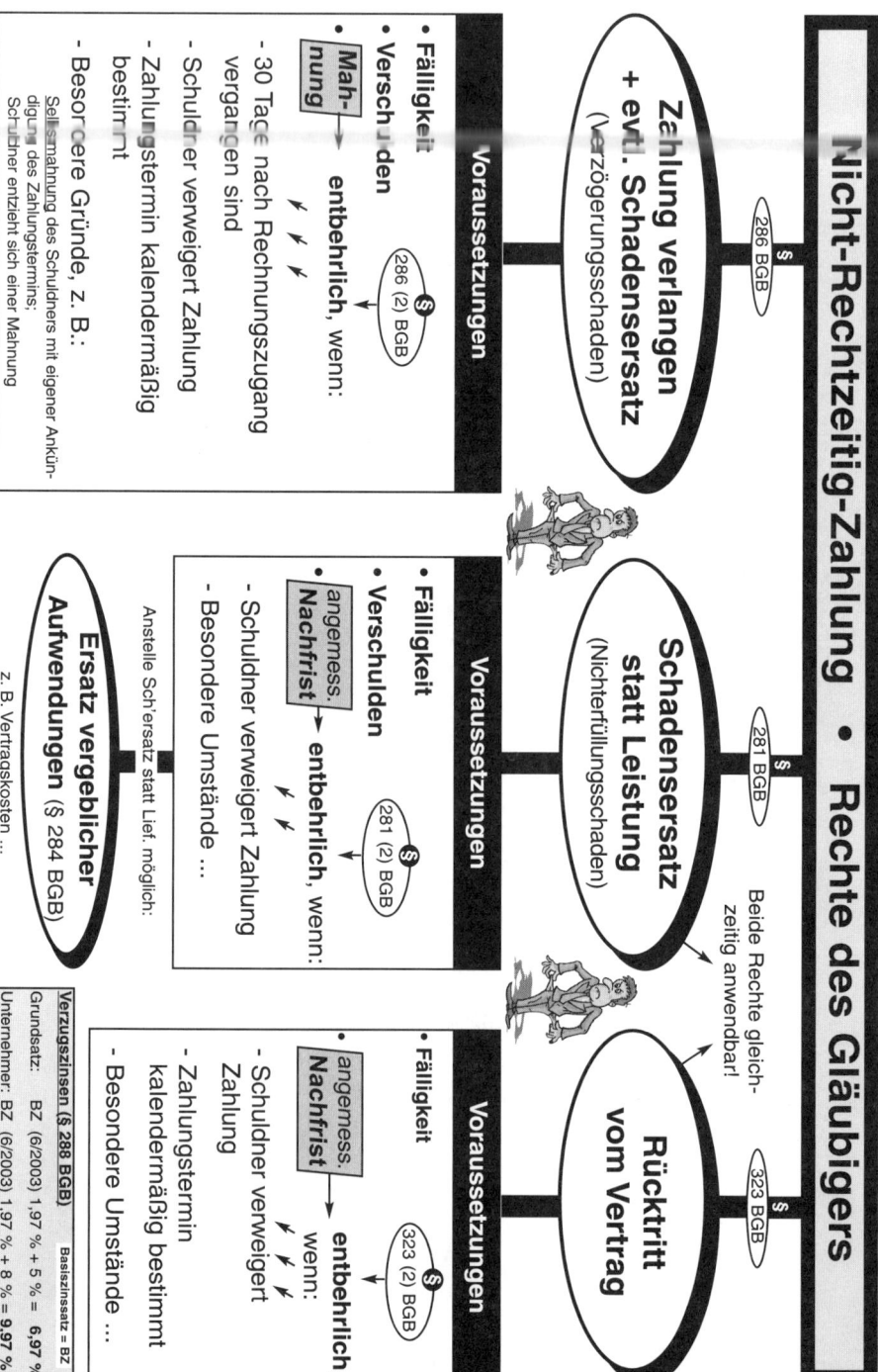

BWL: Rechtliche Grundlagen des Wirtschaftens

Aufgaben

1. Käufer K zahlt nicht rechtzeitig.

   Welche **Rechte** hat der Verkäufer und welche **Voraussetzungen** sind zu beachten?

2. Privatmann Wetzel kauft von Privatmann Bauer ein Auto.

   Wie viel Prozent **Verzugszinsen** kann Bauer verlangen, wenn Wetzel nicht rechtzeitig zahlt?

3. Privatmann Wetzel kauft von Firma Schnorr ein Fernsehgerät.

   Wie viel Prozent **Verzugszinsen** kann Firma Schnorr verlangen, wenn Wetzel nicht rechtzeitig zahlt?

4. Firma Schnorr kauft bei der „Elek-GmbH" zehn Fernsehgeräte.

   Wie viel Prozent **Verzugszinsen** kann die Elek-GmbH verlangen, wenn Firma Schnorr nicht rechtzeitig zahlt?

5. Die Elek-GmbH liefert an Firma Schnorr zehn Fernsehgeräte. Firma Schnorr erhält die Rechnung am **10. Januar**.

   a) Es wurde **kein Zahlungsziel** vereinbart.

   Ab wann befindet sich Firma Schnorr in Verzug, wenn **keine Mahnung** versandt wurde?

   b) Es wurde **kein Zahlungsziel** vereinbart.

   Ab wann befindet sich Firma Schnorr in Verzug, wenn am 20. Januar eine **Mahnung** versandt wurde?

   c) **Zahlungsziel**: Zahlung bis spätestens 24. Januar.

   Ab wann befindet sich Firma Schnorr in Verzug?

6. Die Elek-GmbH liefert an **Privatmann** Wetzel ein Fernsehgerät. Wetzel erhält die Rechnung am 10. Januar. Es wurde **kein Zahlungsziel** vereinbart.

   Ab wann befindet sich Wetzel in Verzug?

BWL: Rechtliche Grundlagen des Wirtschaftens 32

1.7 Eigentumsvorbehalt

Stofftelegramm

Eigentumsvorbehalt
- Lieferer behält sich Eigentum bis zur vollständigen Bezahlung der Ware vor.
- Käufer wird Besitzer, Verkäufer bleibt Eigentümer bis zur vollständigen Zahlung.
- Vertragsklausel: „Die Ware bleibt bis zur vollständigen Zahlung unser Eigentum."

Eigentumsvorbehalt erlischt, wenn ...
- ... Ware vollständig bezahlt ist
- ... Veräußerung der Ware an gutgläubigen Dritten
- ... Verarbeitung, Verbrauch oder Zerstörung der Ware
- ... Verbindung der Ware mit unbeweglicher Sache (z. B. Gebäude)

Verlängerter Eigentumsvorbehalt
- Forderungsabtretung bei Weiterverkauf der Ware durch Käufer.
- Bei Weiterverarbeitung: Sicherungsübereignung des hergestellten Gegenstandes an den Lieferer.

Erweiterter Eigentumsvorbehalt
Der Eigentumsvorbehalt bezieht sich auf **alle Lieferungen** an einen Käufer.

Aufgaben

1. a) Was versteht man unter Eigentumsvorbehalt?

   b) Wann erlischt der Eigentumsvorbehalt?

2. Erklären Sie   a) verlängerter   b) erweiterter Eigentumsvorbehalt

3. a) Weshalb bietet der einfache Eigentumsvorbehalt bei Rohstofflieferungen keine ausreichende Sicherheit für den Lieferer?

   b) Welche günstigeren Alternativen bieten sich an? Begründung.

1.8 Das außergerichtliche Mahnverfahren

Möglicher Ablauf (viele Alternativen denkbar)

Stofftelegramm

1. Mahnung:
- höfliche Zahlungserinnerung
- evtl. Beilage der Rechnungskopie

↓ erfolglos

2. Mahnung:
- Mahnung in der Form eines höflichen Briefes
- ausdrückliche Zahlungsaufforderung, evtl. Setzen einer Zahlungsfrist
- evtl. erneute Beilage der Rechnungskopie

↓ erfolglos

3. Mahnung:
- Setzen einer letzten Zahlungsfrist
- evtl. Androhung:
  - Postnachnahme
  - Einschalten eines Inkassoinstitutes
  - Einschalten der Rechtsabteilung

↓ erfolglos

4. Mahnung:
- letzte Mahnung mit Androhung des gerichtlichen Mahnverfahrens (Mahnbescheid)

↓ erfolglos

Zustellung Mahnbescheid = Beginn des gerichtlichen Mahnverfahrens

Aufgaben

1. Wie verläuft üblicherweise das außergerichtliche Mahnverfahren?

BWL: Rechtliche Grundlagen des Wirtschaftens 34

1.9 Allgemeine Geschäftsbedingungen (AGB)

Stofftelegramm

Definition AGB
- Für eine Vielzahl von Verträgen vorformulierte Vertragsbedingungen, die eine Vertragspartei (meist Verkäufer) einer anderen (meist Käufer) bei Vertragsabschluss stellt.
- Vorformulierte **Einzelvertragsklauseln**, auf die der Verbraucher keinen Einfluss nehmen konnte: fallen auch unter AGB.

Merke → **Individuell** ausgehandelte Vertragsbedingungen sind **keine AGB** und haben Vorrang!

Vorteile (Bedeutung) der AGB

- Vertragsinhalte nicht ständig neu auszuhandeln
- Rationalisierung von Absatz und Beschaffung durch Vereinheitlichung von Vertragsinhalten = Zeit- und Kostenersparnis
- Risikobegrenzung für den Verwender

Nachteile der AGB

- Einschränkung der Vertragsfreiheit
- evtl. einseitige Benachteiligung des schwächeren Vertragspartners, insbesondere des Nichtkaufmanns
- Wettbewerbsbeschränkung

Gesetzliche Regelung der AGB: §§ 305 - 310 BGB

- **Hauptzweck:** Keine Benachteiligung wirtschaftlich Schwächerer, Verbraucherschutz
- **AGB allgemein unwirksam**, wenn unangemessene Benachteiligung
- **AGB gegenüber Nichtkaufleuten unwirksam**, wenn
  - unauffälliger Kleindruck
  - fehlender Hinweis auf AGB
  - unangemessen lange bzw. unbestimmbare Lieferfristen
  - überraschende (ungewöhnliche) Klauseln
  - Preiserhöhungsrecht innerhalb von 4 Monaten nach Vertragsdatum
  - grundloser Rücktrittsvorbehalt enthalten
  - Verschlechterung gesetzlicher Gewährleistungsansprüche
  - Ausschluss gesetzlicher Rechte bei Nicht-Rechtzeitig-Lieferung

Aufgaben

1. a) Was sind AGB?
   b) Nennen Sie Vor- und Nachteile der AGB?
   c) Welchen Hauptzweck verfolgen die AGB-Regelungen?
   d) Wann sind AGB allgemein unwirksam?
   e) Wann sind AGB gegenüber Nichtkaufleuten unwirksam? Beispiele

2. Sind folgende AGB-Klauseln gegenüber Nichtkaufleuten gültig? Begründungen
   a) „Wir haben das Recht, ohne Angabe von Gründen den Vertrag zu lösen."
   b) „Wir haben ein Preisanpassungsrecht bei Lieferungen, die später als 8 Wochen nach Vertragsabschluss erfolgen." Vereinbarte Lieferfrist: innerhalb 3 Monaten nach Vertragsdatum.
   c) Wie ist b zu beantworten, wenn das Preisanpassungsrecht individuell ausgehandelt worden wäre?
   d) „Die Lieferung erfolgt unmittelbar nach Fertigstellung."
   e) „Garantie drei Monate."
   f) „Der Käufer des Textverarbeitungsprogrammes ist verpflichtet, unseren 3-tägigen entgeltlichen Textverarbeitungskurs zu belegen."
   g) „Bei Nicht-Rechtzeitig-Lieferung (Lieferungsverzug) wird kein Schadensersatz geleistet."

BWL: Rechtliche Grundlagen des Wirtschaftens   35

1.10 PRÜFUNGSAUFGABEN

Prüfungsaufgabe 2001/2002 (Aufgabe 1, Teile 1 bis 3)

Der 17-jährige Benjamin Multhaupt bestellt am 09.11.2000 bei der Günter Rick OHG einen Computer.

1 Am 15.11.2000 erhält der Vater von Benjamin beiliegenden Brief der Rick OHG (**Anlage 1**). Erklären Sie schrittweise, wie hier ein Kaufvertrag zustande kommen kann.

2 Nehmen Sie an, dass ein Kaufvertrag zustande gekommen ist. Die Auslieferung des PCs erfolgt vereinbarungsgemäß mit beiliegender Rechnung (**Anlage 2**).

Begründen Sie, wann Benjamin Eigentümer des Computers wird (mit Datumsangabe).

3 Am 09.12.2000 findet Benjamin in einem Prospekt eines örtlichen Fachhändlers seinen Computertyp 300,00 € günstiger angeboten. Benjamin fühlt sich übervorteilt.

3.1 Prüfen Sie umfassend, ob eine Anfechtung wegen Irrtums nach § 119 BGB möglich wäre.

3.2 Welche rechtliche Wirkung hätte eine erfolgreiche Anfechtung?

Günter Rick OHG
Computer-Fachhandel
Karlstraße 23, 74010 Heilbronn

Herrn
Friedhelm Multhaupt
Kunststraße 15

74172 Neckarsulm

Heilbronn, 14.11.2000

Kauf eines PC durch Ihren Sohn Benjamin

Sehr geehrter Herr Multhaupt,

Ihr Sohn Benjamin hat am 09.11.2000 aufgrund meiner Anzeige in der Heilbronner Stimme vom 05.11.2000 bei mir einen Computer

| PC „Polaris – Home", AMD K7, 128 MB RAM, 20 GB Festplatte, 48xCD-ROM, 32 MB ATI Graphikkarte, Soundkarte, Monitor 17", Tastatur und Maus für | 2.209,00 € |

bestellt. Die Lieferung habe ich ihm für den 02.12.2000 zugesagt.

Unsere Aushilfsverkäuferin, die mit Ihrem Sohn die Schule besucht hat, teilte mir mit, dass Ihr Sohn noch minderjährig sei.

Ich bitte Sie deshalb, mit mir in den nächsten 8 Tagen Kontakt aufzunehmen.

Mit freundlichen Grüßen

Günter Rick OHG

Günter Rick

Günter Rick

Günter Rick OHG
Registergericht Heilbronn, HRA 5200/94 Haftender Gesellschafter: Günter Rick
Bankverbindung: Konto-Nr. 6009-037-223 bei der Kreissparkasse Heilbronn (BLZ 620 500 00)

Anlage 2

Günter Rick OHG
Computer-Fachhandel
Karlstraße 23, 74010 Heilbronn

Herrn
Benjamin Multhaupt
Kunststraße 15

74172 Neckarsulm

Heilbronn, 02.12.2000

Rechnung   **Nr. 276**

Sehr geehrter Herr Multhaupt,

für den heute gelieferten Computer

       PC „Polaris – Home", AMD K7, 128 MB RAM,
       20 GB Festplatte, 48xCD-ROM, 32 MB ATI Graphikkarte,
       Soundkarte, Monitor 17 '', Tastatur und Maus

erlauben wir uns, Ihnen vereinbarungsgemäß

       € 2209,00

in Rechnung zu stellen.

Wir bitten um Überweisung bis spätestens 02.01.2001 auf unser Konto 6009-037-223 bei der Kreissparkasse Heilbronn, BLZ 62050000.

Mit freundlichen Grüßen

Günter Rick OHG

Günter Rick

Günter Rick

                              Günter Rick OHG
          Registergericht Heilbronn, HRA 5200/94 Haftender Gesellschafter: Günter Rick
          Bankverbindung: Konto-Nr. 6009-037-223 bei der Kreissparkasse Heilbronn (BLZ 620 500 00)

BWL: Rechtliche Grundlagen des Wirtschaftens

Prüfungsaufgabe 2002/2003 (Aufgabe 1)

Sachverhalt:

Am Samstag, 12. Oktober 2002, hat das Ehepaar Koch nach intensiver Suche eine Eigentumswohnung gefunden. Mit Herrn Villing (Wohnungseigentümer), der die Wohnung verkaufen will, sind sie nach Besichtigung und intensiven Verhandlungen über die wesentlichen Vertragsinhalte einig geworden. Grundrisspläne gibt Herr Villing dem Ehepaar Koch mit.

1. Welche Formvorschrift müsste von den beiden Vertragspartnern für den Abschluss dieses Kaufvertrags beachtet werden?

2. Beschreiben Sie, wie die Übertragung des Eigentums an der Wohnung auf die Eheleute Koch erfolgen müsste.

3. Begründen Sie, warum bei Immobiliengeschäften der Gesetzgeber ein solch aufwändiges Verfahren vorschreibt. (Zwei Gründe)

Am Montag darauf liest Frau Koch in der Zeitung folgendes Sonderangebot:

Cannstatter Zeitung
Untertürkheimer Zeitung
vom 14. Oktober 2002

Einbauküche zum Verlieben, mit einer eleganten und hellen Strukturmaserung in Zimteiche.
Pflegeleichte und strapazierfähige Schichtstoff-Oberfläche. L-Form 310 x 250 cm

Musterküche   8.848,00 €   statt 19.921,00 €

allmilmö
die Phantastische Küche

Küchen über 50 % reduziert!
Sofort zugreifen!
Cannstatt, Neckarstraße 11
Tel.: 07121 2356

Sie vergleicht die angegebenen Maße mit dem Grundrissplan der Küche und stellt fest, dass diese Küche optimal in die neue Wohnung passt. Sofort bestellt sie telefonisch diese Küche. Der Verkäufer nimmt die Bestellung an. Die Lieferung der Küche soll am 28. Oktober 2002 erfolgen.

4. Begründen Sie, ob es sich bei dieser Zeitungsanzeige um ein Angebot im rechtlichen Sinne handelt.

5. Ist durch das Telefongespräch ein Kaufvertrag zustande gekommen? (Ausführliche Begründung)

6. Herr Koch ist der Meinung, dass es besser wäre, diesen Kaufvertrag schriftlich zu machen und dass außerdem seine Zustimmung als Ehepartner erforderlich sei.

Nehmen Sie hierzu Stellung.

7   Am 26. Oktober 2002 erhält das Ehepaar Koch von Herrn Villing die Mitteilung, dass die Wohnung rechtsgültig an einen anderen Käufer zu einem höheren Preis verkauft wurde.

Erläutern Sie, ob das Ehepaar Koch Ansprüche gegen Herrn Villing geltend machen kann.

8   Die Küche wird nun vom Ehepaar Koch nicht mehr benötigt, da sie die Wohnung nicht bekommen haben.

Überprüfen Sie die rechtlichen Möglichkeiten für die Eheleute Koch.

Machen Sie einen Vorschlag, was das Ehepaaar Koch tun könnte.

Prüfungsaufgabe 2003 (Aufgabe 2)

1   Herr Neureich möchte seinen Garten neu gestalten. Er bestellt aufgrund eines Angebots beim Garten-Center Knolle verschiedene Gartengeräte und Pflanzen (vgl. **Anlagen 1 u. 2**).

Begründen Sie anhand der Anlagen und mit Gesetzestexten

1.1 welche rechtliche Bedeutung die jeweilig abgegebenen Willenserklärungen besitzen und

1.2 auf welche Weise hier ein Kaufvertrag zustande kommen kann.

2   Nehmen Sie an, der Kaufvertrag sei zustande gekommen. Die Lieferung ist bis 20. März noch nicht erfolgt, da der zuständige Sachbearbeiter die Bestellung „verlegt" hat.

2.1 Überprüfen Sie, ob hier eine Nicht-Rechtzeitig-Lieferung (Lieferungsverzug) vorliegt.

2.2 Herr Neureich ist über das Ausbleiben der Lieferung verärgert und würde am liebsten vom Vertrag zurücktreten.

Unter welchen Voraussetzungen ist dies möglich?

3   Während eines längeren Telefonats erklärt sich Neureich mit einer verspäteten Lieferung einverstanden. Die Lieferung erfolgt am 24. März. Neureich setzt die Pflanzen im Garten sofort ein. Zwei Tage später erhält er die Rechnung. Die Allgemeinen Geschäftsbedingungen des Garten-Centers sind beigefügt.

Prüfen Sie, ob diese Allgemeinen Geschäftsbedingungen für Herrn Neureich verbindlich sind.

4   Herr Neureich lässt den vereinbarten Zahlungstermin verstreichen.

Klären Sie die Eigentumsverhältnisse zu diesem Zeitpunkt.

5   Im Mai will Herr Neureich zum ersten Mal seinen Rasenmäher benutzen. Beim Startversuch kommt es aufgrund eines Konstruktionsfehlers zu einer Explosion, die den Rasenmäher zerstört. Er selbst erleidet mehrere Verbrennungen und ist für drei Wochen arbeitsunfähig. Seine Kleidung wird unbrauchbar. Herr Neureich überlegt, wer ihm diese Schäden ersetzen wird. Knolle ist nur bereit, einen neuen Rasenmäher zu liefern, alle weiteren Ansprüche lehnt er ab. Ein Nachbar weist Neureich auf das Produkthaftungsgesetz hin.

5.1 Erläutern Sie, welche Ansprüche er geltend machen kann.

5.2 An wen müsste er diese Ansprüche richten?

BWL: Rechtliche Grundlagen des Wirtschaftens 39

Garten-Center Knolle, Blumenstraße 22, 78224 Singen/Hohentwiel

Jens Neureich
Hasenrain 7

| Anlage 1 |

78315 Radolfzell

KNOLLE

Angebot Nr. 437

Ihre Nachricht	Unser Zeichen	Telefon	Datum
10. Februar 2003	So/St	07732 369521	2003-02-18
		28 Herr Karrer	

Sehr geehrter Herr Neureich,

aufgrund Ihrer Anfrage vom 10.02. unterbreiten wir Ihnen folgendes Angebot:

Astsäge ASG 52	170,00 €
Profi-Gartenschere	19,50 €
Garda Strauchschere ST6	65,00 €
Benzinrasenmäher LS 360	235,00 €
100 Stück Heckeneibe	375,00 €
3 Pakete Hochstammrosen Landora à 47,50 € =	142,50 €

Bei Anlieferung durch unsere hauseigene Spedition berechnen wir eine Transportkostenpauschale von 17,00 €. Die Lieferung erfolgt schnellstmöglich.

Es gelten folgende Zahlungsbedingungen: Zahlung innerhalb von 30 Tagen nach Zugang der Rechnung rein netto oder innerhalb von 14 Tagen unter Abzug von 2 % Skonto vom Warenwert. Alle Preise beinhalten die gesetzliche Mehrwertsteuer.

Die gelieferte Ware bleibt bis zur vollständigen Bezahlung unser Eigentum.

Über Ihren Auftrag würden wir uns sehr freuen.

Mit freundlichem Gruß

V. Sorg

Jens Neureich, Hasenrain 7, 78315 Radolfzell

| Anlage 2 |

Garten-Center Knolle
Herrn V. Sorg
Blumenallee 22

78224 Singen/Hohentwiel

2003-02-21

Sehr geehrter Herr Sorg,

vielen Dank für Ihr Angebot vom 18. Februar 2003. Ich bestelle folgende Artikel:

Astsäge ASG 52	170,00 €
Profi-Gartenschere	19,50 €
Garda Strauchschere ST6	65,00 €
Benzinrasenmäher LS 360	235,00 €
100 Stück Heckeneibe	375,00 €
3 Pakete Hochstammrosen Landora à 47,50 € =	142,50 €

Mir liegt ein vergleichbares Konkurrenzangebot vor, in dem 10 % Rabatt eingeräumt wird. Deshalb gebe ich diese Bestellung nur unter der Bedingung ab, dass ich auch von Ihnen diesen Nachlass erhalte. Ich bitte um eine Bestätigung und erwarte die Lieferung innerhalb drei Wochen ab Bestelldatum.

Mit freundlichem Gruß

Jens Neureich

2 Rechtsformen der Unternehmung

2.1 Kaufmann - Handelsregister - Firma

Stofftelegramm

Kaufmann im Sinne des HGB

- Für wen gilt das **HGB?** –> Für **Kaufleute**

- Wer ist **Kaufmann nach HGB?**

    –> jeder Gewerbetreibende mit kaufmänn. Organisation (mit kaufmännischem Geschäftsbetrieb)

    –> jeder Gewerbetreibende ohne kfm. Organisation, sofern freiwillig im Handelsregister eingetragen

    = **Kannkaufmann** (er **kann**, muss sich jedoch nicht im Handelsregister eintragen lassen)

    –> jede Kapitalgesellschaft (GmbH, AG) = **Formkaufmann**

    –> jeder Land- und Forstwirt, sofern freiwillig im Handelsregister eingetragen = **Kannkaufmann**

- Wer im Handelsregister steht, ist **Kaufmann nach HGB**

    (bei deklaratorischer Wirkung besteht die Kaufmannseigenschaft evtl. schon vorher).

- Alle **Kleingewerbetreibende**

    = Gewerbetreibende, deren Unternehmen einen in kaufm. Weise eingerichteten Geschäftsbetrieb nicht erfordert;

    kurz: Gewerbetreibende ohne kaufm. Organisation

    können freiwillig die **Kaufmannseigenschaft** erwerben, indem sie sich ins Handelsregister eintragen lassen (**„Kannkaufleute"**).

- Auch **Kleingewerbetreibende** können eine **OHG bzw. KG** gründen, sofern sie im Handelsregister eingetragen sind.

Vgl. Übersicht nächste Seite!

BWL: Rechtsformen

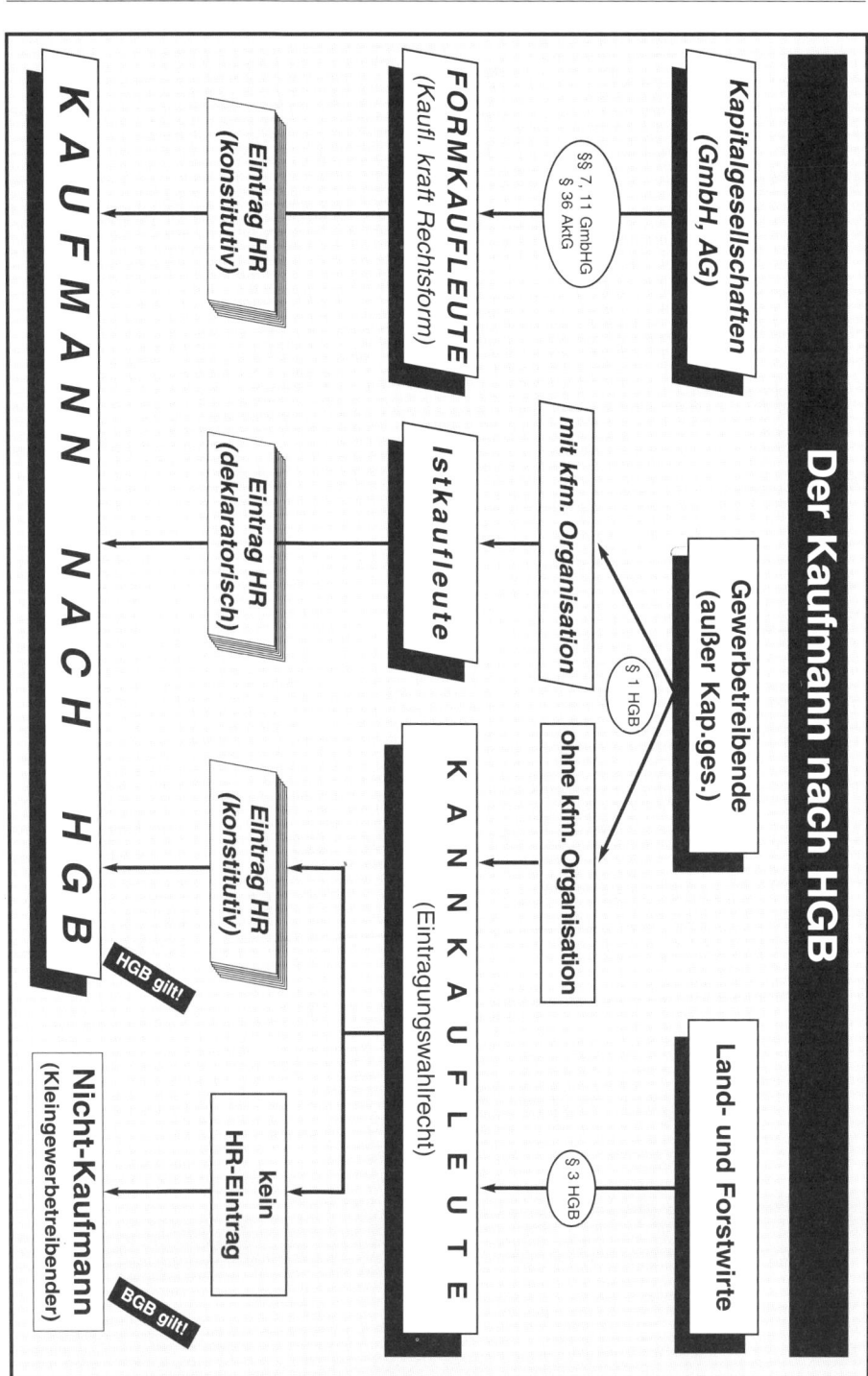

Der Kaufmann nach HGB

Kapitalgesellschaften (GmbH, AG)
— §§ 7, 11 GmbHG, § 36 AktG →
FORMKAUFLEUTE (Kaufl. kraft Rechtsform)
→ Eintrag HR (konstitutiv)
→ **KAUFMANN NACH HGB** — *HGB gilt!*

Gewerbetreibende (außer Kap.ges.)
— § 1 HGB →
- mit kfm. Organisation → **Istkaufleute** → Eintrag HR (deklaratorisch) → KAUFMANN NACH HGB
- ohne kfm. Organisation → **KANNKAUFLEUTE** (Eintragungswahlrecht)

Land- und Forstwirte
— § 3 HGB → **KANNKAUFLEUTE** (Eintragungswahlrecht)

KANNKAUFLEUTE:
- → Eintrag HR (konstitutiv) → KAUFMANN NACH HGB
- → kein HR-Eintrag → **Nicht-Kaufmann** (Kleingewerbetreibender) — *BGB gilt!*

BWL: Rechtsformen

Aufgaben

1. Für wen gilt das HGB?

2. Unterscheiden Sie hinsichtlich Handelsregister-Eintrag: Gewerbetreibende mit bzw. ohne kaufmännischen Geschäftsbetrieb.

3. Welche Besonderheiten gelten für gewerbetreibende Nichtkaufleute?

4. Welche Kaufleute sind immer Kaufleute nach HGB?

5. Inwiefern unterscheidet sich die rechtliche Wirkung der Handelsregistereintragung bei Formkaufleuten von den sonstigen Gewerbetreibenden mit kaufmännischem Geschäftsbetrieb?

6. Nennen Sie vier Kriterien für die Beurteilung, ob ein Gewerbetreibender einen in kaufmännischer Weise eingerichteten Geschäftsbetrieb unterhält.

7. Unterscheiden Sie die Begriffe Kann- und Formkaufmann. Nennen Sie je zwei Beispiele.

8. Ingo Schopf ist alleiniger Gesellschafter und Geschäftsführer der Schopf GmbH. Ist er Kaufmann i. S. des HGB?

9. Welche Gewerbetreibenden können nicht Prokura erteilen?

10. Welche Nachteile haben eingetragene Kaufleute im Vergleich zu Nichtkaufleuten?

11. Welche Kaufmannsart(en) liegt (liegen) jeweils vor?

    a) Opf & Co. KG, Kunststoffverarbeitung, 70 Beschäftigte

    b) Großkino in Hamburg, 15 Beschäftigte, 2 Mio. € Jahresumsatz

    c) Rechtsanwaltspraxis Dr. Para

    d) Würstchenbude in der Innenstadt

    e) Handels-GmbH, ein Gesellschafter, keine Mitarbeiter

    f) Landwirtschaftlicher Großbetrieb des Bauern Gerster

    g) EDV-Beratungsbetrieb „Daty e. K." ohne Mitarbeiter; Jahresumsatz 70.000,00 €

    h) Poppe e. K.; 2-Mann-Betrieb; Jahresumsatz 30.000,00 €

    i) Ravensburger Spiele AG

    j) Industriekaufmann Sebastian Schaufel

BWL: Rechtsformen 43

Handelsregister → Öfftl. Verzeichnis aller Kaufleute nach HGB des Amtsgerichtsbezirks

Inhalt:
- Firma
- Inhaber
- Kapital
- Prokura
- Geschäftssitz
- Gegenstand d. U.
- Geschäftsführer bzw. Vorstandsmitglieder

Öffentlichkeit des Handelsregisters:

- § 9 HGB: Einsicht für jeden
- § 10 HGB: Veröffentlichung aller Eintragungen und Löschungen (letztere erfolgen durch rotes Unterstreichen) im Bundesanzeiger u. örtl. Tageszeitung
- § 15 Abs. 2 HGB: Öffentlicher Glaube (eingetragene u. bekanntgemachte Tatsachen muss jeder gegen sich gelten lassen)

Abt. A: Einzelunternehmen und Personengesellschaften

Abt. B: Kapitalgesellschaften

Beginn der rechtlichen Wirkung der Eintragung:

1. **Deklaratorisch** (rechtsbezeugend): Die Rechtswirkung besteht schon vor Eintrag im Handelsregister.

   Bsp.: Einzeluntern., Personengesellschaften jeweils mit kaufmänn. Organisation

2. **Konstitutiv** (rechtserzeugend): Die Rechtswirkung besteht erst durch die Eintragung.

   Bsp.: Kapitalgesellschaft, Kannkaufmann

Zeichnung: Linders

Quelle: „HOT" - Holzer-Telegramm (Unterrichtsmagazin für Wirtschaftsfächer), Bildungsverlag EINS

BWL: Rechtsformen 44

Firma → Name, unter dem der Kaufmann nach HGB seine Geschäfte betreibt und unterschreibt. Er kann unter seiner Firma klagen u. verklagt werden (§ 17 HGB).

Kurz: Handelsname

Arten:
- Personenfirma (Alf Moll)
- Sachfirma (Software Daten GmbH)
- Mischfirma (Bau Moll GmbH)
- Phantasiefirma (Softy OHG)

Firmengrundsätze:

- **Firmenöffentlichkeit:** Handelsregistereintrag –> jeder kann einsehen
- **Firmenbeständigkeit:** Firmenbeibehaltungswahlrecht bei Inhaberwechsel, wenn bisheriger Inhaber einwilligt. Veräußerung der Firma ohne zugehörigen Geschäftsbetrieb nicht möglich.
- **Unterscheidbarkeit:** (= Firmenausschließlichkeit) Unterscheidbarkeit von anderen Firmen muss bei Neugründungen beachtet werden.
- **Offenlegung der Haftungsverhältnisse:** durch Rechtsformzusätze (z. B.: e. K.; OHG...)
- **Offenlegung der Gesellschaftsverhältnisse:** durch Rechtsformzusätze
- **Irreführungsverbot:** Der Firmenname darf nicht über geschäftliche Verhältnisse, die für die Geschäftspartner maßgeblich sind, täuschen.

Aufgaben

1. Erklären Sie den Begriff **Handelsregister.**
2. Wo kann das Handelsregister eingesehen werden?
3. Nennen Sie acht wesentliche Eintragungen im Handelsregister.
4. Wer darf das Handelsregister einsehen?
5. Wie wird formal eine Handelsregistereintragung gelöscht?
6. Wie werden HR-Eintragungen bzw. -änderungen bekanntgemacht?
7. Welche Bedeutung hat das Handelsregister?
8. Welche Personenkreise haben ein besonderes Interesse an HR-Eintragungen bzw. -änderungen? Drei Nennungen + Begründung.

BWL: Rechtsformen

9. Welche Rechtsformen werden in welchen Abteilungen des Handelsregisters geführt?

10. Erklären Sie den Begriff „öffentlicher Glaube".

11. Erklären Sie anhand je eines Beispiels die unterschiedliche rechtliche Wirkung einer Handelsregistereintragung. Verwenden Sie die üblichen Fachbegriffe.

12. Welche der folgenden Aussagen sind richtig?

   a) Das Handelsregister ist ein öffentliches Verzeichnis aller Kaufleute.

   b) Das Handelsregister unterrichtet u.a. über Kapitalverhältnisse eines Unternehmens.

   c) GmbHs werden in Abteilung A des Handelsregisters geführt.

   d) Prokuristen werden nur in Abteilung B des Handelsregisters geführt.

   e) Alle Eintragungen und Änderungen im Handelsregister werden veröffentlicht.

   f) Deklaratorische Wirkung des Handelsregistereintrags bedeutet, dass die Rechtswirksamkeit mit der Eintragung im Handelsregister eintritt.

   g) Die Löschung einer Handelsregistereintragung erfolgt durch Unterstreichen.

   h) Handelsregistereintragungen kann jeder einsehen, der ein berechtigtes Interesse nachweist.

   i) Das Handelsregister informiert Außenstehende über die Gewinnsituation des Unternehmens.

   j) Anmeldungen zur Eintragung im Handelsregister müssen in notariell beglaubigter Form erfolgen.

13. Erklären Sie den Begriff **„Firma"**.

14. Nennen und beschreiben Sie kurz sechs Firmengrundsätze.

15. Welche Firmenart liegt in folgenden Fällen jeweils vor?

   a) Sportgroßhandel KG
   b) Schneider-Video-GmbH
   c) Holzapfel OHG
   d) Biggy AG
   e) Müller e. Kfr.
   f) Schulbuchverlag Anne Pfeff KG

16. Anke Strupp, Inhaberin des Modegeschäfts „Anke Strupp e. Kfr." in Bonn, verkauft das Geschäft an Evi Pfau. Unter welchen Voraussetzungen darf die bisherige Firma beibehalten werden?

17. Franz Maier möchte in Wittenberg/Lutherstadt eine Firma mit der Bezeichnung „Franz Maier e. K." gründen, obwohl bereits eine andere gleichnamige Firma in Wittenberg existiert. Ist dies möglich? Begründung.

18. Die Firma „Schulbuchverlag Pfau GmbH" ändert den Unternehmensgegenstand und verkauft nur noch Videos an Videotheken. Darf die Firma beibehalten werden? Begründung.

2.2 Übersicht über die wesentlichen Rechtsformen

Stofftelegramm

Einzelunternehmung: Ein Vollhafter (Alleinunternehmer)

Personengesellschaften:

- Offene Handelsgesellschaft (OHG): mind. 2 Vollhafter

- Kommanditgesellschaft (KG): mind. 1 Vollhafter (Komplementär)
  mind. 1 Teilhafter (Kommanditist)

- GmbH & Co. KG: KG, bei der GmbH Vollhafter ist.

Kapitalgesellschaften:

- Gesellschaft mit beschränkter Haftung (GmbH): mind. 1 Teilhafter

- Aktiengesellschaft (AG): mind. 1 Teilhafter

Szenen in einer Gesellschaft ...

Schopf & Bull KG | **Schopf & Bull KG**

Zeichnung: Linders

Quelle: „HOT" - Holzer-Telegramm (Unterrichtsmagazin für Wirtschaftsfächer), Bildungsverlag EINS

2.3 Einzel- oder Gesellschaftsunternehmung

Stofftelegramm

Einzelunternehmung → Einzelunternehmer = alleiniger Eigentümer

Firma: Zusatz „e. K." (eingetragener Kaufmann) bzw. „e. Kfm." bzw. „e. Kfr."

Haftung: Privat- und Geschäftsvermögen (= unbeschränkte Haftung)

Vorteile:
- schnelle Entscheidungen (keine Abstimmungen)
- keine Streitigkeiten in Unternehmensführung
- keine Gewinnaufteilung

Nachteile:
- keine Risiko- (Haftungs-)teilung
- begrenzte Kapitalbeschaffungsmöglichkeiten
- einseitige Unternehmenspolitik
- evtl. Arbeitsüberlastung

Bedeutung:
- häufigste Unternehmensform
- geeignet für kleine bis mittelgroße Unternehmen
- große Entfaltungsmöglichkeiten des Unternehmers

Gesellschaft → mindestens zwei Gesellschafter

<u>Gründe für Ges´bildung</u>
- Kapitalvermehrung
- Verteilung der Arbeitslast
- Aufteilung Unternehmerrisiko
- Erhöhung der Kreditwürdigkeit
- Heranziehen von Fachleuten

<u>Nachteile einer Gesellschaft</u>
- weniger Entscheidungsfreiheit (Geschäftsführung und Vertretung in verschiedenen Händen)
- Entscheidungsverzögerungen durch Meinungsverschiedenheiten
- Gewinnaufteilung

Aufgaben (Grundwissen)

1. Knut Säusel eröffnet eine Einzelunternehmung. Wie könnte die Firma lauten?
2. Wie haftet der Einzelunternehmer?
3. Nennen Sie je drei Vor- und Nachteile der Einzelunternehmung.
4. Welche Bedeutung hat die Einzelunternehmung?
5. Nennen Sie Vor- und Nachteile einer Gesellschaftsbildung.

2.4 Die Kommanditgesellschaft (KG)

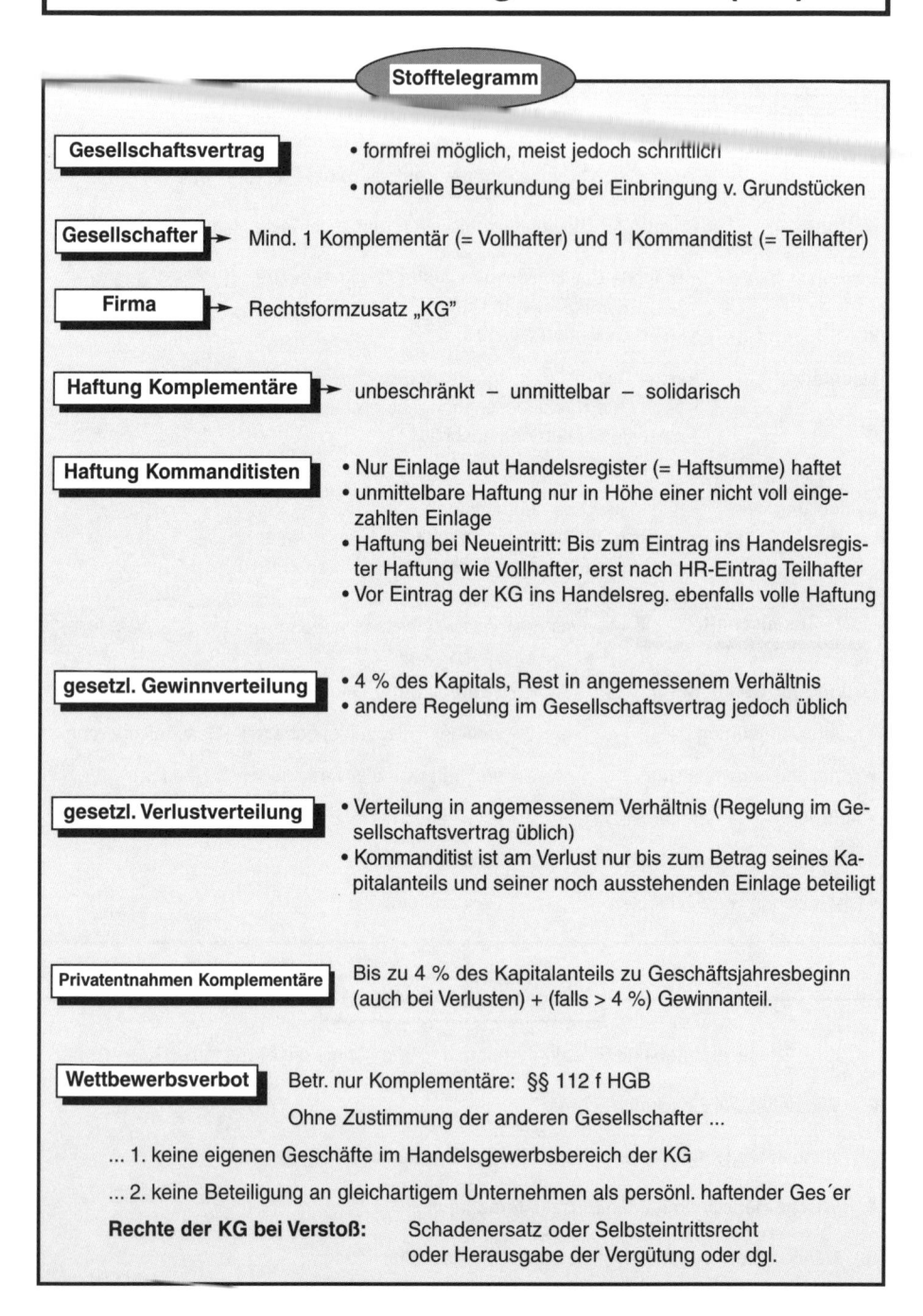

Stofftelegramm

Gesellschaftsvertrag
- formfrei möglich, meist jedoch schriftlich
- notarielle Beurkundung bei Einbringung v. Grundstücken

Gesellschafter → Mind. 1 Komplementär (= Vollhafter) und 1 Kommanditist (= Teilhafter)

Firma → Rechtsformzusatz „KG"

Haftung Komplementäre → unbeschränkt – unmittelbar – solidarisch

Haftung Kommanditisten
- Nur Einlage laut Handelsregister (= Haftsumme) haftet
- unmittelbare Haftung nur in Höhe einer nicht voll eingezahlten Einlage
- Haftung bei Neueintritt: Bis zum Eintrag ins Handelsregister Haftung wie Vollhafter, erst nach HR-Eintrag Teilhafter
- Vor Eintrag der KG ins Handelsreg. ebenfalls volle Haftung

gesetzl. Gewinnverteilung
- 4 % des Kapitals, Rest in angemessenem Verhältnis
- andere Regelung im Gesellschaftsvertrag jedoch üblich

gesetzl. Verlustverteilung
- Verteilung in angemessenem Verhältnis (Regelung im Gesellschaftsvertrag üblich)
- Kommanditist ist am Verlust nur bis zum Betrag seines Kapitalanteils und seiner noch ausstehenden Einlage beteiligt

Privatentnahmen Komplementäre Bis zu 4 % des Kapitalanteils zu Geschäftsjahresbeginn (auch bei Verlusten) + (falls > 4 %) Gewinnanteil.

Wettbewerbsverbot Betr. nur Komplementäre: §§ 112 f HGB

Ohne Zustimmung der anderen Gesellschafter ...

... 1. keine eigenen Geschäfte im Handelsgewerbsbereich der KG

... 2. keine Beteiligung an gleichartigem Unternehmen als persönl. haftender Ges´er

Rechte der KG bei Verstoß: Schadenersatz oder Selbsteintrittsrecht oder Herausgabe der Vergütung oder dgl.

BWL: Rechtsformen 49

| **Geschäftsführung (= Innenverhältnis)** | § 116 HGB: nur alle **Komplementäre!** |
| | § 164 HGB: Kommanditisten nicht! |

- **Gewöhnliche Geschäfte:** Einzelgeschäftsführungsbefugnis

- **Außergewöhnl. Geschäfte:** Gesamtgeschäftsführungsbefugnis (Zustimmung aller Gesellschafter notwendig). **Widerspruchsrecht** des **Kommanditisten.**

- **Ausschluss einzelner Gesellschafter von der Geschäftsführung:**

  Bei außergewöhnlichen Geschäften ist dennoch Zustimmung notwendig.

| **Vertretung (= Außenverhältnis)** | §§ 125, 126 HGB: alle **Komplementäre!** |
| | (nicht: Kommanditisten!) |

Einzelvertretungsbefugnis bei gewöhnlichen und außergewöhnlichen Geschäften
(Zweck dieser Regelung: Schutz des Dritten)

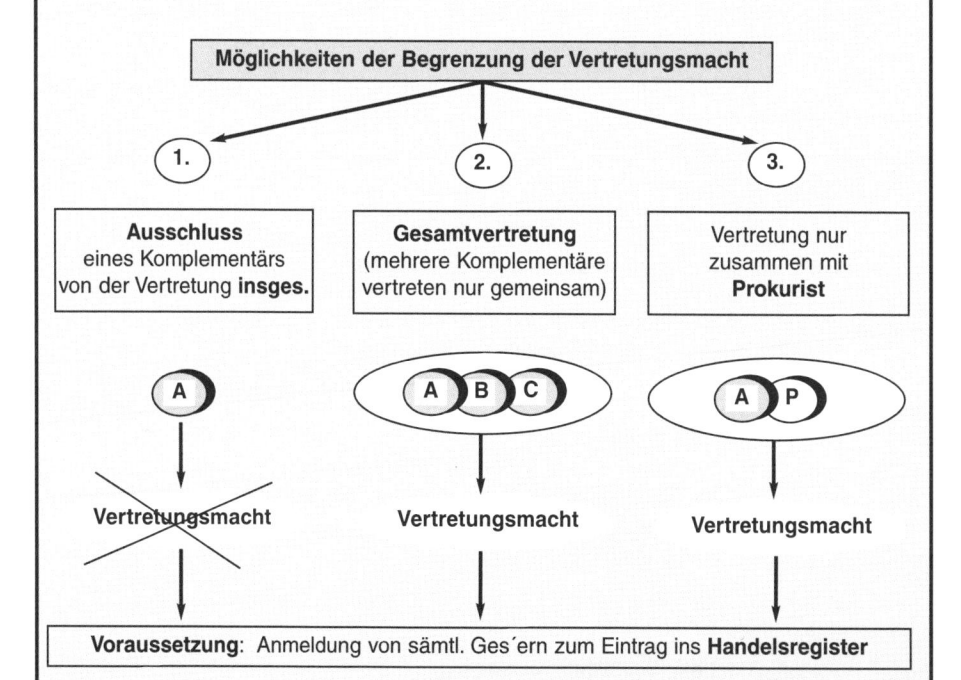

Möglichkeiten der Begrenzung der Vertretungsmacht

1. **Ausschluss** eines Komplementärs von der Vertretung **insges.**

(A) — Vertretungsmacht ✗

2. **Gesamtvertretung** (mehrere Komplementäre vertreten nur gemeinsam)

(A B C) — Vertretungsmacht

3. Vertretung nur zusammen mit **Prokurist**

(A P) — Vertretungsmacht

Voraussetzung: Anmeldung von sämtl. Ges´ern zum Eintrag ins **Handelsregister**

!!! Nicht wirksam gegenüber Dritten: Beschränkung des <u>Umfangs</u> der Vertretungsmacht !!!

BWL: Rechtsformen 50

Beginn der KG
- **Innenverhältnis:** laut Gesellschaftsvertrag
- **Außenverhältnis:** mit erstem Geschäft (Handelsregistereintrag ist **deklaratorisch**)
  Ausnahme: Kannkaufleute (KG entsteht erst mit HR-Eintrag = konstitutiv)

Aufnahme eines neuen Komplementärs N

- N haftet auch für Schulden, die bei seinem Eintritt bereits bestehen. Ausschluss dieser Haftung nur im Innenverhältnis möglich. § 128 HGB

- Möglichkeit bei **Eintritt in eine bisherige Einzelunternehmung**: N kann die Haftung auch im Außenverhältnis ausschließen durch:

  1. Eintrag im Handelsregister und Bekanntmachung oder
  2. Mitteilung an alle Gläubiger

Ausscheiden eines Komplementärs

- **Kündigungsfrist:** 6 Monate auf Geschäftsjahresende (§ 132 HGB)
- **Haftung:** Weitere 5 Jahre für die bei seinem Austritt vorhandenen Verbindlichkeiten der Gesellschaft (§ 159 HGB)

Wichtiger Vorteil der KG   Problemlose Erweiterung der Kapitalbasis durch Aufnahme weiterer Kommanditisten möglich.

Aufgaben

1. Welcher **Form** bedarf der Gesellschaftsvertrag einer KG?

2. Welche der folgenden **Firmen** einer neu zu gründenden KG sind rechtsgültig? Begründung. (Hinweis: namentlich genannt sind nur Komplementäre!)
   a) Gerd Feger Nudelfabrik   b) Nufa KG   c) Gerd Feger
   d) Feger & Frosch KG   e) Eddy Frosch KG   f) Feger KG

3. a) Einzelunternehmer Walter Schnorr nimmt den Kommanditisten Schnuff zwecks Gründung einer KG auf. Darf die bisherige **Firma** („Walter Schnorr e. K.") beibehalten werden?

   b) Die KG firmiert mit „Schnorr und Schnuff KG". Darf die **Firma** beibehalten werden, wenn Schnuff wieder ausscheidet? Begründung.

   c) Aus der Firma „Schnorr, Schnuff & Schnauff KG" scheidet Schnuff aus. Darf die **Firma** beibehalten werden?

   d) An der „Schnorr KG" sind drei Gesellschafter beteiligt. Schnorr scheidet aus. Darf die **Firma** beibehalten werden?

4. a) Erläutern Sie kurz die drei für Komplementäre bedeutenden **Haftungsbegriffe**.

   b) Worin unterscheiden sich „**Haftung**" und „**Verlustbeteiligung**"?

BWL: Rechtsformen 51

5. Wie wird der **Gewinn (Verlust)** bei der KG laut Gesetz verteilt?

6. Erklären Sie das gesetzliche **Wettbewerbsverbot** für KG-Gesellschafter und nennen Sie je ein Beispiel.

7. Die ABC-KG (50 Mitarbeiter, jährliche Erlöse 3 Mio. €, Bilanzsumme 1 Mio. €) hat bezüglich **Vertretung** und **Geschäftsführung** keine gesellschaftsvertraglichen Regelungen getroffen. B unterzeichnet ohne Vorabsprache mit A und C einen äußerst günstigen Kaufvertrag über ein Fließband im Wert von 800.000,00 €.
A und C sind nachträglich nicht einverstanden. Rechtslage?

8. Bei der ABC-KG haben die Gesellschafter vereinbart, dass Grundstücksverträge nur gemeinsam abgeschlossen werden dürfen. Der Verkäufer eines Grundstücks weiß dies.
A schließt dennoch - ohne Rücksprache mit den anderen Gesellschaftern - einen notariellen Kaufvertrag ab. Ist dieser gültig?

9. Komplementär A soll von der **Vertretung** ausgeschlossen werden.

   a) Unter welcher Voraussetzung ist dies nur rechtswirksam?

   b) Welche sonstigen Vertretungsbeschränkungen wären denkbar?

   c) Welche Vertretungsbeschränkung ist stets unwirksam?

10. Gesellschaftsvertrag der ABC-KG vom 15. Mai mit Beschluss, dass die KG am 20. Mai **beginnen** soll. Handelsregistereintrag: 25. Juni

    A unterschreibt am 30. Mai einen Kaufvertrag.
    Beurteilen Sie den Sachverhalt im Außen- und Innenverhältnis.

11. a) Der Einzelunternehmer Ott nimmt den Vollhafter Neu und den Kommanditisten Felder auf. **Haftet** Neu auch für die alten Schulden der alten Firma?

    b) Welche Möglichkeit hat Neu?

    c) Wie wäre die Rechtslage, wenn Neu in eine bestehende KG eingetreten wäre?

12. Komplementär Sauer will **ausscheiden.**   a) Kündigungsfrist?   b) Haftung?

13. Komplementär Streiter fasst am 2. Juli 01 den Entschluss, aus der Moppel & Sting KG **auszuscheiden.**

    a) Wann ist er frühestens aus seinem Vertrag „befreit"? Begründung.

    b) 3 Jahre nach seinem Ausscheiden tritt ein Gläubiger der Moppel & Sting KG an Streiter heran und verlangt die Begleichung einer am 14. Oktober 01 entstandenen und noch nicht verjährten Forderung. Muss Streiter zahlen?

14. Die Komplementäre Schinkel und Brosius sind an der Schinkel KG beteiligt. Brosius scheidet aus. Darf die bisherige **Firma** beibehalten werden? Begründung.

15. Nehmen Sie Stellung zur Rechtsgültigkeit der Vorschläge einzelner Gesellschafter der „ABC KG" betr. Ausgestaltung des Gesellschaftsvertrages der neu zu gründenden KG:

    Vorschlag A: „Die Gesellschafter B und C dürfen die KG nur gemeinsam **vertreten**."

    Vorschlag B: „Die Gesellschafter B und C sind nicht berechtigt, namens der Gesellschaft Grundstücke zu kaufen."

16. Der Gesellschaftsvertrag vom 10. Juni setzt den Beginn der „DEF KG" auf den 1. Oktober fest, die Eintragung ins Handelsregister erfolgt am 15. Oktober.

    Am 8. Oktober schließt Gesellschafter D eigenmächtig einen Kaufvertrag über eine Fertigungsanlage im Wert von 510.000,00 € ab, da er von einer geplanten Preiserhöhung erfahren hatte.

    Beurteilen Sie exakt die Rechtsgültigkeit dieser Handlung im Innen- und Außenvorhältnis Unterstellen Sie, dass diesbezügliche gesellschaftsvertragliche Regelungen fehlen.

17. Gesellschafter Mau ist an der Mau & Sauer KG beteiligt.

    Kapitalanteil Mau 1. Januar 01:   300.000,00 €
    Verlustanteil Mau im Jahr 01:   50.000,00 €
    Privatentnahmen Mau im Jahr 01:   12.000,00 €

    Sauer ist sauer über die seines Erachtens zu hohen **Privatentnahmen** von Mau. Zu Recht?

18. Der Kaufmann Alfons Storch betreibt seit 20 Jahren eine Einzelunternehmung. Für eine Betriebserweiterung soll in eine KG umgewandelt werden. Als neue Gesellschafter sollen sein Sohn Ewald als Kommanditist und der Mitarbeiter Sepp Eifer als Komplementär aufgenommen werden. Die Firma soll weiterhin die Bezeichnung „Alfons Storch e. Kfm." behalten.

    Herr Storch sen. bringt seine Unternehmung (Gebäude, sonst. Anlagevermögen, Umlaufvermögen) im Wert von 1,2 Mio. € ein, sein Sohn leistet eine Bareinlage von 200.000,00 € und Herr Eifer stellt seine Arbeitskraft zur Verfügung.

    Die KG beginnt laut Gesellschaftsvertrag vom 15. Dezember 02 am 1. Januar 03; Eintragung im Handelsregister am 10. Januar 03.

    a) Welche **Form** muss der Gesellschaftsvertrag dieser KG haben?

    b) Kann die bisherige **Firma** beibehalten werden? Begründung.

    c) Kann Sepp Eifer ohne Kapitaleinlage Gesellschafter werden?

    d) Wann **entsteht** die KG?

    e) Ein Gläubiger der KG, Georg Nieselpriem, wendet sich direkt an Eifer und verlangt von ihm die Begleichung seiner im März 02 entstandenen Forderung über 60 000,00 €. Muss Eifer zahlen oder kann er Nieselpriem an die KG verweisen? Begründung.

19. Nennen Sie die **Rechte** und **Pflichten** der KG-Gesellschafter.

20. An der Moll & Co. sind die Komplementäre Moll und Stoll sowie die Kommanditisten Filz und Milz beteiligt. Moll kauft ohne Vorabsprache für die Gesellschaft Aktien für 390.000,00 €. Prüfen Sie die Rechtslage.

21. Am 13. Mai tritt ein Kommanditist in eine bestehende KG **neu** ein. Der Handelsregistereintrag erfolgt am 30. Mai. Erklären Sie die zwischenzeitliche Situation.

22. Wann haften **alle** Kommanditisten einer KG ausnahmsweise voll?

23. Ein **Kommanditist** schließt namens der KG einen Kaufvertrag über 100,00 €. Ist der Vertrag für die KG bindend? Begründung.

24. Können **Kommanditisten** bei entsprechender Gesellschaftsvertragsgestaltung eine komplementärähnliche „Machtposition" ausüben? (Innen- u. Außenverhältnis berücksichtigen)

BWL: Rechtsformen 53

25. Kommanditkapital des Kommanditisten K: 100.000,00 € (Haftsumme)
    Davon wurden bereits eingezahlt: 70.000,00 €

    Gläubiger G wendet sich an K zwecks Einziehung seiner Forderung gegenüber der KG in Höhe von 50.000,00 €. Muss K zahlen? Begründung.

26. Wie beeinflusst der **Gewinnanteil** eines Kommanditisten seinen Kapitalanteil?

27. Haftet ein **neuer Kommanditist** auch für alte Schulden der KG?

28. Einzelunternehmer Hans Motte will seine Produktionsanlagen erweitern. Die Finanzierung soll u. a. durch Aufnahme eines Gesellschafters und die Umwandlung in eine KG erfolgen.

    Mit Umwandlung der EU in eine KG tritt Fred Rist am 31. Januar mit Unterzeichnung des Gesellschaftsvertrags als Kommanditist in das Unternehmen ein. Seine Einlage beträgt 100.000,00 €, wovon zunächst nur 50.000,00 € einbezahlt werden.

    Die Eintragung in das Handelsregister erfolgt am 15. Februar.

    a) Welche **Gründe** mögen Motte bewogen haben, eine KG als Gesellschaftsform zu wählen? (3 Gründe)

    b) Wie könnte die **Firma** der KG lauten? (2 Möglichkeiten nennen)

    c) Zu welchem Zeitpunkt **entsteht** die KG im Innen- und Außenverhältnis? Begründung.

    d) Die KG kommt vorübergehend in Zahlungsschwierigkeiten. Gläubigerforderungen in Höhe von 120.000,00 € sind fällig. Die Verpflichtungen sind vor Eintritt des Gesellschafters Rist in die Unternehmung entstanden.

    Beurteilen Sie die **Haftungsgrundlage** des Gesellschafters Rist vor und nach der Handelsregistereintragung.

    e) Zwischen dem Komplementär Motte und dem Kommanditisten Rist ergeben sich in der Folgezeit Differenzen. Nehmen Sie zu folgenden Situationen Stellung:

    1) Rist widersetzt sich der Absicht von Motte, eine Zweigniederlassung in der Schweiz zu gründen.

    2) Rist tritt in ein neu gegründetes Konkurrenzunternehmen am Geschäftssitz der KG als Vollhafter ein.

    3) Rist kündigt aus diesem Grund am 30. November das Gesellschaftsverhältnis zum 31. Dezember desselben Jahres.

29. Bis zu welcher Höhe ist ein Kommanditist am **Verlust** beteiligt?

BWL: Rechtsformen 54

2.5 Die GmbH

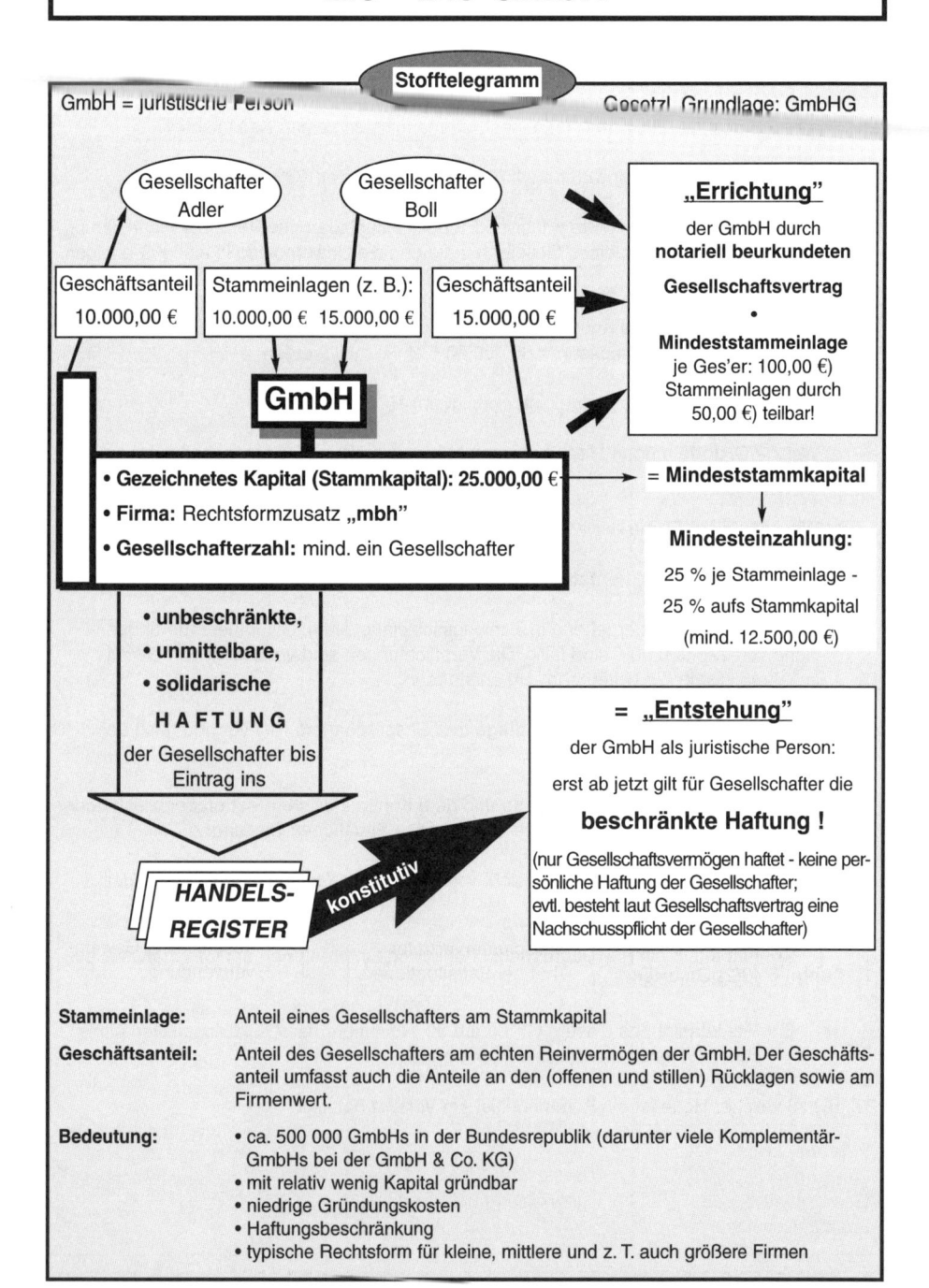

Stofftelegramm

GmbH = juristische Person

Gesetzl. Grundlage: GmbHG

Gesellschafter Adler
- Geschäftsanteil 10.000,00 €

Gesellschafter Boll
- Geschäftsanteil 15.000,00 €

Stammeinlagen (z. B.): 10.000,00 € 15.000,00 €

GmbH

- **Gezeichnetes Kapital (Stammkapital):** 25.000,00 €
- **Firma:** Rechtsformzusatz „mbH"
- **Gesellschafterzahl:** mind. ein Gesellschafter

- unbeschränkte,
- unmittelbare,
- solidarische

HAFTUNG
der Gesellschafter bis Eintrag ins

HANDELSREGISTER *konstitutiv*

„Errichtung"
der GmbH durch **notariell beurkundeten Gesellschaftsvertrag**
•
Mindeststammeinlage je Ges'er: 100,00 €)
Stammeinlagen durch 50,00 €) teilbar!

→ = **Mindeststammkapital**
↓
Mindesteinzahlung:
25 % je Stammeinlage -
25 % aufs Stammkapital
(mind. 12.500,00 €)

= **„Entstehung"**
der GmbH als juristische Person:
erst ab jetzt gilt für Gesellschafter die
beschränkte Haftung !
(nur Gesellschaftsvermögen haftet - keine persönliche Haftung der Gesellschafter;
evtl. besteht laut Gesellschaftsvertrag eine Nachschusspflicht der Gesellschafter)

Stammeinlage: Anteil eines Gesellschafters am Stammkapital

Geschäftsanteil: Anteil des Gesellschafters am echten Reinvermögen der GmbH. Der Geschäftsanteil umfasst auch die Anteile an den (offenen und stillen) Rücklagen sowie am Firmenwert.

Bedeutung:
- ca. 500 000 GmbHs in der Bundesrepublik (darunter viele Komplementär-GmbHs bei der GmbH & Co. KG)
- mit relativ wenig Kapital gründbar
- niedrige Gründungskosten
- Haftungsbeschränkung
- typische Rechtsform für kleine, mittlere und z. T. auch größere Firmen

BWL: Rechtsformen 55

Die Organe der GmbH

Geschäftsführer — Aufsichtsrat — Gesellschafterversammlung

Geschäftsführer

Vertretung = Außenverh.

- alle gewöhnl. + außergewöhnl. Geschäfte
- Beschränkungen gegenüber Dritten unwirksam
- mehrere Geschäftsführer: Gesamtvertretung

Geschäftsführung = Innenverhältnis

Eintritt durch:

Bestellung

+

Anstellungsvertrag

Ausscheiden durch:

Abberufung

+

Kündigung

Haftung: § 43(2) GmbHG

Solidarische Haftung für den entstandenen Schaden bei Verletzung ihrer Obliegenheiten

Personenkreis:

Gesellschafter- oder Fremdgeschäftsführer

Aufsichtsrat

GmbH mit maximal 500 Arbeitnehmern:

kein Aufsichtsrat notwend.

GmbH zwischen 501 und 2 000 Arbeitnehmern:

- Bildung Aufsichtsrat nach BVG
- Zusammensetzung:

  2/3 Ges'ervertreter
  1/3 Arbeitn.vertreter

- Mindestzahl der Aufsichtsratsmitglieder: 3

GmbH > 2 000 Arbeitn.:

- Bildung Aufsichtsrat nach Mitbest.gesetz
- Zusammensetzung:

  1/2 Ges'ervertreter
  1/2 Arbeitn.vertreter

- AR-Vorsitzender = Gesellschaftervertreter (hat bei Pattsituationen eine **zweite Stimme**)
- Mindestzahl der Aufsichtsratsmitglieder: 12

Aufgaben (z. B.):

Bestellung, Überwachung und Abberufung des Geschäftsführers ...

Gesellschafterversammlung

- Oberstes Organ mit erheblich mehr Rechten wie die vergleichbare Hauptversammlung bei der AG

- Bestellt den Geschäftsführer, sofern die GmbH max. 500 Arbeitn. hat (vgl. Aufsichtsrat!)

- Je 50,00 € Geschäftsanteil = 1 Stimme (vorbehaltlich einer anderen gesetzl. Regelung ab 2002) (Abweichungen laut Satzung möglich)

- Zwingende Rechte der Gesellschafter:

  – Satzungsänderungen
  – Auflösung der GmbH

- Rechte der Gesellschafter, sofern keine andere Satzungsregelung vorliegt: (vgl. § 46 GmbHG)

  – Feststellung Jahresabschluss u. Gewinnverwendung

  – Bestellung + Abberufung des Geschäftsführers (s. o. und Aufsichtsrat)

  – Bestellung von Prokuristen und allg. Handlungsbevollmächtigten

  ....

Aufgaben

1. a) Wann entsteht die GmbH?

   b) Wie ist die Haftung vor und nach Entstehung geregelt?

   c) Welche Organe hat die GmbH?

2. Bei einer GmbH sind am Stammkapital von 50.000,00 € die Gesellschafter A mit 20.000,00 €, B mit 15.000,00 € und C mit 15.000,00 € beteiligt.

   a) Wie viele Stimmen haben A, B und C jeweils bei Abstimmungen?

   b) Wie hoch ist die Bilanzposition „Noch ausstehende Einlagen", wenn A 30 %, B 50 % und C 80 % eingezahlt haben?

   c) Wie hoch sind die Stammeinlagen der Gesellschafter?

   d) Besteht die Möglichkeit, dass B Geschäftsführer wird?

   e) Geschäftsführer B kauft eine Fabrikhalle für 150.000,00 €, ohne vorher A und C zu fragen. Rechtsgültig? (Begründung)

   f) Wie ist e) zu beantworten, wenn A und B Geschäftsführer wären?

   g) Geschäftsführer A ernennt den Angestellten D zum Prokuristen. Rechtsgültig? Bgr.

   h) Geschäftsführer A möchte einen Teil des Gewinnes in die Rücklage einstellen. Können B und C dies verhindern? Begründung.

   i) Gesellschafter C vereinbart mit M schriftlich, dass er ihm seinen Geschäftsanteil veräußert. Rechtsgültig? Begründung.

3. Unterscheiden Sie: Stammkapital - Stammeinlage - Geschäftsanteil.

4. a) Die Geschäftsführer einer GmbH sind laut Gesellschaftsvertrag zur Gesamtvertretung befugt. Erklären Sie diesen Begriff und nennen Sie je zwei Gründe für und gegen eine derartige Regelung.

   b) Nach der Ansicht eines Gesellschafters sollte man die GmbH in eine KG umwandeln. Formulieren Sie je drei Argumente für und gegen diesen Vorschlag.

   c) Ein Gesellschafter kündigt. Er ärgert sich über die im Gesellschaftsvertrag formulierten relativ harten Bedingungen für ausscheidende Gesellschafter.

   – Warum wurden derartig harte Bedingungen im Gesellschaftsvertrag verankert?

   – Warum ist die Abfindung i. d. R. am Geschäftsanteil und nicht an der Stammeinlage orientiert?

BWL: Rechtsformen 57

2.6 Die GmbH & Co. KG

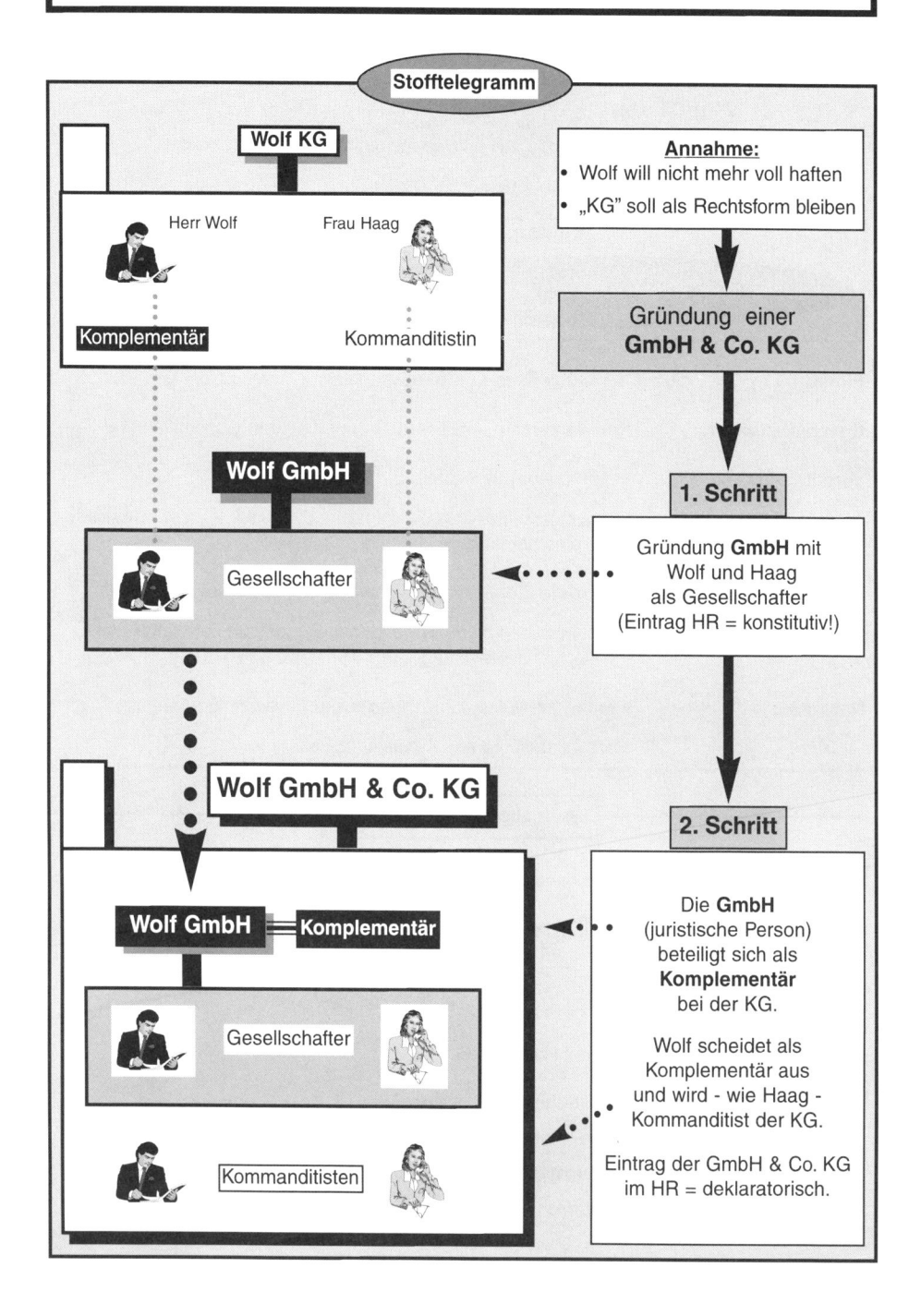

Stofftelegramm

Wolf KG

Herr Wolf — Komplementär
Frau Haag — Kommanditistin

Annahme:
- Wolf will nicht mehr voll haften
- „KG" soll als Rechtsform bleiben

Gründung einer GmbH & Co. KG

1. Schritt

Gründung **GmbH** mit Wolf und Haag als Gesellschafter (Eintrag HR = konstitutiv!)

Wolf GmbH

Gesellschafter

Wolf GmbH & Co. KG

2. Schritt

Die **GmbH** (juristische Person) beteiligt sich als **Komplementär** bei der KG.

Wolf scheidet als Komplementär aus und wird - wie Haag - Kommanditist der KG.

Eintrag der GmbH & Co. KG im HR = deklaratorisch.

Wolf GmbH = Komplementär
Gesellschafter
Kommanditisten

BWL: Rechtsformen

Gründung:
- Gründung einer **GmbH** / Eintrag im Handelsregister (Eintrag = konstitutiv)
- Gründung der **GmbH & Co. KG**, bei der sich die GmbH als Komplementär beteiligt; Kommanditisten = natürliche Personen (i. d. R. sind Kommanditisten gleichzeitig Gesellschafter der GmbH).

  Eintrag der GmbH & Co. KG im Handelsregister = deklaratorisch.

  Ein-Mann-GmbH & Co. KG möglich. Beispiel:

Ein-Mann-GmbH & Co. KG

Komplementär - GmbH (Ges´er A = Geschäftsführer)   **Kommanditist A**

Firma:	Name der GmbH (= Komplementär) + Zusatz „Co. KG"
Geschäftsführung:	Komplementär-GmbH, vertreten durch ihren Geschäftsführer
Vorteile i. Vgl. zur KG:	• Haftungsbeschränkung (nur GmbH haftet voll!)
	• Geschäftsführer als Nachfolger (z. B. Erbfall) leichter zu finden, da keine persönliche Haftung
Vorteile i. Vgl. zur GmbH:	• flexiblere Eigenkapitalbeschaffung über Kommanditeinlagen
	• evtl. Mitbestimmungsvorteile (bei kleingehaltener GmbH kein Aufsichtsrat notwendig)
Nachteile:	• Erstellung von 2 Jahresabschlüssen notwendig (Kosten!)
	• evtl. eingeschränkte Kreditwürdigkeit

Aufgaben (Grundwissen)

1. Erklären Sie die Beteiligungs- und Haftungsverhältnisse bei der GmbH & Co. KG.

2. Welche Überlegungen könnten die Gesellschafter einer a) KG b) GmbH dazu veranlassen, eine GmbH & Co. KG zu gründen?

3. Wem obliegt bei einer GmbH & Co. KG die Geschäftsführung?

4. Nennen Sie Nachteile der GmbH & Co. KG.

5. Der Einzelunternehmer Jörn Schmiedel will eine GmbH & Co. KG gründen.
   a) Ist die Gründung einer Ein- Mann-GmbH & Co. KG möglich?
   b) Wer ist Komplementär, Kommanditist, Geschäftsführer?
   c) Die GmbH soll mit „Sportartikel GmbH" firmieren. Wie müsste dann die Firma der GmbH & Co. KG lauten?

BWL: Rechtsformen

2.7 Mitbestimmung im Aufsichtsrat der GmbH und AG

Stofftelegramm

Argumente für Mitbestimmung allgemein:
- Interesse, Motivation Arbeitnehmer steigen
- Demokratisierung der Wirtschaft
- Humanisierung des Arbeitslebens
- gegenseit. Abhängigkeit v. Arbeit + Kapital

Argumente gegen Mitbestimmung allg.:
- Erschwerung betriebl. Entscheid.prozesse
- Mitbest. ohne Mitverantwortung bzw. Risiko
- evtl. fehlende Sachkenntnisse der AN
- evtl. Kapitalflucht ins Ausland

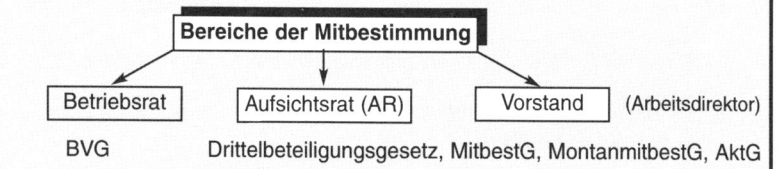

Bereiche der Mitbestimmung

- Betriebsrat
- Aufsichtsrat (AR)
- Vorstand (Arbeitsdirektor)

Gesetze: BVG — Drittelbeteiligungsgesetz, MitbestG, MontanmitbestG, AktG

Mitbestimmung nach dem Drittelbeteiligungsgesetz (DrittelbG) von 2004

Gesetzliche Grundlage: §§ 95 ff. AktG; Drittelbeteiligungsgesetz

Gültig für: AG u. GmbH mit mehr als 500, aber max. 2 000 Arbeitnehmern (AN)

Zusammensetzung AR: 2/3 Anteilseignervertreter – 1/3 Arbeitnehmervertreter

Mindestanzahl der AR-Mitglieder: 3 (Laut Satzung mehr möglich, jedoch durch 3 teilbar!) Höchstzahlen vgl. § 95 AktG.

Mitbestimmung nach dem Mitbestimmungsgesetz

Gesetzliche Grundlage: Mitbestimmungsgesetz von 1976

Gültig für: AG und GmbH mit mehr als 2 000 Arbeitnehmern

Zusammensetzung AR: 1/2 Anteilseignervertreter – 1/2 Arbeitnehmervertreter

Wahl AR-Vorsitzenden durch AR: Wird notwendige 2/3-Mehrheit für ihn nicht erreicht, wählen die AR-Mitglieder der Anteilseigner den Vorsitzenden, die Arbeitn.-vertreter den Stellvertreter.

Abstimmungen: Der AR-Vorsitzende (i. d. R. Anteilseignervertreter) hat bei Stimmengleichheit (Patt) eine zweite Stimme.

Mindestanzahl der AR-Mitglieder: 12 (bei 2 000 bis 10 000 Arbeitnehmern); betr. Zusammensetzung des AR vgl. § 7 MitbestG!

Arbeitsdirektor: gleichberechtigtes Vorstandsmitglied

Mitbestimmung nach dem Montanmitbestimmungsgesetz

Gesetzl. Grundlage: Montanmitbestimmungsgesetz von 1951
Gültig für: AG, GmbH (Bergbau-, Eisen- u. Stahlerzeugung) > 1000 Arbeitn.
Zusammensetzung AR: 5 Anteileigner-, 5 Arbeitnehmervertreter und 1 Neutraler
Arbeitsdirektor: gleichberechtigtes Vorstandsmitglied

BWL: Rechtsformen

Aufgaben

1. Nennen Sie jeweils drei Argumente für und gegen die Mitbestimmung.

2. In welchen Organen können Arbeitnehmer mitbestimmen?

3. a) Nennen Sie die Gesetze, in denen die Mitbestimmung in den Organen von Kapitalgesellschaften geregelt ist.

   b) In einer Aufsichtsratssitzung einer AG sind **alle** Arbeitnehmervertreter für, **alle** Anteilseignervertreter gegen eine bestimmte Maßnahme. Welche Gruppierung ist letztlich der „Sieger" in den jeweiligen Mitbestimmungsformen? Begründungen.

4. a) Die Wohnbau AG hat 2 400 Arbeitnehmer. Was ist bei der Zusammensetzung des Vorstandes zu beachten?

   b) Die Stahl AG (Stahlerzeugung) hat 1 600 Arbeitnehmer. Was ist bei der Zusammensetzung des Vorstandes zu beachten?

   c) Welche Aufgaben hat ein Arbeitsdirektor?

5. Unter welche Mitbestimmungsregelung hinsichtlich Mitbestimmung in den Organen der Unternehmung fallen folgende Unternehmen? (AN = Arbeitnehmer)

   a) AG (Holzbranche)   mit   25 000 AN   f) GmbH (Kohle)   mit   13 000 AN

   b) AG (Holzbranche)   mit   1 500 AN   g) AG (Baubranche) mit   1 800 AN

   c) AG (Holzbranche)   mit   2 100 AN   h) KG (Autoind.)   mit   12 000 AN

   d) AG (Eisenerzeugung) mit   1 600 AN   i) AG (Bergbau)   mit   600 AN

   e) AG (Kunststoffe)   mit   3 000 AN

6. a) Wie werden der AR-Vorsitzende und sein Stellvertreter in einer AG (Chemiewerk) mit 8 000 Arbeitnehmern gewählt?

   b) Wie kommen in diesem Aufsichtsrat bei Patt-Situationen Entscheidungen zustande?

7. Wie setzt sich exakt der Aufsichtsrat einer AG mit a) 12 000 b) 25 000 AN zusammen?

8. Was versteht man unter paritätischer Mitbestimmung?

9. Begründen Sie die Aussage: „Bei einem Patt haben die Anteilseigner das letzte Wort."

10. Wovon ist die **Zahl** der Aufsichtsratsmitglieder einer AG abhängig?

BWL: Rechtsformen 61

2.8 PRÜFUNGSAUFGABEN

Hinweis: Damit ausreichend Übungsmaterial vorhanden ist, wurden auch entsprechend gekennzeichnete Prüfungsaufgaben des Großhandels eingefügt.

Prüfungsaufgabe Großhandel 1998/99 (Aufgabe 1)

Der Kaufmann Erwin Müller betreibt seit einigen Jahren erfolgreich als **Einzelunternehmer** eine Elektrogroßhandlung in Stuttgart. Aufgrund der günstigen Umsatzentwicklung möchte Herr Müller sein Geschäft erweitern, wodurch ihm nach seinen Berechnungen ein zusätzlicher Kapitalbedarf von ca. 200.000,00 € entstehen würde.

1 Auf einer Geschäftsreise lernt Herr Müller den Elektrofachmann Karl Renner kennen, der nach längerem Gespräch großes Interesse zeigt, als Gesellschafter in die Firma Erwin Müller einzutreten und sich bereit erklärt, das notwendige Kapital aufzubringen. Herr Renner möchte jedoch aus persönlichen Gründen nicht im Unternehmen mitarbeiten und auch die Haftung auf seine Kapitaleinlage von 200.000,00 € beschränken. Herr Müller nimmt Herr Renner nach einem weiteren Gespräch als **Gesellschafter** auf und lässt die Gesellschaft in das Handelsregister eintragen.

Erklären Sie, warum sich Herr Müller hier zur Aufnahme eines Gesellschafters entschließt und nicht das Angebot seiner Hausbank annimmt, die erforderlichen finanziellen Mittel für die Erweiterung des Geschäfts über einen langfristigen Kredit abzudecken.

2 Nach Eintragung der **KG** in das Handelsregister kauft Herr Müller 25 Elektroherde bei der Firma Braun im Gesamtwert von 35.000,00 € .

2.1 Konnte Herr Müller dieses Geschäft für die KG rechtswirksam abschließen? Begründung nach HGB.

2.2 Wie wäre die Rechtslage, wenn Herr Renner diesen Kauf für die KG tätigen würde? Begründung.

3 Herr Müller erfährt von seinem Anlageberater Wolfgang Peters, dass die Kurse der Aktien eines amerikanischen Unternehmens außergewöhnlich steigen werden. Um an diesen Kurssteigerungen zu gewinnen, entschließt er sich für 10.000,00 € Aktien dieser Gesellschaft zu erwerben. Herr Renner erfährt von dieser Absicht des Herrn Müller und widerspricht dem Kauf, weil er von dem großen Risiko dieser Transaktion überzeugt ist. Herr Müller lässt sich aber von seinem Vorhaben nicht abbringen und kauft die Aktien trotzdem. Begründen Sie, ob der Kaufvertrag trotz des Widerspruchs gültig ist.

4 Herr Müller möchte sich nach einiger Zeit als Gesellschafter an einer anderen Elektrogroßhandlung beteiligen. Begründen Sie folgende Alternativen nach HGB.

4.1 Darf Herr Müller Komplementär dieser Elektrogroßhandlung werden?

4.2 Darf Herr Müller Kommanditist dieser Elektrogroßhandlung werden?

Prüfungsaufgabe Großhandel 2000 (Aufgabe 1)

Die Albert Weber Formtechnik **KG** in 69124 Heidelberg-Kirchheim vertreibt Kunststoffteile für die Automobilindustrie. Das Unternehmen beschäftigt 120 Mitarbeiter, ist sehr solide und könnte mit neuen Ideen im Management und in der Produktion weiter expandieren. Bisher wurde das Unternehmen von Albert Weber als alleinigem Komplementär geleitet. Seinen Söhnen, die im Unternehmen als Angestellte mitarbeiten, hat Albert Weber aus erbschaftsteuerlichen Gründen Vermögen übertragen und sie zu Kommanditisten gemacht.

Aus der letzten Bilanz geht folgende Eigenkapitalstruktur hervor:

Albert Weber, Komplementär   300.000,00 €
Christian Weber, Kommanditist   100.000,00 €
Sebastian Weber, Kommanditist 100.000,00 €

Albert Weber will sich am Jahresende 1999 aus Alters- und Gesundheitsgründen aus dem Tagesgeschäft zurückziehen, möchte aber eine weitgehende Kontrolle über das Unternehmen behalten.

Christian und Sebastian Weber sind auch weiterhin an einer Mitarbeit im Unternehmen interessiert, wollen ihr finanzielles Engagement aber nicht verändern, was für eine Expansion der KG notwendig wäre.

1 Albert Weber bittet Sie zu prüfen, inwieweit in dieser Situation eine Umwandlung in die Gesellschaftsform einer **GmbH** vorteilhaft ist (vier Begründungen).

2 Prüfen Sie, ob Albert Weber in der Gesellschafterversammlung weiterhin die Möglichkeit hat, bestimmenden Einfluss auszuüben.

3 Vergleichen Sie die Formvorschriften bei Gründung einer GmbH mit den Vorschriften, die bei der Gründung einer KG zu beachten sind.

4 Machen Sie einen begründeten Vorschlag für die Firmierung der neu zu gründenden GmbH.

5 Die GmbH soll ihre Geschäfte zum 1. Januar 2000 aufnehmen. Die Eintragung ins Handelsregister soll Ende Januar 2000 erfolgen.

Nach Abschluss des Gesellschaftsvertrages am 15. Dezember 1999 und zu Ehren des aus dem aktiven Dienst ausscheidenden Albert Weber wird die ganze Belegschaft und einige gute Geschäftsfreunde zu einem Gala-Diner (Geschäftsessen) auf das Heidelberger Schloss eingeladen. Die Rechnung geht Anfang Januar 2000 bei der GmbH ein.

Begründen Sie, ob die GmbH zur Zahlung verpflichtet ist.

Prüfungsaufgabe Großhandel 2001 (Aufgabe 1)

Hinweis: Gesetzestexte lagen als Anlage bei

1 Der **Einzelunternehmer** Klaus Heuer betreibt einen Großhandel mit Wasserbetten in Albstadt-Ebingen. Der gelernte Großhandelskaufmann hat in den letzten Jahren ein gutgehendes Unternehmen aufgebaut. Er verkauft die Wasserbetten an Möbelhäuser und Gesundheitseinrichtungen im süddeutschen Raum. Seine Ware, die er aus Amerika bezieht, wird in einem angemieteten Lager für den Verkauf vorbereitet. Arbeitnehmer beschäftigt Herr Heuer nicht, lediglich sein Bruder hilft ihm gelegentlich aus, wenn es einmal hoch hergeht.

1.1 Begründen Sie, ob Klaus Heuer Kaufmann gemäß HGB ist (vgl. Gesetzestexte).

1.2 Wie ist die Haftung und Geschäftsführung in diesem Unternehmen gesetzlich geregelt?

2 Die Geschäfte von Klaus Heuer laufen so gut, dass er über eine Erweiterung des Unternehmens nachdenkt. Der Vermieter des Lagers hat ihm das Lager zum Kauf angeboten. Für diese Investition benötigt Herr Heuer zusätzliches Kapital. Seine Hausbank würde ihm einen Kredit in der benötigten Höhe (ca. 120.000,00 €) zur Verfügung stellen. In einem Gespräch mit seiner Frau und deren Schwester, Frau Kaufhold, wird die Möglichkeit einer Unternehmensbeteiligung diskutiert. Die Schwester regt an, als **Teilhaberin** in das Unternehmen einzusteigen. Da sie selbst als kaufmännische Angestellte beschäftigt ist und ihre Stellung nicht aufgeben möchte, wäre sie bereit, das Kapital in das Unternehmen einzubringen. Eine Mitarbeit käme für sie im Augenblick nicht in Frage.

BWL: Rechtsformen

2.1 Welche **Unternehmensformen** kommen hier in Frage? Vergleichen Sie in einer Tabelle zwei Unternehmensformen hinsichtlich der Haftung, Geschäftsführung, Kapitaleinlage.

2.2 Entscheiden Sie sich begründet für eine der beiden Unternehmensformen.

3 Herr Heuer beteiligt Frau Kaufhold an seinem Unternehmen und wandelt seine Einzelunternehmung in eine **Kommanditgesellschaft** um. Er wird Komplementär mit einer Kapitaleinlage von 250.000,00 €; die Schwägerin wird Kommanditistin mit einer Kapitaleinlage von 120.000,00 €. Die KG beginnt laut Gesellschaftsvertrag vom 15. August 1999 am 1. September 1999. Am 26. September 1999 wird die neue Unternehmung in das Handelsregister eingetragen.

3.1 Am 16. September 1999 kauft Herr Heuer 200 Wasserbetten im Gesamtwert von 90.000,00 € im Namen der neuen Unternehmung.

Beurteilen Sie die Rechtsgültigkeit des Kaufvertrages im Innen- und Außenverhältnis.

3.2 Am 30. September 1999 kauft Frau Kaufhold im Namen der KG Büromaterial im Wert von 600,00 €. Herr Heuer ist mit dem Kauf nicht einverstanden.
Ist die KG an den Kaufvertrag gebunden? Begründung

3.3 Im Gesellschaftsvertrag wurde u. a. die Gewinnverteilung geregelt:

> „Herr Heuer ist berechtigt, während des Geschäftsjahres im Vorgriff auf einen Gewinn monatlich Privatentnahmen in Höhe von 2.000,00 € zu tätigen. Vom Gewinn erhält Herr Heuer vorweg 5.000,00 € für seine Arbeitsleistung im Unternehmen. Jeder Gesellschafter erhält sodann 6 % seiner Kapitaleinlage, bezogen auf die Kapitalhöhe zu Beginn des Geschäftsjahres. Bei einem geringeren Gewinn verringert sich der Prozentsatz entsprechend. Ein möglicher Restgewinn wird im Verhältnis 3 : 1 auf die Gesellschafter aufgeteilt."

Das Geschäftsjahr wird am 31. August 2000 mit einem Gewinn in Höhe von 48.000,00 € abgeschlossen. Berechnen Sie die Gewinnanteile der Gesellschafter sowie die Höhe der Kapitalanteile nach durchgeführter Gewinnverteilung. (Die Besteuerung mit Einkommensteuer bleibt unberücksichtigt.)

4 Herr Heuer will seine Unternehmung weiter ausbauen und denkt an die Gründung einer Niederlassung in Frankfurt/Oder, um von dort aus osteuropäische Länder zu beliefern. Aufgrund des ständig steigenden Risikos beschließt er mit Frau Kaufhold die Gründung einer **Gesellschaft mit beschränkter Haftung**. Seine Frau Anke Heuer soll als Gesellschafterin in das Unternehmen aufgenommen werden. Der Gesellschaftsvertrag wird am 10. Juli 2000 von den Gesellschaftern unterzeichnet.

Auszug aus dem Gesellschaftsvertrag:

> § 1 Die Firma soll unter dem Namen „AQUATERRA Wasserbetten und Schlafsysteme" geführt werden.
>
> § 2 Gegenstand des Unternehmens ist der Handel mit Wasserbetten und sonstigen Schlafsystemen.
>
> § 3 Sitz des Unternehmens ist Frankfurt/Oder
>
> § 4 Stammkapital: 50.000,00 €. Stammeinlagen der Gesellschafter sowie Art und Zeitpunkt der Leistung:
>
> - Klaus Heuer 20.000,00 € als Bareinlage, davon sind 12.500,00 € sofort zu leisten, der Rest bis zum 15. Oktober 2000.
>
> - Marion Kaufhold 20.000,00 € als Bareinlage, davon sind 12.500 € sofort zu leisten, der Rest bis zum 15. Oktober 2000.
>
> - Anke Heuer 10.000,00 € als Bareinlage, davon sind 2.000,00 € sofort zu leisten, der Rest am 2. August 2000.
>
> § 6 Klaus Heuer und Marion Kaufhold werden zu Geschäftsführern bestellt.

BWL: Rechtsformen

4.1 Prüfen Sie, ob der Gesellschaftsvertrag zum Zeitpunkt der Unterzeichnung in folgenden Punkten den gesetzlichen Vorschriften entspricht:

- Firmierung
- Kapitalaufbringung

4.2 Am 6. September 2000 erfolgt der Eintrag in das Handelsregister, die Veröffentlichung der Eintragung zwei Tage später. Klaus Heuer kaufte am 12. August 2000 ohne Rücksprache mit Frau Kaufhold im Namen der GmbH einen LKW zum Preis von 70.000,00 €.

4.2.1 Bei der Auslieferung des LKW am 20. September 2000 verlangte der Lieferer von Frau Kaufhold die volle Bezahlung des fälligen Kaufpreises. Kann der Verkäufer die Forderung durchsetzen? Begründung.

4.2.2 Könnte der Lieferer seinen Anspruch gegenüber Frau Kaufhold durchsetzen, wenn der Kaufvertrag erst am 28. September 2000 abgeschlossen und die Zahlung sofort fällig gewesen wäre? Begründung.

4.2.3 Könnte der Lieferer seinen Anspruch gegenüber der GmbH durchsetzen, wenn der Kaufvertrag erst am 28. September 2000 abgeschlossen und die Zahlung sofort fällig gewesen wäre? Begründung.

4.3 Zum 20. Februar 2001 wird die Gesellschafterversammlung angesetzt. Die Tagesordnung enthält folgende Beschlussanträge:

- Frau Helene Peters, Potsdam, wird zur Prokuristin bestellt.
- Der Sitz des Unternehmens wird von Frankfurt/Oder nach Potsdam verlegt.
Frau Marion Kaufhold stimmt gegen beide Tagesordnungspunkte. Die Mitgesellschafter stimmen zu. Welche Wirkung hat jeweils das Stimmverhalten von Frau Kaufhold? Begründung.

Prüfungsaufgabe 2000 (Aufgabe 2)

1 Herr Berg, Gründer der Einzelunternehmung Roland Berg e.K., Sportswear, Straubenhardt, führt diese bisher mit großem Erfolg. Um der steigenden Nachfrage gerecht werden zu können, sind Investitionen in Höhe von 1.000.000,00 € erforderlich.

Das Finanzierungskonzept sieht vor, dass 400.000,00 € im Wege der Selbstfinanzierung aufgebracht werden.

Für die noch fehlenden 600.000,00 € liegt ein Kreditangebot der Volksbank Straubenhardt vor.

Herr Berg überlegt darüber hinaus, ob er seiner Prokuristin, Frau Maren Kahn, eine Teilhaberschaft anbieten soll. Frau Kahn ist grundsätzlich bereit, die Finanzierungslücke zu schließen, möchte aber die Haftung auf ihre Einlage beschränkt wissen.

Nach reiflichen Überlegungen entschließen sich Frau Kahn und Herr Berg dazu, die Einzelunternehmung in eine Kommanditgesellschaft umzuwandeln. Herr Berg bringt sein Einzelunternehmen in die KG ein. Am 13. März wird der Gesellschaftsvertrag geschlossen (**Anlage 1**). Der Eintrag ins Handelsregister erfolgt am 30. März.
Verwenden Sie zur Lösung den Auszug aus dem HGB (**Anlage 2**).

1.1 Erläutern Sie, weshalb sich Herr Berg letztlich zur Aufnahme einer Gesellschafterin entschlossen und nicht das Angebot seiner Bank angenommen hat. (4 Argumente)

1.2 Begründen Sie, ob die bisherige Firma fortgeführt werden kann.

BWL: Rechtsformen 65

1.3 Am 10. April erhält Frau Kahn ein Schreiben eines Lieferanten der KG, in dem sie aufgefordert wird, eine längst fällige Rechnung über 200.000,00 € bis zum 20. April zu begleichen. Begründen Sie, ob Frau Kahn dieser Zahlungsaufforderung Folge leisten muss.

1.4 Herr Berg hatte in den vergangenen Jahren immer wieder großen Erfolg beim Spekulieren mit Aktien. Aus Informationen des Handelsblattes entnimmt er, dass die Continental AG einen neuartigen Reifen entwickelt hat. Er beabsichtigt, für die KG 10 000 Conti-Aktien zu kaufen. Frau Kahn erfährt zufällig davon und widerspricht diesem Vorhaben. Herr Berg setzt sich darüber hinweg. Nach anfänglichem Kursanstieg kommt es zu Kursverlusten dieser Aktien. Der Gesellschaft entsteht dadurch ein Schaden in Höhe von 60.000,00 €. Erläutern Sie die Rechtslage.

1.5 Zum Ende des zweiten Geschäftsjahres weist die G + V - Rechnung einen Gewinn in Höhe von 264.000,00 € aus. Verteilen Sie diesen Gewinn entsprechend der Maßgabe des Gesellschaftsvertrages.

Anlage 1

**Auszug aus dem Gesellschaftsvertrag
zwischen Roland Berg und Maren Kahn vom 13. März 20..**

§ 1 Allgemeine Angaben

1 Die Firma soll unter dem Namen Roland Berg e.K., Sportswear, fortgeführt werden.
2 Beginn der Gesellschaft ist der 13. März 2000
3 Roland Berg tritt als Komplementär ein. Maren Kahn wird Kommanditistin.

§ 2 Pflichten der Gesellschafter

1 Roland Berg bringt zum Gesellschaftsbeginn sein Einzelunternehmen im Wert von 1.800.000 Euro ein.
2 Maren Kahn übernimmt eine Kommanditeinlage in Höhe von 600.000 Euro.
Zum Gesellschaftsbeginn bringt Frau Kahn 300.000 Euro ein. Frau Kahn verpflichtet sich, die ausstehende Einlage zum 31. Dezember des laufenden Jahres zu leisten.

§ 3 Rechte der Gesellschafter

1 ....
2 ....
3 Gewinnverteilung
3.1 Die Gesellschafter erhalten eine Eigenkapitalverzinsung von 6 % des Anfangskapitals.
3.2 Der verbleibende Restgewinn wird im Verhältnis der zu Beginn des Geschäftsjahres vorhandenen Kapitalanteile verteilt.
4 Verlustverteilung
Die Verteilung des Verlusts erfolgt im Verhältnis der Kapitalanteile.

Anlage 2: HGB-Auszug: §§ 17 bis 24 (Handelsfirma)
§§ 123 bis 127 (Rechtsverhältnis der Ges'schafter zu Dritten)
§§ 161 bis 172 (Kommanditgesellschaft)

Auf den Abdruck dieser Gesetzestexte wird an dieser Stelle aus Platzgründen verzichtet.

3 Das Zielsystem einer Unternehmung

3.1 Unternehmensziele

Stofftelegramm

Oberziel erwerbswirtschaftlicher Unternehmen: langfristige **Gewinnmaximierung**
(ebenso häufig genanntes Oberziel: **„Überleben der Unternehmung sichern"**)

Komplementäre Ziele: = **Zielharmonie** (Das Anstreben eines Zieles fördert gleichzeitig das Erreichen des anderen Zieles.)

Beispiel: Kostensenkung in Produktion –> gleichzeitig Gewinnerhöhung

Konkurrierende Ziele: Das Anstreben eines Zieles beeinträchtigt die Erreichung des anderen Zieles = **Zielkonflikt**

Beispiel: Umweltschutzinvestitionen <–> Gewinnmaximierung

Indifferente Ziele: Das Anstreben des einen Zieles hat keinerlei Wirkungen auf das Erreichen des anderen Zieles = **Zielindifferenz**.

Beispiel: Das Anstreben von höherer Liquidität hat normalerweise nichts zu tun mit dem Anstreben von Mitbestimmungszielen.

Ökonomische Ziele:
- Gewinnmaximierung
- Marktbeherrschung
- Umsatzmaximierung
- hohe Wirtschaftlichkeit...
- Kostenminimierung

Ökologische Ziele:
- umweltorientierte Unternehmensführung
- von der bisherigen Durchlaufwirtschaft (Einkauf - Produktion - Verkauf - Entsorgung) zur Kreislaufwirtschaft (Recycling, Entsorgung und Vermeidung von Abfällen auf allen Stufen...)

Soziale Ziele:
- Arbeitsplatzsicherung
- gerechte Entlohnung
- Humanisierung der Arbeit
- Mitbestimmung...

Unternehmensleitbild:
(ähnliche Begriffe: Unternehmenskultur, -philosophie, identität)
- Schriftl. Fixierung wesentlicher unternehmenspolitischer Grundsätze
- Betonung der Berücksichtigung gesellschaftlicher + sozialer Aspekte
- Zweck: Identifizierung der Mitarbeiter mit Unternehmen
- Ein einheitliches Bild nach innen und außen entsteht.
- Unterschied zur **„Öffentlichkeitsarbeit"** (**„Public Relations"**): Das Unternehmensleitbild ist v. a. auch nach innen gerichtet - die Öffentlichkeitsarbeit zielt nur auf die Außenwirkung.

BWL: Das Zielsystem einer Unternehmung

Zielhierarchie:	Oberziel:	z. B. Gewinnmaximierung
	Unterziele:	z. B. • Vergrößerung des Marktanteils • Umsatzerhöhung • Arbeitsplatzerhaltung • Umweltschutzförderung

Aufgaben

1. Nennen Sie je drei ökonomische, ökologische und soziale Ziele.

2. Welche Oberziele streben üblicherweise erwerbswirtschaftlichen Unternehmen an?

3. Entscheiden Sie jeweils, ob es sich um ökonomische, ökologische oder soziale Ziele handelt und ob die Zielpaare konkurrierend, komplementär oder indifferent sind:

   a) Gewinnmaximierung – Umsatzmaximierung

   b) Gewinnmaximierung – Umweltschutzinvestitionen

   c) Gewinnmaximierung – Kostensenkung

   d) Gute Liquiditätslage – Mitbestimmungsverbesserung

   e) Verbesserung der Abfallverwertung – Humanisierung der Arbeit

   f) Rationalisierung – Arbeitsplatzerhaltung

   g) Überleben des Unternehmens sichern – Arbeitsplatzerhaltung

4. a) Was versteht man unter einem Unternehmensleitbild?

   b) Aus welchen Gründen werden Unternehmensleitbilder formuliert?

3.2 Qualitätsmanagement - TQM

Vgl. Kapitel 7.5

BWL: Das Zielsystem einer Unternehmung

3.3 Umweltschutz: Recycling und Entsorgung

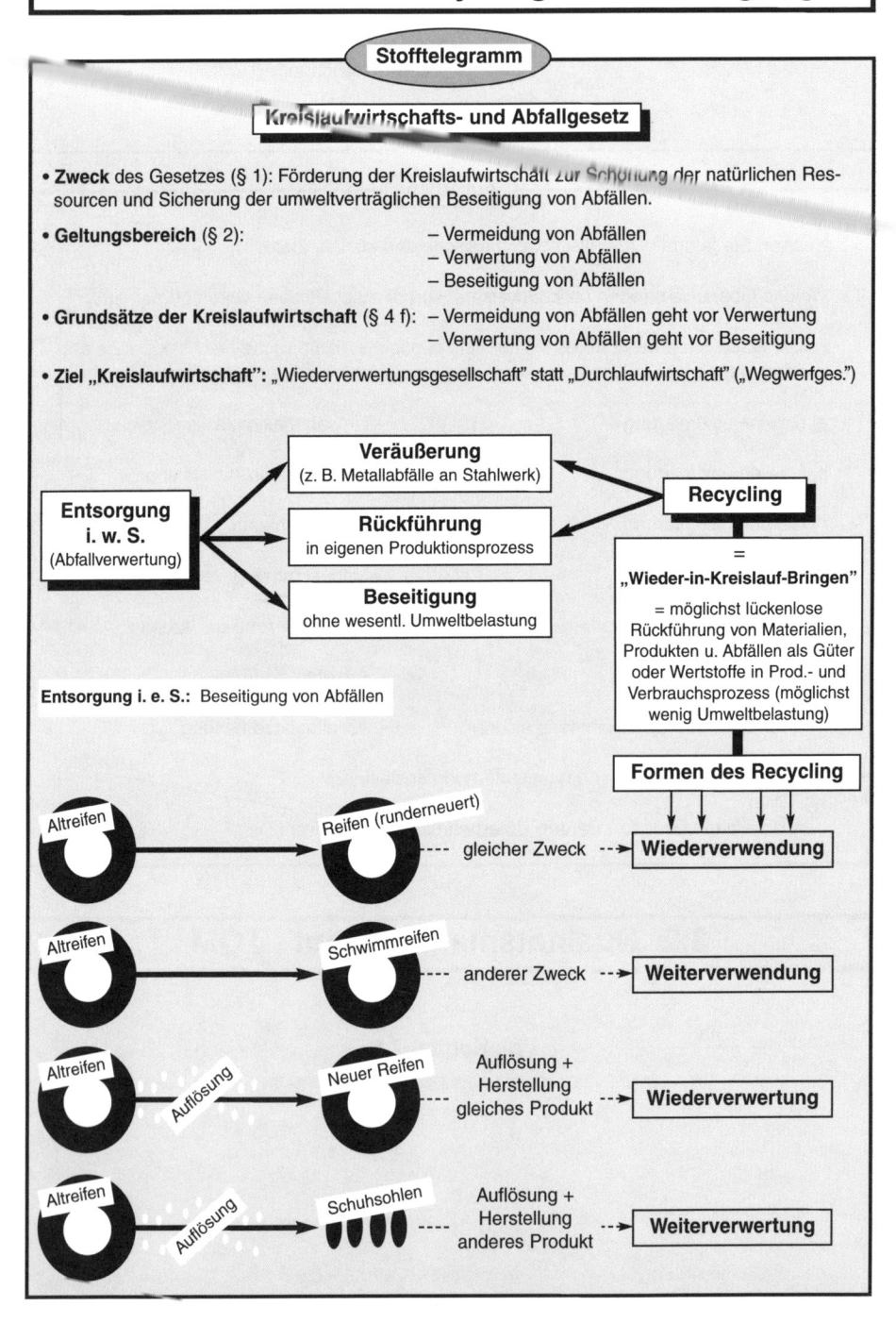

Stofftelegramm

Kreislaufwirtschafts- und Abfallgesetz

- **Zweck** des Gesetzes (§ 1): Förderung der Kreislaufwirtschaft zur Schonung der natürlichen Ressourcen und Sicherung der umweltverträglichen Beseitigung von Abfällen.
- **Geltungsbereich** (§ 2):
  – Vermeidung von Abfällen
  – Verwertung von Abfällen
  – Beseitigung von Abfällen
- **Grundsätze der Kreislaufwirtschaft** (§ 4 f):
  – Vermeidung von Abfällen geht vor Verwertung
  – Verwertung von Abfällen geht vor Beseitigung
- **Ziel „Kreislaufwirtschaft"**: „Wiederverwertungsgesellschaft" statt „Durchlaufwirtschaft" („Wegwerfges.")

Entsorgung i. w. S. (Abfallverwertung)
- **Veräußerung** (z. B. Metallabfälle an Stahlwerk)
- **Rückführung** in eigenen Produktionsprozess
- **Beseitigung** ohne wesentl. Umweltbelastung

Recycling
=
„Wieder-in-Kreislauf-Bringen"
= möglichst lückenlose Rückführung von Materialien, Produkten u. Abfällen als Güter oder Wertstoffe in Prod.- und Verbrauchsprozess (möglichst wenig Umweltbelastung)

Entsorgung i. e. S.: Beseitigung von Abfällen

Formen des Recycling

Altreifen → Reifen (runderneuert)	gleicher Zweck	**Wiederverwendung**
Altreifen → Schwimmreifen	anderer Zweck	**Weiterverwendung**
Altreifen →(Auflösung)→ Neuer Reifen	Auflösung + Herstellung gleiches Produkt	**Wiederverwertung**
Altreifen →(Auflösung)→ Schuhsohlen	Auflösung + Herstellung anderes Produkt	**Weiterverwertung**

BWL: Das Zielsystem einer Unternehmung

Aufgaben

1. Erklären Sie kurz Zweck und Geltungsbereich des Kreislaufwirtschafts- und Abfallgesetzes.

2. Nennen Sie zwei Grundsätze der Kreislaufwirtschaft.

3. Welche Begriffe gehören zusammen?

   - Durchlaufwirtschaft
   - Kreislaufwirtschaft
   - Wiederverwertungsgesellschaft
   - Wegwerfgesellschaft.

4. Unterscheiden Sie die Begriffe „Recycling" und „Entsorgung i. w. S.".

5. Erklären Sie kurz die vier Formen des Recycling anhand je eines Beispiels.

3.4 Arbeits- und Gesundheitsschutzbestimmungen

Stofftelegramm

Das Arbeitsschutzgesetz

Pflichten Arbeitgeber

- **Gefährdungsbeurteilung:** Ermittlung und Bewertung von Ursachen und Bedingungen, die zu Unfällen bei der Arbeit und arbeitsbedingten Gesundheitsgefahren führen können (Gefährdungen erkennen - Gefährdungen bewerten).

  Gefährdungsbeurteilung = Grundlage für wirksame Arbeitsschutzmaßnahmen.

- **Arbeitsschutzmaßnahmen** treffen (**Gefährdungen beseitigen**)
- Wirksamkeit der Maßnahmen **kontrollieren**
- Sicherheitsbeauftragte bestellen
- **Information** und **Anhörung** der Beschäftigten über Gefährdungen, mögliche Schädigungen sowie **Schutzmaßnahmen**

Pflichten Arbeitnehmer

- Für die eigene Sicherheit und Gesundheit sowie für die von ihren Handlungsweisen betroffenen Personen Sorge tragen
- Meldung unmittelbarer Gefahren sowie festgestellter Mängel an Schutzsystemen

Recht Arbeitnehmer

- Mitwirkungsrecht beim betrieblichen Arbeitsschutz

(Jugendarbeitsschutzgesetz: siehe „Gesamtwirtschaft", Best. Nr. 00630)

Die Bildschirmarbeitsplatz-Verordnung

Ziel → Prävention von Gesundheitsschäden bedingt durch die Arbeit am Bildschirm

Anspruch Arbeitnehmer → ergonomisch gestalteter Arbeitsplatz

Mindeststandards →
- **Bildschirme:** flimmerfrei, entspiegelt, strahlungsarm
- **Monitore:** schwenkbar, neigbar
- **Arbeitsfläche:** ausreichend groß
- **PC-Tastatur:** beweglich...
- **Arbeitsstuhl:** kippsicher, individuell verstellbar...
- **Raumtemperatur, Luftfeuchtigkeit, Geräuschpegel, Beleuchtung:** genaue Werte fixiert

Sonstige Vorschriften...

- Arbeitszeitschutzgesetz
- Gewerbeordnung (Verpflichtung des Arbeitgebers, den Betrieb so zu gestalten, dass der Arbeitnehmer gegen Gefahren für Leben und Gesundheit geschützt wird)
- Arbeitsstättenverordnung (Anforderungen an Betriebshallen, Büros...)
- Arbeitssicherheitsgesetz (Bestellung von Betriebsärzten + Fachkräften für Arbeitssicherheit)
- Schwerbehindertenschutz
- Unfallverhütungsvorschriften (von **Berufsgenossenschaften** erlassen und kontrolliert)
- **Gewerbeaufsichtsämter** kontrollieren u. a. die Einhaltung der gesetzlichen Vorschriften über technische Einrichtungen

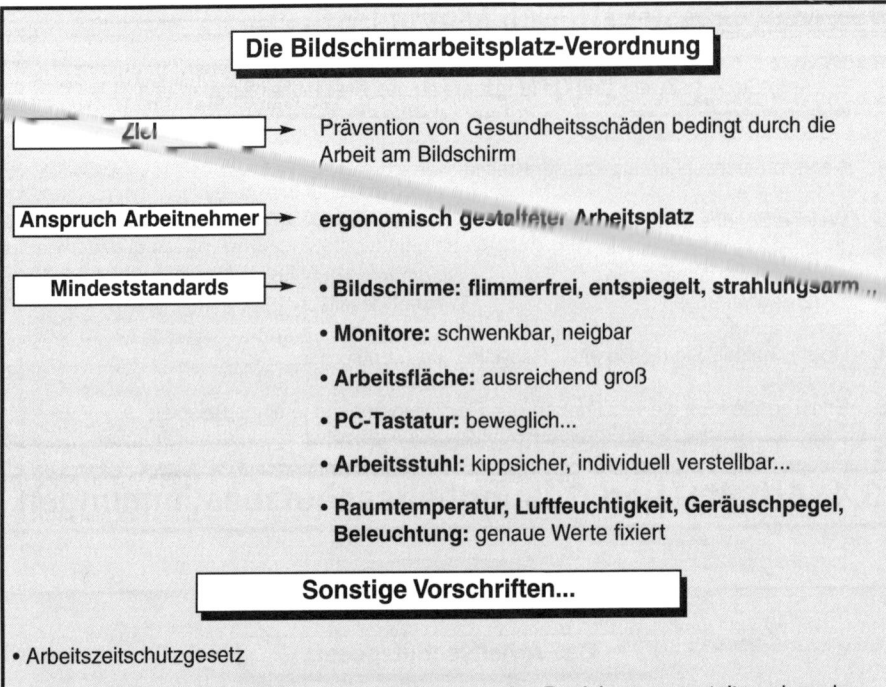

Aufgaben

1. Welche Pflichten für Arbeitgeber und Arbeitnehmer nennt das Arbeitsschutzgesetz?
2. Welches Recht hat der Arbeitnehmer beim betrieblichen Arbeitsschutz?
3. Welches Ziel verfolgt die Bildschirmarbeitsplatz-Verordnung?
4. Welchen Hauptanspruch hat der Arbeitnehmer durch die Bildschirmarbeitsplatz-Verordnung?
5. Nennen Sie einige Mindeststandards der Bildschirmarbeitsplatz-Verordnung.

4 Grundlagen der Organisation

4.1 Begriffe und Grundsätze

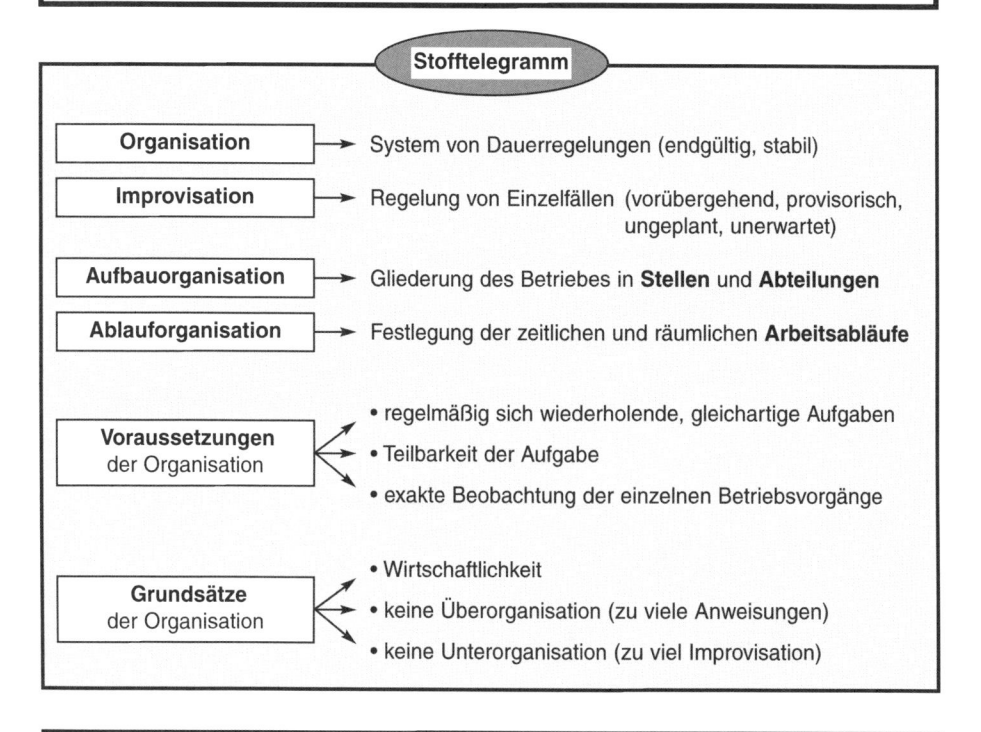

Stofftelegramm

- **Organisation** → System von Dauerregelungen (endgültig, stabil)
- **Improvisation** → Regelung von Einzelfällen (vorübergehend, provisorisch, ungeplant, unerwartet)
- **Aufbauorganisation** → Gliederung des Betriebes in **Stellen** und **Abteilungen**
- **Ablauforganisation** → Festlegung der zeitlichen und räumlichen **Arbeitsabläufe**

Voraussetzungen der Organisation
- regelmäßig sich wiederholende, gleichartige Aufgaben
- Teilbarkeit der Aufgabe
- exakte Beobachtung der einzelnen Betriebsvorgänge

Grundsätze der Organisation
- Wirtschaftlichkeit
- keine Überorganisation (zu viele Anweisungen)
- keine Unterorganisation (zu viel Improvisation)

4.2 Aufbauorganisation

Stofftelegramm

Gesamtaufgabe eines Unternehmens

Zergliederung der Aufgaben in **Teilaufgaben = Aufgabenanalyse**

- Zusammenfassung von Aufgaben zu überschaubaren **Bereichen** → **Abteilungsbildung**
- Bündelung von Aufgaben, die von einer **Person** bewältigbar sind → **Stellenbildung (Aufgabensynthese)**

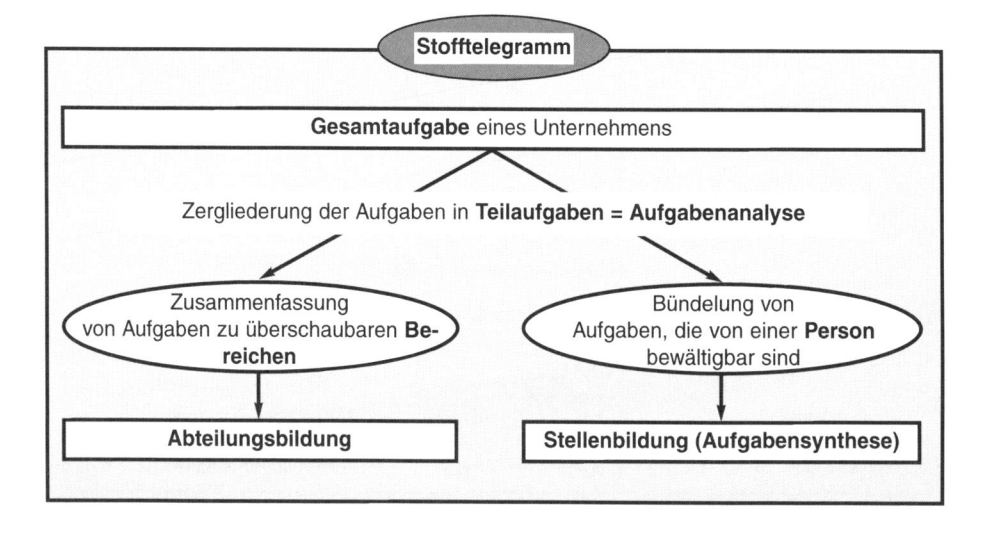

BWL: Grundlagen der Organisation

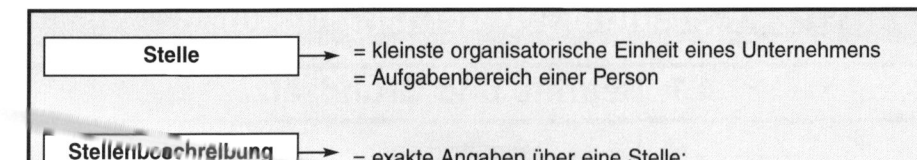

Stelle → = kleinste organisatorische Einheit eines Unternehmens
= Aufgabenbereich einer Person

Stellenbeschreibung → = exakte Angaben über eine Stelle:

- Stellenbezeichnung
- Stellenanforderungen
- Aufgaben der Stelle
- Befugnisse
- Stelleneingliederung in Hierarchie
- Befähigungen

Vorteile der Stellenbeschreibung:

- jeder Mitarbeiter kennt seine Aufgaben, Zuständigkeits und Verantwortungsbereiche
  -> keine Zuständigkeitsstreitigkeiten
- erleichterte Stellenausschreibung
- schnelle Einarbeitung neuer Stelleninhaber
- Grundlage für Personalentwicklungsplanung
- Basis für Lohn- und Gehaltseinstufung

Organigramm → Zeigt die vollständige Aufbaustruktur des Unternehmens

Weisungssysteme

Beziehungen zwischen Vorgesetzten und Untergebenen

Einliniensystem	Stabliniensystem	Mehrliniensystem
Jede Stelle bezieht Weisungen von nur einer übergeordneten Stelle (Instanz)	Zuordnung von Stabsstellen (beraten + informieren, keine Anordnungsbefugnis)	Eine Stelle erhält Anweisungen von mehreren, direkt übergeordneten Stellen.
Vorteile • eindeutige Anordnungsbefugnisse • keine Kompetenzschwierigkeiten • leichte Kontrolle	**Vorteile** • Vorteile Einliniensystem • Entlastung Geschäftsleitung • Entscheidungsverbesserung	**Vorteile** • Weisungen nur durch Spezialisten • kurze Weisungswege • Entlastung Geschäftsleitung
Nachteile • lange Befehlswege • Überlastung Geschäftsleitung • schwerfällig • lange Dienstwege	**Nachteile** • Reibereien zwischen Stab und Linie • hohe Kosten • Trennung von Verantwortung (Linie) und Entscheidungsvorbereitung (Stäbe)	**Nachteile** • Gefahr der Kompetenzüberschreitung -> Konflikte • Konfliktgefahr bei Untergebenen, weil mehrere Vorgesetzte • hoher Koordinationsbedarf

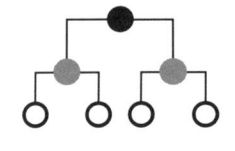

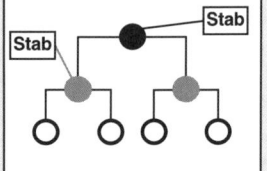

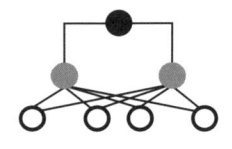

BWL: Grundlagen der Organisation

4.3 Delegation von Entscheidungen - Vollmachten: Handlungsvollmacht und Prokura

Stofftelegramm

Arten der Handlungsvollmacht

- **Allg. Handlungsvollmacht (Gesamtvollmacht):** alle gewöhnl. Rechtshandlungen der Branche

  – ohne Sondervollmachten lt. § 54 (2) HGB

  – mit Sondervollmachten lt. § 54 (2) HGB

- **Artvollmacht:** Vollmacht für bestimmte Arten wiederkehrender Rechtsgeschäfte.

  Bsp.: Einkäufer, Verkäufer, Reisende

- **Einzelvollmacht:** Vollmacht für ein einzelnes Rechtsgeschäft

Arten der Prokura

- **Prokura:** Alle gewöhnlichen und außergewöhnlichen Rechtshandlungen. Keine Einschränkung im Außenverhältnis!

  – Ohne Sondervollmachten lt. § 49 (1) HGB

  – Mit Sondervollmachten lt. § 49 (2) HGB

- **Einzelprokura:** Ein Prokurist ist allein vertretungsberechtigt.

- **Gesamtprokura:** gemeinsame Vertretung durch mehrere Prokuristen

- **Filialprokura:** Prokura auf Filiale beschränkt

	Allgemeine Handlungsvollmacht	Prokura
Umfang	• gewöhnliche Geschäfte	• gewöhnl. + außergewöhnl. Gesch.
Erteilung:	• durch HGB-Kfm., Nicht-Kaufm., Prokurist	• durch Kaufmann i. S. des HGB
	• mündl., schriftl., stillschweigend	• nur mündlich oder schriftlich
Handelsreg.:	• kein Eintrag	• Eintrag (deklaratorisch)
Zeichnung:	• i. V. = „in Vollmacht"	• ppa = „per procura"
Beendigung:	• Auflösung Arbeitsvertrag	• wie Handlungsvollmacht
	• Widerruf	• wie Handlungsvollmacht
	• Geschäftsauflösung	• wie Handlungsvollmacht
	• Tod des Geschäftsinhabers	• nicht bei Tod d. Geschäftsinhabers
	• Inhaberwechsel, wenn Widerruf	• bei Inhaberwechsel stets

BWL: Grundlagen der Organisation 74

Übersicht: „–" = stets verboten; „+" = erlaubt; „S" = nur erlaubt, wenn eine Sondervollmacht vorliegt

Handlung des Prokuristen (P) bzw. des Allg. Handlungsbevollmächtigten (H)		P	H
• Geschäfts verkaufen • Handelsregistereintragungen anmelden • Bilanz, Steuererklärungen unterschreiben • Gesellschafter aufnehmen	• Eid leisten • Konkurs anmelden • Prokura erteilen	–	–
• Ein- und verkaufen • Zahlungen tätigen	• allgemein; alle gewöhnl. Geschäfte • Entlassungen, Einstellungen	+	+
• außergewöhnliche Rechtsgeschäfte		+	–
• Grundstücke belasten und verkaufen		S	S
• Grundstücke kaufen • Darlehen aufnehmen	• Wechsel unterschreiben • Prozesse führen	+	S

Aufgaben

1. Erklären Sie kurz den Begriff Vollmacht.

2. Nennen Sie die drei Arten der Handlungsvollmacht, definieren Sie diese kurz, und nennen Sie je ein Beispiel.

3. Welche Art von Handlungsvollmacht liegt jeweils vor?

   a) Abschluss von Arbeitsverträgen durch den Personalleiter

   b) Ausführung aller gewöhnlichen Geschäfte einer Filiale.

   c) Abschluss eines Werbevertrages mit einem Olympiasieger durch einen Angestellten, der den Sportler persönlich kennt.

   d) Vorkontieren von Buchungsbelegen durch einen Buchhalter.

   e) Ein Auszubildender kauft für die Firma Schreibmaterial ein.

   f) Ein Reisender schließt Kaufverträge ab.

4. Der allgemeine Handlungsbevollmächtigte Storch kauft während der Abwesenheit des Unternehmers Rohstoffe im Wert von 10.000,00 €. Zur Finanzierung der Kaufsumme nimmt er ein Darlehen auf. Sind Kaufvertrag und Darlehensvertrag gültig? Begründung.

5. Grünfink ist Einkaufsleiter bei der Skifabrik Rasant Ski GmbH. Er unterzeichnet bei der Kunststoff GmbH einen Kaufvertrag über Rohstoffe im Wert von 180.000,00 €, obwohl seine Einkaufskompetenz auf 100.000,00 € begrenzt ist. Über diese Begrenzung wurde die Kunststoff GmbH nicht informiert. Bei der Lieferung verweigert der Inhaber der Skifabrik die Annahme mit der Begründung, Grünfink habe seine Kompetenz überschritten.

   a) Welche Art von Handlungsvollmacht liegt vor?

   b) Muss der Lieferant einen Teil der Rohstoffe zurücknehmen?

6. Definieren Sie kurz den Begriff Prokura.

7. Definieren Sie kurz die drei Arten der Prokura.

8. Worin unterscheiden sich allgemeine Handlungsvollmacht und Prokura hinsichtlich Umfang, Einschränkungen des Umfangs, Erteilung, Handelsregistereintrag, Beginn, Zeichnung und Beendigung?

9. Entscheiden Sie bei folgenden Rechtshandlungen, ob diese einem Handlungsbevollmächtigten mit allgemeiner Handlungsvollmacht ohne Sondervollmachten bzw. einem Prokuristen einer Skifabrik erlaubt sind:

   a) Einkauf von Kunststoffen
   b) Verkauf des Unternehmens
   c) Einstellung eines Arbeiters
   d) Kauf eines Grundstücks
   e) Entgegennahme Mängelrüge
   f) Kauf einer Rechenmaschine
   g) Verkauf eines Grundstücks
   h) Akzeptierung eines Wechsels
   i) Bilanz unterschreiben
   j) Vermietung einer Lagerhalle
   k) Aufnahme eines Gesellschafters
   l) Entlassung eines Arbeiters
   m) Aufnahme eines Darlehens
   n) Kauf von 10 000 Stück Aktien
   o) Einlösung eines auf uns gezogenen Wechsels
   p) Erteilung von allgemeiner Handlungsvollmacht

10. Im Vertrag des Prokuristen Wiesel ist Folgendes vermerkt: „Der Prokurist darf keine Grundstücke erwerben." Wiesel kauft dennoch ein Grundstück.

    a) Beurteilen Sie die Rechtsgültigkeit des Kaufvertrags.

    b) Welche rechtlichen Schritte könnte der Inhaber unternehmen?

11. Dem Angestellten Schnell wurde am 2. Januar Prokura erteilt. In einem Rundschreiben wurden am 4. Januar alle Geschäftsfreunde und Banken hierüber informiert.

    Bereits am 8. Januar nimmt der Prokurist ein Darlehen über 100.000,00 € zu einem hohen Zinssatz auf. Der Unternehmer ärgert sich und bestreitet die Rechtsgültigkeit des Darlehensvertrages, da seines Erachtens die Prokura mangels Handelsregistereintrag am 8. Januar noch nicht wirksam war. Nehmen Sie Stellung.

12. a) 10. Mai: Widerruf der Prokura
    13. Mai: Prokurist unterschreibt einen ungünstigen Kaufvertrag
    14. Mai: Rundschreiben über Widerruf der Prokura
    30. Mai: Eintrag des Erlöschens der Prokura im Handelsregister

    Der Unternehmer erkennt den Kaufvertrag nicht an. Nehmen Sie Stellung.

    b) Wie a, jedoch wurde der Kaufvertrag am 18. Mai unterzeichnet.

13. Unterscheiden Sie die Begriffe: a) Gesamtvollmacht – Gesamtprokura

    b) Einzelvollmacht – Einzelprokura

14. Welche Überlegung könnte einen Unternehmer veranlassen, Gesamtprokura statt Einzelprokura zu erteilen?

15. Unter welcher Voraussetzung kann die Prokura auf eine Filiale begrenzt werden?

16. Erklären Sie folgendes Zitat: „Ein Maschinenproduzent - von einer Reise zurückgekehrt - kann sich als Lederhosenproduzent wiederfinden."

4.4 Geschäftsprozesse

Stofftelegramm

Definition „Geschäftsprozess"

Geschäftsprozess = logische Folge
- zusammenhängender
- abgeschlossener
- wiederholbarer Tätigkeiten,

die zur Erfüllung einer betrieblichen Aufgabe (zur Zielerreichung) notwendig sind.

Merkmale von Geschäftsprozessen

- Geschäftsprozesse = **Vielzahl** von **betrieblichen Tätigkeiten**, die durch **Verzweigungen** und **Bedingungen** miteinander verknüpft sind
- Geschäftsprozesse = **ziel- u. ergebnisorientiert** (Leistung muss mess- u. kontrollierbar sein)
- Ein **Kerngeschäftsprozess** besteht aus einer Vielzahl von **Subprozessen** (Teilprozessen).
- Geschäftsprozesse haben eine Ereignis-, Funktions-, Organisations- und Informations**sicht**.
- Ein Geschäftsprozess beginnt u. endet mit mindestens einem Ereignis (**Start-, Endereignis**).

Ziele + Vorteile der Prozessorientierung

- Erhöhung der **Kundenzufriedenheit**, da vornehmlich an Kundenwünschen orientiert
- Erhöhung der **Lieferantenzufriedenheit**
- Erhöhung der **Mitarbeiterzufriedenheit**, da Aufgabenbereiche vielseitig
- **Generalisten** betreuen Gesamtprozess (Kunde hat nur einen Ansprechpartner).
- geringer **Koordinierungsaufwand** (jeder Prozessbetreuer handelt eigenverantwortlich)
- **Qualitätsverbesserungen** in allen Bereichen
- **Veranschaulichung** komplexer Sachverhalte (grafische Darstellung mit Prozessketten)
- permanenter **Verbesserungsprozess** durch ausgeprägtes Kosten-Nutzen-Denken
- **IT-Systeme** unterstützen durch optimale Informationsbereitstellung.

Beispiele für Geschäftsprozesse

- Angebotserstellung
- Auftragsvergabe
- Beschaffung
- Mahnwesen
- Personaleinstellung
- Zahlungsabwicklung
- Fakturierung
- Eingangsrechnungsbearbeitung
- Rechnungsbuchung
- Rechnungskontrolle
- Anfrageprüfung
- Produktionsplanung...

BWL: Grundlagen der Organisation

Voraussetzungen der Prozessorientierung

- Anpassung der gesamten Organisation an teamorientierte Strukturen:

  Anstelle der **funktionsorientierten Organisation** (Einkauf, Verkauf, Personalwesen...) muss die **prozessorientierte Organisation** (Prozessverantwortliche arbeiten funktionsübergreifend) eingeführt werden.

- Intensive Schulung des Teamverhaltens

- Anpassung der Entgeltsysteme an die prozessorientierte Organisation

Symbole für Geschäftsprozesse

Symbole	Erklärungen	Beispiele
Funktion	**Was soll gemacht werden?** Funktion = Tätigkeit, die von einer Organisationseinheit vollzogen wird.	Rechnung entgegennehmen + Eingang notieren
Ereignis	**Was hat sich ereignet, ist gemacht worden?** • Ereignis = Zustand • Ein Ereignis stößt i. d. R. eine Tätigkeit (Funktion) an. • Ein Ereignis kann auch das Ergebnis einer Tätigkeit (Funktion) sein. • Ein Ereignis ist nie eine Entscheidung. Entscheidungen treffen = Funktionen.	Rechnung ist eingetroffen
Organisationseinheit	**Welche Stelle soll etwas machen?** • Organisationseinheiten = **betriebliche Stellen** oder Abteilungen, die Tätigkeiten (Funktionen) verantwortlich ausführen. • Wichtig: **Stellenbeschreibungen**. • Stellen werden durch einzelne Personen oder Teams besetzt. Organisationseinheiten sind daher keine Orte oder Personen.	Einkaufsstelle Vertrieb
Informationsobjekt	**Welche Informationen unterstützen die Tätigkeiten?** Ein Informationsobjekt wird zur Ausführung einer Funktion benötigt. Bsp.: Begleitschreiben, Bestellungen...	Bestellung

BWL: Grundlagen der Organisation 78

Logische Verknüpfungsoperatoren

Symbole	Erklärungen	Beispiele
OR = V	**Logisches ODER** Die eine Möglichkeit schließt nicht automatisch die andere aus. Wenn man die Wahl zwischen dem Kauf eines Mountainbikes oder eines Rennrades hat, kann man das Mountainbike **oder** das Rennrad oder beide wählen.	Kundengespräch + Entscheidung → OR → Mountainbike, Rennrad
XOR = V̲	**Logisches ENTWEDER ... ODER** Nur eine Möglichkeit ist gegeben.	Lagerbestand prüfen → XOR → Bestand ausreichend, Best. nicht ausreichend
AND = ∧	**Logisches UND** Beide Möglichkeiten müssen zutreffen. Nur wenn die Kapazität **und** der Lagerbestand ausreichen, können wir dem Kunden zusagen.	Kapazität reicht, Lagerbestand reicht → AND → Kunde zusagen

Prozessstruktur „Auftragsabwicklung"

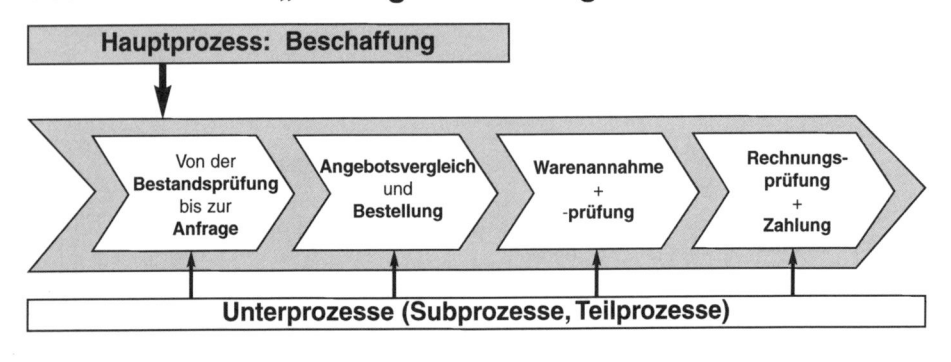

Hauptprozess: Beschaffung

Von der **Bestandsprüfung** bis zur **Anfrage** → **Angebotsvergleich** und **Bestellung** → **Warenannahme** + **-prüfung** → **Rechnungsprüfung** + **Zahlung**

Unterprozesse (Subprozesse, Teilprozesse)

5 Absatzprozesse

5.1 Marktorientierung - Marktforschung

Stofftelegramm

Marktorientierung

- Grundlage unternehmerischen Handelns: konsequente Ausrichtung (Orientierung) am Markt
- Marktorientierung = grundlegendes Element aller Marketingbemühungen
- Entscheidend = **Kundenorientierung** („Der Kunde ist König!")
- **Konkurrenzorientierung:** Orientierung der Preispolitik usw. an den Konkurrenten.
- Orientierung an sonstigen Gegebenheiten: Beschaffungsmarkt, Konjunktur...
- Beachte: Zunehmende **Internationalisierung** des Wettbewerbs (= **Globalisierung**):

  - Angebot auf internationalen Märkten
  - zunehmender Wettbewerbsdruck ausländischer Billiganbieter
  - evtl. Verlagerung von Arbeitsplätzen und Produktionsstätten ins kostengünstigere Ausland
  - Diskussionsthema „Wirtschaftsstandort Deutschland": Stichworte Lohn und Lohnzusatzkosten, ausländische lohngünstige Arbeitnehmer...)
  - „Aufreißen" neuer Auslandsmärkte
  - Entwicklung zur Europäischen Wirtschafts- und Währungsunion...

Absatzmarketing

- Steuerung des Betriebes vom Markt her (marktorientierte Unternehmensführung)
- Alle Maßnahmen, die ein Unternehmen treffen muss, um sich einen Markt zu schaffen, zu erhalten und zu erweitern (Marketing = alle absatzfördernden Maßnahmen)
- Weitere Ziele des Absatzmarketing:

  - Marktrisiko verringern
  - Imagepflege (Public Relations)

BWL: Absatzprozesse

```
    Systematisch:              Marketerkundung            Unsystematisch:
mit wissenschaftlichen    ←       i. w. S.       →      Kundengespräche,
       Methoden                                          Berichte Reisender...
```

MARKTFORSCHUNG

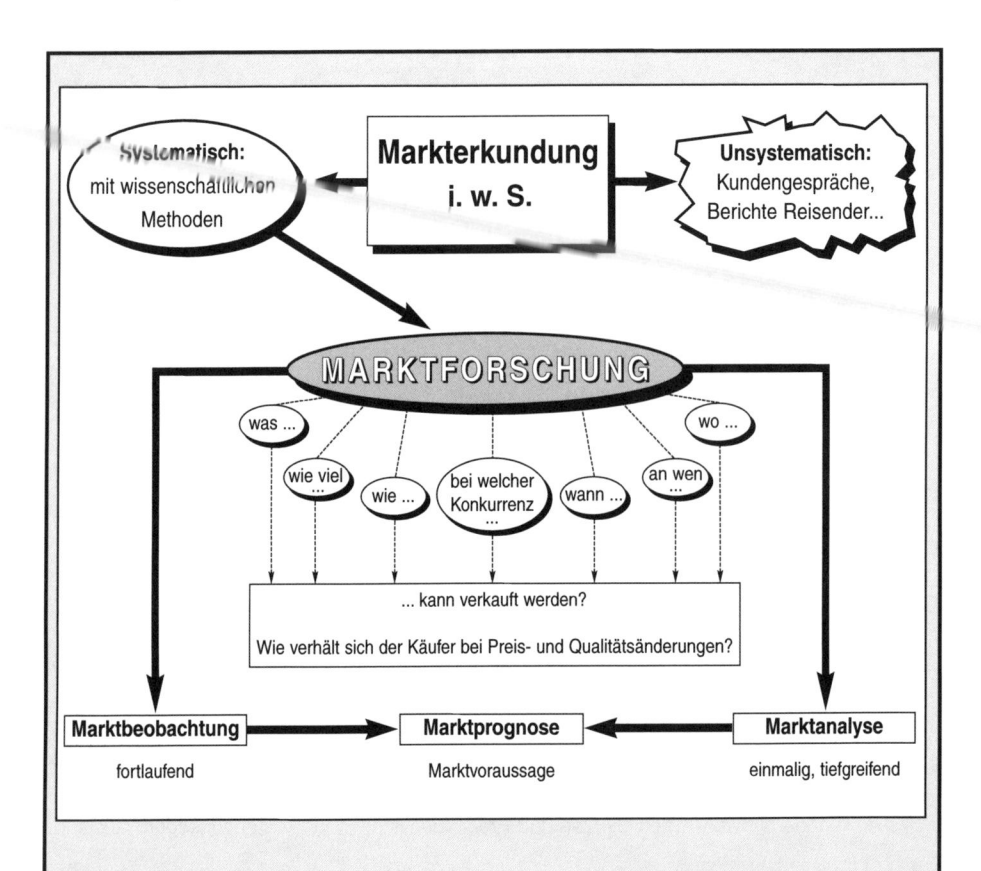

- was ...
- wo ...
- wie viel ...
- wie ...
- bei welcher Konkurrenz ...
- wann ...
- an wen ...

... kann verkauft werden?
Wie verhält sich der Käufer bei Preis- und Qualitätsänderungen?

Marktbeobachtung	**Marktprognose**	**Marktanalyse**
fortlaufend	Marktvoraussage	einmalig, tiefgreifend

Methoden der Marktforschung:

a) Sekundärforschung: Auswertung von bereits vorhandenem Material

b) Primärforschung: direkte Forschung am Markt

- Beobachtung
- Experiment (z. B. Testmarkt)
- Befragung:
  - **Zufallsauswahl:** Personenauswahl rein zufällig
  - **Quotenverfahren:** Wichtig:

    Die zu befragende Teilmasse muss in ihrer Zusammensetzung der Gesamtmasse entsprechen.

    Vorteil:

    Die Teilmasse kann relativ klein sein, daher kostengünstig.

BWL: Absatzprozesse 81

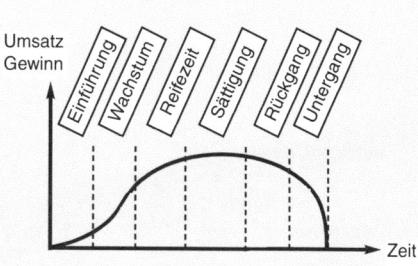

Aufgaben

1. Definieren Sie möglichst kurz folgende Begriffe:

   a) Marktorientierung f) Marktbeobachtung k) Gesamtmasse

   b) Globalisierung der Märkte g) Marktprognose l) Zufallsauswahl

   c) Absatzmarketing h) Sekundärforschung m) Quotenverfahren

   d) Marktforschung i) Primärforschung

   e) Marktanalyse j) Teilmasse

2. Welche Datenquellen werden bei der Sekundärforschung verwendet?

5.2 Absatzpolitische Instrumente

Stofftelegramm

Hinweis: Die folgenden Begriffe werden in der Literatur - insbes. im Schulbuchbereich - leider sehr unterschiedlich verwendet. Ich halte mich daher im Wesentlichen an Wöhe (ABWL), Verlag Vahlen.

Produktionsprogramm

- **Breites Produktionsprogramm:** Herstellung vieler artverwandter Produkte
  = **horizontale Diversifikation**

- **Tiefes Produktionsprogramm:** Produktionsprogramm mit relativ vielen Produktionsstufen
  (z. B. Sägewerk - Möbelfabrik - Möbelhandel kombiniert)
  = **vertikale Diversifikation**

- **Lebenszyklus:**

  6 Phasen:
  – Einführung
  – Wachstum
  – Reife
  – Sättigung
  – Rückgang
  – Untergang

BWL: Absatzprozesse

Portfolio-Analyse

- Portfolio-Analyse = Instrument der Unternehmensführung

- **Ziel** der Portfolio-Analyse: ausgewogene Zusammensetzung des Produktionsprogramms erreichen hinsichtlich:

  - Ertragskraft
  - Lebensalter
  - Marktposition
  - Konkurrenz
  - Risiken

Dafür notwendig: Festlegung der Faktoren, die den langfristigen Unternehmenserfolg bestimmen, v. a. Marktanteil, Wachstumsrate und Ertrag.

- Vorgehensweise bei der Portfolio-Analyse –> Die **Vier-Felder-Matrix**:

  1. **Einführungsphase**
     („**Question Marks**" = Fragezeichen):
     - noch unbedeutender Marktanteil
     - hohe Investitionen
     - Ertrag noch relativ gering
     - große Wachstumschancen

  2. **Wachstumsphase** („**Stars**" = Sterne):
     - hoher Marktanteil
     - hohe Investitionen
     - stark steigende Gewinne
     - starkes Wachstum

  3. **Reifephase** („**Cash Cows**" = Melkkühe):
     - hoher Marktanteil
     - starker Rückgang der Investitionen
     - hohe Gewinne
     - geringes Wachstum

  4. **Sättigungsphase**
     („**Poor Dogs**" = Arme Hunde):
     - stark zurück gehender Marktanteil
     - keine Investitionen
     - Tendenz zu Verlusten
     - kein Wachstum mehr
     - kurz: „Dogs" = „arme Hunde", denen das baldige Ende droht

  Question-Marks-Produkte: Fördern, damit die Produkte in die „Starphase" gelangen!

  Stars und Cash Cows: Marktanteile erhalten! Evtl., falls nötig, Produkte variieren.

  Poor Dogs: Elimination! Ersatz durch Produktinnovationen

- **Vorteil der Portfolio-Analyse:** anschauliche Darstellung

BWL: Absatzprozesse

Produktpolitik

Produktinnovation

(Entwicklung und Einführung völlig **neuer** Produkte)

Produktvariation

(Verbesserung = Variation **bereits existierender** Produkte)
Änderungen z. B.:
- Material, Qualität, Bauart, Haltbarkeit
- Farbe, Form, Verpackung
- Markenname
- Garantie und Kundendienst

Produktelimination

(Herausnahme von Produkten aus dem Produktionsprogramm = Bereinigung des Produktionsprogramms)

Produktdifferenzierung

(Typenerweiterung, z. B.: Autofabrik produziert neuerdings zusätzlich zu den bisherigen Mittelklassewagen auch Kleinwagen)

Produktdiversifikation

(Aufnahme völlig neuer Produktarten = Kombination von Produktfeldern)
Vorteile: Risikominderung, Umsatzsteigerung, Nutzung Firmenimage u. vorhandenes techn. know-how, gleichmäßigere Beschäftigung bei Saisonbetrieben, günstigerer Einkauf (gleiche Grundstoffe)

Hinweis: Die Begriffe **Produktpolitik** und **Produktgestaltung** werden uneinheitlich definiert. Wöhe spricht nur von Produktpolitik.

Sortimentspolitik

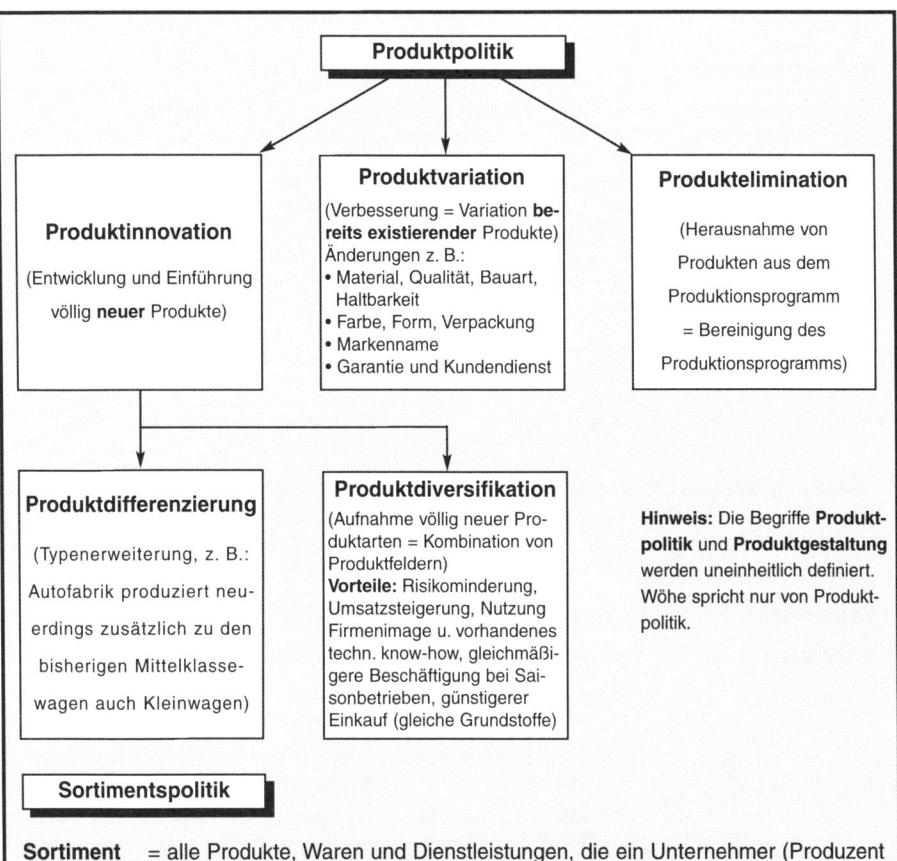

Sortiment = alle Produkte, Waren und Dienstleistungen, die ein Unternehmer (Produzent oder Händler) anbietet. (Sortiment i. e. S. ist nur auf den Handel bezogen!)

Sortimentspolitik: betrifft Zusammensetzung der gesamten angebotenen Produktpalette. (Produktpolitik betrifft i. Gs. dazu die Produktinnovation, Produktvariation und -elimination). Die Begriffe Produkt- und Sortimentspolitik werden in der Literatur nicht einheitlich definiert!

- **Breites Sortiment:** Angebot vieler verschiedenartiger Produkte
  (Schlafzimmer-, Kinderzimmer-, Wohnzimmer-, Büromöbel)
- **Schmales Sortiment:** Spezialisierung auf wenige Produkte (z. B. nur Büromöbel)

- **Tiefes Sortiment:** nur wenige Produkte, jedoch zahlreiche Sorten werden geführt
  (z. B. Büromöbel in allen Variationen)
- **Flaches Sortiment:** nur wenige Produkte u. wenige Sorten (z. B. Massenproduktion zweier Tischsorten)

- **Marktsegmentierung:** Marktaufteilung in Teilmärkte nach bestimmten Gesichtspunkten
  (z. B. best. Vorlieben für spezielle Biersorten in best. Gebieten)

- **Kernsortiment:** Hauptbestandteil des Sortiments
- **Randsortiment:** Ergänzung des Kernsortiments

BWL: Absatzprozesse

Kundendienstpolitik

- **Kundendienst** = alle Zusatzleistungen, die freiwillig und evtl. sogar kostenlos vor, während oder nach dem Kauf erfolgen. Zweck: Stammkunden gewinnen, Ruf der Firma fördern ...
- **Bereiche der Kundendienstpolitik:** Information, Beratung und Unterstützung beim Einkauf, Schulung und Einweisung der Käufer, Transport und Installation, Reparaturservice, Garantie, Ersatzteildienst, evtl. Entsorgung

Preisgestaltung (-politik) Vgl. hierzu auch „Gesamtwirtschaft" (Thema: Markt und Preis)!

- **Preispolitik** = alle Entscheidungen, die den Preis beeinflussen einschließlich Rabattgewährung, Lieferungs- und Zahlungsbedingungen (Konditionen) usw.

- **Kostenorientierte Preisgestaltung:** Preisermittlung auf der Basis der Kosten (Voll- oder Teilkostenrechnung).

- **Nachfrageorientierte Preisgestaltung:** Preissetzung in Abhängigkeit von der Nachfrage (Zahl und „Macht" der Nachfrager...); typisch: Käufermärkte (Angebotsüberschüsse –> Käufer kritisch, wählerisch u. preisbewusst)

- **Konkurrenzorientierte Preisgestaltung:** Preise an den Konkurrenzpreisen orientiert

- **Preisdifferenzierung:** Das gleiche Produkt wird zu unterschiedlichen Preisen angeboten:
  - **räumliche Preisdifferenzierung:** unterschiedliche Preise an verschiedenen Orten (z. B. Inlands-, Auslandsmarkt)
  - **zeitliche Preisdifferenzierung:** unterschiedliche Preise zu verschiedenen Zeiten (z. B. Sommer-, Winterpreise bei Ski...)
  - **sachliche Preisdifferenzierung:** Angebot desselben Produktes mit unterschiedlicher Aufmachung zu unterschiedlichen Preisen (z. B. Angebot als Markenartikel und No-name-Ware)
  - **persönliche Preisdifferenzierung:** unterschiedliche Preise für verschiedene Personen (z. B. Schülerermäßigungen...)
  - **umsatzorientierte Preisdifferenzierung:** Mengenrabatte...
  - **verwendungsorientierte Preisdifferenzierung:** Haushalts- und Gewerbetarife beim Strom...

- **Finanzdienstleistungen:** Kredite (inkl. Lieferantenkredit) + Leasingangebote zur Stärkung der Kaufkraft des Kunden

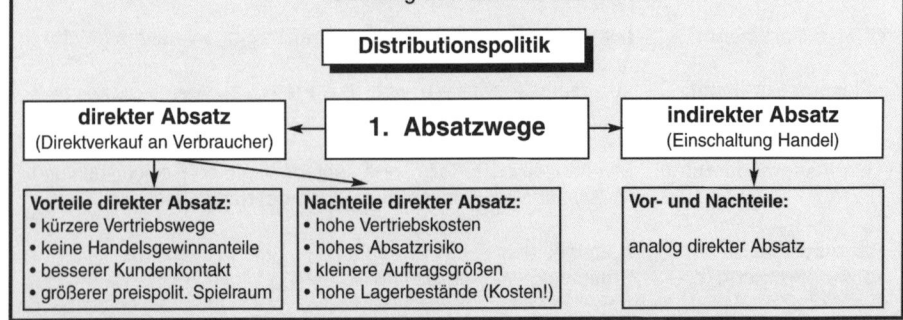

Distributionspolitik

1. Absatzwege

direkter Absatz (Direktverkauf an Verbraucher)

indirekter Absatz (Einschaltung Handel)

Vorteile direkter Absatz:
- kürzere Vertriebswege
- keine Handelsgewinnanteile
- besserer Kundenkontakt
- größerer preispolit. Spielraum

Nachteile direkter Absatz:
- hohe Vertriebskosten
- hohes Absatzrisiko
- kleinere Auftragsgrößen
- hohe Lagerbestände (Kosten!)

Vor- und Nachteile:

analog direkter Absatz

2. Absatzmittler

	Reisender	Handelsvertreter	Kommissionär
Rechtsgrundl.	Arbeitsvertrag	Agenturvertrag	Kommissionsvertrag
Rechtsstellung	Angestellter mit Handlungsvollmacht	selbstständig	selbstständig
Tätigkeit	im Namen u. auf Rechnung ihres Arbeitgebers	in fremdem Namen auf fremde Rechnung	in eigenem Namen auf fremde Rechnung
Absatzweg	direkter Absatz	indirekter Absatz	indirekter Absatz
Vergütung	• Fixum • Provision • Spesen	• Abschlussprovision • Inkassoprovision • Delkredereprovision	• Provision (Kommission), evtl. Delkredereprovision
Rechte	vgl. Rechte Angestellter mit Handlungsvollmacht (Artvollmacht)	• Provision • Unterlagen • Benachrichtigung • Ausgleichsanspruch	• Provision • Aufwendungsersatz • Selbsteintritt • Pfandrecht • Rückgaberecht
Pflichten	vgl. Pflichten Angestellter	• Sorgfalt • Benachrichtigung • Befolgungspflicht • Bemühung • Wettbewerbsverbot • Verschwiegenheit	• Sorgfalt • Benachrichtigung • Befolgungspflicht • Abrechnung • Haftung (Verlust/Beschädigung der Ware)

Vorteile Reisender im Vergl. zum HV	Nachteile Reisender im Vergl. zum HV
• bei guter Absatzlage: billiger • voll verfügbar für das Unternehmen • flexibler einsetzbar	• bei schlechter Absatzlage: teurer • evtl. weniger Marktübersicht • Vertriebssystem mit Reisenden teurer

Vorteile des Kommissionsgeschäftes für den Kommissionär

- Absatzrisiko beim Auftraggeber (= Kommitent), da Rückgaberecht
- risikolose Sortimentsergänzung insbes. mit neuen, evtl. modischen Artikeln
- Zahlung erst nach Verkauf

Vorteile des Kommissionsgeschäftes für den Kommittenten

- Lagerhaltung beim Kommissionär (Lagerkostenvorteil)
- Waren in Kundennähe (sofortige Lieferung möglich)

Wichtig für Prüfung: Kostenvergleich HV - Reis. - Kommissionär (vgl. Übungen!!)

BWL: Absatzprozesse

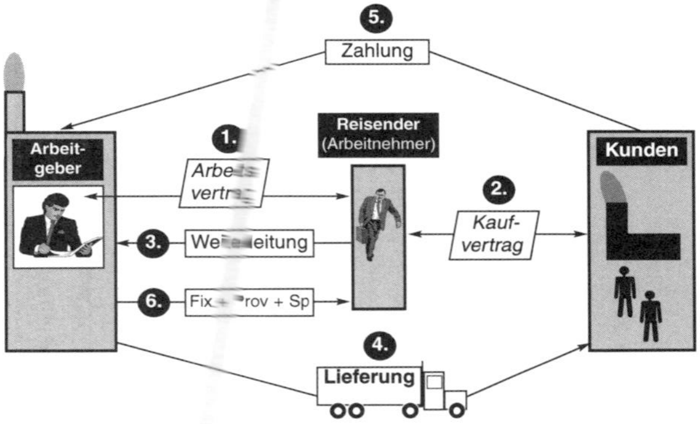

Der Reisende mit Vermittlungsvollmacht

- Arbeitgeber
- 1. Arbeitsvertrag
- 4. Fix + Prov + Sp
- Weiterleitung
- Reisender (Arbeitnehmer)
- 2. Bestellung
- Kunden
- 4. Annahme
- 5. Lieferung
- 6. Zahlung

Der Reisende mit Abschlussvollmacht

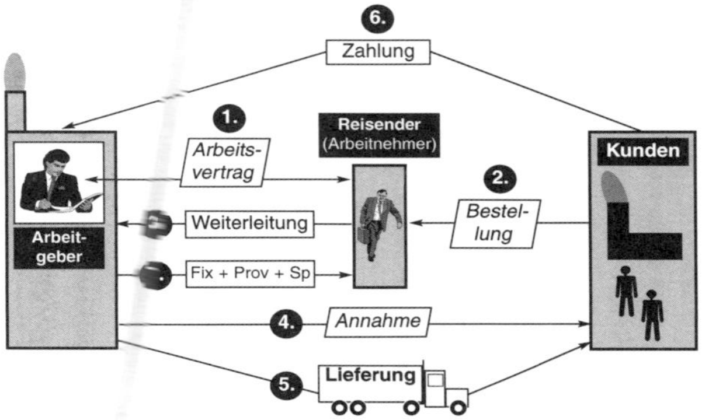

- Arbeitgeber
- 1. Arbeitsvertrag
- 3. Weiterleitung
- 6. Fix + Prov + Sp
- Reisender (Arbeitnehmer)
- 2. Kaufvertrag
- Kunden
- 4. Lieferung
- 5. Zahlung

Reisender + Handelsvertreter

Der Handelsvertreter mit Vermittlungsvollmacht

- Arbeitgeber
- 1. Agenturvertrag
- 3. Weiterleitung
- 7. Provision
- Handelsvertreter (Selbständiger)
- 2. Bestellung
- Kunden
- 4. Annahme
- 5. Lieferung
- 6. Zahlung

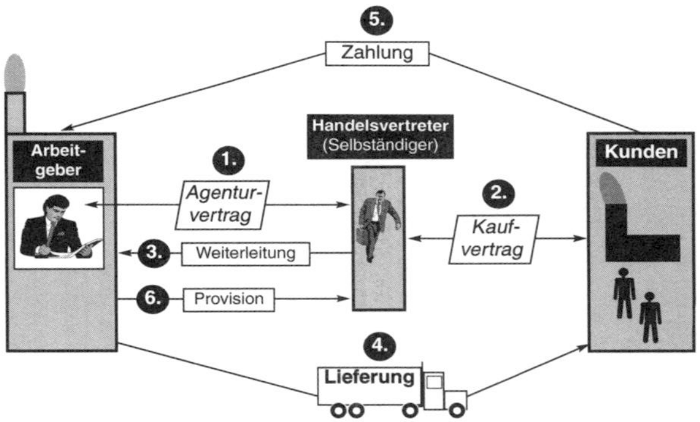

Der Handelsvertreter mit Abschlussvollmacht

- Arbeitgeber
- 1. Agenturvertrag
- 3. Weiterleitung
- 6. Provision
- Handelsvertreter (Selbständiger)
- 2. Kaufvertrag
- Kunden
- 4. Lieferung
- 5. Zahlung

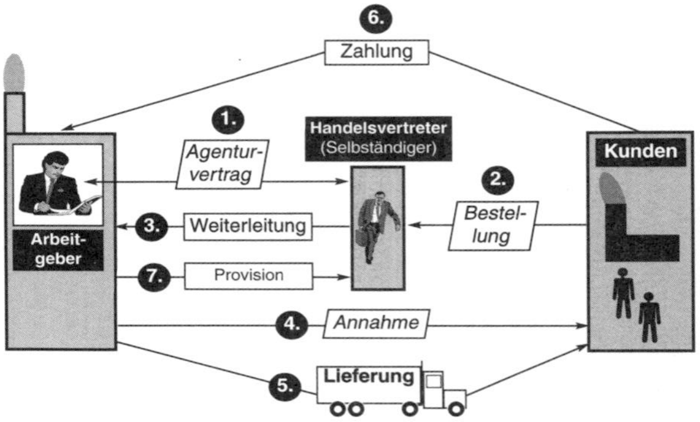

BWL: Absatzprozesse 87

> Hinweis: E-Business (Geschäfte im Internet) vgl. Kapitel 6.9 BWL

Absatzlogistik

Logistik (allgemein): Soll den störungsfreien, optimalen Material- und Informationsfluss von der Beschaffung bis zum Verkauf gewährleisten.

Absatzlogistik: Soll den störungsfreien, optimalen Produkt- und Informationsfluss von der Unternehmung bis zum Kunden gewährleisten.

Ziele der Absatzlogistik:
- Lager- und Lieferzeiten minimieren
- Exakte Einhaltung der Liefertermine
- Lieferung einwandfreier Ware
- Zufriedenheit der Kunden
- Wettbewerbsvorteile gegenüber den Wettbewerbern
- Kosten-Nutzen-Analysen (Lieferkosten und Liefernutzen müssen in einem angemessenen Verhältnis stehen.)

Teilbereiche:
- **Lagerhaltung** im Bereich der Auslieferung:

  Hohe Lagerbestände verkürzen die Lieferzeiten, verursachen jedoch hohe Lagerkosten.

- **Eigentransport oder Fremdtransport:**

  Zu beachtende Kriterien:

  - Kostenüberlegungen
  - Schnelligkeit der Lieferung
  - Sicherheit der Lieferung
  - Umweltverträglichkeit des Transportmittels
  - langfristig erwartetes Versandaufkommen
  - Werbewirkung des eigenen Fuhrparks
  - Know-how des eigenen Personals
  - Abhängigkeit von fremden Transportunternehmen
  - steuerliche Überlegungen (Abschreibungen des Fuhrparks mindern den Gewinn)
  - Leerfahrtenproblematik (Rückfahrt evtl. ohne Ladung)
  - Kapazitätsauslastung der eigenen Fahrzeuge

- **Auswahl des geeigneten Verkehrsträgers (Transportsystems):**

  - Straßengütertransport
  - Schienenverkehr
  - Schiffahrtsgütertransport
  - Luftfrachttransport
  - Kombination diverser Transportmittel

BWL: Absatzprozesse

Kommunikationspolitik

Werbung

Grundsätze → Wirksamkeit – Wahrheit – Klarheit – Wirtschaftlichkeit

Sog. „**AIDA-Regel**" besagt:

- Werbung soll zunächst Aufmerksamkeit erzielen (**A**ttention)
- Werbung soll Interesse wecken (**I**nterest)
- Werbung soll den Kaufwunsch auslösen (**D**esire = Wunsch)
- Werbung soll zum Kauf (zur Handlung) führen (**A**ction)

Aufgaben →
- Kundenstamm erhalten = Erhaltungswerbung
- neue Kunden gewinnen = Expansionswerbung
- neue Produkte bekanntmachen = Einführungswerbung
- neue Bedürfnisse wecken

Werbeplanung → Wie ...? womit ...? wann werben? Werbeetat?

- **Werbearten:**
  - Direktwerbung (Gespräch, Brief)
  - Massenwerbung (Rundfunk, Zeitung, Postwurfsendung)
  - Alleinwerbung
  - Verbundwerbung (mehrere Unternehmen werben gemeinsam)
  - Gemeinschaftswerbung (Werbung für ganze Branche)

- **Werbemittel:** Zeitungsinserate, Plakate, Rundfunk- und Fernsehspots, Kostproben, Schaufensterausstattung ...

- **Werbeträger:** Zeitschriften, Fernsehen, Rundfunk, Plakatsäulen

- **Werbeetat:** Für Werbung verfügbare finanzielle Mittel

Werbedurchführung →
- Streukreis: welche Personen umwerben?
- Streugebiet: wo werben?
- Streuzeit: wann werben?
- Antizyklische Werbung: Umsatz sinkt –> mehr werben!
  Umsatz steigt –> weniger werben!

Vorteile der Werbung	Nachteile der Werbung
• Absatzsicherung, Absatzsteigerung –> Kostensenkung durch Massenproduktion • Erhöhung der Markttransparenz • Information	• Werbekosten verteuern die Produkte • Werbekosten sind von Großunternehmen leichter zu tragen • Manipulation + Verführung d. Verbrauchers

BWL: Absatzprozesse

Grenzen der Werbung	Gesetzliche Grundlage = Gesetz gegen den unlauteren Wettbewerb (UWG)
Grundsatz:	Unzulässig (unlauterer Wettbewerb) ist insbesondere **irreführende Werbung**.
Irreführende Werbung:	• Firmen-, Namens- und Warenzeichen unterscheiden sich nicht klar von anderen.
	• unwahre, irreführ. Angaben über Geschäftsgröße, Preise ...
Vergleichende Werbung:	• Vergleich des eigenen Unternehmens werbemäßig mit der Konkurrenz
	• Inzwischen grundsätzlich auch in Deutschland zulässig
	• Auch Preisvergleiche erlaubt
	• Wichtig: bestimmte Voraussetzungen sind zu beachten:

Vergleichende Werbung grundsätzlich zulässig unter folgenden Voraussetzungen:

Voraussetzungen für vergleichende Werbung

- Nur Leistungen vergleichen, die für den **gleichen Zweck** gedacht sind!
- Nur **wesentliche**, relevante, **nachprüfbare** und **typische Eigenschaften** vergleichen! (z. B. Preisvergleiche)
- **Irreführungsverbot**
- **Mitbewerber nicht verunglimpfen bzw. herabsetzen!**
- Auf dem Markt keine **Verwechslungen** zwischen Werbendem und Konkurrent entstehen lassen!
- Waren mit **Ursprungsbezeichnung** nur auf Waren mit der **gleichen Bezeichnung** beziehen!

BWL: Absatzprozesse 90

- **Sonstige Fälle unlauteren Wettbewerbs:**
  - Anschwärzen der Konkurrenz
  - Bestechung v. Angestellten oder Vertretern...

- **Rechtsfolgen bei Verstoß:**
  - Klage auf Unterlassung
  - Schadensersatz
  - in bestimmten Fällen strafrechtliche Verfolgung
  - Rücktrittsrecht des Käufers bei falschen Werbeaussagen

Werbeerfolgskontrolle

- **Ökonomischer Werbeerfolg:** Werbeaufwand und Werbeerfolg (Gewinn-, Umsatz bzw. Marktanteilsveränderungen) gegenüberstellen (sofern Werbeerfolg ermittelbar)

  Beispiel: Kosten einer Werbeanzeige: 10.000,00 €
  aufgrund Anzeige eingehende Bestellungen: 220 Stück
  Produktpreis: 200,00 €
  kalkulierter Gewinn je Stück: 40,00 €
  War die Werbeaktion erfolgreich?

  Lösung: Notw. Mindestzahl neuer Bestellungen: 10.000 : 40 = 250 Stück –> Werbeaktion nicht erfolgreich (220 St. • 40 € = 8.800 € ./. 10.000 € = 1.200,00 € Verlust!)

- **Außerökonomischer Werbeerfolg:**

  – Erinnerungsverfahren: „Denken Sie an Bier! Welche Marken fallen Ihnen ein?"

  – Wiedererkennungsverfahren: „An welche Anzeige können Sie sich erinnern?"

Verkaufsförderung (Sales Promotion)

Förderungsmaßnahmen insbes. beim Einzel- und Großhandel sowie bei den Absatzmittlern

Beispiele:
- Verkäuferschulung
- Bereitstellung von Displaymaterial, z. B. Verkaufsständer, Plakate...
- Verkaufsveranstaltungen
- Produktproben
- Händlerberatung
- Preisausschreiben...

Unterschied zur Werbung: **Werbung** wendet sich direkt an den Verbraucher und will ihn an das Produkt heranführen; **Verkaufsförderung** wendet sich eher an den Handel zwecks Verbesserung des Verkaufsvorganges.

Public Relations (Öffentlichkeitsarbeit)

- Maßnahmen zur Förderung des Rufs der Unternehmung = Imagepflege

- Beispiele:
  - Tag der offenen Tür
  - Medienarbeit
  - Betriebsbesichtigungen...

Moderne Kommunikationsmittel

Sponsoring

= Förderung von z. B. sportlichen/kulturellen Veranstaltungen oder Vereinen/Organisationen zwecks Erreichung bestimmter Marketingziele

Ziele
- Imageverbesserung
- Bekanntheitsgrad erhöhen
- Motivation Mitarbeiter

Telefonmarketing

= Werbung per Telefon (Form des Direktmarketing)

Privatkunden
Anruf nur erlaubt, wenn sie vorher ausdrücklich einverstanden waren.

Unternehmen
Momentan keine eindeutige Rechtslage; Regelungen etwas freizügiger

Product Placement

= Platzierung von Produkten als Requisiten innerhalb von Kino- bzw. Fernsehfilmen.

Beispiel

Automodelle in James Bond Filmen

Marketing - Mix

= optimale Kombination absatzpolitischer Instrumente

Marketing - Controlling

= **Frühwarnsystem** zur möglichst frühzeitigen Erkennung und Auswertung der Signale (Veränderungen) am Markt
–> entsprechende Plananpassungen vornehmen

- Entwicklung eines Kennzahlensystems zur Erlangung eines Überblicks über Kunden-, Absatzmarkt- und Wettbewerbssituation

–> Wirtschaftlichkeits- und Lageanalyse

–> evtl. Maßnahmen ergreifen

- Entwicklung von Strategien, Festlegung von Plandaten, Soll-Ist-Vergleiche, Abweichungsanalysen, Erstellung von Berichten und Ermittlung von Kennziffern

- Systematisch planen und kontrollieren

- **Operatives Marketing-Controlling:** Betrachtet einen kurzfristigen Zeitraum (laufendes Geschehen)

- **Strategisches Marketing-Controlling:** Betrachtet einen langfristigen Zeitraum und strebt die langfristige Existenzsicherung des Unternehmens an

BWL: Absatzprozesse 92

Abwicklung eines Kundenauftrags (Handelswaren)

- **Anfragebearbeitung:**
  - Anfrage: vgl. BWL Kapitel 1.5
  - Wollen wir liefern? (Kunde kreditwürdig?)
  - Können wir liefern? (Art der Handelsware, Lieferungstermin...)
- **Angebot:** Näheres zum Thema Angebot vgl. BWL Kapitel 1.5
- **Kundenauftrag erfassen:**
  - Vergabe Auftragsnummer
  - Kundennummer aus Kundendatei heraussuchen bzw.
  - neue Kundennummer vergeben
  - Erfassung der Auftragsdaten im Einzelnen (Liefertermin...)
- **Auftragsbestätigung**
- **Versandvorbereitung, Fakturierung**

Versandvorbereitung
- Lieferschein erstellen
- Kommissionierung (Zusammenstellen best. Artikel) im Lager anhand Lieferschein
- Versandauftrag für Versandabteilung erstellen
- Versandpapiere erstellen (Versandabteilung)
- Auslieferung

Fakturierung
- Fakturierung = Erstellung Ausgangsrechnung
- Basis = Lieferschein
- Fixierung im Rechnungsausgangsbuch
- Buchung als offener Posten (Debitor = Forderung)

Kurzfassung: Abwicklung eines Kundenauftrags

Anfragebearbeitung → Angebot → Kundenauftrag erfassen → Auftragsbestätigung → Versandvorbereitung und Auslieferung → Fakturierung → Zahlungseingang

- **Buchungen:** Ausgangsrechnung, Zahlungseingang, Rücksendungen, Preisnachlässe

  –> *Vgl. „Steuerung und Kontrolle"*

- **Vertragsstörungen:** –> vgl. BWL Kapitel 1.6

BWL: Absatzprozesse

Aufgaben

1. Welche drei Bereiche zählen zur Produktpolitik?

2. Definieren Sie möglichst kurz folgende Begriffe:

    a) Breites - tiefes Produktionsprogramm
    b) Produktvariation
    c) Produktdiversifikation
    d) Produktdifferenzierung
    e) Produktinnovation
    f) Produktelimination
    g) Lebenszyklus

3. Nennen Sie Vorteile der Produktdiversifikation.

4. Erklären Sie möglichst kurz: a) Marktsegmentierung
    b) Kernsortiment
    c) Randsortiment

5. Woran kann sich die Preispolitik orientieren?

6. a) Erklären Sie den Begriff Preisdifferenzierung.
   b) Erklären Sie kurz die Arten der Preisdifferenzierung.

7. Welche Bereiche zählen zur Distributionspolitik?

8. a) Unterscheiden Sie: direkter - indirekter Absatz.
   b) Nennen Sie Vor- und Nachteile des direkten Absatzes.

9. a) Nennen Sie vier grundlegende Unterschiede zwischen Reisender, Handelsvertreter und Kommissionär.
   b) Handelt es sich bei a) um direkten oder indirekten Absatz?

10. Nennen Sie je drei Vor- und Nachteile des Reisenden im Vergleich zum Handelsvertreter.

11. Nennen und beschreiben Sie kurz die drei Provisionsarten beim Handelsvertreter.

12. a) Was versteht man unter Ausgleichsanspruch des Handelsvertreters?
    b) Warum wird dem Handelsvertreter dieser Ausgleichsanspruch gewährt?

13. Welchen Vorteil hat die Vereinbarung einer Delkredereprovision?

14. Unter welcher Voraussetzung darf ein Handelsvertreter mit verschiedenen Firmen Agenturverträge schließen?

15. Welche Vorteile hat das Kommissionsgeschäft?

16. Kosten Reisender R: Jährliche Personalkosten 40.000,00 €;
    2 % Umsatzprovision

    Kosten Handelsvertreter H; 6 % Umsatzprovision

    Kosten Kommissionär K: Jährlicher Kostenersatz für Lagerbenutzung 16.000,00 €;
    5 % Umsatzprovision

    a) Welcher Absatzmittler wäre kostenmäßig am günstigsten bei einem geschätzten Jahresumsatz von 2 Mio. €?

    b) Bei welchem Umsatz sind die Kosten von R und H gleich hoch?

    c) Bei welchem Umsatz sind die Kosten von R und K gleich hoch?

    d) Bei welchem Umsatz sind die Kosten von H und K gleich hoch?

    e) Skizzieren Sie obigen Sachverhalt im Koordinatensystem.
    y-Achse: 10.000,00 € Kosten = 1 cm; x-Achse: 200.000,00 € Umsatz = 1 cm.

17. Welche Bereiche zählen zur Kommunikationspolitik?

18. Nennen Sie   a) Grundsätze der Werbung   b) Aufgaben der Werbung

19. Unterscheiden Sie: a) Direktwerbung - Massenwerbung

    b) Allein-, Verbund-, Gemeinschaftswerbung

20. Nennen Sie je drei   a) Werbemittel   b) Werbeträger

21. Was versteht man unter antizyklischer Werbung?

22. Nennen Sie je drei Vor- und Nachteile der Werbung.

23. Unterscheiden Sie: Werbung - Verkaufsförderung - PR

24. Nennen Sie die typischen Formen irreführender Werbung.

25. Wann ist vergleichende Werbung   a) unzulässig?   b) zulässig?

26. Unterscheiden Sie: ökonomischer und außerökonomischer Werbeerfolg.

27. a) War folgende Werbeaktion ökonomisch erfolgreich?

    Kosten der Werbeaktion: 100.000,00 €   Produktpreis: 600,00 €
    Zusätzliche Bestellungen: 2 000 Stück   kalk. Gewinn je Stück: 80,00 €

    b) Ab welcher zusätzlich verkauften Stückzahl erreichen wir die „Gewinnschwelle" der Werbeaktion?

BWL: Absatzprozesse 95

5.3 PRÜFUNGSAUFGABEN

Prüfungsaufgabe 2001/2002 (Aufgabe 2)

1   Die Johann Trost KG Düsseldorf, Hersteller von Mofas und Motorrollern mit Benzinmotor, sieht sich einem starken Wettbewerb, speziell durch japanische Mitbewerber, gegenüber.
Eine dieser Firmen, die Takasaki Ltd. Nagoya, hat ein neues Modell auf den Markt gebracht, das 1.250,00 € kostet und mit Elektrostarter und 3-Gang-Schaltung ausgerüstet ist. Um konkurrenzfähig zu bleiben, will die Trost KG eines ihrer Modelle mit gleicher Ausstattung und neuem Design versehen: Typ „Sprint 240", Netto-Verkaufspreis 1.230,00 €.
Bei veränderter Konstruktion ist mit Fixkosten von 250.000,00 € und variablen Kosten (proportional) von 475,00 € pro Stück zu rechnen.
Der Vertrieb soll über den Einzelhandel erfolgen (Fachberatung und Service sind erforderlich), es muss mit 35 % Rabatt auf den empfohlenen Verkaufspreis gerechnet werden.

1.1   Erläutern Sie die Art der Produktpolitik, um die es sich hier handelt.

1.2   Welche Vorteile sieht die Trost KG für sich in dieser Vorgehensweise?

1.3   Berechnen Sie die Absatzmenge, die überschritten werden muss, damit ein Gewinn erzielt wird.

2   Die Entwicklungsabteilung der Trost KG befasst sich mit der Konstruktion eines Elektro-Rollers. Vor kurzer Zeit konnte eine neuartige Batterie als Patent angemeldet werden. Das Unternehmen ist damit in der Lage, ein Produkt anzubieten, das den Konkurrenzprodukten technisch überlegen ist.

2.1   Erklären Sie den Begriff Patent.

2.2   Um welche Art der Produktpolitik handelt es sich bei der Einführung des Elektro-Rollers?

2.3   Begründen Sie, welche Vorteile ökologisch motivierte Käufer bei diesem Roller sehen könnten.

2.4   Kein Produkt „lebt" ewig. Im Zuge des technischen Fortschritts erfolgt eine permanente Weiterentwicklung und Veränderung am Markt. Jedes Produkt durchläuft einen Lebenszyklus. Beschreiben Sie die einzelnen Phasen bei idealtypischem Verlauf anhand des neuartigen Elektro-Rollers und stellen Sie diese grafisch mithilfe einer Skizze dar.

2.5   Nun muss noch eine gute Werbestrategie im Rahmen der Absatzplanung gefunden werden. Eine Marktanalyse und anschließende Marktprognose eines renommierten Marktforschungsinstituts hat ergeben, dass für die Jahre 2002 bis 2005 jährlich mit den in der Tabelle angegebenen Verkaufszahlen gerechnet werden kann:

Prognostizierte Absatzzahlen über die Jahre 2002 bis 2005		
Jahre	Sprint 240 Benzinmotor	Elektroroller
2002	950 Stück	350 Stück
2003	900 Stück	600 Stück
2004	850 Stück	700 Stück
2005	750 Stück	1 000 Stück

2.5.1   Erklären Sie die Begriffe Marktanalyse und Marktprognose.

2.5.2   Entwickeln Sie zwei erfolgversprechende Werbestrategien und begründen Sie diese ausführlich.

BWL: Absatzprozesse 96

Prüfungsaufgabe 2002 (Aufgabe 3)

Die Friedrichsquellen GmbH ist ein traditioneller Hersteller eines bekannten Heilwassers. Daneben produziert sie Mineralwasser und Limonade. Die Getränke werden vorwiegend im süddeutschen Raum, das Heilwasser auch deutschlandweit an Getränkemärkte, Reformhäuser, Sanatorien und Gastronomie verkauft.

Da die Umsatz- und Gewinnentwicklung in letzter Zeit zu wünschen übrig lässt, will die Geschäftsleitung Marketinginstrumente einsetzen, um eine Trendwende zu erreichen. Im laufenden Geschäftsjahr beträgt die Abfüllmenge 45,3 Mio. Liter, davon entfallen auf:

Produkt	Menge	Veränderung gegenüber Vorjahr
Heilwasser	8,6 Mio. Liter	- 3,0 %
Mineralwasser	31,7 Mio. Liter	+ 2,9 %
Limonade	5,0 Mio. Liter	+ 5,0 %

Daten der Branche:

Produkt	Menge	Veränd. geg. Vorjahr
Mineralwasser	7 406,0 Mio. Liter	+ 3,4 %
Heilwasser	302,1 Mio. Liter	- 4,4 %
Limonaden	2 013,4 Mio. Liter	+ 5,0 %
Mineralwasser + Frucht (= Mixgetränk Mineralwasser + Fruchtsaft)	326,6 Mio. Liter	+ 55,9 %

Pressebericht: siehe **Anlage 1**

Erlös- und Kostensituation der Friedrichsquellen GmbH:

Produkt	Händlerabgabepreise pro Flasche	Variable Kosten pro Flasche
Heilwasser	0,45 €	0,12 €
Mineralwasser	0,20 €	0,10 €
Limonade	0,43 €	0,13 €

1 Analysieren Sie die momentane Umsatzsituation dieses Unternehmens.
  Vergleichen Sie die Situation mit der Branchenentwicklung. Machen Sie auch unter Berücksichtigung der Deckungsbeiträge der einzelnen Produkte Vorschläge für die Produktpolitik des Unternehmens.

2 Mithilfe der Marktforschung wollen Sie Ihre Entscheidung absichern. Welche zusätzlichen Informationen benötigen Sie? Wie können diese beschafft werden? (Jeweils 4 Nennungen)

3 Die Friedrichsquellen GmbH entschließt sich, eine Apfelsaftschorle mit 60 % Fruchtsaftanteil in das Produktprogramm aufzunehmen. Sie steht vor der Frage, zu welchem Preis das neue Produkt verkauft werden soll. Für eine Entscheidungsfindung stehen folgende Informationen zur Verfügung:

Die wichtigsten Konkurrenten	Marktanteil	Endverbraucherpreis pro Flasche inkl. USt.	Besonderheiten
Bernali	15 %	0,79 €	60 % Fruchtsaftanteil
Luisen-Brunnen	20 %	0,69 €	50 % Fruchtsaftanteil
St. Jakobsquelle	30 %	0,65 €	50 % Fruchtsaftanteil
Biofrutta	12 %	0,85 €	Äpfel aus biolog. Anbau

Für die Friedrichsquellen GmbH betragen die variablen Kosten pro Flasche 0,15 €. Der Fixkostenanteil pro Flasche beträgt 0,23 € bei einer geplanten Abfüllung von 500.000 Flaschen pro Monat. Dem Handel wird ein Wiederverkäuferrabatt von 30 % vom Netto-Endverbraucherpreis eingeräumt. Der USt.-Satz beträgt 16%.

Ermitteln Sie rechnerisch den Endverbraucherpreis ohne Gewinn für eine Flasche Apfelschorle.

Machen Sie einen begründeten Vorschlag, zu welchem tatsächlichen Endverbraucherpreis pro Flasche die Apfelsaftschorle auf den Markt gebracht werden soll.

4 Zur Markteinführung des neuen Produktes „Apfelsaftschorle" soll eine Werbekampagne gestartet werden. Dafür steht ein Werbeetat von 150.000,00 € zur Verfügung.

Entscheiden Sie sich begründend für Zielgruppen, wählen Sie entsprechende Werbemittel im Streugebiet süddeutscher Raum aus und legen Sie geeignete Streuzeiten fest. Verwenden Sie dazu das Material der **Anlage 2**.

Anlage 1

Pressebericht der Vereinigten Mineralbrunnen Deutschlands

Wie sieht der Getränkekonsum von morgen aus?
Welche Trends werden den Getränkekonsum von morgen prägen?
Das Gesundheitsbewusstsein wird auch in Zukunft weiterhin eine große Rolle spielen, vor allem bei den Älteren - ein Plus für Mineralwasser, den gesunden Durstlöscher mit dem zusätzlichen Nutzen. Die vergangenen Jahre haben dies gezeigt: Während der Pro-Kopf-Verbrauch an alkoholischen Getränken sinkt, verzeichnen die alkoholfreien Getränke weitere Zuwächse. Es besteht also kein Grund, dem reinen Mineralwasser schwere Zeiten zu prophezeien. Doch Wachstum wird in Zukunft vor allem durch Innovation erzielt. Die derzeitigen „Mega-Trends" für den alkoholfreien Sektor sind Genuss, Gesundheit, Natürlichkeit und Convenience (= vorgefertigte Produkte/Fertigkost). Je mehr Trends in einem Produkt vereint sind, desto größer ist die Wahrscheinlichkeit eines Produkterfolges, so z. B. die Apfelsaftschorle oder andere Schorlevarianten. Sie verknüpfen Tradition und Moderne und befriedigen gleichzeitig die aktuell weit verbreitete „Mixomanie": Jeder könnte sich seine Apfelsaftschorle mit einem Kasten Mineralwasser und einem Kasten Apfelsaft selber mischen; die fertige Apfelschorle ist jedoch praktischer, bequemer und garantiert immer den gleichen Geschmack.

Anlage 2

Werbekosten

- Tagespresse: ¼-seitige Anzeige im Regionalteil   6.000,00 €
- Prospektbeilage: Tageszeitung   86.817,50 €
- Illustrierte: - Bunte   28.112,00 €
                   - Stern   43.776,00 €
- Rundfunkwerbung:

Sendezeit	Preise in € pro 30 Sek.	Hörer pro Stunde in Tsd.
05:00 - 06:00 Uhr	210,00	100
06:00 - 07:00 Uhr	1.260,00	540
07:00 - 08:00 Uhr	1.740,00	710
08:00 - 09:00 Uhr	1.200,00	550
09:00 - 10:00 Uhr	885,00	480
10:00 - 11:00 Uhr	675,00	410
11:00 - 12:00 Uhr	600,00	350
12:00 - 13:00 Uhr	840,00	420
13:00 - 14:00 Uhr	660,00	380
14:00 - 15:00 Uhr	465,00	310
15:00 - 16:00 Uhr	600,00	350
16:00 - 17:00 Uhr	585,00	290
17:00 - 18:00 Uhr	720,00	340
18:00 - 19:00 Uhr	375,00	240
19:00 - 20:00 Uhr	300,00	190
20:00 - 21:00 Uhr	195,00	120

- TV-Werbespot: Pro Ausstrahlung (30 sec.) 5.625,00 €
  Produktion des Spots ca. 1 Mio. €

Prüfungsaufgabe 2002/2003 (Aufgabe 2)

Die Weinkellerei Oberzell KG musste in den letzten Jahren im Bereich des Weinverkaufs starke Umsatzeinbußen hinnehmen. Die Geschäftsleitung beschließt deshalb nach den Ursachen zu forschen und wendet sich an die Marketing-Agentur Benzmaier GmbH. Bereits im ersten Gespräch bittet die Mitarbeiterin der Marketing-Agentur die Geschäftsleitung um detaillierte Auskünfte über Vertriebssystem, Sortiment und Kunden der Weinkellerei um ein Marketing-Mix für die KG erstellen zu können.

1 Welche Instrumente stehen der Weinkellerei Oberzell KG für ein Marketing-Mix zur Verfügung?

2 Um eine zügige Bearbeitung des Auftrages zu ermöglichen, übersendet die Geschäftsleitung der Weinkellerei die als **Anlage 1** beigefügte Information über ihr Vetriebssystem.

2.1 Welche Absatzwege hat die Weinkellerei bisher gewählt?

2.2 Prüfen Sie, ob die benutzten Absatzwege der Weinkellerei geeignet sind, um den Absatz zu steigern. Wählen Sie hierfür vier Kriterien aus und verwerten Sie in einer Tabelle **(Anlage 2)** die drei Absatzwege mit Punkten. Begründen Sie Ihre Entscheidung.

3 In einem Gespräch mit der Geschäftsleitung und der Marketing-Agentur fallen unterschiedliche Argumente, die für den Einsatz von Reisenden oder Handelsvertretern angeführt werden können.

3.1 Welche 3 wesentlichen Merkmale unterscheiden diese Absatzmittler?

3.2 Nach Auskunft der Geschäftsleitung belaufen sich die jährlichen Kosten auf:

Handelsvertreter: - 6 % Provision vom Nettoumsatz
                    - sonstige jährliche Kosten 4.000,00 €

BWL: Absatzprozesse

Reisender: − 40.000,00 € Gehalt
 − 3 % Provision vom Nettoumsatz

Für das kommende Jahr wird mit 1 Million € Umsatz gerechnet.

Begründen Sie, für welche Alternative sich die Weinkellerei entscheiden sollte (rechnerischer Nachweis).

3.3 In den folgenden Jahren möchte die Geschäftsleitung mit Hilfe der Agentur eine Umsatzsteigerung von 12 - 15 % erreichen.
Bestimmen Sie den kritischen Umsatz und beurteilen Sie die neue Situation.

3.4 Erläutern Sie zwei weitere Gesichtspunkte, die für die Weinkellerei bei ihrer Entscheidung noch von Bedeutung sein könnten.

Um der Bitte nach genauen Sortimentsangaben nachzukommen, übersendet die Weinkellerei lediglich eine Preisliste für Weiß- und Rotwein in Flaschen zu 0,7 Liter und 1,0 Liter.
Nach telefonischer Rücksprache erfährt die Agentur, dass dies das vollständige Sortiment darstellt und rät deshalb zu einer Diversifikation der Produkte. Ebenso vermisst die Agentur ein Angebot für Diabetiker-Wein. Des Weiteren wird von Seiten der Agentur bemängelt, dass die Weinkellerei ihren Wein nur in grünen Flaschen anbietet.

4 Erklären Sie, was unter Diversifikation zu verstehen ist und welche weiteren produktpolitischen Instrumente die Agentur einsetzen möchte.

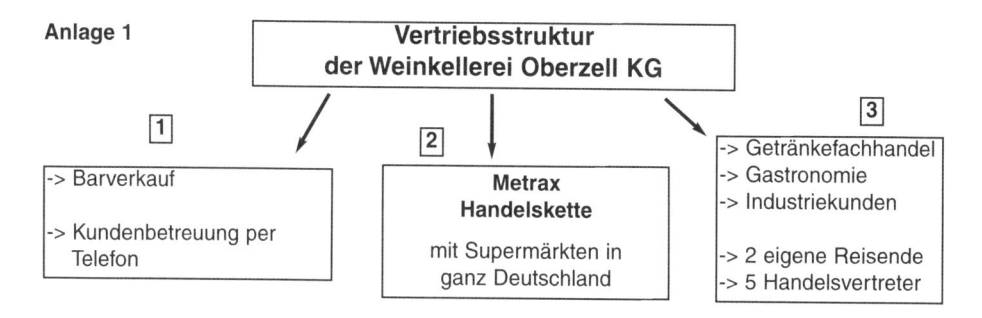

Anlage 1

Vertriebsstruktur der Weinkellerei Oberzell KG

1	2	3
-> Barverkauf -> Kundenbetreuung per Telefon	Metrax Handelskette mit Supermärkten in ganz Deutschland	-> Getränkefachhandel -> Gastronomie -> Industriekunden -> 2 eigene Reisende -> 5 Handelsvertreter

Anlage 2

	Absatzwege		
	1 Barverkauf	2 Getränkefachhandel Reisende Handelsvertreter	3 Metrax-Handelskette
Kriterien	Punkte	Punkte	Punkte
Summe d. Punkte			

Punkte von 0 - 3: 0 = ungeeignet   3 = bestens geeignet

BWL: Absatzprozesse 100

Prüfungsaufgabe 2003 (Aufgabe 3)

1   Der Knabbergebäckhersteller Knabber-Spaß GmbH führt in seinem Produktprogramm (Sortiment) folgende 4 Produkte:
   • Chips (Geschmacksvarianten: Paprika, Zwiebel, Kräuter),
   • Salzgebäck,
   • Erdnüsse in den Varianten „Luxus: ohne Fett geröstet" und „Gold: normal geröstet"
   • sowie die Knabbergebäckmischung „Knabbi Millenium" (Salzgebäck, Erdnüsse).

Krisensitzung.

Am 20.07.2002 berichtet Herr Müller, Geschäftsführer der Knabber-Spaß GmbH, in einer Krisensitzung der leitenden Angestellten:

„Meine Damen und Herren, unsere Verkaufsleiterin, Frau Baier, informiert mich ständig über die neuesten Umsatzzahlen. Ich habe gestern die letzten Zahlen von ihr erhalten und mich daraufhin genötigt gesehen, diese Sitzung für heute einzuberufen. Die Daten liegen Ihnen als Tischvorlage vor. (Tischvorlage siehe **Anlage 1**). Wie Sie wissen, war unsere Knabbergebäckmischung „Knabbi Millenium" jahrelang ein wichtiger Umsatzträger. Wenn ich mir diese neuesten Umsatzzahlen ansehe, dann stimmt mich ihre Veränderung bedenklich. Unsere Marktforschungsabteilung hat noch nicht alle Untersuchungsergebnisse vorgelegt, aber die Entwicklung unserer Kundenzahlen im Vergleich zur Konkurrenz beunruhigen mich. Wenn ich ehrlich bin, ich mache mir große Sorgen um unseren Marktanteil."

1.1 Wie hoch war der Marktanteil der Knabber-Spaß GmbH im Teilmarkt Knabbergebäckmischungen im Jahr 2001?

1.2 Wie weit war das Marktpotential für Knabbergebäckmischungen schon ausgeschöpft?

1.3 Skizzieren Sie den idealtypischen Verlauf von Gewinn und Umsatz im Produktlebenszyklus und beschreiben Sie die einzelnen Phasen stichwortartig. Benutzen Sie dazu die Vorlagen in **Anlage 2**.

1.4 In welcher Phase befindet sich das Knabbergebäck „Knabbi Millenium"? Treffen Sie für die Knabber-Spaß GmbH eine produktpolitische Entscheidung.

1.5 Zeigen Sie in zwei kleinen Skizzen den Produktlebenszyklus einer gescheiterten Neueinführung (Flop) sowie eines Relaunch (Verlängerung des Lebenszyklus).

1.6 Nennen Sie zwei konkrete Beispiele für Produkte, die nicht den idealtypischen Lebenszyklus haben und schon sehr lange am Markt sind.

2   Unter dem Begriff Marketing-Mix versteht man die Kombination der Marketinginstrumente.

2.1 Nennen und erklären Sie kurz vier Instrumente des Marketingmix mit Hilfe von je einem praktischen Beispiel, bezogen auf das Knabbergebäck „Knabbi Millenium".

2.2 Überlegen Sie, ausgehend von der geschilderten Situation, welche Aufgaben Werbung im Verlauf des Produktlebenszyklus erfüllen soll. (3 Beispiele)

2.3 Für „Knabbi Millenium" soll eine Werbekampagne gestartet werden. Welche Reaktionen soll diese Kampagne bei den Umworbenen nach der AIDA-Formel auslösen?

BWL: Absatzprozesse

2.4 Andere Kommunikationsmittel sind z. B. Produktplacement und Sales Promotion. Erklären Sie diese anhand der Knabber-Spaß GmbH.

2.5 Die Chips der Knabber-Spaß GmbH wurden bislang über Handelsvertreter vertrieben. Die Handelsvertreter erhalten 15 % Umsatzprovision. Die Knabber-Spaß GmbH überlegt sich nun, Reisende zu beauftragen. Das Grundgehalt des Reisenden würde 1.800,00 € monatlich betragen, zuzüglich 150,00 € Spesen und 2 % Umsatzprovision. Von welchem Monatsumsatz an lohnt sich der Einsatz eines Reisenden anstelle eines Handelsvertreters?

Anlage 1 Auszug aus Tischvorlage   Umsatz „Knabbi Millenium"

Jahr	1998	1999	2000	2001
Umsatz in €	10 Mio.	13 Mio.	9 Mio.	7,8 Mio.

Umsatz 1. Halbjahr 2002: 3 Mio. €

Marktübersicht

Der Markt „Knabber-Artikel" teilt sich in die Teilmärkte Chips, Erdnüsse, Salzgebäck und Knabbergebäckmischungen. Auf dem Teilmarkt Knabbergebäckmischung wurde von den Konkurrenten im Jahr 2001 Gebäck im Wert von 120 Mio. € verkauft. Wir gehen davon aus, dass bei Ausschöpfung aller marketingpolitischen Mittel Knabbergebäckmischungen im Wert von ca. 160 Mio. € abgesetzt werden könnten.

Aufteilung des Knabber-Artikel-Marktes in seine Teilmärkte:
(Wertmäßige Aufteilung in Prozent, Jahr 2001, 900 Mio. € insgesamt)

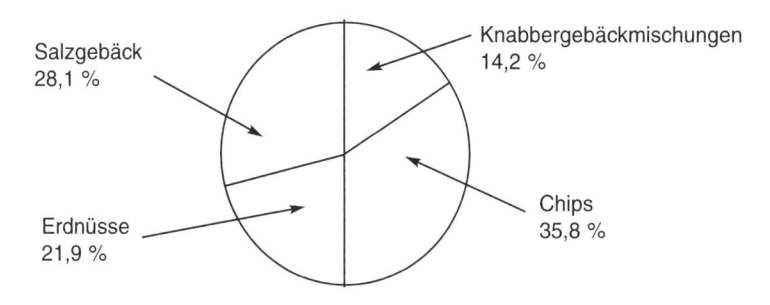

Salzgebäck 28,1 %
Knabbergebäckmischungen 14,2 %
Erdnüsse 21,9 %
Chips 35,8 %

Anlage 2 Grafische Darstellung des Produktlebenszyklus

Phasen	I	II	III	IV	V
Bezeichnung der Phasen					
Typische Kennzeichnung der einzelnen Phasen					

Prüfungsaufgabe 2003/2004 (Aufgabe 2)

Die Rosenbrauerei GmbH in Bad Mergentheim ist eine mittelständische Brauerei mit regionaler Bedeutung im baden-württembergischen Raum, die sich bisher erfolgreich dem Konzentrationswesen in dieser Branche widersetzt hat. Bisher produziert die Rosenbrauerei ausschließlich konventionelle Biersorten wie Export, Pils, Weizen sowie alkoholfreies Bier. In einer Abteilungsleitersitzung betont der Geschäftsführer Kurt Schwämmle jedoch, dass sich ihr Unternehmen langfristig nur wird halten können, wenn es seine Umsätze und Marktanteile in Baden-Württemberg vergrößert. Verkaufsleiterin Stutz weist darauf hin, dass es in den vergangenen Jahren gelungen sei, die Produkte im Hochpreissektor gut zu etablieren. Bisher erreiche man jedoch nur die klassischen Biertrinker. Eine Umsatzsteigerung sei nur durch Gewinnung neuer Kundengruppen möglich. Der technische Betriebsleiter Sauer bringt ins Gespräch ein, dass es bereits Rezepturen für neue Biersorten mit Geschmacksaromen gebe, die schon seit längerem von einigen Konkurrenzunternehmen erfolgreich auf den Markt gebracht worden seien. Diese könnten jederzeit eingeführt werden. So sei es der Entwicklungsabteilung gelungen, drei neue Sorten mit sehr interessanten Geschmacksrichtungen zu entwickeln.

Tiger: das Bier mit Tequilla und Zitrone
Blackbear: das Bier mit Tequilla und Mangosaft
Cattys: das neue alkoholarme Bier nur mit Zitrone
Die letzteren beiden Biersorten sind bisher noch nicht auf dem Markt vertreten.

Sie werden als Mitarbeiter/in der Marketing-Abteilung beauftragt, Informationen über den Markt zu gewinnen.

1 Entwerfen Sie einen Fragekatalog mit acht Fragen, mit dem Sie das potenzielle Verbraucherverhalten erfahren könnten.

2 Nennen Sie drei weitere Informationsbereiche, die Sie mittels Sekundärforschung gewinnen könnten.

3 Beschreiben Sie eine weitere Maßnahme der Marktforschung, die Sie vor der Markteinführung neuer Biersorten durchführen würden.

4 In der Abteilungsleitersitzung schlägt Schwämmle einen Einführungspreis für den Endverbraucher von 2,40 € für die Sorten Tiger und Blackbear sowie 2,00 € für Cattys vor. Frau Stutz setzt sich eher für Preise zwischen 1,10 € und 1,40 € ein.

BWL: Absatzprozesse

4.1 Als Entscheidungsgrundlage für die Preisfestsetzung sollen Sie für jede Produktgruppe die variablen und die fixen Kosten pro Flasche und pro Monat ermitteln.
Gehen Sie davon aus, dass die geplanten Produktionsmengen abgesetzt werden. (vgl. **Anlage 1**) Verwenden Sie das Schema **Anlage 2**.

Anlage 1

Kostenübersicht pro Flasche			
	Tiger	Blackbear	Cattys
Produktionskosten:			
Rohstoffe	0,45	0,60	0,33
Löhne	0,25	0,22	0,10
Miete	0,03	0,03	0,04
Abschreibung	0,05	0,08	0,12
Energie *)	0,03	0,04	0,08
Gehälter (Verwaltung)	0,02	0,03	0,01
	0,83	1,00	0,68

*) Für Beleuchtung und Beheizung der Produktionsstätten

Monatliche Kapazitätsbelastung in Verpackungseinheiten *)			
	Tiger	Blackbear	Cattys
Flaschen/Monat	36 000	24 000	60 000
Liter/Monat	12 000	8 000	20 000

*) Gesamtkapazität: 40 000 Liter/Monat

Anlage 2

	Tiger	Blackbear	Cattys	insgesamt
Variable Kosten / Stück				
Fixe Kosten / Stück				
Summe				
Fixe Kosten / Monat				

4.2 Erläutern Sie je zwei Argumente für die von Herrn Schwämmle und Frau Stutz in der Abteilungsleitersitzung bevorzugten Preisstrategie, die für die Einführung der neuen Sorten sprechen. Vergleichbare Biere der Konkurrenz haben folgende Preise je Flasche:
Desperados 1,80 € , Twodogs 1,60 € und Champians 2,20 €.

4.3 Ermitteln Sie mit Hilfe der Unterlagen aus Anlage 1 das Betriebsergebnis der neuen Produkte, wenn die gesamte Monatsproduktion abgesetzt würde. Diese Produkte sollen zu folgenden Preisen an den Handel abgegeben werden:
Tiger: 1,00 €
Blackbear: 1,20 €
Cattys: 0,82 €

5 Als Mitarbeiter/in in der Marketingabteilung sollen Sie für die neuen Produkte eine strategische Werbeplanung ausarbeiten.
Geben Sie das Werbeziel, die Zielgruppe, mögliche Werbemittel und Werbeträger für die zu planenden Werbemaßnahmen an.

Prüfungsaufgabe 2004 (Aufgabe 2)

1. Sie sind Sachbearbeiter im Verkauf beim Werkzeughersteller HaRo GmbH in Balingen. Über eine telefonische Anfrage haben Sie sich folgende Notiz angefertigt:

Telefon-Gesprächsnotiz

Datum 30.09.2003

Gesprächspartner Herr Müller, BAU MIT GmbH

Gesprächsnotiz Anfrage über 3 000 Schraubendreher-Set Artikel-Nr. 221036, für die Jubiläumsveranstaltung von BAU MIT am 30. Oktober 2003; Firmenlogo „25 Jahre BAU MIT GmbH" soll eingeprägt werden; Kunde erwartet Sonderrabatt von 20 %

Maßnahmen

1.1 In Absprache mit Ihrem Abteilungsleiter sollen Sie unter Verwendung der <u>Anlagen 6, 7 und 8</u> ein Angebot gemäß den Wünschen des langjährigen Kunden und unter Beachtung der folgenden Punkte erstellen:

- 20 % Rabatt auf die Handelsware (HW)
- Zahlungsziel von 20 Tagen ab Rechnungsdatum
- Sonderprägung: 0,50 € je Set
- Lieferzusage 29. Oktober 2003
- Eigentumsvorbehalt
- Lieferbedingung laut Debitorenkarte
- Preis siehe Artikelkarte
- Datum: am Tag des Telefonats

Verwenden Sie hierzu das in <u>Anlage 8</u> abgedruckte Angebotsformular.

1.2 Erläutern Sie, ob die im Angebot festgelegte Zahlungs- und Lieferbedingung für die HaRo GmbH im Vergleich zur gesetzlichen Regelung günstiger ist.

1.3 Erklären Sie den Zweck des Eigentumsvorbehalts und beurteilen Sie, ob dieser Zweck im vorliegenden Fall erreicht werden kann.

1.4 Unter welchen Bedingungen kommt nach Abgabe unseres Angebotes ein rechtsgültiger Kaufvertrag zustande?

1.5 Angenommen, der Auftrag wird gemäß Ihrem Angebot ausgeliefert und am 29. Oktober 2003 fakturiert. Bilden Sie den Buchungssatz für die Ausgangsrechnung.

2. Vom Abteilungsleiter erhalten Sie die folgende Offene-Posten-Liste vom 10.10.03 des Kunden Hahn & Widmann OHG, der von uns Handelswaren bezieht, und den aktuellen Kontoauszug.

BWL: Absatzprozesse 105

Buchungs-datum	Belegart	Belegnr.	Betrag	Fälligkeits-datum	Skonto-datum	Skonto-satz	Mahn-stufe
05.07.2003	Rechnung	25394	23.122,04 €	03.09.2003	19.07.2003	3 %	2. Mahnung 28.09.03
30.09.2003	Rechnung	25422	475,60 €	29.11.2003	14.10.2003	3 %	
04.10.2003	Rechnung	25472	8.532,49 €	03.12.2003	18.10.2003	3 %	

SPARKASSE ZOLLERNALB   Auszug 45   Konto   24 999 111

Alter Kontostand vom 08.10..   EUR   15.734,04 -

Tag	Text	Wert	Belastung	Gutschrift
08.10.	Hahn & Widmann OHG RECHNUNG VOM 30.09. ABZÜGL. SKONTO	10.10		461,33

Neuer Kontostand vom 10.10.   EUR   15.272,71 -

2.1 Überprüfen Sie die sachliche und rechnerische Richtigkeit der Zahlung und buchen Sie den Zahlungseingang der Hahn & Widmann OHG.

2.2 Auf Anweisung des Abteilungsleiters sollen Sie heute den Kunden Hahn & Widmann OHG telefonisch zu einer Zahlung des fälligen Postens veranlassen. Dabei sollen Sie Folgendes beachten:

- langjähriger und wichtiger Kunde
- Durchsetzung unserer Gläubigerrechte
- Sicherung zukünftiger Zahlungseingänge

Notieren Sie sich stichwortartig Vorgehensweise, Inhalte und Begründungen, wie Sie dieses Telefonat erfolgreich durchführen können.

Anlage 6   Artikelkarte für die Handelsware Schraubendreher-Set (Auszüge)

Fakturierung			
Lagerabgangsmethode:	FIFO	Produktbuchungsgruppe:	HW
Einstandspreis:	11,20	Mehrwertsteuer:	UST16
EK-Preis (neuester):	11,20	Lagerbuchungsgruppe:	H
DB %	50	Rech.-Rabatt zulassen:	Ja
VK-Preis:	22,40	Verk.-Mengenrabattcode:	221036
		Verkauf Einheitencode:	Stück

BWL: Absatzprozesse 106

| Anlage 7 | Debitorenkarte: BAU MIT GmbH |

Lieferung

Lagerortcode:	Zentral	Versandanweisung:	Komplettlieferung
Reservieren	Optional	Lieferbedingungscode:	FREI HAUS
		Transportzeit:	1T

| Anlage 8 |

HaRo GmbH
Werkzeuge und Teile

Verkauf - Angebot
Seite 1

HARO GmbH
Werkzeuge und Teile
Im Industriegebiet 11
DE-72336 Balingen

BAU MIT GmbH
Im Grund 11

DE-86657 Bissingen
Deutschland

Telefonnr.	07433/938801
Faxnr.	07433/938804
USt-IdNr.	DE 1640899958
Bank	Sparkasse Zollernalb
Kontonr.	24999111

Datum:

Warenausgangsdatum
Angebotsnr.   21005
VK-Preise inkl. MwSt.   Nein

Nr.	Beschreibung	Menge	Einheit	VK-Preis	Rabatt %	MwSt %	Betrag

Total EUR ohne MwSt.
16 % MwSt.
Total EUR inkl. MwSt.

Prüfungsaufgabe 2004/2005 (Aufgabe 2, 6 und 7)

6   Bei der Bearbeitung des osteuropäischen Marktes überlegt sich Frau Schneider, welche Markteintrittsstrategie am vorteilhaftesten ist. Insbesondere überlegt sie, ob zum Markteintritt diese Region von einem Handelsvertreter oder einem Reisenden bearbeitet werden soll.

6.1 Nennen Sie je zwei Vorteile für den Einsatz eines Handelsvertreters bzw. Reisenden zu diesem Zeitpunkt.

6.2 Zur weiteren Entscheidungsfindung werden Sie gebeten in Abhängigkeit vom Umsatz die jeweiligen Kosten, die in Zusammenhang mit einem Handelsvertreter bzw. mit einem Reisenden stehen, einander gegenüberzustellen. Sprechen Sie eine qualifizierte Empfehlung auf der Basis der errechneten Umsatzprognosen aus (**Anlage 6**).

7   Herr Markus Weber, der zum 1. September 2003 eingestellt wurde, stellt sich als sehr unzuverlässiger Mitarbeiter heraus. In den vergangenen Monaten kam er häufig bis zu einer Stunde zu spät zur Arbeit. Am 15. März 2004 platzt Herrn Schmidt der Kragen. Er möchte Herrn Weber kündigen. Voller Wut kommt er zu Ihnen in die Personalabteilung und möchte Rat. Erläutern Sie zwei wesentliche Punkte der rechtlichen Situation (**Anlage 7**)

Anlage 6

Bisher bestehende Vergütungsvereinbarungen der METABA GmbH mit ihren Absatzmittlern.		
Vertriebsstrategie		Vereinbarung
Reisender		Fixum 15.000,00 € Jahr + 3 % Umsatzprovision
Handelsvertreter		4 % Umsatzprovision

Umsatzprognose auf der Basis der Marktstudie der AHK Budapest				
Jahr	2004	2005	2006	2007
Umsatz in €	1.000.000,00	2.000.000,00	3.000.000,00	5.000.000,00

Anlage 7: BGB-Auszug (§§ 622, 626 BGB) und KSchG-Auszug (§ 1 KSchG)

6 Beschaffungsprozesse

6.1 Aufgaben, Ziele und Schnittstellen der Beschaffung

Stofftelegramm

Aufgaben der Beschaffung

- **Hauptaufgabe:** Versorgung des Betriebes mit Werkstoffen (= Roh-, Hilfs-, Betriebsstoffe, Fremdbauteile) und Handelswaren.
- **Nebenaufgaben:**
  - Beschaffungsplanung
  - Beschaffungsmarktforschung
  - Angebotsvergleiche durchführen
  - Kaufverträge abschließen
  - Liefertermine kontrollieren
  - Reklamationen bearbeiten
  - Lagerverwaltung
  - ABC-Analysen
  - Beschaffungslogistik: Planung und Steuerung des Materialflusses

Ziele der Beschaffung

- Bereitstellung der benötigten Materialien
- Kostenminimierung: Beschaffungs-, Lager-, Fehlmengenkosten
- Sicherung der Produktions- und Lieferbereitschaft
- Gesundheitsschutz
- Umweltschutz
- Qualitätssicherung

Schnittstellen

Absatzplan –> Produktionsplan –> Materialplanung
Absatzprozesse –> Produktionsprozesse –> Beschaffungsprozesse

- Schnittstellen zur **Absatzwirtschaft:** Infos aus dem Absatzbereich (Absatzpläne) bestimmen letztlich (über den Produktionsplan) den Materialbedarf.
- Schnittstellen zur **Produktionswirtschaft:** Produktionsplan = Basis für Materialbedarfsermittlung
- Schnittstellen zur **Finanzwirtschaft:** Finanzierung der Materialbeschaffung + Lagerhaltung
- **Zielkonflikte** zwischen Absatz-, Produktions-, Material- und Finanzierungsbereich möglich, z. B.:

  Vorstellung Produktionsbereich: stets ausreichend hohe Lagerbestände
  Vorstellung Finanzwirtschaft: geringe Lagerbestände (Lagerkosten! Kapitalbindung...!)

Werkstoffe, Handelswaren

Werkstoffe = Roh-, Hilfs- und Betriebsstoffe und Fremdbauteile

- **Rohstoffe:** Hauptbestandteil des Produktes; Beispiel: Holz bei Schrankproduktion
- **Hilfsstoffe:** Nebenbestandteile des Produkts; Beispiel: Leim bei Möbelproduktion
- **Betriebsstoffe:** Nicht Produktbestandteil; Beispiel: Strom, Benzin, Schmiermittel
- **Fremdbauteile:** unveränderte Produktbestandteile; Beispiel: Schlösser, Beschläge

---

Aufgaben

1. Nennen Sie a) fünf Aufgaben b) drei Ziele der Materialwirtschaft.
2. Beschreiben Sie kurz die Schnittstellen der Materialwirtschaft zu den anderen Bereichen.
3. Definieren Sie kurz: Roh-, Hilfs- und Betriebsstoffe, Werkstoffe, Fremdbauteile, Handelswaren.

6.2 Bedarfsarten und Bedarfsermittlung

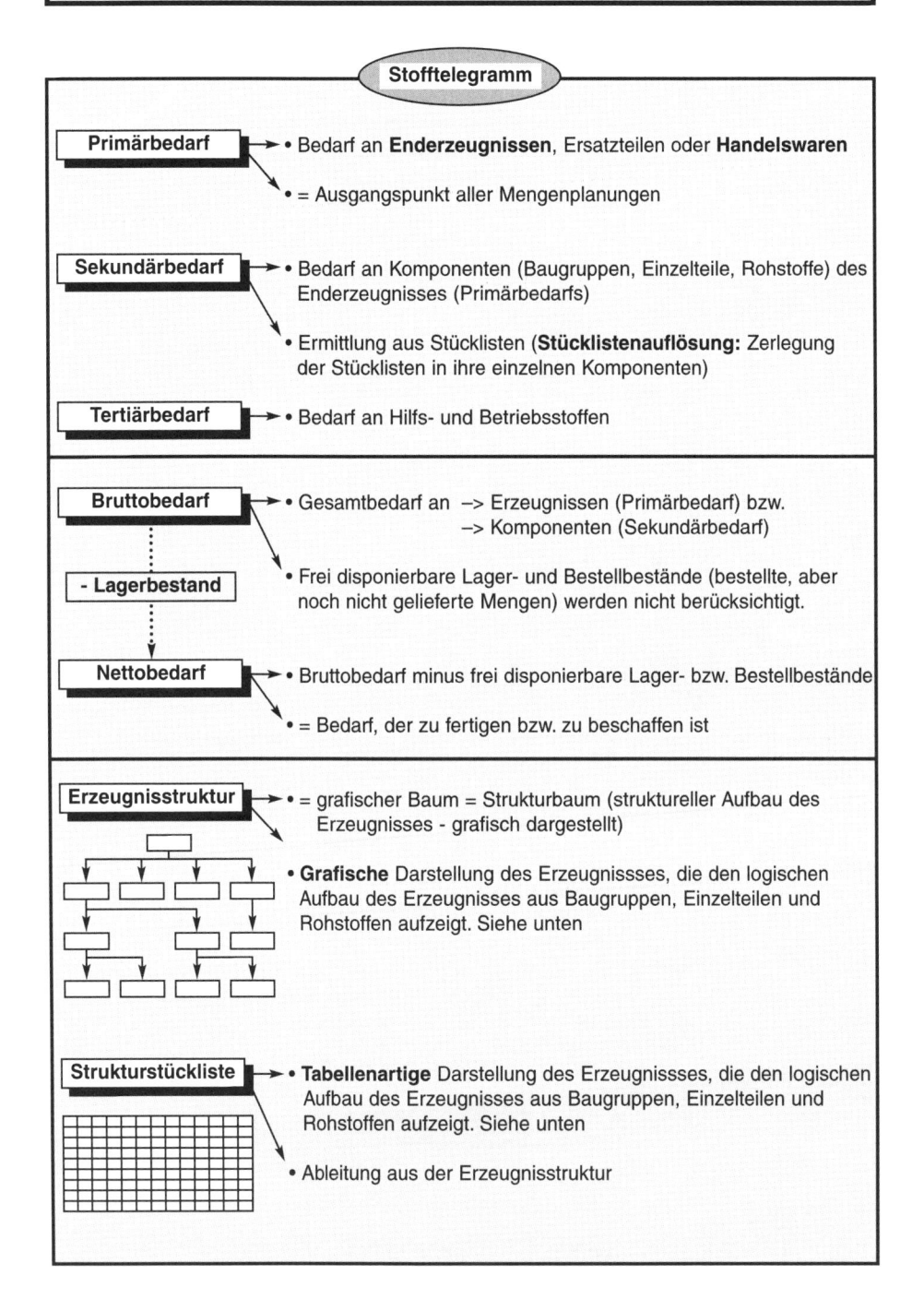

Stofftelegramm

Primärbedarf
- Bedarf an **Enderzeugnissen**, Ersatzteilen oder **Handelswaren**
- = Ausgangspunkt aller Mengenplanungen

Sekundärbedarf
- Bedarf an Komponenten (Baugruppen, Einzelteile, Rohstoffe) des Enderzeugnisses (Primärbedarfs)
- Ermittlung aus Stücklisten (**Stücklistenauflösung:** Zerlegung der Stücklisten in ihre einzelnen Komponenten)

Tertiärbedarf
- Bedarf an Hilfs- und Betriebsstoffen

Bruttobedarf
- Gesamtbedarf an –> Erzeugnissen (Primärbedarf) bzw.
  –> Komponenten (Sekundärbedarf)

- Lagerbestand
- Frei disponierbare Lager- und Bestellbestände (bestellte, aber noch nicht gelieferte Mengen) werden nicht berücksichtigt.

Nettobedarf
- Bruttobedarf minus frei disponierbare Lager- bzw. Bestellbestände
- = Bedarf, der zu fertigen bzw. zu beschaffen ist

Erzeugnisstruktur
- = grafischer Baum = Strukturbaum (struktureller Aufbau des Erzeugnisses - grafisch dargestellt)
- **Grafische** Darstellung des Erzeugnisses, die den logischen Aufbau des Erzeugnisses aus Baugruppen, Einzelteilen und Rohstoffen aufzeigt. Siehe unten

Strukturstückliste
- **Tabellenartige** Darstellung des Erzeugnisses, die den logischen Aufbau des Erzeugnisses aus Baugruppen, Einzelteilen und Rohstoffen aufzeigt. Siehe unten
- Ableitung aus der Erzeugnisstruktur

BWL: Beschaffung 110

Beispiel (anonymes Produkt):
Erzeugnisstruktur –> Strukturstückliste –> Bedarfsrechnung

Erzeugnisstruktur

Strukturkästchen ⟶ | Bezeichnung |
| Teile-Nr. | Menge |

• = Menge für **eine Einheit** der übergeordneten Komponente
• Hier unterstellt: Stück

| Endprodukt |
| 100 | |

| Teil A | | Teil B | | Teil C | | Teil D |
| 101 | 2 | 102 | 1 | 103 | 8 | 104 | 6 |

| Teil E | | | | Teil F | | Teil H |
| 105 | 4 | | | 106 | 2 | 108 | 10 |

| Teil G | | Teil H | | Teil G | | Teil H |
| 107 | 2 | 108 | 1 | 107 | 12 | 108 | 2 |

Erläuterungen:
- Für den Zusammenbau des Endproduktes werden in der Strukturstufe 1 die Teile A (2 Stück), B (1 Stück), C (8 Stück) und D (6 Stück) benötigt.
- **Eine** Mengeneinheit von Teil A (Strukturstufe 1) setzt sich wiederum zusammen aus den Teilen E (4 Stück) und F (2 Stück) der Strukturstufe 2.

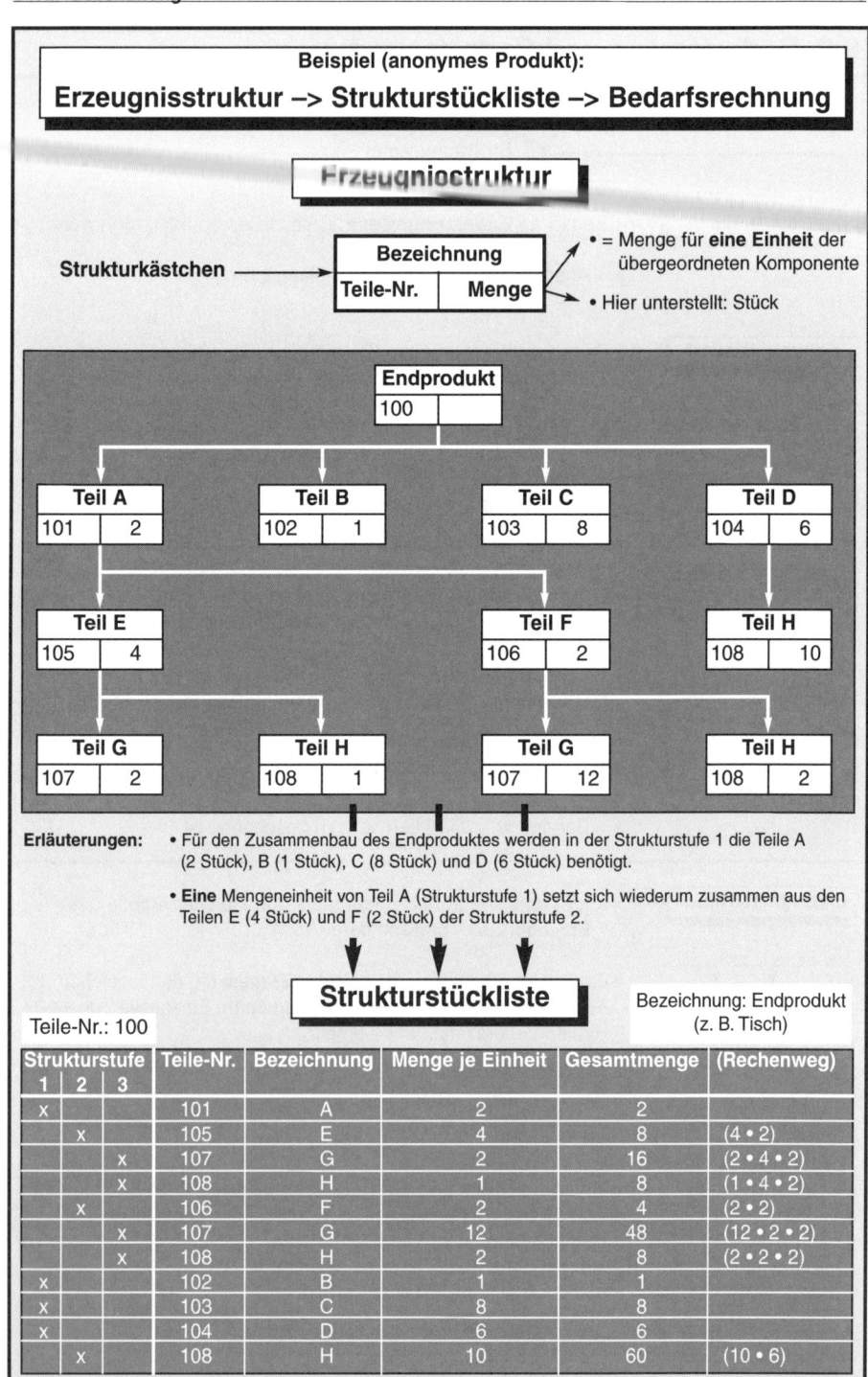

Strukturstückliste

Teile-Nr.: 100   Bezeichnung: Endprodukt (z. B. Tisch)

| Strukturstufe | | | Teile-Nr. | Bezeichnung | Menge je Einheit | Gesamtmenge | (Rechenweg) |
1	2	3					
x			101	A	2	2	
	x		105	E	4	8	(4 • 2)
		x	107	G	2	16	(2 • 4 • 2)
		x	108	H	1	8	(1 • 4 • 2)
	x		106	F	2	4	(2 • 2)
		x	107	G	12	48	(12 • 2 • 2)
		x	108	H	2	8	(2 • 2 • 2)
x			102	B	1	1	
x			103	C	8	8	
x			104	D	6	6	
	x		108	H	10	60	(10 • 6)

BWL: Beschaffung

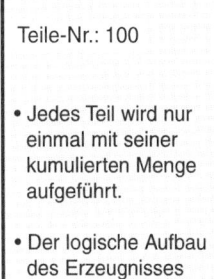

Teile-Nr.: 100

Mengenübersichtsstückliste

Bezeichnung: Endprodukt (z. B. Tisch)

- Jedes Teil wird nur einmal mit seiner kumulierten Menge aufgeführt.
- Der logische Aufbau des Erzeugnisses wird nicht dargestellt

Teile-Nr.	Bezeichnung	kumulierte Menge
101	A	2
102	B	1
103	C	8
104	D	6
105	E	8
106	F	4
107	G	64
108	H	76

Bruttobedarfsrechnung

Beispiel: Kundenauftrag: 50 Endprodukte
Berechnen Sie den Bruttobedarf für alle Teile des Endproduktes.

Strukturkästchen →

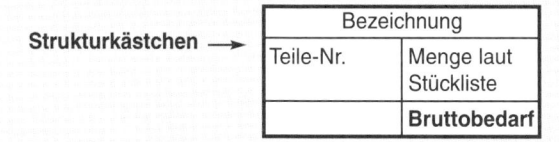

	Bezeichnung
Teile-Nr.	Menge laut Stückliste
	Bruttobedarf

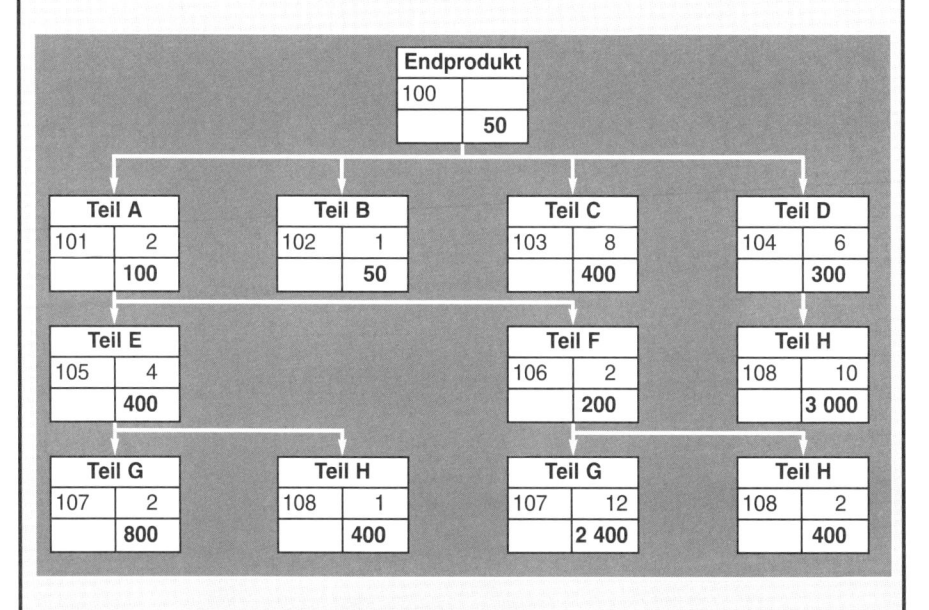

Endprodukt	
100	
	50

Teil A	
101	2
	100

Teil B	
102	1
	50

Teil C	
103	8
	400

Teil D	
104	6
	300

Teil E	
105	4
	400

Teil F	
106	2
	200

Teil H	
108	10
	3 000

Teil G	
107	2
	800

Teil H	
108	1
	400

Teil G	
107	12
	2 400

Teil H	
108	2
	400

Erläuterungen:
- Bruttobedarf Teil G (links):   2 • 4 • 2 • 50 = **800**   (bzw.: 2 • 400)
- Bruttobedarf Teil H (rechts ganz unten):   2 • 2 • 2 • 50 = **400**   (bzw.: 2 • 200)

BWL: Beschaffung 112

Strukturkästchen

Nettobedarfsrechnung

Bezeichnung	
Teile-Nr.	Menge laut Stückliste
disponierter Lagerbestand	Bruttobedarf
	Nettobedarf

Disponierte Lagerbestände:
Endprodukt: 0
Teil A: 30
Teil B: 10
Teil C: 150
Teil D: 60
Teil E: 80
Teil F: 40
Teil G: 1 300
Teil H: 700

Endprodukt	
100	
0	50
	50

Teil A	
101	2
30	100
	70

Teil B	
102	1
10	50
	40

Teil C	
103	8
150	400
	250

Teil D	
104	6
60	300
	240

Teil E	
105	4
80	280
	200

Teil F	
106	2
40	140
	100

Teil H	
108	10
200	2 400
	2 200

Teil G	
107	2
1 300	400
	0

Teil H	
108	1
700	200
	0

Teil G	
107	12
900	1 200
	300

Teil H	
108	3
500	300
	0

(900 noch übrig)

(500 noch übrig)

(200 noch übrig)

Erläuterungen:
- Nettobedarf Teil **H** (Mitte unten): 200 − 700 = **− 500**, also 0 −> übrig somit noch 500
- Nettobedarf Teil **H** (rechts unten): 300 − 500 (von H links) = **− 200**, also 0 −> übrig: 200
- Nettobedarf Teil **H** (nebenTeil F): 2 400 − 200 = **2 200 (= endgültiger Nettobedarf H)**

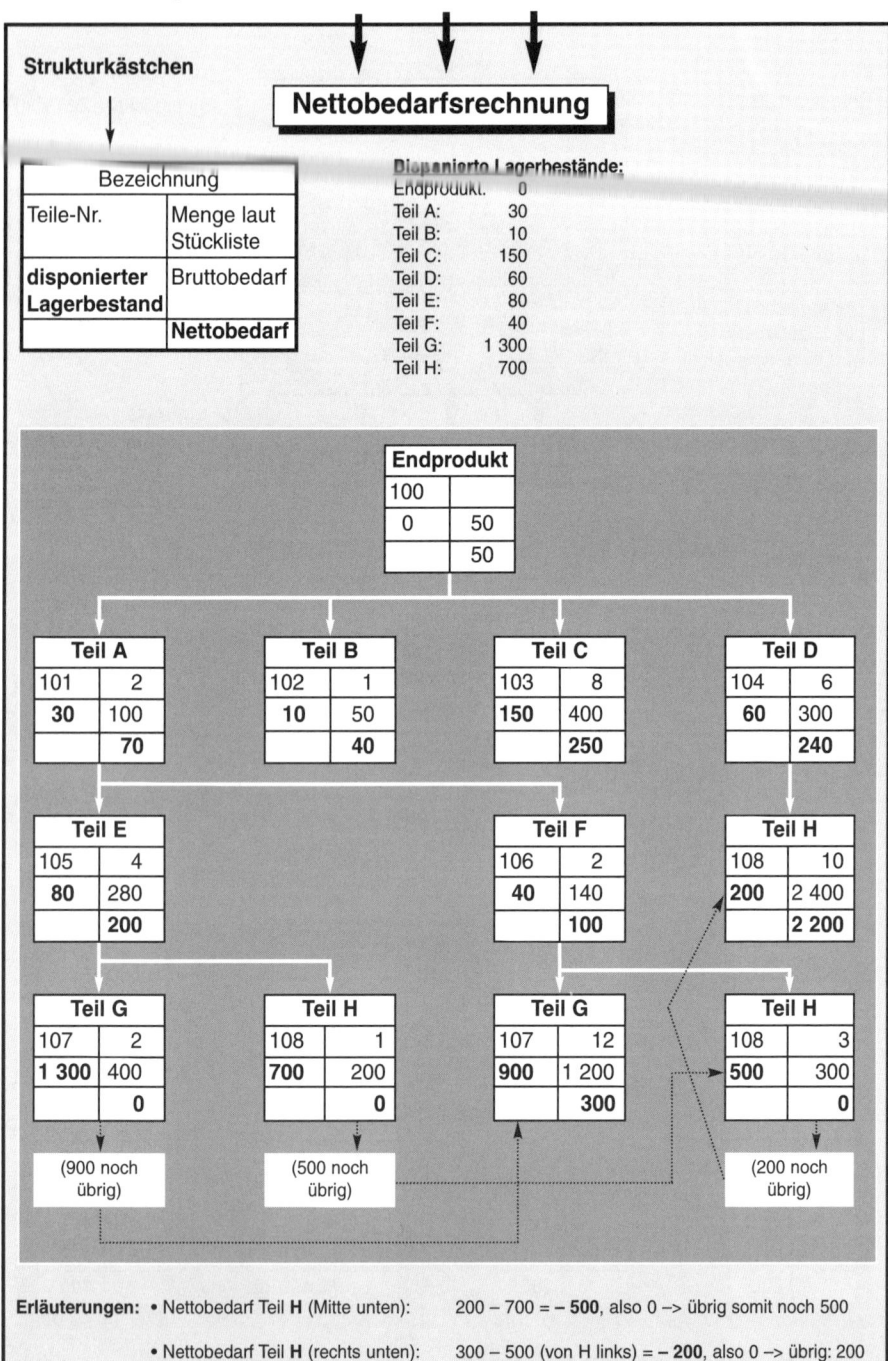

BWL: Beschaffung

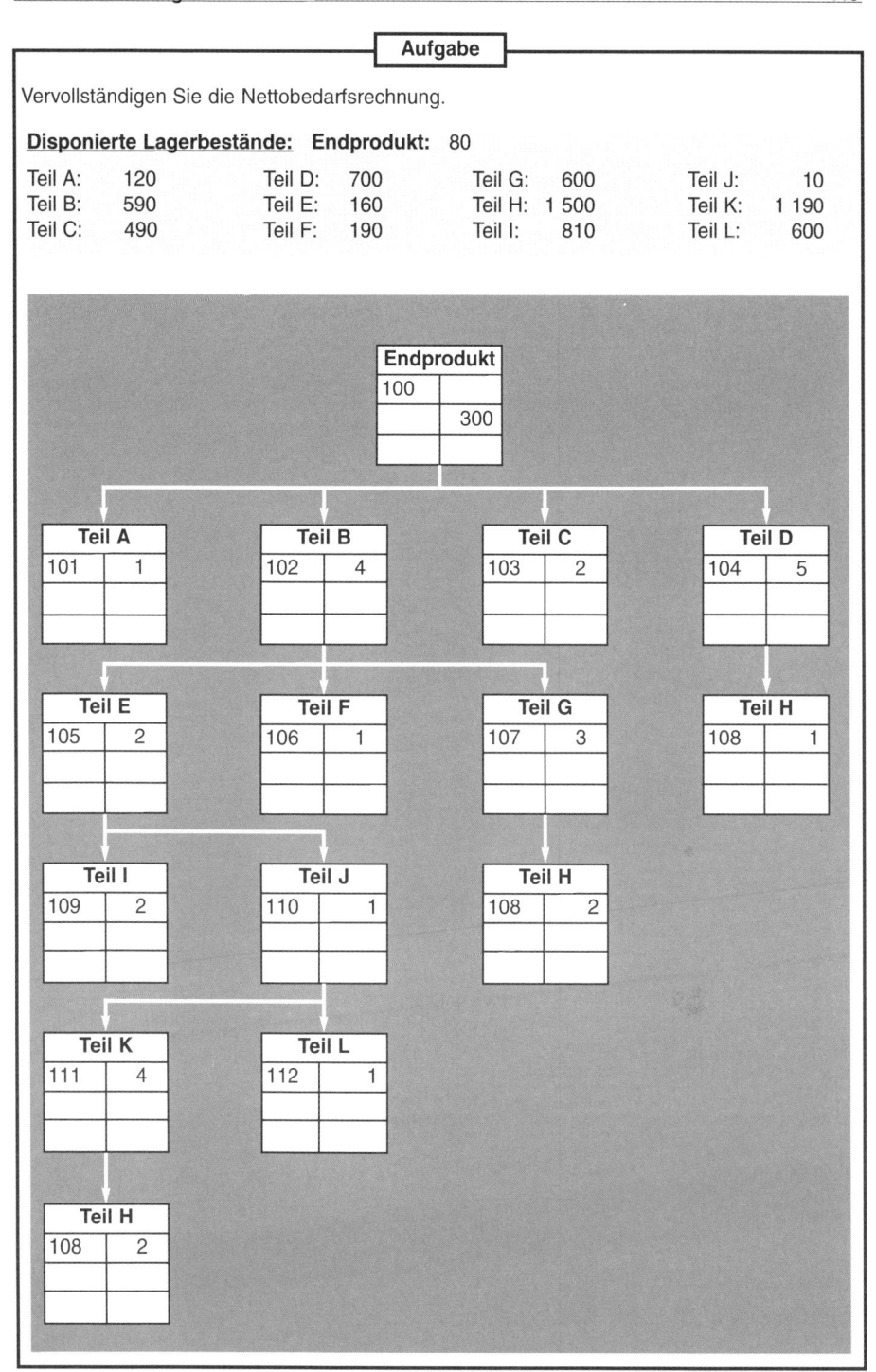

Aufgabe

Vervollständigen Sie die Nettobedarfsrechnung.

Disponierte Lagerbestände: **Endprodukt:** 80

Teil A:	120	Teil D:	700	Teil G:	600	Teil J:	10
Teil B:	590	Teil E:	160	Teil H:	1 500	Teil K:	1 190
Teil C:	490	Teil F:	190	Teil I:	810	Teil L:	600

Endprodukt
- 100
- 300

Teil A — 101 | 1
Teil B — 102 | 4
Teil C — 103 | 2
Teil D — 104 | 5

Teil E — 105 | 2
Teil F — 106 | 1
Teil G — 107 | 3
Teil H — 108 | 1

Teil I — 109 | 2
Teil J — 110 | 1
Teil H — 108 | 2

Teil K — 111 | 4
Teil L — 112 | 1

Teil H — 108 | 2

6.3 Beschaffungsplanung

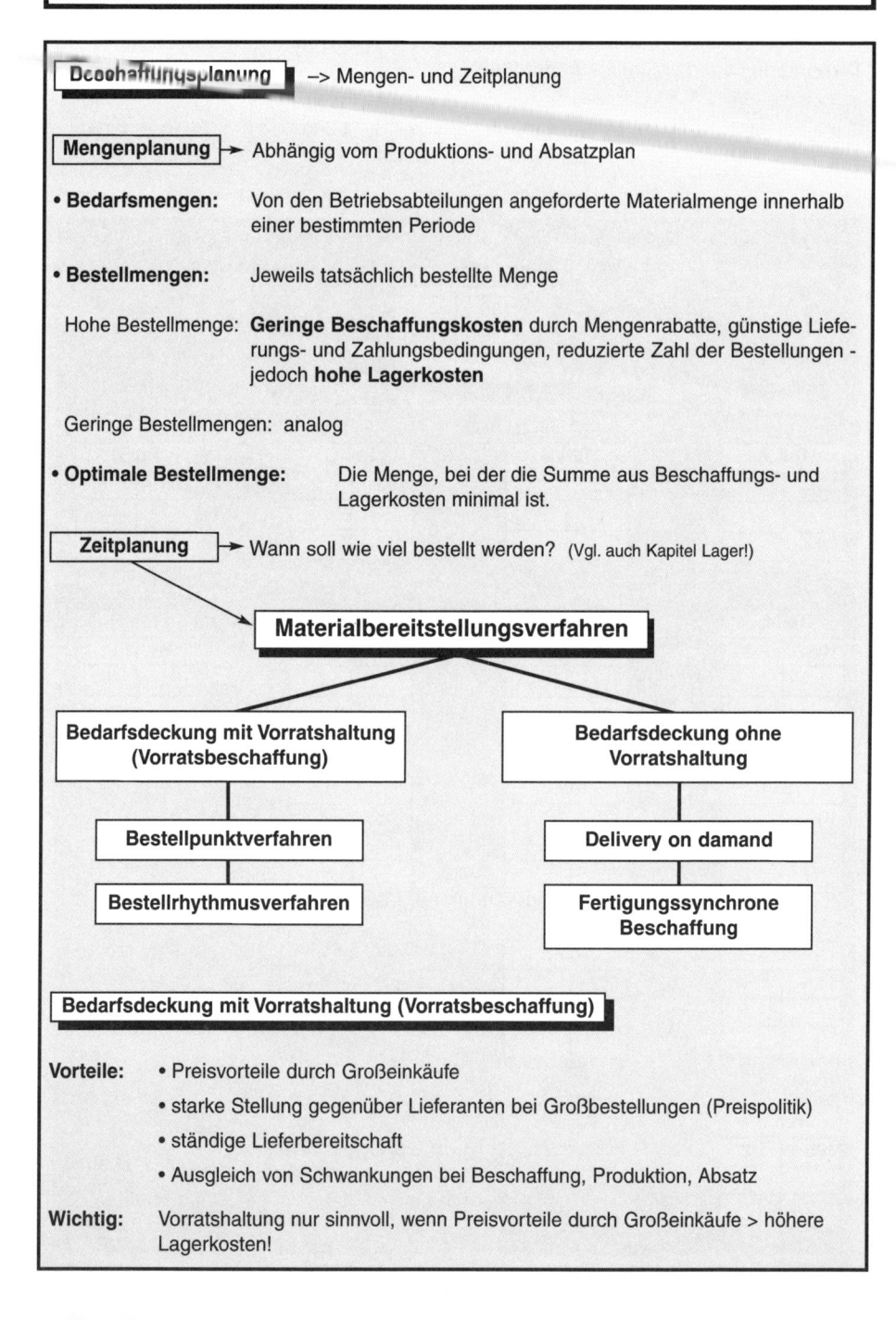

Beschaffungsplanung –> Mengen- und Zeitplanung

Mengenplanung → Abhängig vom Produktions- und Absatzplan

- **Bedarfsmengen:** Von den Betriebsabteilungen angeforderte Materialmenge innerhalb einer bestimmten Periode

- **Bestellmengen:** Jeweils tatsächlich bestellte Menge

  Hohe Bestellmenge: **Geringe Beschaffungskosten** durch Mengenrabatte, günstige Lieferungs- und Zahlungsbedingungen, reduzierte Zahl der Bestellungen - jedoch **hohe Lagerkosten**

  Geringe Bestellmengen: analog

- **Optimale Bestellmenge:** Die Menge, bei der die Summe aus Beschaffungs- und Lagerkosten minimal ist.

Zeitplanung → Wann soll wie viel bestellt werden? (Vgl. auch Kapitel Lager!)

Materialbereitstellungsverfahren

- Bedarfsdeckung mit Vorratshaltung (Vorratsbeschaffung)
  - Bestellpunktverfahren
  - Bestellrhythmusverfahren
- Bedarfsdeckung ohne Vorratshaltung
  - Delivery on damand
  - Fertigungssynchrone Beschaffung

Bedarfsdeckung mit Vorratshaltung (Vorratsbeschaffung)

Vorteile:
- Preisvorteile durch Großeinkäufe
- starke Stellung gegenüber Lieferanten bei Großbestellungen (Preispolitik)
- ständige Lieferbereitschaft
- Ausgleich von Schwankungen bei Beschaffung, Produktion, Absatz

Wichtig: Vorratshaltung nur sinnvoll, wenn Preisvorteile durch Großeinkäufe > höhere Lagerkosten!

BWL: Beschaffung 115

1. Bestellpunktverfahren: Bestellung erfolgt, wenn Meldebestand (= Bestellpunkt) erreicht.

> Meldebestand = täglicher Verbrauch • Lieferzeit + Mindestbestand

Vorteile:
- gleichmäßigere Lagerhaltung, da nach Bedarf (Erreichen des Meldebestands) bestellt wird
- flexibler, da keine festen Lieferzeitpunkte
- geringere Lieferantenbindung

Nachteile:
- Meldebestandsüberwachung notwendig
- evtl. ungünstigere Konditionen, da geringere Lieferantenbindung
- unregelmäßige Bestellzeitpunkte

2. Bestellrhythmusverfahren:
- Bestellung zu festen Lieferterminen.
- Anwendung: kontinuierliche Serien- oder Massenfertigung

> **Bedarfsdeckung ohne Vorratshaltung** → Beschaffung erst, wenn bestimmter Auftrag vorliegt **(Einzelbeschaffung)**

Vorteile:
- geringe bzw. keine Lagerkosten
- geringes bzw. kein Lagerrisiko
- geringe bzw. keine Kapitalbindung
- evtl. Preisvorteile durch langfristige Lieferverträge

Nachteile:
- starke Abhängigkeit vom Lieferanten
- Viele Lieferer sind evtl. zu unflexibel, um jeweils sofort liefern zu können (evtl. Lieferterminprobleme). - Bei Lieferproblemen evtl. Produktionsstopp (Gegenmaßnahmen: Sicherheitsbestände, Konventionalstrafen vereinbaren, Ersatzlieferanten halten)
- evtl. hohe Einkaufspreise (Kauf jeweils kleiner Mengen), wenn keine langfristigen Lieferverträge vorliegen
- evtl. höhere Verpackungs- und Transportkosten

1. Delivery on demand: kurzfristige Einzelbeschaffung erst bei Bedarf (Online-Abruf beim Lieferanten)

2. Fertigungssynchrone Beschaffung: Die Anlieferung des Materials erfolgt jeweils erst, wenn in der Produktion benötigt.

Folge:	Lagerhaltung entfällt (außer Sicherheitsreserve)
Notwendig:	exakte Fertigungsplanung, zuverlässige Lieferanten
Extremfall:	tägliche, evtl. stündliche Anlieferung auf Anforderung (**„just-in-time"**)
Anwendung:	insbesondere bei Serien- und Massenfertigung

BWL: Beschaffung 116

Aufgaben

1. Welche zwei Planungsbereiche umfasst die **Beschaffungsplanung**?

2. Unterscheiden Sie: **Bedarfsmenge - Bestellmenge**.

3. Zitat: „Das Problem der **optimalen Bestellmenge** resultiert aus entgegengerichteten Kostengrößen."

   a) Welche Kostengrößen sind gemeint?

   b) Wann ist die optimale Bestellmenge verwirklicht?

4. a) Täglicher Verbrauch: 600 Stück Eiserner Bestand: 5 000 Stück
      Lieferzeit: 8 Tage **Meldebestand?**

   b) Täglicher Verbrauch: 600 Stück Meldebestand: 12 000 Stück
      Lieferzeit: 8 Tage **Eiserner Bestand?**

   c) Meldebestand: 14 000 St. Eiserner Bestand: 6 000 Stück
      Lieferzeit: 8 Tage **Täglicher Verbrauch?**

   d) Meldebestand: 14 000 St. Eiserner Bestand: 6 000 Stück
      Täglicher Verbrauch: 2 000 St. **Lieferzeit?**

5. Nennen Sie die typischen **Beschaffungsalternativen**.

6. Erklären Sie kurz folgende Begriffe:
   - **Bestellpunktverfahren**
   - **Bestellrhythmusverfahren**
   - **delivery on demand**
   - **fertigungssynchrone Beschaffung**.

7. Nennen Sie Vor- und Nachteile

   a) des **Bestellpunktverfahrens** i. Vgl. zum **Bestellrhythmusverfahren**

   b) der **fertigungssynchronen Beschaffung**.

BWL: Beschaffung

6.4 ABC-Analyse

ABC - Analyse –> Methode zur Feststellung derjenigen Materialien, denen bei der Beschaffung besondere Aufmerksamkeit gewidmet werden sollte sowie derjenigen Materialien, die aus wirtschaftlichen Gründen weniger Beachtung finden sollten

A - Güter
- Meist wenige Materialsorten, die jedoch teuer und/oder häufig benötigt werden und somit den überwiegenden Teil des gesamten Verbrauchswertes repräsentieren
- großer Einfluss auf die Wirtschaftlichkeit des Materialwesens
- gebräuchliche Grenzwerte: 70 % - 80 % des gesamten Verbrauchswertes

Folge: Beschaffungspolitik insbesondere auf A-Güter konzentrieren!

– intensive Bemühung um gute Preise, Lieferungs- u. Zahlungsbedingungen

– Lagerbestand an A-Gütern gering halten (aufgrund der Kapitalbindung!)

– bedarfsgesteuerte Materialdisposition, evtl. Kauf auf Abruf

– exakte Termin-, Qualitäts-, Rechnungs-, Bestands- und Verbrauchskontrollen

– exakte Lagerbuchführung für diese A-Güter

B - Güter
- Mittelwertige Güter; fließende Übergänge zu A/C-Gütern

C - Güter
- viele geringwertige Materialsorten
- repräsentieren nur einen kleinen Teil des gesamten Verbrauchswertes
- geringer Einfluss auf die Wirtschaftlichkeit des Materialwesens
- unbedeutend

Folge: eine intensive Beschäftigung mit C-Gütern wäre unwirtschaftlich; daher:

- Beschaffungsaktivitäten klein halten

- großzügige Lagerhaltung (Kapitalbindung ist nur gering)

- weniger Kontrollen

ABC - Schranke Prozentuale Grenzwerte für A/B/C-Güter, z. B.:
80 % / 15 % / 5 % des gesamten Verbrauchswertes

BWL: Beschaffung 118

Aufgaben

1. Definieren Sie den Begriff **ABC-Analyse**.

2. a) Was versteht man unter A-, B- und C-Gütern?

   b) Welche Konsequenzen ergeben sich aus der Feststellung, dass eine Materialart den A-Gütern zugeordnet wird?

3. **Rechenbeispiel zur ABC-Analyse:**

   a) Ergänzen Sie die Tabelle. ABC-Schranke: A: bis 85 %; B: 86 bis 95 %; C: über 95 %

   b) Auf welche Artikel werden Sie Ihre Beschaffungsaktivitäten konzentrieren? (Begründ.)

   c) Ergänzen Sie folgende Lücken: Anhand der obigen Tabelle wird festgestellt, dass nur ...% (A-Güter) unserer Güter einen Verbrauchswert von ... % des gesamten Verbrauchswertes ausmachen.

Art. Nr.	Verbrauch/Jahr in €	% der Gesamtmenge einfach	kumuliert	% des ges. Verbrauchswertes einfach	kumuliert	Gut? ABC
1	400.000	10				
2	280.000	10				
3	80.000	10				
4	20.000	10				
5	6.000	10				
6	4.000	10				
7	4.000	10				
8	3.000	10				
9	2.000	10				
10	1.000	10				

6.5 Beschaffungsmarktforschung

Beschaffungsmarktforschung: Systematische Untersuchung der Beschaffungsmärkte (Marktanalysen / Marktbeobachtung –> vgl. **Kap. 5**)

Preisplanung

- Ermittlung des maximal aufwendbaren Einkaufspreises (Rückwärtskalkulation: vom gegebenen Verkaufspreis rückwärts den Einkaufspreis ermitteln - vgl. „Steuerung und Kontrolle")

- Beobachtung der Preise, Lieferungs- und Zahlungsbedingungen

Bezugsquelleninformationen

- **Interne Bezugsquelleninformation:** Verwendung von im Betrieb vorhandenen (internen) Bezugsquellen. Bsp.: Waren-, Liefererkarteien

- **Externe Bezugsquelleninformation:**
  - Messen, Ausstellungen
  - Fachzeitschriften
  - Prospekte
  - Bezugsquellenverzeichnisse („Wer liefert was?", „ABC der Deutschen Wirtschaft", Gelbe Seiten...)

- **Lieferantencheckliste:**
  - Fragen über alle wichtigen Einkaufsbedingungen
  - Zusendung an Lieferanten mit Bitte um Beantwortung
  - Vorteile: da einheitlicher Aufbau
  - –> Lieferantenvergleich einfacher

Aufgaben

1. a) Erklären Sie kurz den Begriff **Beschaffungsmarktforschung**.

   b) Welche zwei Bereiche umfasst die Beschaffungsmarktforschung?

2. Welche Aufgaben hat die Preisplanung?

3. Nennen Sie je drei interne und externe **Bezugsquellen**.

4. a) Was versteht man unter einer **Lieferantencheckliste**?

   b) Welchen Vorteil bietet die Arbeit mit derartigen Checklisten?

BWL: Beschaffung 120

6.6 Angebotsvergleich: Das Scoring-Modell

Stofftelegramm

> Entscheidungskriterien beim Angebotsvergleich vgl. Kapitel 1

Rechnerischer Angebotsvergleich mit Bezugskalkulation:

		Lieferer A		Lieferer B
	Einkaufspreis (Rechnungspreis)	1.500,00		1.450,00
−	Liefererrabatt 10 %	150,00	0 %	0,00
	Zieleinkaufspreis	1.350,00		1.450,00
−	Liefererskonto 2 %	27,00	2 %	29,00
	Bareinkaufspreis	1.323,00		1.421,00
+	Bezugskosten	50,00		90,00
	Bezugspreis	**1.373,00**		**1.511,00**

Scoring-Modell (= Punktebewertungstabelle bzw. Entscheidungsbewertungstabelle)

Vorteil –> Es werden nicht nur quantitative, sondern auch qualitative Faktoren berücksichtigt:

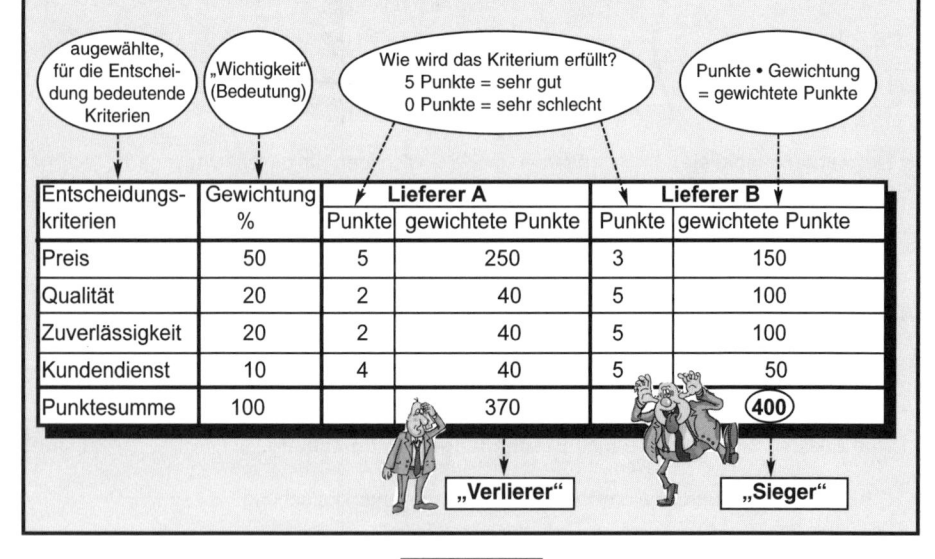

- ausgewählte, für die Entscheidung bedeutende Kriterien
- „Wichtigkeit" (Bedeutung)
- Wie wird das Kriterium erfüllt? 5 Punkte = sehr gut, 0 Punkte = sehr schlecht
- Punkte • Gewichtung = gewichtete Punkte

Entscheidungs-kriterien	Gewichtung %	Lieferer A		Lieferer B	
		Punkte	gewichtete Punkte	Punkte	gewichtete Punkte
Preis	50	5	250	3	150
Qualität	20	2	40	5	100
Zuverlässigkeit	20	2	40	5	100
Kundendienst	10	4	40	5	50
Punktesumme	100		370		**400**

„Verlierer"   „Sieger"

Aufgaben

1. Welche Faktoren sind bei einem Angebotsvergleich in die Betrachtung miteinzubeziehen?

2. Folgende Daten sind gegeben:
   - Entscheidungskriterien: Preis, Zuverlässigkeit, Kundendienst, Beratung, Insolvenzrisiko
   - Gewichtung: 30 %, 25 %, 15 %, 10 %, 20 %
   - Punkte Lieferer A: 3, 4, 5, 4, 2
   - Punkte Lieferer B: 3, 3, 3, 5, 5

   Erstellen Sie einen Angebotsvergleich mithilfe des Scoring-Modells.

6.7 Überwachung der Beschaffung

Stofftelegramm

- **Warenprüfung (Wareneingangskontrolle)**

  – **Äußere Kontrolle der angelieferten Sendung:**

    - Begleitpapiere wie z. B. Lieferschein prüfen (bei Abweichungen: bestätigen lassen durch Überbringer)
    - äußere Verpackung prüfen (bei Mängeln: bestätigen lassen)

  – **Prüfung der angenommenen Sendung:**

    - unverzügliche Prüfung!
    - bei Mängeln: unverzüglich rügen! = gesetzliche Vorschrift.
    - Nur dann können die Rechte aus der mangelhaften Lieferung geltend gemacht werden.

- **Ermittlung der Bestellrückstände**

  – Bestellrückstandsliste

  – Bei Rückständen: Rückstandsmeldung an Lieferer (evtl. Mahnung, um den Lieferer zur Lieferung zu bewegen)

6.8 Zahlungsabwicklung

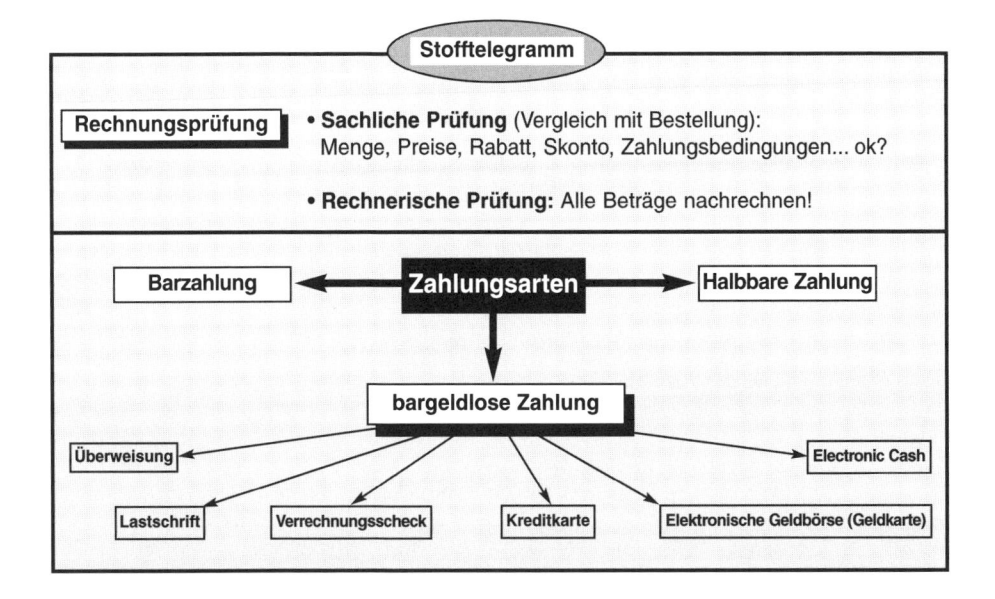

Stofftelegramm

Rechnungsprüfung

- **Sachliche Prüfung** (Vergleich mit Bestellung): Menge, Preise, Rabatt, Skonto, Zahlungsbedingungen... ok?
- **Rechnerische Prüfung:** Alle Beträge nachrechnen!

Zahlungsarten
- Barzahlung
- Halbbare Zahlung
- bargeldlose Zahlung
  - Überweisung
  - Lastschrift
  - Verrechnungsscheck
  - Kreditkarte
  - Elektronische Geldbörse (Geldkarte)
  - Electronic Cash

Überweisung

- **Einzelüberweisung:** Ein Betrag wird an einen Empfänger überwiesen.

- **Sammelüberweisung:** Viele Beträge an verschiedene Empfänger mit nur einem unterschriebenen Überweisungsauftrag

  Vorteile: - Zeitersparnis (nur eine Unterschrift)
  - Geldersparnis (nur eine Buchungsgebühr)

- **Dauerauftrag:** Auftrag an Bank, regelmäßig wiederkehrende, gleich bleibende Zahlungen an Empfänger zu überweisen.
  Beispiele: Miete, Beiträge, Steuern, Tilgungsraten...

  Vorteile: - keine Terminversäumnis
  - Arbeitsersparnis
  - Zahlungsempfänger muss nicht mahnen

- **Lastschriftverfahren:** Auftrag an Bank, vom Gläubiger angeforderte, regelmäßig wiederkehrende und meist schwankende Zahlungen an Empfänger zu überweisen.

  a) Einzugsermächtigungsverfahren: Ermächtigung des Empfängers, die jeweilige Zahlung durch die Bank einziehen zu lassen.

  Widerspruch innerhalb von 6 Wochen nach Belastung möglich, für den Zahler daher weniger riskant.

  Beispiele: - Rundfunkgebühren - Versicherungsbeiträge
  - Fernmeldegebühren - Forderungen aus Lief. und Leistungen

  b) Abbuchungsverfahren: Auftrag an Bank, vom Konto den vom Empfänger jeweils geforderten Betrag abzubuchen.

  Nicht widerrufbar, für Zahlungsempfänger daher weniger riskant.
  Seltenes Verfahren. Beispiele: vgl. a!

  Vorteile: - vgl. Dauerauftrag
  - keine Dauerauftragsänderungen notwendig bei Änderung der Zahlungsbeträge

Elektronische Zahlungsformen

- **Electronic Banking per Onlinedienst (Homebanking):**

  - Verbindung z. B. zum Onlinedienst (Provider) T-Online über Telefon –> Bank anwählen...
  - Notwendig: PC, Modem oder ISDN-Karte, Zugangssoftware

- **Electronic Banking per Internet (Internetbanking, Directbanking):**

  - Einloggen direkt auf der Startseite (Homepage) der Bank   - an keinen Provider gebunden
  - weltweiter Kontozugriff möglich, auch von fremden PC   - multibankfähig

- **Vorteile:** - Kontozugriff „rund um die Uhr"
  - jederzeit Abfrage des aktuellen Kontenstands, Abruf von Kontoauszügen möglich
  - jederzeit Überweisungen + Lastschriften durchführbar, Daueraufträge...

- **Nachteile:** - Datenschutzrisiken (Sicherungen notwendig)   - Missbrauchsgefahr durch Dritte
  - Virenrisiko   - Datenverlustrisiko

BWL: Beschaffung 123

Aufgaben

1. a) Unterscheiden Sie: Einzel- und Sammelüberweiung
   b) Welche Vorteile hat die Sammelüberweisung?
2. a) Unterscheiden Sie: Dauerauftrag und Lastschriftverfahren.
   b) Nennen Sie die Vorteile im Vergleich zur Einzelüberweisung.
3. Nennen Sie Vor- und Nachteile der elektronischen Zahlungsformen.

6.9 E-Business (Geschäfte im Internet)

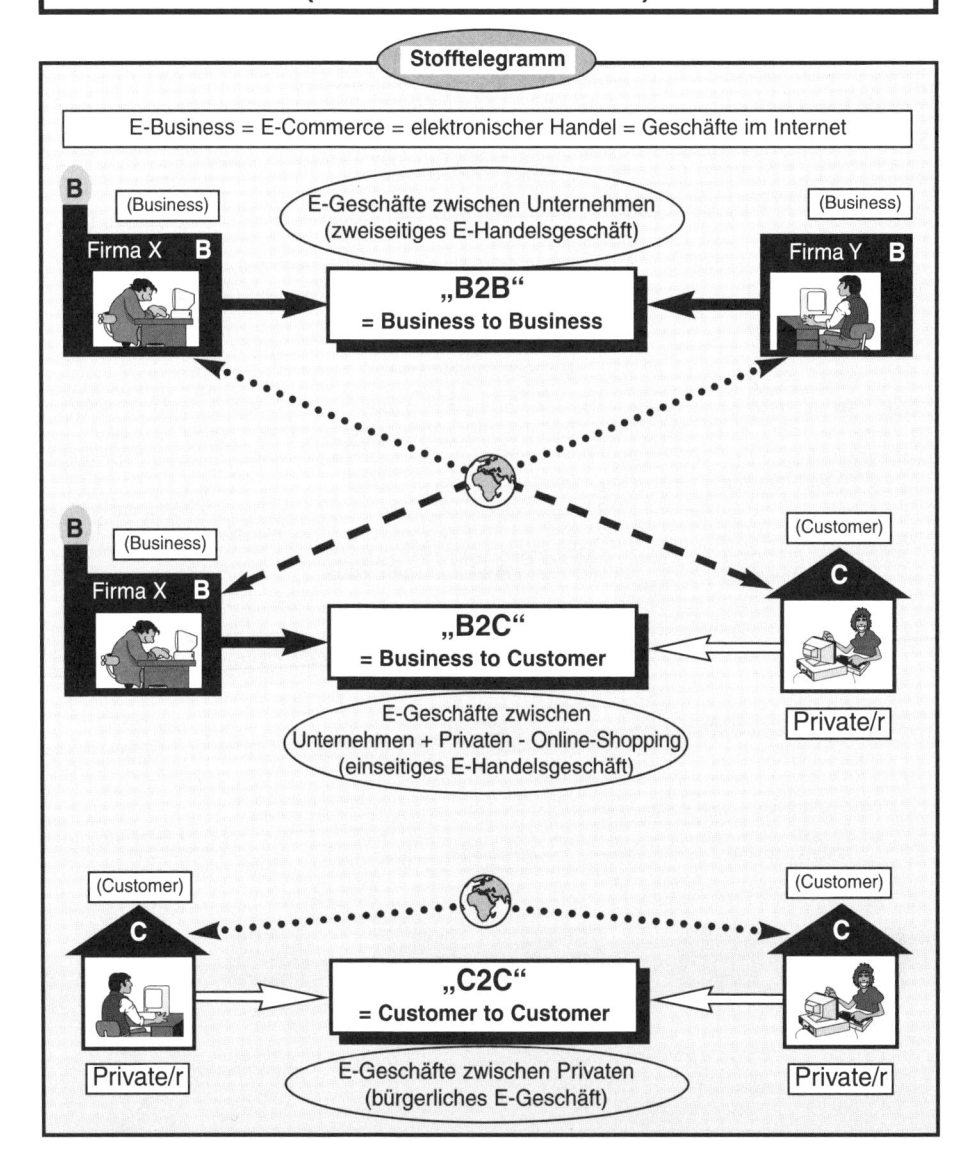

Stofftelegramm

E-Business = E-Commerce = elektronischer Handel = Geschäfte im Internet

B (Business) Firma X — E-Geschäfte zwischen Unternehmen (zweiseitiges E-Handelsgeschäft) — (Business) Firma Y

„B2B" = Business to Business

B (Business) Firma X → „B2C" = Business to Customer ← (Customer) Private/r

E-Geschäfte zwischen Unternehmen + Privaten - Online-Shopping (einseitiges E-Handelsgeschäft)

(Customer) Private/r → „C2C" = Customer to Customer ← (Customer) Private/r

E-Geschäfte zwischen Privaten (bürgerliches E-Geschäft)

BWL: Beschaffung 124

6.10 Lagerhaltung: Grundlagen - Lagerorganisation

Stofftelegramm

Funktionen (= Aufgaben) der Lagerhaltung

- **Ausgleichsfunktion:** Mengen- und Zeitausgleich zwischen Beschaffung, Fertigung und Absatz (–> Ausnutzung Vorteile bei Großeinkauf...)
- **Sicherungsfunktion:** Ausgleich von unerwarteten Schwankungen bei Beschaffung, Produktion und Absatz
- **Zeitüberbrückungsfunktion:** Zeitüberbrückung zwischen Beschaffung, Produktion, Absatz.
- **Veredelungsfunktion:** evtl. notwendige Lagerzeit zwecks Ausreifung / Trocknung...
- **Spekulationsfunktion:** Aufstockung Lager bei drohenden Preiserhöhungen

Lagerarten

- Lager für Roh-, Hilfs- u. Betriebsstoffe, unfertige und fertige Erzeugnisse, Handelswaren
- Beschaffungs-, Produktions- und Absatzlager
- Ersatzteillager, Werkzeuglager
- Eigen- und Fremdlager
- zentrales und dezentrales Lager
- offene, geschlossene Lager
- chaotisches Lager

Lagerlogistik

Betriebswirtschaftl. Logistik allg.: soll den störungsfreien, optimalen Material- und Informationsfluss von der Beschaffung bis zum Verkauf gewährleisten

Lagerlogistik: soll den störungsfreien, optimalen Material- und Informationsfluss in der Kette Warenannahme – Lagerung – Auslagerung gewährleisten

Lagerorganisation ──▶ **1. Aufbauorganisation**

1. Gliederung nach dem Verrichtungsprinzip: Eine Abteilung ist nur für eine bestimmte Verrichtung (z. B. Bestandskontrolle für alle Lagergüter) verantwortlich.

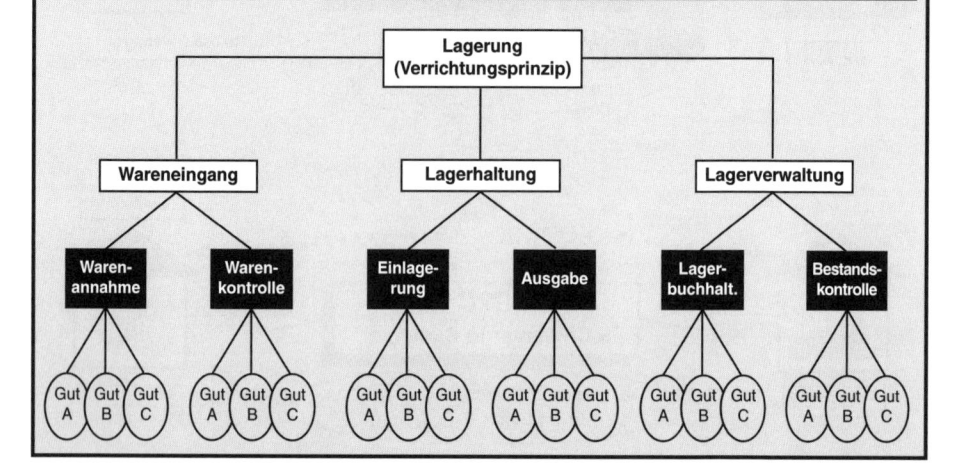

```
                        Lagerung
                  (Verrichtungsprinzip)
         ┌──────────────────┼──────────────────┐
    Wareneingang        Lagerhaltung       Lagerverwaltung
    ┌────┴────┐         ┌────┴────┐         ┌────┴────┐
 Waren-    Waren-    Einlage-   Ausgabe   Lager-    Bestands-
annahme  kontrolle    rung               buchhalt.  kontrolle
 A B C    A B C      A B C     A B C     A B C      A B C
```

BWL: Beschaffung 125

2. Gliederung nach dem Objektprinzip: Eine **Abteilung** ist für ein bestimmtes Lagergut verantwortlich (für alle Verrichtungen, die im Zusammenhang mit diesem Gut anfallen)

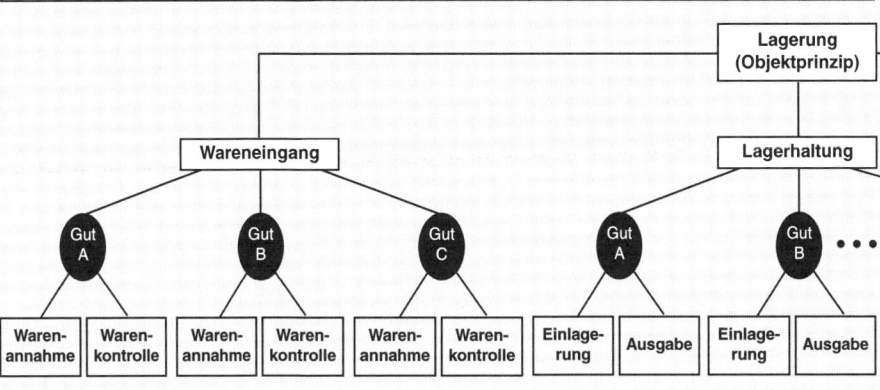

```
                                                    Lagerung
                                                  (Objektprinzip)
                    ┌──────────────────────────────┴──────────────────┐
              Wareneingang                                      Lagerhaltung
         ┌────────┼────────┐                              ┌──────────┼──────────┐
       Gut A    Gut B    Gut C                          Gut A                Gut B     ...
       ┌─┴─┐    ┌─┴─┐    ┌─┴─┐                          ┌─┴─┐                ┌─┴─┐
    Waren- Waren- Waren- Waren- Waren- Waren-        Einlage- Ausgabe    Einlage- Ausgabe
   annahme kontrolle annahme kontrolle annahme kontrolle rung                rung
```

| **Lagerorganisation** | ➔ | **2. Räumliche Gliederung** |

Räumliche Gliederung des Lagers **abhängig** von:
- Unternehmensgröße
- Branche u. Art der Lagergüter
- vorhandene Transportmittel
- Lagerstandort
- Zugriffsart und Zugriffsgeschwindigkeit
- Kundenkreis (Industrie, Handel...)

Wichtig betr. räumlicher Gliederung:
- Transportnotwendigkeiten minimieren —> kurze Wege
- Entlade- und Umladearbeiten minimieren
- Beachtung von Gesundheits- und Umweltfaktoren

Zentrales Lager: Alle Waren an einem Ort gelagert —> **Vorteile:**
- gute Übersicht
- einfache Verwaltung
- bessere Kontrolle
- Raumkosten geringer
- geringere Mindestbestände
- Personalkosten geringer

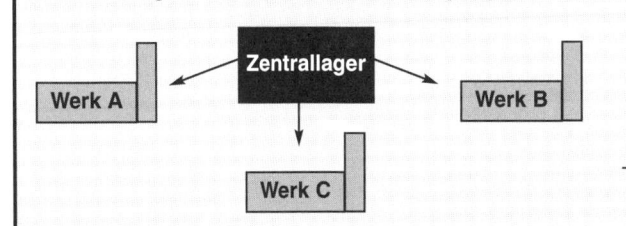

—> **Nachteile:**
- längere Transportwege
- höhere Beförderungskosten

(Werk A ← Zentrallager → Werk B, ↓ Werk C)

Dezentrales Lager: Waren an verschiedenen Orten gelagert —> **Vorteile:**
- kurze Transportwege
- geringere Beförderungskosten
- schnellere Warenausgabe

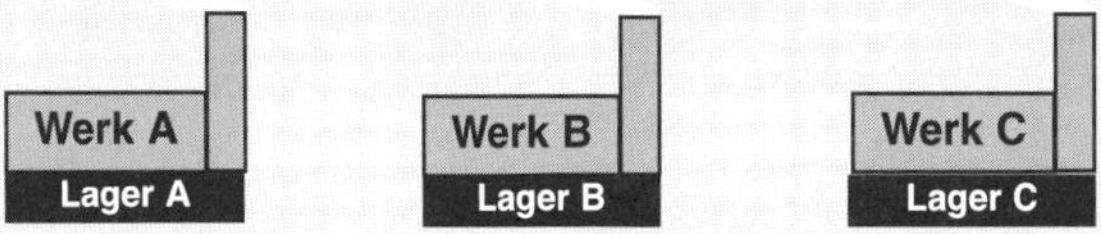

—> **Nachteile:**
- Personal- u. Raumkosten höher
- weniger Übersicht u. Kontrolle

(Werk A / Lager A, Werk B / Lager B, Werk C / Lager C)

BWL: Beschaffung 126

- **Festplatzsystem:** Jedes Lagergut hat einen festen Platz
- **Freiplatzsystem:** Unterbringung Lagergut am jeweils freien Platz –> **chaotisches Lager:**
  - Computergesteuertes Hochregallager, in dem „chaotisch" gelagert wird
  - **Voraussetzungen:** – hohe Ansprüche an die Lagerorganisation
    - jederzeitige Auskunftsbereitschaft notwendig
    - Einsatz von EDV-Anlagen
    - Anfertigung eines Lagerspiegels (Übersicht über die freien und belegten Lagerplätze)
    - hohe Anforderungen an die Lagertechnik
  - **Vorteile:**
    - intensive Lagerraumnutzung, somit weniger Lagerraum nötig
    - weniger Lagerpersonal
    - kürzere Ein- und Auslagerungszeiten
  - **Nachteile:**
    - Lagerplatz schwer auffindbar bei Computerausfall
    - bei Ausfall der Hebewerkzeuge ist Lagerentnahme schwierig
    - hohe Fixkosten

Lagerorganisation ────▶ **3. Ablauforganisation**

- Anordnung der Arbeitsgänge im Lager zeitlich und räumlich derart, dass eine reibungslose Erledigung der Aufgaben möglich ist;
- Optimierung des Materialflusses in enger Vernetzung mit Produktion und Absatz

- **Arbeitsablaufdiagramm:** Analyse der Arbeitsabläufe –> Ermittlung von Schwachstellen:
  - Aufdecken unnötiger Bearbeitungs- oder Wartezeiten
  - Erkennen langer Wegstrecken
  - Erkennen unnötiger Doppelarbeiten...

Nr.	Arbeitsstufen	Bearbeitung	Transport	Prüfung	Wartezeit	Lagerung	Weg m	Zeit min.	Bemerkungen
1	Lieferung prüfen			●				10	Lieferschein/Bestellung
2	Ware annehmen	●						15	
3	Wareneingang melden	●						5	Wareneingangsschein
4	Ware auspacken	●						120	
5	Ware exakt prüfen	●						40	Stichproben; Mängel melden
6	Lagerort vergeben	●						5	
7	Ware einlagern				●			120	
8	...								

Weitere Gesichtspunkte zur Organisation Wirtschaftlichkeit des Lagers, Lagerkontrolle (Qualität, Quantität), Lagereinrichtung, Lageranordnung...

BWL: Beschaffung 127

Aufgaben

1. Nennen Sie die Funktionen des Lagers.
2. Nennen Sie verschiedene Lagerarten.
3. Unterscheiden Sie die Begriffe Verrichtungsprinzip und Objektprinzip im Zusammenhang mit der Lagerhaltung.
4. a) Unterscheiden Sie die Begriffe zentrales und dezentrales Lager.
   b) Nennen Sie Vor- und Nachteile dieser Lagerarten.
5. a) Unterscheiden Sie die Begriffe Festplatzsystem u. Freiplatzsystem (chaotisches Lager).
   b) Nennen Sie Vor- und Nachteile der chaotischen Lagerung.
   c) Nennen Sie die Voraussetzungen für eine chaotische Lagerung.
6. Welche Aufgabe hat die Ablauforganisation?
7. Welchen Zwecken dienen Arbeitsablaufdiagramme im Rahmen der Lagerhaltung?

6.11 Lagerkosten und Lagerkennziffern

Stofftelegramm

Lagerkosten: Personal- und Raumkosten, Kosten der Lagereinrichtung, Lagerzinsen ...

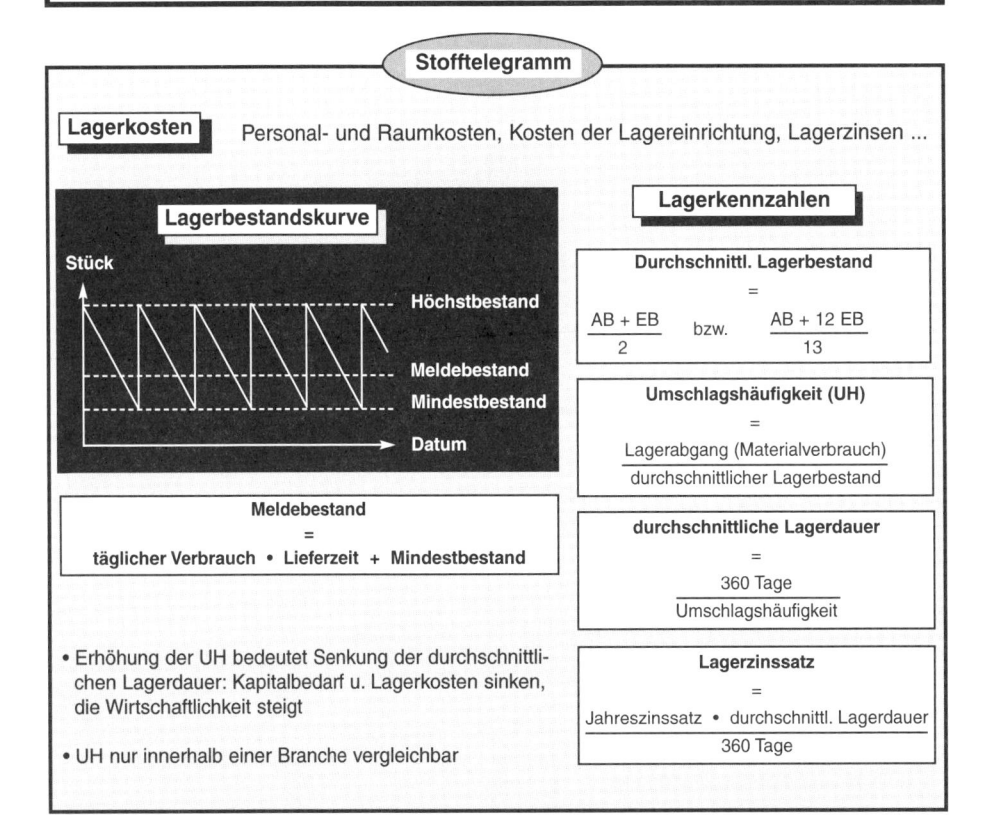

Lagerbestandskurve

Stück — Höchstbestand — Meldebestand — Mindestbestand — Datum

Lagerkennzahlen

Durchschnittl. Lagerbestand
$$= \frac{AB + EB}{2} \text{ bzw. } \frac{AB + 12\,EB}{13}$$

Umschlagshäufigkeit (UH)
$$= \frac{\text{Lagerabgang (Materialverbrauch)}}{\text{durchschnittlicher Lagerbestand}}$$

durchschnittliche Lagerdauer
$$= \frac{360 \text{ Tage}}{\text{Umschlagshäufigkeit}}$$

Lagerzinssatz
$$= \frac{\text{Jahreszinssatz} \cdot \text{durchschnittl. Lagerdauer}}{360 \text{ Tage}}$$

Meldebestand
= täglicher Verbrauch · Lieferzeit + Mindestbestand

- Erhöhung der UH bedeutet Senkung der durchschnittlichen Lagerdauer: Kapitalbedarf u. Lagerkosten sinken, die Wirtschaftlichkeit steigt
- UH nur innerhalb einer Branche vergleichbar

BWL: Beschaffung

Aufgaben

1. Nennen Sie vier Lagerkostenarten.

2. Unterscheiden Sie die Begriffe Eigen- und Fremdlager.

3. Warum ist ein eiserner Bestand (Mindestbestand) notwendig?

4. Erklären Sie den Begriff Meldebestand. (Hinweis: Weitere Aufgaben zum Meldebestand vgl. Kapitel 6.3)

5. Welche Konsequenz hat das Überschreiten des Höchstbestandes?

6. Die Umschlagshäufigkeit eines Unternehmens ist im Vergleich zum Vorjahr gesunken. Nennen Sie Ursachen und Folgen.

7. Ermitteln Sie die Lagerkennzahlen:

   a) AB 1. Jan.:   10.000,00 €   Rohstoffeinsatz: 163.000,00 €
      EB 31. Dez.: 18.000,00 €   Marktzinssatz: 8 %

   b) AB 1. Jan.:   63.640,00 €   Rohstoffeinsatz: 2.084.760,00 €
      Summe Monatsendbestände: 888 480,00 €   Marktzinssatz: 10 %

   c) Bestände: 1. Januar: 34.000,00 €   Rohstoffeinsatz (= Material-
               31. März: 49.300,00 €   verbrauch):   582.000,00 €
               30. Juni: 47.800,00 €
               30. Sept.:   71.400,00 €   Marktzinssatz: 8 %
               31. Dez.:   25 300,00 €

8. Entwicklung der Rohstoffbestände in einem Industriebetrieb:

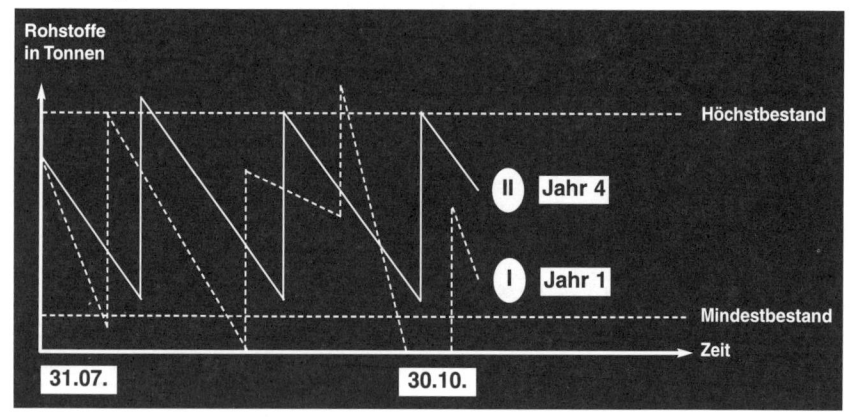

   a) Interpretieren Sie die abgebildeten Lagerbestandskurven.

   b) Berechnen Sie aus den folgenden Angaben die Umschlagshäufigkeit und die durchschnittliche Lagerdauer der Rohstoffe:

      EB 31. Dez. 01: 6,2 Mio. €   EB 31. Dez. 02: 6,8 Mio €   Jahreseinkäufe: 78,0 Mio €

   c) Die Umschlagshäufigkeit der Rohstoffe wird für vergleichbare Betriebe mit 15 angegeben. Vergleichen Sie den unter b) ermittelten Wert mit diesem Durchschnittswert und beurteilen Sie die Auswirkungen auf den Kapitaleinsatz, die Lagerkosten und den Gewinn der Unternehmung.

BWL: Beschaffung

9. Was versteht man unter durchschnittlicher Lagerdauer?
10. Welcher Zusammenhang besteht zwischen

    a) durchschnittlicher Lagerdauer und Lagerzinssatz?
    b) Umschlagshäufigkeit und Lagerzinssatz?
11. Wie wirkt sich eine Verringerung des durchschnittlichen Lagerbestandes auf die restlichen Lagerkennzahlen aus?
12. Bei Überprüfung der Lagerkennziffern für eine Rohstoffart stellen wir fest, dass sich die Zinslast für die Lagerbestände innerhalb eines Jahres von 3.430,00 € auf 4.150,00 € erhöht hat.

    a) Nennen Sie zwei mögliche Ursachen für diese Erhöhung.
    b) Es wurde mit folgenden Werten gerechnet:

AB:	216.800,00 €	Materialverbrauch:	1.661.600,00 €
EB:	198.600,00 €	Marktzinssatz:	16 %

    Welche Berechnungen führten zur Feststellung, dass sich die Zinsen auf 4.150,00 € erhöht haben?

6.12 Modernes Logistik-Konzept: Supply Chain Management (SCM)

Stofftelegramm

Outsourcing und Systemlieferanten

- **Outsourcing** = Ausgliederung bestimmter Aufgaben z. B. durch Inanspruchnahme eines Fremdanbieters

- **Hauptmotive für Outsourcing:**
  - Konzentration auf Kernkompetenzen
  - Reduzierung interner und externer Logistikkosten

- **Beispiel:** Verringerung der Fertigungstiefe, indem ganze Bauteile oder Systeme fortan von Fremdlieferanten (**Systemlieferanten**) bezogen werden, die bislang selbst produziert wurden = Outsourcing von Teilefertigung und Montagearbeiten

- **Systemlieferant:**
  - liefert nicht Einzelteile, sondern bereits fertig montierte Baugruppen, z. B. komplette Sitze für ein Automobil
  - erbringt hohe eigene Entwicklungsleistungen an den Systemen
  - verantwortliche Durchführung der Systemmontage
  - übernimmt somit einen Teil des Wertschöpfungsprozesses...

- **Insourcing-Partner:** stellen Teilkomponenten für komplexe Systeme selbst her **und** montieren diese Systeme z. B. direkt beim Abnehmer = aktive Einbindung des Lieferanten in den Produktionsprozess des Kunden

BWL: Beschaffung 130

Supply Chain Management (SCM) („supply chain" = Lieferkette)

- Verknüpfung des Wertschöpfungsprozesses des Herstellers mit dem des Lieferanten

- SCM – eine Art Partnerschaft mit den Lieferanten

- Ziel: langfristige Zusammenarbeit mit einer geringen Anzahl von Lieferanten zwecks schneller und reibungsloser Auftragsabwicklung

- Vernetzung der vor- und nachgelagerten Produktionsstufen (Optimierung einer ganzen Kette)

- Der Informations- und Materialienfluss kennt keine innerbetrieblichen Grenzen mehr.

- Alle Prozesse der Versorgungskette werden einem gemeinsam definierten Ziel untergeordnet.

- Möglichkeiten: - gemeinsamer Zugriff auf das Produktionsplanungssystem

  - nur noch einmalige Erfassung der Bestelldaten, Auftragserfassung, Faktura usw., die anschließend auf einer gemeinsamen Plattform zur Verfügung stehen

  - Automatisierung und Konzentrierung der Rechnungsstellung und -prüfung

  - gemeinsam abgestimmte Qualitätssicherung (kein doppelter Prüfungsaufwand mehr)

- Vorteile:
  - reduzierte Lagerbestände
  - Senkung der Lagerkosten
  - Reduzierung der Kapitalbindung
  - Zeitersparnis bei der Wiederbeschaffung
  - Optimierung der internen Lieferketten
  - Steigerung der Lieferbereitschaft

- Notwendig:
  - Schulung der Kooperations- und Kommunikationsfähigkeit der Mitarbeiter
  - laufende Überprüfung der Leistungsfähigkeit des SCM - ggf. Korrektur

---

Wichtige Hinweise

Folgende Themen werden aus praktikablen Gründen an anderer Stelle behandelt:

Themen	Behandelt in
„Schlechtleistung" und „Nicht-Rechtzeitig-Lieferung"	BWL, Kapitel 1
Buchhaltungsthemen (Rechnungsbuchung mit Umsatzsteuer, Bezugskosten, Rücksendungen, Gutschriften, Skontoabzug und Zahlungsausgang)	Steuerung und Kontrolle

6.13 Prüfungsaufgaben

Prüfungsaufgabe 2000/2001 (Aufgabe 1)

Die ComfortMobilia GmbH, Karlsruhe, stellt hochwertige Möbel für den Wohn-, Schlaf- und Bürobereich her. Die Produktion dieser Möbel erfolgt auftragsbezogen in Kleinserien. Die Geschäftsleitung vertritt die Philosophie, dass das Unternehmen nur dann langfristig erfolgreich sein kann, wenn Flexibilität im Hinblick auf Terminwünsche von Kunden und wenn vor allem Qualitäts- und Ökologieansprüche der Kunden ausreichend Berücksichtigung finden. Zunehmender Konkurrenz- und Kostendruck zwingt jedoch die ComfortMobilia GmbH, nach Rationalisierungsreserven zu suchen - auch im Bereich der Materialwirtschaft.

1 Vom Leiter der Abteilung Materialwirtschaft erhalten Sie den folgenden Arbeitsauftrag:

1.1 Erstellen Sie eine ABC-Analyse. **(Anlage 1)**

1.2 Welche Schlussfolgerungen kann der Einkaufssachbearbeiter aus der ABC-Analyse für seine Aktivitäten ziehen, bevor er die Fremdbezugskomponenten mit den Teilenummern 5005 und 5006 bestellt.

2 Wir rechnen mit einem Lagerkostensatz von 20 % und bestellfixen Kosten von 130,00 DM für A-Güter bzw. 60,00 DM für B- und C-Güter.

2.1 Ermitteln Sie aus der Lagerfachkarte für Teile-Nr. 5005 **(Anlage 2)** den durchschnittlichen Lagerbestand, die Umschlagshäufigkeit und die durchschnittliche Lagerdauer (der Rechenweg muss ersichtlich sein) und tragen Sie Ihre Ergebnisse in die Tabelle auf dem Lösungsblatt **(Anlage 1)** ein.

2.2 Ermitteln Sie die Lagerkosten pro Jahr und die pro Jahr anfallenden Gesamtkosten für Beschaffung und Lagerhaltung für Teile-Nr. 5005.

2.3 Für Teile-Nr. 5005 liegen aus dem Vorjahr die in Anlage 1 aufgeführten betriebsinternen bzw. branchenbezogenen Kennziffern vor. Beurteilen Sie die Situation aufgrund der vorliegenden bzw. in 2.1 ermittelten Kennziffern.

2.4 Erläutern Sie den Begriff „optimale Bestellmenge".

2.5 Die optimale Bestellmenge für das Teil 5005 beträgt 102 Stück. Machen Sie einen praktikablen Vorschlag zur Änderung der bisherigen Bestellpraxis.

3 Für Teile-Nr. 5005 ist uns ein neues Angebot übermittelt worden **(Anlage 3)**.

3.1 Führen Sie einen Preisvergleich durch (der derzeitige Verrechnungspreis entspricht exakt dem Bezugspreis des bislang günstigsten Lieferanten) und ermitteln Sie mögliche Mehrkosten bzw. Einsparungen.

3.2 Ermitteln Sie, inwieweit durch das neue Angebot Kosten (gegenüber der bisherigen Praxis - siehe 2.2) eingespart werden könnten. Pro Lieferabruf entstehen uns Kosten in Höhe von 30,00 DM. Wir gehen von 12 Abrufen pro Jahr aus. Allerdings sind wir gezwungen, einen Sicherheitsbestand von 100 Stück, der dann dem durchschnittlichen Lagerbestand entspricht, auf Lager zu halten.

3.3 Ergeben sich für uns - abgesehen von möglichen Kostenvorteilen - andere Vorteile? (3 Vorteile nennen)

3.4 Welche Nachteile haben wir ggf. zu befürchten? (3 Nachteile nennen)

BWL: Beschaffung 132

Anlage 1 Zu Aufgabe 1.1   ABC-Analyse

Teile-Nr.	Jahres-bedarf	Verrechnungspreis	Jahresbedarfs-wert in DM	Jahresbedarfs-wert in %	Rang
5001	1.000	20,00			
5002	2.000	25,00			
5003	1.000	0,80			
5004	4.000	1,50			
5005	1.200	150,00			
5006	12.000	0,10			
5007	6.000	2,50			
5008	2.000	50,00			
Summen					

Rang	Teile-Nr.	Jahreswert %	Jahreswert % kum.	ABC-Kennung

Richtschnur für die ABC-Analyse:

A-Güter bis ca. 75 % Wertanteil,
C-Güter ca. 10 % Wertanteil

Zu Aufgabe 2.1

Kriterium	Kennziffer betriebsintern Vorjahr	Neu (2.1)	Kennziffer Branche Vorjahr
Durchschnittl. Lagerbestand	850		300
Umschlagshäufigkeit	1,4		4,0
Durchschnittl. Lagerdauer	257		90

Anlage 2

Lagerfachkarte für Teile Nr. 5005

Teile-Nr. 5005			Lager-Nr. E010
Datum	Zugänge (ME)	Abgänge (ME)	Bestand (ME)
31.12.1998			500
15.01.1999	600		1.100
02.02.1999		125	975
10.03.1999		125	850
05.04.1999		100	750
12.05.1999		150	600
14.06.1999		100	500
15.07.1999	600		1.100
20.08.1999		150	950
02.10.1999		150	800
18.11.1999		150	650
07.12.1999		150	500

Anlage 3

ELMO Baumstark KG - Ettlingen

ELMO Baumstark KG, Postfach, 76275 Ettlingen

ComfortMobilia GmbH
Daimlerstr. 13

76185 Karlsruhe

Angebot

Sehr geehrte Damen und Herren,

vielen Dank für Ihre Anfrage. Wir freuen uns, Ihnen das gewünschte Produkt gemäß Ihren technischen Vorgaben zu folgenden Bedingungen anbieten zu können:

Der Stückpreis beträgt DM 180,00 ab Werk.

Wir gewähren Ihnen Rabatt gemäß der folgenden Aufstellung:

Einzelbestellungen:	4 % Rabatt bei Bestellungen ab 200 Stück,
	6 % Rabatt bei Bestellungen ab 300 Stück.
Jahres-Rahmen-Verträge:	10 % Rabatt bei Jahresmenge ab 1000 Stück,
	20 % Rabatt bei Jahresmenge ab 2000 Stück.

Bei Abschluß eines Jahres-Rahmen-Lieferungsvertrages ab 1000 Stück liefern wir Ihnen jede gewünschte Menge (Mindestmenge pro Abruf 80 Stück, Höchstmenge pro Abruf 200 Stück) zu dem von Ihnen gewünschten Termin, vorausgesetzt, Sie fordern die jeweilige Teilmenge mit einem Vorlauf von vier Betriebskalendertagen an.

Pro Anlieferung berechnen wir Ihnen DM 100,00 für je 100 angefangene Stück.

Zahlungsbedingungen: 2 % Skonto innerhalb 8 Tagen, 30 Tage netto Kasse..

Bitte beachten Sie, dass unser noch junges Unternehmen von Beginn an besonderen Wert auf Qualität und Umweltverträglichkeit gelegt hat - nicht umsonst sind wir seit 2 Jahren zertifiziert nach DIN EN ISO 9001 bzw. DIN EN ISO 14001 (Zertifikatskopien sind diesem Schreiben beigefügt).

Wir hoffen, mit diesem Angebot Ihr Interesse geweckt zu haben.

Mit freundlichen Grüßen

Otto Baumstark

BWL: Beschaffung

Prüfungsaufgabe 2001 (Aufgabe 1)

Ausgangssituation:

Die SysA GmbH, Blaustein, ist ein junges, innovatives Unternehmen der Automatisierungsindustrie. Sie stellt Handlingsyteme zur Fertigung elektronischer Bauteile her. Ein rasantes Wachstum, die Schaffung neuer Arbeitsplätze und die Entwicklung neuer Transportmodule für Leiterplatten markieren das letzte Geschäftsjahr. Die Abteilung Materialwirtschaft war ausschließlich mit Durchführungsaufgaben beschäftigt. Neueinstellungen in dieser Abteilung ermöglichen es nun, substanzielle Aufgaben der Materialwirtschaft anzugehen.

Der Leiter der Materialwirtschaft, Herr Wallerath, beauftragt Sie, nachfolgende Arbeiten für die unten abgebildete Neuentwicklung durchzuführen.

1 Ermitteln Sie die Bestellmengen für das Transportmodul **(Anlage 1)**. Für Ersatzteile/Ausschuss veranschlagen Sie 4 %.

2 Bestimmen Sie die optimale Bestellmenge **(Anlage 2)** an Kurvenrollen. Der Stückpreis liegt bei 8,80 € (Bestellmenge und durchschnittlicher Lagerbestand auf ganze Zahl runden).

3 ABC-Analyse

3.1 Führen Sie eine ABC-Analyse durch **(Anlage 3)** mit den in Punkt 1 ermittelten Bestellmengen (Bestellmenge = Verbrauchsmenge).

3.2 Erörtern Sie, anhand von vier Gesichtspunkten, die unternehmerischen Konsequenzen in Bezug auf die A-Güter.

4 Herr Wallerath beauftragt Sie, den Beschaffungsmarkt für Elektromotoren zu erkunden. Erläutern Sie Ihre Vorgehensweise (vier Kriterien).

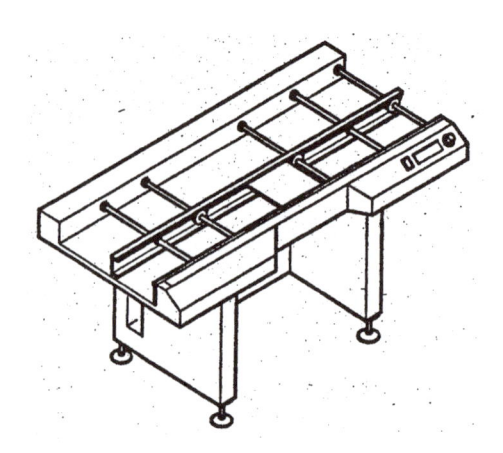

Transportmodul

BWL: Beschaffung 135

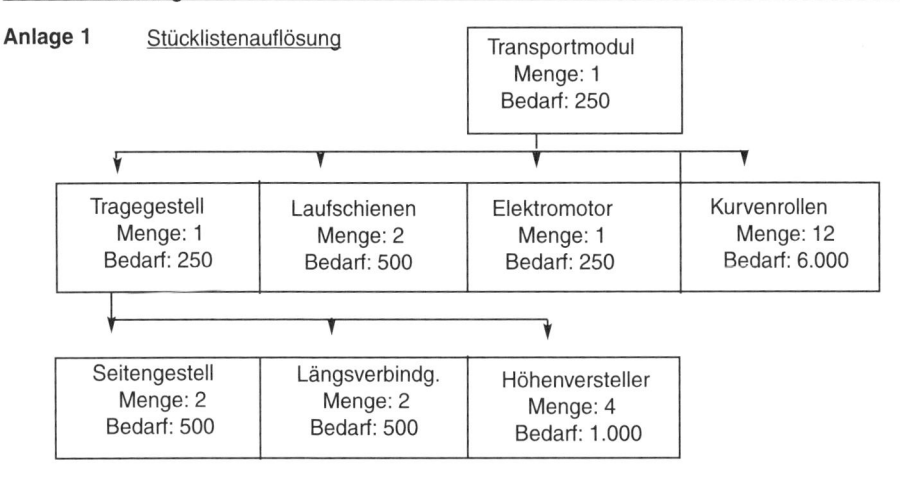

Anlage 1 Stücklistenauflösung

```
                        Transportmodul
                        Menge: 1
                        Bedarf: 250
```

Tragegestell	Laufschienen	Elektromotor	Kurvenrollen
Menge: 1	Menge: 2	Menge: 1	Menge: 12
Bedarf: 250	Bedarf: 500	Bedarf: 250	Bedarf: 6.000

Seitengestell	Längsverbindg.	Höhenversteller
Menge: 2	Menge: 2	Menge: 4
Bedarf: 500	Bedarf: 500	Bedarf: 1.000

Bedarfsrechnung in Stück (= Jahresbedarf)

	Lauf-schienen	Elektro-motor	Kurven-rollen	Seiten-gestell	Längs-verbindung	Höhen-versteller
Bedarf						
+ Ersatzteile/Ausschuss						
- verfügbare Bestände	110	45	50	0	5	150
Bestellmenge						

Anlage 2 Optimale Bestellmenge (Kurvenrollen)

Anzahl der Bestellungen	Bestellmenge in Stück	Ø Lagerbestand	Ø Lagerbestand in €	Lagerhaltungskosten in €	Bestellkosten in €	Gesamtkosten in €
		Bestellmenge/2		Lagerhaltungskostensatz 10 %	220,00	
1						
2						
3						
4						
5						
6						

Optimale Bestellmenge:
Anzahl der Bestellungen:

BWL: Beschaffung

Anlage 3

Material	Mengen			Werte			
	Bestell-menge	Anteil in %	Rangfolge	Preis je Einheit	Material-wert in €	Anteile in %	Rangfolge
Lauf-schienen					000,00		
Elektro-motor					850,00		
Kurven-rollen					8,80		
Seiten-gestell					50,00		
Längsver-bindung					30,00		
Höhen-versteller					5,00		
Summe		100				100	

Materialgruppen	Material	Materialwert in €	Anteile in %	
			an der Gesamt-verbrauchsmenge	am Gesamt-verbrauchs-wert
A-Güter				
	Summe:			
B-Güter				
	Summe:			
C-Güter				
	Summe:			

Prüfungsaufgabe 2002 (Aufgabe 1)

Die Huber KG, Saulgau, hat sich auf die Herstellung von hochwertigen Büromöbeln spezialisiert. Die hohe Produktqualität, die spezielle Ausrichtung auf Kundenwünsche sowie die Umweltverträglichkeit ihrer Produkte führen dazu, dass hohe Absatzzahlen zu verzeichnen sind.

Mit den Lieferanten wurde „Kauf auf Abruf" vereinbart.

Die Konstruktionszeichnung befindet sich in der **Anlage 1**.

1. Erstellen Sie eine Mengenübersichtsstückliste anhand der Konstruktionszeichnung. Verwenden Sie für Ihre Lösung die Tabelle in Ihrer **Anlage 2**.

2. Welches Teil in der Zeichnung entspricht einer Baugruppe?

3. Beschreiben Sie kurz die Begriffe Baugruppe und Einzelteil.

4. Anhand einer Stücklistenauflösung werden die einzelnen Mehrschichtplatten beschafft.

Ein Kunde bestellt 10 Regale. Berechnen Sie die Bestellmenge (in m²) für das Teil Außenwand, wenn folgende Daten vorliegen:
Lagerbestand ca. 8,5 m², Verschnitt 5 %

5 Die Griffe werden auf der Grundlage der verbrauchsgesteuerten Bedarfsermittlung beschafft. Es gelten folgende Angaben:
Tagesverbrauch ca. 60 Stück je Arbeitstag (AT), Bestellzeit 2 AT, Lieferzeit 5 AT, Sicherheitsbestand 3 AT, Bestellmenge 1.200 Stück

5.1 Berechnen Sie den Bestand, bei dem die Bestellung ausgelöst wird.

5.2 Berechnen Sie den Höchstbestand.

5.3 Es sind noch 900 Stück auf Lager. In wie viel Tagen wird die nächste Bestellung ausgelöst?

5.4 Welche Auswirkungen hat „Kauf auf Abruf" für die Lagerkosten?

6 Es soll für das Teil Teleskop-Schubladenleiste die optimale Bestellmenge neu berechnet werden. Der voraussichtliche Jahresbedarf beträgt 12.000 Stück. Der Preis je Leiste beträgt 15,00 €.
Kosten je Bestellung 30,00 €; der Lagersatz beträgt zurzeit 5 %. Bei Abnahme von über 1 000 Stück wird ein Mengenrabatt von 10 % gewährt.
Berechnen Sie die optimale Bestellmenge.
Verwenden Sie für die Berechnung 900, 1 000, 1 100, 1 200 Stück. Runden Sie die Anzahl der Bestellungen ganzzahlig auf. Verwenden Sie das Lösungsblatt **(Anlage 3)**.

7 Es wurde eine ABC-Analyse durchgeführt. Die Möbelbauplatten kosten je m² ca. 90,00 €, die Griffe je Stück 1,50 €.

7.1 Welche Werkstoffe bzw. Teile gehören zu den A-Gütern, bzw. zu den C-Gütern? Begründen Sie Ihre Meinung.

7.2 Warum wird eine ABC-Analyse durchgeführt? Welche Schlussfolgerungen kann die Unternehmensleitung für die A-Güter bzw. C-Güter treffen?

Anlage 1   Konstruktionszeichnung für ein Regal (Maße in mm)

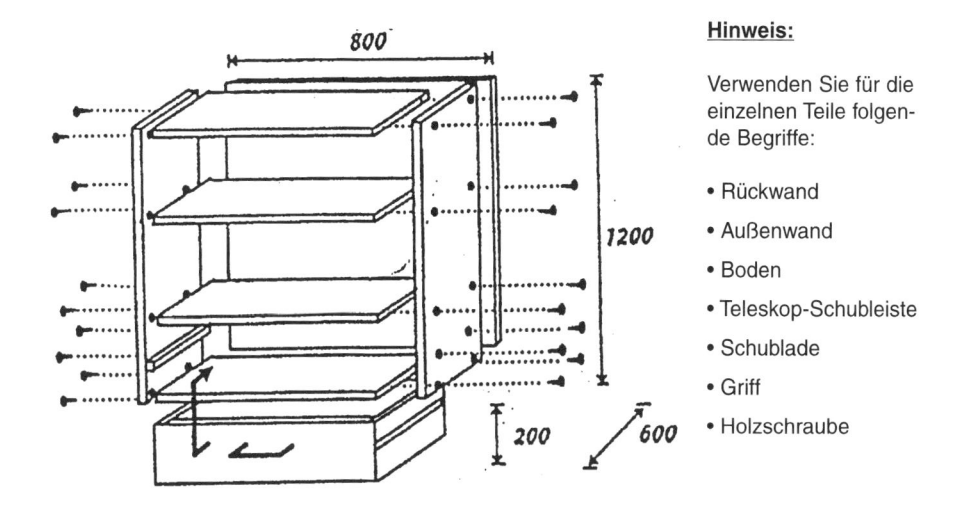

Hinweis:

Verwenden Sie für die einzelnen Teile folgende Begriffe:

- Rückwand
- Außenwand
- Boden
- Teleskop-Schubleiste
- Schublade
- Griff
- Holzschraube

BWL: Beschaffung

Anlage 2 — Mengenübersichtstückliste

lfd. Nummer	Anzahl	Beschreibung

Anlage 3 — Optimale Bestellmenge

Bestell-menge	Anzahl der Bestellungen	Rabatt	Preis mit Rabatt	Bestellkosten	Ø Lagerkosten	Gesamt
900						
1 000						
1 100						
1 200						

Prüfungsaufgabe 2002/2003 (Aufgabe 1)

Die Optronica AG in Waiblingen ist ein mittelständischer Hersteller von optischen Geräten. Von der Optronica AG wird unter anderem das Brillengestell M312 hergestellt, wobei ein Teil des benötigten Fertigungsmaterials fremd bezogen wird. Einzelheiten hierzu sind der beigefügten Mengen-Stückliste **(Anlage 1)** zu entnehmen.

1 Ermitteln Sie mit Hilfe der Tabelle (Anlage 8) den Bereitstellungsbedarf des Fremdbauteils FB1155 (Bügel) für das 1. Quartal 2001. Verwerten Sie dabei die folgenden Informationen:

- Absatzzahlen des Brillengestells M312 im Vorjahr:
  Februar 15 000 Stück, März 16 000 Stück, April 20 000 Stück
- Geschätzte Absatzsteigerung im Jahr 2002 gegenüber dem Vorjahr: 20 %
- Zusätzlicher Bedarf an Bügeln für den Kundendienst: 500 Stück pro Monat
- Geplante Ausschussquote: 4 % des Brillen-Outputs
- Vorlaufverschiebung in der Fertigung (d. h. um so viel muss das Fertigungsmaterial vor der Fertigstellung des Loses bereitgestellt werden): 1 Monat

2 Die Geschäftsleitung verlangt, die Wirtschaftlichkeit der Lagerhaltung zu überprüfen. Ihre Aufgabe ist es, dies beim Fremdbauteil (FB1155) für das Jahr 2001 (Vorjahr) durchzuführen **(Anlage 2)**.

2.1 Berechnen Sie (Rechenweg angeben):
- den durchschnittlichen Lagerbestand in Stück (Ergebnis auf volle Tausend runden)
- die Umschlaghäufigkeit (Ergebnis auf ganze Zahlen runden)
- die durchschnittliche Lagerdauer in Tagen
- die Lagerzinsen für das im Lager durchschnittlich gebundene Kapital
  (Einstandspreis pro Bügel = 6,00 €, Marktzinssatz = 10 %)

2.2 Die von Ihnen ermittelten Ergebnisse erscheinen der Geschäftsleitung als nicht akzeptabel. Sie verlangt:
- eine Senkung der durchschnittlichen Lagerdauer um 10 Tage,
- gleichzeitig soll der Einstandspreis um 10 % gesenkt werden.

2.2.1 Erläutern Sie kurz, wie diese Vorgaben erreicht werden können.

2.2.2 Berechnen Sie die Auswirkungen auf die Lagerzinsen, wenn beide Vorgaben der Geschäftsleitung erfüllt sind.

3 Da der Absatzmarkt der Optronica AG stark umkämpft ist, erwägt die Controlling-Abteilung des Unternehmens mittelfristig die Umstellung auf fertigungssynchrone Beschaffung. Gehen Sie kurz auf folgende vier Fragen ein:

3.1 Welche Vorteile bringt „just-in-time" der Optronica AG?

3.2 Mit welchen Problemen ist zu rechnen, wenn „just-in-time" eingeführt wird?

3.3 Wie kann man diesen Problemen entgegen wirken?

3.4 Bei welcher Art Fertigungsmaterial ist „just-in-time" besonders sinnvoll?

Anlage 1   Mengenstückliste zur Brille Modell M312

Pos.	Teile-Nr.	Teile-Art	Benennung	Stück	Bemerkungen
1	B0103	Baugruppe	linkes Auge	1	3;4;6;7;8;9
2	B0104	Baugruppe	rechtes Auge	1	3;5;6;7;8;9
3	B0109	Baugruppe	Schließblock	2	7;10;11;12;13
4	103	Einzelteil	Augenring rechts	1	Monel hart
5	104	Einzelteil	Augenring links	1	Monel hart
6	FB1142	Einzelteil	{Stegstütze}	2	FREMDBEZUG
7	195	Einzelteil	Schraube 1,5 mm	4	vernickelt
8	312	Einzelteil	untere Blende	2	Ns weich
11	4071	Einzelteil	Randöse	2	
12	831	Einzelteil	Scharnier	2	Ns; verschraubt
13	833	Einzelteil	Teflon-Hülse	2	D = 2,65 x 1,85; gelb
14	362A	Einzelteil	obere Brücke	1	Ns 18 % weich; gerade Stäbe
15	362B	Einzelteil	untere Brücke	1	
16	FB1155	Einzelteil	{Bügel}	2	FREMDBEZUG

BWL: Beschaffung 140

Anlage 2

Gegenstand: Bügel		Teile-Nr. FB1155		(Angaben in 1 000 Stück)				

Datum	Beleg	Abgang	Zugang	Bestand	Datum	Beleg	Abgang	Zugang	Bestand
1.1.00	Inventur			14	6.6.	MES	22		38
4.1.00	MES	10		4	17.0.	ER		25	63
16.1.00	ER		26	30	3.7.	MES	18		45
25.1.00	MES	12		18	22.7.	ER		20	65
14.2.00	ER		24	42	3.8.	MES	24		41
24.2.00	MES	21		21	18.8.	ER		20	61
4.3.00	ER		22	43	3.9.	MES	30		31
16.3.00	MES	14		29	25.9.	ER		28	59
25.3.00	MES	17		12	4.10.	MES	30		29
2.4.00	ER		30	42	22.10.	ER		25	54
15.4.00	MES	20		22	7.11.	MES	24		30
22.4.00	ER		35	57	26.11.	ER		20	50
26.4.00	MES	21		36	4.12.	MES	22		28
4.5.00	MES	16		20	8.12.	ER		20	48
18.5.00	ER		40	60	16.12.	MES	30		18

Prüfungsaufgabe 2003 (Aufgabe 1)

Das Bekleidungswerk Ruth Schloer KG, Heidelberg, stellt bisher nur hochwertige Damenoberbekleidung her und will künftig exklusive Freizeitmode in ihr Produktionsprogramm aufnehmen.

1 Die Schloer KG benötigt 8 000 m Baumwollstoffe pro Jahr, die Bestellkosten belaufen sich, unabhängig von der jeweiligen Menge, auf 40,00 € pro Bestellung, der Einstandspreis je Meter beträgt 8,00 €, der Lagerkostensatz 5 % des durchschnittlichen Lagerbestandes.

1.1 Vervollständigen Sie die Tabelle (**Anlage 1**), ermitteln Sie die optimale Bestellmenge und begründen Sie das Ergebnis.

1.2 Warum weicht in der Praxis die tatsächliche Bestellmenge häufig von der optimalen Bestellmenge ab? (3 Gründe)

2 Bei der Schloer KG wird beschichtetes Polyester nach dem Bestellpunktverfahren bestellt. Folgende Daten liegen vor:
  - Durchschnittlicher Verbrauch von 100 m beschichtetem Polyester/Arbeitstag
  - Wiederbeschaffungszeit 10 Tage
  - Sicherheitszuschlag 4 Tage   - Maximal sollen 3 000 m gelagert werden.

2.1 Berechnen Sie den Meldebestand für Polyester.

2.2 Wie viel Meter Stoff werden bestellt, wenn die Lieferzeit eingehalten und die Lagerkapazität voll ausgenutzt wird?

2.3 Zuletzt wurden am Freitag, 08.03., Stoffe in der berechneten Menge (vgl. 2.2) geliefert. An welchem Kalendertag muss die nächste Bestellung erfolgen? (Die Schloer KG arbeitet an 5 Arbeitstagen in der Woche, keine Feiertage.)

2.4 Wie viele Arbeitstage beträgt die Zeitspanne zwischen 2 Bestellterminen?

BWL: Beschaffung 141

3 Bisher wurden die Stoffe nur bei einem Lieferanten bezogen. Dem Leiter der Einkaufsabteilung erscheinen die Preise der Firma A. Moll, Darmstadt, zu hoch. Deshalb sollen neue Lieferanten gesucht werden.

3.1 Nennen Sie vier Informationsquellen, über die neue Lieferer gesucht werden können.

3.2 Welche Gründe (4) könnten dennoch dafür sprechen, die Firma Moll als Lieferanten beizubehalten?

4 Bei der Schloer KG gehören Cashmere-Stoffe zu den A-Gütern.

4.1 Wodurch sind A-Güter gekennzeichnet?

4.2 Welche Folgerungen (3) ergeben sich hieraus bei der Beschaffung von Cashmere-Stoffen?

5 Der Leiter der Abteilung Materialwirtschaft will die Lagerkosten senken.
Schlagen Sie für drei Lagerkostenarten Maßnahmen vor, durch die sich diese Kosten verringern könnten.

6 Eine Überprüfung der Lagerkennziffern hat ergeben, dass die Lagerumschlagshäufigkeit in den letzten 2 Monaten gefallen ist.

6.1 Wie wird die Lagerumschlagshäufigkeit errechnet?

6.2 Durch welche Maßnahmen (2) im Absatzbereich kann die Lagerumschlagshäufigkeit gesteigert werden?

7 Wie erklären Sie sich die Tatsache, dass die Firma Schloer wünscht, größere Materialsendungen erst zum Anfang des neuen Jahres geliefert zu bekommen, während eine Zuschneidemaschine noch möglichst zu Ende des alten Geschäftsjahres geliefert werden soll?

Anlage 1

Anzahl der Bestellungen	Menge in m	durchschnittlicher Lagerbestand in m	Bestellkosten in €	Lagerkosten in €	Gesamtkosten in €
1	8 000 m				
5	1 600 m				
10	800 m				
20	400 m				

Prüfungsaufgabe 2004 (Aufgabe 1)

Hinweis

Folgende Paragrafen des BGB lagen der Prüfung bei: §§ 130, 145 - 147, 270 - 275, 446 - 449

Die HaRo GmbH ist ein mittelständischer Industriebetrieb in 72336 Balingen. Neben der Herstellung von Werkzeugmaschinen und einfacher Möbel führt das Unternehmen ein umfangreiches Handelssortiment mit Werkzeugen aller Art. Die GmbH beliefert Kunden in ganz Deutschland. Zu den Abnehmern zählen z. B. Produktionsbetriebe, Werkzeugfachhändler, Baumärkte sowie Möbel-Mitnahmemärkte.

Der langjährige Kunde Baumarkt Müller erteilt am 07.01. der HaRo GmbH einen Auftrag über 550 Mitnahmetische (Art.-Nr. 460000). Die Lieferung soll bis zum 15.01. erfolgen. Mit dem Fertigungsauftrag kann frühestens am 08.01. um 8:00 Uhr begonnen werden.

1 Ermitteln Sie auf dem beigefügten Lösungsblatt nur den Nettobedarf an Vierkantstahlrohr (Art.-Nr. 400010) in cm. (Anlagen 1 und 5)

BWL: Beschaffung 142

2 Die Qualitätsprüfung der HaRo GmbH hat wiederholt Mängel bei der Tischplatte Artikelnr. 400002 festgestellt. Auch liegen Reklamationen von Kundenseite vor. Mit unserem bisherigen Lieferanten, Wiedmeier & Söhne aus Rastatt, sind wir nicht mehr zufrieden. Daher soll die Tischplatte Art.-Nr. 400002 ggf. von anderen Lieferanten bezogen werden. (Anlagen 2 und 3)
Von der Baumann GmbH liegt ein telefonisches Angebot vor. Auf den Listenpreis von 19,00 € wird 1 % Rabatt gewährt. Die Lieferung erfolgt frei Haus. Zahlungsziel ist 30 Tage Bei Zahlung innerhalb von 8 Tagen beträgt der Liefererskonto 3 %. Außerdem liegt von der Kugler & Grauer KG ein schriftliches Angebot vor. (Anlage 4)

2.1 Ermitteln Sie den günstigsten Lieferanten mit Hilfe eines rechnerischen Angebotsvergleichs in Tabellenform.

2.2 Erläutern Sie vier weitere Entscheidungskriterien für die Lieferantenauswahl. Woher können Sie die hierfür benötigten Informationen erhalten? Nennen Sie drei entsprechende Quellen.

3 Die Vorratsbeschaffung führt zu einer hohen Kapitalbindung bei den Fremdbezugsteilen.

3.1 Führen Sie deshalb auf dem beigefügten Lösungsblatt eine ABC-Analyse für die angegebenen Artikel durch. Welche Dispositionsmethode schlagen Sie für die A-Güter vor? Begründen Sie Ihre Entscheidung. (Anlage 5)

3.2 Nennen Sie die Daten, die Sie für die Ermittlung des Meldebestandes (z. B. Art.-Nr. 400010) beim Bestellpunktverfahren benötigen.

4 Bedingt durch großen Personalwechsel in der Warenannahme ist es in letzter Zeit wiederholt zu Fehlern gekommen. Im Auftrag des Abteilungsleiters sollen Sie eine Checkliste für die Arbeiten beim Wareneingang erstellen.

Anlage 4

Kugler & Grauer KG

Postfach 134
85579 Neubiberg
Tel.: 07911 123456

HARO GmbH
Im Industriegebiet 11

72336 Balingen

Ihre Zeichen, Ihre Nachricht vom	Unser Zeichen, unsere Nachricht vom	Datum
KA/hb 20.12.2003	He/Ku	4. Januar 2004

Angebot

Sehr geehrte Damen und Herren,

gemäß Ihrer Anfrage bieten wir Ihnen den folgenden Artikel an:

Artikel-Nr.	Artikelbezeichnung	Menge	Preis	Rabatt
4589	Tischplatte Modena	1 000	20,00 €	3 %

Bei dieser Abnahmemenge gewähren wir 3 % Rabatt. Die Lieferung erfolgt innerhalb 9 Tagen Der Versandkostenanteil beträgt 0,75 € pro Stück. Zahlung innerhalb von 10 Tagen mit 2 % Skonto, 30 Tage netto.

Mit freundlichen Grüßen
Kuhn, ppa.

BWL: Beschaffung 143

Anlage 1

Strukturstückliste
Zum 06.06.02
Haro GmbH (Produktion 20')

Ebene	Nr.	Beschreibung	Menge / Einheit	Einheitencode	Ausschuß %	Totale Menge
Artikel: Nr.: 460000						
460000		Mitnahmetisch				
1	400002	Tischplatte	1	STÜCK	0	1
1	400003	Fußstöpsel	4	STÜCK	0	1
1	400011	Holzschraube	16	STÜCK	0	1
1	400014	Tischbein komplett	4	STÜCK	0	1
2	400005	Tischbein 68cm	1	STÜCK	0	4
3	400010	Vierkantstahlrohr	68	CM	0	1
2	400015	Stahlplatte 80x80x3mm	1	STÜCK	0	4
3	400016	Stahlblech 3mm	64	QCM	0	1
1	400017	Verpackungskarton	1	STÜCK	0	1

Ebene ≙ Baustufe

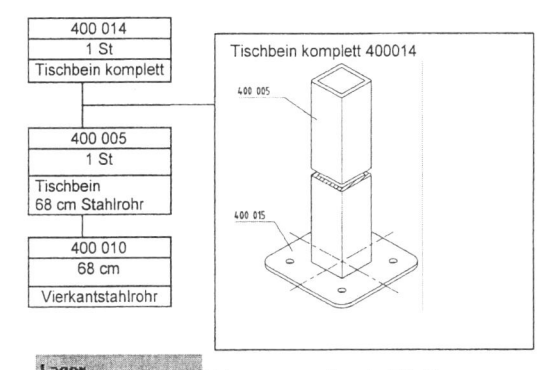

400 014
1 St
Tischbein komplett

400 005
1 St
Tischbein 68 cm Stahlrohr

400 010
68 cm
Vierkantstahlrohr

Tischbein komplett 400014

Lager (Mengenangaben in Stück)

ArtikelNr.	Bezeichnung	Lagerbestand	Sicherheitsbestand
460000	Mitnahmetisch	250	100

→ *Artikel /Register Allgemein und Bestellung* (Mengenangaben in Stück)

ArtikelNr	Bezeichnung	Lagerbestand	Sicherheitsbestand
400005	Tischbein	650	400
400010	Vierkantstahlrohr	750	500
400014	Tischbein komplett	600	400
400015	Stahlplatte 80x80x3mm	600	400
400016	Stahlblech 3 mm	220	25

Anlage 2

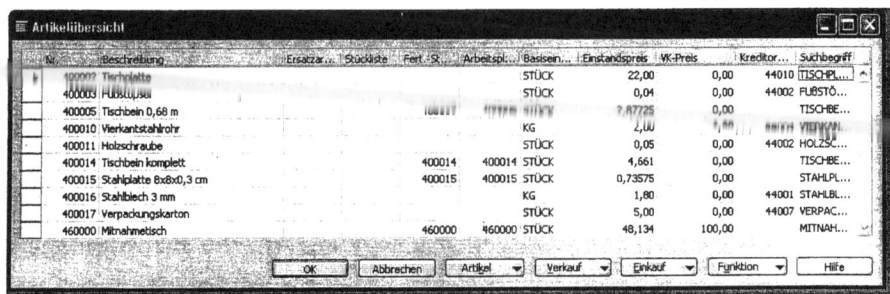

Nr.	Beschreibung	Ersatzar...	Stückliste	Fert.-St.	Arbeitspl.	Basisein...	Einstandspreis	VK-Preis	Kreditor...	Suchbegriff
400002	Tischplatte					STÜCK	22,00	0,00	44010	TISCHPL...
400003	Fußstopfen					STÜCK	0,04	0,00	44002	FUßSTÖ...
400005	Tischbein 0,68 m					STÜCK	2,87725	0,00		TISCHBE...
400010	Vierkantstahlrohr					KG	2,00	1,00		VIERKAN...
400011	Holzschraube					STÜCK	0,05	0,00	44002	HOLZSC...
400014	Tischbein komplett		400014	400014	STÜCK		4,661	0,00		TISCHBE...
400015	Stahlplatte 8x8x0,3 cm		400015	400015	STÜCK		0,73575	0,00		STAHLPL...
400016	Stahlblech 3 mm					KG	1,80	0,00	44001	STAHLBL...
400017	Verpackungskarton					STÜCK	5,00	0,00	44007	VERPAC...
460000	Mitnahmetisch		460000	460000	STÜCK		48,134	100,00		MITNAH...

Einstandspreis hier Listeneinkaufspreis

Anlage 3

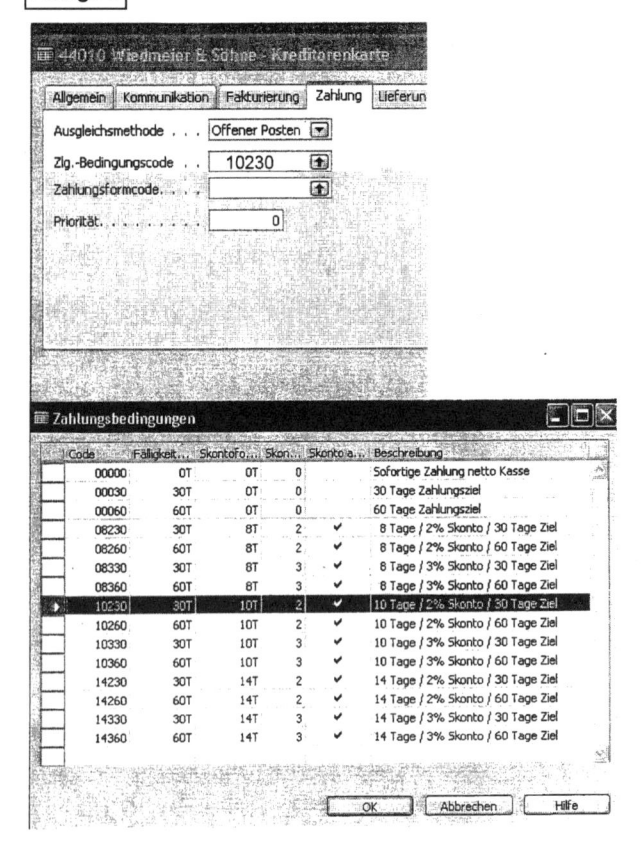

44010 Wiedmeier & Söhne - Kreditorenkarte

Allgemein | Kommunikation | Fakturierung | **Zahlung** | Lieferun

- Ausgleichsmethode: Offener Posten
- Zlg.-Bedingungscode: 10230
- Zahlungsformcode:
- Priorität: 0

Zahlungsbedingungen

Code	Fälligkeit	Skontofo...	Skon...	Skonto a...	Beschreibung
00000	0T	0T	0		Sofortige Zahlung netto Kasse
00030	30T	0T	0		30 Tage Zahlungsziel
00060	60T	0T	0		60 Tage Zahlungsziel
08230	30T	8T	2	✔	8 Tage / 2% Skonto / 30 Tage Ziel
08260	60T	8T	2	✔	8 Tage / 2% Skonto / 60 Tage Ziel
08330	30T	8T	3	✔	8 Tage / 3% Skonto / 30 Tage Ziel
08360	60T	8T	3	✔	8 Tage / 3% Skonto / 60 Tage Ziel
10230	**30T**	**10T**	**2**	**✔**	**10 Tage / 2% Skonto / 30 Tage Ziel**
10260	60T	10T	2	✔	10 Tage / 2% Skonto / 60 Tage Ziel
10330	30T	10T	3	✔	10 Tage / 3% Skonto / 30 Tage Ziel
10360	60T	10T	3	✔	10 Tage / 3% Skonto / 60 Tage Ziel
14230	30T	14T	2	✔	14 Tage / 2% Skonto / 30 Tage Ziel
14260	60T	14T	2	✔	14 Tage / 2% Skonto / 60 Tage Ziel
14330	30T	14T	3	✔	14 Tage / 3% Skonto / 30 Tage Ziel
14360	60T	14T	3	✔	14 Tage / 3% Skonto / 60 Tage Ziel

BWL: Beschaffung 145

Anlage 5   Bitte geben Sie dieses Blatt mit den Lösungen ab.

Name: _____ Vorname: _____

```
                    460 000
                M = -     D =
                B =       N =
```

400 014	400 002	400 003	400 011	400 017
M = D =				
B = N =	N =280	N =1300	N =5400	N =165

400 005		400 015
M = D =		
B = N =		N = 1200

400 010		400 016
M = cm D = cm		
B = cm N = cm		N = 24 800 cm²

M = Menge, mit der eine Komponente in die übergeordnete Baugruppe eingeht
B = Bruttobedarf
D = Disponierbarer Bestand
N = Nettobedarf

Artikelnr.	Einstands-preis	Jahresbedarf in Stck.	Wert	%-Anteil	kumulierter %-Anteil	ABC-Kategorie
400002		10 000				
400010		42 500				
400017		10 000				
400016		9 600				
400011		160 000				
400003		40 000				
		Summe				

Es gelten folgende Schwellen:
| A-Gut: | < = 75 % | B-Gut: | > 75% | C-Gut: | > 95% |

BWL: Beschaffung

Prüfungsaufgabe 2004/2005 (Aufgabe 1)

Hinweis
Folgende **Gesetzestexte** lagen der Prüfung bei:
BGB §§ 275 f.; 280–282; 284 f.; 323–325; 433–435; 437; 439–442; 622; 626; **Kündigungsschutzgesetz** § 1

Unternehmensprofil

Die PC-Profi GmbH in Ravensburg hat sich auf den Zusammenbau von PCs spezialisiert und seit einigen Jahren erfolgreich auf dem Markt behauptet. Unter anderem bietet sie standardisierte Komplettlösungen für Großkunden, insbesondere Billigdiscounter an. Darüber hinaus hat die PC-Profi GmbH mit dem Angebot an kundenspezifischen PC-Lösungen, einem internetbasierten Handel mit Einzelkomponenten (Drucker, Bildschirme usw.), Software und sonstigem Zubehör ein breitgefächertes Betätigungsfeld.

Sie sind als Assistent des Leiters der Materialwirtschaft neben Routinetätigkeiten auch mit projektartigen Sonderaufgaben betraut. Verwenden Sie dazu auch den Gesetzestext **Anlage 1** (hier nicht abgedruckt, vgl. Hinweis oben) und den beiliegenden Kontenrahmen.

1 Die Firma PC-Profi GmbH bezieht bereits seit über 2 Jahren ihre Flachbildschirme von der Firma MaxPoint Handelsges. mbH. in Hamburg. Für den Herbst hat sie ein neues Produktangebot in ihrem Monitorprogramm vorgesehen und erhielt von der Firma MaxPoint Handelsges. mbH. ein überzeugendes Angebot (**Anlage 2**). Ermitteln Sie in der Lösungstabelle (**Anlage 4**) die optimale Bestellmenge. Berücksichtigen Sie hierzu die **Anlage 3**. Das Controlling analysierte im letzten Quartal durchschnittliche Bestellkosten von 200,00 € pro Bestellvorgang. Die Lagerhaltungskosten werden mit 5 % aus halbem Bestellwert berechnet. Zur Berechnung des Bestellwertes ist der Monitorpreis abzüglich Skonto anzusetzen.

2 Stellen Sie die Bestandsentwicklung unter Berücksichtigung der optimalen Bestellmenge in dem vorbereiteten Koordinatensystem (**Anlage 5**) für die ersten 40 Arbeitstage grafisch dar. Als Sicherheitspolster wird eine 5-tägige Lieferbereitschaft angesetzt. Ein kontinuierlicher Verbrauch wird unterstellt. Es wird an 225 Tagen im Jahr gearbeitet. Kennzeichnen Sie den Höchstbestand, den Mindestbestand, den Meldebestand, die optimale Bestellmenge und die Bestellzeitpunkte im Schaubild (**Anlage 5**).

3 Am 30. Juli trifft die erste Lieferung nebst Rechnung (**Anlage 6**) über die neuartigen TFT-Flachbildschirme ein. Eine Sichtprüfung im Rahmen der Wareneingangskontrolle fand seitens der PC-Profi GmbH stichprobenhaft und ohne Beanstandungen statt. Buchen Sie den Wareneingang und die Zahlung der Rechnung unter Skontoabzug. (*Achtung:* Bestellte Warenmenge stimmt nicht mit optimaler Bestellmenge überein.)

4 Am 12. August 2004 verkauft die PC-Profi GmbH 20 TFT-Flachbildschirme 17" der Marke „Toruba" an die PC-Consult KG in Friedrichshafen. 2 Tage später erhält die PC-Profi GmbH von dieser eine telefonische Reklamation, dass an 10 Monitoren leichte Kratzspuren am Gehäuse festgestellt wurden. Sie telefonieren sofort mit der MaxPoint Handelsgesellschaft mbH. und schildern den Fall. Daraufhin gewährt uns die MaxPoint Handelsges. mbH. einen sofortigen Preisnachlass für diese 10 Monitore in Höhe von 15 %.

4.1 Erklären Sie zunächst die rechtlichen Möglichkeiten der PC-Profi GmbH gegenüber der Max Point Handelsges. mbH.

4.2 Erläutern Sie, welche Überlegungen bei der MaxPoint Handelsges. mbH. zu der Gewährung des sofortigen Preisnachlasses geführt haben könnten.

BWL: Beschaffung 147

4.3 Buchen Sie die Gewährung des Preisnachlasses für die 10 Monitore, indem Sie den Preisnachlass mit ausstehenden Verbindlichkeiten der MaxPoint Handelsges. mbH. verrechnen.

5 Aufgrund des verstärkten Preiskampfs auf dem PC-Markt sucht die Geschäftsführung nach Kosteneinsparungsmöglichkeiten. Dabei rückt auch die Lagerhaltung in den Blickpunkt. Sie werden gebeten, für die kommende Sitzung der Geschäftsleitung die Wirtschaftlichkeit der Lagerhaltung genauer zu analysieren und entsprechend aufzubereiten.

5.1 Erläutern Sie, welche Kosten in Zusammenhang mit der Lagerhaltung entstehen und begründen Sie, welche davon eventuell kurz- und welche nur langfristig abbaubar sind.

5.2 Nachdem Sie sich die entsprechenden Zahlen aus dem Controlling besorgt haben, analysieren Sie die Wirtschaftlichkeit der Lagerhaltung anhand der in der **Anlage 7** genannten Lagerkennziffern. Beurteilen Sie die Wirtschaftlichkeit der Lagerhaltung der PC-Profi GmbH in Bezug zu den Branchenwerten.

5.3 Unterbreiten Sie drei Vorschläge zur Verbesserung der Kennzahlen.

Anlage 2

MAXPOINT Handelsges. mbH

MaxPoint Handels. m. b. H. - Schleemer Weg 34 - 38 22117 Hamburg-Germany

Firma
PC Profi GmbH
Gartenstraße 7
88212 Ravensburg

Angebot Nr. 001568/04

Kunden-Nr. 17746   Bearbeiter / Datum
                                 Stansilav Minkine / 04-07-15

Sehr geehrte Damen und Herren,

gemäß Ihrer Anfrage 060762 vom 1. Juli 2004 bieten wir Ihnen an:

TFT PC-Monitore 17" „Toruba" zum Stückpreis von 204,08 € netto.
High Contrast
Super Flat
808KG09833

Hinweise:

Dieses Angebot gilt bei einer garantierten Mindestjahresabnahmemenge von 5 000 Stück.
Zahlungsbedingungen: Innerhalb von 10 Tagen unter Abzug von 2 % Skonto, 30 Tage rein netto.
Lieferbedingungen: frei Haus
Lieferzeit: 10 Arbeitstage ab Bestellung

Wir hoffen, dass Ihnen unser Angebot zusagt und freuen uns auf Ihre Bestellungen.

Mit freundlichen Grüßen

BWL: Beschaffung 148

Anlage 3
Verkaufsziele der Vertriebsabteilung für das laufende Geschäftsjahr:

No.	Artikel	Stückzahl
1	XI High Professional 3,6 GHz	18 000
2	Laptops 3 GHz mit integriertem Modem und CD Brenner	5 000
3	Monitor TFT „Toruba" 17"	9 000
4	LP 3827 High Density Tintenstrahldrucker	4 500

Anlage 4

Anzahl der Bestellungen je Periode							
1							
5							
10							
15							
20							
30							

Anlage 5

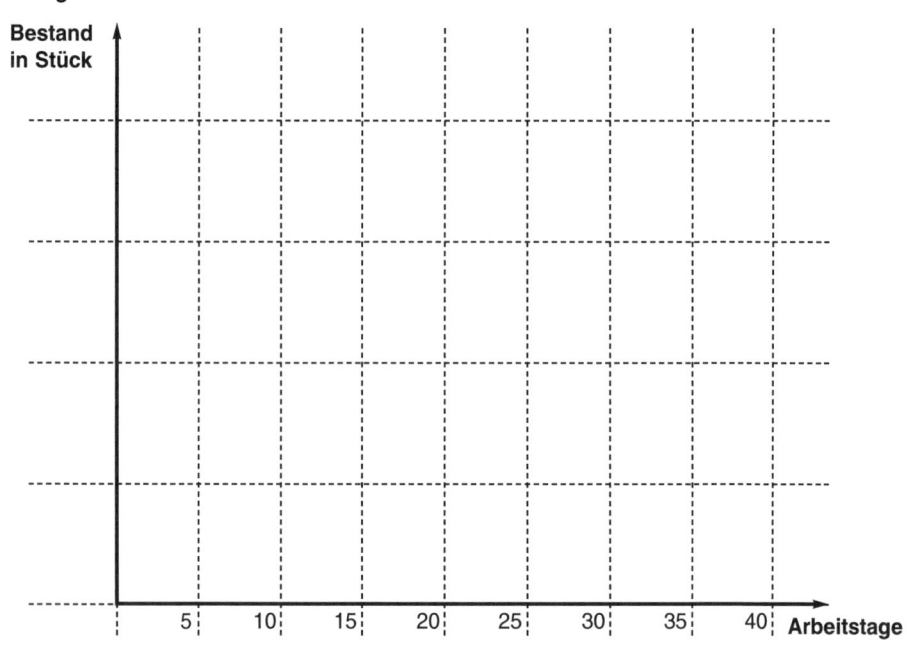

Bestand in Stück

Arbeitstage: 5, 10, 15, 20, 25, 30, 35, 40

Anlage 6

MaxPoint   Handelsges. m. b. H.

MaxPoint Handelsges. m. b. H. - Schleemer Weg 34 - 38 22117 Hamburg-Germany

Firma
PC Profi GmbH
Gartenstraße 7
88212 Ravensburg

Rechnung Nr. 093729 - 04
Bei Zahlung bitte angeben   Bearbeiter / Datum
Kunden-Nr. 17746   Stansilav Minkine/04-07-26

Ihre Bestellung vom 04-07-16

Menge	Bezeichnung	Nr.	MwSt.	€/Stk.	Gesamt
700	Toruba 17" High Contrast Super Flat 808KG09833	12-568	16 %	204,08	142.856,00

	€/Stk.	Gesamt
Summe Netto (€)	204,08	142.856,00
zzgl. MwSt. 16 % (€)	32,65	22.856,96
Bruttogesamtbetrag (€)	236,73	165.712,96

Zahlbar innerhalb von 10 Tagen nach Rechnungserhalt unter Abzug von 2 % Skonto, 30 Tage rein netto.

Lieferung per Spedition FENTHOL / AB-Nr. 86326 vom 04-07-27

Gelieferte Ware bleibt bis zur vollständigen Bezahlung unser Eigentum

Anlage 7

Ausschnitt aus der Fachzeitschrift „Computer und Wirtschaft":

Erholung in der PC-Branche
Licht am Ende des Tunnels bei den PC-Herstellern

(...) Die wirtschaftliche Talsohle sei durchschritten, meinte Horst Schmidt, Vorstandsvorsitzender der Compu-High-Tec AG in Köln. Aufgrund des schlechten Geschäftsklimas und der damit verbundenen Umsatzrückgänge in der PC-Branche in den letzten zwei Jahren hätte die gesamte Branche schmerzvolle Umstrukturierungsprozesse duchzustehen gehabt. So sei die **Unternehmensrentabilität** durchschnittlich wieder auf 15 % gestiegen. Auch der Umsatz pro Mitarbeiter stieg auf 100.000,00 € im Jahr. Die Mitarbeiter würden in ihren Lebensplanungen deutlich konservativer agieren als es noch während der „wilden Neunziger" der Fall war. Die Fluktuationsquote fiel auf 3,8 %. Die Eigenkapitalrentabilität sei branchenweit auf 32,5 % verbessert worden. Dies hänge auch mit den optimierten Geschäftsprozessen in den Unternehmen zusammen. So wäre es gelungen die **durchschnittliche Lagerdauer** auf 27,5 Tage zu senken, was eine sensationelle Steigerung der **Umschlagshäufigkeit** auf 13,1 bedeute. Die günstigen Bedingungen am Kapitalmarkt bewirkten zudem eine Senkung des **Lagerzinssatzes** auf 3,3 %.

Zahlenmaterial aus dem Controlling:

Lagerwerte	(fortlfd. Rechnung)		
Wert zum GJ-Anfang	330.000,00 €	Wert zum GJ-Ende	385.000,00 €
Ende Januar	300.000,00		
Ende Februar	350.000,00	Ende Juli	344.000,00
Ende März	400.000,00	Ende August	349.000,00
Ende April	381.000,00	Ende September	343.000,00
Ende Mai	362.000,00	Ende Oktober	322.000,00
Ende Juni	350.000,00	Ende November	334.000,00

Auszug aus der GuV der PC-Profi GmbH zum 30.12.2003

Soll		Haben	
Aufwendungen für Fremdbezugsteile	1.850.000,00	Umsatzerlöse	7.978.000,00
Aufwendungen für Handelswaren	2.000.000,00	Sonstige Erlöse	1.350.000,00
Personalaufwendungen	1.200.000,00		
Sonstige Aufwendungen	1.500.000,00		
(...)		(...)	

BWL: Leistungserstellung 151

7 Leistungserstellungsprozesse

7.1 Aufgaben, Ziele und Schnittstellen der Produktionswirtschaft (PW)

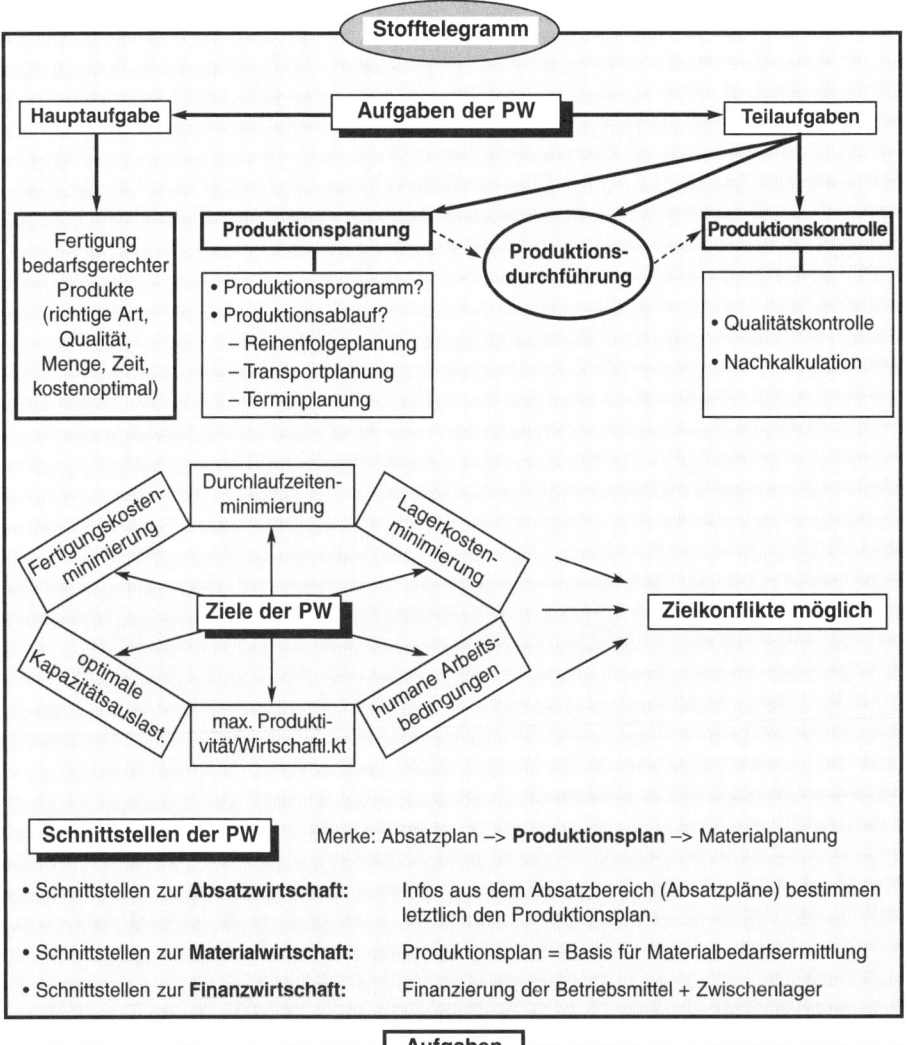

Stofftelegramm

Aufgaben der PW

Hauptaufgabe:
- Fertigung bedarfsgerechter Produkte (richtige Art, Qualität, Menge, Zeit, kostenoptimal)

Teilaufgaben:

- **Produktionsplanung**
  - Produktionsprogramm?
  - Produktionsablauf?
    - Reihenfolgeplanung
    - Transportplanung
    - Terminplanung
- **Produktionsdurchführung**
- **Produktionskontrolle**
  - Qualitätskontrolle
  - Nachkalkulation

Ziele der PW:
- Durchlaufzeitenminimierung
- Lagerkostenminimierung
- Fertigungskostenminimierung
- optimale Kapazitätsauslastung
- humane Arbeitsbedingungen
- max. Produktivität/Wirtschaftl.kt

→ **Zielkonflikte möglich**

Schnittstellen der PW

Merke: Absatzplan –> **Produktionsplan** –> Materialplanung

- Schnittstellen zur **Absatzwirtschaft:** Infos aus dem Absatzbereich (Absatzpläne) bestimmen letztlich den Produktionsplan.
- Schnittstellen zur **Materialwirtschaft:** Produktionsplan = Basis für Materialbedarfsermittlung
- Schnittstellen zur **Finanzwirtschaft:** Finanzierung der Betriebsmittel + Zwischenlager

---

Aufgaben

1. Nennen Sie die Hauptaufgabe und die drei Teilaufgaben der Produktionswirtschaft.
2. Nennen Sie fünf Ziele der Produktionswirtschaft.
3. Beschreiben Sie zwei mögliche Zielkonflikte innerhalb der Produktionswirtschaft.
4. Beschreiben Sie drei Schnittstellen der Produktionswirtschaft mit anderen Funktionen.
5. Wovon ist der Produktionsplan in erster Linie abhängig?

BWL: Leistungserstellung 152

7.2 Produktionsprogramm – Forschung und Entwicklung

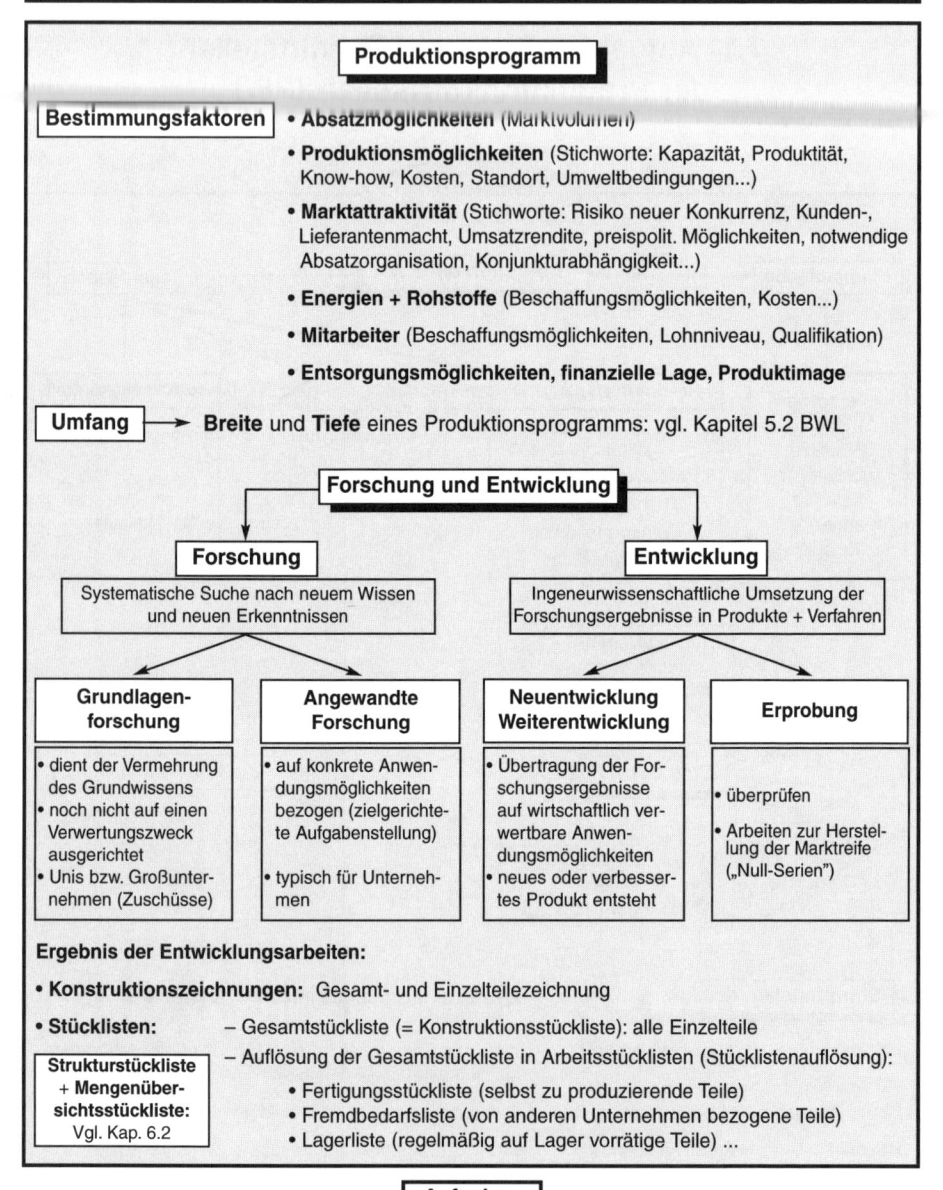

Produktionsprogramm

Bestimmungsfaktoren
- **Absatzmöglichkeiten** (Marktvolumen)
- **Produktionsmöglichkeiten** (Stichworte: Kapazität, Produktität, Know-how, Kosten, Standort, Umweltbedingungen...)
- **Marktattraktivität** (Stichworte: Risiko neuer Konkurrenz, Kunden-, Lieferantenmacht, Umsatzrendite, preispolit. Möglichkeiten, notwendige Absatzorganisation, Konjunkturabhängigkeit...)
- **Energien + Rohstoffe** (Beschaffungsmöglichkeiten, Kosten...)
- **Mitarbeiter** (Beschaffungsmöglichkeiten, Lohnniveau, Qualifikation)
- **Entsorgungsmöglichkeiten, finanzielle Lage, Produktimage**

Umfang → **Breite** und **Tiefe** eines Produktionsprogramms: vgl. Kapitel 5.2 BWL

Forschung und Entwicklung

Forschung
Systematische Suche nach neuem Wissen und neuen Erkenntnissen

Entwicklung
Ingenieurwissenschaftliche Umsetzung der Forschungsergebnisse in Produkte + Verfahren

Grundlagenforschung
- dient der Vermehrung des Grundwissens
- noch nicht auf einen Verwertungszweck ausgerichtet
- Unis bzw. Großunternehmen (Zuschüsse)

Angewandte Forschung
- auf konkrete Anwendungsmöglichkeiten bezogen (zielgerichtete Aufgabenstellung)
- typisch für Unternehmen

Neuentwicklung Weiterentwicklung
- Übertragung der Forschungsergebnisse auf wirtschaftlich verwertbare Anwendungsmöglichkeiten
- neues oder verbessertes Produkt entsteht

Erprobung
- überprüfen
- Arbeiten zur Herstellung der Marktreife („Null-Serien")

Ergebnis der Entwicklungsarbeiten:

- **Konstruktionszeichnungen:** Gesamt- und Einzelteilezeichnung
- **Stücklisten:**   – Gesamtstückliste (= Konstruktionsstückliste): alle Einzelteile

Strukturstückliste + Mengenübersichtsstückliste: Vgl. Kap. 6.2

– Auflösung der Gesamtstückliste in Arbeitsstücklisten (Stücklistenauflösung):
- Fertigungsstückliste (selbst zu produzierende Teile)
- Fremdbedarfsliste (von anderen Unternehmen bezogene Teile)
- Lagerliste (regelmäßig auf Lager vorrätige Teile) ...

Aufgaben

1. Nennen Sie fünf Bestimmungsfaktoren für das Produktionsprogramm.
2. a) Erklären Sie kurz die Begriffe Forschung und Entwicklung.
   b) Beschreiben Sie kurz die beiden grundsätzlichen Arten der Forschung und Entwicklung.
3. Nennen und unterscheiden Sie die verschiedenen Stücklistenarten.

7.3 Rechtsschutz der Erzeugnisse

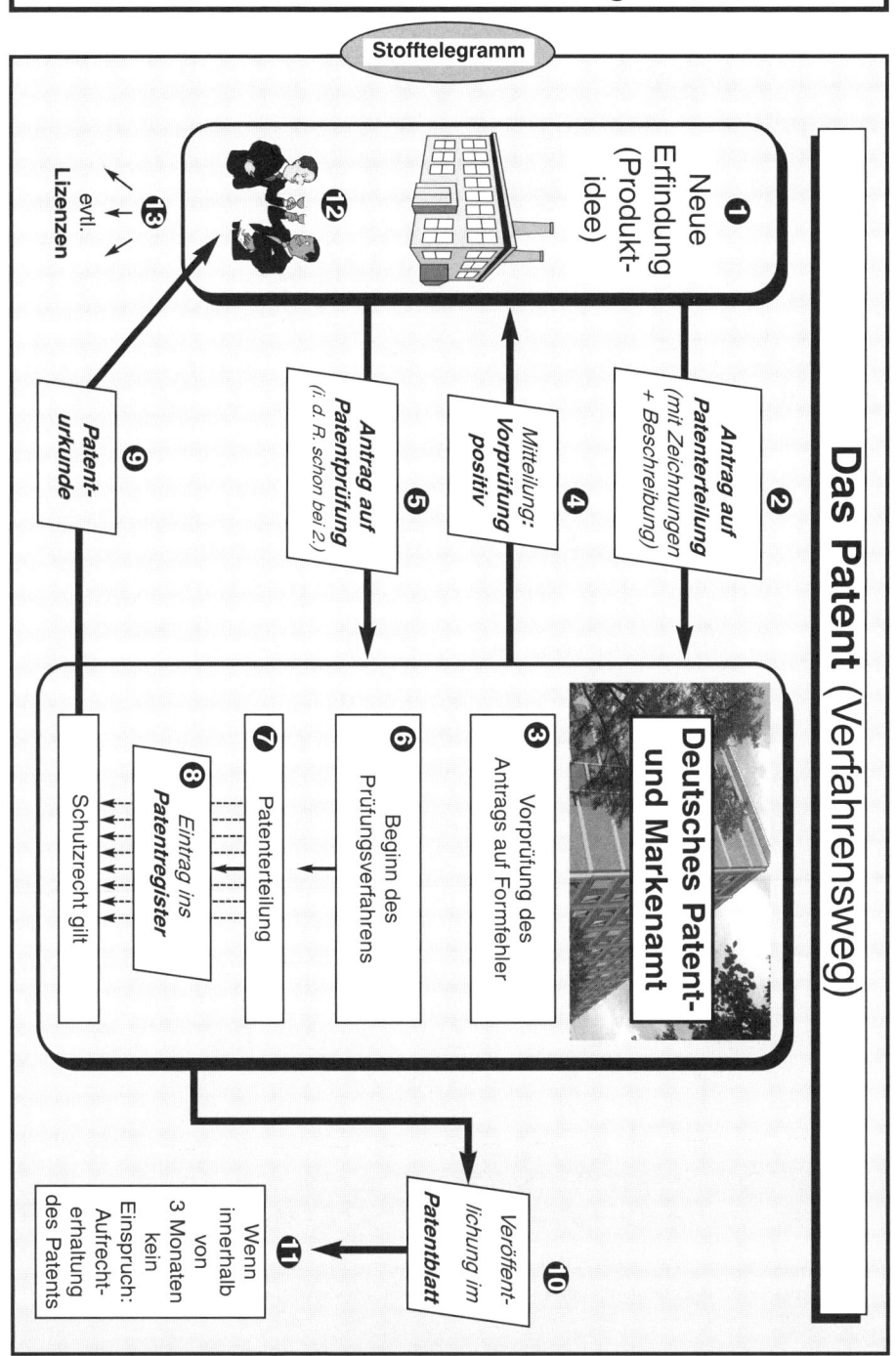

Stofftelegramm

Das Patent (Verfahrensweg)

❶ Neue Erfindung (Produktidee)

❷ Antrag auf Patenterteilung (mit Zeichnungen + Beschreibung)

❸ Vorprüfung des Antrags auf Formfehler

Deutsches Patent- und Markenamt

❹ Mitteilung: Vorprüfung positiv

❺ Antrag auf Patentprüfung (i. d. R. schon bei 2.)

❻ Beginn des Prüfungsverfahrens

❼ Patenterteilung

❽ *Eintrag ins Patentregister* – Schutzrecht gilt

❾ Patenturkunde

❿ Veröffentlichung im *Patentblatt*

⓫ Wenn innerhalb von 3 Monaten kein Einspruch: Aufrechterhaltung des Patents

⓬

⓭ evtl. Lizenzen

BWL: Leistungserstellung

Rechtsschutz der Erzeugnisse → = Schutz an geistigem Eigentum

Definition „Patent"

Patent = vom Patentamt erteiltes Recht auf alleinige gewerbliche Verwertung von neuen technischen Erfindungen neuer Erzeugnisse (= **Erzeugnis- oder Sachpatent**) oder neuer Herstellungsverfahren (= **Verfahrenspatent**)

Die Bedeutung des Patents

- Erhalt des **alleinigen Verfügungsrechts** über eine Erfindung
- **Schutz vor Nachahmung** durch Konkurrenz
  - Absicherung von Ergebnissen in Forschung/Entwicklung
- Evtl. **strategisches Mittel:** vorausschauend Konkurrenz „abwimmeln"

- evtl. Vergabe von **Lizenzen**
- **Signalfunktion** für vorliegendes **Know-how**

⊕ Patentierbarkeit einer angemeldeten Erfindung (§ 1 PatG) ⊕

Voraussetzungen:
- echte erfinderische Leistung liegt vor
- Erfindung ist neu
- Erfindung ist gewerblich anwendbar

⊖ U. a. nicht patentierbar (§ 1 f. PatG) ⊖

- Entdeckungen
- wissenschaftliche Theorien
- Erfindungen, die gegen gute Sitten verstoßen
- mathematische Methoden

- **Dauer des Patentschutzes:** maximal 20 Jahre

- **„DBP angem.":** Deutsches Bundespatent angemeldet; „DBP Nr. ...": Deutsches Bundespatent Nr...

- Bei **Auslandsschutz:** Auslandspatente notwendig (Das **Europapatent** für momentan bis zu 27 Ländern kann mit nur einer einzigen Anmeldung beim **Europäischen Patentamt** in München beantragt werden)

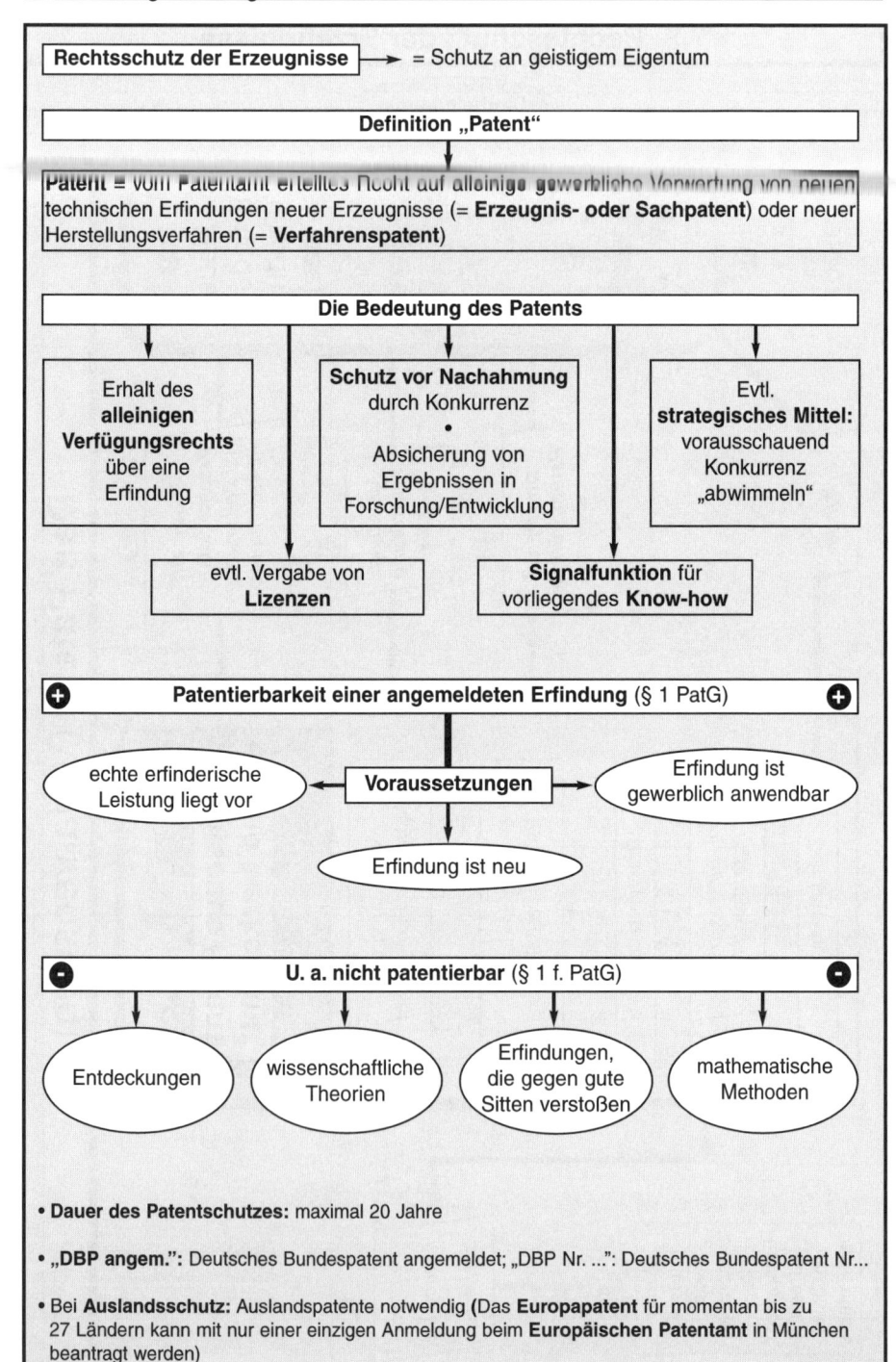

BWL: Leistungserstellung

Musterschutz: →	Gebrauchsmuster	Geschmacksmuster + Schriften

Inhalt	• = „kleines Patent": Schutz technischer Erfindungen (außer Verfahren)
	
	• Im Wesentlichen können dieselben Erfindungen angemeldet werden, auf die auch Patent erteilt werden kann.
	
	• Mehrere Erleichterungen gegenüber Patentrecht (z. B. keine **Prüfung** auf Neuheit und Vorliegen einer erfinderischen Leistung, daher Rechtsbeständigkeit oft fraglich, da man das Recht in einem späteren Löschungsverfahren evtl. wieder verlieren kann; hier wird dann Neuheit und Erfindungshöhe nachträglich geprüft; Löschungsantrag kann grundsätzlich jeder stellen)
	
	• **Vorteile im Vgl. zum Patent:**
	
	   - kostengünstig
	
	   - einfach und schnell
	
	• **Nachteile:**
	
	   - Verfahren nicht schützbar
	
	   - Schutzdauer max.10 Jahre
	
	• „DBGM" = Deutsches Bundesgebrauchsmuster
		• = Schutz neuer Muster und Modelle (Farb- und Formgestaltungen) = Designschutz sowie Schutz typografischer Schriftzeichensätze
		
		• z. B. Tapetenmuster; Flaschenform; besonderes Styling bzw. Design (Stuhlform, Brillenform...)
		
		• Voraussetzung für die Schutzfähigkeit des Musters:
		
		  - **Neuheit**
		
		  - **Eigentümlichkeit**
		    (schöpferische Leistung)

Gesetzl. Grundlage	Gebrauchsmustergesetz	Geschmacksmustergesetz
Verfahren	• Anmeldung Patentamt • Prüfung: Formfehler? Gebrauchsmusterschutz überhaupt möglich? • Eintrag **Gebrauchsmusterregister** • Zustellung der Urkunde • Veröffentlichung	• Anmeldung Patentamt • Prüfung: Formfehler? • Eintrag ins **Musterregister** und **Musterkartei** • Veröffentlichung in Geschmacksmusterblatt (erscheint zweimal monatlich)
Dauer in Jahren	3 (verlängerbar auf maximal 10)	• <u>Geschmacksmuster:</u> 5 (verlängerbar auf maximal 20) • <u>Schriftzeichen:</u> 10 (verlängerbar auf maximal 25)

BWL: Leistungserstellung 156

Markenschutz

- Schutz vor Verwendung der eigenen Marke durch Unbefugte
- Gesetzliche Grundlage: Markengesetz
- Marke = alle Zeichen, die geeignet sind, Waren oder Dienste eines Unternehmens von anderen Unternehmen zu unterscheiden.
- Werbemittel; Schutz des Firmenlogos; Unterscheidung zur Konkurrenz
- Eintrag in **„Markenregister"** beim Patentamt, Veröffentlichung im **Markenblatt**
- Schutzdauer: 10 Jahre (beliebig oft verlängerbar um je 10 Jahre)
- Kennzeichen: „R" (registered); „ges.gesch." (gesetzlich geschützt)
- Bsp.: **„Stofftelegramm"**, Mercedes-Stern, Nivea, Aspirin..., Firmen-Logos...

Aufgaben

1. a) Welche Rechtsschutzmöglichkeiten gibt es für Erzeugnisse?
   b) Definieren Sie kurz die genannten Möglichkeiten.
   c) Nennen Sie je ein Beispiel.
   d) Für welche Dauer gilt der jeweilige Rechtsschutz?
   e) Wo wird der jeweilige Rechtsschutz eingetragen?
2. Wie kann man seine Erfindungen auch im Ausland schützen?
3. Erklären Sie den Begriff Lizenz.
4. An welchen Kürzeln erkennt man, welcher Rechtsschutz vorliegt?

7.4 Produktion und Umwelt

Stofftelegramm

Auf Umweltverträglichkeit ist auf allen Stationen, die ein Produkt durchläuft, zu achten:

Produktplanung	• umweltfreundliche (recyclinggerechte) Werkstoffauswahl
Forschung + Entwicklung	• umweltfreundliche Materialauswahl (Recycling...) • Schonung von Ressourcen und Energien • Vermeidung von Abfällen und Emissionen
Fertigung	Umweltfreundliches Produzieren: • Kreislaufwirtschaft statt Durchlaufwirtschaft (vgl. Kap. 3.3) • Gesetze beachten: Bundes-Immissions-Schutzgesetz, Kreislaufwirtschafts- und Abfallgesetz, Wasserhaushaltsgesetz...

Vorteile umweltverträglicher Produktion **Werbewirksam:** Werbung mit Umweltzeichen wie Grüner Punkt, Umweltengel, „Öko-Produkte", „Bio-Produkte"...), freiwillige Teilnahme an Umweltprüfungen

Aufgaben

1. Erklären Sie kurz, was mit „Umweltverträglichkeit der Produktion" gemeint ist.
2. Unterscheiden Sie die Begriffe: Durchlaufwirtschaft und Kreislaufwirtschaft.
3. Nennen Sie Vorteile einer umweltverträglichen Produktion

BWL: Leistungserstellung 157

7.5 Qualitätsmanagement (QM)

Stofftelegramm

- **Qualität:** bestimmte Eigenschaften eines Produkts betreff
  - Gebrauchsnutzen
  - Haltbarkeit
  - Ausstattung
  - Gesetzeskonformität
  - Kundendienst
  - Ästhetik
  - Zuverlässigkeit
  - Normgerechtigkeit

- **Aufgaben des QM:**
  - Planung + Sicherstellung + Kontrolle + Verbesserung der Qualität

- **Ziele des QM:**
  - Kundenzufriedenheit
  - Umwelt- u. Sozialverträglichkeit
  - Rentabilität
  - Gesetzeskonformität

- **Was leistet QM?**
  - Formulierung der Qualitätspolitik des Unternehmens
  - Festlegung von Qualitätszielen
  - Einrichtung u. Unterhaltung eines Systems der Qualitätssicherung
  - Bereitstellung der notwendigen Arbeitsmittel u. Arbeitsplätze
  - Fixierung der Verantwortlichkeiten
  - Dokumentation der Ziele und Aufgaben des QM-Systems in einem **Qualitätsmanagementhandbuch**

- **Auditierung:**
  - unabhängige Betriebsprüfung durch akkreditierte Zertifizierungsgesellschaften (z. B. TÜV Cert., DEKRA AG, VDE-Prüf- u. Zertifizierungsinstitut): Entsprechen die qualitätsbezogenen Aufschriften, Tätigkeiten und Ergebnisse den Anforderungen?

- **Zertifizierung:**
  - Folge eines erfolgreichen Audits: Ausstellung eines **Zertifikats**, welches die Einführung eines QM-Systems u. desssen wirksamen Einsatz z. B. nach DIN 9000 ff. bestätigt.

- **Total Quality Management (TQM):**
  - Alle („Total") Unternehmensbereiche (Mitarbeiter) werden in die Qualitätsgestaltung einbezogen
  - Der Qualitätsbegriff: ganzheitl. u. kundenorientiert (zufriedene Kunden durch Qualität)
  - Qualität steht im Mittelpunkt
  - Verankerung im Unternehmensleitbild
  - Qualität = übergeordnetes Unternehmensziel

- **Formen der Qualitätskontrolle:**
  - Voll- bzw. Stichprobenkontrolle
  - Eingangs-, Zwischen-, Endkontrolle

- **Arten der Qualitätskontrolle:**
  - Direkt: Kontrolle der Werkstoffe, des Produktionsablaufes und der Fertigprodukte
  - Indirekt: Kontrolle der Betriebsmittel und Arbeitskräfte

Aufgaben

1. Nennen Sie drei Qualitätsmerkmale.
2. a) Nennen Sie Aufgaben und Ziele des Qualitätsmanagements.
   b) Was leistet Qualitätsmanagement?
3. Erklären Sie die Begriffe Auditierung und Zertifizierung.
4. Was versteht man unter „Total Quality Management"?
5. Nennen Sie drei Qualitätsmerkmale.

BWL: Leistungserstellung 158

7.6 Abwicklung eines Kundenauftrags

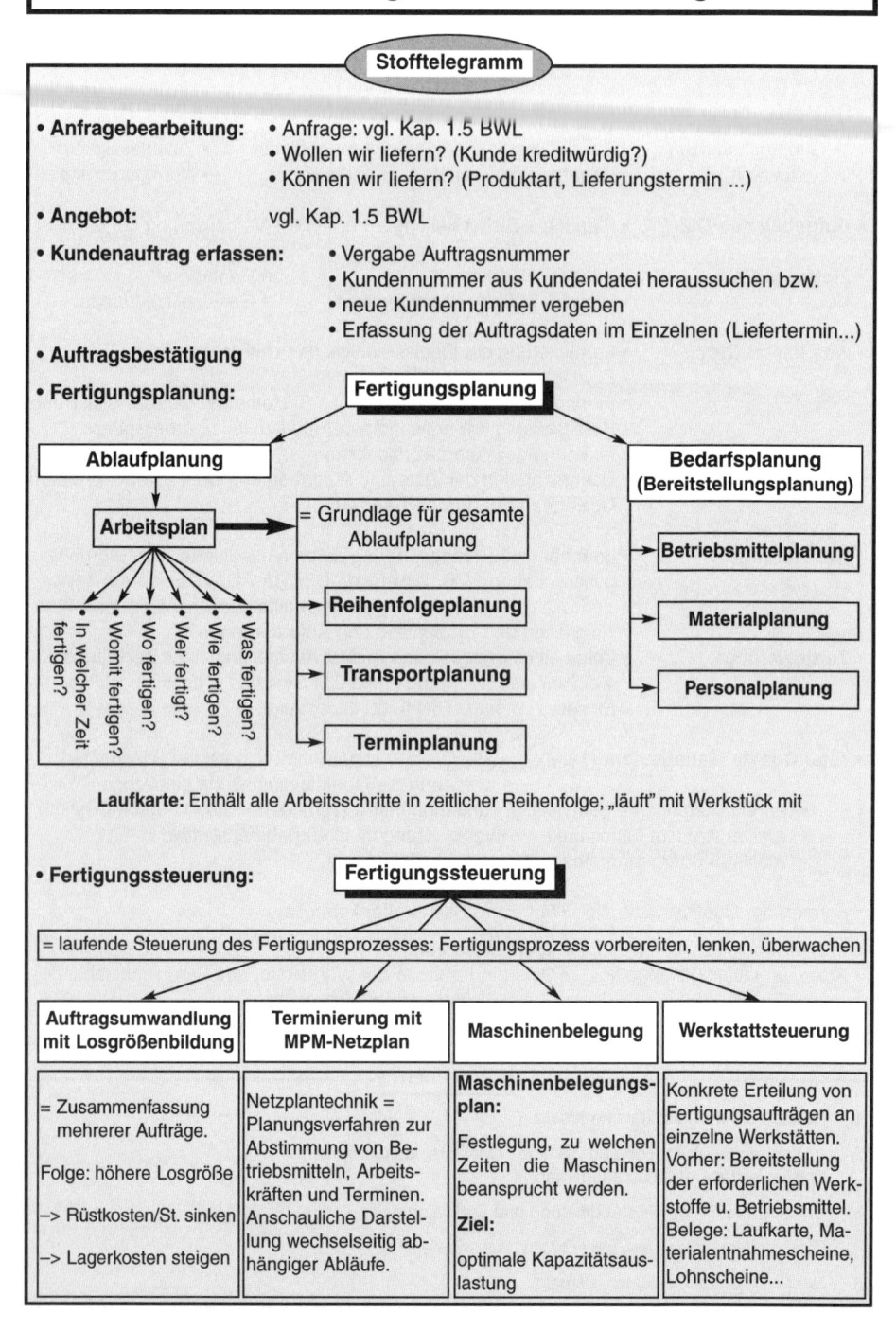

Stofftelegramm

- **Anfragebearbeitung:**
  - Anfrage: vgl. Kap. 1.5 BWL
  - Wollen wir liefern? (Kunde kreditwürdig?)
  - Können wir liefern? (Produktart, Lieferungstermin ...)
- **Angebot:** vgl. Kap. 1.5 BWL
- **Kundenauftrag erfassen:**
  - Vergabe Auftragsnummer
  - Kundennummer aus Kundendatei heraussuchen bzw.
  - neue Kundennummer vergeben
  - Erfassung der Auftragsdaten im Einzelnen (Liefertermin...)
- **Auftragsbestätigung**
- **Fertigungsplanung:**

Fertigungsplanung

Ablaufplanung

Arbeitsplan → = Grundlage für gesamte Ablaufplanung

- In welcher Zeit fertigen?
- Womit fertigen?
- Wo fertigen?
- Wer fertigt?
- Wie fertigen?
- Was fertigen?

→ **Reihenfolgeplanung**

→ **Transportplanung**

→ **Terminplanung**

Bedarfsplanung (Bereitstellungsplanung)

→ **Betriebsmittelplanung**

→ **Materialplanung**

→ **Personalplanung**

Laufkarte: Enthält alle Arbeitsschritte in zeitlicher Reihenfolge; „läuft" mit Werkstück mit

- **Fertigungssteuerung:**

Fertigungssteuerung

= laufende Steuerung des Fertigungsprozesses: Fertigungsprozess vorbereiten, lenken, überwachen

Auftragsumwandlung mit Losgrößenbildung	Terminierung mit MPM-Netzplan	Maschinenbelegung	Werkstattsteuerung
= Zusammenfassung mehrerer Aufträge. Folge: höhere Losgröße –> Rüstkosten/St. sinken –> Lagerkosten steigen	Netzplantechnik = Planungsverfahren zur Abstimmung von Betriebsmitteln, Arbeitskräften und Terminen. Anschauliche Darstellung wechselseitig abhängiger Abläufe.	**Maschinenbelegungsplan:** Festlegung, zu welchen Zeiten die Maschinen beansprucht werden. **Ziel:** optimale Kapazitätsauslastung	Konkrete Erteilung von Fertigungsaufträgen an einzelne Werkstätten. Vorher: Bereitstellung der erforderlichen Werkstoffe u. Betriebsmittel. Belege: Laufkarte, Materialentnahmescheine, Lohnscheine...

BWL: Leistungserstellung

Versandvorbereitung

- Lieferschein erstellen
- Kommissionierung (Zusammenstellen best. Artikel) im Lager anhand Lieferschein
- Versandauftrag für Versandabteilung erstellen
- Versandpapiere erstellen (Versandabteilung)
- Auslieferung

Fakturierung

- Fakturierung = Erstellung Ausgangsrechnung
- Basis = Lieferschein
- Fixierung im Rechnungsausgangsbuch
- Buchung als offener Posten (Debitor = Forderung)

Zusammenfassung: Abwicklung eines Kundenauftrags

Anfragebearbeitung → Angebot → Kundenauftrag erfassen → Auftragsbestätigung → Fertigungsplanung → Fertigungssteuerung → Versandvorbereitung und Auslieferung → Fakturierung

Aufgaben

1. Nennen Sie die Bereiche der **Fertigungsplanung**.

2. a) Welche Bereiche umfasst die **Ablaufplanung**?

   b) Was beinhaltet der **Arbeitsplan** und welche Bedeutung hat er?

3. Welche Bereiche umfasst die **Bedarfsplanung**?

4. Erklären Sie kurz den Begriff **Fertigungssteuerung**.

5. Nennen Sie vier Bereiche der **Fertigungssteuerung** und beschreiben Sie diese kurz.

6. Was versteht man unter **Laufkarte**?

7. Nennen Sie stichwortartig anfallende Aufgaben der

   a) Versandvorbereitung

   b) Fakturierung.

8. Notieren Sie stichwortartig in einer Reihenfolge die Aufgaben im Zusammenhang mit der Abwicklung eines Kundenauftrags.

BWL: Leistungserstellung 160

7.7 Fertigungsverfahren

Stofftelegramm

Unterscheidungsmerkmal: Menge gleichartiger Erzeugnisse

	Einzelfertigung	Serienfertigung	Massenfertigung
Merkmal	• Jedes Produkt ist anders • sukzessiv oder simultan	• begrenzte Herstellung gleichartiger Produkte (Groß-, Kleinserie)	• unbegrenzte Herstellung gleicher Produkte
Beispiele	• Bauunternehmung • Schiffsbau	• Autoproduktion • Fertighausproduktion	• Zigaretten • Zement • Glühbirnen
Produktunterschiede	• erheblich	• von Serie zu Serie groß, innerhalb der Serie keine	• keine
Qualifizierung Arbeitskräfte	• vielseitige Fähigkeiten	• Kleinserie: Vielseitigkeit! • Großs.: leicht anlernbar	• leicht anlernbar
Fertigungsorganisation	• Handarbeit • Werkstattfertigung	• Kleinserie: Werkstattfert. • Großserie: Reihen-, Fließfertigung	• Fließfertigung
Stückkosten	• relativ hoch	• sinken mit steigender Auflage; • optimale Losgröße!	• sinken mit steigender Stückzahl (Gesetz der Massenproduktion)
Diverses	• Sonderwünsche des Kunden möglich	• Sonderwünsche des Kunden in Grenzen berücksichtigungsfähig	• keine Sonderwünsche möglich

Sortenfertigung
- aus demselben Ausgangsmaterial werden auf einer Produktionsanlage Produkte mit nur geringen Unterschieden erstellt
- Übergang zur Serien- und Massenfertigung fließend
- Beispiele: Herrenanzüge, Schrauben verschiedener Größen, Schokolade

Partiefertigung
- Verwendung qualitativ verschiedener Rohstoffe
- Beispiele: Tee, Wein, Tabak aus verschiedenen Ländern

Chargenfertigung
- Die Qualität des Endproduktes wird durch das (oft nicht exakt beherrschbare) Mischungsverhältnis, das von Charge (= Ladung) zu Charge unterschiedlich sein kann, bestimmt.
- Beispiele: Schmelzprozesse im Hochofen, Brauereien, Molkereien

Kuppelproduktion
- Anlässlich der Produktion des Hauptproduktes fallen automatisch Kuppelprodukte (verbundene Produkte) an.
- Beispiel: Gasproduktion (gleichzeitig fallen Koks, Teer und Ammoniak an)

BWL: Leistungserstellung

Unterscheidungsmerkmal: Fertigungsorganisation (Organisationstypen)

Werkstättenfertigung

- **Begriff:** Zusammenfassung von Maschinen und Arbeitskräften mit gleichartigen Arbeitsverrichtungen in Werkstätten. Zweckmäßig, wo Maschinenanordnung nach dem Arbeitsablauf nicht möglich ist.
- **Voraussetzungen:** Universalmaschinen, qualifizierte Arbeitsplätze
- **Vorteile im Vergleich zur Fließfertigung:**
  - Bearbeitung von Sonderwünschen möglich
  - anpassungsfähig bei Änderungen (Universalmaschinen!)
  - abwechslungsreichere Tätigkeiten (mehr Erfolgserlebnisse)
- **Nachteile im Vergleich zur Fließfertigung:**
  - längere Transportwege, mehr Beförderungsmittel nötig
  - langsamere Durchlaufzeiten
  - hohe Lohnkosten (Fachkräfte)
  - hohe Lagerkosten (Zwischenlager!)
  - hoher Planungsaufwand

Reihenfertigung (Straßenfertigung)

- **Begriff:**
  - Betriebsmittel in Reihenfolge des Arbeitsablaufes hintereinander angeordnet
  - keine zeitliche Bindung zwischen den Arbeitsvorgängen
  - Zwischenlager (Vorratspuffer)
- **Vorteile gegenüber der Werkstättenfertigung:**
  - übersichtlicher
  - Transportwege kürzer
  - schnellerer Durchlauf
  - weniger Planung notw.
  - leistungsfähigere Spezialmaschinen einsetzbar
  - niedrigere Lohnkosten (leicht anlernbare Kräfte)
- **Nachteile gegenüber Werkstättenfertigung:**
  - weniger anpassungsfähig bei Änderungen (Spezialmasch.)
  - weniger abwechslungsreiche Tätigkeiten für Arbeitskräfte
- **Vorteile gegenüber der Fließfertigung:**
  - Arbeitskräfte können in Grenzen das Arbeitstempo selbst bestimmen (keine zeitliche Bindung)
- **Nachteile gegenüber der Fließfertigung:**
  - Zwischenlagerkosten
  - evtl. Wartezeiten, da keine exakte zeitliche Abstimmung –> längere Durchlaufzeiten
  - geringerer Spezialisierungsgrad

Gruppenfertigung (= Inselfertigung)

- **Begriff:**
  - Kombination von Werkstatt- u. Reihen- bzw. Fließfertigung.
  - Anordnung der Werkstätten (Inseln) nach dem Flussprinzip
- **Vorteile gegenüber der Werkstättenfertigung:**
  - Transportwege kürzer
  - geringere Rüst- und Umstellungskosten
  - übersichtlicher
- **Nachteil gegenüber der Werkstättenfertigung:** etwas unelastischer

BWL: Leistungserstellung

Fließfertigung	• **Begriff:**	– Reihenfertigung mit exakter zeitlicher Festlegung des Arbeitsablaufes (taktgebunden) – Taktzeit = Produktionszeit für ein Stück – keine Puffer, pausenlose Produktion – Fließfertigung + mechanische Fördermittel („Band") = Fließbandfertigung
	• **Vorteile:**	– ideal für Großserien- und Massenproduktion – keine Zwischenlagerkosten – kurze Durchlaufzeiten (kostenoptimal) – Leistungssteigerung durch Spezialisierung – Übersichtlichkeit
	• **Nachteile:**	– geringe Anpassungsfähigkeit an Änderungen – hohes Unternehmerrisiko (Nachfrage sinkt: Stückkosten steigen) – hoher Kapitaleinsatz, somit hohe Zinsbelastung (Fixkosten!) – Produktionsstopp bei Störung (Gegenmaßnahme: „Springer") – eintönige Arbeiten (Gesundheitsproblem, wenig Erfolgserlebnisse)
Baustellenfertigung	• **Begriff:**	Die Fertigung ist an einen bestimmten Ort gebunden (Bau- bzw. Fertigungsstelle)
	• **Beispiele:**	Haus-, Straßen-, Brückenbau

Aufgaben

1. Nennen Sie die Fertigungsarten, unterschieden nach der
   a) Menge gleichartiger Erzeugnisse   b) Fertigungsorganisation   c) Produktionstechnik

2. Unterscheiden Sie zwischen Einzel-, Serien- und Massenfertigung hinsichtlich Produktunterschiede, Arbeitskräftequalifizierung, Stückkosten und Kundensonderwünsche.

3. Erklären Sie kurz folgende Fertigungsarten und nennen Sie je zwei Beispiele:
   a) Sortenfertigung   c) Chargenfertigung
   b) Partiefertigung   d) Kuppelproduktion

4. a) Unterscheiden Sie die Begriffe Reihen- und Fließfertigung.
   b) Nennen Sie Vor- und Nachteile der Reihenfertigung im Vergleich zur Fließfertigung.

5. a) Unterscheiden Sie zwischen Gruppen- und Werkstättenfertigung.
   b) Nennen Sie Vor- und Nachteile der Gruppenfertigung im Vergleich zur Werkstättenfertigung.

6. Welche Vor- und Nachteile hat die Werkstättenfertigung im Vergleich zur Fließfertigung?

7. Erklären Sie den Begriff Baustellenfertigung. Zwei Beispiele.

8. a) Wann entscheidet sich ein Betrieb für Werkstättenfertigung?
   b) Beurteilen Sie die Werkstättenfertigung unter den Aspekten Beschaffung und Absatz. Begründungen.

9. Ergänzen Sie die fehlenden Wörter:
   Von der Fertigungsseite her betrachtet kann um so ... (a) ... produziert werden, je höher die Auflage ist. Aus ...(b)... Gründen und wegen der ...(c)... besteht aber in kaum einem Betrieb die Möglichkeit, die Auflagen beliebig groß festzusetzen. Die wirtschaftlichste Auflage eines zu fertigenden Erzeugnisses bezeichnet man auch als ...(d)... .

BWL: Leistungserstellung 163

10. Die Firma Moppel & Co., Heidelberg, produziert Kunststoffbälle in verschiedenen Größen und Farben. Die Produkte werden in der Reihenfolge der vorzunehmenden Arbeiten von Maschinen in jeweils größeren Mengen einer Ballgröße gefertigt. Der Arbeitsfluss ist zeitlich nicht gebunden. Die Farbbesprühung erfolgt am Schluss des Fertigungsprozesses.

a) Welche Fertigungsart wird angewendet hinsichtlich der Menge gleichartiger Erzeugnisse und der Fertigungsorganisation? (Begründungen)

b) Welche Kosten bestimmen die Losgröße eines Erzeugnisses?

c) Wie verhalten sich diese Kosten - bezogen auf ein Stück - bei Erhöhung der Losgröße?

11. a) Die Schreckschraub AG stellt im Werk I Schrauben verschiedener Größen her. Welche Fertigungsart hinsichtlich der Menge gleichartiger Erzeugnisse liegt vor?

b) Im Werk II werden Motoren in Fließfertigung bearbeitet. Nennen Sie die entscheidenden Merkmale der Fließfertigung.

c) Nennen Sie zwei Vorteile der Fließfertigung.

d) Die Schreckschraub AG hat ihr Produktionsprogramm um die Produktion von Werkzeugen erweitert. In der neu eingerichteten Fertigungshalle befinden sich - jeweils zusammenhängend angeordnet - Fräsmaschinen, Bohrmaschinen, Drehbänke usw. Welcher Organisationstyp liegt vor?

7.8 Kosten und Beschäftigungsgrad - Produktionscontrolling

Stofftelegramm

Abhängigkeit der Kosten von der Ausbringungsmenge (vom Beschäftigungsgrad)

Beschäftigungsgrad:
Kapazität = 100 %
tatsächl. Produktion = x %

$$\text{Beschäftigungsgrad (x \%)} = \frac{\text{tatsächl. Produktion} \cdot 100}{\text{Kapazität}}$$

Fixe Kosten
- beschäftigungsunabhängige Kosten
- Beispiele: Mieten, Gehälter, Zinsen
- fixe Stückkosten:
  sinken bei steigender Beschäftigung (verteilen sich auf immer mehr Stück) = Fixkostendegression = Gesetz der Massenproduktion

Variable Kosten
- beschäftigungsabhängige Kosten
- Bsp.: Fertigungsmaterial, Fertigungslöhne
- variable Stückkosten:
  konstant bei linearem Gesamtkostenverlauf (proportionale Kosten)

Umsatzformel (Erlösformel)
Umsatz = Preis · Produktionsmenge
U = p · x

Gesamtkostenformel
Kosten = variable Kosten + Fixkosten
$K = K_v + K_f$
$K = k_v \cdot x + K_f$

BWL: Leistungserstellung

Gewinnformel

Gewinn = Umsatz − Kosten
Gewinn = $p \cdot x - (k_v \cdot x + K_f)$

Nutzenschwelle (Gewinnschwelle)

Umsatz = Kosten
$p \cdot x = k_v \cdot x + K_f$

Gewinnmaximum → an der **Kapazitätsgrenze**

Kritische Menge

Produktionsmenge, ab der ein Produktionsverfahren (z. B. kapitalintensiv) kostengünstiger wird als ein anderes Produktionsverfahren (z. B. lohnintensiv).

Hier gilt: Kosten (Verfahren I) = Kosten (Verfahren II)
$k_v \cdot x + K_f = k_v \cdot x + K_f$ x = ...

Rationalisierung und Kostenstruktur

Mehr Maschinen − weniger menschl. Arbeit (Substitution arbeitsintensiver Verfahren durch anlageintensive Verfahren); <u>Folge:</u> Fixkosten steigen, variable Stückkosten sinken. Ab bestimmter Produktionsmenge (**kritische Menge**) wird anlageintensives Verfahren kostengünstiger.

Wichtig somit bei anlageintensiven Verfahren: **hohe Stückzahlen!**

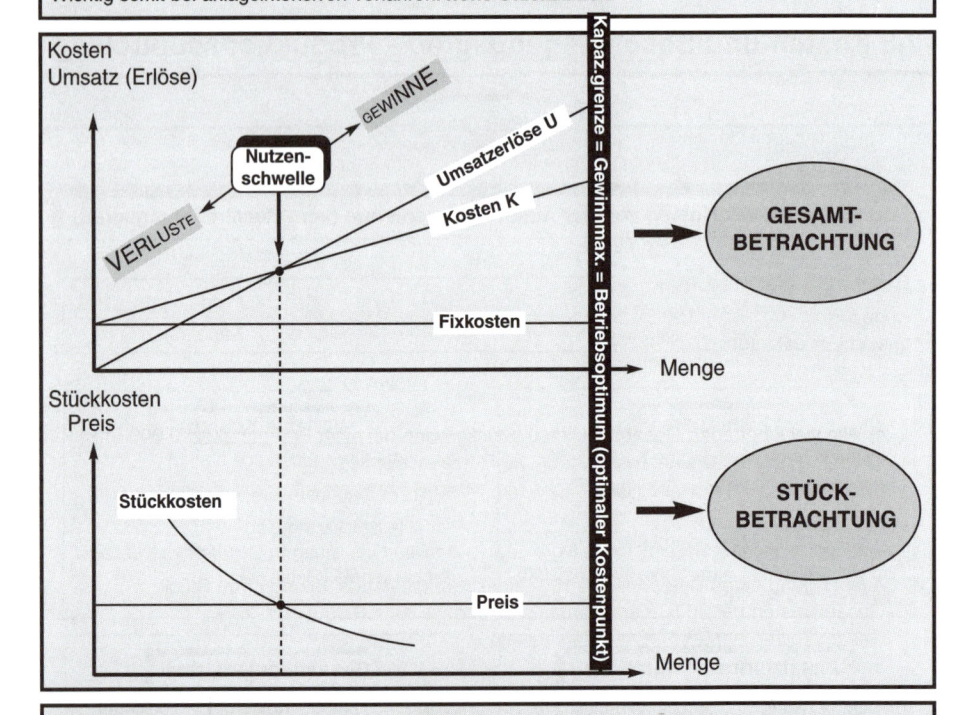

Kosten Umsatz (Erlöse)

GEWINNE
Nutzenschwelle
Umsatzerlöse U
Kosten K
VERLUSTE
Fixkosten
Kapaz.grenze = Gewinnmax. = Betriebsoptimum (optimaler Kostenpunkt)
→ Menge

→ **GESAMT-BETRACHTUNG**

Stückkosten Preis

Stückkosten
Preis
→ Menge

→ **STÜCK-BETRACHTUNG**

Produktionscontrolling:
• Planung, Steuerung und Überwachung der Produktion
• Schwerpunkte = Kosten, Produktivität, Wirtschaftlichkeit und Qualitätsmanagement

BWL: Leistungserstellung

Aufgaben

1. Die Kapazität eines Betriebes beträgt 60 000 Stück, die tatsächliche Produktion 50 000 Stück. Ermitteln Sie den Beschäftigungsgrad.
2. Erklären Sie die Begriffe fixe und variable Kosten und nennen Sie je zwei Beispiele.
3. Erklären und begründen Sie das Gesetz der Massenproduktion.
4. Die AUMO GmbH in Stuttgart produziert Spezialautos. Kosten- und Erlössituation: Fixkosten 20.000,00 €; variable Kosten je Stück 1.000,00 €; Preis 2.000,00 €.

   a) Ergänzen Sie die Tabelle.

Prod.-menge Stück	Fix-kosten €	Variable Kosten €	Gesamt-kosten €	Stück-kosten €	Umsatz-erlöse €	Gewinn (Verlust) €
5	20.000					
10						
15						
20						
25						
30						
35						
40						
45						
50						

   b) Berechnen Sie die Nutzenschwelle (Gewinnschwelle) mit Formeln und überprüfen Sie Ihr Ergebnis anhand der Tabelle.
   c) Bei welcher Menge liegt das Gewinnmaximum?
   d) Welche Spalte zeigt das Gesetz der Massenproduktion?
   e) Zeichnen Sie ins obere Koordinatensystem die Kosten- und Umsatzfunktion, ins untere Koordinatensystem den Preis und die Stückkosten. Bezeichnen Sie die Nutzenschwelle und das Gewinnmaximum.

5. Ein Betrieb erzeugt bei normaler Kapazitätsausnutzung monatlich 12 000 Stück bei 60.000,00 € Gesamtkosten, wovon ein Fünftel fixe Kosten sind. Verkaufspreis: 6,20 €.

   a) Welcher Beschäftigungsgrad entspricht einer monatlichen Ausbringung von 7 200 Stück?
   b) Wie viel € betragen Gewinn, fixe und variable Kosten insgesamt und je Stück bei Vollbeschäftigung?
   c) Wie viel € betragen Gesamtgewinn u. Stückgewinn bei einer Fertigung von 9 000 Stück?
   d) Bei welcher Fertigungsmenge liegt die Nutzenschwelle?
   e) Wie verschiebt sich die Nutzenschwelle, wenn Gesamtkosten und Verkaufspreis gleichbleiben, aber die fixen Kosten zwei Fünftel der Gesamtkosten bei normaler Kapazitätsausnutzung betragen?

6. Ausbringung eines Betriebes bei 100 %iger Kapazitätsauslastung: 800 Stück.
   Gesamtkosten bei 80 % Kapazitätsauslastung: 88.000,00 €
   Gesamtkosten bei 90 % Kapazitätsauslastung: 96.000,00 €
   Ermitteln Sie die variablen Stückkosten und die Fixkosten.

7. Prod.verfahren I: Variable Stückkosten 200,00 €
   Fixkosten 10.000,00 €
   Prod.verfahren II: Variable Stückkosten 300,00 €
   Fixkosten 8.000,00 €

   a) Wo liegt die kritische Menge?
   b) Bei welchen Produktionsmengen ist Verfahren I, bei welchen Verfahren II günstiger?

7.9 Rationalisierung

Stofftelegramm

- **Rationalisierung** = Maßnahmen zur Verbesserung der Arbeitsabläufe zum Zweck der Steigerung der Wirtschaftlichkeit und Produktivität.

Anlässe der Rationalisierung
- Erhaltung der internationalen (globalen) Wettbewerbsfähigkeit
- Arbeitskräftemangel: Übertragung von Routinearbeiten auf Maschinen
- starker Preiswettbewerb –> Kostensenkung notwendig
- Übertragung unangenehmer Arbeiten auf Maschinen
- momentane Produktivität unbefriedigend
- neue Fertigungstechnologien wurden entwickelt
- Ersatz veralteter Produktionstechnik...

Ziele der Rationalisierung
- Verbesserung der Betriebsabläufe
- Arbeitsbedingungen verbessern
- Erhöhung der Produktivität
- Erhöhung der Wirtschaftlichkeit
- Erhöhung der Rentabilität
- Kostensenkung
- Qualitätsverbesserung
- Ertragssteigerung
- humanere Arbeitsbedingungen
- Umweltverträglichkeit

Einzelmaßnahmen der Rationalisierung

Ersatz unwirtschaftlicher Anlagen (Trend zur Automation)

Automation: Einsatz von sich selbstständig steuernden Maschinen (Teilautomation) und evtl. sich zusätzlich kontrollierende Maschinen (Vollautomation)
–> Kosten- und Umweltvorteile, höhere Leistungsfähigkeit...

Standardisierung

Normung:	Typung:	Spezialisierung:	Baukastensystem:
Vereinheitlichung v. Einzelteilen (z. B. Gewindegrößen) und nicht zusammengesetzten Endprodukten (z. B. Filme, Flaschen) Zuständig: **Deutsches Institut für Normung (DIN)**	Vereinheitlichung ganzer zusammengesetzter Produkte (z. B. Fertighaus, Auto)	Produktionsprogramm auf wenige Produktarten beschränken	• Genormte Einzelteile werden zu verschiedenen Typen zusammengesetzt. • Folge: Kundenwünsche durch verschiedene Zusammensetzung der einzelnen Baugruppen berücksichtigungsfähig.

Vorteile:	Nachteile:
• Kostensenkung (Produktion größerer Mengen) • Ersatzteilbeschaffung erleichtert • Konstruktionen erleichtert • Verkleinerung Lager (weniger Teile) • kürzere Lieferzeiten • erleichterter Einkauf und Verkauf • geringeres Absatzrisiko	• weniger Produktvielfalt • Kreativitätsbeschränkung • weniger Auswahlmöglichkeiten des Käufers (vgl. jedoch Baukastensystem!) • krisenanfällig bei Wandel der Verbraucherwünsche

Arbeitsteilung

Artteilung (= Arbeitszerlegung): Jede Teilarbeit wird von einer anderen Arbeitskraft ausgeführt.
Mengenteilung: Alle Mitarbeiter machen dieselben Arbeitsgänge.

Ganzheitliche Rationalisierungskonzepte

Rechnergesteuerte Fabrik (CIM)

- **CIM** = „Computer Integrated Manufactoring" = computerunterstütztes integriertes Produktionssystem = höchste Automationsstufe: Alle Fertigungs-, Materialbereiche und Verwaltung sind untereinander durch einheitliches Computersystem verbunden - zentrale Datenbank.
- Ein komplexes Computerprogramm plant, steuert und überwacht alle betrieblichen Prozesse vom Kundenauftrag bis zur Auslieferung und Fakturierung.

  - **Einzelbausteine des CIM:**

CAD	= computer aided design	= computergestütztes Konstruieren
CAP	= computer aided planning	= computergestützte Arbeitsplanung
CAM	= computer aided manufactoring	= computergestützte Fertigung
CAQ	= computer aided quality assurance	= computergest. Qualitätssicherung u. -kontrolle
PPS	= computergestützte Produktionsplanung und -steuerung (= Software-System)	

- **Vorteile:**
  - hohe Flexibilität in jeder Hinsicht
  - Zeit -, Kosten sparend (Produktionszeiten kürzer, bessere Kapazitätsauslastung)
  - weniger Störungen im Fertigungsablauf
  - Stärkung der Marktstellung (Kundenwünsche besser berücksichtigt, Termintreue, höhere Produktqualität, schnellerer Service...)

Schlanke Fabrik („Lean Production" bzw. „Lean Management")

Stichworte zur „Schlanken Fabrik"

- Unternehmung ist eine **Sinngemeinschaft** der dort arbeitenden Menschen.
- Menschen sollen sich mit dieser Sinngemeinschaft **identifizieren** und sich **gemeinsam** um das Wohlergehen der Unternehmung bemühen.
- Der arbeitende **Mensch ist im Mittelpunkt;** er soll seine Kräfte optimal entfalten können.
- Jede Art von **Verschwendung** ist zu **vermeiden** (keine unnötigen Lagerbestände, optimal ausgenutzte Kapazitäten, wenig Ausschuss, keine Fehler aufgrund mangelnder **Motivation** bzw. mangelnder **Identifikation** mit den Unternehmenszielen).
  –> „**Abspecken**" dieser Verschwendung! Unternehmung muss „**schlank**" („**lean**") werden! (z. B. Abbau von Instanzen in der Verwaltung, Bildung dezentraler Unternehmenseinheiten mit eigener Verantwortung, Bildung effizienter Teams)
- Entscheidend ist **Teamarbeit** (Gruppenarbeit): Die **Gruppe** arbeitet kreativer, produktiver, flexibler als der Einzelne.
- Jeder Einzelne übernimmt ein hohes Maß an **Eigen- und Teamverantwortung.**
- Ziel: optimales **Zusammenwirken** von Mensch, Organisation und Maschinen
- **Kommunikation** zwischen den Teams - keine Konkurrenz
- Anwendung des **Just-in-time**-Systems = **JIT**(vgl. Kap. 6.3)
- Anwendung des **Qualitätsmanagements** (vgl. Kap. 7.5)
- Bildung von „**Unternehmen im Unternehmen**" mit eigener Verantwortung
- **K**ontinuierlicher, die ganze Unternehmung betreffender **V**erbesserungs**p**rozess = „**KVP**" („**Kaizen**": kontinuierliches Verbessern der Prozesse in kleinen Schritten)
- Bei allen Mitarbeitern ist ein grundlegender **Bewusstseinswandel** notwendig.

BWL: Leistungserstellung 168

Die Schlanke Fabrik (nochmals im Telegrammstil)

Sinngemeinschaft	keine Verschwendung	just-in-time
Identifikation	„schlank" = „lean"	Qualitätsmanagement
Teamarbeit	Abopoolten	Unternehmen im Unternehmen
Motivation	Kommunikation	Verbesserungen (–> „Kaizen")

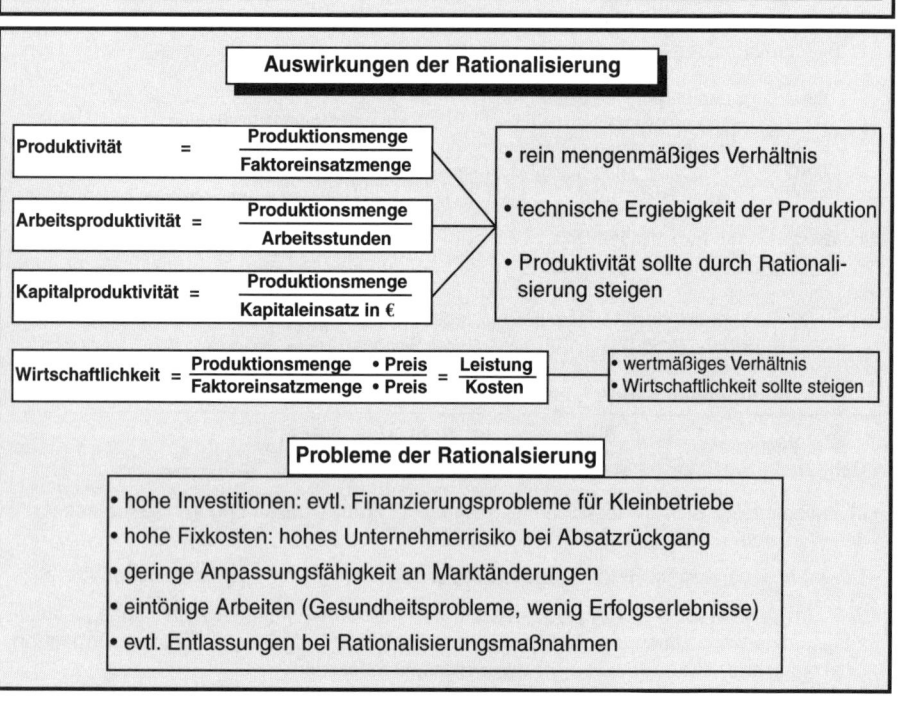

Auswirkungen der Rationalisierung

$$\text{Produktivität} = \frac{\text{Produktionsmenge}}{\text{Faktoreinsatzmenge}}$$

$$\text{Arbeitsproduktivität} = \frac{\text{Produktionsmenge}}{\text{Arbeitsstunden}}$$

$$\text{Kapitalproduktivität} = \frac{\text{Produktionsmenge}}{\text{Kapitaleinsatz in €}}$$

- rein mengenmäßiges Verhältnis
- technische Ergiebigkeit der Produktion
- Produktivität sollte durch Rationalisierung steigen

$$\text{Wirtschaftlichkeit} = \frac{\text{Produktionsmenge} \cdot \text{Preis}}{\text{Faktoreinsatzmenge} \cdot \text{Preis}} = \frac{\text{Leistung}}{\text{Kosten}}$$

- wertmäßiges Verhältnis
- Wirtschaftlichkeit sollte steigen

Probleme der Rationalsierung

- hohe Investitionen: evtl. Finanzierungsprobleme für Kleinbetriebe
- hohe Fixkosten: hohes Unternehmerrisiko bei Absatzrückgang
- geringe Anpassungsfähigkeit an Marktänderungen
- eintönige Arbeiten (Gesundheitsprobleme, wenig Erfolgserlebnisse)
- evtl. Entlassungen bei Rationalisierungsmaßnahmen

Aufgaben

1. a) Was versteht man unter **Rationalisierung?**

   b) Nennen Sie je drei Anlässe und Ziele der Rationalisierung.

2. Nennen Sie je vier Vor- und Nachteile der **Automation.**

3. Wann ist es sinnvoll, bestimmte Fertigungsbereiche zu automatisieren?

4. Unterscheiden Sie: **Normung, Typung und Spezialisierung.**

5. a) Was versteht man unter **Baukastensystem?**

   b) Welchen Vorteil hat das Baukastensystem für den Kunden?

6. Nennen Sie fünf Vorteile und drei Nachteile der **Standardisierung.**

BWL: Leistungserstellung

7. Erklären Sie die **Art- und Mengenteilung** im Zusammenhang mit der Arbeitsteilung.

8. Nennen Sie zwei **ganzheitliche Rationalisierungskonzepte**.

9. Erklären Sie den Begriff „**Rechnergesteuerte Fabrik**".

10. Welche entscheidenden Vorteile verspricht man sich bei Einführung des CIM-Konzeptes (der **rechnergesteuerten Fabrik**).

11. Beschreiben Sie stichwortartig die „**Schlanke Fabrik**" („**Lean Production**" bzw. „**Lean Management**").

12. Was versteht man unter „**Kaizen**"?

13. Unterscheiden Sie **Produktivität** und **Wirtschaftlichkeit**.

14. Warum kann die Wirtschaftlichkeit trotz Konstanz der Produktivität steigen?

15.

	Jahr 1	Jahr 2
Rohstoffverbrauch	100 000 m	120 000 m
Produzierte Schränke	50 000 Stück	70 000 Stück
Rohstoffpreis je m	2,00 €	3,00 €
Verkaufspreis je Schrank	300,00 €	300,00 €

a) Ermitteln Sie für beide Jahre die Produktivität und Wirtschaftlichkeit.

b) Beurteilen Sie die ermittelten Kennzahlen.

16.

	Monat 1	Monat 2
Produktion	2 000 Stück	2 400 Stück
Arbeitsstunden	3 840 Std.	4 416 Std.

Der Einsatz von Maschinen, Werkzeugen usw. blieb konstant.

Ermitteln Sie die Arbeitsproduktivitäten.

Worauf beruht die Veränderung?

17. Nennen Sie mehrere, sich evtl. aus Rationalisierungsmaßnahmen ergebende Probleme.

7.10 Prüfungsaufgaben

Prüfungsaufgabe 2000/2001 (Aufgabe 2, Teile 1 bis 4)

Die Kuben GmbH in Trossingen, Hersteller von Zählerwerken für den industriellen Einsatz, hat folgendes Produktionsprogramm:

- Mechanische Zähler für den Einsatz in der Textilindustrie
- Elektromechanische Zähler für die Zeiterfassung
- Elektronische Zähler für die Steuerung von Fertigungsprozessen
- Pneumatische Zähler für den Einsatz im Untertagebau

Aufgrund eines Anstiegs der Stückkosten in der letzten Rechnungsperiode sollen Rationalisierungsmaßnahmen erfolgen.

1 Erläutern Sie zwei Ziele, die man mit Rationalisierungsmaßnahmen erreichen will.

2 Durch Normen und Typung soll das Produktionsprogrammm vereinheitlicht werden.

2.1 Grenzen Sie die Begriffe Normung und Typung voneinander ab.

2.2 Nennen Sie je zwei Vorteile der Normung und Typung.

3 Ein Baukastensystem wurde bei den elektromechanischen Zählern eingeführt; infolgedessen erhöhte sich die Ausbringungsmenge von zuvor 30 000 Zählwerken auf 40 500 Zählwerke je Periode. Eine Arbeitsperiode umfasst gleich bleibend 1 200 Arbeitsstunden. Berechnen Sie die Arbeitsproduktivität vor und nach der Rationalisierung.

4 Durch Rationalisierung wurde bei den elektronischen Zählern eine Senkung der variablen Stückkosten von 125,00 € auf 100,00 € erreicht. Dagegen stiegen die fixen Kosten von 20.000,00 € auf 25.000,00 € je Rechnungsperiode.

4.1 Berechnen Sie für die Elektronischen Zähler auf beiliegendem Lösungsblatt **(Anlage)** die fixen Kosten, die variablen Kosten sowie die Gesamtkosten vor und nach der Rationalisierung.

4.2 Zeichnen Sie die beiden Gesamtkostenkurven in das Koordinatenkreuz auf dem beiliegenden Lösungsblatt **(Anlage)** ein.

4.3 Bei welcher Ausbringungsmenge schneiden sich die Gesamtkostenkurven?

4.4 Erläutern Sie die Bedeutung dieses Schnittpunktes.

Anlage

Ausbringung	Kosten vor der Rationalisierung			Kosten nach der Rationalisierung		
	fixe Kosten	variable Kosten	Gesamtkosten	fixe Kosten	variable Kosten	Gesamtkosten
0						
100						
200						
300						
400						
500						
600						
700						
800						

BWL: Leistungserstellung

Gesamtkostenkurven

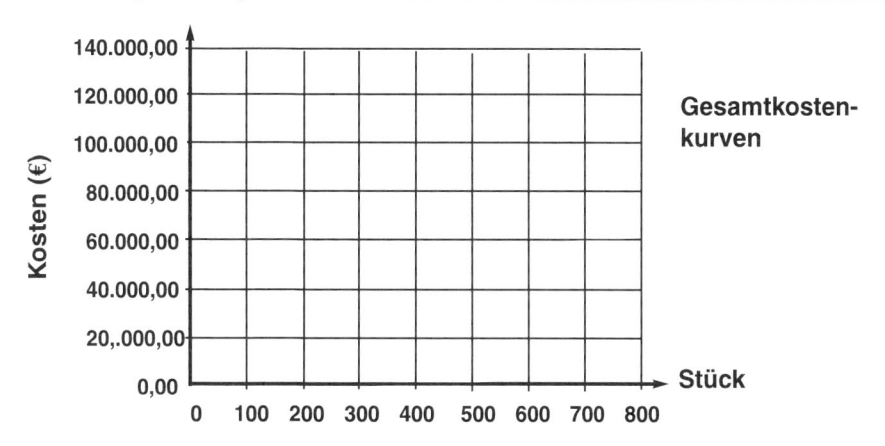

(Diagramm: Kosten (€) von 0,00 bis 140.000,00 gegen Stück von 0 bis 800)

Prüfungsaufgabe 2001 (Aufgabe 2, Teile 1 bis 3.2)

Die HOTÜ AG ist Herstellerin von Zimmertüren aus Holz. Sie hat ihre Produktionsstätten an verschiedenen Standorten in Baden-Württemberg. Insgesamt produziert sie derzeit zehn verschiedene Basismodelle. Den größten Anteil an der Produktion hat das in Villingen produzierte Türmodell PORTA.

1 Bei der Produktion des Modells PORTA ergaben sich in den vergangenen Wochen in der Kostenrechnung folgende Werte:

Kalenderwoche	Produktionsmenge	Gesamtkosten
11. Woche	4 480 Stück	618.640,00 €
12. Woche	4 890 Stück	646.520,00 €

Der Verkaufspreis für eine Tür beträgt 145,00 €. Die Kapazitätsgrenze liegt bei 6 250 Türen pro Woche. Es liegen proportional-variable Stückkosten vor.

1.1 Ermitteln Sie die fixen Gesamtkosten sowie die variablen Stückkosten und bestimmen Sie rechnerisch die Produktionsmenge, bei der weder ein Gewinn noch ein Verlust entsteht.

1.2 Erklären Sie „fixe und variable Kosten" und veranschaulichen Sie dies jeweils anhand von zwei Beispielen.

1.3 Die Türenproduktion in Villingen erfolgt nach folgender vereinfachter Vorgangsliste:

Vorgang	Fertigungsautomat	Handarbeit
Herstellung des Türkerns aus Spanplatten	x	
Auswahl der Furniere unter Berücksichtigung der Holzmaserung		x
Auftragen der Furniere auf den Türkern	x	
Einfräsen der Aussparungen für das Schloss und die Bänder (Scharniere)		x
Auftragen der Lackierung		x
Kontrolle der fertigen Tür		x

Auf der letzten Vorstandssitzung hieß es unter anderem: (...) „Wir müssen die Produktionskosten für unser Modell PORTA drastisch senken". (...) „Mit unserem hohen Lohnniveau in der Fertigung sind wir gegenüber osteuropäischen Türenherstellern nicht mehr konkurrenzfähig." (...) „Eine Verlagerung der Produktion, weg von Stockach, ist ausgeschlossen."

Erstellen Sie unter Berücksichtigung der Vorgaben des Vorstandes sowie der Vorgangsliste ein Konzept zur Lösung des Kostenproblems. Ihr Vorschlag muss

(1) die erforderlichen Veränderungen in der Produktion,

(2) die Auswirkungen auf die Kostenstruktur sowie

(3) die mögliche Gefahr der Krisenanfälligkeit bei Produktionsschwankungen aufzeigen.

2 In Friedrichshafen produziert die HOTÜ AG das Türenmodell BODENSEE. Dabei fallen pro Woche fixe Gesamtkosten von 53.760,00 € und proportional-variable Stückkosten von 280,00 DM an. Der Verkaufserlös für eine Tür beträgt 400,00 €. Der Vorstand der AG erwartet eine Umsatzrentabilität von 6 %.

Ermitteln Sie rechnerisch die Stückzahl, bei welcher der Gewinn 6 % des Umsatzes beträgt.

3 Das Werk Friedrichshafen soll künftig Sicherheitshaustüren im gehobenen Preissegment von 3.000,00 € bis 6.000,00 € herstellen. Den Sicherheitsmechanismus für die Türen möchte die HOTÜ Konstruktionsplänen einer Spezialfirma nachbauen. Diese hat auf den Mechanismus ein Patent.

Die HOTÜ AG beauftragt einen namhaften Designer mit der äußeren Formgebung der Haustüren. Es ist geplant, fünf verschiedene Türen mit unterschiedlichem Design auf dem Markt anzubieten. Das Design soll rechtlich geschützt werden.

3.1 Begründen Sie, wie die Rechtsabteilung der HOTÜ AG

(1) beim Sicherheitsmechanismus und beim
(2) Design vorgehen muss, um rechtlich einwandfreie Regelungen zu treffen.

3.2 Es ist beabsichtigt, in der Werbung die besondere Qualität der neuen Sicherheitshaustüren hervorzuheben.
Erarbeiten Sie ein Konzept mit vier verschiedenen denkbaren Vorzügen.
Beschreiben Sie jeweils diese Vorzüge in Bezug auf die Haustüren.

Prüfungsaufgabe 2003 (Aufgabe 2)

Die Kaiser Metall GmbH in Rastatt betätigte sich bislang als Zulieferer von Stahlrohr- und Stahlblechprodukten aller Art. Vor ca. 3 Jahren wurde eine neue Geschäftsidee „geboren" und in die Tat umgesetzt: Die Herstellung von Möbeln aus Metall für den Bürobereich. Neben Schreib-, Computer- und Konferenztischen geht es vor allem um Regalelemente.
Diese Regalelemente basieren auf Tragegerüsten aus Rundstahlrohren, die durch ein neuartiges Verbindungselement zusammengehalten werden. Sechs verschiedene Rastermaße (= Längen) ermöglichen ein hohes Maß an Variabilität (vgl. **Anlage 1**).
In die Tragegerüste können eine Reihe von Funktionselementen (z. B. Hängeregister, Schubladen, ...) eingesetzt werden. Sie können aber auch durch Einsetzen von Fachböden als offene Regalsysteme genutzt werden.
Funktionselemente und Fachböden werden von der Kaiser Metall GmbH aus Stahlblech gefertigt, pulverbeschichtet (= lackiert) und derzeit in 8 Farben angeboten.

BWL: Leistungserstellung 173

1   Die angesprochene neue Geschäftsidee scheint sich durchgesetzt zu haben (vgl. **Anlage 2**).

1.1 Erläutern Sie das in **Anlage 1** erwähnte Baukastenprinzip und nennen Sie drei auf die Regale bezogenen Elemente.

1.2 Beschreiben Sie drei Vorteile, die sich aus dem Baukastensystem für die Kaiser Metall GmbH ergeben.

1.3 Das neue Design sowie das neuartige Verbindungselement will sich die Kaiser Metall GmbH schützen lassen. Wie ist dies möglich?

1.4 In seiner Jubiläums-Ansprache (**Anlage 2**) erwähnte Herr Kaiser die Möglichkeit des „Outsourcing" und kündigte an, sich zukünftig auf das Kerngeschäft der Kaiser Metall GmbH zu konzentrieren.
Erläutern Sie kurz, was Herr Kaiser damit meinte.

1.5 Unterbreiten Sie einen begründeten Vorschlag für „Outsourcing" bei der Kaiser Metall GmbH.

1.6 Begründen Sie mit Hilfe der Zahlen in **Anlage 2 und 3** die Aussage, dass Maßnahmen zur Verbesserung der Arbeitsproduktivität bei der Kaiser Metall GmbH notwendig sind.

2   Bei der Überprüfung der Rationalisierungsreserven wird erwogen, eine ältere Maschine für den Zuschnitt von Rundstahlrohren durch eine moderne zu ersetzen.
Bei der älteren Maschine muss nach den Zuschnitten die Schnittfläche entgratet werden. Pro Monat fallen hierbei fixe Kosten in Höhe von 4.500,00 € an. Pro Zuschnitt wird mit variablen Kosten von 0,40 € kalkuliert.
Bei moderneren Maschinen ist das Entgraten der Schnittflächen nicht mehr notwendig. Das Angebot eines Maschinenbau-Unternehmens für eine solche Maschine liegt vor **(Anlage 4)**. Daneben sind die internen Informationen **(Anlage 5)** zu berücksichtigen.
Die Kaiser Metall GmbH rechnet auf Grund der positiven Geschäftsaussichten mit durchschnittlich mindestens 35 000 Zuschnitten pro Monat.

2.1 Ermitteln Sie den Anschaffungswert und die fixen Kosten der neueren Maschine sowie die jährliche Anzahl an Stahlrohrzuschnitten, bei der für beide Maschinen Kostengleichheit besteht.

2.2 Entscheiden Sie sich für eine der beiden Alternativen (mit Begründung).

2.3 Ermitteln Sie die Höhe der jährlich eingesparten Kosten, wenn die geplante Produktion mit der günstigeren Maschine realisiert wird.

Anlage 1   Tragegerüst aus Rundstahlrohren und Verbindungselementen - Beispiel

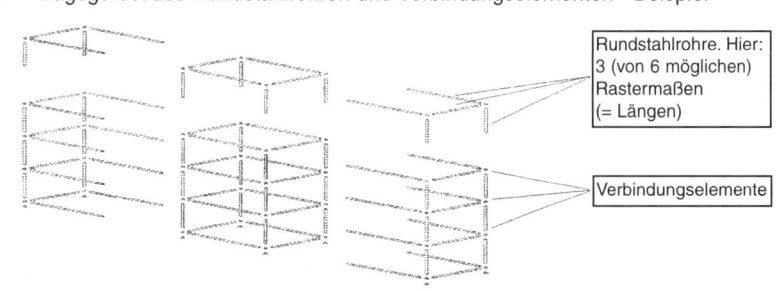

Rundstahlrohre. Hier: 3 (von 6 möglichen) Rastermaßen (= Längen)

Verbindungselemente

Anlage 2 Auszug aus einem Presseartikel

Erweitertes Produktionsprogramm / Rekordumsatz / Glänzende Zukunftsaussichten
Jubiläum: Kaiser Metall feiert 50-jähriges Bestehen

...
In seiner Jubiläumsansprache führte Franz Kaiser, Enkel des Firmengründers und geschäftsführender Gesellschafter aus, dass das Unternehmen nach schwierigen Jahren nun eine erfolgversprechende Zukunft vor sich habe: Ein 'neues Standbein' neben dem bisherigen Produktionsprogramm, die Herstellung von Büromöbeln habe sich sehr positiv entwickelt.
Es handelt sich hierbei um ein Möbelprogramm, welches – der Firmentradition entsprechend – aus Metall gefertigt wird und auf dem Baukastenprinzip basiert.
Unverwechselbares Design, ausgereifte Technik und Multifunktionalität hätten, so Kaiser, sich auf dem Markt durchgesetzt.
Die Auszeichnung mit einigen wichtigen Designer-Preisen für das Möbelprogramm biete die reelle Chance, sich als 'moderner Klassiker' zu etablieren.

Nun gelte es, auch den Wohnbereich (Highboards, Sideboards, HiFi Möbel, ...) mit demselben Produktkonzept zu erschließen.
Im abgelaufenen Geschäftsjahr konnte die Kaiser Metall GmbH einen Rekordumsatz in Höhe von 9,6 Millionen € erzielen. Kaiser betonte, dass dies auch der hochmotivierten Belegschaft mit 83 Mitarbeitern zu verdanken sei.
Er führte weiter aus, für die nächsten Jahre sei mit weiteren Umsatzsteigerungen zu rechnen. Erforderlich seien jedoch beträchtliche Investitionen in die Modernisierung der Produktion, die Optimierung der Fertigungsabläufe und die Konzentration auf das Kerngeschäft.
Trotz Rationalisierung und Outsourcing werde die Mitarbeiterzahl der Kaiser Metall GmbH weiter zunehmen, so Kaiser abschließend.

Anlage 3 Statistik der IHK Karlsruhe

	Kammerbezirk Karlsruhe
Anzahl Betriebe	698
Beschäftigte	105 890
davon Metallerzeugung und -verarbeitung	7 200
Umsatz in Tausend €	2.205.074
davon Metallerzeugung und -verarbeitung	872.000

Anlage 4 Angebot der Maschinenbau Oberrhein AG:

Angebot

Sehr geehrter Herr Kaiser,

nach den intensiven Vorgesprächen mit Ihnen und Herrn Hauser aus Ihrem Hause können wir Ihnen unter Berücksichtigung der angesprochenen und schriftlich fixierten Sonderwünsche das folgende Angebot unterbreiten:

Maschine RM 010X mit der gewünschten Sonderausstattung zum Preis von 750.000,00 €, Sonderrabatt: 8 %,
Montage, Installation und Mitarbeiterschulung 18.000,00 €,
Lieferung gemäß Absprache frei Haus.

Wir hoffen, mit diesem Angebot Ihren Vorstellungen zu entsprechen und freuen uns auf Ihren Auftrag.

Mit freundlichem Gruß

Anlage 5 Interne Informationen der Kostenrechnung zur neuen Maschine:

Kapazität / Jahr	500 000 Zuschnitte
Nutzungsdauer	8 Jahre
Abschreibung	Linear
Kalkulatorische Zinsen	10 % p. a. auf das durchschnittlich gebundene Kapital
Sonstige Fixkosten	1.500,00 € pro Monat
Variable Kosten pro Schnitt	0,10 €

BWL: Leistungserstellung

Prüfungsaufgabe 2003/2004 (Aufgabe 1)

Das Fertigungsprogramm der Caravanwerke Benk KG in Waiblingen umfasst die beiden Baureihen „Azur" und „Mistral".

1 Die Fertigungstiefe beträgt bei der Benk KG 23 % der Teile.

1.1 Unterscheiden Sie die beiden Begriffe Fertigungsprogrammtiefe und Fertigungstiefe am Beispiel der Benk KG.

1.2 Begründen Sie, ob in einem modernen Industriebetrieb die Fertigungstiefe zu- oder abnimmt.

2 Die Arbeitsplätze und Betriebsmittel sind bei der Benk KG entsprechend der technologischen Arbeitsfolge angereiht.

2.1 Beschreiben Sie drei wesentliche Merkmale dieses Fertigungsverfahrens.

2.2 Beschreiben Sie drei Vorteile dieses Fertigungsverfahrens.

3.1 Die Geschäftsleitung hat durch Marktuntersuchungen festgestellt, dass differenziertes Käuferverhalten zu sinkenden Stückzahlen, sinkenden Lieferfristen und steigender Variantenvielfalt führt. Sie plant deshalb die Einführung der Insel- bzw. Gruppenfertigung.
Vergleichen Sie die Insel- bzw. Gruppenfertigung mit der Reihenfertigung anhand folgender Merkmale:
• Kostenstruktur   • Anpassung an Marktveränderungen   • Lieferfristen.

3.2 Begründen Sie, für welches Fertigungsverfahren sich die Benk KG entscheiden sollte.

4 Der Benk KG wird von einem Zulieferer eine Duschwanne für das Modell „Mistral L" zu einem Preis von 95,00 € pro Stück angeboten. An Bezugskosten entstehen zusätzlich 5,00 € pro Stück. Diese Duschwanne wird bisher von der Benk KG selbst hergestellt.
Bei unterschiedlichen Fertigungsmengen ergaben sich folgende Gesamtkosten:

Stückzahl	Gesamtkosten in €
210	21.600,00
130	16.800,00
80	13.800,00

4.1 Wie hoch ist der Anteil der fixen Kosten an den Gesamtkosten und wie hoch sind die variablen Kosten pro Stück?

4.2 Berechnen Sie, ab welcher Stückzahl die Benk KG die Duschwannen günstiger produzieren kann, als sie vom Zulieferer angeboten werden.
(Falls Sie bei 4.1 kein Ergebnis ermittelt haben, gehen Sie von 70,00 € variablen Stückkosten und 6.750,00 € fixen Gesamtkosten aus.)

4.3 Der durchschnittliche Bedarf an Duschwannen je Abrechnungsperiode beträgt 240 Stück. Berechnen Sie, wie hoch die Kostenersparnis bei Eigenfertigung gegenüber dem Fremdbezug ist.

5 In der Fertigungshalle 2 der Benk KG ist in nächster Zeit eine Ersatzinvestition erforderlich. Dies würde die Kapazität um 15 % erhöhen und die variablen Kosten um 10 % senken, gleichzeitig stiegen aber die Fixkosten um 40 %.

5.1 Begründen Sie die einzelnen Veränderungen bei den fixen und variablen Kosten.

5.2 Als weitere Rationalisierungsmaßnahme wird die Einführung eines Baukastensystems geplant.

5.2.1 Erläutern Sie zwei Einsatzmöglichkeiten des Baukastensystems für die Benk KG.

5.2.2 Entscheiden Sie sich begründet für oder gegen die Einführung des Baukastensystems.

BWL: Personalwirtschaft

8 Personalwirtschaft (PW)

8.1 Aufgaben und Ziele der Personalwirtschaft...

Stofftelegramm

Aufgaben der PW

- **Personalbedarfsplanung** (quantitativ/qualitativ), abhängig von:
  - Kapazitätsplanung
  - Rationalisierung
  - Arbeitszeitentwicklung
  - Arbeitsmarktlage
  - zukünftige Pensionierungen
  - Mutterschutz
  - Kündigungen
  - ...

  Schlüsselqualifikationen immer wichtiger:
  - fachliche Kompetenz
  - persönl. Kompetenz (Zuverlässigk., Sorgfalt, Kreativität...)
  - soziale Kompetenz (Koop.-, Teamfähigkeit, Toleranz...)
  - innovative Kompetenz (Kreativität, lebenslanges Lernen...)

  Stellenbeschreibungen = Grundlage (s. u.)

- **Personalbeschaffung** (Personalanwerbung, Personalauswahl, Personaleinstellung)

  - Unternehmensextern:
    - mittelbare Personalwerbung: Public Relations
    - unmittelbare Personalwerbung: Zeitungsinserate, Arbeitsamt, Vermittlerbüros

  - Unternehmensintern:
    - innerbetriebliche Stellenausschreibung

  - Übliche Bewerbungsunterlagen:
    - Bewerbungsschreiben
    - Lebenslauf
    - auf Verlangen: Gesundheitszeugnis
    - Zeugnisse
    - evtl. Referenzen

  !!! Unterrichtung des **Betriebsrats** vor jeder Einstellung !!!

- **Personaleinsatz** = Einsatz des Personals nach Qualifikation und Bedarf:

  Einweisung, Betreuung, Förderung, Personalbeurteilung

- **Personalentwicklung** (-förderung, -betreuung): Aus-, Fort- u. Weiterbildung, Beurteilung, soziale Einrichtungen, Sozialleistungen

- **Arbeitsbewertung und Entlohnung**

- **Lohn- und Gehaltsabrechnungen, Führung von Personalakten...**

Ziele der PW

- **Oberziel: Optimierung der Arbeitsleistung**

- **Unterziele:**
  - Optimierung der Leistungsfähigkeit

  - Optimierung der Motivation, Arbeitszufriedenheit, Arbeitsbedingungen, Entlohnungsgerechtigkeit (= soziale Ziele)

  - Personalkostenoptimierung... (= wirtschaftliche Ziele)

BWL: Personalwirtschaft

Stellenbeschreibung = exakte Angaben über eine Stelle:

- Stellenbezeichnung
- Stellenanforderungen
- Aufgaben der Stelle
- Befugnisse
- Befähigungen
- Stelleneingliederung in Hierarchie

Vorteile der Stellenbeschreibung:

- jeder Mitarbeiter kennt seine Aufgaben, Zuständigkeits- und Verantwortungsbereiche
  –> somit keine Zuständigkeitsstreitigkeiten

- erleichterte Stellenausschreibung

- schnelle Einarbeitung neuer Stelleninhaber

- Grundlage für Personalentwicklungsplanung

- Basis für Lohn- und Gehaltseinstufung

Aufgaben der Personalverwaltung

–> Abwicklung aller routinemäßigen Aufgaben des Personalbereichs, insbesondere:

- **Personalakte führen:** - für jeden Mitarbeiter

  - alle Unterlagen im Zusammenhang mit dem Arbeitsvertrag: z. B. Arbeitsvertrag, Vertragsänderungen, Zeugnisse, Verwarnungen, Beförderungen, Entgeltänderungen, Beurteilungen, Fortbildungen...

  - Arbeitnehmer hat Recht auf Einsicht

- **Verwaltung der Personaldaten:** - Personalkartei

  - computerunterstützte Personalinformationssysteme
  - siehe unten (wichtig: Datenschutz!)

- **Datenschutz:** –> **Rechte des Arbeitnehmers:**

  - Benachrichtigung über Speicherung

  - Auskunft über Herkunft und Empfänger der Daten

  - Berichtigung falscher Daten

  - Löschung unzulässigerweise gespeicherter Daten...
    (BundesdatenSchG)

BWL: Personalwirtschaft 178

- **Personalstatistik:** Häufig werden verschiedenartigste Kennzahlen ermittelt.

  – Personalstruktur:
  - Männer/Frauen
  - Deutsche/Ausländer
  - Arbeiter/Angestellte/Auszubildende...

  – Personalereignisse:
  - Fluktuation
  - Kranheitstage
  - Überstunden
  - Fortbildungen...

  – Personalkosten:
  - Gehalts- und Lohnsummen
  - Überstundenentgelte...

  – Sozialkosten:
  - gesetzliche Sozialleistungen (Arbeitgeberanteil zur Sozialvers.)
  - tarifliche Sozialleistungen (vermögenswirksame Leistungen, Gratifikationen)
  - freiwillige Sozialleistungen (Gratifikationen, Betriebsrenten, soziale Einrichtungen, Betriebsveranstaltungen...)

- **Personalinformationssystem:** i. d. R. computergestütze Datenbanken zur Erfassung, Verarbeitung, Speicherung und Bereitstellung von Daten der einzelnen Mitarbeiter („Personalakte")

- **Personalbetreuung** =
  - Aktualisierung des Personalinformationssystems
  - Auswertung der Personalstatistik
  - Arbeitsgestaltung
  - Arbeitsbewertung
  - Etnlohnungssysteme
  - Lohn- und Gehaltsabrechnung sowie Buchung

Aufgaben

1. Nennen Sie stichwortartig fünf Aufgaben der Personalwirtschaft.
2. Welches Oberziel und welche Unterziele verfolgt die Personalwirtschaft?
3. Zitat: „Heute sind Schlüsselqualifikationen gefragt." Erklären Sie kurz den Begriff.
4. Unterscheiden Sie die Möglichkeiten der Personalbeschaffung.
5. Welche Bewerbungsunterlagen sind üblicherweise einzureichen?
6. Wer darf bei geplanten Neueinstellungen nicht vergessen werden?
7. a) Was versteht man unter Stellenbeschreibung?

   b) Nennen Sie drei Vorteile von Stellenbeschreibungen.
8. Nennen Sie vier Aufgaben der Personalverwaltung.
9. Nennen Sie fünf Beurteilungsmerkmale zur Personalbeurteilung.

BWL: Personalwirtschaft

8.2 Der Einzelarbeitsvertrag (Grundlagen)

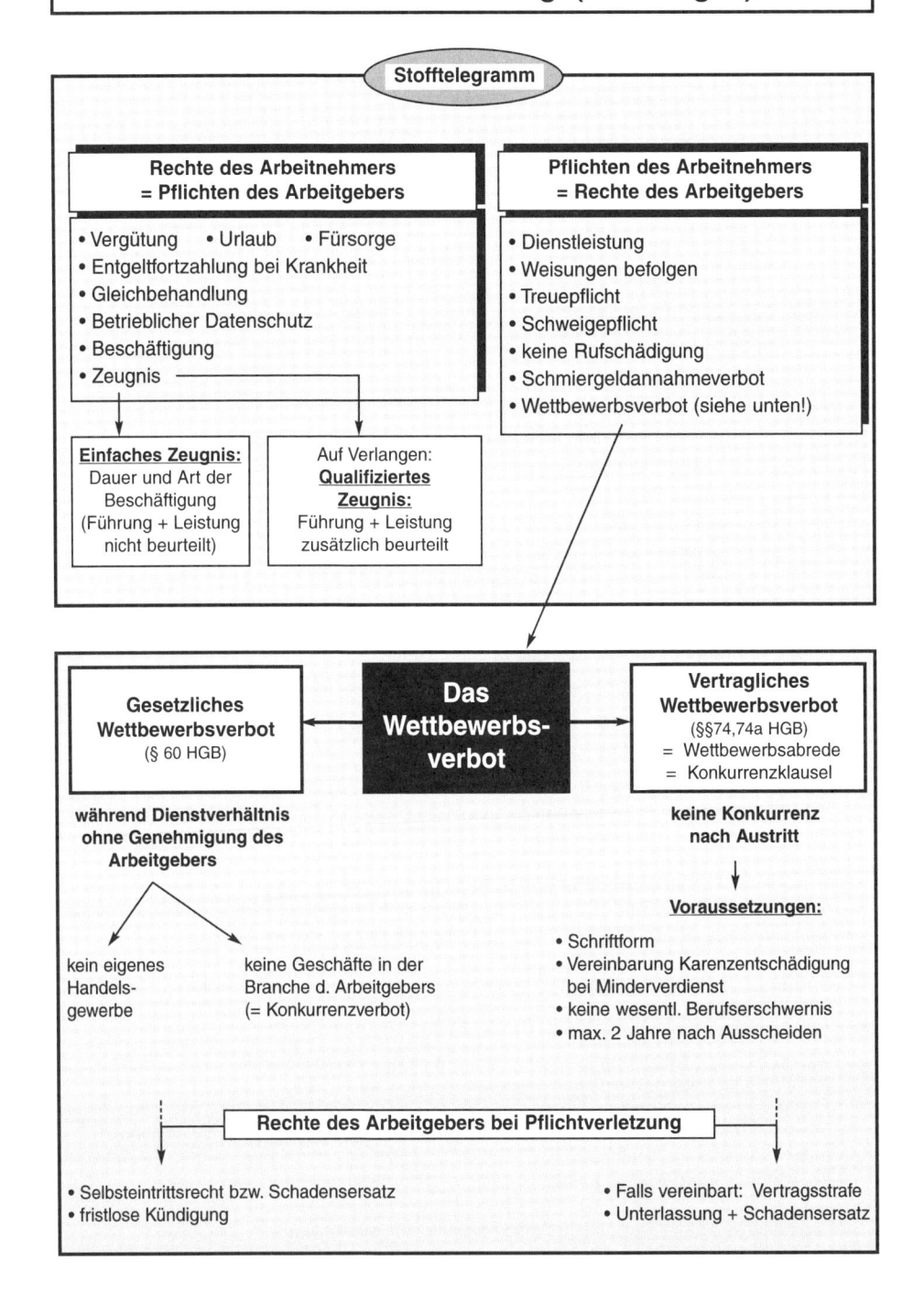

Stofftelegramm

Rechte des Arbeitnehmers = Pflichten des Arbeitgebers
- Vergütung • Urlaub • Fürsorge
- Entgeltfortzahlung bei Krankheit
- Gleichbehandlung
- Betrieblicher Datenschutz
- Beschäftigung
- Zeugnis

Pflichten des Arbeitnehmers = Rechte des Arbeitgebers
- Dienstleistung
- Weisungen befolgen
- Treuepflicht
- Schweigepflicht
- keine Rufschädigung
- Schmiergeldannahmeverbot
- Wettbewerbsverbot (siehe unten!)

Einfaches Zeugnis: Dauer und Art der Beschäftigung (Führung + Leistung nicht beurteilt)

Auf Verlangen: **Qualifiziertes Zeugnis:** Führung + Leistung zusätzlich beurteilt

---

Das Wettbewerbsverbot

Gesetzliches Wettbewerbsverbot (§ 60 HGB)

während Dienstverhältnis ohne Genehmigung des Arbeitgebers

- kein eigenes Handelsgewerbe
- keine Geschäfte in der Branche d. Arbeitgebers (= Konkurrenzverbot)

Vertragliches Wettbewerbsverbot (§§74, 74a HGB)
= Wettbewerbsabrede
= Konkurrenzklausel

keine Konkurrenz nach Austritt

Voraussetzungen:
- Schriftform
- Vereinbarung Karenzentschädigung bei Minderverdienst
- keine wesentl. Berufserschwernis
- max. 2 Jahre nach Ausscheiden

Rechte des Arbeitgebers bei Pflichtverletzung

- Selbsteintrittsrecht bzw. Schadensersatz
- fristlose Kündigung

- Falls vereinbart: Vertragsstrafe
- Unterlassung + Schadensersatz

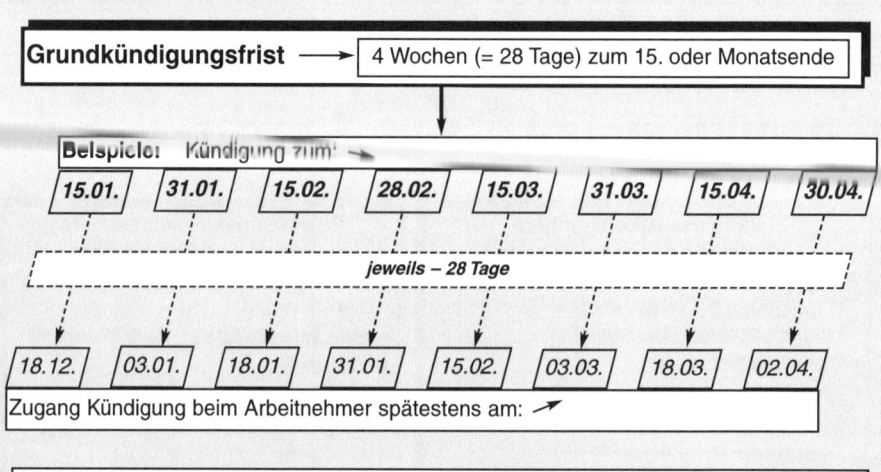

BWL: Personalwirtschaft

Grundkündigungsfrist → 4 Wochen (= 28 Tage) zum 15. oder Monatsende

Beispiele: Kündigung zum:

15.01. | 31.01. | 15.02. | 28.02. | 15.03. | 31.03. | 15.04. | 30.04.

jeweils – 28 Tage

18.12. | 03.01. | 18.01. | 31.01. | 15.02. | 03.03. | 18.03. | 02.04.

Zugang Kündigung beim Arbeitnehmer spätestens am:

Merke:
- Gleiche Kündigungsfristen für Angestellte und Arbeiter!
- Arbeitnehmerfrist nicht länger als Arbeitgeberfrist!
- Grundkündigungsfrist einzelvertraglich nicht abkürzbar!
- Ausnahme: Kleinbetriebe < 20 Arbeitnehmer (ohne Azubis)
  –> abkürzbar auf 4 Wochen ohne best. Kündigungstermin.
- **Tarifvertrag** kann kürzere Fristen festlegen!
- Kündigungsfrist während **Probezeit** *(max. 6 Monate)*: 14 Tage

Hinweis: Ab 2007 ist eine Verläüngerung der Probezeit auf zwei Jahre geplant.

Fristlose Kündigung: Voraussetzung = Vorliegen eines **wichtigen Grundes**

Dauer des Arbeitsvertrags
- **Unbefristet:** Normalfall

- **Befristete Arbeitsverträge mit sachlichem Grund:** rechtsgültig (z. B. Vertretungen wegen Krankheit, Mutterschutz oder Erziehungsurlaub, Saisonarbeit, vorübergehender Arbeitsanfall, Befristung auf Wunsch des Arbeitnehmers ...)

- **Befristete Arbeitsverträge ohne sachlichen Grund:** Fristobergrenze jeweils 2 Jahre; innerhalb dieser Frist bis zu drei Verlängerungen möglich **(Regelung wird evtl. ab 2007 abgeschafft; an deren Stelle soll sich die Probezeit auf zwei Jahre erhöhen)**

Beispiele: 2-Jahresvertrag; zweimal 1-Jahresvertrag; viermal 6-Monatsvertrag (3 Verlängerungen)

Vorteile für den Arbeitnehmer:

Vorteile für den Arbeitgeber:

- Einstellungschancen höher; Chance, später unbefristeten Arbeitsvertrag zu erhalten
- gute Alternative für Studenten, Hausfrauen
- flexiblere Lebensgestaltung möglich

- flexiblere Reaktion auf Marktänd. mögl.
- Risikominderung bei Einstellungen
- weniger Fehlbesetzungen, da längeres „Kennen lernen" der Arbeitnehmer mögl.

Nachteil für Arbeitnehmer: keine Weiterbeschäftigungsgarantie nach Fristablauf

BWL: Personalwirtschaft

Aufgaben

1. In welchen Gesetzen sind Regelungen über Einzelarbeitsverträge enthalten?
2. Welche Formvorschrift gilt für Arbeitsverträge?
3. Nennen Sie je drei Rechte und Pflichten des kaufmännischen Angestellten.
4. Unterscheiden Sie die Begriffe einfaches und qualifiziertes Zeugnis.
5. a) Erklären Sie den Begriff gesetzliches Wettbewerbsverbot.
   b) Welche Rechte hat der Arbeitgeber, wenn ein kaufmännischer Angestellter gegen das gesetzliche Wettbewerbsverbot verstößt?
6. a) Erklären Sie den Begriff vertragliches Wettbewerbsverbot.
   b) Welche Voraussetzungen müssen erfüllt sein, damit das vertragliche Wettbewerbsverbot rechtsgültig ist?
7. Wie lautet die gesetzliche Kündigungsfrist für Angestellte mit weniger als zwei Jahren Betriebszugehörigkeit?
8. Worauf ist bei Vereinbarung einer vertraglichen Kündigungsfrist zu achten?
9. Wann ist eine fristlose Kündigung möglich? Nennen Sie vier Beispiele.
10. Alf Flatter, Angestellter der Betten GmbH, unterschreibt am 20. Januar einen Arbeitsvertrag mit der Scherzartikel GmbH. Beginn des neuen Arbeitsverhältnisses: 1. August.
    a) Wann muss Flatter bei der Betten GmbH spätestens kündigen, um rechtzeitig bei der Scherzartikel GmbH beginnen zu können?
    b) Genügt es, wenn Flatter am letztmöglichen Kündigungstag sein Kündigungsschreiben zur Post bringt? Begründung.
11. Unter welchen Voraussetzungen dürfen befristete Arbeitsverträge abgeschlossen werden?
12. Nennen Sie Vor- u. Nachteile befristeter Arbeitsverträge für Arbeitnehmer und Arbeitgeber.

Zeichnung: Linders

Quelle: „HOT" – Holzer-Telegramm (Unterrichtsmagazin für Wirtschaftsfächer), Bildungsverlag EINS

BWL: Personalwirtschaft

8.3 Allgemeiner und besonderer Kündigungsschutz

Stofftelegramm

Gesetzliche Grundlagen: Kündigungsschutzgesetz, BGB

Allgemeiner Kündigungsschutz → = Schutz vor sozial ungerechtfertigter Kündigung

- Voraussetzungen: mind. 6 Monaten im gleichen Betrieb; Betrieb hat mehr als 10 Arbeitnehmer
- Kündigung unwirksam, wenn
  - Arbeitnehmer keinen Kündigungsgrund liefert
  - Kündigung betrieblich nicht notwendig
  - soziale Gesichtspunkte nicht ausreichend berücksichtigt

Besonderer Kündigungsschutz

- **Betriebsratsmitglieder und Jugendvertreter:** Während Amtszeit u. innerhalb eines Jahres danach nicht kündbar. Ausnahme: fristlose Kündigung bei wichtigem Grund.
- **Werdende Mütter (Mutterschutzgesetz):** Siehe unten
- **Schwerbehinderte (Schwerbehindertengesetz):** Kündigung nur mit Zustimmung der Hauptfürsorgestelle
- **Auszubildende:** vgl. Gesamtwirtschaft (Best. Nr. 00630)
- **Langjährige Angestellte:** (Die Betriebszugehörigkeit zählt ab dem 25. Lebensjahr.)

Betriebszugehörigkeit (Jahre)	2	5	8	10	12	15	20
Kündigungsfrist in Monaten zum Monatsende	1	2	3	4	5	6	7

Aufgaben

1. Welche wesentlichen Gesetze regeln den Kündigungsschutz?
2. a) Was versteht man unter allgemeinem Kündigungsschutz?
   b) Für welche Arbeitnehmer gilt der allgemeine Kündigungsschutz?
3. a) Für welche Arbeitnehmer gilt ein besonderer Kündigungsschutz?
   b) Wie sieht dieser Kündigungsschutz jeweils aus (vgl. auch nächstes Kapitel!)?
4. Welche Kündigungsfristen muss ein Arbeitgeber beachten?
   a) 27-jähriger Angestellter, seit 10 Jahren im Betrieb
   b) 32-jähriger Angestellter, seit 5 Jahren im Betrieb
   c) 32-jähriger Angestellter, seit 14 Jahren im Betrieb

BWL: Personalwirtschaft 183

d) 35-jähriger Angestellter, seit 11 Jahren im Betrieb

e) 58-jähriger Angestellter, seit 38 Jahren im Betrieb

f) Betriebsrat

g) Auszubildender während und nach der Probezeit

5. Welche Kündigungsfrist gilt für einen 34-jährigen Angestellten, der seit 12 Jahren im Unternehmen tätig ist, wenn

   a) der Arbeitgeber   b) er selbst kündigt?

6. Wann muss einem 36-jährigen Angestellten spätestens gekündigt werden, wenn er seit 13 Jahren im Unternehmen tätig ist und zum 1. Oktober ausscheiden soll? Begründung.

Mutterschutz: Kündigungsverbot

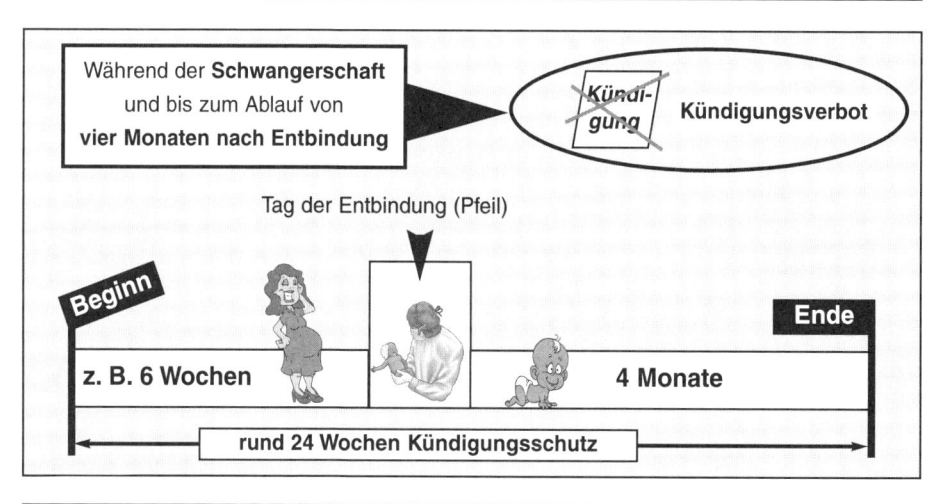

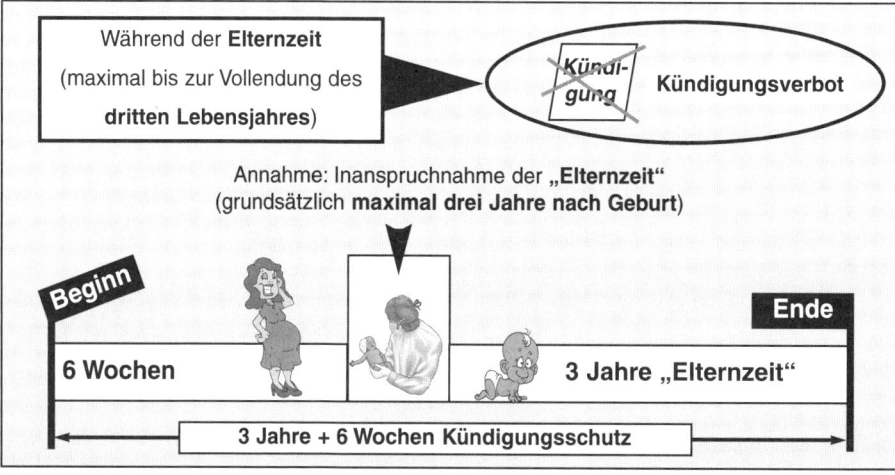

Während der **Schwangerschaft** und bis zum Ablauf von **vier Monaten nach Entbindung** → Kündigungsverbot

Tag der Entbindung (Pfeil)

Beginn — z. B. 6 Wochen — 4 Monate — **Ende**

rund 24 Wochen Kündigungsschutz

Während der **Elternzeit** (maximal bis zur Vollendung des **dritten Lebensjahres**) → Kündigungsverbot

Annahme: Inanspruchnahme der „**Elternzeit**" (grundsätzlich **maximal drei Jahre nach Geburt**)

Beginn — 6 Wochen — 3 Jahre „Elternzeit" — **Ende**

3 Jahre + 6 Wochen Kündigungsschutz

BWL: Personalwirtschaft 184

8.4 Arbeitsgerichtsbarkeit

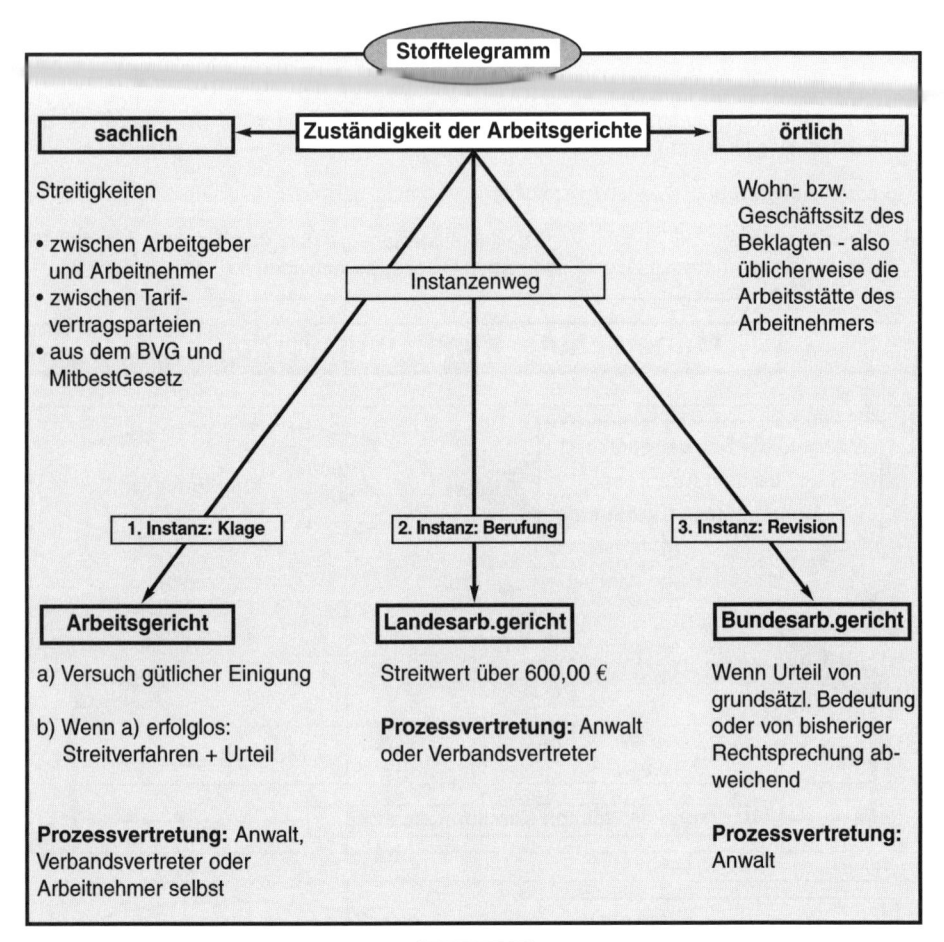

Stofftelegramm

Zuständigkeit der Arbeitsgerichte

sachlich

Streitigkeiten
- zwischen Arbeitgeber und Arbeitnehmer
- zwischen Tarifvertragsparteien
- aus dem BVG und MitbestGesetz

Instanzenweg

örtlich

Wohn- bzw. Geschäftssitz des Beklagten - also üblicherweise die Arbeitsstätte des Arbeitnehmers

1. Instanz: Klage

Arbeitsgericht

a) Versuch gütlicher Einigung

b) Wenn a) erfolglos: Streitverfahren + Urteil

Prozessvertretung: Anwalt, Verbandsvertreter oder Arbeitnehmer selbst

2. Instanz: Berufung

Landesarb.gericht

Streitwert über 600,00 €

Prozessvertretung: Anwalt oder Verbandsvertreter

3. Instanz: Revision

Bundesarb.gericht

Wenn Urteil von grundsätzl. Bedeutung oder von bisheriger Rechtsprechung abweichend

Prozessvertretung: Anwalt

Aufgaben

1. Welches Gesetz regelt die Arbeitsgerichtsbarkeit?
2. Der kaufmännische Angestellte Broselfink wohnt in Göppingen und arbeitet in der Firma Gerd Hölle - Eisenwaren e. K. in Stuttgart. Unternehmer Hölle wohnt in Esslingen.
   Vor einigen Tagen wurde Herrn Broselfink gekündigt. Er möchte klagen.
   a) Welches Gericht ist sachlich und örtlich zuständig?
   b) Welcher Vorgang ist dem eigentlichen Streitverfahren vorgelagert? Begründung.
   c) Wer kann für Broselfink in der ersten Instanz die Prozessvertretung übernehmen?
   d) Broselfink ist mit dem Urteil der ersten Instanz nicht einverstanden. Wie kann er weiter vorgehen? Welche Voraussetzungen sind zu beachten?
3. Für welche Rechtsstreitigkeiten sind Arbeitsgerichte zuständig?

BWL: Personalwirtschaft

8.5 Begriffe:
Arbeitsgestaltung und Arbeitsorganisation

Stofftelegramm

Kurzdefinition der Begriffe Arbeitsgestaltung und Arbeitsorganisation in Anlehnung an Wöhe (Einführung in die Allgemeine Betriebswirtschaftslehre, Vahlen) und REFA:

Arbeitsgestaltung

Die Arbeitsgestaltung verfolgt das Ziel, durch eine zweckmäßige Organisation ein optimales Zusammenwirken des arbeitenden Menschen, der Betriebsmittel und der Arbeitsgegenstände zu erreichen.

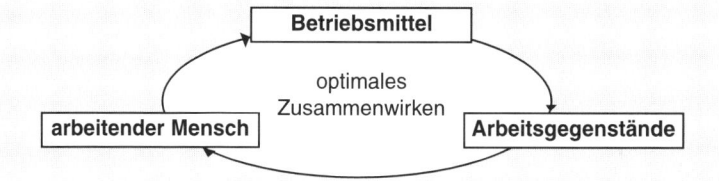

```
            Betriebsmittel
              optimales
             Zusammenwirken
arbeitender Mensch ←→ Arbeitsgegenstände
```

Hieraus resultieren zwei Ziele:

- menschengerechte Gestaltung der Arbeitsbedingungen (Humanisierung der Arbeit)

- ertragssteigernde Gestaltung des Arbeitssystems

Arbeitsorganisation

Die Arbeitsorganisation erstreckt sich im wesentlichen auf die **optimale Gestaltung des Verhältnisses der Arbeitskraft** ...

- **... zur Arbeit und zum Arbeitsplatz**

    –> Mittel u. a.: Arbeitsstudien (s. u.) und Arbeitsvorbereitung

- **... zu Vorgesetzten und Mitarbeitern**,

    also auf eine genaue Abgrenzung des „Befehlsbereiches" (s. u. Führungsstile und Führungstechniken) und auf das Gefühl der Sicherheit des Arbeitsplatzes.

- Die Folgekapitel beschäftigen sich mit einigen Inhalten beider Begriffe. -

BWL: Personalwirtschaft

8.6 Personalführung, -betreuung, -entwicklung u. Motivation

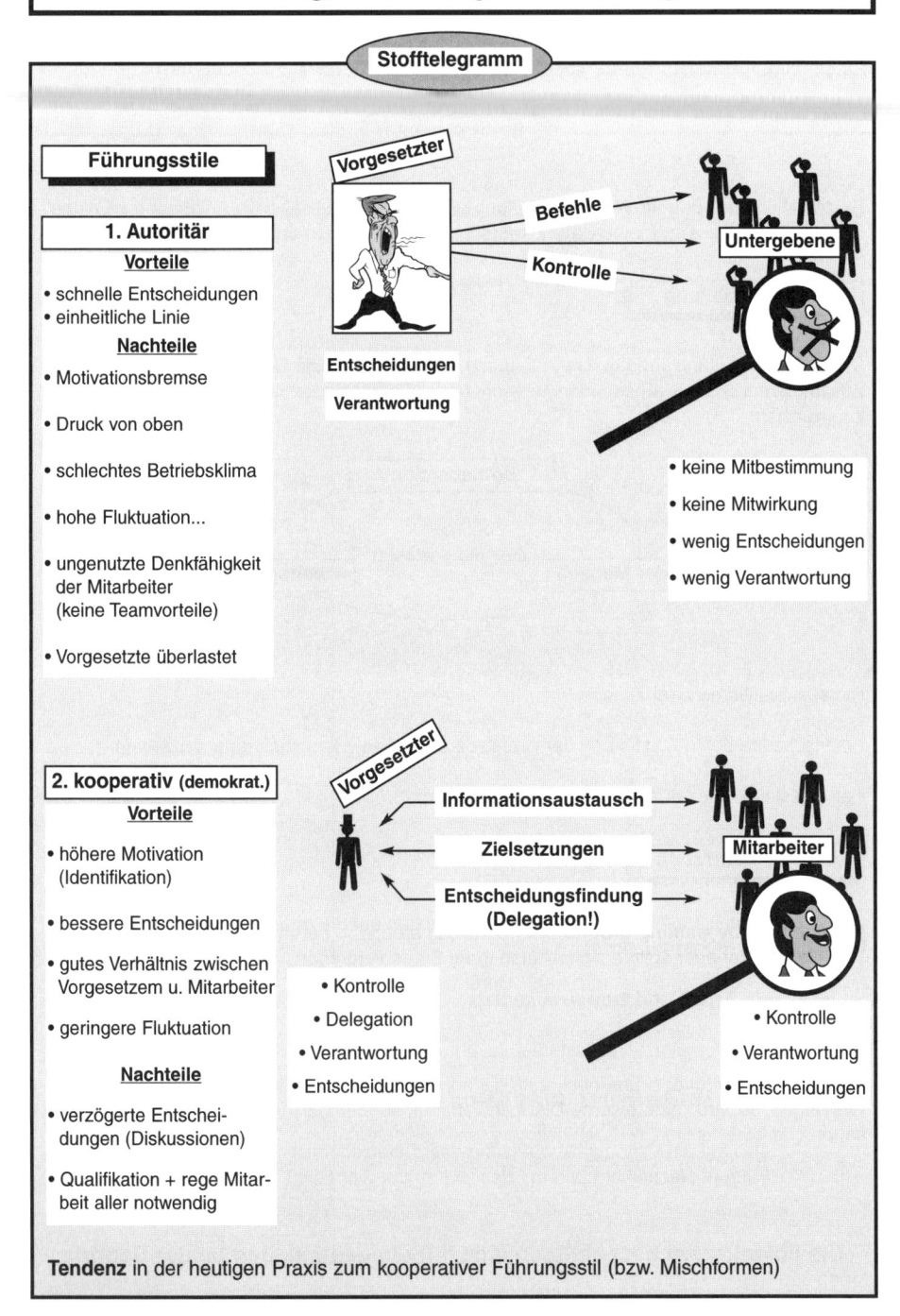

Stofftelegramm

Führungsstile

1. Autoritär

Vorteile
- schnelle Entscheidungen
- einheitliche Linie

Nachteile
- Motivationsbremse
- Druck von oben
- schlechtes Betriebsklima
- hohe Fluktuation...
- ungenutzte Denkfähigkeit der Mitarbeiter (keine Teamvorteile)
- Vorgesetzte überlastet

Vorgesetzter → Befehle → Untergebene
Vorgesetzter → Kontrolle → Untergebene

Entscheidungen
Verantwortung

- keine Mitbestimmung
- keine Mitwirkung
- wenig Entscheidungen
- wenig Verantwortung

2. kooperativ (demokrat.)

Vorteile
- höhere Motivation (Identifikation)
- bessere Entscheidungen
- gutes Verhältnis zwischen Vorgesetzem u. Mitarbeiter
- geringere Fluktuation

Nachteile
- verzögerte Entscheidungen (Diskussionen)
- Qualifikation + rege Mitarbeit aller notwendig

Vorgesetzter ↔ Informationsaustausch ↔ Mitarbeiter
Vorgesetzter ↔ Zielsetzungen ↔ Mitarbeiter
Vorgesetzter ↔ Entscheidungsfindung (Delegation!) ↔ Mitarbeiter

- Kontrolle
- Delegation
- Verantwortung
- Entscheidungen

- Kontrolle
- Verantwortung
- Entscheidungen

Tendenz in der heutigen Praxis zum kooperativer Führungsstil (bzw. Mischformen)

BWL: Personalwirtschaft

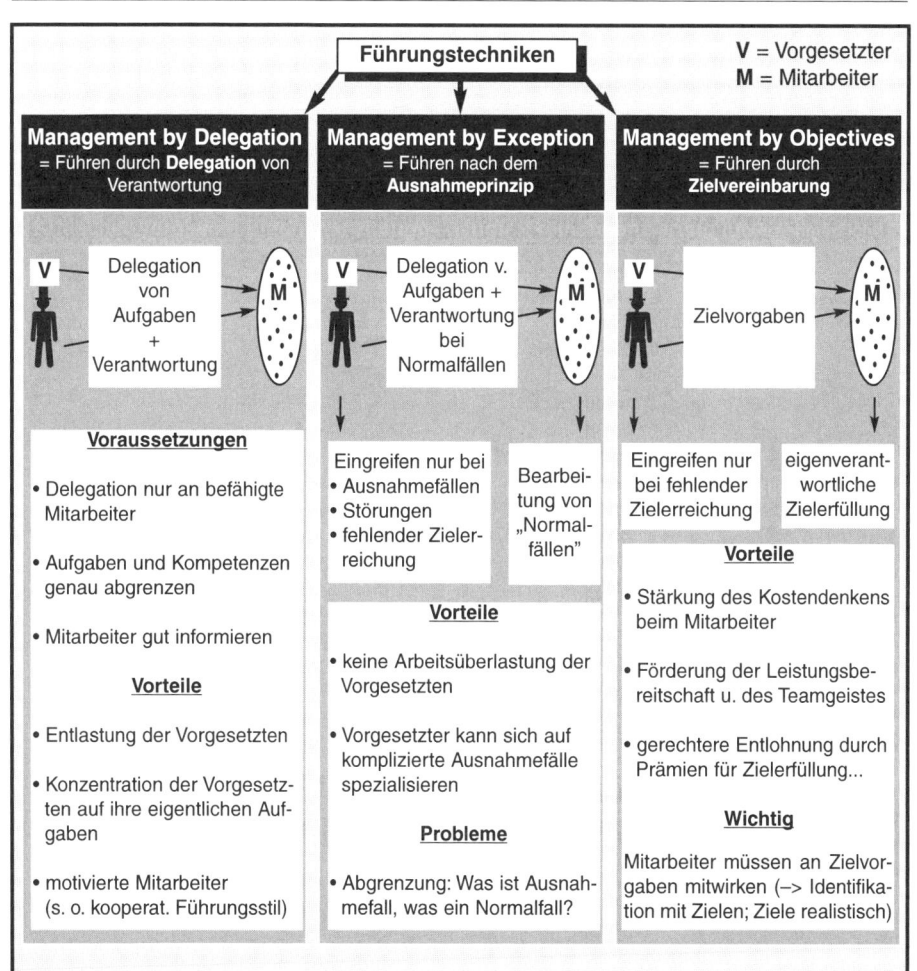

Führungstechniken

V = Vorgesetzter
M = Mitarbeiter

Management by Delegation
= Führen durch **Delegation** von Verantwortung

V → Delegation von Aufgaben + Verantwortung → M

Voraussetzungen

- Delegation nur an befähigte Mitarbeiter
- Aufgaben und Kompetenzen genau abgrenzen
- Mitarbeiter gut informieren

Vorteile

- Entlastung der Vorgesetzten
- Konzentration der Vorgesetzten auf ihre eigentlichen Aufgaben
- motivierte Mitarbeiter (s. o. kooperat. Führungsstil)

Management by Exception
= Führen nach dem **Ausnahmeprinzip**

V → Delegation v. Aufgaben + Verantwortung bei Normalfällen → M

Eingreifen nur bei
- Ausnahmefällen
- Störungen
- fehlender Zielerreichung

Bearbeitung von „Normalfällen"

Vorteile

- keine Arbeitsüberlastung der Vorgesetzten
- Vorgesetzter kann sich auf komplizierte Ausnahmefälle spezialisieren

Probleme

- Abgrenzung: Was ist Ausnahmefall, was ein Normalfall?

Management by Objectives
= Führen durch **Zielvereinbarung**

V → Zielvorgaben → M

Eingreifen nur bei fehlender Zielerreichung

eigenverantwortliche Zielerfüllung

Vorteile

- Stärkung des Kostendenkens beim Mitarbeiter
- Förderung der Leistungsbereitschaft u. des Teamgeistes
- gerechtere Entlohnung durch Prämien für Zielerfüllung...

Wichtig

Mitarbeiter müssen an Zielvorgaben mitwirken (–> Identifikation mit Zielen; Ziele realistisch)

Eine weitere interessante „Management-by-Technik":

Management by walking around: („walking around" = herumgehen)
V. a. die Top-Manager sollten sich nicht in ihren Büros vergraben, sondern sich so oft wie möglich unter die Mitarbeiter mischen („Herumspazieren" im Unternehmen).
Vorteil: Die Geschäftsleitung erfährt sofort aus erster Quelle (vom Personal), wo „der Schuh drückt". Der Chef sollte für jeden „ein offenes Ohr haben".

Management by love: Führungskräfte, die auf das menschliche Miteinander besonderen Wert legen; es wird keine eiserne Disziplin verlangt, sondern der Vorgesetzte baut auf Vertrauen und gegenseitige Wertschätzung; er setzt seine natürliche Autorität - nicht seine Macht - ein –> Klimaverbesserung („Klima der Menschlichkeit").

Führen von Gruppen:
- bestimmte Freiräume für die Gruppe notwendig
- Ausrichtung der Gruppen am Unternehmensleitbild
- Unterstützung der Gruppenarbeit durch geschultes Personal

BWL: Personalwirtschaft

Personalentwicklungsinstrumente

Personalentwicklung = gezielte, planmäßige Förderung geeigneter Mitarbeiter
–> Ziel: Optimierung der Leistungsbereitschaft und L'fähigkeit

Laufbahnpläne

Aufzeigen:
Welche Wege führen zu welchen Positionen im Unternehmen?

↓

- rechtzeitige Sicherung des zukünftigen Bedarfs an Führungskräften
- Aufzeigen von Berufszielen
- Motivation

Beurteilung

Beurteilungskriterien:

- fachl. Fähigkeiten
- geistige Fähigk. (Kreativität, Organisationsvermögen, Auftreten...?)
- Arbeitsweise
- Gruppenverhalten
- Führungsqualität (Entscheidungsfähigkeit, Durchsetzungsvermögen, Motivationsfähigkeit...)

Gespräche

Beratungs- und Fördergespräche

Sonstiges

- **am Arbeitsplatz „Training-on-the-job":**
  - optimale Förderung durch Vorgesetzten (Coaching)
  - planmäß. Unterweisung
  - Arbeitsplatzwechsel (Jobrotation)
  - Übertragung von Sonderaufgaben ...

- **außerhalb Arbeitsplatz („Training-off-the-job"):**
  - Schulungen, Seminare, (Fort- u. Weiterbidlung)
  - Fachliteratur...

Arbeitsorganisation

Stichwort: **Humanisierung der Arbeit**

Jobenlargement

Arbeitserweiterung:
Mehrere gleichartige Teilaufgaben werden zusammengefasst und einer Arbeitskraft zugewiesen.

Jobenrichment

Arbeitsbereicherung:
Anreicherung des Arbeitsinhaltes mit Elementen, die den Arbeitsinhalt qualitativ aufwerten

Jobrotation

Arbeitsplatzwechsel:
Regelmäßiger Tausch von Arbeitsplätzen
–> Abwechslung
–> Auflockerung
–> Motivation

Gruppenarbeit

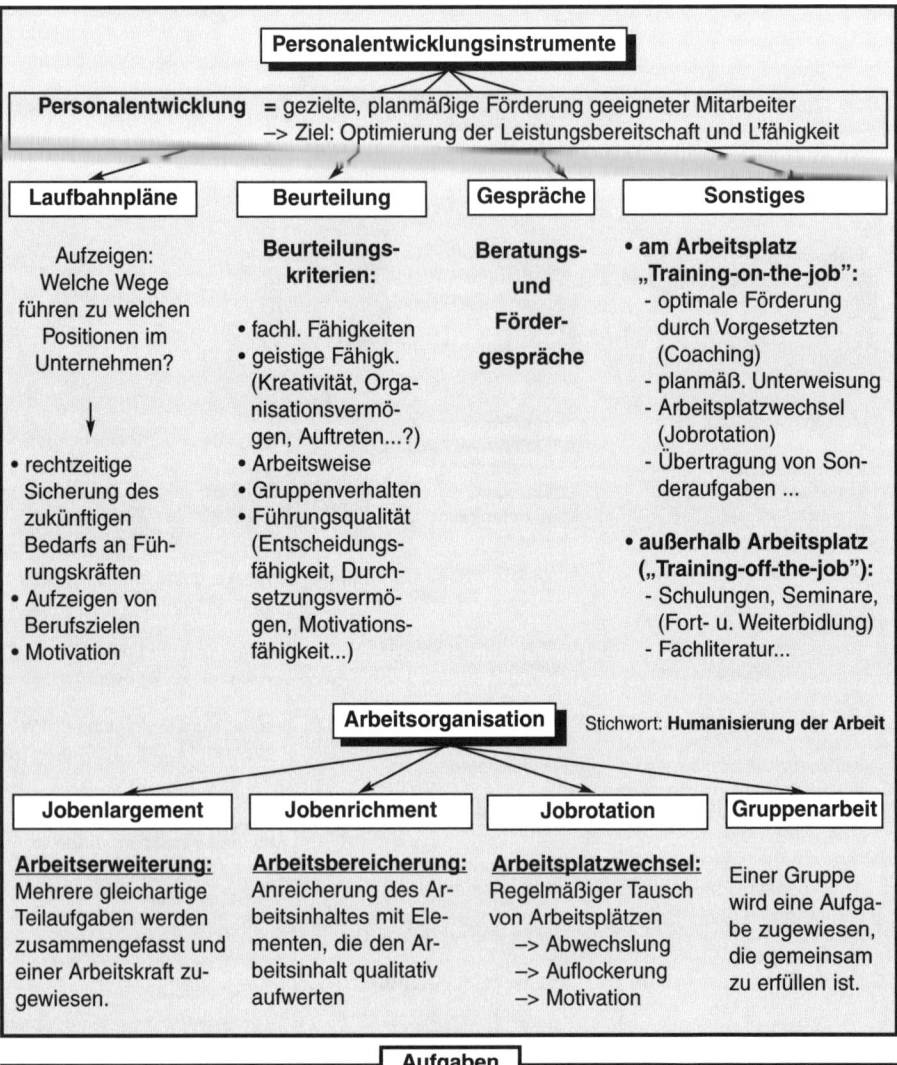

Einer Gruppe wird eine Aufgabe zugewiesen, die gemeinsam zu erfüllen ist.

Aufgaben

1. a) Erklären Sie: **„Unternehmensleitbild"**.
   b) Welchem Zweck dient die Formulierung eines Unternehmensleitbildes?

2. a) Erklären Sie: **autoritärer und kooperativer Führungsstil.**
   b) Nennen Sie jeweils zwei typische Vor- und Nachteile beider Systeme.

3. a) Erklären Sie: **Management by Delegation, Management by Exception, Management by Objectives.**
   b) Welche Vorteile verbergen sich hinter den genannten Führungstechniken?

4. a) Nennen Sie vier **Personalentwicklungsinstrumente.**
   b) Erklären Sie: **Training-on-the-job** und **Training-off-the-job.**

5. Erklären Sie: **Jobenlargement, Jobenrichment, Jobrotation, Gruppenarbeit.**

BWL: Personalwirtschaft

8.7 Arbeitszeitmodelle

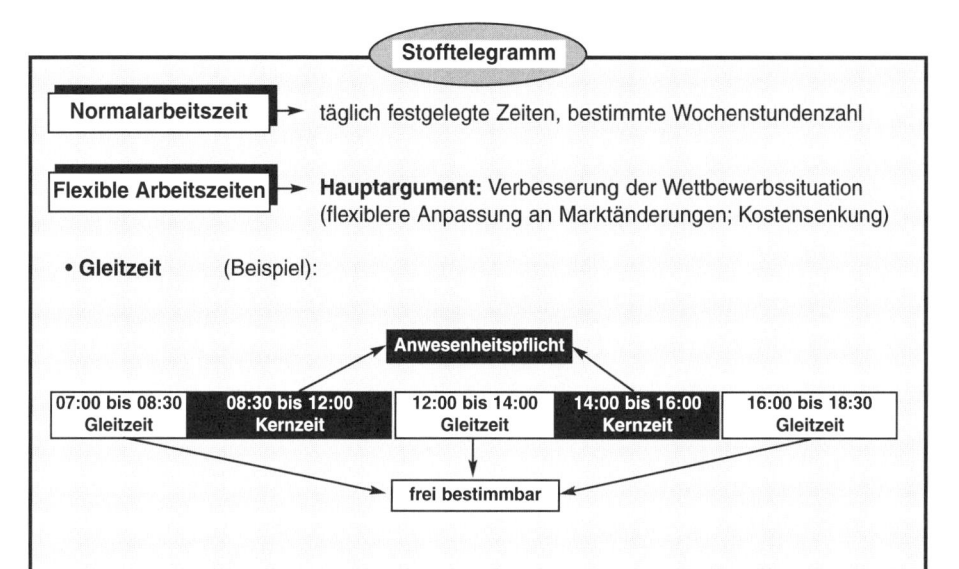

Stofftelegramm

Normalarbeitszeit → täglich festgelegte Zeiten, bestimmte Wochenstundenzahl

Flexible Arbeitszeiten → **Hauptargument:** Verbesserung der Wettbewerbssituation
(flexiblere Anpassung an Marktänderungen; Kostensenkung)

- **Gleitzeit** (Beispiel):

```
                    Anwesenheitspflicht
07:00 bis 08:30  | 08:30 bis 12:00 | 12:00 bis 14:00 | 14:00 bis 16:00 | 16:00 bis 18:30
   Gleitzeit     |    Kernzeit     |    Gleitzeit    |    Kernzeit     |    Gleitzeit
                              ↓
                      frei bestimmbar
```

Voraussetzung für Anwendbarkeit:

Arbeitnehmer können relativ unabhängig voneinander arbeiten. Typisch in Büros.

Vorteile (Gleitzeit) für Arbeitnehmer	Nachteile (Gleitzeit) für Arbeitnehmer
• flexiblere Lebensgestaltung möglich • persönl. Lebensrhythmus berücksichtigt • evtl. Umgehung von Verkehrsstaus • Aufbau von Zeitguthaben, die als Gleittage „abgebummelt" werden können	• Überstundenzuschläge entfallen • Pünktlichkeitsrisiko trägt Arbeitnehmer • lückenlose Zeiterfassung („gläserner Mensch"?)

Vorteile (Gleitzeit) für Arbeitgeber	Nachteile (Gleitzeit) für Arbeitgeber
• motiviertere Arbeitnehmer („Freiräume"), besseres Betriebsklima, Leistung steigt, geringerer Krankenstand • Pünktlichkeitsrisiko trägt Arbeitnehmer • Einsparung von Überstundenzuschlägen	• Arbeitsplätze nicht ständig besetzt • Konzentrationsverlust bei ständigem Kommen und Gehen • teure Geräte zur Kontrolle der Arbeitszeiten notwendig

BWL: Personalwirtschaft

- **Schichtarbeit:** Vorteil insbesondere: bessere und gleichmäßigere Auslastung der Produktionsanlagen.
- **Teilzeitarbeit:**
  - Jobsharing: zwei Arbeitnehmer teilen sich Rechte und Pflichten eines Vollzeitarbeitsplatzes
  - Arbeit auf Abruf: Arbeitnehmer arbeitet bei Bedarf
  - tage-, wochen-, monatsweise Teizeitarbeit: z. B. 4-Std.-Tag / 3-Tage-Woche / 3 Wochen je Monat ...
- **Telearbeit:**
  - Arbeitsplatz am Bildschirm im Haus des Arbeitnehmers
  - Unterschied zur „Heimarbeit" alten Stils: Telearbeit eignet sich insbesondere für qualifizierte, kundennahe Arbeiten
  - viele Varianten: vollständige Telearbeit / alternierende Telearbeit mit regelmäßiger Anwesenheit im Betrieb ...
  - Besonders geeignet für Telearbeit: Daten- und Texterfassung, Programmieren, Schreiben, Übersetzen, Rechnungswesen, Bestellungen ...

Argumente für Telearbeit	Argumente gegen Telearbeit
Aus Arbeitnehmersicht: • erhöhte Flexibilität • Motivation der Mitarbeiter • bessere Vereinbarkeit Beruf / Privat • mehr Freiheit bei Wohnortwahl • Wegfall der Pendelzeiten • Eingehen auf individuelle Mitarbeiterwünsche • Arbeit nach individuellem Zeitrhythmus • neue Behindertenarbeitsplätze **Aus Arbeitgebersicht:** • weniger Raum- und Mietkosten • geringere Reisekosten • qualifizierte Arbeitskräfte gewinnen und halten • Nutzung räumlich entfernten Wissens • größere Kundennähe, besserer Service **Aus gesamtwirtschaftlicher Sicht:** • Umweltentlastung: weniger Pendler, Energieeinsparung • Entzerrung der Ballungszentren • Aufwertung des ländlichen Raums • Schaffung neuer Arbeitsplätze v. a. in strukturschwachen Räumen • Flexibilisierung des Arbeitsmarktes	**Aus Arbeitnehmersicht:** • soziale Isolation • fehlende Trennung Beruf / Privat **Aus Arbeitgebersicht:** • hohe Telekommunikationskosten • hohe Hardware-Kosten • fehlende Mitarbeiterkontrolle • organisatorischer Aufwand • evtl. unvereinbar mit Tätigkeitsfeld des Unternehmens • evtl. rechtliche Probleme (Arbeitsrecht) • evtl. unwirtschaftlich • mangelnder Datenschutz u. –sicherung • evtl. Reibungen mit traditionell unflexiblem Management • höherer Koordinierungsbedarf • evtl. Abwandern von Arbeitsplätzen ins Ausland • Landschaftszersiedelung

---

Aufgaben

1. Nennen Sie Vor- u. Nachteile der Gleitzeit für Arbeitnehmer und Arbeitgeber.
2. Erklären Sie kurz die Begriffe: a) Jobsharing   b) Arbeit auf Abruf   c) Telearbeit
3. Nennen Sie Argumente der Befürworter und Gegner der Telearbeit.

8.8 Arbeitsbewertung: Arbeitsstudien

Stofftelegramm

Arbeitszeitstudien

- **Zweck:** Vorgabezeitermittlung (Vorgabezeit = Auftragszeit = Zeit eines Arbeiters für eine Arbeitsaufgabe bei durchschnittlicher Leistung).
- **Rüstzeit:** Zeit zur Vor- und Nachbereitung des Arbeitsplatzes (z. B. Maschine einstellen, säubern...)
- **Ausführungszeit:** Eigentliche Arbeitszeit = Stück (m) • Zeit / Einheit (t_e)
- **Grundzeit:** Regelmäßig anfallende Rüst- und Ausführungszeit
- **Verteilzeit:** Unregelmäßig anfallende Rüst- und Ausführungszeit
- **Erholzeit:** Frei verfügbare Zeit innerhalb der bezahlten Arbeitszeit

- **REFA-Grundgleichung:**

  Auftragszeit = Rüstzeit + Ausführungszeit

  Auftragszeit = t_r + m • t_e

- **Leistungsgrad:** Normalleistung = 100 %
  Tatsächl. Leistung = x %

$$\text{Leistungsgrad} = \frac{\text{tatsächl. Leistung} \cdot 100}{\text{Normalleistung}}$$

Arbeitswertstudien

- **Zweck:** Feststellung des Schwierigkeitsgrades einer Arbeit. Grundlage zur Lohnfindung.

- **Lohngruppenverfahren (summarisch):**
  - Bildung von Lohngruppen unterschiedlicher Schwierigkeitsgrade
  - Zuordnung aller Tätigkeiten
  - Schätzung Gesamtanforderung (Summe der Einzelanforderungen) einer Arbeitsaufg.

  Vorteile:
  - einfach, überschaubar
  - Richtbeispiele erleichtern die Eingruppierung

  Nachteile:
  - zu global, z. T. subjektiv
  - zu geringe Berücksichtigung einzelnen Anforderungsarten wie z. B. Lärm

- **Stufenwertzahlverfahren (analytisch):**

  Arbeitsaufgabe zergliedern in einzelne Anforderungsarten (Fachkönnen, geistige + körperliche Belastung, Verantwortung, Umwelteinflüsse) und Zuordnung von Arbeitswerten

  GENFER SCHEMA:
  - allgemeines Schema für einheitliche Arbeitsbewertung
  - Berücksichtigung obiger Anforderungsarten
  - Zuordnung von Bewertungshöchstpunktzahlen
  - danach Zuordnung von Lohngruppen

  Vorteile: • relativ objektiv • exakte Bewertung • weniger Konflikte
  Nachteile: • geringerer Verhandlungsspielraum für Lohnhöhe • umständlich

Aufgaben

1. Welchen Zweck haben a) Arbeitszeitstudien? b) Arbeitswertstudien?

2. Erklären Sie die Begriffe:
   a) Rüstzeit
   b) Ausführungszeit
   c) Grundzeit
   d) Verteilzeit
   e) Erholzeit

3. Wie lautet die REFA-Grundgleichung?

4. Eine Zeitaufnahme erbrachte für einen Arbeitsgang folgendes Ergebnis:

	Min.		Min.
Auftrag lesen	15	Einstellen der Maschine	30
Unklarheiten klären	5	Bearbeitung des Werkst.	9
Material bereitstellen	35	Arbeitsplatz aufräumen	15

   a) Welche Tätigkeiten sind Rüst-, welche Ausführungszeiten?
   b) Berechnen Sie die Vorgabezeit (Auftragszeit) für die Bearbeitung von 100 Stück.
   c) Wie hoch ist die Normalleistung in Stück je Stunde?

5. Normalleistung: 70 Stück je Tag
   Tatsächliche Leistung: 84 Stück je Tag. Leistungsgrad?

6. a) Unterscheiden Sie: Lohngruppenverfahren (summarisches Verfahren) und Stufenwertzahlverfahren (analytisches Verfahren).

   b) Nennen Sie Vor- und Nachteile beider Verfahren.

7. Was versteht man unter Genfer Schema?

8. Aufgrund von REFA-Zeitstudien ergaben sich für eine Arbeitsaufgabe folgende Werte:

   Rüstgrundzeit 60 Min., Rüstverteilzeit 5 %, Tätigkeitszeit 40 Min. je St., Wartezeit 10 Min. je Stück, Ausführverteilzeit 10 %.

   Ermitteln Sie für einen Auftrag von 100 Stück die Rüstzeit, Ausführungsgrundzeit, Ausführungszeit und Auftragszeit.

9. Für die Ausführung eines Auftrags, der 30 Werkstücke umfasst, wurden bei der Schloppel KG folgende Zeiten festgestellt: 20 Minuten für Lesen des Auftrags, Vorbereiten der Maschine und Wiederherstellen des ursprünglichen Arbeitsplatzzustands. Für zwangsläufige, notwendige Arbeitsunterbrechung muss ein Zuschlag von 5 % berücksichtigt werden. 10 Minuten für die Bearbeitung e i n e s Werkstücks.

   Für zwangsläufige, notwendige Arbeitsunterbrechungen muss ein Zuschlag von 10 % berücksichtigt werden.

   Wie viele Minuten entfallen entsprechend dem Sachverhalt auf die

   a) Grundzeiten   c) Rüstzeit   e) Ausführungszeit

   b) Verteilzeiten   d) Stückzeit   f) Auftragszeit?

BWL: Personalwirtschaft

8.9 Entlohnungssysteme

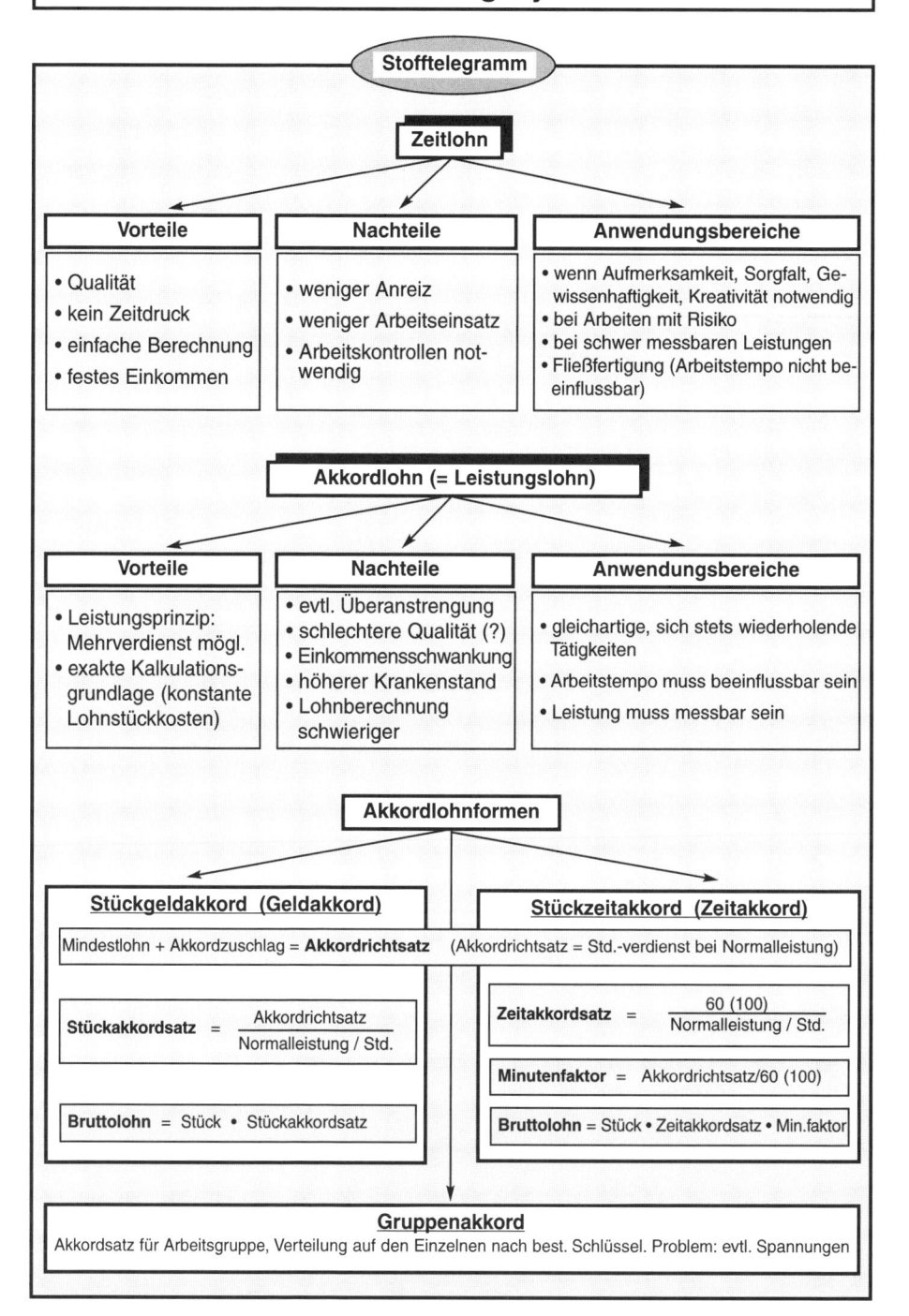

Stofftelegramm

Zeitlohn

Vorteile	Nachteile	Anwendungsbereiche
• Qualität • kein Zeitdruck • einfache Berechnung • festes Einkommen	• weniger Anreiz • weniger Arbeitseinsatz • Arbeitskontrollen notwendig	• wenn Aufmerksamkeit, Sorgfalt, Gewissenhaftigkeit, Kreativität notwendig • bei Arbeiten mit Risiko • bei schwer messbaren Leistungen • Fließfertigung (Arbeitstempo nicht beeinflussbar)

Akkordlohn (= Leistungslohn)

Vorteile	Nachteile	Anwendungsbereiche
• Leistungsprinzip: Mehrverdienst mögl. • exakte Kalkulationsgrundlage (konstante Lohnstückkosten)	• evtl. Überanstrengung • schlechtere Qualität (?) • Einkommensschwankung • höherer Krankenstand • Lohnberechnung schwieriger	• gleichartige, sich stets wiederholende Tätigkeiten • Arbeitstempo muss beeinflussbar sein • Leistung muss messbar sein

Akkordlohnformen

Stückgeldakkord (Geldakkord)

Mindestlohn + Akkordzuschlag = **Akkordrichtsatz** (Akkordrichtsatz = Std.-verdienst bei Normalleistung)

$$\text{Stückakkordsatz} = \frac{\text{Akkordrichtsatz}}{\text{Normalleistung / Std.}}$$

Bruttolohn = Stück · Stückakkordsatz

Stückzeitakkord (Zeitakkord)

$$\text{Zeitakkordsatz} = \frac{60\ (100)}{\text{Normalleistung / Std.}}$$

Minutenfaktor = Akkordrichtsatz/60 (100)

Bruttolohn = Stück · Zeitakkordsatz · Min.faktor

Gruppenakkord

Akkordsatz für Arbeitsgruppe, Verteilung auf den Einzelnen nach best. Schlüssel. Problem: evtl. Spannungen

BWL: Personalwirtschaft

Vorteil des Stückzeitakkords gegenüber dem Stückgeldakkord:
Bei Tarifänderung: lediglich Minutenfaktoren zu ändern = weniger zeit- und rechenaufwändig

---

- Mischung zwischen Zeitlohn und Leistungslohn
- Berechnung: Grundlohn (Fixum) + Prämie

← **Prämienlohn** →

Wofür Prämien?
- Ausschussverringerung
- Material-, Energieersparnis
- Termineinhaltung

Erfolgsbeteiligung

Vorteile	Probleme	Arten
• mehr Motivation • mehr Leistung • sinkende Fluktuation • besseres Betriebsklima • Identifikation ...	• Woran beteiligen? • In welchem Verhältnis beteiligen? • Wie auf die Arbeitnehmer aufschlüsseln?	• Gewinnbeteiligung (Kollektiv- oder Individualbeteiligung) • Kapitalbeteiligung (Gewinnanteil wird Eigen- oder Fremdkapital) • Umsatzbeteiligung

---

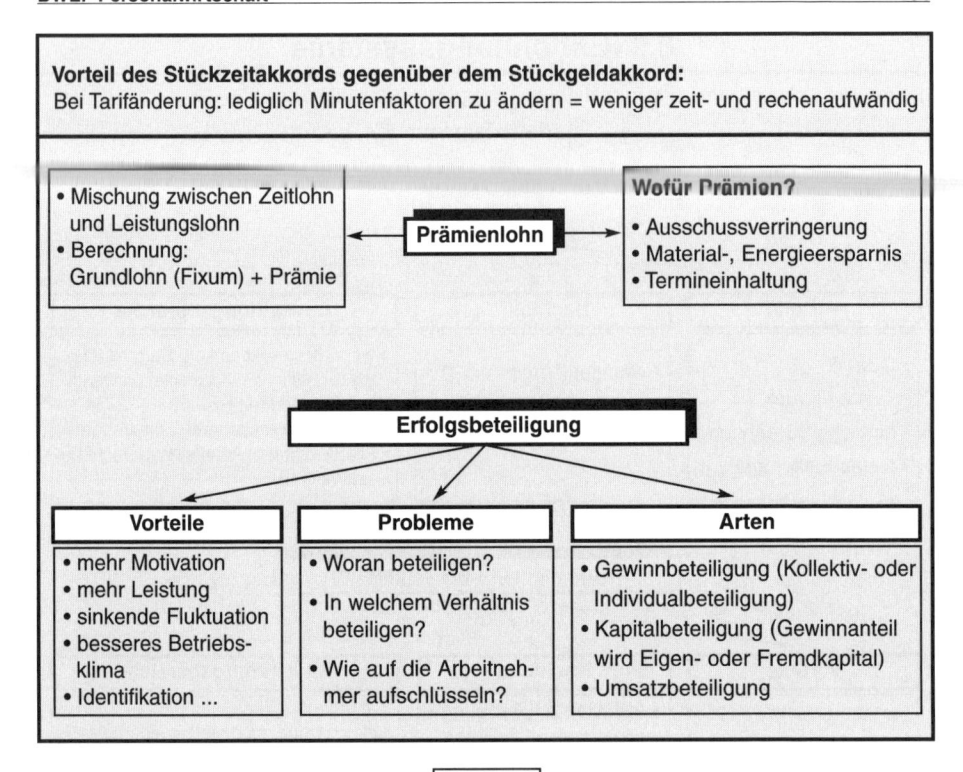

Aufgaben

1. a) Nennen Sie die drei Lohnformen.
   b) Beschreiben Sie die Anwendungsgebiete der drei Lohnformen.

2. Nennen Sie je zwei Vor- und Nachteile des Akkord- und Zeitlohns.

3. Aus welchem Grund kommt in der Industrie üblicherweise der Stückzeitakkord anstelle des Stückgeldakkords zur Anwendung?

4. Was versteht man unter Gruppenakkord?

5. Erklären Sie anhand der Formel und verbal die Begriffe:

   a) Akkordrichtsatz b) Stückakkordsatz c) Zeitakkordsatz d) Minutenfaktor

6. Wie lautet die Formel zur Ermittlung des Bruttolohnes beim

   a) Stückgeldakkord b) Stückzeitakkord?

7. In einer Fabrik wurde bisher ein bestimmter Arbeitsgang im Zeitlohn vergütet. Künftig soll im Akkordlohn bezahlt werden.
   Bei den Vorarbeiten für die Umstellung auf den Akkordlohn wird für 30 Stück eine Vorgabezeit von 1 Stunde (60-Minuten-Stunde) ermittelt.
   Bisheriger Stundenlohn: 9,00 €. Akkordzuschlag: 10 %.

a) Ermitteln Sie den Akkordrichtsatz.
b) Wie viele Minuten sind für ein Stück vorgegeben (Zeitakkordsatz)?
c) Wie viel verdient ein Arbeiter in der Minute, wenn er die Vorgabezeit einhält? (Minutenfaktor)
d) Ermitteln Sie in folgender Tabelle den jeweiligen Stundenlohn für drei Arbeiter mit unterschiedlichen Leistungen.
Max Üblich: 30 Stück/Std.;   Sepp Oberflott: 32 Stück/Std.;   Otto Flott: 31 Stück/Std.

Arbeiter	Stückzahl/Std.	Zeitakkordsatz	Minutenfaktor	Stundenlohn
Üblich				
Flott				
Oberflott				

8.1 Der Ecklohn eines bestimmten Zeitlohnarbeiters beträgt 8,60 €. Der Grundlohn (Mindestlohn) eines Akkordarbeiters für die Berechnung des Akkordrichtsatzes beträgt in derselben Lohngruppe 8,35 €. Der Akkordzuschlag beläuft sich auf 15 %.

a) Ermitteln Sie den Akkordrichtsatz.
b) Warum ist der Akkordrichtsatz höher als der Zeitlohn?
c) Errechnen Sie den Minutenfaktor (60-Minuten-Stunde).

8.2 In einer Fabrik beträgt der Minutenfaktor in einer Lohngruppe 0,15 € (60-Minuten-Stunde). Für die Bearbeitung eines Werkstücks sind 12 Minuten vorgegeben. Ein Arbeiter bearbeitet im Durchschnitt 7 Stück pro Stunde.

a) Wie hoch ist der Akkordrichtsatz?
b) Wie viel € verdient der Arbeiter in der Stunde?
c) Wie viel € erhielte der Arbeiter für ein bearbeitetes Werkstück gutgeschrieben, wenn die Lohnberechnung in der Form des Geldakkords erfolgen würde?

9. Berechnen Sie den Bruttolohn nach folgenden Angaben:
Garantierter Mindestlohn 8,00 €; Akkordzuschlag 20 %; Vorgabezeit 5 Zeitminuten je Stück; gefertigte Stückzahl 2 000.

10. In einem Fertigungsbereich soll die Entlohnung von Zeitlohn auf Stückzeitakkord umgestellt werden.

a) Nennen Sie vier Voraussetzungen, die erfüllt sein müssen, damit eine Akkordentlohnung durchführbar ist.
b) Welcher Zeitsatz müsste festgelegt werden, damit ein Arbeiter weiterhin einen durchschnittlichen Wochenverdienst von 405,00 € erhält? Dabei muss von folgenden Bedingungen ausgegangen werden:
Grundlohn: 9,00 €/Std.; Akkordzuschlag: 20 %; durchschnittliche wöchentliche Leistung: 500 Stück.

11. a) Nennen Sie die Arten der Erfolgsbeteiligung.
b) Welche Vorteile ergeben sich aus der Erfolgsbeteiligung?
c) Welche Probleme sind vor Einführung einer Erfolgsbeteiligung zu lösen?

BWL: Personalwirtschaft

8.10 Die Gehaltsabrechnung: Fälle + Lösungen (Stand: 2006)

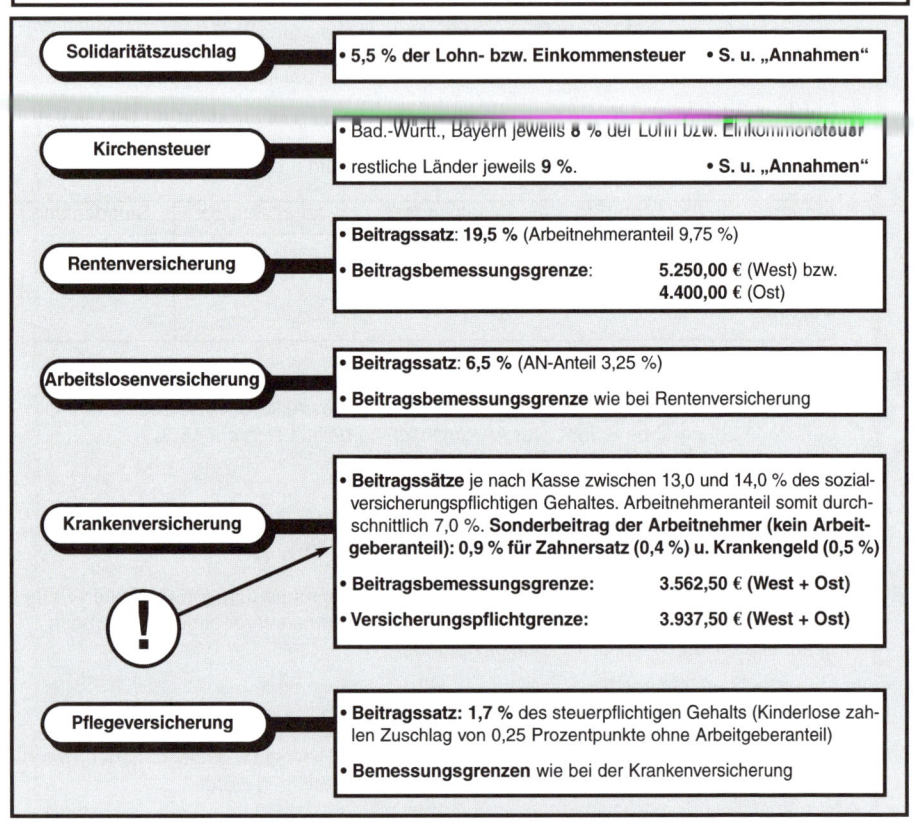

Solidaritätszuschlag
- 5,5 % der Lohn- bzw. Einkommensteuer • S. u. „Annahmen"

Kirchensteuer
- Bad.-Württ., Bayern jeweils 8 % der Lohn bzw. Einkommensteuer
- restliche Länder jeweils 9 %. • S. u. „Annahmen"

Rentenversicherung
- **Beitragssatz**: **19,5 %** (Arbeitnehmeranteil 9,75 %)
- **Beitragsbemessungsgrenze**: 5.250,00 € (West) bzw. 4.400,00 € (Ost)

Arbeitslosenversicherung
- **Beitragssatz**: **6,5 %** (AN-Anteil 3,25 %)
- **Beitragsbemessungsgrenze** wie bei Rentenversicherung

Krankenversicherung
- **Beitragssätze** je nach Kasse zwischen 13,0 und 14,0 % des sozialversicherungspflichtigen Gehaltes. Arbeitnehmeranteil somit durchschnittlich 7,0 %. **Sonderbeitrag der Arbeitnehmer (kein Arbeitgeberanteil): 0,9 % für Zahnersatz (0,4 %) u. Krankengeld (0,5 %)**
- **Beitragsbemessungsgrenze**: 3.562,50 € (West + Ost)
- **Versicherungspflichtgrenze**: 3.937,50 € (West + Ost)

Pflegeversicherung
- **Beitragssatz**: **1,7 %** des steuerpflichtigen Gehalts (Kinderlose zahlen Zuschlag von 0,25 Prozentpunkte ohne Arbeitgeberanteil)
- **Bemessungsgrenzen** wie bei der Krankenversicherung

Übungen zur Gehaltsabrechnung für Ost- und Westdeutschland in €:

Annahmen:
- Unterstellter Krankenversicherungssatz jeweils 14 %; alle Arbeitnehmer haben Kinder
- Die Lohnsteuerbeträge wurden unterstellt; sie sind letztlich von der Lohnsteuerklasse abhängig.
- vermögenswirksames Sparen jeweils 40,00 €
- Vermögenswirksame Leistung des Arbeitgebers jeweils 20,00 €
- Aus Vereinfachungsgründen wurde vernachlässigt, dass der **Solidaritätszuschlag** erst ab einer bestimmten Einkunftshöhe berechnet wird und der 5,5-%-Zuschlag erst ab höheren Einkünften voll zum Tragen kommt. Ähnliches gilt bei der **Kirchensteuer**. Anhand der Kopiervorlagen könnte unter Anwendung der Lohnsteuertabellen und Angabe von Steuerklassen auch mit ganz exakten Zahlen gerechnet werden.

	Fall 1	Fall 2	Fall 3	Fall 4
Bruttogehalt:	2.500,00 €	3.000,00 €	4.275,00 €	6.000,00 €
Lohnsteuer: z. B.	250,00 €	400,00 €	600,00 €	1.000,00 €
Kirchensteuersatz:	8 % (Ost 9 %)	8 % (Ost 9 %)	8 % (Ost 9 %)	8 % (Ost 9 %)
Vorschussverrechnung:	–	–	500,00 €	–

Aufgabe: Erstellen Sie die Gehaltsabrechnungen jeweils für die alten und neuen Bundesländer.

BWL: Personalwirtschaft

Abkürzungen:	vL-AG	= vermögenswirksame Leistung des Arbeitgebers	RV = Rentenversicherung
	Soli	= Solidaritätszuschlag	KV = Krankenversicherung
	KiSt	= Kirchensteuer	PV = Pflegeversicherung
	vS	= vermögenswirksames Sparen	AV = Arbeitslosenversicherung
	st+sv Gehalt	= steuer- und sozialversicherungspflichtiges Gehalt	

Lösung Fall 1

		West (€)		Ost (€)
Bruttogehalt		2.500,00		2.500,00
+ vL-AG		20,00		20,00
= st+sv Gehalt		2.520,00		2.520,00
– Lohnsteuer		250,00		250,00
– Soli	(5,5 % v. 250,00)	13,75		13,75
– KiSt	(8,0 % v. 250,00)	20,00	(9 % v. 250,00)	22,50
– KV	(7,9 % v. 2.520,00)	199,08		199,08
– RV	(9,75 % v. 2.520,00)	245,70		245,70
– AV	(3,25 % v. 2.520,00)	81,90		81,90
– PV	(0,85 % v. 2.520,00)	21,42		21,42
= Nettogehalt		1.688,15		1.685,65
– vS		40,00		40,00
= Überweisungsbetrag		1.648,15		1.645,65

Lösung Fall 2

		West (€)		Ost (€)
Bruttogehalt		3.000,00		3.000,00
+ vl-AG		20,00		20,00
= st+sv Gehalt		3.020,00		3.020,00
– Lohnsteuer		400,00		400,00
– Soli	(5,5 % v. 400,00)	22,00		22,00
– KiSt	(8,0 % v. 400,00)	32,00	(9 % v. 400,00)	36,00
– KV	(7,9 % v. 3.020,00)	238,58		238,58
– RV	(9,75 % v. 3.020,00)	294,45		294,45
– AV	(3,25 % v. 3.020,00)	98,15		98,15
– PV	(0,85 % v. 3.020,00)	25,67		25,67
= Nettogehalt		1.909,15		1.905,15
– vS		40,00		40,00
= Überweisungsbetrag		1.869,15		1.865,15

BWL: Personalwirtschaft 198

Lösung Fall 3		West (€)		Ost (€)
Bruttogehalt		4.275,00		4.275,00
+ vL-AG		20,00		20,00
= st+sv Gehalt		4.295,00		4.295,00
– Lohnsteuer		600,00		600,00
– Soli	(5,5 % v. 600,00)	33,00		33,00
– KiSt	(8,0 % v. 600,00)	48,00	(9 % v. 600,00)	54,00
– KV	(7,9 % v. 3.562,50)	281,44		281,44
– RV	(9,75 % v. 4.295,00)	418,76	(9,75 % v. 4.295,00)	418,76
– AV	(3,25 % v. 4.295,00)	139,59	(3,25 % v. 4.295,00)	139,59
– PV	(0,85 % v. 3.562,50)	30,28		30,28
= Nettogehalt		2.743,93		2.737,93
– vS		40,00		40,00
– Vorschuss		500,00		500,00
= Überweisungsbetrag		2.203,93		2.197,93

Lösung Fall 4		West (€)		Ost (€)
Bruttogehalt		6.000,00		6.000,00
+ vL-AG		20,00		20,00
= st+sv Gehalt		6.020,00		6.020,00
– Lohnsteuer		1.000,00		1.000,00
– Soli	(5,5 % v. 1.000,00)	55,00		55,00
– KiSt	(8,0 % v. 1.000,00)	80,00	(9 % v. 1.000,00)	90,00
– KV	(7,9 % v. 3.562,50)	281,44		281,44
– RV	(9,75 % v. 5.250,00)	511,88	(9,75 % v. 4.400,00)	429,00
– AV	(3,25 % v. 5.250,00)	170,63	(3,25 % v. 4.400,00)	143,00
– PV	(0,85 % v. 3.562,50)	30,28		30,28
= Nettogehalt		3.890,77		3.991,28
– vS		40,00		40,00
= Überweisungsbetrag		3.850,77		3.951,28

BWL: Personalwirtschaft 199

> # 8.11 Prüfungsaufgaben
> (Prüfungen ohne Jahrgangsangaben = passende Prüfungen der letzten Jahre nach altem Lehrplan)

Prüfungsaufgabe 2001/2002 (Aufgabe 3)

1   Die Erwin Kling GmbH, 72581 Dettingen, sucht für ihren Geschäftsbereich Ersatzteile eine/n Einkäufer/in. Sie stellt eine Stellenanzeige ins Internet (siehe **Anlage 1**).

1.1 Warum entschied sich das Unternehmen dafür, die Stellenanzeige im Internet zu veröffentlichen?

1.2 Nennen Sie zwei weitere Möglichkeiten der externen Personalbeschaffung.

1.3 Vier Bewerber/-innen kamen im vorliegenden Fall in die engere Wahl:
Jürgen Gussfeld, Martina Steiner, Raimund Knoll und Gülgün Satici.

Beigefügt finden Sie Auszüge aus den Lebensläufen der Bewerber/-innen (**Anlage 2**), deren Zeugnisse (**Anlage 3**) sowie Aufzeichnungen aus den Bewerbungsgesprächen (**Anlage 4**).

Welche/n Bewerber/-in würden Sie einstellen?

Vervollständigen Sie die Entscheidungsbewertungstabelle (Lösungsblatt **Anlage 5**) um vier weitere Kriterien, die Ihrer Ansicht nach für diese Stelle ebenfalls wichtig sind. Die Kriterien sind zu gewichten.

Berücksichtigen Sie die Anforderungen aus der Stellenanzeige.

2   Im Bewerbungsgespräch mit Frau Satici war u. a. die Rede vom Unternehmensleitbild der Firma Erwin Kling.

2.1 Was ist unter einem Unternehmensleitbild zu verstehen?

2.2 Welchen Sinn hat die Entwicklung eines Unternehmensleitbildes?

2.3 Formulieren Sie vier Leitsätze, die Sie als besonders wichtig erachten.

3   Ein Mitarbeiter der Firma Erwin Kling bewirbt sich um die ausgeschriebene Stelle.

3.1 Welche Vor- und Nachteile bestehen bei einem internen Bewerber?

Nennen Sie je drei Vor- und Nachteile.

3.2 Die Eignung interner Bewerber lässt sich u. a. aus der Personalakte erkennen, die in der Regel schon regelmäßige Beurteilungen enthält.

3.2.1 Beschreiben Sie kurz den Ablauf einer regelmäßigen Mitarbeiterbeurteilung.

3.2.2 Nennen Sie Gründe für die Durchführung von regelmäßigen Mitarbeiterbeurteilungen.

3.2.3 Beurteiler machen zuweilen auch Fehler. Erläutern Sie drei Fehlerquellen, die ein Beurteiler vermeiden sollte.

Anlage 1

Erwin Kling – international der Begriff für hochwertige Dichtungstechnologie. Mit weltweit 2 200 Mitarbeitern an 17 Standorten – in Europa, Nord-, Mittel- und Südamerika, Afrika und Asien – gehören wir zu den drei bedeutendsten Automobilzulieferern der Branche. Innovation, fachliche Kompetenz und höchste Produktqualität haben uns zum Technologieführer gemacht. Als Entwicklungspartner der Automobilindustrie geben wir maßgebliche Impulse und definieren neue Standards.

Innerhalb unseres Geschäftsbereiches Ersatzteile suchen wir eine/n

Einkäufer/in

Das Aufgabengebiet umfasst das Beschaffungsmarketing und die Einkaufsabwicklung der Handelswaren für das Ersatzteilgeschäft von der Marktbeobachtung über die Suche nach neuen Beschaffungsquellen bis hin zu Verhandlungen mit Lieferanten, die Sie intensiv betreuen werden (Lieferantenbewertungen/-beurteilungen).

Sie haben Ihre kaufmännische Ausbildung erfolgreich abgeschlossen und bringen Erfahrungen aus der Fahrzeugindustrie mit. Sie beherrschen die englische Sprache und sprechen idealerweise auch Französisch.
Teamfähigkeit, Flexibilität und Einsatzbereitschaft, verbunden mit dem für den Einkauf notwendigen Verhandlungsgeschick, zeichnen Sie aus.
Verhandlungstechniken wie Visualisierung, Moderation und Coaching sind Ihnen bestens vertraut. Sie kennen das Arbeiten in größeren Teams und bewahren auch in schwierigen Situationen Ruhe und Ausgeglichenheit. Ihre Kommunikationsfreude, Ihre überzeugende und offene Art, nicht zuletzt auch Ihre Selbstständigkeit und Eigeninitiative werden Sie für uns unersetzlich machen.

Wir freuen uns auf Ihre Bewerbung.

Erwin Kling GmbH
Personalabteilung
72581 Dettingen

Tel: 07123 123456
Email: personal@ekling.de

Anlage 2

Auszüge aus den Lebensläufen

Jürgen Gussfeld
Geburtsdatum: 1972-07-19
Geburtsort: Tübingen
Familienstand: ledig
Geschlecht: männlich
Schulbildung: 1978 -1982 Grundschule, 1982 -1988 Realschule, 1988 -1991 Wirtschaftsgymnasium mit Abitur
Berufsausbildung: 1991-1993 Ausbildung zum Industriekaufmann bei Maschinenbau Ott GmbH, Abschlussprüfung befriedigend
Berufstätigkeit: 93-09-01 bis 95-06-30: Einkäufer beim ausbildenden Betrieb; 95-07-01 bis 97-09-30: Sachbearbeiter Auftragsbearbeitung, Partz Apparatebau, Tübingen; 97-10-01 bis 98-12-31: Einkaufssachbearbeiter INEMO Industrieanlagen, Böblingen; 99-01-01 bis heute: Einkäufer Hörmann Fahrzeugtechnik, Sindelfingen
Sonst. Kenntnisse: 2 Lehrgänge SAP (Software für Geschäftsprozesse), Lehrgänge für WORD und Excel

Martina Steiner
Geburtsdatum: 1974-08-18
Geburtsort: Tübingen
Familienstand: ledig
Geschlecht: weiblich
Schulbildung: 1980 -1984 Grundschule, 1984 -1990 Realschule, 1990 -1992 Kaufm. Berufskolleg
Berufsausbildung: 3 Jahre Ausbildung zur Industriekauffrau bei Samfy Elektrotechnik GmbH, Tübingen Abschlussprüfung sehr gut
Berufstätigkeit: 95-09-01 bis 99-06-30 Sachbearbeiterin Einkauf bei Samfy GmbH
99-07-01 bis heute: Einkäuferin bei ULMAN Dichtungstechnik GmbH, Sindelfingen
Sonst. Kenntnisse: Volkshochschulkurse in MS-Office

Raimund Knoll
Geburtsdatum: 1962-02-17
Geburtsort: Sigmaringen
Familienstand: verheiratet, 2 Kinder
Geschlecht: männlich
Schulbildung: 1968 -1972 Grundschule, 1972 -1978 Realschule mit Abschluss Mittlere Reife
Berufsausbildung: 1978 -1981 Ausbildung zum Industriekaufmann bei Carl Schlösser GmbH, Dichtungen u. Stanzteile, Mengen/Württ., Abschlussprüfung gut
Berufstätigkeit: 2 Jahre Grundwehrdienst
83-09-01 bis 96-03-31 Sachbearbeiter Auftragsbearbeitung bei Schlösser GmbH
96-04-01 bis heute: Einkäufer bei HKL Regeltechnik GmbH, Böblingen
Sonst. Kenntnisse: - Lehrgang SAP/R3
- Volkshochschulkurs Geschäftsenglisch

Gülgün Satici
Geburtsdatum: 1975-04-05
Geburtsort: Istanbul
Familienstand: ledig
Geschlecht: weiblich
Schulbildung: 1981-1985 Grundschule, 1986 -1995 Gymnasium mit Abschluss Abitur
Berufsausbildung: 1995 -1997: Ausbildung zum Industriekaufmann bei Carl Späh & Co KG, Dichtungstechnik, Scheer/Württ.; Abschlussprüfung gut
Berufstätigkeit: seit 1997 Einkäuferin im Ausbildungsbetrieb
Sonst. Kenntnisse: - Lehrgang SAP/R3
- Zusatzqualifikation: Geschäftsenglisch, Lehrgänge in WORD und EXCEL

Anlage 3

Zeugnisse

Arbeitszeugnis

Herr Jürgen Gussfeld, geboren am 19. Juli 1972, ist seit 99-01-01 in unserem Unternehmen als Einkäufer beschäftigt.

Sein Arbeitsgebiet umfasst den Einkauf von Roh-, Hilfs- und Betriebsstoffen sowie Fremdbauteilen, die Überwachung der Liefertermine und die Zahlungsabwicklung.

Herr Gussfeld hat die ihm übertragenen Aufgaben mit Engagement zu unserer Zufriedenheit erledigt. Sein persönliches Verhalten war einwandfrei. Gegenüber Vorgesetzten verhielt er sich stets korrekt.

Wir wünschen Herrn Gussfeld für die Zukunft alles Gute

Arbeitszeugnis

Frau Martina Steiner, geboren am 18. August 1974, ist seit 99-07-01 in unserem Betrieb als Sachbearbeiterin in der Einkaufsabteilung beschäftigt.

Neben der Bestellung von Material für die Produktion obliegt ihr die Überwachung der Liefertermine sowie der Qualität der gelieferten Materialien. Preisverhandlungen mit den Lieferanten und die Zahlungsabwicklung gehören ebenfalls zu ihrem Aufgabengebiet.

Wir waren während der ganzen Beschäftigungszeit mit den Leistungen von Frau Steiner voll und ganz zufrieden. Es gelang ihr, ein vertrauensvolles Verhältnis zu unseren Lieferanten aufzubauen. In ihrer Abteilung trug sie wesentlich zu einem positiven Betriebsklima bei. Ihre Führung war jederzeit einwandfrei. Zu Beanstandungen gab sie niemals Anlass.

Wir bedauern das Ausscheiden von Frau Steiner sehr und wünschen ihr für die Zukunft alles erdenklich Gute.

Arbeitszeugnis

Herr Raimund Knoll, geboren am 17. Februar 1962, ist seit 96-04-01 in unserem Betrieb als Einkäufer tätig.

Er ist mit der kompletten Einkaufsabwicklung für den Bereich Fertigteile für unsere Produktion betraut. Die Suche nach neuen Lieferanten und deren Bewertung gehört ebenso zu seinem Aufgabengebiet wie der ständige Kontakt zu unserer Produktionsabteilung zur Sicherung und Verbesserung unserer Qualitätsstandards.

Wir waren mit den Leistungen von Herrn Knoll in jeder Hinsicht zufrieden. Er bewies immer großes Verhandlungsgeschick mit unseren Lieferanten. Seine Einsatzbereitschaft war groß und er konnte im Team arbeiten. Seine Führung gab uns zu Beanstandungen keinen Anlass.

Herr Knoll verlässt uns auf eigenen Wunsch. Wir wünschen ihm viel Erfolg auf seinem weiteren Weg.

Arbeitszeugnis

Frau Gülgün Satici, geboren am 05. April 1975, ist seit 95-09-01 in unserem Betrieb tätig.

Sie absolvierte zunächst eine dreijährige Ausbildung als Industriekauffrau. Seit 97-07-13 ist sie als Einkäuferin bei uns tätig. Neben der Abwicklung von Bestellvorgängen gehört es zu ihrem Aufgabengebiet, Kontakte zu den von ihr betreuten Lieferanten im In- und Ausland intensiv zu pflegen und deren Produkte mit unseren Bedürfnissen optimal abzustimmen.

Mit den Leistungen von Frau Satici waren wir zufrieden. Sie verfügt neben Verhandlungsgeschick auch über Durchsetzungsvermögen. Zu den Lieferern konnte sie ein vertrauensvolles Verhältnis aufbauen. Sie arbeitete im Team. Ihre Führung bot uns keinen Anlass zur Beanstandung.

Frau Satici verlässt unsere Firma auf eigenen Wunsch. Wir wünschen ihr alles Gute für Ihre Zukunft.

Anlage 4   Notizen aus den Bewerbungsgesprächen:

Gussfeld:
Herr Gussfeld war sportlich/modisch gekleidet; gepflegtes Äußeres; arbeitete bei seinen bisherigen Arbeitsstellen in Teams; Auftreten: betont locker; etwas undeutliche Aussprache; formuliert nicht immer ganze Sätze; berufliches Ziel: Abteilungsleiter; Grundkenntnisse Moderation/Präsentation vorhanden, Englischkenntnisse mäßig (jedoch bereit zur Weiterbildung); nur geringe Kenntnisse über Erwin Kling; keine besonderen Wünsche für ein spezielles Aufgabengebiet; gute fachliche Kenntnisse; Hobbies: Fußballspielen (aktiver Vereinsspieler) und Fallschirmspringen. Ist beim Surfen im Internet zufällig auf die Stellenanzeige gestoßen.

Steiner:
Frau Steiner war sehr modisch gekleidet, trug einen Ring im Ohr und in der Nase; grüne Haare; kann sich schnell verständlich machen; sieht den internationalen Markt als Herausforderung; neben guten Englischkenntnissen Grundkenntnisse in Französisch; konnte ihre Nervosität nicht ganz ablegen; klare Ausdrucksweise; offene Grundhaltung; freundlich; Präsentations- und Moderationstechniken sind bekannt; weiß über Erwin Kling Bescheid; sehr guter Überblick über den Dichtungsmarkt; möchte sich gerne weiterentwickeln; Hobbies: Sängerin in einer regional bekannten Rockband. Hat von einem Vertreter von der Stelle gehört.

Knoll:
Herr Knoll war sehr korrekt gekleidet; gepflegte Erscheinung; ruhiges und sicheres Auftreten; freundlich-distanziert; solide Fachkenntnisse; war bei seiner letzten Arbeitsstelle maßgeblich an einer Re-Organisation der Einkaufsabteilung beteiligt; möchte speziell zu Erwin Kling, um seine Kenntnisse auf dem Dichtungssektor einzubringen; würde gerne berufliche Chancen nutzen, wenn sie sich bieten; erst seit kurzem Erfahrung mit Teamarbeit und Präsentationstechnik; offene Haltung gegenüber neuen Entwicklungen; fortbildungswillig; formuliert manchmal etwas umständlich, stellt Zusammenhänge aber klar dar; Hobbies: Wandern, Obstbau. Sehr engagiert beim DRK-Rettungsdienst. Ein Freund hat ihn auf die Stellenanzeige aufmerksam gemacht.

Satici:
Frau Satici war modisch, jedoch nicht übertrieben gekleidet; vielleicht etwas zu lebhaft; freundlich; sehr gute Ausdrucksfähigkeit; würde gerne ihre Fremdsprachenkenntnisse im internationalen Umfeld anwenden; offen für alle Einsatzbereiche; möchte wegen des positiven Unternehmensleitbildes unserer Firma gerne für Erwin Kling arbeiten; Präsentations- und Moderationstechniken sind geläufig; kennt die Eigenheiten auf dem Dichtungssektor; möchte beruflich weiterkommen, wenn sie sich bewährt hat; Hobbies: Reisen, andere Leute kennen lernen. Hat gezielt nach einer Stelle im Internet gesucht. Bewerbungsschreiben erreichte die Firma per E-Mail.

Anlage 5

Kriterien	Gewichtung	Gussfeld Punkte (0 - 5)	gew.	Steiner Punkte (0 - 5)	gew.	Knoll Punkte (0 - 5)	gew.	Satici Punkte (0 - 5)	gew.
Berufserfahrung									
Berufsausbildung/Fachkenntnisse									
Summe	100 %								

Prüfungsaufgabe AWL 1998/1999 (Aufgabe 1)

Zwischen der Gebr. Schiller & Co. KG, Musikalienhandel, Stuttgart, vertreten durch Herrn Helmut Mai, Leiter der Personalabteilung, und Frau Heidi König, geb. am 30. September 1968 in Ctuttgart, wohnhaft in 70565 Stuttgart, Hauptstr. 1, wird folgender

Arbeitsvertrag

geschlossen:

1. Frau Heidi König tritt am 1. Juli 1997 als kaufmännische Angestellte in die Gebr. Schiller & Co. KG ein.

2. Frau Heidi König wird als Sachbearbeiterin in der Abteilung Kalkulation eingesetzt.

3. Die Vergütung erfolgt monatlich nach Tarifgruppe K 2 des für Handel, Banken und Versicherungen verbindlichen Gehaltstarifvertrages. Nach einer dreimonatigen Probezeit erhöht sich das monatliche Gehalt um 75,00 €.

4. Probezeit vom 1. Juli 1997 bis 30. September 1997

5. Hinsichtlich der Gehaltszahlung sowie der Arbeitszeit, der Urlaubsregelung und der Arbeitsplatzgestaltung gelten die Bestimmungen der maßgeblichen Tarifverträge.

6. Ergänzend gelten die gesetzlichen Vorschriften und die Betriebsvereinbarungen.

Stuttgart, 5. Juni 1997

Gebr. Schiller & Co. KG
Personalabteilung

ppa. ....
    (Helmut Mai)

1 Welcher Urlaub steht Frau Heidi König im Jahr 1998 laut Gesetz zu?

2 Ihren zweiwöchigen Sommerurlaub 1998 verbringt Frau König auf Mallorca. Jede Nacht arbeitet sie als Discjockey in einem Tanzlokal. Beurteilen Sie, ob diese Urlaubstätigkeit mit ihrem bestehenden Arbeitsvertrag bei Gebr. Schiller & Co. KG zu vereinbaren ist.

3 Während ihrer Tätigkeit als Discjockey trifft sie den Prokuristen der Stoll GmbH, Video- und CD-Verleih, Fellbach. Bei einem exotischen Drink plaudert sie über wesentliche Kalkulationsgrundsätze ihres Arbeitgebers. Beurteilen Sie aus rechtlicher Sicht das Verhalten von Heidi König.

5 Aufgrund des Gesprächs vom 7. Dezember 1998 entschließt sich Frau König am folgenden Tag zu einer ordentlichen Kündigung ihres Arbeitsvertrages mit der Gebr. Schiller & Co. KG zum nächstmöglichen Termin.

5.1 Begründen Sie, zu welchem Termin Frau König frühestens aus dem Betrieb ausscheiden kann.

5.2 Begründen Sie, wann die Kündigung von Frau König spätestens der Gebr. Schiller & Co. KG zugehen muss.

BWL: Personalwirtschaft 205

> **Gebr. Schiller & Co. KG 70565 Stuttgart**
>
> **Arbeitszeugnis**
>
> Frau Heidi König, geb. am 30. September 1968, wohnhaft in 70565 Stuttgart, Hauptstr. 1, war bei uns als Bürokauffrau beschäftigt.
>
> Zu ihren Aufgabenbereichen gehörte die Verkaufskalkulation und Angebotserstellung einschließlich der Korrespondenz.
>
> Die fachliche und soziale Kompetenz von Frau König entsprach nicht den betrieblichen Anforderungen.
>
> Frau König verlässt uns auf eigenen Wunsch.
>
> Gebr. Schiller & Co. KG   erhalten:
>
> ppa. ....
>   (Helmut Mai)   (Heidi König)

5.3.1 Um welche Art von Arbeitszeugnis handelt es sich? (mit Begründung)

5.3.2 Prüfen Sie das Zeugnis, beurteilen Sie den Inhalt des Zeugnisses und machen Sie einen Vorschlag, was Frau König in dieser Situation tun könnte.

Sonstige Prüfungsaufgabe 1

2.3 Zur Durchführung eines bestimmten Auftrages erhält ein Schlosser eine **Vorgabezeit** von 3,3 Dezimalminuten pro Stück. Für das Fertigungslos von 120 Stück benötigt er 3,6 Stunden. Sein **Akkordrichtsatz** beträgt 9,75 €.

  Berechnen Sie den   2.3.1 Leistungsgrad
            2.3.2 Bruttolohn (in Stückzeitakkordberechnung)
            2.3.3 effektiven Stundenlohn.

3. Einige Arbeitsplätze sollen vom Zeitlohn auf Leistungslohn umgestellt werden.

3.1 Nennen Sie Vor- und Nachteile des **Zeitlohns**.

3.2 Nennen Sie vier Voraussetzungen, die erfüllt sein müssen, damit eine **Akkordentlohnung** durchführbar ist.

4. Eine weitere Möglichkeit der Entlohnung wäre die Einführung von **Prämienlohn**.

4.1 Erläutern Sie vier Prämienarten.

4.2 Das Prämiensystem soll die Zufriedenheit der Mitarbeiter fördern. Nennen Sie je zwei Argumente, die für bzw. gegen diese Aussage sprechen.

5. Die Glunz GmbH plant auch die Einführung einer **Erfolgsbeteiligung.** Der Entwurf des Beteiligungsvertrages enthält u.a. folgende Bestimmung:

 „Der Erfolgsanteil wird nur zu 50 % bar ausbezahlt, der Rest bleibt als Investivteil im Unternehmen und steht dem Unternehmen 3 Jahre als zu verzinsendes Darlehen zur Verfügung. Danach kann der Arbeitnehmer den Anteil in ein Teilhaberrecht umwandeln."

 Beurteilen Sie diese Regelung (je 1 Argument)

 5.1 aus der Sicht des Unternehmens
 5.2 aus der Sicht des Mitarbeiters.

Sonstige Prüfungsaufgabe 2

4. Die Mitarbeiter einer AG erhalten überwiegend Zeitlohn. Nach einer produktionstechnischen Umstrukturierung soll die Büromöbelmontage im **Akkordlohnverfahren** abgerechnet werden.

4.2 Welche Voraussetzungen müssen erfüllt sein, damit die Montage von Büromöbeln im Akkord entlohnt werden kann?

4.3 Nennen Sie vier Beispiele für Leistungsanreize bei leistungsunabhängiger Entlohnung.

4.4 Der Mitarbeiter Wagner setzt pro Tag (1 Tag = 8 Stunden) 30 Regale zusammen. Die Normalleistung beträgt 24 Regale. Wöchentliche Arbeitszeit 40 Stunden; Akkordrichtsatz 9,00 €.

4.4.1 Welchen Leistungsgrad erreicht Wagner?

4.4.2 Berechnen Sie den wöchentlichen Bruttolohn nach dem Stückzeitakkord (Formel angeben).

4.4.3 Welchem effektiven Stundenlohn entspricht dieser Verdienst?

4.4.4 Warum erfolgt die Berechnung des Akkordlohnes in Form des Stückzeitakkords?

Sonstige Prüfungsaufgabe 3

2. Ein Mitarbeiter montierte in einer Woche bei einer Arbeitszeit von 37,5 Stunden 2 500 Scheinwerfer. Die Vorgabezeit für die Montage eines Scheinwerfers beträgt 2 Dezimalminuten. Der **Akkordsatz** beträgt 12,00 €.

2.1 Berechnen Sie die Sollleistung (= Anzahl Scheinwerfer), die von dem Mitarbeiter aufgrund der Vorgabezeit in einer Woche erwartet wird.

2.2 Wie viele Dezimalminuten benötigte der Mitarbeiter durchschnittlich, um einen Scheinwerfer zu montieren?

2.3 Welchen Leistungsgrad hat er erzielt?

2.4 Wie viel € erhielt der Mitarbeiter in dieser Woche?

2.5 Wie hoch war der tatsächliche Stundenlohn?

Sonstige Prüfungsaufgabe 4

3. In einer Unternehmung werden folgende Entlohnungsformen angewendet: **Zeitlohn, Akkordlohn und Gehalt.**

3.1 Erläutern Sie die Unterschiede zwischen den Entlohnungsformen.

3.2 Nennen Sie jeweils zwei Vorteile, die die Entlohnung nach **Zeitlohn** bzw. **Akkordlohn** für den Arbeitnehmer hat.

3.3 Welche Voraussetzungen müssen gegeben sein, damit eine Tätigkeit im **Akkordlohn** abgerechnet werden kann?

4. Ein Dreher, der bisher im Zeitlohn bezahlt wurde, verdiente im Monat durchschnittlich 1.875,00 € (bei einer wöchentlichen Arbeitszeit von 37,5 Stunden).
Künftig soll er einen Grundlohn von 9,50 €/Std. sowie einen Akkordzuschlag von 20 % erhalten. Als Vorgabezeit wurden 25 Dezimalminuten pro Stück ermittelt.

4.1 Wie viel Stück muss er künftig bearbeiten, um weiterhin den gleichen Durchschnittsverdienst pro Monat zu haben?

4.2 Wie hoch wäre in diesem Fall sein Leistungsgrad?

BWL: Personalwirtschaft 207

Prüfungsaufgabe 2003/2004 (Aufgabe 3)

Die Renner GmbH stellt Schließsysteme für Autos her und möchte am bisherigen Standort Schwäbisch Gmünd den Betrieb erweitern. In diesem Zusammenhang sind im Personalbereich der Renner GmbH verschiedene Fragen zu klären.

1 Die Erweiterung der Kapazität um 20 % erfordert eine Aufstockung des Personalbestands. Dazu liegen folgende Angaben in Bezug auf Facharbeiter und Ingenieure vor:
   - Zusätzliche Arbeitskräfte wegen der Kapazitätsausweitung: 48 Facharbeiter und 4 Ingenieure
   - Ausscheidende Mitarbeiter durch Erreichung der Altersgrenze: 4 Facharbeiter, 1 Ingenieur
   - Fluktuation durch Kündigung und andere Ausfälle: 16 Facharbeiter, 2 Ingenieure
   - Rationalisierung erspart 8 Facharbeiter
   - Vereinbarungen mit den Ingenieuren über längere Arbeitszeiten ersparen 2 Ingenieure

1.1 Ermitteln Sie in einer übersichtlichen Darstellung, wie viele Facharbeiter und Ingenieure neu eingestellt werden müssen.

1.2 Weshalb benötigt die Renner GmbH bei einer Ausweitung der Kapazität um 20 % nicht auch 20 % mehr Personal? Führen Sie zwei Gründe an.

2 Bei einer kürzlich erfolgten Einstellung im Einkaufsbereich wurde folgende Entscheidungsbewertungstabelle verwendet:

Kriterien	Gewichtung
Berufserfahrung	30 %
Alter	15 %
Familienstand	15 %
Persönlichkeit, Auftreten	20 %
Zeugnisse	20 %
	100 %

2.1 Beurteilen Sie die Auswahl der Kriterien und ihre Gewichtung.

2.2 Auch für die Einstellung der Ingenieure soll eine Entscheidungsbewertungstabelle erstellt werden.
Unterbreiten Sie einen Vorschlag, der ebenfalls fünf Kriterien mit Gewichtung umfasst.
Berücksichtigen Sie dabei die Angaben, die in der Stellenanzeige (**Anlage 3**) enthalten sind.
Bgründen Sie Ihren Vorschlag.

2.3 Die Stellenanzeige erschien in überregionalen Tageszeitungen.
Nennen Sie zwei weitere Möglichkeiten der externen Personalbeschaffung bei Ingenieuren.

3 Die Erweiterung des Lagers erfordert einen weiteren Fahrer eines Elektro-Staplers.

3.1 Führen Sie mit Hilfe der **Anlagen 4** und **5** eine analytische Arbeitsbewertung für den Arbeitsplatz des Staplerfahrers durch. Verwenden Sie das Lösungsblatt **Anlage 5**.

3.2 Ermitteln Sie den Arbeitswert und berechnen Sie den Stundenlohn unter Verwendung der Angaben von **Anlage 6**.

Anlage 3

Renner Schließsysteme GmbH

Unsere Stärke ist die Innovation. Als Partner der Automobilindustrie sind wir ein bedeutender Produzent von Schließsystemen für Fahrzeuge.
Wir sind Modullieferant und bieten Mechanik, Elektrik und Elektronik aus einer Hand.
Mit unseren 1 200 Mitarbeitern erzielen wir einen Umsatz von 160 Mio. €.

Im Zuge unseres Wachstums suchen wir engagierte und flexible

Ingenieure als Produktentwickler

an unserem Standort Schwäbisch Gmünd

Sie sind erster Ansprechpartner in Entwicklungsfragen für unsere Kunden.
Sie klären technische Sachverhalte, führen Einbauuntersuchungen durch und betreuen die Entwicklung unserer Schließsysteme vom Muster bis zur Serienreife.

Sie haben Ihr Studium der Fachrichtung Maschinenbau, Fahrzeugbau o. Ä. erfolgreich abgeschlossen und konnten idealerweise zwei bis drei Jahre Berufserfahrung in der Entwicklung sammeln. Erfahrungen aus dem Umfeld der Kfz-Industrie würden wir begrüßen. Sie verfügen über gute Englischkenntnisse, das CAD-System CATIA ist Ihnen bekannt. Der Umgang mit moderner Standardsoftware ist Ihnen vertraut.

Neben Projekt- und Teamarbeit bieten wir ein exzellentes Weiterbildungs- und Förderprogramm.

Wir freuen uns auf Ihre aussagefähige Bewerbung mit tabellarischem Lebenslauf, Lichtbild und Zeugniskopien sowie Angaben über Gehaltsvorstellungen und Einstellungstermin.

Renner GmbH
Personal
73527 Schwäbisch Gmünd
Tel. 07171 804244

Anlage 4

Auszug aus der Arbeitsplatzbeschreibung: Fahren eines Elektrostaplers

Angelieferte Werkstücke in Kisten oder Paletten (bis ca. 1 Tonne) vom Lkw mit Stapler abnehmen und nach Begleitpapieren oder Anweisungen durch Lageristen oder eigener Erfahrung zum jeweiligen Lagerplatz transportieren und abstellen. Je nach Lagerart Kisten oder Paletten in Regale oder Hochlager abstapeln. Auszufassende Werkstücke aus den jeweiligen Lagerstellen holen und zum Abstellplatz transportieren. Die Werkstücke sind teilweise konserviert und eingeölt. Die Arbeit erfolgt im Freien und in der Lagerhalle. Die Bedienung der Elektrostapler erfolgt über Lenkradsteuerung, Handhebel und Fußpedale. Bei Arbeitsende Stapler an Ladegerät anschließen, bedarfsweise Wasser nachfüllen und Fahrzeuge turnusgemäß reinigen und abschmieren. Wenn kein Fahrauftrag vorliegt, als Füllarbeit (ca. 10 %) Werkstücke nach den Begleitpapieren oder Anweisungen einlagern bzw. ausfassen.
Mithilfe bei der permanenten Inventur.

Anlage 5: Arbeitsplatzbewertungsbogen: Fahren eines Elektrostaplers

Anforderungen	Bewertung	
	Höchstpunktzahl	Ist-Punktzahl
1. Können		
a) Kenntnisse, Ausbildung, Erfahrung	7	
b) Geschicklichkeit	4	
2. Belastung		
a) geistige Beanspruchung	5	
b) körperliche Beanspruchung	6	
3. Verantwortung		
a) für Werkstücke und Betriebsmittel	3	
b) für die Gesundheit anderer	4	
c) für die Arbeitsgüte	3	
4. Umwelteinflüsse		
a) Temperatur, Erkältungsgefahr	2	
b) Öl, Fett, Schmutz, Staub	4	
c) Unfallgefährdung	2	
d) Lärm	3	
Arbeitswert		

Anlage 6: Auszug aus dem Lohnrahmentarifvertrag

Arbeitswerte	Arbeitswertgruppen	Arbeitswertgruppenschlüssel
0 bis 3,5	I	75 %
über 3,5 bis 6	II	80 %
über 6 bis 8,5	III	85 %
über 8,5 bis 11,5	IV	90 %
über 11,5 bis 14,5	V	95 %
über 14,5 bis 17,5	VI	100 % (= 11,50 €)
über 17,5 bis 21	VII	106 %
über 21 bis 24,5	VIII	112 %
über 24,5 bis 28	IX	118 %
über 28 bis 31,5	X	124 %
über 31,5 bis 35	XI	130 %
über 35	XII	Für jeden weiteren Arbeitswert, 1,7 % des Geldbetrags der Gruppe IV

4   Eine Auswertung der Personalstatistik ergab folgende Daten:

Kennzahl	2001	2002	Branchendurchschnitt 2001
Arbeitsproduktivität je Mitarbeiter	80.000,00 €	85.000,00 €	75.000,00 €
Lohn-/Gehaltsquote	32 %	28 %	29 %
Fehlzeitenquote	6 %	9 %	6 %
Fluktuationsquote	7 %	9 %	6 %

4.1 Erläutern Sie Zusammenhänge, die sich aus diesen Kennzahlen ableiten lassen.

4.2 Nennen Sie zwei Maßnahmen, mit denen sich die Fluktuationsquote verbessern lässt.

5   Für die Ingenieure soll ein Verfahren der regelmäßigen Mitarbeiterbeurteilung eingeführt werden. Dabei stehen folgende Verfahren zur Wahl:
a) Freie Beurteilung durch den Vorgesetzten in schriftlicher Form
b) Standardisierte Beurteilung mit Beurteilungsbögen durch den Vorgesetzten

Geben Sie eine begründete Entscheidung für eines der beiden Verfahren ab.

BWL: Personalwirtschaft

Prüfungsaufgabe 2004/2005 (Aufgabe 2, 1 - 5)

Die METABA GmbH mit Sitz in Heidenheim produziert in dritter Generation Werkzeugmaschinen insbesondere für Metall verarbeitende Betriebe. Im Zuge der europäischen Integration hat die METABA GmbH seit Beginn der Neunziger erfolgreich den europäischen Binnenmarkt bearbeitet. Wie vor über zehn Jahren sieht die Geschäftsführung im Zusammenhang mit der angestrebten EU-Osterweiterung gute Potenziale auf den osteuropäischen Märkten. Eine bei der Außenhandelskammer in Budapest in Auftrag gegebene Marktstudie sieht auf dem Markt der Werkzeugmaschinen sehr gute Absatzchancen für die METABA-Produkte. Die Geschäftsführung steht nun vor der Entscheidung, mit welcher Strategie sie die „neuen Märkte" im Osten am sinnvollsten bearbeitet und welche erforderlichen organisatorischen Veränderungen innerhalb des Unternehmens hierfür notwendig sind.

1 Als Mitarbeiter der Personalabteilung sind Sie unter anderem Ansprechpartner für Personalbeschaffung. Sie erhalten vom Produktionsleiter Herr Schmidt eine E-Mail (**Anlage 1**). Erstellen Sie eine Checkliste der durchzuführenden Maßnahmen (mind. 6) bis zum Abschluss des Arbeitsvertrags.

2 Die angestrebte Vertriebserweiterung in den osteuropäischen Markt erfordert nach Einschätzung der Exportleiterin Frau Schneider die Einstellung eines(r) zusätzlichen kompetenten Mitarbeiters(in).

2.1 Sie erhalten von ihr eine Kurzinformation (siehe E-Mail - **Anlage 2**) über die vorgesehenen Aufgaben der Stelleninhaberin / des Stelleninhabers. Notieren Sie zur Vorbereitung einer Stellenausschreibung die für diese Tätigkeit erforderlichen Kenntnisse, Erfahrungen und Fähigkeiten (mind. 4).

2.2 Beim Mittagessen mit Kollegen wird diskutiert, wo man eine derartige Stelle organisatorisch anbinden könnte. Machen Sie einen begründeten Vorschlag, wie Sie die / den neue(n) Mitarbeiter(in) organisatorisch eingliedern würden und verändern Sie entsprechend das beiliegende Organigramm. (**Anlage 3**)

2.3 Begründen Sie auf der Basis der von Ihnen skizzierten Qualifikationsanforderungen (siehe 2.1), welcher Gehaltsgruppe Sie die neue Stelle zuordnen würden. Verwenden Sie hierzu **Anlage 4**.

3 Es gelang zügig, eine Mitarbeiterin für diese Stelle zu gewinnen. An ihrem ersten Arbeitstag erhält sie eine Stellenbeschreibung für ihren Arbeitsplatz.

3.1 Skizzieren Sie den Inhalt einer Stellenbeschreibung.

3.2 Erläutern Sie aus Sicht des Unternehmens und der Mitarbeiterin jeweils zwei Vorteile der Stellenbeschreibung.

3.3 Welche Unterlagen werden Sie von ihr am ersten Arbeitstag einfordern?

4 Im September 2003 sind Sie mit den Lohnabrechnungen beschäftigt. Erstmals beziehen auch die 5 neu eingestellten Industriemechaniker ihren Lohn.

4.1 Führen Sie beispielhaft die September-Lohnabrechnung für Markus Weber durch. (**Anlage 5**)

BWL: Personalwirtschaft 211

4.2 Bilden Sie die Buchungssätze für die Personalaufwendungen zum 30. September 2003.

5 Die Geschäftsführung der METABA GmbH beschließt, die Montage der Maschinen in Gruppenarbeit zu organisieren. Mehrleistung soll in Form eines Prämienlohnsystems vergütet werden.

5.1 Erklären Sie, was unter Prämienlohn zu verstehen ist.

5.2 Erläutern Sie die Probleme, die bei der Entlohnung des Teams entstehen können.

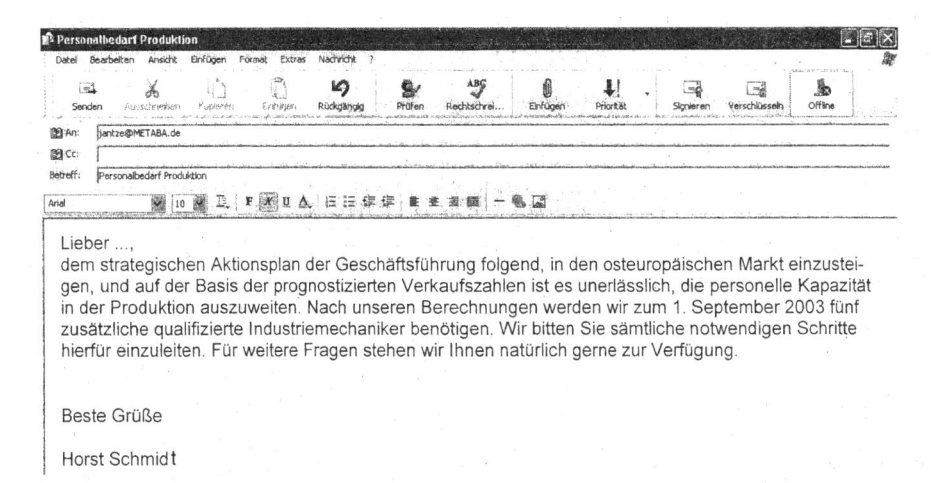

Anlage 1

An: jantze@METABA.de
Betreff: Personalbedarf Produktion

Lieber ...,
dem strategischen Aktionsplan der Geschäftsführung folgend, in den osteuropäischen Markt einzusteigen, und auf der Basis der prognostizierten Verkaufszahlen ist es unerlässlich, die personelle Kapazität in der Produktion auszuweiten. Nach unseren Berechnungen werden wir zum 1. September 2003 fünf zusätzliche qualifizierte Industriemechaniker benötigen. Wir bitten Sie sämtliche notwendigen Schritte hierfür einzuleiten. Für weitere Fragen stehen wir Ihnen natürlich gerne zur Verfügung.

Beste Grüße

Horst Schmidt

Anlage 2

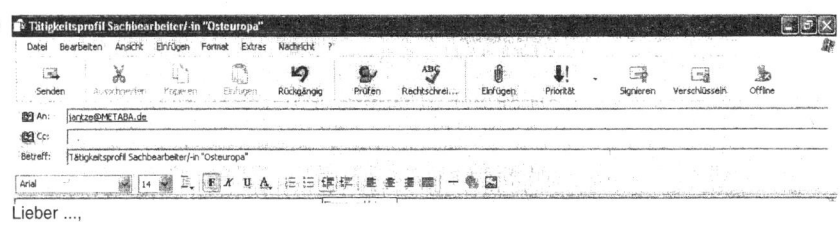

Tätigkeitsprofil Sachbearbeiter/-in "Osteuropa"

An: jantze@METABA.de
Betreff: Tätigkeitsprofil Sachbearbeiter/-in "Osteuropa"

Lieber ...,

wie eben telefonisch besprochen, anbei die wesentlichen Aufgaben des(r) gesuchten Sachbearbeiters(in) Osteuropa:

- Anfragebearbeitung / Angebotserstellung für osteuropäische Märkte
- Kundenbetreuung Osteuropa
- Auftragsbearbeitung / Terminmanagement
- Ansprechpartner/in Produktions-/Terminplanung
- Zusammenarbeit mit Marketing (Messeteilnahme / Mitarbeit bei Erstellung von Informationsmaterialien)
- Gegebenenfalls Unterstützung des Exportleiters

Hoffe, bald von Ihnen zu hören.

Danke und beste Grüße

Hilde Schneider

Leiterin Vertrieb Ausland

BWL: Personalwirtschaft 212

Anlage 3 — Auszug aus dem Organigramm der *Metaba GmbH*

Geschäftsführung (Hr. Taler, Fr. Schmuntz)

- **Allgemeine Verwaltung**
  - **Personal** (Dr. Lindauer)
    - Personalbeschaffung
    - Personalbeschaffung
- **Produktion** (Hr. Schmidt)
  - CNC-Steuerung
  - Automaten
- **Vertrieb** (Hr. Müller)
  - Produktmanagement (Hr. Seitz)
  - **Vertrieb Inland** (Hr. Müller)
  - **Vertrieb Ausland** (Fr. Schneider)
    - Region 1: Außereuropa (Fr. Kremer)
    - Region 2: Europa (Fr. Kremer)
      - Team anglophone Länder
      - Team Romanische Sprache
      - Team Skandinavien

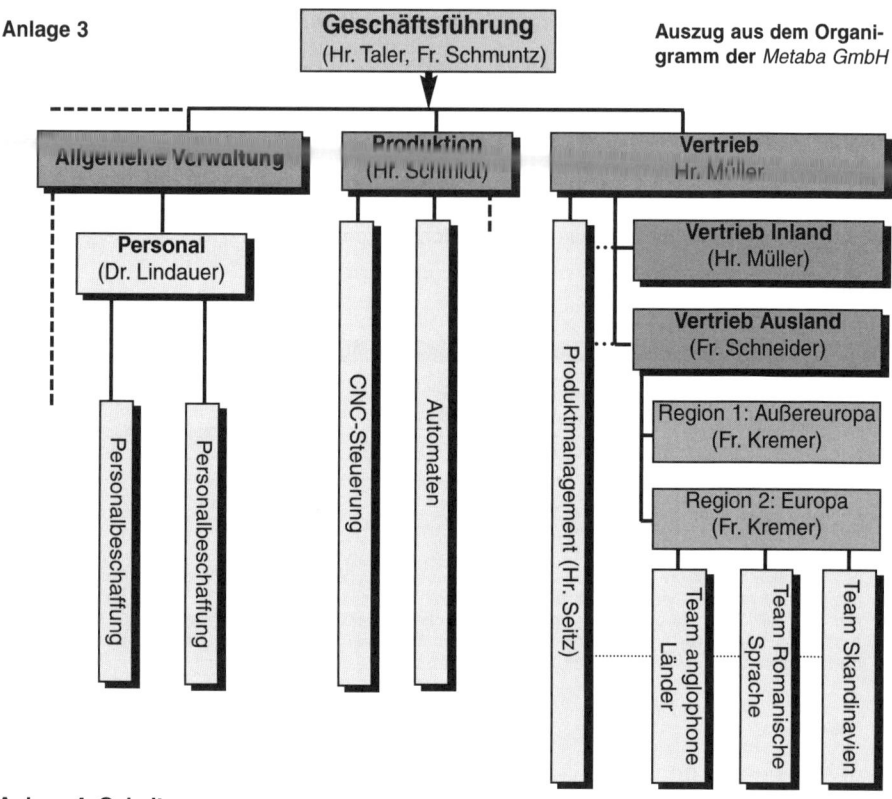

Anlage 4: Gehaltsgruppen

Gruppe Ia	Tätigkeiten einfacher, schematischer, gleich bleibender Art, für die Ablauf und Ausführung festgelegt sind
Gruppe Ib	Tätigkeiten einfacher, aber unterschiedlicher Art, für die Ablauf und Ausführung weit gehend festgelegt sind
Gruppe II	Tätigkeiten unterschiedlicher Art, die nach Anweisung ausgeübt werden
Gruppe III	Tätigkeiten schwieriger Art, die nach allgemeinen Anweisungen in beachtlichem Umfang selbstständig ausgeführt werden
Gruppe IV	Tätigkeiten schwieriger Art, die nach allgemeinen Anweisungen selbstständig ausgeführt werden
Gruppe V	Tätigkeiten erhöht schwieriger Art, die nach Richtlinien selbstständig ausgeführt werden und Entscheidungen in eigener Verantwortung zulassen
Gruppe VI	Tätigkeiten sehr schwieriger Art, die nach allgemeinen Richtlinien selbstständig ausgeführt werden und in eigener Verantwortung Entscheidungen von erheblicher Bedeutung für den Betriebs- oder Geschäftsablauf in einem Arbeitsbereich einschließen und/oder Grundlagen für derartige Entscheidungen liefern
Gruppe VII	Tätigkeiten hoch qualifizierter Art, die nach allgemeinen Richtlinien selbstständig ausgeführt werden und in eigener Verantwortung Entscheidungen von erheblicher Bedeutung für den Betriebs- oder Geschäftsablauf auch in angrenzenden Arbeitsbereichen einschließen und/oder Grundlagen für derartige Entscheidungen liefern

BWL: Personalwirtschaft   213

Anlage 5 Monatsgrundlohntabelle der Metallbranche (auszugsweise) gültig ab 01.06.2003

Lohngruppe	Monatsgrundlohn in €
1	1.527,35
2	1.527,35
3	1.551,69
4	1.575,43
5	1.632,82
6	1.704,75
7	1.796,16
8	1.938,46
9	2.044,40
10	2.167,72
11	2.294,81
12	2.425,16

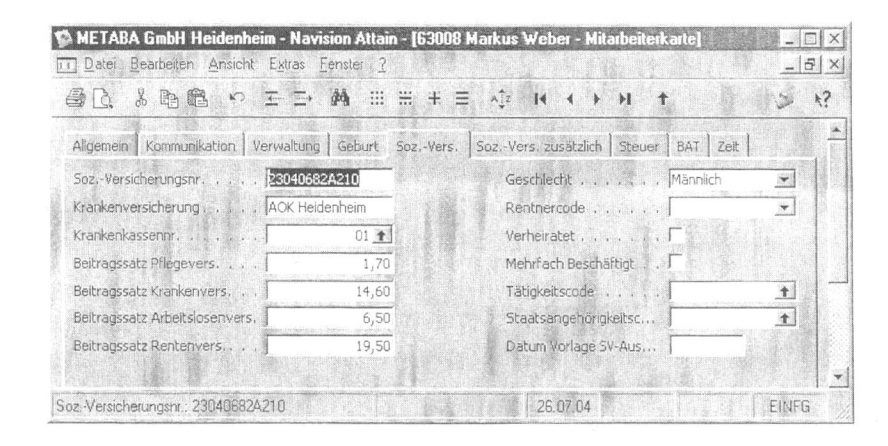

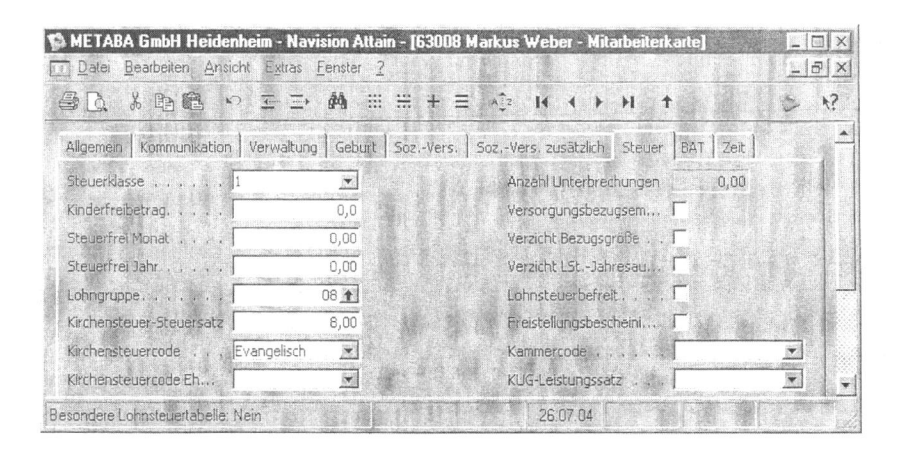

BWL: Personalwirtschaft

Auszug aus der Lohnsteuertabelle

€ 1 934,99 bis 1 969,49 **MONAT**

Abzüge an Lohnsteuer, Solidaritätszuschlag (SolZ) und Kirchensteuer (8%, 9%) in den Steuerklassen

Lohn/Gehalt Versorgungs-Bezug bis €		I–VI ohne Kinderfreibeträge				I, II, III, IV mit Zahl der Kinderfreibeträge ...															
							0,5			1			1,5			2			2,5			3		
		LSt	SolZ	8%	9%	LSt	SolZ	8%	9%	SolZ	8%	9%	SolZ	8%	9%	SolZ	8%	9%	SolZ	8%	9%	SolZ	8%	9%
1 937,28 / 2 192,93	I/IV	273,50	15,04	21,88	24,61	273,50	12,72	18,51	20,82	10,49	15,26	17,16	8,33	12,12	13,63	6,25	9,10	10,24	–	6,20	6,97	–	3,41	3,83
	II	205,79	11,31	16,46	18,52	205,79	9,13	13,28	14,94	7,03	10,22	11,49	2,53	7,27	8,18	–	4,44	5,–	–	1,74	1,96	–	–	–
	III	53,77	–	4,30	4,84	53,77	–	1,76	1,98	–	–	–	–	–	–	–	–	–	–	–	–	–	–	–
	V	558,76	30,73	44,70	50,29																				
	VI	595,57	32,75	47,64	53,60	273,50	13,87	29,18	22,70	12,72	18,51	20,82	11,60	16,87	18,97	10,49	15,26	17,16	9,40	13,67	15,38	8,33	12,12	13,63
1 939,58 / 2 195,23	I/IV	274,13	15,07	21,93	24,67	274,13	12,76	18,56	20,88	10,52	15,31	17,22	8,36	12,17	13,69	6,29	9,15	10,29	–	6,24	7,02	–	3,45	3,88
	II	206,43	11,35	16,51	18,58	206,43	9,16	13,33	15,–	7,06	10,27	11,55	2,65	7,32	8,23	–	4,48	5,04	–	1,78	2,–	–	–	–
	III	54,79	–	4,38	4,93	54,79	–	1,84	2,07	–	–	–	–	–	–	–	–	–	–	–	–	–	–	–
	V	559,69	30,78	44,77	50,37	274,13	13,91	20,23	22,76	12,76	18,56	20,88	11,63	16,92	19,03	10,52	15,31	17,22	9,43	13,72	15,44	8,36	12,17	13,69
	VI	596,50	32,80	47,72	53,68																				
1 941,88 / 2 197,53	I/IV	274,82	15,11	21,99	24,73	274,82	12,79	18,61	20,94	10,55	15,35	17,27	8,40	12,21	13,74	6,32	9,19	10,34	0,07	6,28	7,07	–	3,49	3,93
	II	207,07	11,39	16,57	18,64	207,07	9,20	13,38	15,05	7,09	10,31	11,60	2,76	7,36	8,28	–	4,52	5,09	–	1,82	2,05	–	–	–
	III	54,79	–	4,38	4,93	54,79	–	1,84	2,07	–	–	–	–	–	–	–	–	–	–	–	–	–	–	–
	V	560,71	30,84	44,86	50,46	274,82	13,94	20,28	22,82	12,79	18,61	20,94	11,67	16,97	19,09	10,55	15,35	17,27	9,47	13,77	15,49	8,40	12,21	13,74
	VI	597,53	32,86	47,80	53,77																				

9 Investition und Finanzierung

9.1 Bilanzieller Zusammenhang zwischen Investition und Finanzierung

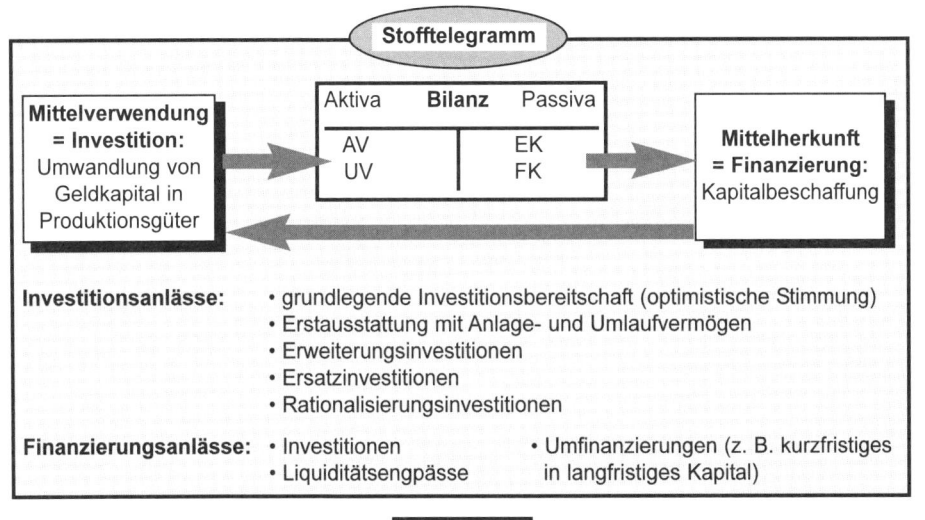

Stofftelegramm

Mittelverwendung = Investition: Umwandlung von Geldkapital in Produktionsgüter

Aktiva	Bilanz	Passiva
AV		EK
UV		FK

Mittelherkunft = Finanzierung: Kapitalbeschaffung

Investitionsanlässe:
- grundlegende Investitionsbereitschaft (optimistische Stimmung)
- Erstausstattung mit Anlage- und Umlaufvermögen
- Erweiterungsinvestitionen
- Ersatzinvestitionen
- Rationalisierungsinvestitionen

Finanzierungsanlässe:
- Investitionen
- Liquiditätsengpässe
- Umfinanzierungen (z. B. kurzfristiges in langfristiges Kapital)

Aufgaben

1. Erklären Sie den bilanziellen Zusammenhang zwischen Investition und Finanzierung.
2. Nennen Sie die typischen Investitions- und Finanzierungsanlässe.

9.2 Kapitalbedarfs- und Investitionsrechnung, Finanzplan

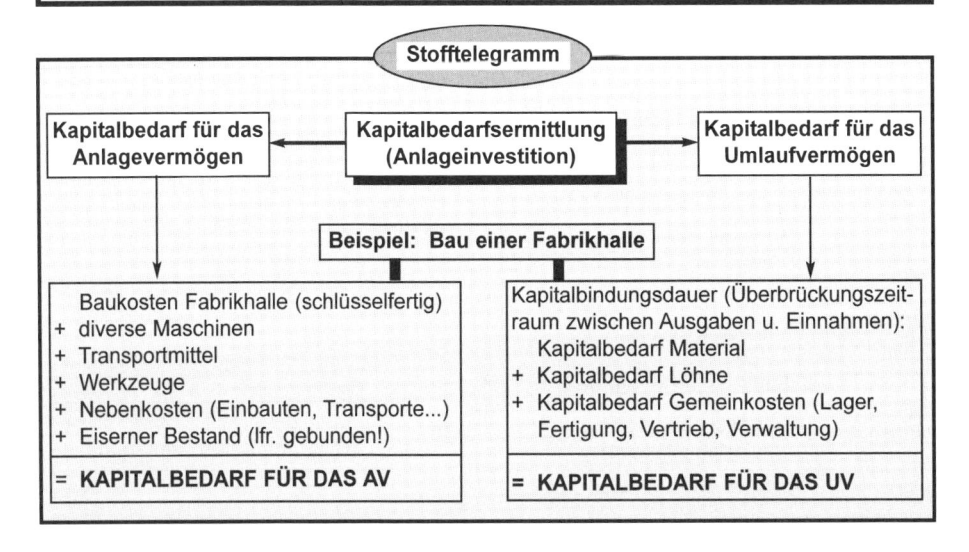

Stofftelegramm

Kapitalbedarf für das Anlagevermögen ← **Kapitalbedarfsermittlung (Anlageinvestition)** → **Kapitalbedarf für das Umlaufvermögen**

Beispiel: Bau einer Fabrikhalle

Baukosten Fabrikhalle (schlüsselfertig)
+ diverse Maschinen
+ Transportmittel
+ Werkzeuge
+ Nebenkosten (Einbauten, Transporte...)
+ Eiserner Bestand (lfr. gebunden!)
= **KAPITALBEDARF FÜR DAS AV**

Kapitalbindungsdauer (Überbrückungszeitraum zwischen Ausgaben u. Einnahmen):
  Kapitalbedarf Material
+ Kapitalbedarf Löhne
+ Kapitalbedarf Gemeinkosten (Lager, Fertigung, Vertrieb, Verwaltung)
= **KAPITALBEDARF FÜR DAS UV**

BWL: Investition und Finanzierung

Finanzplan

Finanzplan für Periode 1

	Geschätzte Einnahmen
./.	Geschätzte Ausgaben
=	Überschuss bzw. Defizit

Statische Investitionsrechnung

Kostenvergleichsrechnung

- Beurteilung verschiedener Investitionsalternativen
- reiner Kostenvergleich
- vgl. Kap. 7.8 (krit. Menge)

Produktionsmenge, ab der ein Produktionsverfahren (z. B. lohnintensiv) kostengünstiger wird als ein anderes Produktionsverfahren (z. B. kapitalintensiv).

Für diese **kritische Menge** gilt:

Kosten (Anlage I) = Kosten (Anlage II)

$$k_v \cdot x + K_f = k_v \cdot x + K_f$$

$$x = \dots$$

Fixkosten: v. a. Abschreibungen, Zinsen, Wartungs- und Raumkosten

variable Kosten: v. a. Betriebs- und Personalkosten

Amortisationsrechnung

Innerhalb welcher Zeit fließt der Kapitaleinsatz für eine Investition über die Verkaufserlöse wieder zurück?

Gewinnzuwachs (bzw. Kostenersparnis)
+ Abschreibungsrückfluss durch neue Anlage
= **Kapitalrückfluss**

$$\text{Kapitalrückflusszeit} = \frac{\text{Kapitaleinsatz}}{\text{Kapitalrückfluss}}$$

- Das eingesetzte Kapital hat sich „**amortisiert**", wenn es über den zusätzlichen Gewinn (bzw. die Kostenersparnis) sowie die zusätzlichen kalkulatorischen Abschreibungen zurückgeflossen ist.

- Einfache Methode, jedoch werden viele weitere Faktoren nicht berücksichtigt, z. B.: Gewinnsituation nach Kapitalrückflusszeit

---

Rentabilität einer Investition

$$\text{Rentabilität} = \frac{\text{Gewinn aus der Investition} \cdot 100}{\text{eingesetztes Kapital}}$$

➡ Auswahl der Investitionsalternative mit der **höchsten Rentabilität**

BWL: Investition und Finanzierung 217

Aufgaben

1. Wir planen den Bau einer neuen Fabrikhalle. Ermitteln Sie anhand folgender vorliegender Zahlen den **Kapitalbedarf** für das Gesamtprojekt.

	€
Baukosten der Fabrikhalle (schlüsselfertig)	2.000.000,00
Nebenkosten (Einbauten, Transporte...)	50.000,00
Werkzeuge	50.000,00
Diverse Maschinen	800.000,00
Transportmittel	100.000,00
Eiserner Bestand	80.000,00

   Kapitalbindungsdauer:

Material	50 Tage
Löhne	40 Tage
Fertigungsgemeinkosten	40 Tage (tgl. 4.000,00 €)
Lagerung Fertigerzeugnisse	35 Tage (tgl. 500,00 €)
Vertriebsgemeinkosten	18 Tage (tgl. 500,00 €)
Verwaltungsgemeinkosten	60 Tage (tgl. 1.000,00 €)

   Tägliche Ausgaben/Stück:

Material	30,00 €
Löhne	40,00 €

   Tägliche Produktion: 1 000 Stück

2. Erklären Sie kurz den Begriff „Finanzplan".

3. Nennen und erklären Sie zwei statische Investitionsrechnungsarten.

4. Prod.verfahren I: Variable Stückkosten   200,00 €
                                 Fixkosten   10 000,00 €

   Prod.verfahren II: Variable Stückkosten   300,00 €
                                 Fixkosten   8 000,00 €

   a) Wo liegt die kritische Menge?

   b) Bei welchen Produktionsmengen ist Verfahren I, bei welchen Verfahren II günstiger?

5. Wir überlegen, ob wir eine Erweiterungsinvestition vornehmen sollen. Folgende Daten liegen vor:

	Anlage A	Anlage B
Kapitaleinsatz	1.000.000,00 €	1.200.000,00 €
Lebensdauer	10 Jahre	8 Jahre
Durchschnittl. Gewinnsteigerung pro Jahr	150.000,00 €	170.000,00 €

   Lineare Abschreibung.

   Berechnen Sie mithilfe der Amortisationsrechnung, welche Anlage gekauft werden sollte.

6. Ermitteln sie mithilfe der Rentabilitätsrechnung, welche Investition vorzuziehen ist.

	Investition A	Investition B
Erwarteter Gewinn aus der Investition	160.000,00 €	140.000,00 €
Eingesetztes Kapital (Anschaffungskosten)	2.000.000,00 €	1.400.000,00 €

BWL: Investition und Finanzierung

9.3 Übersicht über die Finanzierungsarten

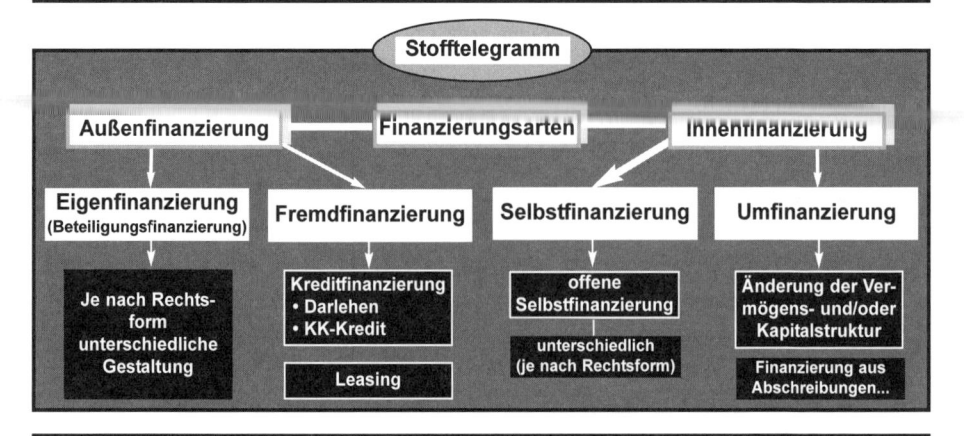

Stofftelegramm

- **Finanzierungsarten**
  - **Außenfinanzierung**
    - **Eigenfinanzierung (Beteiligungsfinanzierung)**
      - Je nach Rechtsform unterschiedliche Gestaltung
    - **Fremdfinanzierung**
      - Kreditfinanzierung
        - Darlehen
        - KK-Kredit
      - Leasing
  - **Innenfinanzierung**
    - **Selbstfinanzierung**
      - offene Selbstfinanzierung
      - unterschiedlich (je nach Rechtsform)
    - **Umfinanzierung**
      - Änderung der Vermögens- und/oder Kapitalstruktur
      - Finanzierung aus Abschreibungen...

9.4 Beteiligungsfinanzierung (Eigenfinanzierung)

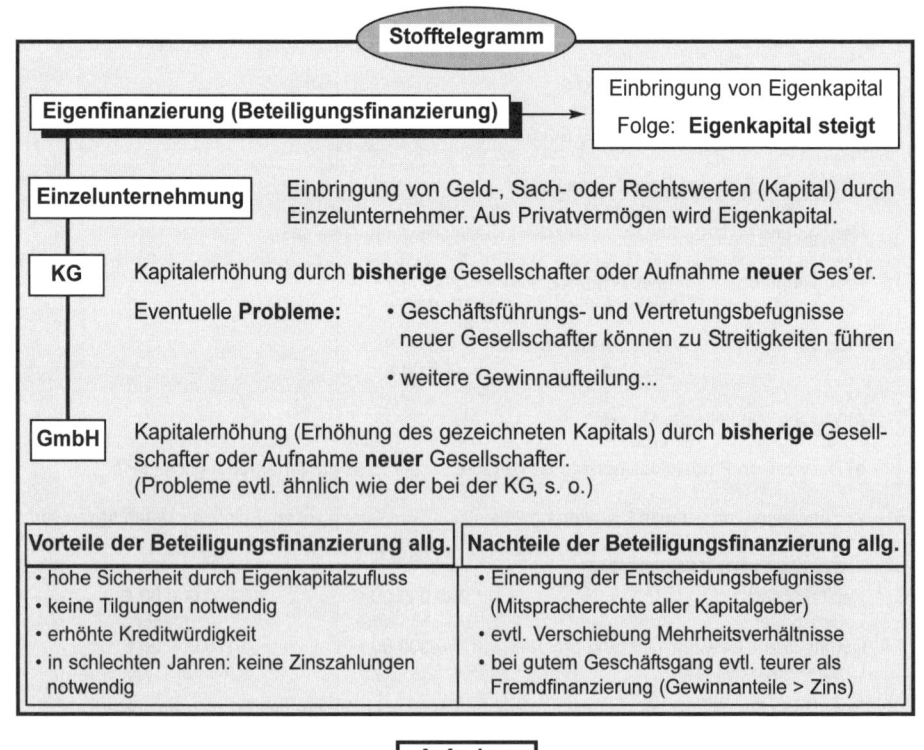

Stofftelegramm

Eigenfinanzierung (Beteiligungsfinanzierung) → Einbringung von Eigenkapital
Folge: **Eigenkapital steigt**

Einzelunternehmung: Einbringung von Geld-, Sach- oder Rechtswerten (Kapital) durch Einzelunternehmer. Aus Privatvermögen wird Eigenkapital.

KG: Kapitalerhöhung durch **bisherige** Gesellschafter oder Aufnahme **neuer** Ges'er.

Eventuelle **Probleme**:
- Geschäftsführungs- und Vertretungsbefugnisse neuer Gesellschafter können zu Streitigkeiten führen
- weitere Gewinnaufteilung...

GmbH: Kapitalerhöhung (Erhöhung des gezeichneten Kapitals) durch **bisherige** Gesellschafter oder Aufnahme **neuer** Gesellschafter.
(Probleme evtl. ähnlich wie der bei der KG, s. o.)

Vorteile der Beteiligungsfinanzierung allg.	Nachteile der Beteiligungsfinanzierung allg.
• hohe Sicherheit durch Eigenkapitalzufluss • keine Tilgungen notwendig • erhöhte Kreditwürdigkeit • in schlechten Jahren: keine Zinszahlungen notwendig	• Einengung der Entscheidungsbefugnisse (Mitspracherechte aller Kapitalgeber) • evtl. Verschiebung Mehrheitsverhältnisse • bei gutem Geschäftsgang evtl. teurer als Fremdfinanzierung (Gewinnanteile > Zins)

Aufgaben

1. Erklären Sie die Beteiligungsfinanzierung bei den einzelnen Rechtsformen.
2. Nennen Sie je drei Vor- und Nachteile der Beteiligungsfinanzierung allgemein.

BWL: Investition und Finanzierung

9.5 Fremdfinanzierung: Kontokorrentkredit und Darlehen

Stofftelegramm

Kritischer Vergleich: Eigenfinanzierung – langfr. Fremdfinanzierung (Unternehmersicht)

Vorteile langfristiger Fremdfinanzierung	Nachteile langfristiger Fremdfinanzierung
• Keine Einengung der Entscheidungsbefugnisse, da Gläubiger weniger Mitbestimmungsrechte als Eigentümer haben	• Kreditwürdigkeit wird vorausgesetzt (gute Eigenkapitalbasis und Ertragslage notwendig)
• keine Verschiebung der Mehrheiten	• nur befristete Kapitalüberlassung
• bei gutem Geschäftsgang billiger, da Zinssatz < Dividendensatz	• Zinszahlungen auch in Verlustjahren = hohe Liquiditätsbelastung!
• Zinsen steuerlich abzugsfähig	• Verschlechterung des Bilanzbildes
• schnelle + billige Kapitalbeschaffung	• evtl. Risiko wechselnder Zinssätze
	• Kreditgeber haftet nicht, keine Verlustbeteiligung

Unterscheidung nach der Form der VERFÜGBARKEIT

DARLEHEN	KONTOKORRENTKREDIT
• Auszahlung einer best. Kreditsumme	• Kredit <u>kann</u> bis zur vereinbarten Höhe beansprucht werden
• i. d. R. befristeter Kredit	• i. d. R. unbefristeter Kredit
• Tilgung laut Kreditvertrag	• schwankender Kreditbetrag
• Zinssatz niedriger	• relativ hoher Sollzinssatz

DARLEHENSARTEN

Fälligkeitsdarlehen: Tilgung Gesamtbetrag auf einmal bei Fälligkeit

Kündigungsdarlehen: Tilgung Gesamtbetrag auf einmal nach Kündigung

Abzahlungsdarlehen (Ratendarlehen): Tilgung in Raten

Annuitätendarlehen: Tilgung in Annuitäten (Annuität = gleich bleibende Summe aus Zins und Tilgung)

BWL: Investition und Finanzierung 220

Beispiel zur Berechnung der Effektivverzinsung bei Darlehen:

Berechnen Sie den Effektivzinssatz für folgendes Kreditangebot über 2,7 Mio. €:

Laufzeit 6 Jahre, Disagio 2 % (Auszahlung somit 98 %), 1,5 % Bearbeitungsgebühr von der Darlehenssumme, jährliche Zinszahlungen, Rückzahlung in einer Summe nach sechs Jahren, 7 % p. a. Zinsen

Lösung:

Zinsen (6 J.): $z = \dfrac{k \cdot p \cdot j}{100} = \dfrac{2.700.000 \cdot 7 \cdot 6}{100} = 1.134.000{,}00$ €

Damnum = 2 % von 2,7 Mio. € =   54.000,00 €
Bearbeitungsgebühr = 1,5 % von 2,7 Mio. € =   40.500,00 €

Kosten insgesamt = z =   1.228.500,00 €

Effektiver Zinssatz $p = \dfrac{z \cdot 100}{k \cdot j} = \dfrac{1.228.500 \cdot 100}{(2{,}7 \text{ Mio.} - 94.500) \cdot 6} = 7{,}86$ % eff. Zinssatz

---

Aufgaben

1. Vergleichen Sie die Begriffe Darlehen und Kontokorrentkredit.

2. a) Nennen und erklären Sie kurz die vier Darlehensarten.
   b) Welche Gemeinsamkeit haben Fälligkeits- und Kündigungsdarlehen?
   c) Nennen Sie einen Vorteil des Fälligkeitsdarlehens gegenüber dem Kündigungsdarlehen.
   d) Welche Vor- und Nachteile haben Fälligkeits- und Kündigungsdarlehen gegenüber den beiden anderen Darlehensarten?

3. Unsere Firma beabsichtigt den Kauf einer neuen Fertigungsanlage zum Preis von 120.000,00 €. Die Finanzierung soll mit einem Darlehen erfolgen.

   Unsere Hausbank unterbreitet folgendes Angebot: Zinssatz 10 %; Zinszahlung jeweils nachträglich am Jahresende; Auszahlung des Darlehens: 1. Januar 01

   Tilgungsalternativen:

       Alt. 1: Gesamttilgung 30. Dezember 10
       Alt. 2: Gesamttilgung nach Kündigung (Kündigungsfrist 3 Monate auf Quartalsende)
       Alt. 3: Tilgung in 10 Raten, fällig jeweils am Jahresende
       Alt. 4: Jährl. Annuität bis 09 20.000,00 €. Resttilgung Jahr 10 (Rundung volle 10,00 €)

   a) Welche Darlehensarten liegen jeweils vor?

   b) Erstellen Sie die Tilgungspläne nach folgenden Mustern u. den Gesamtkostenvergleich.

Alternative 1: .... darlehen					
Jahr	Anfangsschuld	Zinsen	Tilgung	Zins + Tilgung	Restschuld
01					
02					
03					
....					
10					
Summen					

BWL: Investition und Finanzierung

Alternative 2: (................. darlehen) Unterschiede zu Alternative 1: ....
....

Alternative 3: .... darlehen (................... darlehen)

Jahr	Anfangsschuld	Zinsen	Tilgung	Zins + Tilgung	Restschuld
01					
02					
03					
04					
05					
06					
07					
08					
09					
10					
Summen					

Alternative 4: (........................... darlehen) Analoge Tabelle wie Alternative 3!

Kostenvergleich: Summe der Zinsen insgesamt beim
Fälligkeitsdarlehen: ....
Kündigungsdarlehen (Unterstellung: Kündigung nach 10 Jahren): ....
Abzahlungsdarlehen: ....
Annuitätendarlehen: ....

4. Beispiel zur Effektivverzinsung beim Darlehen vgl. Stofftelegramm!

9.6 Innenfinanzierung: Offene Selbstfinanzierung

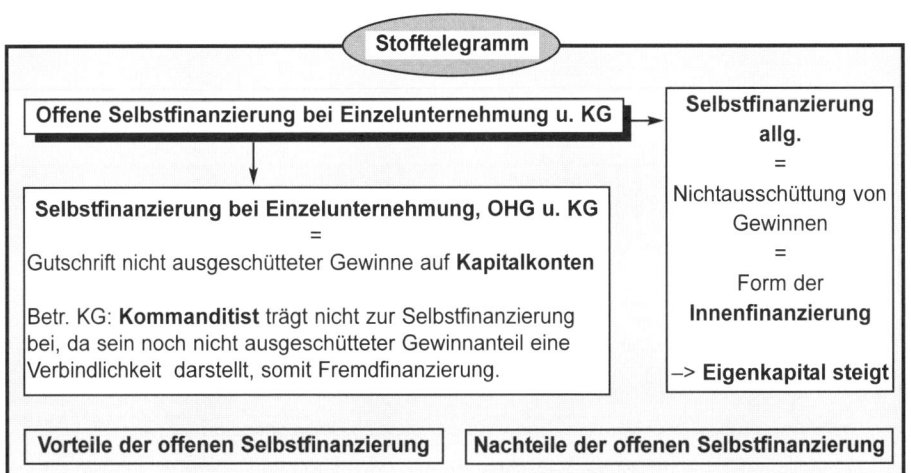

Stofftelegramm

Offene Selbstfinanzierung bei Einzelunternehmung u. KG → **Selbstfinanzierung allg.**
= Nichtausschüttung von Gewinnen
= Form der **Innenfinanzierung**
→ **Eigenkapital steigt**

Selbstfinanzierung bei Einzelunternehmung, OHG u. KG
=
Gutschrift nicht ausgeschütteter Gewinne auf **Kapitalkonten**

Betr. KG: **Kommanditist** trägt nicht zur Selbstfinanzierung bei, da sein noch nicht ausgeschütteter Gewinnanteil eine Verbindlichkeit darstellt, somit Fremdfinanzierung.

Vorteile der offenen Selbstfinanzierung
- keine Zins- und Tilgungsverpflichtungen
- erhöhte Sicherheit (Kreditwürdigkeit)
- Unabhängigkeit von Kapitalgebern

Nachteile der offenen Selbstfinanzierung
- nur in Gewinnzeiten möglich (begrenzt)
- Bereitschaft der Gesellschafter notwendig, Gewinne nicht zu entnehmen

BWL: Investition und Finanzierung

Offene Selbstfinanzierung bei der GmbH

Bilanz einer GmbH

- Vermögen
- Gez. Kapital (feste Größe!)
- Rücklagen (einbehaltene Gewinne) ← Einstellung in Rücklagen

GuV

- Aufwendungen
- GEWINN
- GEWINN
- Erträge

→ Gesellschafter

Selbstfinanzierung bei Kapitalgesellschaften = Einstellung nicht ausgeschütteter Gewinne in Rücklagen (Erhöhung des Eigenkapitals)

(R = Rücklagen) **Der Konflikt zwischen Geschäftsführer und HV** (A = Ausschüttung)

Geschäftsführer → R!!! / A ← Konfliktlösung durch **GmbHG §§§§** → R / A!!! ← Gesellschafterversammlung (Gesellschafter)

Argumente für hohe Rücklagenbildung

- kein Liquiditätsentzug
- keine Finanzierungskosten, Rentabilität steigt
- Sicherheit, Zukunftssicherung, Wachstumshilfe
- unbefristetes Eigenkapital –> Kreditwürdigkeit steigt
- Unabhängigkeit

Argumente für hohe Ausschüttung

- Geldbedarf der Gesellschafter
- Gesellschafterstimmung steigt
- keine „Kapitalfehlleitungen"

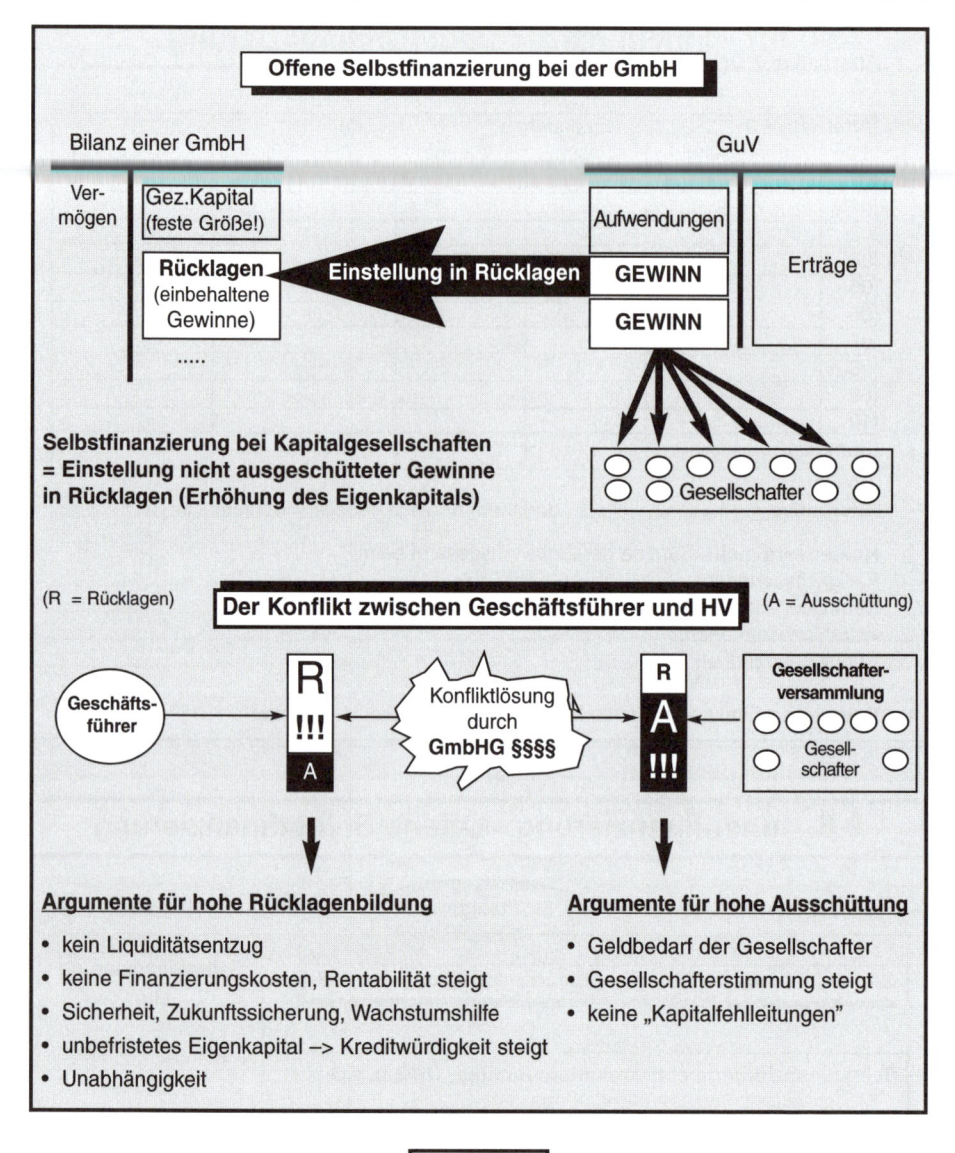

Aufgaben

1. a) Definieren Sie kurz allgemein den Begriff „offene Selbstfinanzierung"
   b) Welche Kapitalgröße wird durch Selbstfinanzierung erhöht?
   c) Nennen Sie je zwei Vor- und Nachteile der offenen Selbstfinanzierung.
2. Unterscheiden Sie die offene Selbstfinanzierung bei der KG und GmbH.
3. a) Erklären Sie den Gewinnverwendungskonflikt bei der GmbH.
   b) Nennen Sie je vier Argumente der beiden Konfliktparteien.

BWL: Investition und Finanzierung

9.7 Innenfinanzierung: Umfinanzierung

Stofftelegramm

Umfinanzierung = Vermögens- bzw. Kapitalumschichtungen; Änderung der Vermögens- bzw. Kapitalstruktur

Möglichkeiten:
- **Kapitalstrukturänderung:**
  - Umschichtung innerhalb des Eigenkapitals (z. B. aus Kommanditeinlage wird Komplementäreinlage)
  - Umschichtung innerhalb Fremdkapital (Darlehen - kurzfr. Kredit)
  - Umschichtung von Fremd- in Eigenkapital
- **Vermögensstrukturänderung:**
  - Verkauf nicht betriebsnotwendiger Vermögensgegenstände (aus Anlagevermögen wird Umlaufvermögen)
  - Verkürzung des Zahlungsziels (Forderungen werden schneller zu liquiden Mitteln)
  - Finanzierung aus Abschreibungen (vgl. nächstes Kapitel)

Aufgaben

1. Was versteht man unter Umfinanzierung? Nennen Sie drei Beispiele.

9.8 Innenfinanzierung: Finanzierung aus Abschreibungen

Stofftelegramm

Funktionsweise:

Kalkulation der Abschreibungen in die Selbstkosten
↓
Erhöhung der Verkaufspreise
↓
Abschreibungsrückfluss über die Umsatzerlöse
↓
Verwendung Abschreibungsrückflüsse für Ersatzbeschaffungen (Re- oder Nettoinvestitionen)

Umfinanzierung, weil Anlagevermögen zu Umlaufvermögen wird:

- **AV sinkt** (Abschreibungen!)

- **UV** (Forderungen, liquide Mittel) **steigt** durch Abschreibungsrückflüsse

Aufgaben

1. Erklären Sie kurz die Finanzierung aus Abschreibungen.

2. Begründen Sie: „Die Finanzierung aus Abschreibungen ist stets eine Umfinanzierung."

BWL: Investition und Finanzierung 224

9.9 Leasing (= Sonderform der Fremdfinanzierung)

Stofftelegramm

Leasing = mittel- und langfristige Vermietung oder Verpachtung von Anlagegütern durch Hersteller oder Leasing-Gesellschaft.

Direktes Leasing: Hersteller ist Leasinggeber.
Indirektes Leasing: Leasing-Gesellschaft (nicht Hersteller) ist Leasinggeber.

	Operate Leasing	Financial-Leasing
Laufzeit	i. d. R. max. 1 Jahr	40 bis 90 % der üblichen Nutzungsdauer
Kündigung	kurzfristig kündbar	unkündbare Grundmietzeit
Investitionsrisiko	trägt Leasinggeber	trägt Leasingnehmer
Anzahl Leasingnehmer	mehrere nacheinander	i. d. R. nur ein Leasingnehmer
Nach Ablauf der Leas.zeit	Rückgabe an Leasinggeber, der i. d. R. an andere weiterverleast	Alternativen nach Ablauf der Grundmietzeit: Rückgabe, Anschlussleasing, Kauf

Mobilienleasing: Leasinggegenstand ist ein bewegliches Gut (z. B. DV-Anlage)
Immobilienleasing: Leasinggegenstand ist ein unbewegliches Gut (z. B. Bürogebäude)

Leasingkosten insges.: Kaufpreis + Verwaltungskosten/Risikoprämie/Gewinn Leasinggeber

Vorteile:
- keine hohen Anschaffungskosten zu finanzieren
- laufende Anpassung an neuesten Stand der Technik
- keine Fremdfinanzierung notw., somit keine Verschlechterung der Kreditwürd.
- evtl. laufende Betreuung, Beratung, Wartungsleistungen durch Leasinggeber

Nachteile:
- hohe Dauerbelastung mit Fixkosten (Leasingraten)
- Leasinggegenstände nicht frei verfügbar
- Bindung während der Grundmietzeit
- Leas.gegenstände können z. B. nicht sicherungsübereignet werden

Aufgaben

1. Was versteht man unter Leasing?

2. Unterscheiden Sie: direktes – indirektes Leasing.

3. Unterscheiden Sie Operate Leasing und Financial Leasing hinsichtlich Laufzeit, Kündigung, Investitionsrisiko, Anzahl Leasingnehmer u. Situation nach Ablauf der Leasingzeit.

4. Nennen Sie je drei Vor- und Nachteile des Leasing.

5. **Sachverhalt:**

   Die Knauser GmbH benötigt eine neue Maschine zum Anschaffungswert von 200.000,00 € und einer betriebsgewöhnlichen Nutzungsdauer von 10 Jahren. Die Maschine soll degressiv mit 30 % abgeschrieben werden.

BWL: Investition und Finanzierung 225

Die Unternehmung hat infolge hoher Investitionen der letzten Jahre bei guter Rentabilität mit Liquiditätsengpässen zu kämpfen. Die Geschäftsleitung will unter der Zielsetzung geringster Liquiditätsbelastung zwischen folgenden Finanzierungsmöglichkeiten entscheiden:

Leasing: Grundmietzeit 5 Jahre; während dieser Zeit beträgt die Mietrate, die jeweils zum Jahresende entrichtet wird, 50.000,00 €. Nach dieser Zeit kann die Maschine für weitere 5 Jahre zu einer Jahresmiete von 20.000,00 € gemietet werden. Aktivierung der Maschine beim Leasinggeber.

Bankdarlehen: Laufzeit 5 Jahre; Tilgung in gleichen Raten am Jahresende. Die am Jahresende zu entrichtenden Zinsen betragen 10 % der Restschuld.

Nach einem mittelfristigen Finanzplan geht die Firmenleitung davon aus, dass der finanzielle Engpass in 3 Jahren überwunden sein wird.

Aufgaben:

a) Um welche Art des Leasing handelt es sich in diesem Fall?

b) Ermitteln Sie die liquiditätsmäßige Belastung der GmbH aus Kreditkauf und Leasing für die ersten 3 Jahre insgesamt.
Zu welcher Finanzierungsentscheidung kommen Sie aufgrund Ihres Ergebnisses?

c) Ermitteln Sie die Gewinnsteuerminderungen unter Annahme eines konstanten Gewinnsteuersatzes von 50 % bei Kreditkauf u. Leasing für die ersten 3 Jahre insgesamt.

6. **Sachverhalt:**

Eine mittelständische Unternehmung benötigt zur Rationalisierung ihrer Fertigung eine Maschine zum Anschaffungspreis von 200.000,00 €. Die Maschine soll 8 Jahre genutzt werden. Lineare Abschreibung ist vorgesehen. Nach Verhandlungen mit der Hausbank eröffnet sich folgende Finanzierungsmöglichkeit:

Darlehen in Höhe von 200.000,00 €, 6,5 % Zins, 20 % Ratentilgung pro Jahr.

Die Maschine könnte aber auch über eine Leasing-Firma beschafft werden, die folgendes Angebot unterbreitet:
Abschlussgebühr 10 % des Kaufwertes von 200.000,00 €;
Monatsmiete für die ersten drei Jahre - in dieser Zeit ist der Leasing-Vertrag unkündbar - 3 % des Kaufwertes. Bei Vertragsverlängerung Jahresmiete 4 % des Kaufwertes. Die Maschine bleibt Eigentum der Leasing-Firma.

Zinszahlungen, Tilgungen, Abschlussgebühr und Mietzahlungen jeweils am Jahresende.

Aufgaben:

6.1 Erörtern Sie, warum sich die Unternehmung unter Umständen für die Darlehensaufnahme entscheidet. Führen Sie zwei Gründe an.

6.2 Unterscheiden Sie zwischen Financial Leasing und Operating Leasing.

6.3 Verwenden Sie für die Lösung der Aufgabe eine Tabelle nach folgendem Muster.

Kreditfinanzierung					Mietfinanzierung		
Jahr	Zins	Tilgung	Geldabfluss	Abschreibungen	Aufwand	%-Satz	Mietzahlung

6.3.1 Erstellen Sie die Tabelle für die Laufzeit der Maschine für beide Finanzierungsarten.

6.3.2 Vergleichen Sie die beiden Finanzierungsarten hinsichtlich Aufwandsverteilung, Gesamtbelastung und schnellerem Abbau des Risikos.

BWL: Investition und Finanzierung 226

9.10 Kreditsicherheiten

Quelle: „HOT" - Holzer-Telegramm (Unterrichtsmagazin für Wirtschaftsfächer), Bildungsverlag EINS

Karikatur von Wolfgang Berger

Kreditsicherheiten

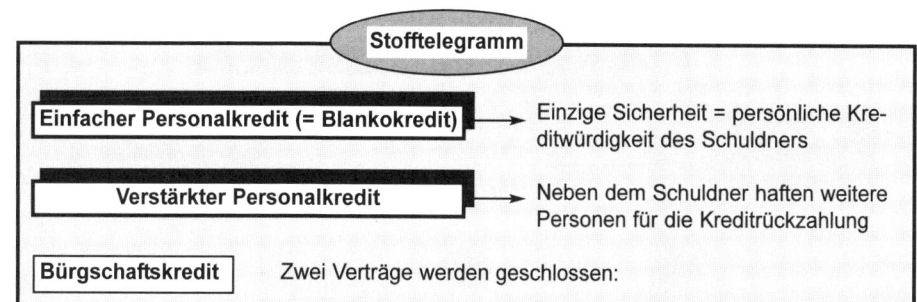

Stofftelegramm

Einfacher Personalkredit (= Blankokredit) → Einzige Sicherheit = persönliche Kreditwürdigkeit des Schuldners

Verstärkter Personalkredit → Neben dem Schuldner haften weitere Personen für die Kreditrückzahlung

Bürgschaftskredit   Zwei Verträge werden geschlossen:

- **Kreditvertrag** zwischen Schuldner und Gläubiger

- **Bürgschaftsvertrag** zwischen Bürge und Gläubiger

- **Bürgschaftsvertrag:** Der Bürge verpflichtet sich zur Zahlung bei Nichtzahlung des Schuldners.

  Schriftform (Ausnahme: Kaufmann i. S. des HGB gibt Bürgschaft im Rahmen seines Handelsgeschäftes ab)

- **Selbstschuldnerische Bürgschaft:**

  - Verzicht auf Einrede der Vorausklage: Gläubiger kann sich bei Fälligkeit sofort an den Bürgen wenden

  - Bürgschaften von HGB-Kaufleuten im Rahmen ihres Geschäfts: stets selbstschuldnerisch

  - von Banken üblicherweise verlangt

Realkredite → Kreditsicherung durch eine Sache

Sicherungsübereignung   Gläubiger erhält zur Kreditsicherung bestimmte Sachen ohne Übergabe übereignet.

<u>Gläubiger wird Eigentümer, Schuldner bleibt Besitzer (Besitzkonstitut).</u>

<u>Vorteil für Gläubiger:</u>   Aufbewahrung entfällt

<u>Vorteil für Schuldner:</u>   Nutzung der übereigneten Sachen weiter möglich.

<u>Risiken für Gläubiger:</u>
- Sache anderweitig bereits übereignet
- Sache evtl. an gutgläubigen Dritten weiterveräußert
- Beschädigung oder Zerstörung der Sache

BWL: Investition und Finanzierung   228

Quelle: „HOT" - Holzer-Telegramm (Unterrichtsmagazin für Wirtschaftsfächer), Bildungsverlag EINS

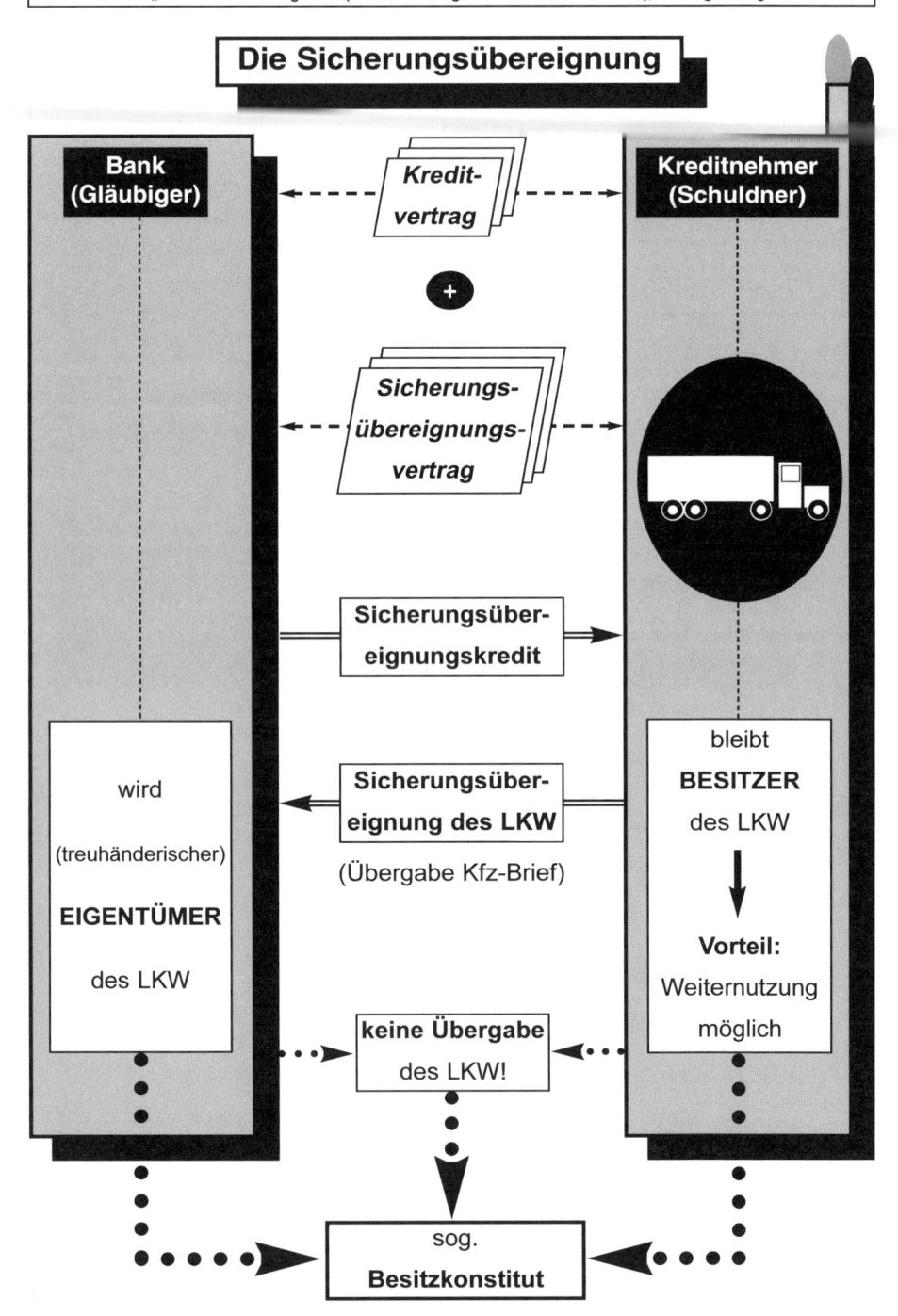

Die Sicherungsübereignung

Bank (Gläubiger) ←--- *Kreditvertrag* ---→ **Kreditnehmer (Schuldner)**

+

←--- *Sicherungsübereignungsvertrag* ---→

——— **Sicherungsübereignungskredit** ———→

wird (treuhänderischer) **EIGENTÜMER** des LKW ←——— **Sicherungsübereignung des LKW** ——— bleibt **BESITZER** des LKW

(Übergabe Kfz-Brief)

Vorteil: Weiternutzung möglich

keine Übergabe des LKW!

sog. **Besitzkonstitut**

BWL: Investition und Finanzierung

| **Grundschuld** | = im Grundbuch eingetragene Belastung eines Grundstücks mit einer bestimmten Geldsumme zugunsten des Berechtigten (Pfandrecht an Grundstück). |

- Bei Nichtzahlung kann der Gläubiger die Versteigerung bewirken und sich hieraus befriedigen.

- Eintrag der Grundschuld im Grundbuch.

- Dingliche Sicherung: nur Grundstück haftet, keine persönliche Haftung.

- Im Gegensatz zur Hypothek ist die Grundschuld nicht an die Darlehenshöhe gebunden. Die eingetragene Grundschuldhöhe ändert sich nicht durch Darlehensrückzahlung.

Vorteil: Rasche Kreditaufnahme bei vorsorglich eingetragener Grundschuld möglich.

- **Buchgrundschuld:** Einigung + Eintrag Grundbuch

- **Briefgrundschuld:** Einigung + Eintrag Grundbuch + Ausstellung Grundschuldbrief

   Vorteil: Grundschuldbrief formlos ohne Grundbuchumschreibung übergebbar

- **Fremdgrundschuld:** Berechtigter ist der Kreditgeber

- **Eigentümergrundschuld:** Die Rechte aus der Grundschuld stehen dem Eigentümer selbst zu.

   Entstehung: - Automatisch nach erfolgter Darlehensrückzahlung bzw.

   - vorsorglich eingetragene Grundschuld zwecks Rangsicherung.

Aufgaben

1. a) Zeigen Sie in einer übersichtlichen Skizze die Arten der Kreditsicherheiten.

   b) Worin unterscheiden sich Personal- und Realkredite?

2. Welche Verträge sind zwischen wem beim Bürgschaftskredit zu schließen und welche Formvorschriften sind zu beachten?

3. Welche Besonderheiten gelten für HGB-Kaufleute, die eine Bürgschaft im Rahmen ihres Handelsgeschäftes abgeben?

4. Erklären Sie die Besitz- und Eigentumsverhältnisse beim Sicherungsübereignungskredit.

5. Welche wesentlichen Vorteile hat die Sicherungsübereignung für Gläubiger und Schuldner?

6. Welche Risiken ergeben sich aus der Sicherungsübereignung für den Gläubiger?

7. Was versteht man unter einer Grundschuld?

8. Welche Vorteile hat es, bereits vor Kreditaufnahme eine Grundschuld eintragen zu lassen?

9. Unterscheiden Sie:

   a) Buch-, Briefgrundschuld

   b) Fremd-, Eigentümergrundschuld

10. Wie entsteht eine Eigentümergrundschuld?

11. Welche Bedeutung hat die Rangfolge?

12. • Erstrangige Grundschuld: 200.000,00 € zugunsten der Sparkasse Goggelshausen.
    • 2. Grundschuld zugunsten der Volksbank Hasenbüttel: 150.000,00 €.
    • 3. Grundschuld zugunsten der Firma Teufel & Co. in Höhe von 40.000,00 €.

    Firma Teufel beantragt die Vollstreckung in das Grundstück.
    Versteigerungserlös: 330.000,00 €.

    Welche Gläubiger werden in welcher Reihenfolge befriedigt?

13. Welche Positionen einer Bilanz eines Industriebetriebes können für welche Kreditsicherheiten in Anspruch genommen werden?

14. Die NEUTEX GmbH, Stuttgart, plant die Erweiterung ihrer Produktionsanlagen und benötigt dazu einen <u>Investitionskredit</u> in Höhe von 750.000,00 €. Als Sicherheit bietet sie ihrer Bank Grundpfandrechte an.

    Auf das Grundvermögen der GmbH in Höhe von 1.200.000,00 € ist bereits im <u>I. Rang</u> eine <u>Eigentümergrundschuld</u> in Höhe von 250.000,00 € eingetragen, über die ein Grundschuldbrief auf den Inhaber ausgestellt wurde. Der Grundschuldbrief befindet sich in den Händen der NEUTEX GmbH.

14.1 Erklären Sie die unterstrichenen Begriffe.

14.2 Wie kann bei diesem Sachverhalt der Kredit für die Bank durch Grundpfandrechte möglichst vorteilhaft gesichert werden?

14.3 Außerdem will die NEUTEX GmbH Rohstoffvorratskäufe in Höhe von 150 000,00 € durch einen Kredit vorfinanzieren. Für die Sicherung dieses Kredites bietet die GmbH der Bank eine Sicherungsübereignung von 4 LKW (Anschaffungswert 600 000,00 €, Nutzungsdauer 4 Jahre, 3 Jahre bereits im Betrieb) an.

14.3.1 Erklären Sie die angebotene Sicherheit.

14.3.2 Nennen Sie drei Gefahren, die bei der im Sachverhalt genanntenSicherungsart der Bank drohen.

14.3.3 Weisen Sie nach, inwieweit die Sicherungsart zur Sicherung des Kredites ausreicht. Rechnerischer Nachweis.

BWL: Investition und Finanzierung   231

9.11 Finanzierungsgrundsätze und -kennziffern

(vgl. auch **Steuerung und Kontrolle**)

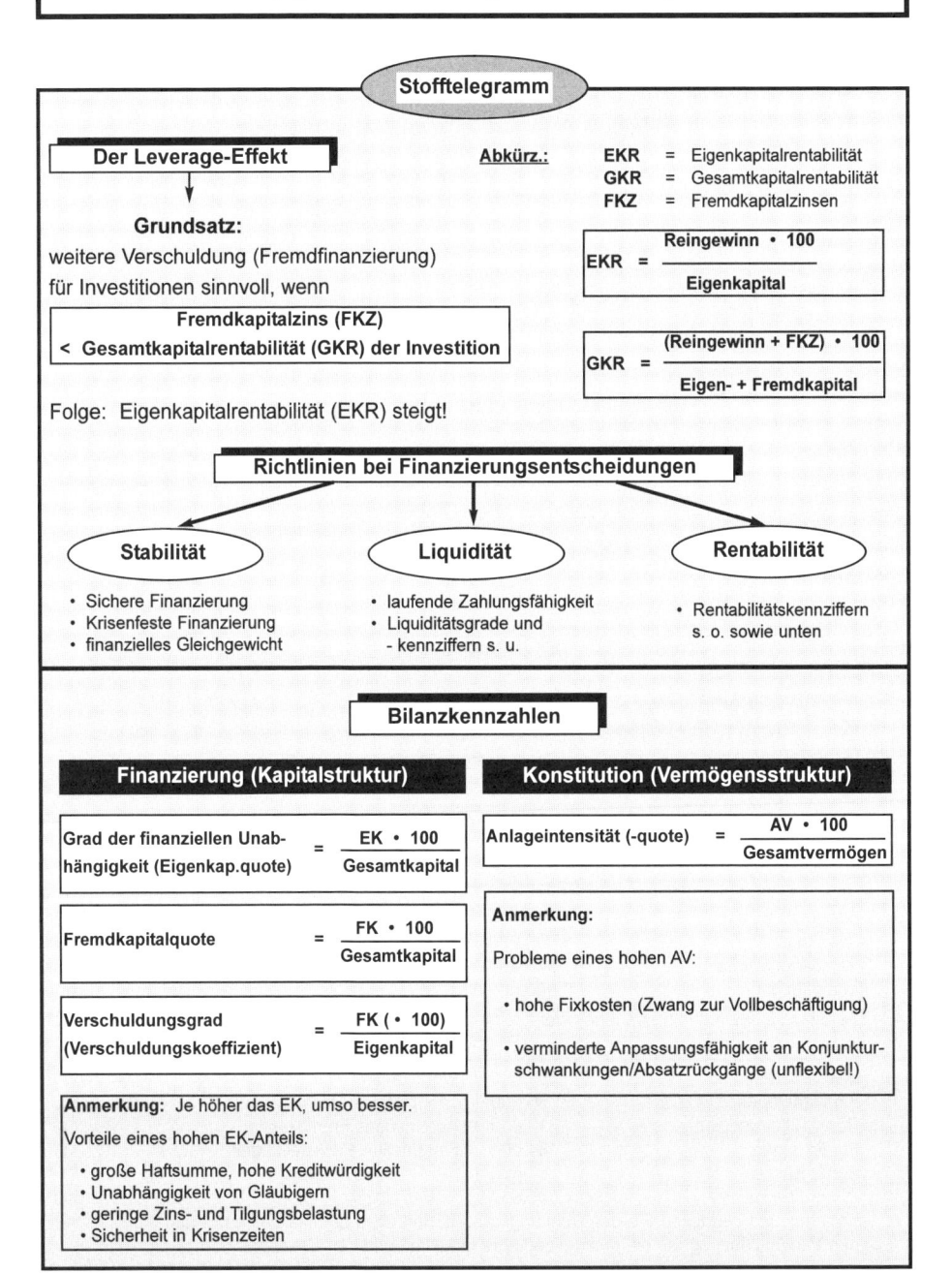

Stofftelegramm

Der Leverage-Effekt

Abkürz.:
- EKR = Eigenkapitalrentabilität
- GKR = Gesamtkapitalrentabilität
- FKZ = Fremdkapitalzinsen

Grundsatz:
weitere Verschuldung (Fremdfinanzierung) für Investitionen sinnvoll, wenn

Fremdkapitalzins (FKZ)
< Gesamtkapitalrentabilität (GKR) der Investition

Folge: Eigenkapitalrentabilität (EKR) steigt!

$$EKR = \frac{Reingewinn \cdot 100}{Eigenkapital}$$

$$GKR = \frac{(Reingewinn + FKZ) \cdot 100}{Eigen\text{-} + Fremdkapital}$$

Richtlinien bei Finanzierungsentscheidungen

Stabilität
- Sichere Finanzierung
- Krisenfeste Finanzierung
- finanzielles Gleichgewicht

Liquidität
- laufende Zahlungsfähigkeit
- Liquiditätsgrade und
  - kennziffern s. u.

Rentabilität
- Rentabilitätskennziffern s. o. sowie unten

Bilanzkennzahlen

Finanzierung (Kapitalstruktur)

Grad der finanziellen Unabhängigkeit (Eigenkap.quote) $= \dfrac{EK \cdot 100}{Gesamtkapital}$

Fremdkapitalquote $= \dfrac{FK \cdot 100}{Gesamtkapital}$

Verschuldungsgrad (Verschuldungskoeffizient) $= \dfrac{FK \,(\cdot\, 100)}{Eigenkapital}$

Anmerkung: Je höher das EK, umso besser.

Vorteile eines hohen EK-Anteils:
- große Haftsumme, hohe Kreditwürdigkeit
- Unabhängigkeit von Gläubigern
- geringe Zins- und Tilgungsbelastung
- Sicherheit in Krisenzeiten

Konstitution (Vermögensstruktur)

Anlageintensität (-quote) $= \dfrac{AV \cdot 100}{Gesamtvermögen}$

Anmerkung:

Probleme eines hohen AV:
- hohe Fixkosten (Zwang zur Vollbeschäftigung)
- verminderte Anpassungsfähigkeit an Konjunkturschwankungen/Absatzrückgänge (unflexibel!)

BWL: Investition und Finanzierung 232

Investierung (Anlagendeckung)

Deckungsgrad II = $\dfrac{\text{(Eigenkapital + langfristiges Fremdkapital)} \cdot 100}{\text{Anlagevermögen}}$

Anmerkung: Fristen zwischen Vermögen und Kapital sollten sich entsprechen. Das AV und der Eiserne Bestand müssen mit EK + langfristigem Fremdkapital finanziert sein **(goldene Bilanzregel)**
Deckungsgrad II muss mindestens 100 % betragen!

Liquidität (Zahlungsbereitschaft)

Liquidität 2. Grades (einzugsbedingte Liquidität) = $\dfrac{\text{(flüssige Mittel + Forderungen)} \cdot 100}{\text{kfr. Verbindlichkeiten}}$

Kritik: • Vergangenheitszahlen (Bilanzstichtag weit zurückliegend) • wichtige weitere Daten fehlen (Fälligkeiten, Kreditzusagen) • leicht manipulierbar (Transaktionen am Bilanzstichtag!)	Geforderter Mindestwert: Liquidität 2. Grades: 100 %

Rentabilitätskennziffern

Eigenkapitalrentabilität = $\dfrac{\text{Reingewinn} \cdot 100}{\text{Eigenkapital}}$

Gesamtkapitalrentabilität = $\dfrac{\text{(Reingewinn + Zinsaufwendungen)} \cdot 100}{\text{Gesamtkapital}}$

Umsatzrentabilität = $\dfrac{\text{Reingewinn} \cdot 100}{\text{Umsatzerlöse}}$

Cashflow-Analyse

Cashflow = **Jahresüberschuss** + **Abschreibungen auf Anlagen** + **Zuführung zu lfr. Rückstellungen**
Cashflow = augenblicklich **verfügbarer Betrag** für Dividendenzahlungen, Investitionen, Schuldtilgung...
Cashflow = **Maßstab** für Ertragskraft, Selbstfinanzierungskraft, Kreditwürdigkeit, Expansionsfähigkeit

Aufgaben

1. Beschreiben Sie kurz die allgemeinen Finanzierungsgrundsätze.
2. Was versteht man unter „Leverage-Effekt"?
3. Reingewinn: 100.000,00 € a) Eigenkapitalrentabilität?
   Eigenkapital: 5.000.000,00 € b) Gesamtkapitalrentabilität?
   Fremdkapitalzinsen: 500.000,00 €
   Fremdkapital: 7.000.000,00 €
4. Die Bilanz eines Industriebetriebes weist folgende Zahlen aus:

Aktiva		Bilanz	Passiva
Sachanlagen	660.000	Eigenkapital	460.000
Finanzanlagen	60.000	Langfristiges Fremdkapital	320.000
Roh-, Hilfs- und Betriebsstoffe	210.000	Kurzfristiges Fremdkapital	190.000
Forderungen	84.000	Langfristige Rückstellungen	101.000
Bank, Kasse	57.000		
	1.071.000		1.071.000

Ermitteln und beurteilen Sie den Deckungsgrad II, den Grad der finanziellen Unabhängigkeit, den Verschuldungsgrad, die einzugsbedingte Liquidität und den Cashflow.

5. Erklären und begründen Sie den Begriff der Fristenparallelität.

6. a) Was versteht man unter optimalem Verschuldungsgrad? (Traditionelle und moderne Formulierung)

   b) Warum kann man keine allgemeine Aussage über den optimalen Verschuldungsgrad machen?

7. Welche Bedeutung hat generell die Höhe des Eigenkapitals?

8. Beurteilen Sie folgende Liquiditätskennziffer einer Unternehmung:

   Liquidität II (einzugsbedingte Liquidität) = 190 %

9. Inwiefern können Liquiditätskennziffern kritisiert werden?

10. Anlagenintensität der Unternehmung A: 30 %
    Anlagenintensität der Unternehmung B: 70 %

    Welche Nachteile hat Unternehmung B im Vergleich zu Unternehmung A?

11. Der Grad der finanziellen Unabhängigkeit ist bei einem Unternehmen innerhalb eines Jahres von 10 % auf 30 % gestiegen.

    a) Nennen Sie mögliche Ursachen dieser Entwicklung.
    b) Beurteilen Sie die obigen Prozentzahlen.

12. Handelt es sich bei der Formel zur Ermittlung des Deckungsgrades um eine Formel der horizontalen oder vertikalen Bilanzstruktur?

13. Beurteilen Sie folgende zwei Unternehmen mit folgenden Deckungsgraden:

    Unternehmung A: Deckungsgrad II = 100 %
    Unternehmung B: Deckungsgrad II = 170 %

14. a) Was versteht man unter cash-flow?

    b) Welche Aussagekraft hat der Cashflow?

9.12 Prüfungsaufgaben

Prüfungsaufgabe 2000/2001 (Aufgabe 3)

Der Dipl.-Ingenieur Simon Schmitt hat sich vor fünf Jahren selbstständig gemacht. Er gründete die Simon Schmitt GmbH, die bis jetzt Zulieferer für die Metall verarbeitende Industrie ist.

Simon Schmitt bietet sich die Chance, künftig auch an den Flugzeugbauer DCA, Friedrichshafen, Drehteile als Alleinlieferant zu liefern. Der Jahresbedarf für das Geschäftsjahr 2000 beträgt 290 000 Stück.

Die alte Drehbank arbeitet einerseits zur Zeit an der Kapazitätsgrenze, andererseits können die Maschinen dieses Typs nicht die hohen Qualitätsanforderungen der Luftfahrtindustrie erfüllen (z. B. geringere Fertigungstoleranzen).

Für die evtl. anstehende Kapazitätserweiterung hat sich Herr Schmitt vom führenden Hersteller von Drehbänken, der Maschinenfabrik Götz Maier AG, ein Angebot eingeholt. **(Anlage 1)**

Für die Angebotsalternative MGM3 erwartet Herr Schmitt eine durchschnittliche Gewinnsteigerung von 30.000,00 DM jährlich, für den Typ MGM5 von 50.000,00 DM jährlich.

Kostenrechnerisch wird das Anlagevermögen linear abgeschrieben. Um kurzfristige Liquiditätsengpässe zu vermeiden, hat sich Herr Schmitt entschlossen, grundsätzlich die Liquidität 1. Grades (= flüssige Mittel • 100 : kurzfristige Verbindlichkeiten) von 20 % nicht zu unterschreiten.

Vom Jahresüberschuss sind jährlich 20 % auszuschütten.

1 Treffen Sie eine begründete Investitionsentscheidung unter Berücksichtigung

- einer statischen, vergleichenden Amortisationsrechnung **(vgl. Anlagen 1 – 2)**

- der erwarteten Absatzmenge **(vgl. Anlage 2)**

- eines weiteren entscheidungsrelevanten Kriteriums.

2 Erarbeiten Sie einen Finanzierungsvorschlag und begründen Sie diesen ausführlich anhand der gegebenen Informationen und Materialien. **(Anlagen 3 – 5)**

Berücksichtigen Sie dabei Kreditfinanzierung und evtl. offene Selbstfinanzierung.

BWL: Investition und Finanzierung   235

Anlage 1

Maschinenfabrik Götz Maier AG

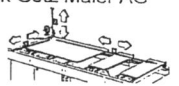

Steinbeisstr. 7
73730 Esslingen
Tel. (0711) 93 01 07 – 0
Fax (0711) 93 01 07 – 10
email: info@mgm.com
Internet: http://www.mgm.com

MGM - Steinbeisstr. 7 - 73730 Esslingen

Simon Schmitt GmbH
Postfach 10 36 42
70031 Stuttgart

Esslingen, 1999-12-14

Sehr geehrter Herr Schmitt,

herzlichen Dank für Ihre Anfrage vom 1999-11-29.
Wir bieten Ihnen folgende CNC-Drehbänke alternativ zum Kauf an:

Leistungen	Typ MGM 3	Typ MGM 5
veränderbarer Durchmesser	bis 20 mm	bis 40 mm
Maßgenauigkeit/ Toleranz	+/- 1/100 mm	+/- 1/1000mm
Anzahl Achsen	3	5
Vorschubgeschwindigkeit (Barbeitungsgeschwindigkeit)	bis 100 mm/min	bis 200 mm/min
Listenpreis (netto) DEM	350 000,00	475 000,00
Rabatt	10 %	5 %
Montage, Installation, technische Unterweisung (netto) DEM	5 000,00	25 000,00
Jahreskapazität	370 000 Stück	500 000 Stück

Wir freuen uns auf Ihren Auftrag!

Mit freundlichem Gruß

L Fuss
ppa L. Fuss

Konditionen: Skonto: 3 % innerhalb 30 Tage ab Rechnungsdatum, sonst netto zahlbar. Erfüllungsort und Gerichtsstand ist Esslingen. Montage, Installation, technische Unterweisung sind nicht skontofähig.

Bankverbindung: Kreissparkasse Esslingen BLZ 611 520 00 KtoNr. 13 579 246

Anlage 2

> Auszug aus dem Geschäftsbericht der DCA AG Friedrichhafen per 31.12.1999
>
> •
> •
>
> Das wirtschaftliche Umfeld des Geschäftsfeldes Luft- und Raumfahrt war im Berichtsjahr insgesamt so günstig, dass das beste Ergebnis seit der Unternehmensgründung erzielt wurde. (...)
>
> (...)
> Im Bereich der Verkehrsflugzeuge erwartet das DCA Konsortium eine Steigerung der Produktionskapazitäten von 16 Flugzeugen pro Monat im Jahr 2000 auf 22 bis zum Jahr 2002.

Amtliche AfA-Tabelle - Auszug

Abfüllanlagen, sonstige Abkantmaschinen, Abrichtmaschinen, Anleimmaschinen, Anspitzmaschinen, Ätzmaschinen, Beschichtungsmaschinen, Biegemaschinen, Bohrmaschinen, stationär, Bürstmaschinen, Drehbänke, Druckmaschinen, Eloxiermaschinen, Entfettungsmaschinen, Entgratmaschinen, Erodiermaschinen, Etikettiermaschinen, Falzmaschinen, Färbmaschinen, Folienschweißgeräte, Fräsmaschinen, stationär, Galvanisierungsmaschinen, Gießmaschinen, Graviermaschinen, Heftmaschinen, Hobelmaschinen, stationär, Lackiermaschinen, Lötgeräte, Nietmaschinen, Poliermaschinen, stationär, Pressen, Sägen aller Art, stationär, Scheren, stationär, Schleifmaschinen, stationär, Schneidemaschinen, stationär, Schweißgeräte, Folien-, Spritzgussmaschinen, Stanzen, Stauchmaschinen, Verpackungsmaschinen	10 Jahre
Banderoliermaschinen, Rüttelplatten, Stampfer, Stempelmaschinen, Zusammentragmaschinen	8 Jahre
Abfüllanlagen (vollautomatisch), Funkenerosionsmaschinen	7 Jahre
Schredder, Trennmaschinen, stationär	6 Jahre
Bohrhämmer, Bohrmaschinen, mobil, Fräsmaschinen, mobil, Gebläse, Sandstrahl-, Hobelmaschinen, mobil, Poliermaschinen, mobil, Presslufthämmer, Sägen aller Art, mobil, Sandstrahlgebläse, Scheren, mobil, Schleifmaschinen, mobil, Schneidemaschinen, mobil	5 Jahre
Trennmaschinen, mobil	4 Jahre

BWL: Investition und Finanzierung

Anlage 3

Stadtgirokasse Stuttgart
S G S

Königstr. 5-7
70144 Stuttgart
Tel.: 0711 123- 0
Fax: 0711 123- 40
email: kontakt@stadtgirokasse-stuttgart.de
www.stadtgirokasse-stuttgart.de

Stadtgirokasse Stuttgart Königstr. 5-7 70144 Stuttgart

Simon Schmitt
Postfach 10 36 42
70031 Stuttgart

jKn   0711- 123-5603   2000-01-10

Konditionenanfrage vom 1999-12-21

Sehr geehrter Herr Schmitt,

vielen Dank für das Vertrauen, das Sie in uns gesetzt haben.

Zur Sicherung Ihrer geplanten Erweiterungsinvestition akzeptieren wir dingliche Sicherheiten. Der Beleihungssatz für Immobilien beträgt maximal 75%, der für bewegliche Güter des Anlagevermögens maximal 40%.

Ergänzend gelten unsere Allgemeinen Geschäftsbedingungen, die Sie in unseren Geschäftsräumen oder im Internet einsehen können.

Über Ihren Kreditantrag freuen wir uns. Für weitere Fragen stehe ich Ihnen gerne zur Verfügung.

Mit freundlichen Grüßen

J. Knolle
Jens Knolle
Geschäftskundenberater

B. Garazer
Bernd Garazer

jens-knolle@stadtgirokasse-stuttgart.de

Anlage 4

Grundbuch von Esslingen   Band 24   Blatt 364   Dritte Abteilung

Lfd. Nr. der Eintragungen	Lfd. Nr. der belasteten Grundstücke im Bestandsverzeichnis	Betrag	Hypotheken, Grundschulden, Rentenschulden
1	2	3	4
1	1	300.000,00	Grundschuld zu dreihunderttausend DEM, ohne Brief für Deutsche Bank Esslingen, zu 8 % Zinsen; vollstreckbar nach § 800 ZPO; gemäß Bewilligung vom 24 Februar 1994; eingetragen am 6. August 1994
			Noller

BWL: Investition und Finanzierung   238

Anlage 5   **Simon Schmitt GmbH**

Aktiva	Bilanz 31.12.1999 in DEM		Passiva
A. Anlagevermögen		A. Eigenkapital	
1. Grundstücke/Gebäude	630.000,00	1. Stammkapital	50.000,00
2. Maschinen	80.000,00	2. Rücklagen	347.000,00
3. BGA	10.000,00	3. Jahresüberschuss	80.000,00
B. Umlaufvermögen		B. Fremdkapital	
1. Vorräte	2.000,00	1. Langfristige Darlehen	300.000,00
2. Forderungen	5.000,00	2. Verb. aus L. u. L.	50.000,00
3. Flüssige Mittel	100.000,00		
	827.000,00		827.000,00

Prüfungsaufgabe 2001 (Aufgabe 3)

Die Völkl Skifabrik AG plant für die kommende Saison die Herstellung von Snowboards. Ein Marktforschungsinstitut prognostiziert ein starkes Wachstum in diesem Marktsegment. Die Produktion der Boards macht Investitionen im Anlage- und Umlaufvermögen notwendig.

Anlagevermögen:

1   Für die Anschaffung einer neuen Fertigungsanlage liegen uns zwei Angebote vor:

   Angebot 1:   **Anlage I:**   Anschaffungskosten 600.000,00 €, Abschreibung vier Jahre;
   Erwarteter jährlicher Gewinnzuwachs 70.000,00 €

   Angebot 2:   **Anlage II:**   Anschaffungskosten 1.000.000,00 €, Abschreibung vier Jahre;
   Erwarteter jährlicher Gewinnzuwachs 110.000,00 €.

   Ermitteln Sie für beide Anlagen die Amortisationszeit und entscheiden Sie sich für die günstigere.

2   Die Geschäftsleitung diskutiert Eigen- oder Fremdfinanzierung.
   Arbeiten Sie anhand des nachfolgenden Tabellenmusters die wesentlichen Unterschiedsmerkmale zwischen Eigen- und Fremdkapital heraus.

   Muster (Übertragung auf Ihr Lösungsblatt)

	Eigenkapital	Fremdkapital
Rechtsverhältnis		
Fristigkeit		
Verzinsung		
Sicherheiten		

3   Die Geschäftsleitung entscheidet sich für Fremdfinanzierung der Anlage II. In Frage kommt ein Kredit bei unserer Hausbank oder Leasing über eine Leasinggesellschaft. Zur Entscheidungsfindung werden Angebote eingeholt:

   Angebot 1:   Kreditangebot der Hausbank
   Annuitätendarlehen in Höhe von 1.000.000,00 €,. Laufzeit vier Jahre
   Zinssatz 8 % bei 100 % Auszahlung.
   Die Annuität in Höhe von 301.920,00 € ist jeweils zum Jahresende fällig.

   Angebot 2:   Leasinggesellschaft
   Unkündbare Grundmietzeit drei Jahre.
   Leasingraten 3 % monatlich vom Anschaffungspreis.
   Danach ist die Anlage zum Preis von 220.000,00 € zu kaufen.

BWL: Investition und Finanzierung

3.1 Berechnen Sie Tilgung und Zinsen der Annuität und die jeweilige Liquiditätsbelastung. Welche Finanzierung sollte aus Liquiditätsgründen gewählt werden? Verwenden Sie dazu beiliegende Lösungstabelle. **(Anlage 5)**
Hinweis: Zinsen auf ganze € runden.

3.2 Als weitere Entscheidungshilfe für die Wahl der beiden Finanzierungsformen soll eine Entscheidungsbewerttabelle benutzt werden. Treffen Sie auf der Grundlage der in der Entscheidungsbewerttabelle ermittelten Ergebnisse eine Finanzierungsentscheidung. **(Anlage 6)**

Spalte Nutzen: sehr hoch = 3 Punkte   kein Nutzen = 0 Punkte

4 Umlaufvermögen

4.1 Zur Deckung dieses Kapitalbedarfs für einen zusätzlichen Betriebsmittelkredit von 200.000,00 € räumt uns die Bank eine Kreditlinie auf unserem Kontokorrentkonto ein. Arbeiten Sie anhand der in nachstehendem Tabellenmuster aufgeführten Kriterien die wesentlichen Unterscheidungsmerkmale von Darlehen und Kontokorrentkredit heraus.

Muster (Übertragung auf Ihr Lösungsblatt)

	Darlehen	Kontokorrentkredit
Höhe des Zinssatzes im Vergleich		
Fristigkeit		
Auszahlung		
Bereitstellung		

4.2 Zur Absicherung des Kontokorrentkredits verlangt die Bank die Sicherungsübereignung eines erst kürzlich angeschafften LKW.

4.2.1 Weshalb kann Völkl die geleaste Anlage nicht als Sicherheit anbieten?

4.2.2 Erläutern Sie die Rechtsverhältnisse, die sich durch die Sicherungsübereignung ergeben.

4.2.3 Nennen Sie drei Probleme der Sicherungsübereignung für den Kreditgeber.

Anlage 5

| Jahr | Tilgung | Kredit | | Leasing | Differenz |
		Zinsen	Liquiditätsbe-lastung/Annuität	Liquiditäts-belastung	Kredit-Leasing
1					
2					
3					
4					
Summe					

Anlage 6 (Entscheidungswerttabelle)

| Kriterium | Leasing | | | Kreditkauf | | |
	Gewichtung W	Nutzen B	Gewichteter Nutzen (WxB)	Nutzen B	Gewichteter Nutzen (WxB)
Liquiditätsbelastung	10				
Freihaltung des Kreditspielraums	8				
Inanspruchnahme technischer Serviceleistungen	3				
Summe					

BWL: Investition und Finanzierung 240

Prüfungsaufgabe 2001/2002 (Aufgabe 1)

Die DM Systeme GmbH wurde vor drei Jahren gegründet und befindet sich noch in der Aufbauphase. Das Kerngeschäft des Unternehmens ist die Herstellung von Softwareprogrammen, die das gesamte Wissen eines Unternehmens speichern und es bei Bedarf strukturiert abrufbar machen (Dokumenten-Management-Systeme = DMS).
Im abgelaufenen Geschäftsjahr steigerte das Unternehmen den Umsatz um 75 %. Für das laufende Geschäftsjahr rechnet das Unternehmen mit einem weiteren Umsatzplus von über 70 %. Der Markt für DMS wird sich laut den Ergebnissen der Marktforschung in den nächsten vier Jahren verfünffachen. Die DM Systeme GmbH wird hierbei eine gewichtige Rolle einnehmen. Weil das Wissen eines Unternehmens in dieser Branche einen wichtigen Erfolgsfaktor darstellt, entwickelt die DM Systeme GmbH das Dokumentenmanagement weiter und bietet immer mehr Produkte für das Wissensmanagement an.
Aufgrund dieser hohen Investitionen in die Zukunft erzielt das Unternehmen trotz der enormen Umsatzzuwächse immer noch keine Gewinne. Die Geschäftsleitung der DM Systeme GmbH erwartet, dass das Unternehmen spätestens in vier Jahren die Gewinnzone erreichen wird. In den darauffolgenden Jahren wird dann mit kräftigen Gewinnzuwächsen gerechnet.

Um die Entwicklungsarbeiten weiter zu intensivieren, plant die Geschäftsleitung der DM Systeme GmbH die Arbeitsplätze mit neuer Hardware auszustatten.

1.1 Der Geschäftsleitung liegen Angebote über zwei Investitionsalternativen vor.
Begründen Sie mithilfe der Amortisationsrechnung, für welche Alternative sich die Geschäftsleitung entscheiden sollte. (siehe **Anlagen 1 - 4**).

1.2 Prüfen Sie, ob und inwieweit das Investitionsvorhaben durch offene Selbstfinanzierung realisiert werden kann. (Begründung)

1.3 Stellen Sie die Tilgungspläne über die gesamte Laufzeit für das Darlehen über 420.000,00 € aus dem Kreditangebot des Bankhauses Stern (**Anlage 5**) in einer Tabelle vergleichend gegenüber. (Siehe Lösungsblatt **Anlage 7**)

1.4 Begründen Sie ausführlich, für welche Darlehensart sich die Geschäftsleitung entscheiden sollte.

1.5 Prüfen Sie, ob der Bank ausreichende Sicherheiten angeboten werden können. Die Neuinvestition soll noch nicht belastet werden. (**Anlage 6**)

Aktiva	Bilanz der DMS GmbH zum 31.12. ... in €		Passiva
Grundstücke und Gebäude	1.200.000,00	Gezeichnetes Kapital	1.100.000,00
Betriebsausstattung	500.000,00	Darlehen	800.000,00
Fuhrpark	110.000,00	Verbindlichk. aus LuL	90.000,00
Wertpapiere	50.000,00		
Forderungen aus LuL	90.000,00		
Bank	30.000,00		
Kasse	10.000,00		
	1.990.000,00		1.990.000,00

Anlage 1

CS GMBH
COMPUTER SYSTEME GMBH

DM Systeme GmbH
Königsgasse 12
70180 Stuttgart

01-10-08

IHRE ANFRAGE VOM 30. SEPT. 2001

Sehr geehrte Damen und Herren,

über Ihre Anfrage freuen wir uns und bieten Ihnen an:

90 PC K7 1000 Mhz	à 3 500,00 EUR	315 000,00 EUR
20 HighTec 600 Drucker	à 1 000,00 EUR	20 000,00 EUR
8 HighTec Scanner	à 200,00 EUR	1 600,00 EUR
Warenwert		336 600,00 EUR
Transport u. Versicherung		4 400,00 EUR
Installation gemäß Pflichtenheft		79 000,00 EUR
Rechnungsbetrag netto		420 000,00 EUR
16% MWSt		67 200,00 EUR
Rechnungsbetrag brutto		487 200,00 EUR

Die Lieferung und Montage erfolgt innerhalb einer Woche nach Auftragserteilung.

Mit herzlichen Grüßen,

Fritz Müller

Abteilung Großkunden CS GmbH
Fritz Müller

Anlage 2

COMPUTER ALTUN
ZELLERSTR. 12
74080 HEILBRONN

DM Systeme GmbH
Königsgasse 12
70180 Stuttgart

2001-09-20

Ihre Anfrage vom 01-09-15

Sehr geehrter Herr Pagö,

danke für das in uns gesetzte Vertrauen. Wir bieten Ihnen an:

90 PC K8	à 4 000,00 EUR	360 000,00 EUR
20 AD Drucker	à 1 250,00 EUR	25 000,00 EUR
8 AD SCSI-Scanner	à 225,00 EUR	1 800,00 EUR
Warenwert		386 800,00 EUR
Transport u. Versicherung		3 200,00 EUR
Installation gemäß Pflichtenheft		110 000,00 EUR
Rechnungsbetrag netto		500 000,00 EUR
16% MWSt		80 000,00 EUR
Rechnungsbetrag brutto		580 000,00 EUR

Über Ihren Auftrag freuen wir uns.

Mit freundlichen Grüßen,

E. Altun

Anlage 3

AfA-Tabelle für allgemein verwendbare Anlagegüter

Fundstelle	Anlagegüter	Nutzungsdauer i.J.	Linearer AfA-Satz v.H.
6	Betriebs- und Geschäftsausstattung		
6.13	Telekommunikationsanlagen		
6.13.1	Fernsprechnebenstellenanlagen	10	10
6.13.2	Kommunikationsendgeräte		
6.13.2.1	Allgemein	8	12,5
6.13.2.2	Mobilfunkendgeräte	5	20
6.14	Büromaschinen und Organisationsmittel		
6.14.3	Datenverarbeitungsanlagen		
6.14.3.1	Großrechner	7	14
6.14.3.2	Workstations, Personalcomputer, Notebooks und deren Peripheriegeräte (Drucker, Scanner, Bildschirme u.ä.)	3	33
6.14.4	Foto-, Film-, Video- und Audiogeräte (Fernseher, CD-Player, Recorder, Lautsprecher, Radios, Verstärker, Kameras, Monitore u.ä.)	7	14
6.14.6	Präsentationsgeräte, Datensichtgeräte	8	12,5
6.14.10	Vervielfältigungsgeräte	7	14

Anlage 4

DM Systeme GmbH
Intern

Von: Rechnungswesen/Sc   an: Geschäftsleitung/Pg

Sehr geehrter Herr Pagö,

nachstehend die von Ihnen gewünschte Zusammenstellung über die voraussichtlichen kostenrechnerischen Auswirkungen der geplanten Investition in die neue Hardware.

	Angebot CS GmbH	Angebot Altun
Eingesparte Mannstunden	800	810
Eingesparte Reparaturstunden	80	90
Gesamteinsparung in EURO	120 000,00	125 000,00

MfG
A. Smitic

BWL: Investition und Finanzierung

Anlage 5

Bankhaus Stern

Steinbeisstrasse 1
73730 Esslingen

CM Systeme GmbH
Königsgasse 12
70180 Stuttgart

Ihre Zeichen, Ihre Nachricht vom	Unser Zeichen, unsere Nachricht vom	Telefon, Name	Datum
Pg, 2001-10-10	Sn	0711-9370010	01-10-15

Kreditanfrage über 420 000,00 EUR bzw. 500 000,00 EUR
hier: Kreditangebot

Sehr geehrter Herr Pago,

herzlichen Dank für Ihre oben genannte Kreditanfrage. Gerne sind wir bereit, Ihre geplante Investition zu finanzieren.

Für eine Darlehenssumme bis 450 000,00 EUR beträgt der Zinssatz 6% p.a., 6 Jahre fest, 100% Auszahlung.

Bei einem Finanzierungsvolumen über 450 000,00 EUR bis 550 000,00 Euro beträgt der Zinssatz bei sonst gleichen Konditionen 6,3% p.a.

Sie können unser Kreditangebot wahlweise als Fälligkeits-, Abzahlungs- oder Annuitätendarlehen in Anspruch nehmen.

Bei einer Kredithöhe von 420 000,00 EUR beträgt die jährliche Annuität 85 412,30 EUR, bei 500 000,00 EUR beträgt die jährliche Annuität 102 641,71 EUR.

Zur Sicherung des Darlehens akzeptieren wir nur dingliche Sicherheiten in Form von Grundschulden (Beleihungsgrenze 80%) sowie Sicherungsübereignungen (Beleihungsgrenze 50%).

Das Angebot gilt bis zu zehn Tagen nach Briefdatum.

Wir freuen uns auf Ihren Kreditantrag.

Mit uns sind Sie immer gut beraten.

Mit freundlichen Grüßen

Bankhaus Stern
Firmenkunden/Finanzierung

Schneider   *Rafzan*
J. Schneider   H. Rafzan

Ihre Geldgeschäfte unter einem guten

Anlage 6

Grundbuch von Stuttgart   Band 30   Blatt 3451   Dritte Abteilung   1

Lfd.Nr. der Eintragungen	Laufende Nummer der belasteten Grundstücke im Bestandsverzeichnis	Betrag	Hypotheken, Grundschulden, Rentenschulden
1	2	3	4
1	1	1.000.000,00 EUR	Eine Million Euro nach § 800 ZPO sofort vollstreckbare Grundschuld – ohne Brief – mit 15 v. H. Zinsen jährlich und einer einmaligen Nebenleistung von 5 v. H. des Grundschuldbetrags für das Bankhaus Stern in Esslingen. Gemäß Bewilligung vom 25. Juli 2000 eingetragen am 25 September 2000 *Schmitt*

Anlage 7

Gegenüberstellung von Fälligkeits-, Abzahlungs- und Annuitätendarlehen

Name: _____

Darlehenssumme 420.000,00
Zinssatz
Laufzeit

Jahre	Fälligkeitsdarlehen					Abzahlungsdarlehen					Annuitätendarlehen			
	Tilgung	Zins	Gesamt-betrag	Restschuld	Tilgung	Zins	Gesamt-betrag	Restschuld	Tilgung	Zins	Gesamt-betrag	Restschuld
1												
2												
3												
4												
5												
6												
Summe:												

BWL: Investition und Finanzierung

Prüfungsaufgabe 2002 (Aufgabe 2)

Hinweis: Gesetzestexte (**HGB** §§ 128, 130,162,167 - 173,176) lagen als Anlage bei.

Lina Lampe arbeitet nach absolvierter Ausbildung als Industriekauffrau bei der Fuchs KG in Offenburg. Da Lina ausgesprochen kreativ veranlagt ist, nutzt sie ihre Freizeit, um kleine Stofftiere zu entwerfen und herzustellen. Aus der anfänglichen Neigung entwickelt sich schnell eine Leidenschaft. Ende 1998 kommt Lina bei einem Kurzurlaub auf der Osterinsel eine zündende Idee. Sie kreiert den sprechenden Flauschhasen „Hasemon".

Erfolgsstory eines Hasen:	
• Januar 1999:	Lina Lampe verkauft ihre ersten in Handarbeit hergestellten „Hasemons" an Freunde und Bekannte.
• Mai 1999:	Auf Grund der großen Resonanz erstellt Lina eine Homepage und bietet ihre „Hasemons" via Internet einem breiten Publikum an.
• Juli 1999:	Durch die Internetwerbung wird der Spielwarenhersteller "Odnetin-AG" auf die „Hasemons" aufmerksam. Das Unternehmen bietet ihr an, den „Hasemon" für das Frühjahr 2000 in ihr Ostersortiment aufzunehmen.
• Februar 2000:	Lina Lampe entschließt sich, ihre Anstellung als Industriekauffrau aufzugeben, um sich ausschließlich der Produktion und Vermarktung ihrer Spielzeugideen zu widmen.
• August 2000:	Der Markterfolg zwingt zur Unternehmensvergrößerung.
• Januar 2002:	Lina Lampe wird von der Zeitschrift Money-Maker zur Unternehmerin des Jahres 2001 gewählt.

Lösen Sie die folgenden Arbeitsaufträge unter Verwendung der **Anlagen 4 - 8**:

Arbeitsauftrag 1:
Für ihren Schritt in die Selbstständigkeit im Februar 2000 benötigt Lina Lampe eine Spezialnähmaschine der Marke „Schreier 54 TC". Sie beginnt ihren Geschäftsbetrieb in der Garage ihrer Eltern.
Entscheiden Sie sich bei der Anschaffung der benötigten Maschinen, unter dem Gesichtspunkt der Liquidität, für die geeignete Finanzierungsform durch eine Vergleichsrechnung für die ersten drei Jahre. (**Anlage 4 und 5**)

Arbeitsauftrag 2:
Auf Grund ihrer Website im Internet verzehnfacht sich die Anzahl der Bestellungen. Lina Lampe macht sich Gedanken über eine Ausweitung ihres Unternehmens und wendet sich an den Unternehmensberater Wind.
Dieser bietet zwei Konzepte an. Erstellen Sie gemäß Protokollvorgabe eine Gegenüberstellung der in Frage kommenden Unternehmensformen. (**Anlage 6**)

Arbeitsauftrag 3:
Im Januar 2001 entschließt sich Lina Lampe zur Gründung der LAMPE PLAYFLAUSCH KG. Erläutern und begründen Sie die Haftungsverhältnisse der KG-Gesellschafter vor und nach der Eintragung in das Handelsregister. (**Anlage 7 und 8**)

BWL: Investition und Finanzierung 246

Anlage 4

Maschinenbau Hasomat GmbH
Am Eifall 3
79105 Freiburg

Maschinenbau Hasomat GmbH, Am Eifall 3, 79105 Freiburg

Lina Lampe
In den Garagen 15

77656 Offenburg

Leasingangebot

Sehr geehrte Frau Lampe,

unter Zugrundelegung der derzeit gültigen Leasing-Bedingungen unterbreiten wir Ihnen folgendes Leasing-Angebot:

Schreier Industrienähmaschine 54 TC mit programmierbarer Softwareausstattung und 12-monatiger Garantie

Hier Ihr persönliches Leasingangebot:
Vertragsdauer 36 Monate; Lieferung und Montage sind in unserem Leasing-Angebot enthalten.

Einmalige Sonderzahlung:	4.600,00 €
Monatliche Leasingrate:	500,00 €
Restwert der Maschine nach 3 Jahren:	19.200,00 €

Mit freundlichen Grüßen

i. A. *Ewald Huhn*

Anlage 5

Das Kreditangebot der Sparbüchse Offenburg lautet:

Kreditsumme:	30.380,00 €	(Abzahlungsdarlehen, 100 % Auszahlung)
Tilgungssatz:	20 %	
Zinssatz:	8 %	(pro Jahr auf die jeweilige Restschuld)
Kreditlaufzeit:	5 Jahre	

Anlage 6

Wind - Unternehmensberatung
Am Hasenberg 7
77656 Offenburg

Offenburg, 15.08.2000

Protokoll zum Beratungsgespräch mit Frau Lina Lampe

Anlass: Unternehmenserweiterung

Gesprächsteilnehmer: Lina Lampe, Unternehmerin
Philip Lampe, Ehemann von Lina Lampe
Toni Lampe, Mutter von Lina Lampe
Hannah Hoffmann, Schwester von Lina Lampe
Fritz Wind, Unternehmensberater

Geschätzter Kapitalbedarf: 1.000.000,00 €

Mögliche Unternehmensformen:

1. Umwandlung der Einzelunternehmung in eine KG
2. Gründung einer GmbH

Frau Lampe wünscht eine Entscheidungshilfe in Form einer Gegenüberstellung beider Unternehmensformen anhand von vier wesentlichen Merkmalen.

Kriterien (Merkmale)	KG	GmbH

Anlage 7

Gesellschaftsvertrag

zwischen: Lina Lampe, In den Garagen 15, 77656 Offenburg
Philip Lampe, In den Garagen 15, 77656 Offenburg
Toni Lampe, Am Mümmelsee 6, 77654 Offenburg
Hannah Hoffmann, Wacholderzaun 23, 77652 Offenburg

I	**Allgemeine Angaben**
1.	Lina Lampe ist alleinige Komplementärin.
2.	Die Firma soll LAMPE PLAYFLAUSCH KG heißen.
3.	Sitz des Unternehmens ist Offenburg.
4.	Gegenstand des Unternehmnes ist die Produktion und der Vertrieb von Stoffspielwaren.
5.	Der Geschäftsbetrieb beginnt per 15.03.2001.
6.	Eintragung ins Handelsregister 01.04.2001

II	**Weitere Angaben**
1.	Pflichteinlagen (aufzubringende Einlagen) der einzelnen Gesellschafter:

Lina Lampe 300.000,00 € Toni Lampe 300.000,00 €
Philip Lampe 250.000,00 € Hannah Hoffmann 150.000,00 €

2.	Tatsächlich geleistete Einlagen bei Gründung der KG:

Lina Lampe 300.000,00 € Toni Lampe 100.000,00 €
Philip Lampe 200.000,00 € Hannah Hoffmann 150.000,00 €

3.	Gewinn- und Verlustverteilung ...
4.	Geschäftsführung und Vertretung ...
5.	Die Komplementärin darf maximal 30.000,00 € Privatentnahmen pro Jahr tätigen.
6.	Alle weiteren Regelungen richten sich nach dem HGB.

Anlage 8 HGB-Gesetzestexte. Aus Platzgründen verzichten wir auf den Abdruck.

Prüfungsaufgabe 2002/2003 (Aufgabe 3)

Die Hecke Metallverarbeitung AG, Tübingen, stellt Dreh- und Stanzteile für die Möbelindustrie her. Auf Grund positiver Geschäftsentwicklung beschließt der Vorstand eine neue CNC-Drehmaschine anzuschaffen.
Sie werden als zuständige/r Sachbearbeiter/in damit beauftragt den Beschaffungs- und Finanzierungsvorgang zu bearbeiten und der Geschäftsleitung entsprechende Entscheidungsgrundlagen zu liefern.

1 Zur Auswahl stehen zwei CNC-Drehmaschinen der Schlitter GmbH. Bereiten Sie mithilfe der Kostenvergleichsrechnung anhand der gegebenen Daten **(Anlage 4 und Anlage 5)** die Investitionsentscheidung vor.
Verwenden Sie die Tabelle in **Anlage 10**.

2 Die Geschäftsleitung erwartet eine Verzinsung von 8 % des eingesetzten Kapitals. Prüfen Sie rechnerisch, ob die gewünschte Rentabilität mit der Maschine Proton 460 erreicht wird, wenn 100 000 Stück pro Jahr abgesetzt werden können.

3 Von der Volksbank Tübingen liegt bereits ein Kreditangebot vor **(Anlage 6)**. Für die Kreditprüfung wird die letztjährige Bilanz **(Anlage 7)** benötigt. Beurteilen Sie anhand des Verschuldungsgrades und Deckungsgrades, ob der Finanzierung mittels Kreditaufnahme zugestimmt werden kann. Überprüfen Sie darüber hinaus mithilfe der Liquiditätsgrade I und II, ob die Rückzahlung des Darlehens gesichert ist.

4 Erstellen Sie den Tilgungsplan der ersten drei Jahre für beide Darlehensarten **(Anlage 6)**.
Entscheiden Sie sich begründet für eine Darlehensform.
Verwenden Sie für beide Darlehensarten die Tabellen in **Anlage 11**.

Anlage 4

Hersteller	Schlitter Werkzeuge GmbH, 20012 Hamburg	
Maschinentyp	Numturn 620 CNC-Drehmaschine	
Technische Daten		
Antrieb	Spindelmotorleistung	7,5 kW
Antrieb	X-Achse	2,4 Nm
Antrieb	Y-Achse	4,9 Nm
Jährliche Leistung	maximal	150 000 Stück
Verkaufsdaten		
Lieferzeit	sofort	
Preis netto	80.000 €	
Installation	Im Preis enthalten	
Lieferung	Frei Haus	

Hersteller	Schlitter Werkzeuge GmbH, 20012 Hamburg	
Maschinentyp	Proton 460 CNC-Drehautomat	
Technische Daten		
Antrieb	Spindelmotorleistung	10,5 kW
Antrieb	X-Achse	3,4 Nm
Antrieb	Y-Achse	6,4 Nm
Jährliche Leistung	maximal	160 000 Stück
Verkaufsdaten		
Lieferzeit	sofort	
Preis netto	140.000 €	
Installation	4.000 €	
Lieferung	Frei Haus	

Anlage 5

Folgende Angaben werden Ihnen von der Geschäftsleitung mitgeteilt:

	Numturn 620 CNC-Drehmaschine	Proton 460 CNC-Drehautomat	Bemerkungen
Nutzungsdauer	8 Jahre	6 Jahre	Abschreibung linear
Kalkulatorische Zinsen	8 %	8 %	vom durchschnittl. eingesetzten Kapital
Löhne u. Energie	80.000,00 €	50.000,00 €	bei maximaler Leistung pro Jahr
Sonstige variable Kosten	10.000,00 €	14.000,00 €	bei maximaler Leistung pro Jahr
Materialkosten	0,30 €	0,30 €	pro Stück
Erwarteter Absatz für das kommende Jahr:		80 000 bis 100 000 Stück	
Verkaufspreis:	1,20 € je Stück		

Anlage 6

> **Volksbank Tübingen eG**
> **Wir machen den Weg frei**
>
> Hecke Metallverarbeitung AG
> Industriestr. 35
>
> 72071 Tübingen
>
> Kreditanfrage über 144.000,00 €
> **Hier: Kreditangebot**
>
> Sehr geehrte Damen und Herren,
>
> vielen Dank für Ihre Kreditanfrage. Gerne unterbreiten wir Ihnen folgende Kreditangebote:
>
> - **Abzahlungsdarlehen** über 144.000,00 € zu einem Zinssatz von 6,25 % p. a., 6 Jahre fest mit 100 % Auszahlung und jährlicher Tilgung am Jahresende.
>
> - **Annuitätendarlehen** über 144.000,00 € zu einem Zinssatz von 6,25 % p. a. 6 Jahre fest mit 100 % Auszahlung und jährlicher Annuität von 29.514,63 €.
>
> Wir arbeiten gerne mit Ihnen zusammen und erwarten Ihren Kreditantrag.
>
> Mit freundlichen Grüßen
>
> i. V.
> Müller

Anlage 7

Bilanz Hecke Metallverarbeitung AG in €

Aktiva		Passiva	
Bebaute Grundstücke	1.600.000,--	Gezeichnetes Kapital	2.000.000,--
Maschinen	2.100.000,--	Kapitalrücklage	800.000,--
Geschäftsausstattung	1.600.000,--	Andere Gewinnrücklagen	1.400.000,--
RHB	2.100.000,--	Pensionsrückstellungen	400.000,--
Forderungen	300.000,--	Langfr. Darlehen	1.800.000,--
Kasse	100.000,--	Verbindlichkeiten aus LuL	1.100.000,--
Bank	200.000,--	Sonstige kurzfr. Verbindlichk.	500.000,--
	8.000.000,--		8.000.000,--

Anlage 10 Beträge in €

Fixe Kosten	Numturn 620	Proton 460
Summe fixe Kosten		
Variable Kosten		
Summe variable Kosten		

Anlage 11
Abzahlungsdarlehen

Jahr	Darlehen am Jahresanfang	Tilgung	Zinsen	Mittelabfluss

Annuitätendarlehen

Jahr	Darlehen am Jahresanfang	Tilgung	Zinsen	Mittelabfluss

10 Prüfung BWL 2005

Aufgabe 1: Finanzierung

Die Fauser KG produziert spezielle Metallteile für die Flugzeugindustrie mithilfe einer CNC-Maschine. Durch eine anhaltende Nachfragesteigerung könnte der Absatz monatlich verdoppelt werden. Die Komplementäre Klittich und Augenstein überlegen, ob sie die bereits abgeschriebene CNC-Maschine durch eine neue Maschine ersetzen sollen.

1. Die alte Maschine verursacht fixe Kosten in Höhe von 25.000,00 € und variable Stückkosten von 250,00 €. Beide Maschinen arbeiten bei einer Stückzahl von 200 kostengleich. Berechnen Sie die variablen Stückkosten der neuen Maschine, wenn die fixen Kosten 40 % höher sind als bei der alten Maschine.

2. Für die Finanzierung kommen drei Alternativen in Betracht:
   a) Aufnahme von weiteren Krediten bei der Hausbank
   b) Der Gewinn soll nicht an die Komplementäre ausgeschüttet werden.
   c) Aufnahme eines weiteren Gesellschafters

2.1 Um welche Finanzierungsart handelt es sich jeweils?

2.2 Führen Sie zu jeder Finanzierungsalternative zwei Vor- und Nachteile auf.

2.3 Zu welcher Finanzierungsart würden Sie der Fauser KG raten? Begründen Sie Ihre Antwort.

3. Die Fauser KG entscheidet sich gegen die Aufnahme eines neuen Gesellschafters. Die Hausbank wäre bereit, den Kapitalbedarf zu finanzieren, verlangt jedoch entsprechende Sicherheiten. Der Bank wird folgende vereinfachte Bilanz vorgelegt:

A	Bilanz Fauser KG		P
Grundstücke und Gebäude	700.000,00	Eigenkapital	1.200.000,00
Maschinen	450.000,00	Grundschulden	350.000,00
Rohstoffe	100.000,00	Verb. gg. Kreditinstituten	380.000,00
Fremdbauteile	360.000,00	Verbindlichk. aus L. u. L.	410.000,00
Forderungen aus L. u. L.	450.000,00		
Wertpapiere des UV	80.000,00		
Kasse, Bank	200.000,00		
	2.340.000,00		2.340.000,00

3.1 Für welche Kreditarten können die einzelnen Vermögenswerte zur Sicherheit herangezogen werden?

3.2 Die Gesellschafter wollen die neue Maschine als Sicherheit anbieten. Erläutern Sie diese Form der Kreditsicherung und nennen Sie die Hauptvorteile dieses Kredits für die Fauser KG.

3.3 Die Bank beleiht neue Maschinen bis 60 %. Die vorhandenen Maschinen, die bisher zur Finanzierung noch nicht zur Sicherheit herangezogen sind, können mit 40 % beliehen werden. Ermitteln Sie rechnerisch, ob die Maschinen zur Sicherung ausreichen. Kapitalbedarf: 335.000,00 €

4 Die Gesellschafter sind sich nicht einig, ob sie die Maschine finanzieren oder leasen sollen. Die Gesellschafter erhalten ein Finanzierungsangebot (**Anlage 1**) sowie ein Leasingangebot (**Anlage 2**) von ihrer Hausbank.
Beurteilen Sie die beiden Angebote für die einzelnen Jahre und insgesamt nach folgenden Gesichtspunkten:
Auswirkungen auf die Liquidität und Erfolgswirksamkeit (Lösungsblatt **Anlage 3** verwenden)
Treffen Sie eine begründete Entscheidung. Steuern und Skonto werden nicht berücksichtigt, das Disagio wird linear abgeschrieben, die Nutzungsdauer der Maschine beträgt 8 Jahre, die Abschreibung erfolgt linear.

5 Nachdem der Finanzierung der CNC-Maschine nichts mehr im Wege steht, beschließt die Fauser KG die Maschine zu kaufen.

5.1 Buchen Sie die Eingangsrechnung (**Anlage 4**)

5.2 Nach einer Woche wird die Rechnung unter Skontoabzug überwiesen. Buchen Sie die Zahlung.

5.3 Buchen Sie den Abschreibungsbetrag im Jahr 2004 (mit Rechenweg) und bestimmen Sie den Buchwert.

6 Berechnen Sie aufgrund der oben dargestellten Bilanz die allgemeine Lage hinsichtlich

6.1 der Anlagendeckung (Deckungsgrad II)

6.2 des Verschuldungsgrades

6.3 der Liquidität 1. und 2. Grades.
Hinweis: Die Liquidität 1. Grades ist nicht lehrplankonform.

Anlage 1

Schwäbische Bank Leasinggesellschaft AG
Riegelstaße 4
74876 Stuttgart

Fauser KG
Schickhardtstr. 1
73033 Göppingen   2004-01-14

Ihre Kreditanfrage vom 12.01.2004

Sehr geehrte Damen und Herren,

gerne bestätigen wir Ihnen, dass wir aufgrund der uns bisher vorliegenden Unterlagen bereit sind, Ihnen ein Darlehen in Höhe von 335.000,00 € zur Anschaffung einer CNC-Maschine zu folgenden Konditionen zu gewähren:
Bei einer Laufzeit von fünf Jahren berechnen wir Ihnen derzeit einen Zinssatz von 8 % p. a. bei 98 % Auszahlung. Die Tilgungszahlungen erfolgen in gleichen Raten am Ende des Jahres.
Die Sicherstellung des Darlehens erfolgt durch Bestellung dinglicher Sicherheiten im Rahmen der üblichen Beleihungsgrenzen.
Ergänzend gelten unsere Allgemeinen Geschäftsbedingungen, die Sie in unseren Geschäftsräumen einsehen können.
Sollten Sie mit unseren Bedingungen einverstanden sein, bitten wir Sie höflich, den beiliegenden Kreditantrag unterschrieben an uns zurückzusenden.

Mit freundlichen Grüßen
ppa. Steidle

Schwäbische BANK AG in Stuttgart

Anlage 2

Schwäbische Bank Leasinggesellschaft AG
Riegelstraße 4
74876 Stuttgart

Fauser KG
Schickhardtstr. 1
73033 Göppingen   2004-01-14

Ihre Finanzierungsanfrage vom 12.01.2004

Sehr geehrte Damen und Herren,

wir freuen uns, Ihnen ein Vertragsangebot über das Leasing einer CNC-Maschine KJ 487 machen zu können.

Leasingobjekt: CNC-Maschine Typ 281631

Investitionssumme: 350.000,00 €

Lieferant: Maschinenfabrik Eierle, 79106 Tübingen

Standort: 76646 Stuttgart

Die unkündbare Grundmietzeit beträgt fünf Jahre. Nach Abschluss der Grundmietzeit erhält der Leasingnehmer das Recht, den Leasingvertrag um ein Jahr zu verlängern. Als monatliche Leasinggebühr werden während der Grundmietzeit 6.755,00 € berechnet.
Nach der Grundmietzeit besteht eine Kaufoption in Höhe von 10 % der AHK.

Des Weiteren gelten unsere Allgemeinen Geschäftsbedingungen.
Sollten Sie mit den angebotenen Konditionen einverstanden sein, übersenden Sie uns bitte den beigefügten Leasingvertrag.

Mit freundlichen Grüßen
ppa. Gscheidle

SCHWÄBISCHE BANK AG in Stuttgart

Anlage 3

Jahr	Kredit						Leasing	Differenzen	
	Darlehen	Tilgung	Zinsen	Disagio	Abschreibung	Summe Aufwandsbelastung	Summe Liquiditätsbelastung	Leasingrate	Aufwand	Liquidität
1										
2										
3										
4										
5										
Summe										

IFW Maschinenbau GmbH

Anlage 4

IFW, Albstr. 45, 73734 Esslingen

Fauser KG
Schickhardtstr. 1

73033 Göppingen

Esslingen, 26.02.04

Rechnung Nr. 98009

Position	Beschreibung	Menge	Preis	Gesamt
1	CNC – Maschine Typ 281631	1	335.000,00 €	335.000,00 €
	Nettowarenwert			335.000,00 €
	+ 16 % Mehrwertsteuer			53.600,00 €
	Gesamtbetrag			388.600,00 €

Zahlbar rein netto innerhalb 4 Wochen, innerhalb einer Woche 2 % Skonto.

Anschrift: Albstr. 45, **73734 Esslingen**, Tel. 0711 3 70 98, Fax 0711/ 370 99
Bankverbindung: Kreissparkasse Esslingen, BLZ: 611 500 20; Kto.Nr.: 123456
Steuer-Nr.: 4212 / 0815 / 007   Ust.-ID: 758483447DE

Anlage 5

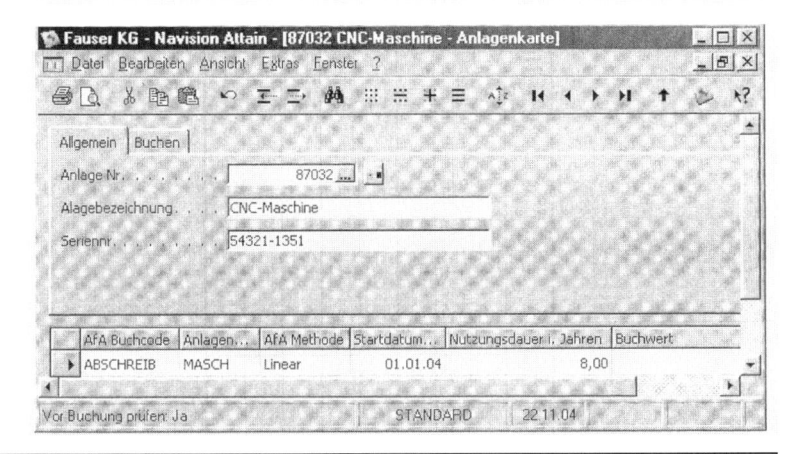

Fauser KG - Navision Attain - [87032 CNC-Maschine - Anlagenkarte]

Allgemein | Buchen

Anlage Nr.: 87032
Alagebezeichnung: CNC-Maschine
Seriennr.: 54321-1351

AfA Buchcode	Anlagen...	AfA Methode	Startdatum...	Nutzungsdauer i. Jahren	Buchwert
ABSCHREIB	MASCH	Linear	01.01.04	8,00	

Vor Buchung prüfen: Ja   STANDARD   22.11.04

Aufgabe 2: Produktion

Die Möbelfabrik Wohncomfort GmbH in Pforzheim beschäftigt ca. 350 Mitarbeiter und fertigt Möbel für Privathaushalte, v. a. Holz- und Polstermöbel.

1 Die Wohncomfort GmbH hat eine neue Technik entwickelt, welche ein leichteres und geräuschloseres Gleiten von Holzschubladen ermöglicht, und möchte sich hierfür die ausschließliche Nutzung rechtlich sichern. Nennen Sie die beiden in Frage kommenden Schutzrechte, und begründen Sie, für welches Recht sich die GmbH entscheiden sollte.

2 Die Geschäftsführung erwägt, Näh- und Polsterarbeiten von einem Unternehmen in Minsk in Weißrussland ausführen zu lassen; die reinen Fertigungskosten wären dort wesentlich niedriger. Erklären Sie vier weitere Kriterien, welche die Geschäftsführung vor ihrer Entscheidung prüfen müsste.

3 Die Produktionsplanung der Wohncomfort GmbH ist auftragsorientiert ausgerichtet. Von einem Mitarbeiter der Produktionsplanung erhalten Sie für eine Schrankschublade (Artikel-Nr. 70012) die Mengen- und Zeitvorgaben dreier Kundenaufträge. (**Anlage 1**)

Schrankschublade (Artikel-Nr. 70012)			
Auftrag (Kunde)	Wohnfabrik GmbH, Karlsruhe	Wohn-Profi Kuhnle e. K., Bad Wildbad	Rhein-Möbelzentrum KG, Kehl
Fertigstellungstermin	15.04.2005	28.04.2005	19.05.2005
Bedarf	400	100	700

3.1 Erklären Sie, was man unter auflagefixen Kosten versteht.

3.2 Prüfen Sie, ob die Aufträge jeder einzeln bearbeitet, alle auf einmal gefertigt oder teilweise zu Losen gebündelt werden sollen. Berechnen Sie für alle möglichen Alternativen in einer übersichtlichen Darstellung die Lager- und die auflagefixen Kosten. Begründen Sie, für welche Ihrer Alternativen Sie sich unter Kostengesichtspunkten entscheiden würden. (**Anlage 1**)

4 Die Möbelfabrik verwendet in ihrem Fertigungsprogramm sehr häufig die verzinkte Holzschraube 2,5/16 mm. Zeigen Sie anhand dieses Beispiels

4.1 den Unterschied zwischen Stücklisten und einem Teileverwendungsnachweis

4.2 den Unterschied zwischen einer Mengen- und einer Baukastenstückliste.

5 Die Wohncomfort GmbH fertigt bisher die Holzgriffe für ihre Schranktüren selbst. Dadurch entstehen pro Stück Kosten in Höhe von 0,86 €; außerdem werden monatlich 2.000,00 € fixe Kosten verursacht.

Ein Lieferer aus Polen bietet diese Griffe frei Haus für 1,16 € pro Stück an. Bei Bezug der Griffe könnten die eigenen Fixkosten zu 90 % abgebaut werden.

Prüfen Sie, unter welchen Voraussetzungen es kostenmäßig sinnvoll wäre, die Griffe nicht mehr selbst zu fertigen.

6 Ermitteln Sie den Nettobedarf für Schrankschlösser (Artikel-Nr. 1964-S), wenn 280 dreitürige Schränke gefertigt werden sollen. Jeweils zwei Türen pro Schrank sind abschließbar. 56 der im Lager vorhandenen Schlösser sind bereits für einen anderen Kundenauftrag reserviert. (**Anlage 2**)

7 In einem räumlich abgetrennten Fertigungsbereich wird der Schreibtisch MV/de Luxe produziert. Zwei Facharbeiter sowie ein Hilfsarbeiter arbeiten dort jeweils 180 Stunden im Monat und fertigen zusammen als Gruppe 270 Schreibtische. Ein Schreibtisch kann für 220,00 € ohne USt. verkauft werden.

7.1 Die Geschäftsleitung beauftragt Sie, mithilfe weiterer Daten aus dem Produktionscontrolling, Wirtschaftlichkeit und Arbeitsproduktivität für diesen Fertigungsbereich zu ermitteln. Berechnen Sie die erforderlichen Kennzahlen auf eine Nach-Komma-Stelle.

Zahlenmaterial aus dem Produktionscontrolling:

Lohnkosten/h Facharbeiter	35,00 €
Lohnkosten/h Hilfsarbeiter	16,00 €
Materialkosten/Stück	110,00 €
sonstige Kosten/Stück	20,00 €
Raumkosten/Monat	1.200,00 €
sonstige Kosten/Monat	2.220,00 €

BWL: Prüfung 2005 257

7.2 Ab Mai des Jahres werden die Lohnkosten um 3 % steigen; außerdem muss voraussichtlich wegen des Wettbewerbs der Verkaufspreis für Schreibtische um bis zu 10 % gesenkt werden. Die Geschäftsleitung ist besorgt, ob sich die Produktion dieses Schreibtisches noch weiterhin lohnen wird. Erläutern Sie vor diesem Hintergrund, wie sich durch die erwarteten Änderungen die von Ihnen ermittelten Kennzahlen verändern werden.

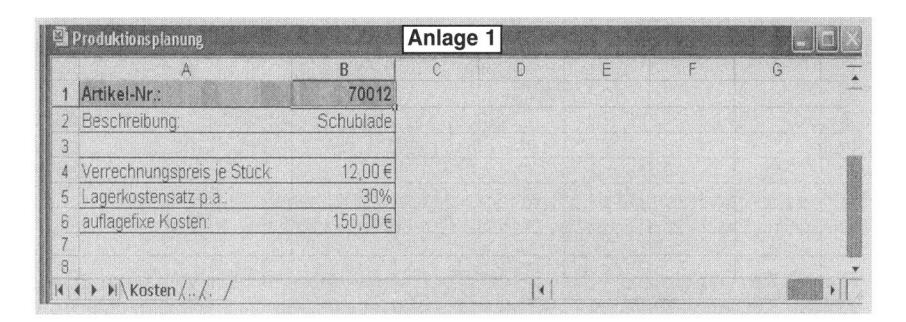

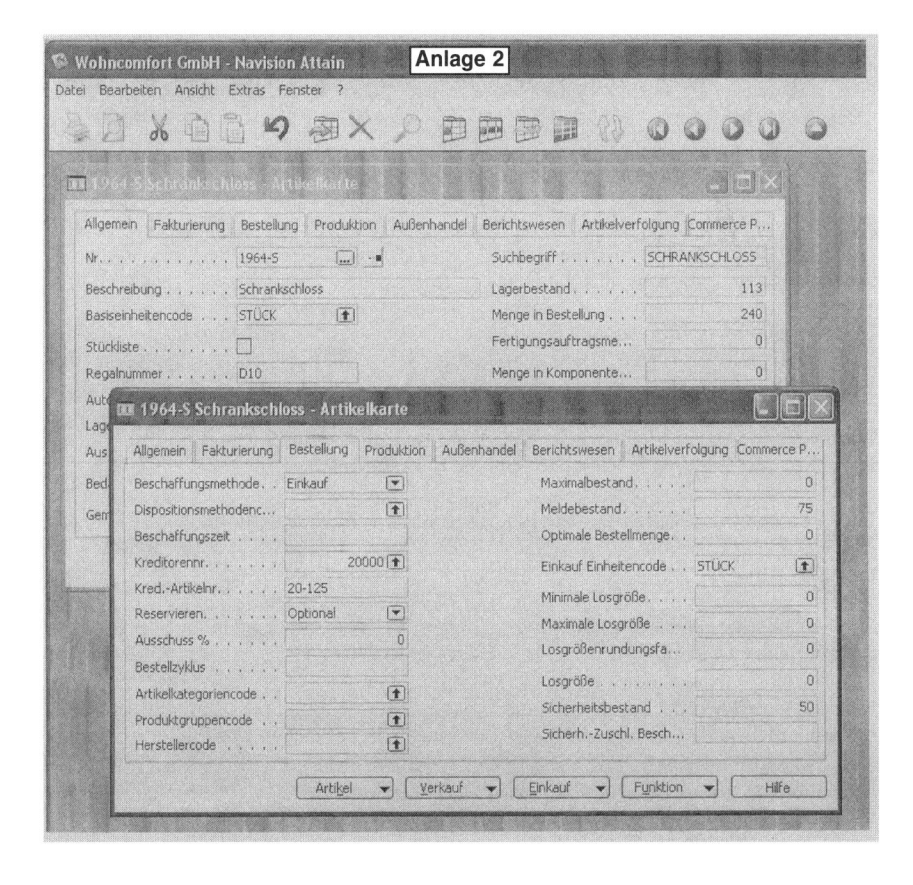

Anlage 1

	A	B
1	Artikel-Nr.:	70012
2	Beschreibung:	Schublade
3		
4	Verrechnungspreis je Stück:	12,00 €
5	Lagerkostensatz p.a.:	30%
6	auflagefixe Kosten:	150,00 €

Anlage 2

Wohncomfort GmbH - Navision Attain

1964-S Schrankschloss - Artikelkarte

Allgemein | Fakturierung | Bestellung | Produktion | Außenhandel | Berichtswesen | Artikelverfolgung | Commerce P...

Nr. 1964-S
Beschreibung .... Schrankschloss
Basiseinheitencode ... STÜCK
Stückliste ....
Regalnummer D10

Suchbegriff .... SCHRANKSCHLOSS
Lagerbestand 113
Menge in Bestellung ... 240
Fertigungsauftragsme... 0
Menge in Komponente... 0

Allgemein | Fakturierung | Bestellung | Produktion | Außenhandel | Berichtswesen | Artikelverfolgung | Commerce P...

Beschaffungsmethode . Einkauf
Dispositionsmethodenc...
Beschaffungszeit .....
Kreditorennr. 20000
Kred.-Artikelnr. 20-125
Reservieren. .... Optional
Ausschuss % 0
Bestellzyklus ....
Artikelkategoriencode ..
Produktgruppencode ..
Herstellercode .....

Maximalbestand 0
Meldebestand 75
Optimale Bestellmenge.. 0
Einkauf Einheitencode .. STÜCK
Minimale Losgröße 0
Maximale Losgröße ... 0
Losgrößenrundungsfa... 0
Losgröße 0
Sicherheitsbestand ... 50
Sicherh.-Zuschl. Besch...

Artikel | Verkauf | Einkauf | Funktion | Hilfe

11 Prüfung BWL 2005/2006

Aufgabe 1: Personalwesen

Die Meister KG in Stuttgart stellt seit über 100 Jahren Schul- und Laboreinrichtungen von höchster Qualität her. Wichtige Elemente ihrer Firmenkultur sind teamorientiertes Arbeiten und ein kooperativer Führungsstil. Sie beschäftigt insgesamt 400 Mitarbeiter.

Zur Zeit befinden Sie sich in der Personalabteilung und werden beauftragt, folgende Aufgaben zu erledigen:

1   Der Personalleiter Herr Mager bittet Sie, für das Jahr 2005 einen Personalbedarfsplan für die Abteilung Verkauf zu erstellen. Dazu legt er Ihnen folgende Daten vor:

Aktueller Personalbestand	30 Mitarbeiter/-innen
- sichere Abgänge (Ruhestand, Wehrdienst, Erziehungsurlaub)	5 Mitarbeiter/-innen
- statistische Abgänge (Fluktuation, Tod)	1 Mitarbeiter/-in
- Übernahme aus Ausbildungsverhältnissen	2 Mitarbeiter/-innen
- Rückkehr vom Bildungsurlaub	1 Mitarbeiter/-in

Eine weitere Planstelle ist für den Vertriebsbereich Schul- und Laboreinrichtungen „Bayern" zu besetzen.

1.1   Berechnen Sie den Netto-Personalbedarf für die Abteilung Verkauf.

1.2   Bei der Unterhaltung mit Herrn Mager ist von einer internen bzw. einer externen Personalbeschaffung die Rede. Erklären Sie diese Beschaffungsmethoden und nennen Sie jeweils zwei mögliche Vor- und Nachteile.

2   Über die Süddeutsche Zeitung soll ein/e neue/r Gebietsverkaufsleiter/-in für den Bereich „Laboreinrichtungen Bayern" gefunden werden. Bevor eine Annonce aufgegeben wird, bekommen Sie von Herrn Mager den Auftrag eine Stellenbeschreibung zu erstellen.

2.1   Formulieren Sie vier wesentliche Inhaltspunkte einer Stellenbeschreibung und begründen Sie die Bedeutung für das Unternehmen und den Stelleninhaber.

2.2   Es wurde eine Stellenanzeige (**Anlage**) aufgegeben. Für die ausgeschriebene Stelle gingen zahlreiche Bewerbungen ein. Nur zwei Bewerber (**Anlage**) sind in die engere Wahl gekommen.

2.2.1   Führen Sie zwei mögliche Gründe auf, die zum Ausschluss der anderen Bewerbungen geführt haben könnten.

2.2.2   Mit welchem Bewerber würden Sie die Stelle besetzen? Begründen Sie Ihre Entscheidung durch Gegenüberstellung der Vor- und Nachteile der beiden Bewerber.

3   In der Meister KG wird bisher nach Zeitlohn vergütet. Herr Storch, der Abteilungsleiter in der Stuhlmontage, schlägt der Geschäftsleitung der Meister KG vor, in seiner Abteilung Akkordlohn einzuführen.

3.1   Welche Voraussetzungen müssen grundsätzlich für die Entlohnung im Akkord gegeben sein?

3.2 Welche zwei Argumente sprechen für die Einführung des Akkordlohns bei der Meister KG?

3.3 Ein Arbeiter in der Stuhlmontage verdiente bisher durchschnittlich 1.950,00 € pro Monat. Die monatliche Arbeitszeit beträgt 162,5 Stunden. Zukünftig soll er im Akkord arbeiten. Dafür erhält er einen Grundlohn von 12,00 € / Std. und einen Akkordzuschlag von 15 %. Für die Montage eines Stuhles wurden als Vorgabezeit 12 Minuten ermittelt.

3.3.1 Wie viele Stühle muss er pro Monat künftig montieren, um weiterhin den gleichen Durchschnittslohn zu bekommen?

3.3.2 Wie hoch ist in diesem Fall sein Leistungsgrad?

3.4 Beschreiben Sie eine sinnvolle Alternative zum Akkordlohn, welche die Leistung qualitativ bzw. quantitativ steigern könnte.

3.5 Herr Mager gibt Ihnen die Gehaltsabrechnung von Herrn Lay (**Anlage**). Gleichzeitig bittet er Sie, das Kündigungsschreiben von Frau Nolte zu überprüfen (**Anlage**); sie ist seit 20 Jahren bei der Meister KG beschäftigt.

3.5.1 Ergänzen Sie die Gehaltsabrechnung (rechnerischer Nachweis) und bilden Sie anschließend die Buchungssätze am Monatsende.

3.5.2 Beurteilen Sie, ob die Kündigung von Frau Nolte rechtswirksam ist.

3.5.3 Begründen Sie, welche Art von Zeugnis Frau Nolte bei ihrem Ausscheiden wünscht.

Anlage 1

Wir, ein leistungsstarkes mittelständisches Unternehmen mit 400 Mitarbeitern in der Schulmöbelbranche, suchen zur Verstärkung unseres Vertriebsteams zum nächstmöglichen Termin eine(n) ehrgeizige(n) **Gebietsverkaufsleiter/-in** für den Bereich **Schul- und Laboreinrichtungen** in Süddeutschland (Bayern). In dieser Funktion erwartet Sie eine interessante und anspruchsvolle Aufgabe mit überdurchschnittlichen Verdienstmöglichkeiten bei hoher Eigenverantwortung. Ihre Projekte betreuen Sie von der Angebotsphase bis zur Schlüsselübergabe. Verhandlungsgeschick und sicheres Auftreten setzen wir voraus. Sie sollten darüber hinaus bereits mehrjährige Erfahrung im Verkaufsbereich besitzen, kontakt- und kommunikationsstark sein sowie zielorientiertes Handeln gewohnt sein. Bei der Einarbeitung steht Ihnen ein junges und leistungsfähiges Vertriebsteam zur Seite. Noch Fragen? Dann wenden Sie sich bitte an Herrn Wolf (0711 / 32 16 8). Ansonsten senden Sie uns Ihre vollständigen Bewerbungsunterlagen unter Angabe Ihrer Gehaltsvorstellungen zu. MEISTER KG - Personalabteilung - Esslinger Straße 18 - 70190 Stuttgart

Anlage 2

Externer Bewerber

Volker Hau, 38 Jahre alt, gelernter Industriekaufmann mit sehr gutem Abschluss, wurde bei den Vereinigten Schulmöbelwerken in Bayreuth ausgebildet und ist dort seit 18 Jahren beschäftigt. Seiner Bewerbung liegt ein folgendes Arbeitszeugnis bei:

Auszug:
Herr Hau hat bei uns am 1. September 1987 sein Ausbildungsverhältnis zum Industriekaufmann begonnen und war anschließend bis 1. September 2005 als Verkäufer tätig. Zu seinen Aufgaben gehörte die Betreuung von Schulbauprojekten im süddeutschen Raum. Er arbeitete weitgehend selbstständig, zuverlässig und gewissenhaft. Die ihm übertragenen Aufgaben führte er zu unserer Zufriedenheit aus. Er galt im Kollegenkreis und gegenüber der Geschäftsleitung als toleranter Mitarbeiter.
Herr Hau scheidet im beiderseitigen Einvernehmen zum 1. September 2005 aus.

Interne Bewerberin

Isabel Michl, 28 Jahre alt, wurde im Unternehmen zur Industriekauffrau ausgebildet und bestand die Abschlussprüfung mit gutem Erfolg. Sie ist seit acht Jahren im Verkauf tätig und bewirbt sich um diese Stelle, weil diese besser bezahlt wird. Durch die Mitarbeit bei der Betreuung von Schulbauten im Hohenloher Raum hat sie bereits Erfahrungen bezüglich der Angebotserstellung und der Verhandlung mit Auftraggebern.
Aus dem letzten Beurteilungsbogen von Isabel Michl erfahren Sie folgendes:

Beurteilungsbogen					
Arbeitnehmer/in: Michl, Isabel Personalnummer: 22105					
Abteilung: Verkauf					
Zeitraum: 01.01. bis 30.06.2005	++	+	0	-	--
Aufgabendurchführung					
- Sorgfalt, Gründlichkeit		x			
- Anwendung von Kenntnissen		x			
- selbstständiges Arbeiten	x				
- Arbeitsquantität	x				
- Arbeitsqualität			x		
Wirksamkeit in der Arbeitsgruppe					
- Weitergabe von Kenntnissen				x	
- Aufgreifen von Anregungen		x			
- Kooperationsbereitschaft		x			
- Kontaktpflege (intern/extern)		x			

Anlage 4

Auszug aus dem Kündigungsschreiben

Frieda Nolte   Stuttgart, 2005-10-12

...
da ich mich beruflich wesentlich verbessern kann, kündige ich mein Arbeitsverhältnis zum 31.10.2005
...
Ich bitte mir ein Zeugnis über Führung und Leistung sowie Art und Dauer der Tätigkeit auszustellen.

Anlage 3

Gehaltsabrechnung

Datum	Name	Brutto-gehalt	Abzüge				Summe	Netto-gehalt
			LSt.	KSt.	SolZ.	SV		
31.10.	Lay, Thomas	2 700, 45						

Weitere Angaben zur Gehaltsabrechnung von Herrn Lay:
- verheiratet / zwei Kinder; Steuerklasse 3; Kirchensteuersatz 8 %; besitzt ein Girokonto bei der Voba
- Beitragssätze: 14,6 % Krankenversicherung
  19,5 % Rentenversicherung
  6,5 % Arbeitslosenversicherung
  1,7 % Pflegeversicherung

Lohn/Gehalt bis €*		Abzüge an Lohnsteuer, Solidaritätszuschlag (SolZ) und Kirchensteuer (8%, 9%) in den Steuerklassen																			
		I – VI				I, II, III, IV															
		ohne Kinderfreibeträge				mit Zahl der Kinderfreibeträge . . .															
						0,5			1			1,5			2			2,5			3**		
		LSt	SolZ	8%	9%	LSt	SolZ	8%	9%	SolZ	8%	9%	SolZ	8%	9%	SolZ	8%	9%	SolZ	8%	9%	SolZ	8%	9%
2 690,99	I,IV	463,—	25,46	37,04	41,67	I 463,—	21,35	31,06	34,94	17,43	25,35	28,52	13,68	19,90	22,38	10,10	14,70	16,53	6,71	9,76	10,98	—	5,11	5,75
	II	428,91	23,59	34,31	38,60	II 428,91	19,56	28,46	32,01	15,72	22,86	25,72	12,04	17,52	19,71	8,55	12,44	13,99	2,83	7,61	8,56	—	3,27	3,68
	III	181,83	3,96	14,54	16,36	III 181,83	—	10,01	11,26	—	5,97	6,71	—	2,42	2,72	—	—	—	—	—	—	—	—	—
	V	838,65	46,12	67,09	75,47	IV 463,—	23,38	34,02	38,27	21,35	31,06	34,94	19,37	28,18	31,70	17,43	25,35	28,52	15,53	22,59	25,41	13,68	19,90	22,38
	VI	870,91	47,90	69,67	78,38																				
2 693,99	I,IV	463,91	25,51	37,11	41,75	I 463,91	21,40	31,14	35,03	17,47	25,42	28,59	13,72	19,96	22,45	10,14	14,76	16,60	6,74	9,81	11,03	—	5,16	5,81
	II	429,83	23,64	34,38	38,68	II 429,83	19,61	28,53	32,09	15,76	22,93	25,79	12,09	17,58	19,78	8,59	12,50	14,06	2,98	7,67	8,63	—	3,32	3,7
	III	182,66	4,13	14,61	16,43	III 182,66	—	10,06	11,34	—	6,02	6,77	—	2,48	2,79	—	—	—	—	—	—	—	—	—
	V	839,91	46,19	67,19	75,59	IV 463,91	23,43	34,09	38,35	21,40	31,14	35,03	19,41	28,24	31,77	17,47	25,42	28,59	15,57	22,66	25,49	13,72	19,96	22,45
	VI	872,16	47,96	69,77	78,49																				
2 696,99	I,IV	464,83	25,56	37,18	41,83	I 464,83	21,45	31,20	35,10	17,52	25,48	28,67	13,76	20,02	22,52	10,18	14,82	16,67	6,78	9,87	11,10	—	5,21	5,86
	II	430,75	23,69	34,46	38,76	II 430,75	19,66	28,60	32,17	15,80	22,99	25,86	12,13	17,65	19,85	8,63	12,56	14,13	3,11	7,72	8,69	—	3,36	3,78
	III	183,50	4,30	14,68	16,51	III 183,50	—	10,14	11,41	—	6,09	6,85	—	2,53	2,84	—	—	—	—	—	—	—	—	—
	V	841,25	46,26	67,30	75,71	IV 464,83	23,48	34,16	38,43	21,45	31,20	35,10	19,46	28,31	31,85	17,52	25,48	28,67	15,62	22,72	25,56	13,76	20,02	22,52
	VI	873,41	48,03	69,87	78,60																				
2 699,99	I,IV	465,75	25,61	37,26	41,91	I 465,75	21,50	31,28	35,19	17,57	25,55	28,75	13,81	20,09	22,60	10,23	14,88	16,74	6,82	9,93	11,17	—	5,27	5,93
	II	431,66	23,74	34,53	38,84	II 431,66	19,71	28,67	32,25	15,85	23,06	25,94	12,17	17,71	19,92	8,67	12,62	14,19	3,26	7,78	8,75	—	3,41	3,83
	III	184,33	4,46	14,74	16,58	III 184,33	—	10,20	11,47	—	6,14	6,91	—	2,57	2,89	—	—	—	—	—	—	—	—	—
	V	842,50	46,33	67,40	75,82	IV 465,75	23,54	34,24	38,52	21,50	31,28	35,19	19,51	28,38	31,93	17,57	25,55	28,75	15,67	22,79	25,64	13,81	20,09	22,60
	VI	874,66	48,10	69,97	78,71																				
2 702,99	I,IV	466,66	25,66	37,33	41,99	I 466,66	21,55	31,35	35,27	17,61	25,62	28,82	13,86	20,16	22,68	10,27	14,94	16,81	6,87	9,99	11,24	—	5,32	5,98
	II	432,58	23,79	34,60	38,93	II 432,58	19,75	28,74	32,33	15,90	23,13	26,02	12,22	17,78	20,—	8,71	12,68	14,26	3,41	7,84	8,82	—	3,46	3,89
	III	185,16	4,63	14,81	16,66	III 185,16	—	10,26	11,54	—	6,20	6,97	—	2,62	2,95	—	—	—	—	—	—	—	—	—
	V	843,75	46,40	67,50	75,93	IV 466,66	23,59	34,31	38,60	21,55	31,35	35,27	19,56	28,45	32,—	17,61	25,62	28,82	15,71	22,86	25,71	13,86	20,16	22,68
	VI	875,91	48,17	70,07	78,83																				
2 705,99	I,IV	467,58	25,71	37,40	42,08	I 467,58	21,60	31,42	35,34	17,66	25,69	28,90	13,90	20,22	22,74	10,31	15,—	16,88	6,90	10,04	11,30	—	5,37	6,04
	II	433,50	23,84	34,68	39,01	II 433,50	19,80	28,80	32,40	15,94	23,19	26,09	12,26	17,84	20,07	8,75	12,74	14,33	3,55	7,90	8,88	—	3,50	3,94
	III	186,—	4,80	14,88	16,74	III 186,—	—	10,33	11,62	—	6,25	7,03	—	2,66	2,99	—	—	—	—	—	—	—	—	—
	V	845,—	46,47	67,60	76,05	IV 467,58	23,63	34,38	38,67	21,60	31,42	35,34	19,61	28,52	32,09	17,66	25,69	28,90	15,76	22,92	25,79	13,90	20,22	22,74
	VI	877,16	48,24	70,17	78,94																				
2 708,99	I,IV	468,50	25,76	37,48	42,16	I 468,50	21,65	31,49	35,42	17,71	25,76	28,98	13,94	20,28	22,82	10,35	15,06	16,94	6,94	10,10	11,36	—	5,42	6,10
	II	434,41	23,89	34,75	39,09	II 434,41	19,85	28,88	32,49	15,99	23,26	26,17	12,31	17,90	20,14	8,80	12,80	14,40	3,70	7,96	8,95	—	3,55	3,99
	III	186,83	4,96	14,94	16,81	III 186,83	—	10,39	11,68	—	6,30	7,09	—	2,72	3,06	—	—	—	—	—	—	—	—	—
	V	846,25	46,54	67,70	76,16	IV 468,50	23,68	34,45	38,75	21,65	31,49	35,42	19,65	28,59	32,16	17,71	25,76	28,98	15,80	22,99	25,86	13,94	20,28	22,82
	VI	878,41	48,31	70,27	79,05																				
2 711,99	I,IV	469,50	25,82	37,56	42,25	I 469,50	21,70	31,56	35,51	17,75	25,82	29,05	13,99	20,35	22,89	10,40	15,13	17,02	6,98	10,16	11,43	—	5,48	6,16
	II	435,33	23,94	34,82	39,17	II 435,33	19,90	28,94	32,56	16,04	23,32	26,24	12,35	17,96	20,21	8,84	12,86	14,47	3,83	8,01	9,01	—	3,60	4,05
	III	187,66	5,13	15,01	16,88	III 187,66	—	10,45	11,75	—	6,36	7,15	—	2,77	3,11	—	—	—	—	—	—	—	—	—
	V	847,50	46,61	67,80	76,27	IV 469,50	23,73	34,52	38,84	21,70	31,56	35,51	19,70	28,66	32,24	17,75	25,82	29,05	15,85	23,06	25,94	13,99	20,35	22,89
	VI	879,75	48,38	70,38	79,16																				

Aufgabe 2: Beschaffung und Produktion

Die HARO GmbH ist ein mittelständisches Unternehmen in Balingen. Sie ist ein Handels- und Endmontageunternehmen für Gebrauchsartikel unterschiedlichster Art.
Die Abnehmer der HARO GmbH befinden sich überwiegend in Deutschland. Es werden Produktionsbetriebe, Baumärkte und Raumausstatter beliefert.
Neben dem Handel mit den entsprechenden Artikeln wird ein Teil des Sortiments auch durch Endmontage der speziell eingekauften Einzelkomponenten selbst hergestellt.

Am 07.10.2005 geht ein Auftrag der Müller-Möbel GmbH ein (**Anlage**).

1.1 Prüfen Sie, ob Sie der Müller-Möbel GmbH den Auftrag wie gewünscht bestätigen können (**Anlage**).

1.2 Erläutern Sie die zwei bei der HARO GmbH verwendeten Bestellverfahren und bestimmen Sie, welches beim Artikel 221100 angewandt wurde.

1.3 Die HARO GmbH ist auf der Suche nach einem neuen Lieferanten. Aufgrund von Anfragen treffen am 10.10. 2005 drei Angebote ein (**Anlage**). Ermitteln Sie das günstigste Angebot (Tabellenform) und entscheiden Sie sich begründet für einen Lieferanten.

1.4 Stellen Sie den Vorgang der Fremdbeschaffung vom Ereignis „Kundenauftrag eingegangen" bis zum Ereignis „Lieferant kann liefern" als Prozesskette dar.

1.5 Die HARO GmbH bestellt am 13.10.2005 10 Stück CONFERENZ Plasma TV-/Videokombinationen. Begründen Sie mit Hilfe des Gesetzes, welche Rechtswirkung die Bestellung hat.

Im Folgenden wird davon ausgegangen, dass die Lieferung unabhängig von der Auswahl in 1.3 für den 31.10.2005 vereinbart wurde. Am 03.11.2005 ist die Ware noch nicht bei der HARO GmbH eingetroffen. Die HARO GmbH muss schnellst möglich bei einem anderen Lieferanten bestellen.

1.6 Prüfen Sie, ob die HARO GmbH vom ursprünglichen Kaufvertrag zurücktreten kann.

1.7 Der andere Lieferant erfüllt den neu abgeschlossenen Kaufvertrag rechtzeitig. Er liefert die Waren am 15.11.2005 (Warenwert netto 54.000,00 €). Die HARO GmbH begleicht die Rechnung am 20.11.2005 unter Abzug von 3 % Skonto.
Bilden Sie die Buchungssätze für die Eingangsrechnung/den Wareneingang und den Zahlungsausgleich.

Bei der Müller Möbel GmbH werden außerdem 20 Stück BEROMASTE Chefzimmerbürolampen bestellt (**Anlage**). Die HARO GmbH unterhält eine kleine Forschungs- und Entwicklungsabteilung (F & E), die versucht Kundenwünsche aufzugreifen und ihnen gerecht zu werden. In dieser Abteilung entstand die spezielle Form des Artikels BEROMASTE Chefzimmerlampe, die von den handelsüblichen, bisher auf dem Markt angebotenen Stehleuchten stark abweicht und aufgrund ihrer Extravaganz die Kunden sehr anspricht.

1.8 Stellen Sie dar, wie und bei welcher Institution die HARO GmbH das Ergebnis dieser Entwicklung rechtlich schützen könnte.

1.9 Erläutern Sie, warum die HARO GmbH eine eigene F & E-Abteilung hat.

1.10 Geben Sie an, woran man in der Artikelkarte gewöhnlich ablesen kann, ob bei einem Artikel Eigenfertigung oder Fremdbezug vorliegt (**Anlage**).

1.11 Die Grundlage für einen Fertigungsauftrag bildet der Basisarbeitsplan. Welche Angaben sind darin enthalten? Worin unterscheidet sich der Basisarbeitsplan vom Auftragsarbeitsplan?

1.12 Zur Herstellung des Artikels werden dem Lager Netzteile (Fremdbauteile) im Wert von 80,00 € entnommen. Buchen Sie diesen Vorgang.

1.13 Erläutern Sie, welche Veränderung sich in der Artikelkarte beim Artikel „BEROMASTE Chefzimmerbürolampe" nach der Buchung der Fertigmeldung ergeben hat (**Anlage**).

Anlage 1

MÜLLER-MÖBEL GmbH
Objektausstattungen
Tischler-Str. 4 - 10
40155 Düsseldorf

HARO GmbH
Im Industriegebiet 11
72336 Balingen

Ihre Zeichen	Ihre Nachricht	Unsere Zeichen	Unsere Nachricht	Datum
Tk	23.08.2005	We/Kl		05-10-2005

Bestellung

Sehr geehrte Damen und Herren,
wir bestellen gem. Ihren Lieferbedingungen folgende Artikel:

Artikel-Nr.	Bezeichnung	Menge	Stückpreis (netto)
221100	CONFERENZ Plasma TV-/Videokombination	10	5.990,00 €
221101	BEROMASTE Chefzimmerbürolampe	20	695,00 €

Ihre Lieferung muss bis 20.10.2005 erfolgen.

Mit freundlichen Grüßen

Weber

i. A. Weber

Anlage 2

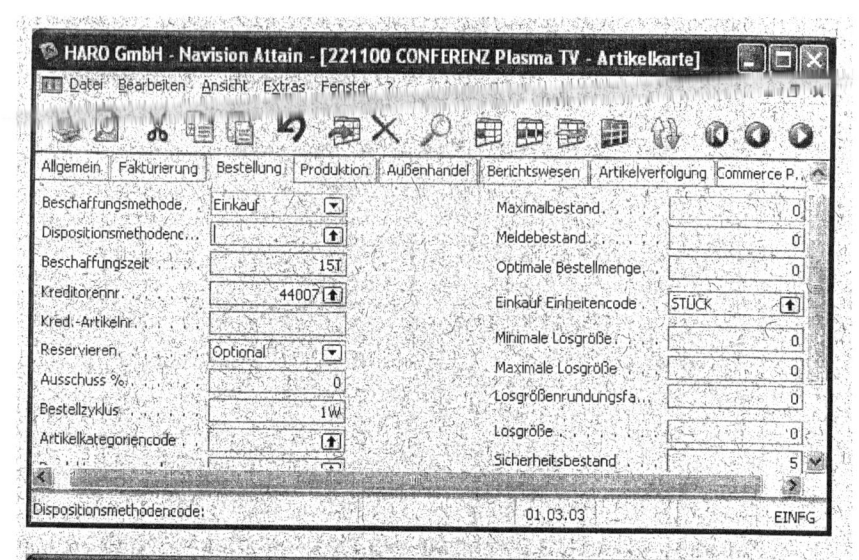

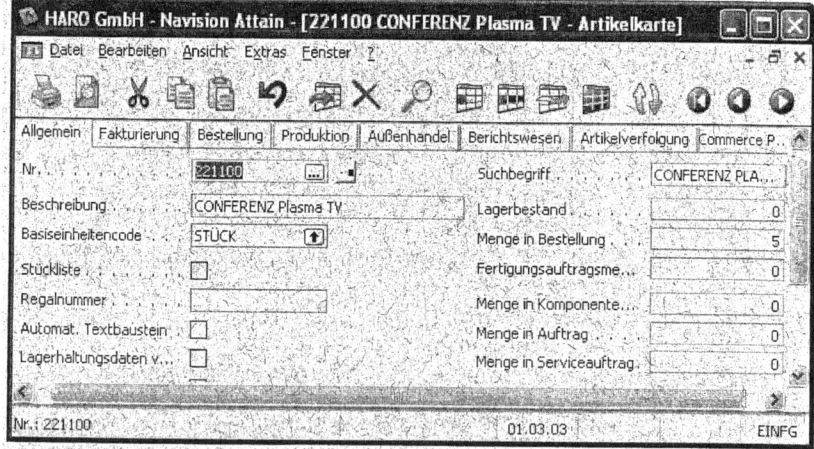

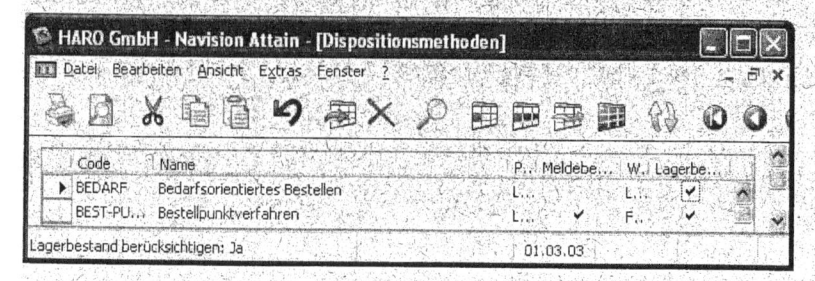

HARO GmbH - Navision Attain - [221100 CONFERENZ Plasma TV - Artikelkarte]

Datei Bearbeiten Ansicht Extras Fenster ?

Allgemein | Fakturierung | Bestellung | Produktion | Außenhandel | Berichtswesen | Artikelverfolgung | Commerce P.

Beschaffungsmethode	Einkauf
Dispositionsmethodenc...	
Beschaffungszeit	1ST
Kreditorennr.	44007
Kred.-Artikelnr.	
Reservieren	Optional
Ausschuss %	0
Bestellzyklus	1W
Artikelkategoriencode	
Maximalbestand	0
Meldebestand	0
Optimale Bestellmenge	0
Einkauf Einheitencode	STÜCK
Minimale Losgröße	0
Maximale Losgröße	0
Losgrößenrundungsfa...	0
Losgröße	0
Sicherheitsbestand	5

Dispositionsmethodencode: 01.03.03 EINFG

HARO GmbH - Navision Attain - [221100 CONFERENZ Plasma TV - Artikelkarte]

Datei Bearbeiten Ansicht Extras Fenster ?

Allgemein | Fakturierung | Bestellung | Produktion | Außenhandel | Berichtswesen | Artikelverfolgung | Commerce P.

Nr.	221100
Beschreibung	CONFERENZ Plasma TV
Basiseinheitencode	STÜCK
Stückliste	
Regalnummer	
Automat. Textbaustein	
Lagerhaltungsdaten v...	
Suchbegriff	CONFERENZ PLA...
Lagerbestand	0
Menge in Bestellung	5
Fertigungsauftragsme...	0
Menge in Komponente...	0
Menge in Auftrag	0
Menge in Serviceauftrag	0

Nr.: 221100   01.03.03   EINFG

HARO GmbH - Navision Attain - [Dispositionsmethoden]

Datei Bearbeiten Ansicht Extras Fenster ?

Code	Name	P...	Meldebe...	W...	Lagerbe...
BEDARF	Bedarfsorientiertes Bestellen	L...	L...	✓	
BEST-PU...	Bestellpunktverfahren	L...	✓	F...	✓

Lagerbestand berücksichtigen: Ja   01.03.03

Anlage 3

Angebot Technikversand OHG Kaiserslautern

Sehr geehrte Damen und Herren,

vielen Dank für Ihre Anfrage. Wir bieten Ihnen mit Lieferung zum 25.10.2005 an:

CONFERENZ Plasma TV-/Videokombination: 106 cm Plasma Display im 16:9 Format mit einer Helligkeit von 600 cd/m^2 und einem Kontrast von 3000:1 für brillante Darstellung.

    Listenpreis je Stück   5.500,00 €
    zzgl. Umsatzsteuer

Ab einem Bestellwert von 50.000,00 € netto gewähren wir Ihnen 10 % Rabatt. Das Zahlungsziel beträgt 30 Tage, bei Bezahlung der Rechnung innerhalb von 10 Tagen nach Lieferung gewähren wir Ihnen zusätzlich 2 % Skonto. Alle Beträge netto.

Die Lieferung erfolgt frei Haus.

Angebot Medienwelt KG Ludwigshafen

Sehr geehrte Damen und Herren,

vielen Dank für Ihre Anfrage. Wir bieten Ihnen mit Lieferung zum 31.10.2005 an:

CONFERENZ Plasma TV-/Videokombination: 106 cm Plasma Display im 16:9 Format mit einer Helligkeit von 600 cd/m^2 und einem Kontrast von 3000:1 für brillante Darstellung.

    Listenpreis je Stück   4.800,00 €
    zzgl. Umsatzsteuer

Ab einem Bestellwert von 50.000,00 € gewähren wir Ihnen 2 % Rabatt. Das Zahlungsziel beträgt 60 Tage. Alle Beträge netto.

Die Lieferung erfolgt frei Haus.

Angebot High Tech Land GmbH München

Sehr geehrte Damen und Herren,

vielen Dank für Ihre Anfrage. Wir bieten Ihnen mit Lieferung zum 31.10.2005 an:

CONFERENZ Plasma TV-/Videokombination: 106 cm Plasma Display im 16:9 Format mit einer Helligkeit von 600 cd/m^2 und einem Kontrast von 3000:1 für brillante Darstellung.

    Listenpreis je Stück   5.300,00 €
    zzgl. Umsatzsteuer

Ab einem Bestellwert von 30.000,00 € netto gewähren wir Ihnen 3 % Rabatt, ab 50.000,00 € 6 % Rabatt. Das Zahlungsziel beträgt 30 Tage, bei Bezahlung der Rechnung innerhalb von 10 Tagen erhalten Sie 3 % Skonto. Die Kosten für die Fracht betragen 500,00 €, zusätzlich Rollgeld 174,60 €. Alle Beträge netto.

Anlage 4

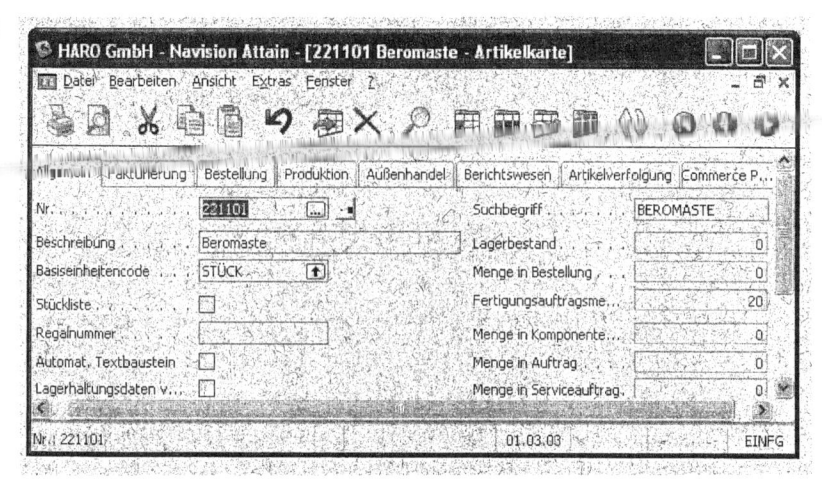

[Screenshot einer Navision Attain Artikelkarte der HARO GmbH - Artikel 221101 Beromaste, mit Feldern: Nr. 221101, Beschreibung Beromaste, Basiseinheitencode STÜCK, Suchbegriff BEROMASTE, Lagerbestand 0, Menge in Bestellung 0, Fertigungsauftragsmenge 20, Menge in Komponente 0, Menge in Auftrag 0, Menge in Serviceauftrag 0; Datum 01.03.03]

Anlage 5 Auszug aus dem BGB

§ 145 Bindung an den Antrag
Wer einem anderen die Schließung eines Vertrags anträgt, ist an den Antrag gebunden, es sei denn, dass er die Gebundenheit ausgeschlossen hat.

§ 146 Erlöschen des Antrags
Der Antrag erlischt, wenn er dem Antragenden gegenüber abgelehnt oder wenn er nicht diesem gegenüber nach den §§ 147 bis 149 rechtzeitig angenommen wird.

§ 147 Annahmefrist
(1) Der einem Anwesenden gemachte Antrag kann nur sofort angenommen werden. Dies gilt auch von einem mittels Fernsprechers oder einer sonstigen technischen Einrichtung von Person zu Person gemachten Antrag.
(2) Der einem Abwesenden gemachte Antrag kann nur bis zu dem Zeitpunkt angenommen werden, in welchem der Antragende den Eingang der Antwort unter regelmäßigen Umständen erwarten darf.

§ 148 Bestimmung einer Annahmefrist
Hat der Antragende für die Annahme des Antrags eine Frist bestimmt, so kann die Annahme nur innerhalb der Frist erfolgen.

§ 323 Rücktritt wegen nicht oder nicht vertragsgemäß erbrachter Leistung
(1) Erbringt bei einem gegenseitigen Vertrag der Schuldner eine fällige Leistung nicht oder nicht vertragsgemäß, so kann der Gläubiger, wenn er dem Schuldner erfolglos eine angemessene Frist zur Leistung oder Nacherfüllung bestimmt hat, vom Vertrag zurücktreten.
(2) Die Fristsetzung ist entbehrlich, wenn
 1. Der Schuldner die Leistung ernsthaft und endgültig verweigert,
 2. der Schuldner die Leistung zu einem im Vertrag bestimmten Termin oder innerhalb einer bestimmten Frist nicht bewirkt und der Gläubiger im Vertrag den Fortbestand seines Leistungsinteresses an die Rechtzeitigkeit der Leistung gebunden hat oder
 3. besondere Umstände vorliegen, die unter Abwägung der beiderseitigen Interessen den sofortigen Rücktritt rechtfertigen.
(3) Kommt nach der Art der Pflichtverletzung eine Fristsetzung nicht in Betracht, so tritt an deren Stelle eine Abmahnung.
(4) Der Gläubiger kann bereits vor dem Eintritt der Fälligkeit der Leistung zurücktreten, wenn offensichtlich ist, dass die Voraussetzungen des Rücktritts eintreten werden.
(5) Hat der Schuldner eine Teilleistung bewirkt, so kann der Gläubiger vom ganzen Vertrag nur zurücktreten, wenn er an der Teilleistung kein Interesse hat. Hat der Schuldner die Leistung nicht vertragsgemäß bewirkt, so kann der Gläubiger vom Vertrag nicht zurücktreten, wenn die Pflichtverletzung unerheblich ist.
(6) Der Rücktritt ist ausgeschlossen, wenn der Gläubiger für den Umstand, der ihn zum Rücktritt berechtigen würde, allein oder weit überwiegend verantwortlich ist oder wenn der vom Schuldner nicht zu vertretende Umstand zu einer Zeit eintritt, zu welcher der Gläubiger im Verzug der Annahme ist.

12 Prüfung BWL 2006

Folgende **BGB-Paragrafen** lagen bei: §§ 194 - 201, 269 - 272, 280 - 286, 311 - 311c, 323 - 325, 433 - 441

Aufgabe 1: Absatz

Die Thomas Rack GmbH in Reutlingen, Hersteller von hochwertigen Fahrrädern, sieht sich einem starken Wettbewerb, speziell durch Anbieter aus Polen, Taiwan und Litauen, ausgesetzt. Der Umsatz des bestehenden Sortiments aus Trekkingrädern, Rennrädern und Mountain-Bikes ging seit 2002 beständig zurück. Die Zusammenarbeit zwischen der Rack GmbH als Hersteller und den Fahrrad-Fachgeschäften war über viele Jahre vertrauensvoll.

Ein neuer Trend aus Amerika ist das Fitness-Bike. Dieses Fahrrad vereint die Vorteile verschiedener Fahrradtypen in einem einzigen Modell und soll die Leute ansprechen, die im Winter ins Fitness-Studio gehen und im Sommer in der Natur auf dem Rad trainieren wollen!

Das neu entwickelte Fitness-Bike der Rack GmbH hat ein pfiffiges Aussehen und weist einige technische Besonderheiten auf.

1 In einer Besprechung der Geschäftsleitung Anfang März 2006 wurde aufgrund der prognostizierten Absatzzahlen im Inland entschieden, Fitness-Bikes ins eigene Produktionsprogramm aufzunehmen.

1.1 Beschreiben Sie die wesentlichen Schritte, wie man zu einer Marktprognose kommt. Welchem Zweck dient eine Marktprognose?

1.2 Analysieren und beurteilen Sie die Entwicklung des Marktvolumens sowie der Marktanteile der Rack GmbH anhand der prognostizierten Absatzzahlen.

Jahre	Prognostizierte Absatzzahlen in Stück im Inland					
	2007		2008		2009	
	Marktvolumen	Absatz Rack GmbH	Marktvolumen	Absatz Rack GmbH	Marktvolumen	Absatz Rack GmbH
Fitness-Bikes	180.000	16.000	240.000	22.500	280.000	26.400
Fahrräder insgesamt	4.780.000	277.100	4.870.000	270.150	4.915.000	260.380

2 Die Rack GmbH entscheidet sich, das Fitness-Bike in ihr Produktionsprogramm aufzunehmen.

2.1 Begründen Sie, um welche produktpolitische Maßnahme es sich dabei handelt.

2.2 Neben den Absatzzahlen werden die Preise sowie die Kostenentwicklung für das Fitness-Bike wie folgt prognostiziert:

	Jahr		
	2007	2008	2009
Preis / Stück	1.000,00 €	900,00 €	800,00 €
Kosten / Stück	700,00 €	650,00 €	600,00 €

Skizzieren Sie den Verlauf von Umsatz und Gewinn für das Fitness-Bike in den Jahren 2007 bis 2009 und ordnen Sie die einzelnen Jahre den Phasen eines Produktlebenszyklusses zu. Schlagen Sie zwei Marketing-Maßnahmen vor, welche die Rack GmbH aufgrund der Ergebnisse für das Jahr 2009 ergreifen sollte.

3 Zur Markteinführung des Fitness-Bikes am 20.04.2006 soll eine Werbekampagne gestartet werden.

3.1 Erläutern Sie die AIDA-Formel im Rahmen der Produktwerbung.

3.2 Die Geschäftsleitung überlegt, für welche Zielgruppe sie sich entscheiden sollte. Zur Diskussion stehen einerseits die 18-30-Jährigen oder andererseits die 50-65-Jährigen. Entwickeln Sie erfolgversprechende Werbepläne für diese beiden Zielgruppen. Beurteilen Sie diese Strategien nach Werbewirksamkeit und Kosten.

3.3 Die eigentlichen Werbeaktionen sollen zusätzlich durch verkaufsfördernde Maßnahmen unterstützt werden. Schlagen Sie zwei mögliche Maßnahmen vor.

4 Aufgrund der Werbekampagne erhielten wir von verschiedenen langjährigen Kunden Bestellungen für das neue Fitness-Bike.

4.1 Am 02.03.2006 lieferten wir zusammen mit der Ausgangsrechnung 12 Fitness-Bikes an den Fahrrad-Einzelhändler Klaus Mattes in Schorndorf. Buchen Sie die Ausgangsrechnung **(Anlage)**.

4.2 Klaus Mattes sendet 2 zu viel gelieferte Fitness-Bikes zurück. Er bezahlt die Rechnung unter Abzug der 2 Bikes und des Skontos per Banküberweisung.

4.3 Der Einzelhändler Norbert Kurz in Nürtingen stellt bei Erhalt der Lieferung fest, dass ein Fitness-Bike zu wenig geliefert wurde und an 2 Bikes leichte Lackschäden am Rahmen sichtbar sind. Beurteilen Sie die rechtliche Situation der Rack GmbH ausführlich.

5 Die neue Mitarbeiterin Sabine Stark stellt bei Durchsicht der offenen Posten fest, dass ein langjähriger Kunde, der Fahrradhändler Peter Schmitt in Schwäbisch Gmünd, eine Rechnung vom 02.03.2003 trotz mehrfacher Mahnungen bis heute (10.03.2006) noch nicht bezahlt hat. Der Kunde verweist auf die Verjährung der Forderung. Beurteilen Sie die Rechtslage ausführlich.

6 Bisher belieferten wir nur den Facheinzelhandel mit unseren Fahrrädern.

6.1 Schlagen Sie zwei andere Vertriebswege vor. Erläutern Sie dabei auch Vor- und Nachteile dieser neuen Vertriebswege.

6.2 Welche Auswirkungen hätten diese beiden neuen Vertriebswege einerseits auf die Produkt- und Programmpolitik sowie andererseits auf die Preispolitik?

Anlage

Thomas Rack GmbH – Im Industriegebiet 10 – 72768 Reutlingen

Firma
Klaus Mattes
Fahrräder
Schulstraße 3
73614 Schorndorf

Rechnung
(Bitte bei Zahlung angeben)

80067 / 02.03.2006
Referenznummer/Datum

80067
Auftragsnummer

Pos.	Menge	Bezeichnung	E/P	EUR
000010	12	Fitness-Bikes	1.000,00	12.000,00
		Art.Nr. 3125		

Summe Positionen	12.000,00
MwSt 16 %	1.920,00
Endbetrag	**13.920,00**

Zahlungsbedingungen: Zahlbar innerhalb von 10 Tagen mit 2 % Skonto, innerhalb 30 Tagen rein netto.

Lieferbedingungen: frei Haus

Wir danken für Ihren Auftrag.
Wir bitten um Überweisung auf unser unten aufgeführtes Bankkonto.

Aufgabe 2: Beschaffung

Die HARO GmbH in Balingen ist Hersteller von Werkzeugen für das Handwerk und den privaten Hobbyhandwerker. Die Produktpalette besteht aus Handelswaren sowie aus kleineren Maschinen, deren Einzelteile eingekauft und zu Fertigprodukten montiert werden. Der Artikel Nr. 221047 Elektronik-Halbrundzange wurde bisher bei der Richard Vollmer & Co. KG in Neuillingen bezogen. Der Lieferant hat mitgeteilt, dass er den Artikel künftig nicht mehr liefern kann, da er ihn aus dem Sortiment genommen hat. Die Leiterin des Einkaufs, Frau Meinhard, hat Sie beauftragt, Angebote möglicher neuer Lieferanten einzuholen. Diese gingen Ihnen im Februar 2006 per Post zu **(Anlagen)**.

1.1 Nennen Sie vier Möglichkeiten, wie Sie neue Bezugsquellen für diesen Artikel erschließen können.

1.2 Führen Sie einen rechnerischen Angebotsvergleich in übersichtlicher Darstellung durch. Gehen Sie dabei von einer Bestellmenge in Höhe von 1 000 Stück aus.

1.3 Erweitern Sie den Angebotsvergleich um 3 qualitative Kriterien. Wählen Sie den geeignetsten Lieferanten aus und begründen Sie Ihre Entscheidung unter Zuhilfenahme der in der Anlage vorgegebenen Entscheidungsbewertungsmatrix. Bei Testkäufen war die gelieferte Ware der Kugler und Grauer KG im wesentlichen in Ordnung, von der Ware der Weinmann GmbH wiesen 1 % Mängel auf und die Mängelquote bei Liebherr & Söhne lag bei 2 %.

1.4 In den Angeboten werden unterschiedliche Erfüllungsorte genannt. Erklären Sie deren Bedeutung.

1.5 Erläutern Sie die von dem Unternehmen für das Produkt angewandte Dispositionsmethode für den Artikel 221047 und grenzen Sie dieses Verfahren gegenüber dem Bestellrhythmusverfahren ab **(Anlagen)**.

1.6 Ermitteln Sie aufgrund der vorliegenden Daten des bisherigen Lieferanten den Tagesbedarf, den Jahresbedarf und die Anzahl der erforderlichen Bestellungen pro Jahr. Ein gleichmäßiger Verbrauch an den 250 Arbeitstagen wird unterstellt **(Anlagen)**.

1.7 In den Anlagen finden Sie einen Auszug aus der Lagerbestandsführung dieses Artikels. Berechnen Sie möglichst genau

1.7.1 den durchschnittlichen Lagerbestand

1.7.2 die Lagerumschlagshäufigkeit

1.7.3 die durchschnittliche Lagerdauer

1.8 Erläutern Sie zwei konkrete Möglichkeiten, wie die Lagerumschlagshäufigkeit in diesem Falle erhöht werden könnte.

1.9 Ermitteln Sie die optimale Bestellmenge **(Anlage)**, wenn zum Lieferanten Kugler und Grauer KG gewechselt wird (Unterstellen Sie folgende Werte: Einstandspreis je Stück 3,78 €; bestellfixe Kosten: 28,35 € pro Bestellung; Lagerhaltungskostensatz 12 %; Sollten Sie bei Aufgabe 1.6 den Jahresbedarf nicht ermitteln können, so rechnen Sie mit 3 000 Stück weiter). Nennen Sie Gründe aus der betrieblichen Praxis, die für eine von der optimalen Bestellmenge abweichende Bestellmenge sprechen.

1.10 Der Meldebestand soll nach dem Wechsel zum neuen Lieferanten Kugler und Grauer KG auf 45 Stück gesenkt werden. Beurteilen Sie diesen Vorschlag.

1.11 Wir bestellen am 22.02. 500 Stück des Artikels Nr. 221047 Elektronik-Halbrundzange bei der Firma Kugler und Grauer KG. Begründen Sie, wie in diesem Fall ein rechtsgültiger Kaufvertrag zustande kommt **(Anlage)**.

Anlage 1

Weinmann

GmbH

72379 Hechingen   Fliederstr. 35   Tel.: 07471/55337

HARO GmbH
Im Industriegebiet 11
72336 Balingen   **Angebot**
                                                   Datum   14.02.2006
                                                   Angebots-Nr.:   5397

Aufgrund Ihrer Anfrage vom 10.02.2006 bieten wir Ihnen an:

Art.-Nr.	Artikelbezeichnung	Einzelpreis
221047	Elektronik-Halbrundzange	4,00

Bei einer Abnahme ab 400 Stück pro Bestellung gewähren wir einen Mengenrabatt in Höhe von 2,5 %.
Keine Mindestbestellmenge

Die Lieferung erfolgt innerhalb einer Woche frei Haus.

Zahlbar 30 Tage netto, 10 Tage 2 % Skonto

Gesetzlicher Erfüllungsort

Bank: Volksbank Hohenzollern (BLZ 641 632 25) Konto 251 631 55
Sitz/Registergericht: Hechingen, Amtsgericht Hechingen HRB 963
Geschäftsführer: Markus Weinmann - Steuer-Nr.: 47032/00178

Anlage 2

Kugler und Grauer KG

Königstr. 13 Telefon 0711-86852
70173 Stuttgart Fax 0711-86853
E-Mail kugler@grauer.com

HARO GmbH
Im Industriegebiet 11
72336 Balingen

Datum 13.02.2006
AngNr 3624

Angebot: Ihre Anfrage vom 10.02.2006

Art.-Nr	Artikelbezeichnung	Menge	Einzelpreis	Betrag
221047	Elektronik-Halbrundzange		3,80	

Auf die angeführten Listenpreise gewähren wir Ihnen 10 % Wiederverkäuferrabatt.
Für die Lieferung berechnen wir Ihnen 0,36 € je Stück
Lieferzeit: 3 Tage ab Auftragseingang
Mindestbestellmenge: 500 Stück
Zahlung innerhalb 30 Tagen netto
Der Erfüllungsort ist für beide Vertragsparteien Stuttgart.

Bankverbindung: BfG Bank, BLZ 600 101 11, Konto 834629
Sitz/Registergericht: Stuttgart, Amtsgericht Stuttgart HRA 1576   Steuer-Nr.: 83024/00546

Anlage 3

72070 Tübingen Goethestr. 5

Liebherr & Söhne

Tel.: 07071/47153   Fax 07071/47155

HARO GmbH
Im Industriegebiet 11
72336 Balingen

Datum 15.02.2006
Ang.-Nr. 73621

Freibleibendes Angebot: Ihre Anfrage Nr. 41001 vom 10.02...

Art.-Nr.	Artikelbezeichnung	Menge	Einzelpreis	Betrag
221047	Elektronik-Halbrundzange		3,60	

Zahlbar innerhalb 14 Tagen ohne Abzug;
Verpackungs- und Versandkostenpauschale pro Lieferung: 150,00 €
Mindestbestellmenge: 1 000 Stück
Die Lieferung erfolgt innerhalb ca. 10 bis 15 Tagen nach Bestellung.

Bankverbindung: Deutsche Bank Tübingen, BLZ 640 700 85, Konto Nr. 68943
Sitz/Registergericht: Tübingen, Amtsgericht Tübingen HRA 41357   Steuer-Nr.: 52544/00321

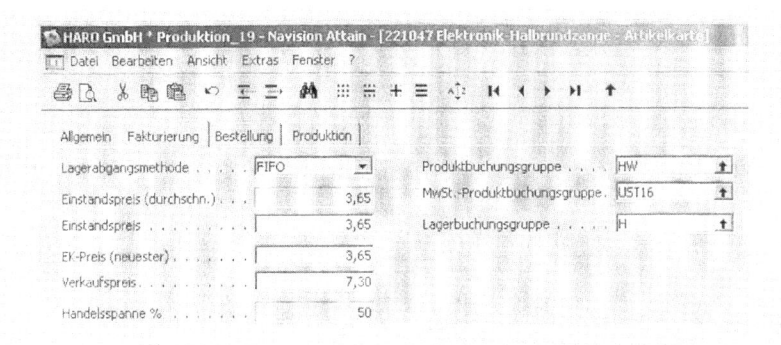

Anlage 4

HARO GmbH * Produktion_19 - Navision Attain - [221047 Elektronik-Halbrundzange - Artikelkarte]
Datei Bearbeiten Ansicht Extras Fenster ?

Allgemein | Fakturierung | Bestellung | Produktion

Lagerabgangsmethode	FIFO	Produktbuchungsgruppe	HW
Einstandspreis (durchschn.)	3,65	MwSt.-Produktbuchungsgruppe	UST16
Einstandspreis	3,65	Lagerbuchungsgruppe	H
EK-Preis (neuester)	3,65		
Verkaufspreis	7,30		
Handelsspanne %	50		

HARO GmbH * Produktion_19 - Navision Attain - [Dispositionsmethoden]
Datei Bearbeiten Ansicht Extras Fenster ?

Code	Name	Produktionsart	Wiederbeschaffungsverfahren	Meldebestand berücksichtigen
AUFTRAG	Auftrag-für-Auftrag	Auftragsferti...	Auftragsmenge	
AUFTR-LOS	Auftragszusammenfassung (Lose)	Auftragsferti...	Los-für-Los	
BEDARF	Bedarfsorientiertes Bestellen	Auftragsferti...	Los-für-Los	
BESTELLPUN	Bestellpunktverfahren	Lagerfertigung	Feste Bestellmenge	✓
LAGER	Auftrag-für-Auftrag	Lagerfertigung	Auftragsmenge	
LAGER-LOS	Auftragszusammenfassung (Lose)	Lagerfertigung	Los-für-Los	
		Lagerfertigung		

HARO GmbH * Produktion_19 - Navision Attain - [221047 Elektronik-Halbrundzange - Artikelkarte]
Datei Bearbeiten Ansicht Extras Fenster ?

Allgemein | Fakturierung | Bestellung | Produktion

Beschaffungsmethode	Einkauf	Optimale Bestellmenge	500
Dispositionsmethodencode	BESTELLPUN	Meldebestand	100
Beschaffungszeit	10Tage	Sicherheitsbestand	20
Kreditorennr.	44004		
Kreditoren-Artikelnr.	3584		
Bestellzyklus			
Artikelkategoriencode			
Produktgruppencode			

BWL: Prüfung 2006

Anlage 5

Buchungsdatum	Postenart	ArtikelNr	Menge
01.01.	AB	221047	300
15.01.	Entnahme	221047	280
20.01.	Zugang	221047	500
20.02.	Entnahme	221047	250
18.03.	Entnahme	221047	260
13.04.	Zugang	221047	500
15.04.	Entnahme	221047	290
10.05.	Zugang	221047	500
12.05.	Entnahme	221047	360
20.06.	Entnahme	221047	280
21.08.	Zugang	221047	500
23.08.	Entnahme	221047	250
12.09.	Entnahme	221047	260
15.09.	Zugang	221047	500
03.10.	Entnahme	221047	290
10.11.	Zugang	221047	500
15.11.	Entnahme	221047	360

Anlage 6

HARO GmbH   Werkzeuge und Teile

HARO GmbH   Im Industriegebiet 11   72336 Balingen

Kugler & Grauer KG
Königstr. 13
70173 Stuttgart

	Bestellung	
Datum		Best.-Nr.
22.02.2006		25501

Art.-Nr.	Artikelbezeichnung	Menge	Einzelpreis	Betrag
221047	Elektronik-Halbrundzange	500	3,80	1.900,00
	Transport			180,00
	- 10 % Rabatt			- 208,00

EUR	1.872,00	EUR	299,52	EUR	2.171,52
	Nettobetrag		MwSt 16 %		Rechnungsbetrag

Zahlbar innerhalb 30 Tagen ohne Abzug

Sparkasse Zollernalb   BLZ   653 512 60   Volksbank e. G., Balingen   BLZ   653 912 10
           Konto-Nr. 24 999 111   Konto-Nr. 11 111 011
Sitz/Registergericht: Balingen, Amtsgericht Balingen HRB 554   Geschäftsführer: Hans-Jürgen Hahn

USt-ID-Nr.: DE 811306524   Steuer-Nr.: 53050/00954

Anlage 7

Angebotsvergleich

	Gewichtung	Einzelwerte (EW) und Bewertung (Bew) (1 = ungenügend; 6 = sehr gut)					
		Weinmann GmbH		Kugler und Grauer KG		Liebherr & Söhne	
		EW	Bew.	EW	Bew.	EW	Bew.

Optimale Bestellmenge

Anzahl der Bestellungen pro Jahr	Bestell-mengen	Durchschnittl. Lagerbestand in Euro	Lagerkosten pro Jahr in Euro	Bestellfixe Kosten pro Jahr in Euro	Gesamtkosten in Euro
1					
2					
3					
4					
5					
6					

Schwerpunkt Steuerung und Kontrolle

1 Geschäftsvorfälle erfassen und buchen

1.1 Bedeutung und Notwendigkeit des Rechnungswesens

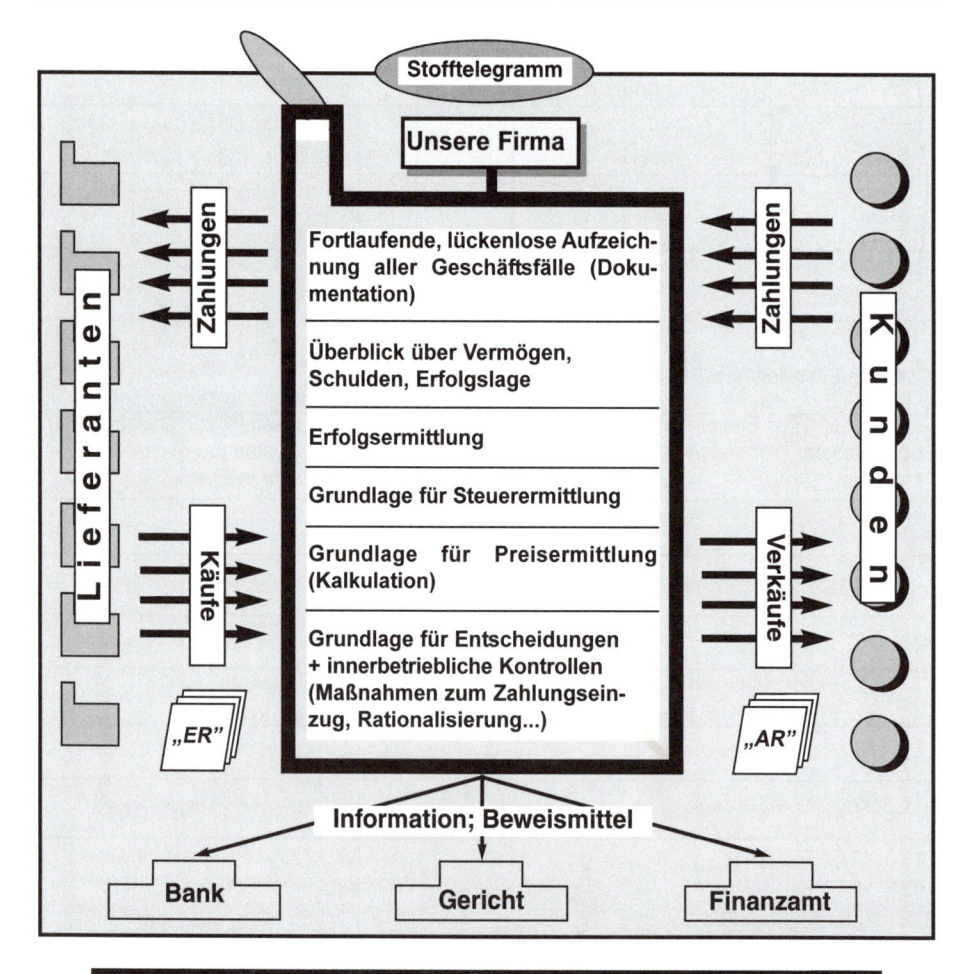

Stofftelegramm

Unsere Firma

- Fortlaufende, lückenlose Aufzeichnung aller Geschäftsfälle (Dokumentation)
- Überblick über Vermögen, Schulden, Erfolgslage
- Erfolgsermittlung
- Grundlage für Steuerermittlung
- Grundlage für Preisermittlung (Kalkulation)
- Grundlage für Entscheidungen + innerbetriebliche Kontrollen (Maßnahmen zum Zahlungseinzug, Rationalisierung...)

Lieferanten ← Zahlungen | Zahlungen → Kunden
Lieferanten → Käufe | Verkäufe → Kunden

„ER" | „AR"

Information; Beweismittel

Bank | Gericht | Finanzamt

Verständnisfragen (analoge Prüfungsfragen integriert)

1. Nennen und beschreiben Sie kurz die Grundfunktionen des Rechnungswesens.
2. Nennen Sie vier wesentliche Aufgaben der Buchführung.

1.2 Inventur - Inventar - Bilanz

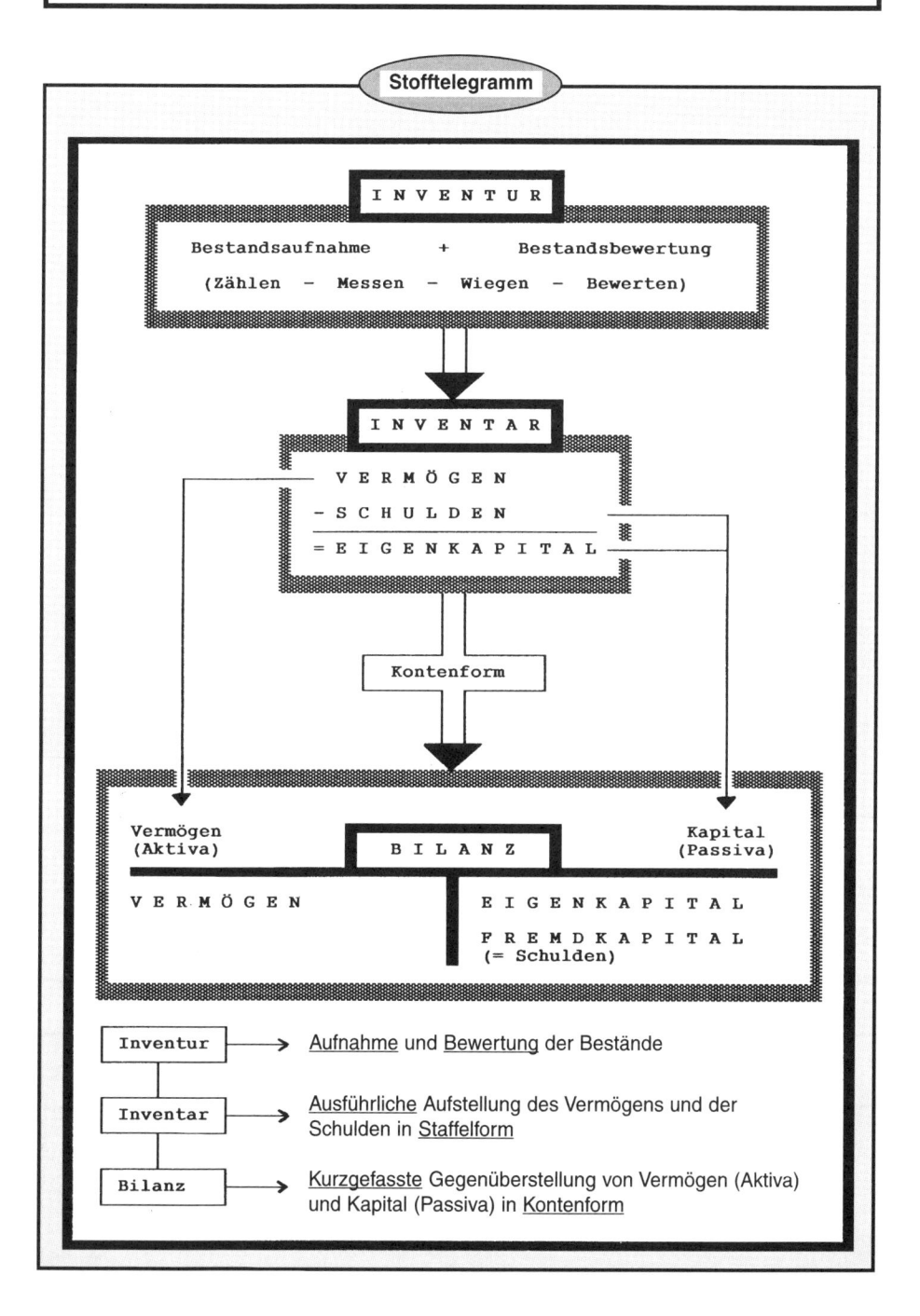

Stofftelegramm

INVENTUR

Bestandsaufnahme + Bestandsbewertung

(Zählen — Messen — Wiegen — Bewerten)

INVENTAR

V E R M Ö G E N
− S C H U L D E N
= E I G E N K A P I T A L

Kontenform

Vermögen (Aktiva)	BILANZ	Kapital (Passiva)
V E R M Ö G E N		E I G E N K A P I T A L
		F R E M D K A P I T A L (= Schulden)

- **Inventur** → <u>Aufnahme</u> und <u>Bewertung</u> der Bestände
- **Inventar** → <u>Ausführliche</u> Aufstellung des Vermögens und der Schulden in <u>Staffelform</u>
- **Bilanz** → <u>Kurzgefasste</u> Gegenüberstellung von Vermögen (Aktiva) und Kapital (Passiva) in <u>Kontenform</u>

Steuerung und Kontrolle: Geschäftsvorfälle mit Abschluss 278

Verständnisfragen

1. a) Begründen Sie die Notwendigkeit der Inventur.

   b) Unterscheiden Sie: Inventur - Inventar

   c) Aus welchen Teilen setzt sich ein Inventar zusammen?

   d) Unterscheiden Sie: Stichtagsinventur - permanente Inventur.

   e) Unterscheiden Sie: körperliche Inventur - Buchinventur.

2. a) Unterscheiden Sie: Inventar - Bilanz

   b) Nach welchen Kriterien werden Inventar und Bilanz gegliedert?

3. a) Warum werden Fertigerzeugnisse in der Bilanz nach den Rohstoffen aufgeführt?

   b) Notieren Sie die richtige Reihenfolge in der Bilanz:
   Rohstoffe - Maschinen - unfertige Erzeugnisse - Grundstücke - Bank - Forderungen.

4. Worin unterscheiden sich Anlage- und Umlaufvermögen?

1.3 Wertänderungen in der Bilanz

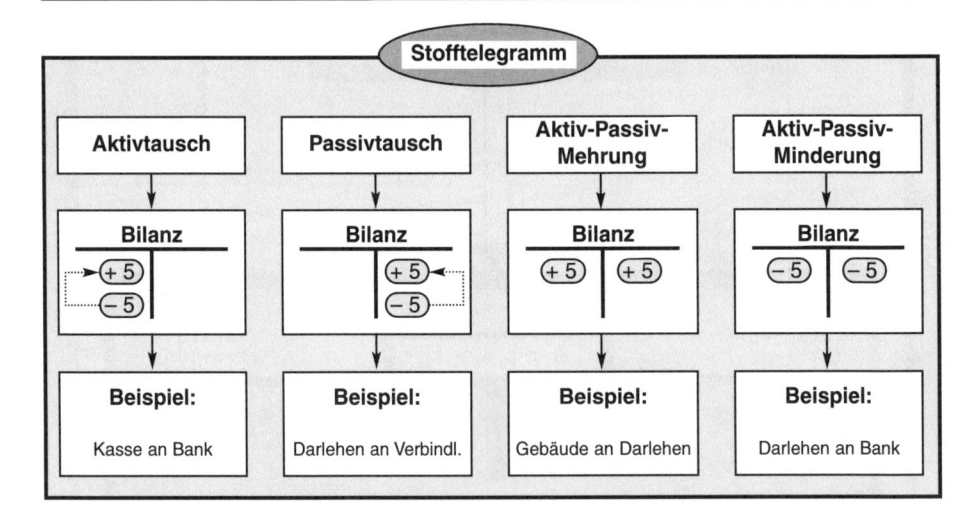

Stofftelegramm

Aktivtausch	Passivtausch	Aktiv-Passiv-Mehrung	Aktiv-Passiv-Minderung
Bilanz (+5) (−5)	Bilanz (+5) (−5)	Bilanz (+5) (+5)	Bilanz (−5) (−5)
Beispiel: Kasse an Bank	Beispiel: Darlehen an Verbindl.	Beispiel: Gebäude an Darlehen	Beispiel: Darlehen an Bank

Verständnisfragen

1. Nennen Sie je einen Geschäftsfall, der zu folgenden Bilanzänderungen führt:

   a) Aktiv-Passivmehrung   c) Aktivtausch
   b) Aktiv-Passivminderung   d) Passivtausch

2. Welche Bilanzänderung liegt bei folgenden Buchungen vor?

   a) Bank an Forderungen   c) Maschinen an Verbindlichkeiten
   b) Verbindlichkeiten an Bank   d) Verbindlichkeiten an Darlehen

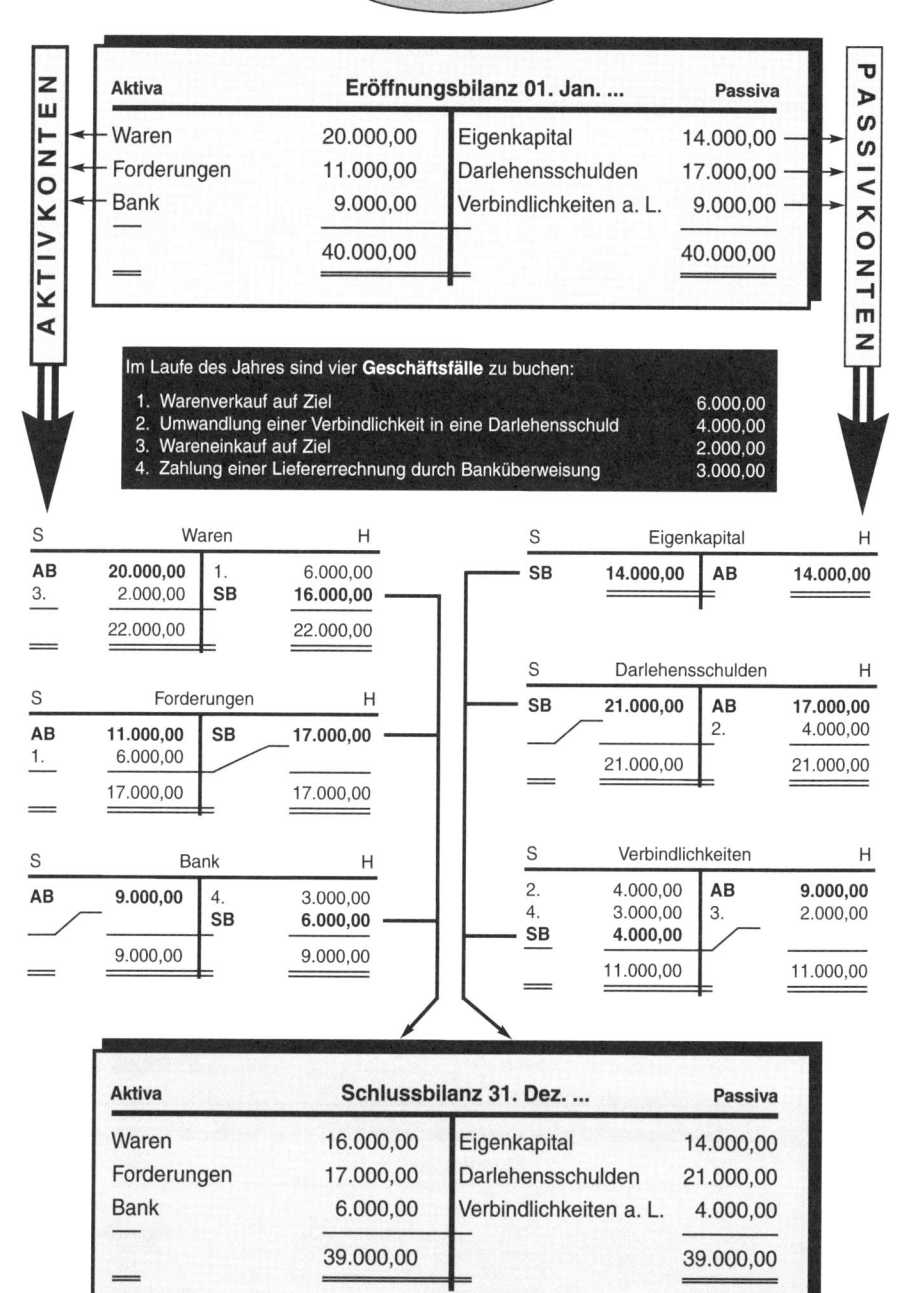

1.4 Bestandskonten mit Abschluss

Stofftelegramm

Aktiva	Eröffnungsbilanz 01. Jan. ...		Passiva
Waren	20.000,00	Eigenkapital	14.000,00
Forderungen	11.000,00	Darlehensschulden	17.000,00
Bank	9.000,00	Verbindlichkeiten a. L.	9.000,00
	40.000,00		40.000,00

Im Laufe des Jahres sind vier **Geschäftsfälle** zu buchen:
1. Warenverkauf auf Ziel — 6.000,00
2. Umwandlung einer Verbindlichkeit in eine Darlehensschuld — 4.000,00
3. Wareneinkauf auf Ziel — 2.000,00
4. Zahlung einer Liefererrechnung durch Banküberweisung — 3.000,00

S	Waren		H
AB	20.000,00	1.	6.000,00
3.	2.000,00	SB	16.000,00
	22.000,00		22.000,00

S	Forderungen		H
AB	11.000,00	SB	17.000,00
1.	6.000,00		
	17.000,00		17.000,00

S	Bank		H
AB	9.000,00	4.	3.000,00
		SB	6.000,00
	9.000,00		9.000,00

S	Eigenkapital		H
SB	14.000,00	AB	14.000,00

S	Darlehensschulden		H
SB	21.000,00	AB	17.000,00
		2.	4.000,00
	21.000,00		21.000,00

S	Verbindlichkeiten		H
2.	4.000,00	AB	9.000,00
4.	3.000,00	3.	2.000,00
SB	4.000,00		
	11.000,00		11.000,00

Aktiva	Schlussbilanz 31. Dez. ...		Passiva
Waren	16.000,00	Eigenkapital	14.000,00
Forderungen	17.000,00	Darlehensschulden	21.000,00
Bank	6.000,00	Verbindlichkeiten a. L.	4.000,00
	39.000,00		39.000,00

Steuerung und Kontrolle: Geschäftsvorfälle mit Abschluss

1.5 Ergebniskonten (Erfolgskonten) mit Abschluss

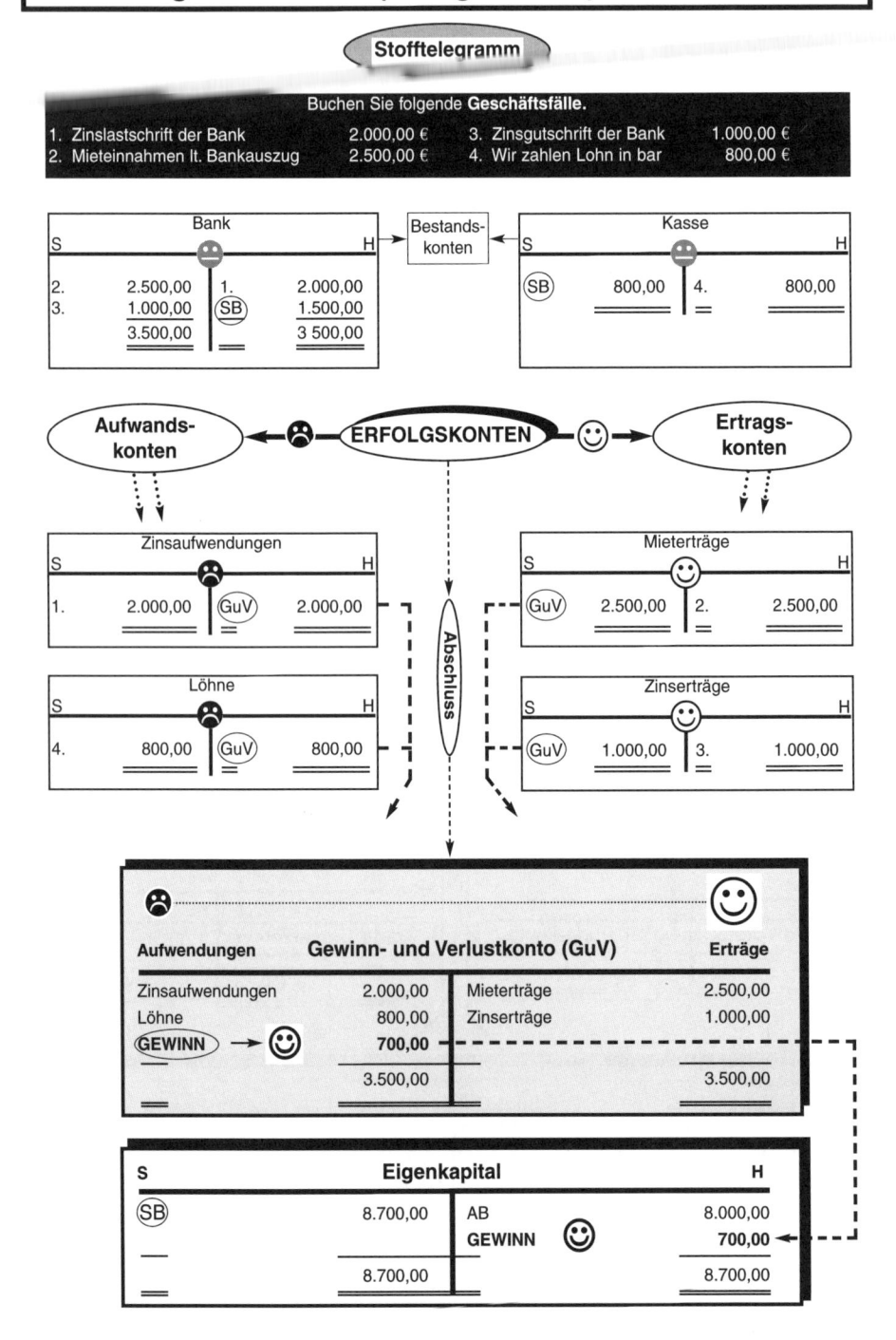

Stofftelegramm

Buchen Sie folgende **Geschäftsfälle**.
1. Zinslastschrift der Bank   2.000,00 €
2. Mieteinnahmen lt. Bankauszug   2.500,00 €
3. Zinsgutschrift der Bank   1.000,00 €
4. Wir zahlen Lohn in bar   800,00 €

Bank			
S			H
2.	2.500,00	1.	2.000,00
3.	1.000,00	(SB)	1.500,00
	3.500,00		3.500,00

→ Bestandskonten ←

Kasse			
S			H
(SB)	800,00	4.	800,00

Aufwandskonten ← 😟 ERFOLGSKONTEN 🙂 → Ertragskonten

Zinsaufwendungen			
S			H
1.	2.000,00	(GuV)	2.000,00

Mieterträge			
S			H
(GuV)	2.500,00	2.	2.500,00

Löhne			
S			H
4.	800,00	(GuV)	800,00

Zinserträge			
S			H
(GuV)	1.000,00	3.	1.000,00

Abschluss

Aufwendungen	Gewinn- und Verlustkonto (GuV)		Erträge
Zinsaufwendungen	2.000,00	Mieterträge	2.500,00
Löhne	800,00	Zinserträge	1.000,00
GEWINN → 🙂	700,00		
	3.500,00		3.500,00

S	Eigenkapital		H
(SB)	8.700,00	AB	8.000,00
		GEWINN 🙂	700,00
	8.700,00		8.700,00

Steuerung und Kontrolle: Geschäftsvorfälle mit Abschluss 281

Verständnisfragen (analoge Prüfungsfragen integriert)

1. Nennen Sie die vier Kontenarten mitsamt ihren Oberbegriffen.
2. Erklären Sie den Begriff „Erfolg".
3. Warum werden Aufwendungen im Soll, Erträge im Haben gebucht?
4. Bei der Erstellung der Gewinn- und Verlustrechnung ist das Verrechnungsverbot (Saldierungsverbot) zu beachten. Erläutern Sie dies an einem Beispiel.
5. Beschreiben Sie zwei Möglichkeiten der Gewinnermittlung.

Hinweis: „Abschreibungen" vgl. Jahresabschluss (Kapitel 5.4)

1.6 Die Umsatzsteuer

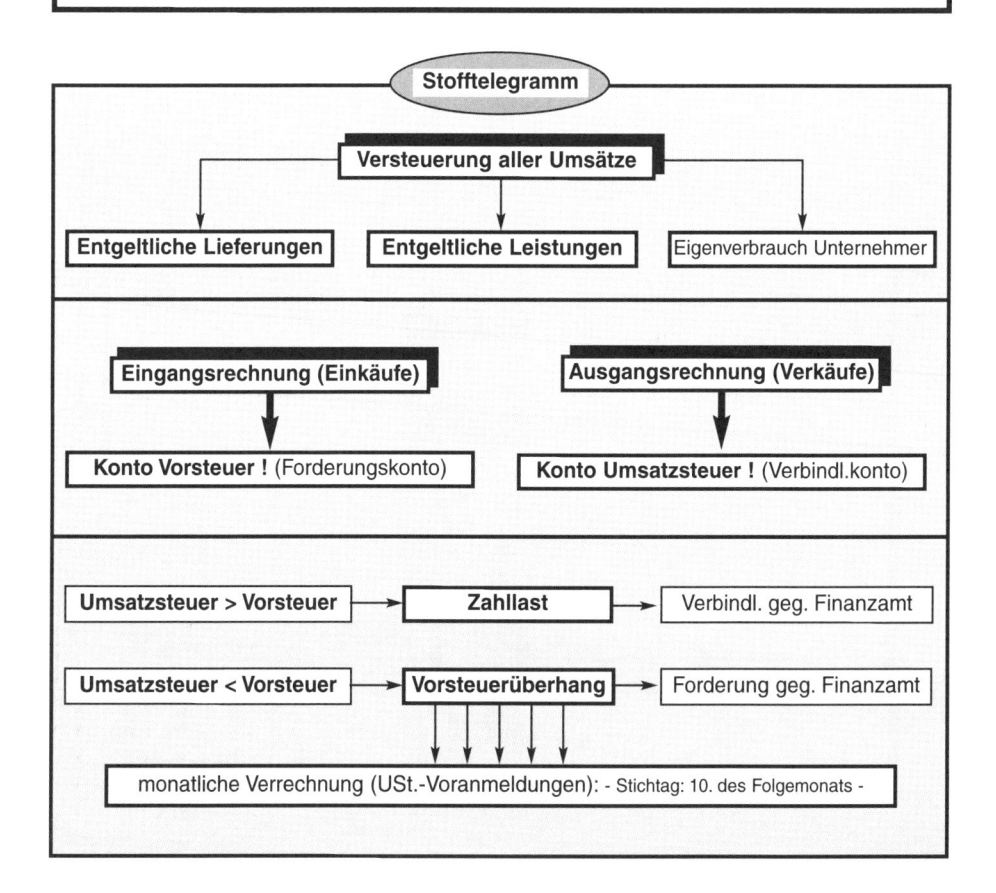

Stofftelegramm

Versteuerung aller Umsätze

- Entgeltliche Lieferungen
- Entgeltliche Leistungen
- Eigenverbrauch Unternehmer

Eingangsrechnung (Einkäufe) → Konto Vorsteuer ! (Forderungskonto)

Ausgangsrechnung (Verkäufe) → Konto Umsatzsteuer ! (Verbindl.konto)

| Umsatzsteuer > Vorsteuer | → | Zahllast | → | Verbindl. geg. Finanzamt |
| Umsatzsteuer < Vorsteuer | → | Vorsteuerüberhang | → | Forderung geg. Finanzamt |

monatliche Verrechnung (USt.-Voranmeldungen): - Stichtag: 10. des Folgemonats -

Steuerung und Kontrolle: Geschäftsvorfälle mit Abschluss 282

Die Umsatzsteuer (Gesamtzusammenhang)

Eingangsrechnung
1 Snowboard 400,00 €
+ 16 % MwSt. 64,00 €
Rechn.betrag **464,00 €**

Zahlung: 464,00 €

Einkauf

Boacc GmbH

64,00 €

Ausgangsrechnung
1 Snowboard 600,00 €
+ 16 % MwSt. 96,00 €
Rechn.betrag **696,00 €**

Unsere Firma

Zahlung: 696,00 €

Verkauf

Forderung geg. FA (**Vorsteuer**) 64,00 €
Verbindl. geg. FA (**Umsatzsteuer**) 96,00 €
Zahllast (Besteuerung des "Mehrwerts") **32,00 €**

96,00 €
128,00 €
(Zahllast: 32,00 €)

Sport Fuchs

Rechnung
1 Snowboard 800,00 €
+ 16 % MwSt. 128,00 €
Rechn.betrag **928,00 €**

Zahlung: 928,00 €

Verkauf

End-verbraucher

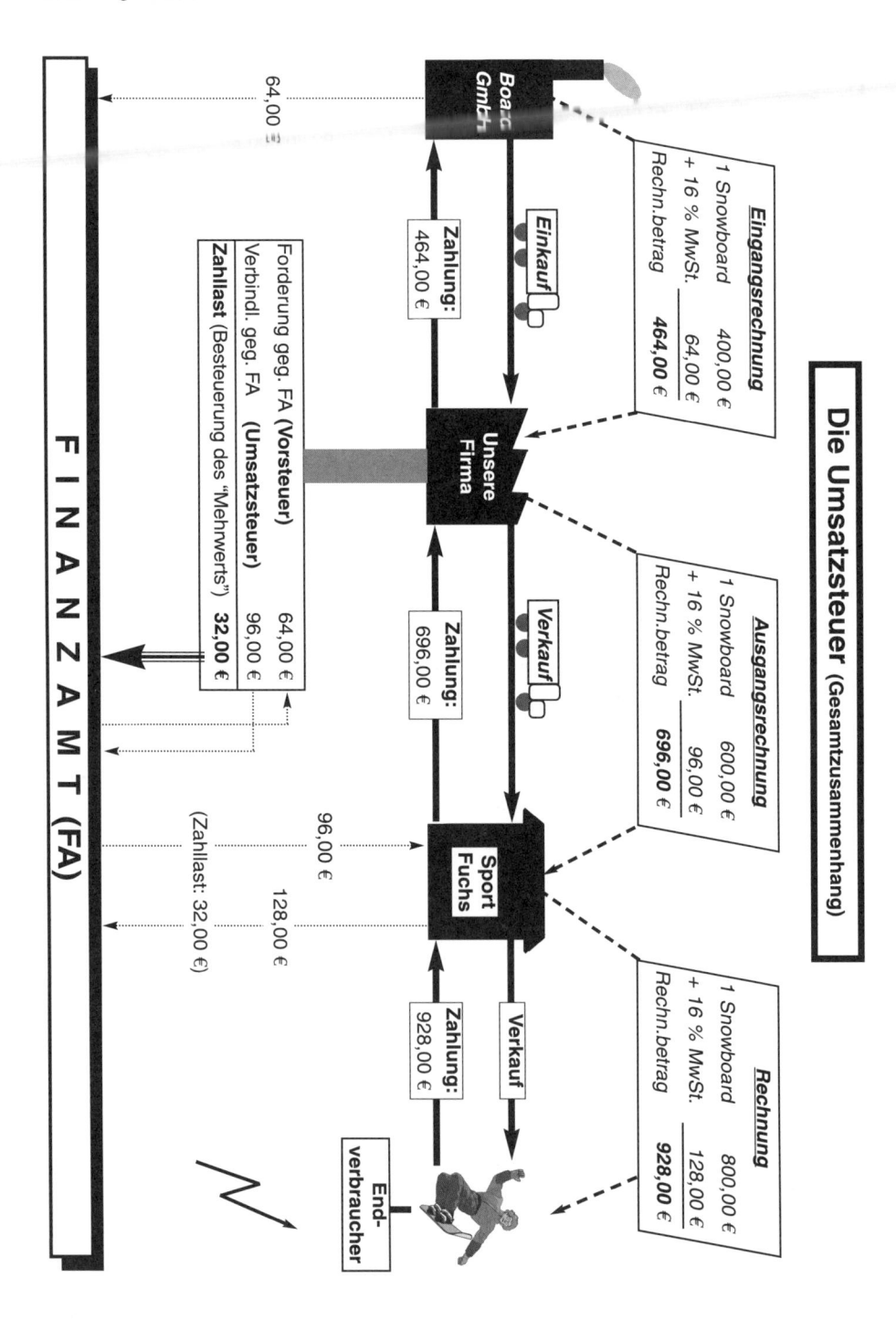

FINANZAMT (FA)

Steuerung und Kontrolle: Geschäftsvorfälle mit Abschluss

Geschäftsfälle (analoge Prüfungsaufgaben integriert)

1. Einkauf einer Maschine auf Ziel: netto 80.000,00 €
   16 % MwSt.   12.800,00 €
   brutto 92.800,00 €

2. Verkauf von Fertigerzeugnissen auf Ziel: 69.600,00 € einschließlich 16 % MwSt.

3. Summen Konto Vorsteuer: Soll: 15.000,00 €   Haben: 1.000,00 €
   Summen Konto Umsatzst.:   Soll: 2.000,00 €   Haben: 23.000,00 €

   a) Schließen Sie die Konten ab zwecks Überweisung der Zahllast.
   b) Wie würde die Abschlussbuchung zum 31. Dezember lauten?

Verständnisfragen (analoge Prüfungsfragen integriert)

1. a) Erklären Sie die Begriffe Vorsteuer und Umsatzsteuer.

   b) Welche Vorgänge sind mehrwertsteuerpflichtig?

   c) Welcher Personenkreis soll mit Mehrwertsteuer belastet werden?

2. a) Wie entsteht ein Vorsteuerüberhang?

   b) Wie wirkt sich ein Vorsteuerüberhang bilanziell aus?

   c) Wie entsteht eine Zahllast?

   d) Wie wirkt sich eine Zahllast bilanziell aus?

3. Welchen Einfluss haben Umsatzsteuer- bzw. Vorsteuerbuchungen auf den Erfolg des Unternehmens?

4. Wie wirkt sich die Umsatzsteuer auf die Kosten der Unternehmung aus?

5. Welcher Kontenart ist das

   a) Vorsteuerkonto

   b) Umsatzsteuerkonto zuzuordnen?

6. Ist ein Vorsteuerüberhang oder eine Zahllast eher üblich? Begründung.

7. Warum ist die Umsatzsteuer ein durchlaufender Posten?

8. Erklären Sie den Begriff „Umsatzsteuervoranmeldung".

9. Nennen Sie drei typische Geschäftsfälle, bei denen eine

   a) Vorsteuerkorrektur

   b) Umsatzsteuerkorrektur notwendig ist.

Steuerung und Kontrolle: Geschäftsvorfälle mit Abschluss 284

1.7 Lohn- und Gehaltsbuchungen

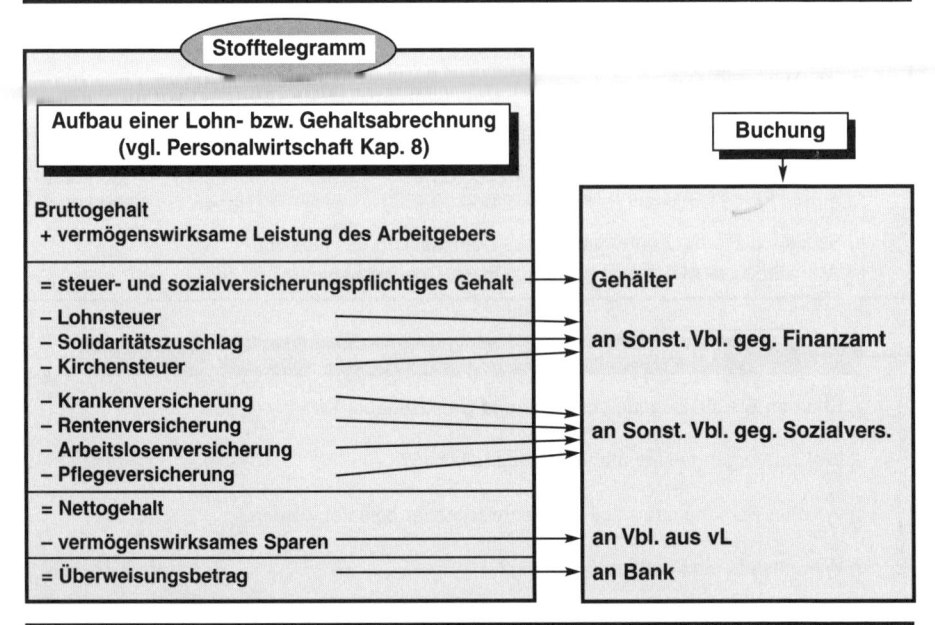

Stofftelegramm

Aufbau einer Lohn- bzw. Gehaltsabrechnung
(vgl. Personalwirtschaft Kap. 8)

Buchung

Bruttogehalt
+ vermögenswirksame Leistung des Arbeitgebers

= steuer- und sozialversicherungspflichtiges Gehalt → Gehälter
– Lohnsteuer
– Solidaritätszuschlag → an Sonst. Vbl. geg. Finanzamt
– Kirchensteuer

– Krankenversicherung
– Rentenversicherung
– Arbeitslosenversicherung → an Sonst. Vbl. geg. Sozialvers.
– Pflegeversicherung

= Nettogehalt
– vermögenswirksames Sparen → an Vbl. aus vL
= Überweisungsbetrag → an Bank

Buchung des Arbeitgeberanteils zur Sozialvers.: AG-anteil zur Soz.vers. an So. Vbl. geg. Soz.vers.

Geschäftsfälle (mit integrierten Prüfungsaufgaben)

1. Der Angestellte Franz Schwender erhält 800,00 € Vorschuss.

2. Bruttogehalt 4.250,00
   + vermögenswirksame Leistung des Arbeitgebers 39,00

   = steuer- und sozialversicherungspflichtiges Gehalt 4.289,00
   - Lohnsteuer 930,00
   - Kirchensteuer 74,40
   - Solidaritätszuschlag 69,75
   - Beiträge zur Sozialversicherung:
     Renten-, Kranken-, Arbeitslosen-, Pflegeversicherung 870,00
   - vermögenswirksames Sparen (Sparrate) 78,00
   - Vorschussverrechnung 800,00

   = Nettogehalt (Auszahlung) 1.466,85

   a) Buchen Sie die Gehaltsauszahlung (Banküberweisung).
   b) Buchen Sie den Arbeitgeberanteil zur Sozialversicherung.
   c) Buchen Sie die Überweisung der noch abzuführenden Abgaben.

3. Bruttogehalt   3.900,00   Vorschussverrechnung 500,00
   Lohn-, Ki'Steuer, Soli.z. 800,00   Sparrate   78,00
   Sozialvers.anteil   790,00   vL AG   39,00

   a) Erstellen Sie die Gehaltsabrechnung
   b) Buchen Sie die Gehaltszahlung (Banküberweisung).

Steuerung und Kontrolle: Geschäftsvorfälle mit Abschluss

c) Buchen Sie den Arbeitgeberanteil zur Sozialversicherung.
d) Buchen Sie die Überweisung der noch abzuführenden Abgaben.

4. Lohnzahlung durch Banküberweisung (€):

Bruttolohn	86.340,00
Lohn-, Kirchensteuer	13.250,00
Sozialversicherungsanteil d. Arbeitnehmers	14.720,00
Vermögenswirksame Anlage	1.404,00
Abzüge für ein Arbeitgeberdarlehen	
• Tilgung 2.000,00	
• Zinsen 780,00	2.780,00
Auszahlungsbetrag	54.186,00

Arbeitgeberanteil zur Sozialversicherung?

5. Die Lohnabrechnung für den Lagerfacharbeiter Hochdorfer ist noch zu buchen (€):

Bruttolohn	1.950,00
Vermögenswirksame Anlage	52,00
Lohn- und Kirchensteuer	360,00
Sozialversicherungsanteil Arbeitnehmer	308,00
Vorschuss	900,00

Die vermögenswirksame Anlage wird zur Hälfte vom Arbeitgeber getragen. Der Nettolohn wird von unserem Bankkonto überwiesen. Der AG-Anteil zur Sozialversicherung entspricht der gesetzlichen Regelung.

6. Lohnsummenliste der Edel KG für den Monat Mai (€):

Bruttogehälter	86.500,00
Vom Arbeitgeber (AG) gewährtes Darlehen	3.500,00
Lohn- und Kirchensteuerabzüge	25.900,00
Sozialversicherungsbeiträge der Arbeitnehmer	16.600,00
Anlage vermögenswirksamer Leistungen	5.000,00
Abzüge für die Miete einer Werkswohnung	700,00
Abzüge für Rückzahlung eines AG-Darlehens	
• Tilgung	3.000,00
• Darlehenszinsen	300,00
Arbeitgeberanteil zur Sozialversicherung	16.600,00

6.1 Buchen Sie die Lohnabrechnung.
6.2 Buchen Sie den Arbeitgeberanteil zur Sozialversicherung für den Monat Mai.

Verständnisfragen

1. Welche Lohn- bzw. Gehaltsabzüge werden verrechnet?
2.. An wen müssen die noch abzuführenden Abgaben abgeführt werden?
3. Bei welcher Einkunftsart wird Lohnsteuer verrechnet?
4. Warum ist die Lohnsteuer ein durchlaufender Posten?
5. Nennen Sie die Beitragssätze der Sozialversicherungsarten.
6. a) Ermitteln Sie das Nettogehalt des Angestellten Schnotterle (€):

Bruttogehalt	4.000,00	Sparzulage	33 %
Vorschussverrechnung	500,00	Sozialversicherung (Arbeitnehmer)	800,00
Verm.wirks.Sparen	78,00	Lohn- u. Kirchensteuer, Soli-zuschlag	600,00
vL AG	25 %		

b) Wie viel € fallen kostenmäßig für den Unternehmer an?

Prüfungsaufgabe 2003/2004

7 • Lohnzahlung für Oktober an den Mitarbeiter Sessler durch Banküberweisung (**Anlage 1**)
   • Der Arbeitgeberanteil zur Sozialversicherung ist ebenfalls noch zu buchen.

Anlage 1

SITZGUT GMBH
Fabrik für Polstermöbel

Lohnabrechnung Oktober 2002

Pers.Nr. 11160

Herrn/Frau

Paul Sessler
Rathausstraße 10

76689 Karlsdorf

	Geburtsdatum	Eintrittsdatum	Austrittsdatum
	31.07.1969	02.05.2001	
Steuerklasse	Kinderfreibetr.	Konfession	St-SV-Tage
1	0	2	30

Versicherungsnummer: 201298L001

Die Beträge sind in EURO ausgewiesen.

Lohnart	Bezeichnung	bezahlte Menge	Faktor	%-Zuschlag	Betrag
020	STUNDENLOHN	Std. 180	11,00		1.980,00
				Gesamt-Brutto	1.980,00

Steuer/Sozialversicherung:

Steuer-Brutto	Lohnsteuer	Kirchensteuer	SolZ	Steuerrechtl. Abzüge
1.980 00	364 50	29 16	20 05	413,71

SV-Brutto	KV-Beitrag	PV-Beitrag	RV-Beitrag	AV-Beitrag	SV-rechtl. Abzüge
1.980 00	133 65	16 83	189 09	64 35	403,92

	Netto-Verdienst
	1.162,37

Bank: Voba Stutensee Hardt
BLZ: 660 610 59
Kto-Nr.: 106 111 5

Netto-Abzüge	

	Auszahlungsbetrag
	1.162,37

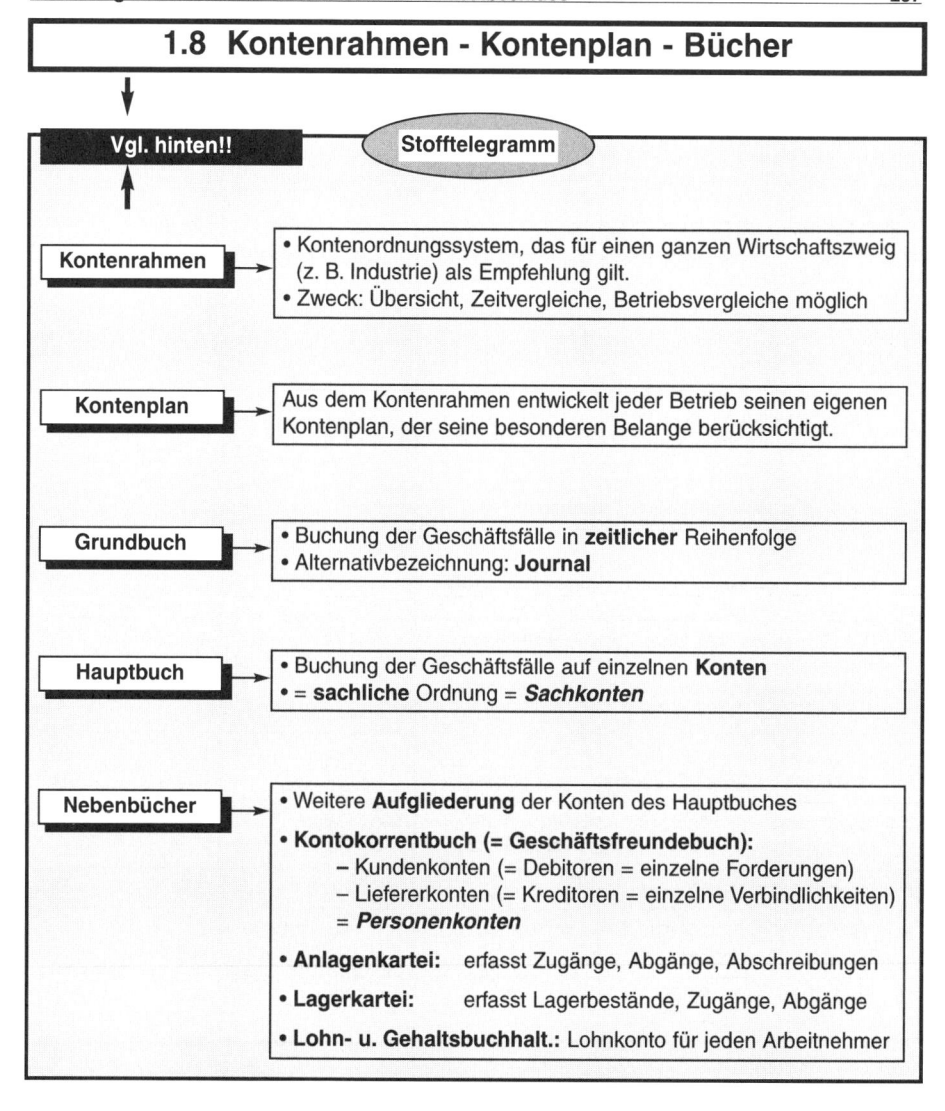

Steuerung und Kontrolle: Geschäftsvorfälle mit Abschluss 287

1.8 Kontenrahmen - Kontenplan - Bücher

Vgl. hinten!! **Stofftelegramm**

Kontenrahmen
- Kontenordnungssystem, das für einen ganzen Wirtschaftszweig (z. B. Industrie) als Empfehlung gilt.
- Zweck: Übersicht, Zeitvergleiche, Betriebsvergleiche möglich

Kontenplan
Aus dem Kontenrahmen entwickelt jeder Betrieb seinen eigenen Kontenplan, der seine besonderen Belange berücksichtigt.

Grundbuch
- Buchung der Geschäftsfälle in **zeitlicher** Reihenfolge
- Alternativbezeichnung: **Journal**

Hauptbuch
- Buchung der Geschäftsfälle auf einzelnen **Konten**
- = **sachliche** Ordnung = *Sachkonten*

Nebenbücher
- Weitere **Aufgliederung** der Konten des Hauptbuches
- **Kontokorrentbuch (= Geschäftsfreundebuch):**
  – Kundenkonten (= Debitoren = einzelne Forderungen)
  – Liefererkonten (= Kreditoren = einzelne Verbindlichkeiten)
  = *Personenkonten*
- **Anlagenkartei:** erfasst Zugänge, Abgänge, Abschreibungen
- **Lagerkartei:** erfasst Lagerbestände, Zugänge, Abgänge
- **Lohn- u. Gehaltsbuchhalt.:** Lohnkonto für jeden Arbeitnehmer

Verständnisfragen mit integrierten Prüfungsfragen

1. Nennen Sie vier Wirtschaftszweige, für die Kontenrahmen entwickelt wurden.
2. Unterscheiden Sie: Kontenrahmen - Kontenplan.
3. Nennen Sie drei Argumente für die Entwicklung von Kontenrahmen.
4. Unterscheiden Sie die Begriffe Grundbuch, Hauptbuch und Nebenbücher.
5. Was versteht man unter Kontokorrentkonten?
6. Unterscheiden Sie: a) Debitorenkonten, Kreditorenkonten
    b) Sachkonten, Personenkonten

Steuerung und Kontrolle: Geschäftsvorfälle mit Abschluss 288

1.9 Buchungen: Einkauf, Produktion und Verkauf

Selbsttest

- Testen Sie sich, indem Sie die rechte Seite verdecken lassen. • USt.-Satz: 16 %
- Bestandsorientierte Buchung (verbrauchsorientierte Buchung: siehe nächste Seite)

GESCHÄFTSFÄLLE		SOLL			HABEN		

1.	ER Rohstoffe 5.000,00
	– 20 % Rabatt 1.000,00
	  4.000,00
	+ 16 % USt. 640,00
	  4.640,00
		200
		260
			Rst
			VSt.
				4.000
				640
					44	Vbl	4.640

2.	Betr. 1. erhalten wir eine Rechnung der Spedition über Transportkosten: 232,00 € inkl. 16 % USt.	2001 260	BK VSt.	200 32	44	Vbl	232
3.	Auf dem Konto 2001 stehen 9.700,00 €. Wie lautet die Abschlussbuchung am 31. Dezember?	200	Rst	9.700	2001	BK	9.700
4.	AR Fertigerzeugnisse 10.000,00 + 16 % USt. 1.600,00 11.600,00	240	Ford.	11.600	500 480	UE USt.	10.000 1.600
5.	Betr. 4. erhalten wir folgende Speditionsrechnung: Transportkosten 800,00 + 16 % USt. 128,00 928,00	614 260	Fracht VSt.	800 128	44	Vbl	928
6.	Wir senden mangelhafte Rohstoffe zurück: 1.160,00 € einschließlich 16 % USt. (analog: Preisnachlass)	44	Vbl	1.160	2002 260	Rü VSt.	1.000 160
7.	Kunden senden Fertigerzeugnisse zurück: 1.160,00 € einschließlich 16 % USt. (analog: Preisnachlass)	5001 480	Rü USt.	1.000 160	240	Ford.	1.160
8.	Rohstoffverbrauch 500,00 €	600	RstA	500	200	Rst	500
9.	AB 5.000,00; SB 12.000,00; Einkäufe 105.000,00 Schließen Sie das Rohstoffkonto ab.	801 600	SB RstA	12.000 98.000	200 200	Rst Rst	12.000 98.000
10.	Banküberweisung (Fall 1.) unter Abzug von 2 % Skonto. (Nettobuchung)	44	Vbl	4.640	280 2003 260	Bank Lsk VSt.	4.547,20 80,00 12,80
11.	Banküberweisung des Kunden (Fall 4.) unter Abzug von 3 % Skonto. (Nettobuchung)	280 5002 480	Bank Ksk USt.	11.252 300 48	240	Ford.	11.600
12.	Überweisung eines Kunden unter Abzug von 2 % Skonto (Skontobetrag 97,44 €) - Nettobuchung.	280 5002 480	Bank Ksk USt.	4.774,56 84,00 13,44	240	Ford	4.872,00

Änderung obiger Buchungssätze bei **verbrauchsorientierter** Buchung:

1. statt 200	–> 600	6. statt 2002	–> 6002
2. statt 2001	–> 6001	9. statt 600/200	–> 200/600
3. statt 200/2001	–> 600/6001	10. statt 2003	–> 6003

Steuerung und Kontrolle: Geschäftsvorfälle mit Abschluss

Ausgewählte Prüfungsaufgaben

1. Banküberweisung von Kunden zum Ausgleich von AR 326
   Rechnungsbetrag   46.400,00 €
   abzüglich 2 % Skonto (Nettobuchung)   928,00 €   45.472,00 €

2. Wir kaufen Rohstoffe ein: Listenpreis 4.000,00 €, 16 % USt., 20 % Rabatt, Zahlungsbedingungen: 30 Tage Ziel, innerhalb 10 Tagen 3 % Skonto

2.1 Buchen Sie den Rechnungseingang.

2.2 Buchen Sie die Postüberweisung nach 8 Tagen unter Abzug von 3 % Skonto. Nettobuch.

3. Ausgangsrechnung: Fertigerzeugnisse   6.520,00 €
   + 16 % USt.   1.043,20 €   7.563,20 €

4. Banküberweisung an den Lieferanten zum Ausgleich der ER 111 für Rohstoffe:
   Rechnungsbetrag   29.000,00 €
   abzüglich 2 % Skonto   580,00 €
   Überweisungsbetrag   28.420,00 €   Nettobuchung!

5. Verkauf von Handelswaren gemäß AR 222 auf Ziel:
   Rechnungsbetrag netto   2.100,00 €
   + 16 % USt.   336,00 €
   Rechnungsbetrag brutto   2.436,00 €

6. Wegen Mängeln an der im Fall 5 gelieferten Handelswaren erhält der Kunde eine Gutschrift auf den Brutto-Rechnungsbetrag von 10 %.

7. Der Hilfsstoffverbrauch wird durch Bestandsrechnung ermittelt:
   Anfangsbestand: 9.000,00 €; Zugänge: 55.400,00 €; Endbestand lt. Inventur: 4.200,00 €
   Buchen Sie den Verbrauch an Hilfsstoffen.

8.1 Unsere Tischtennisplattenfabrik verkauft 100 Platten zu je 380,00 € netto auf Ziel. 10 % Rabatt; USt. = 16 %.

8.2 Der Kunde (vgl. 8.1) reklamiert: 3 Platten haben leichte Transportschäden. Für den Transportschaden wird 20 % Minderung vereinbart.

9. Wir verkaufen Handelswaren für 26.000,00 € netto. Auf Grund einer Mängelrüge gewähren wir eine Gutschrift von 1.392,00 € incl. 16 % USt. Zum Ausgleich unserer Rechnung erhalten wir einen Verrechnungsscheck.

10. Textilfabrik Edel KG erhält am 25. März folgende Eingangsrechnung Nr. 4711:

    | Satinstoffe, netto | 35.500,00 € |
    | – 5 % Mengenrabatt | 1.775,00 € |
    | | 33.725,00 € |
    | + Frachtkosten | 525,00 € |
    | + Verpackung | 250,00 € |
    | | 34.500,00 € |
    | + 16 % USt. | 5.520,00 € |
    | Rechnungspreis | 40.020,00 € |

    1. Buchen Sie den Zielkauf anhand der ER.

    2. Bei Auslieferung der Stoffe werden größere Webfehler am Rollenende der Stoffballen festgestellt. Die mangelhaft gelieferten Stoffe werden zurückgeschickt. Buchen Sie die Gutschrift über 5.000,00 € netto.

Steuerung und Kontrolle: Geschäftsvorfälle mit Abschluss 290

11.1	Zielverkauf Fertigerzeugnisse	36.000,00 €	11.2	Der Kunde aus 11.1 begleicht die Rechnung nach Abzug von 3 % Skonto durch Postgiroüberweisung. Überweisungsbetrag: 32.405,76 €
	− 20 % Rabatt	7.200,00 €		
		28.800,00 €		
	+ 16 % Umsatzsteuer	4.608,00 €		
		33.408,00 €		

12. Unsere Firma: Heinz Müller GmbH, Maschinenbau

    Buchen Sie folgenden Beleg aufgrund unserer Mängelrüge (**Anlage 1**).

13. Wir verkaufen Ware auf Ziel (**Anlage 2**).

14. Rücksendung von Rohstoffen (**Anlage 3**). Es wurde verbrauchsorientiert gebucht.

15. Ausgangsfracht wird unserem Spediteur Fritz Ihle bar bezahlt (**Anlage 4**).

16. Unser Kunde bezahlt seine Rechnung vom 6. März (siehe **Anlage 2**) mit 2 % Skonto (**Anlage 5**). (Nettobuchung)

17.1 Wir (Möbelwelt GmbH) kaufen zehn Paletten Sperrholzplatten bei der Holzfabrik Feller e. K. auf Ziel. Die Rechnung lautet über 13.920,00 € inklusive 16 % USt.
Buchen Sie die Eingangsrechnung nach dem verbrauchsorientierten Verfahren.

17.2 Wir begleichen die Rechnung aus 17.1 unter Abzug von 3 % Skonto per Verrechnungsscheck.

17.3 Wir verkaufen an den Kunden Maier eine selbst gefertigte Kommode im Wert von 2.000,00 € zuzüglich 16 % USt.

18.1 Wir verkaufen fertige Erzeugnisse (**Anlage 6**).

18.2 Wir erhalten die Rechnung unserer Spedition für die Auslieferung der Erzeugnisse von Geschäftsfall 18.1 (**Anlage 7**).

18.3 Dem Kunden aus Geschäftsfall 18.1 gewähren wir einen Bonus von 4 % auf die Summe der von ihm im vergangenen Quartal gekauften Erzeugnisse. Er hat insgesamt für brutto 176.900,00 € (inkl. 16 % USt.) bei uns gekauft.

18.4 Unser Kunde Meyer KG (siehe Geschäftsfall 18.1 und 18.3) zahlt nach Abzug des Bonus den Restbetrag mit 3 % Skonto per Banküberweisung (**Anlage 8**). Sein Konto ist damit ausgeglichen, weil wir den erhöhten Skontoabzug akzeptieren.

19.1 Um einen eiligen Großauftrag erfüllen zu können, ordert die Ziegelei Hermann KG 10 000 „POROTON R Planziegel T16" als Handelswaren bei einem befreundeten Unternehmen, der Stuttgarter Ziegel AG (**Anlage 9**)

19.2 Die Ziegel werden durch einen Spediteur geliefert, welcher der Ziegelei Hermann KG für die Anlieferung 348,00 € (brutto) in Rechnung stellt.

19.3 Dieselben Ziegel aus 19.1 werden dem Baugeschäft Winter KG in Münsingen verkauft (**Anlage 10**).

19.4 Die Winter KG bezahlt den Rechnungsbetrag per Banküberweisung (**Anlage 11**). Buchen Sie den Zahlungseingang.

Steuerung und Kontrolle: Geschäftsvorfälle mit Abschluss

20 Unsere Firma: SITZGUT GmbH (Polstermöbelfabrik)

20.1 Bezahlung der bereits gebuchten Rechnung (**Anlage 12**) durch die Möbelgroßhandlung Zimmer am 26. September 2002 per Banküberweisung.

20.2 Rücksendung von Rohstoffen an die Tucher GmbH (**Anlage 13**)

Anlage 1

Herstellung von Spanplatten

Max Kaiser KG

Max Kaiser, Postfach 13 80, 46483 Wesel

Maschinenbau
Heinz Müller GmbH
Karlstr. 44

51379 Leverkusen

Eingang: 31.12.19..

Ihre Zeichen/Ihre Nachricht vom	Unsere Zeichen	Durchwahl	Wesel
16.12...	KO/re	31	30.12...

Rechnung Nr. 8 765

Sehr geehrter Herr Breuer,

auf die von Ihnen zu Recht beanstandete Spanplattenlieferung vom 15.12. .. erhalten Sie nachträglich einen

Preisnachlass von netto	700,00
16 % Umsatzsteuer	112,00
	812,00

Wir bitten um gleichlautende Buchung.

Mit freundlichen Grüßen

Max Kaiser KG

ppa.

Fernsprecher	Telefax	Deutsche Bank, Wesel	Postbank
(0281) 4869	(0281) 5723	(BLZ 145 678 557)	(BLZ 370 100 501)
501		Konto-Nr. 486 222	Konto Nr. 124 45

Anlage 2

INTERARTDESIGN

INTERARTDESIGN GmbH • Postfach 101027 • D-75110 Pforzheim

INTERARTDESIGN GmbH
Staubenstr. 20 • 76172 Pforzheim ...

Juwelier
Karl Georg Wilms
Hauptstr. 14

54001 Koblenz

06.03.00

RECHNUNG NR. 540

Ihr Auftrag v. 03.02.00

1 Damenring, 18 ct. gelbgold, 0,2 ct. Br., Nr. RB 2460	640,00 €
./. 10 % Sonderrabatt	64,00 €
	576,00 €
Porto und Verpackung	14,00 €
	590,00 €
16 % USt.	94,40 €
	684,40 €

Zahlungsbeidngungen: 14 Tage 2 % Skonto, 30 Tage netto

Absender **Anlage 3** Unser Zeichen Datum **Kurzbrief**
Du 07.03.00

Interartdesign GmbH
Pforzheim

Thema: *Rücksendung lt. telef. Absprache*

Empfänger

Agosi, Pforzheim

Goldblech 30 Nr., 14 karat, 60,15 g.	1 430,20 €
+ 16 % USt.	228,83 €
	1 659,03 €

Anlage 4 **Quittung**

	DM od. €	
	€	
	Betrag: ------------------------------- 139,20	
Nr. 12	incl. 16 % MwSt./Betrag 19,20	
Betrag in Worten Einhundertneununddreißig -- Pf/Cent wie oben		
von Interartdesign GmbH Pforzheim		
für Fracht		
	dankend erhalten	
Ort/Datum Pforzheim, 10.03.00		
Buchungsvermerke	Stempel/Unterschrift des Empfängers *Fritz Ihle*	

Steuerung und Kontrolle: Geschäftsvorfälle mit Abschluss

Anlage 5

```
Kontoauszug Nr. 94    vom  20.03.00

                              Soll          Haben

Rechnung v. 06.03.
Nr. 540 ./. 2% Skonto                       670.71
Wilms




                       Bankleitzahl    Konto-Nr.
                       66620020        0519324
Kontoinhaber:
        Interartdesign GmbH    Baden-Württembergische Bank AG
```

Anlage 6

LOHRMANN
HOLZBEARBEITUNGSMASCHINEN

Kastellstraße 45 - 72172 Sulz am Neckar

Lohrmann GmbH, Postfach 231, 72172 Sulz/N.

Maschinengroßhandel
Robert Meyer KG
Treberstr. 84

22097 Hamburg

Kunden-Nr.	75463
Lieferschein-Nr.	2967
Rechnungs-Nr.	1670
Datum:	2002-09-27

Rechnung

Wir lieferten Ihnen zu den Ihnen bekannten Lieferungs- und Zahlungsbedingungen:

Anzahl	Artikelbezeichnung	Einzelpreis	Gesamtpreis
35	Unterzugsägen LM 308	1 900,00 Euro	66 500,00 Euro
10	Tischkreissägen	1 100,00 Euro	11 000,00 Euro
			77 500,00 Euro
30 % Rabatt			23 250,00 Euro
			54 250,00 Euro
Transport- und Verpackungskosten			1 450,00 Euro
			55 700,00 Euro
16 % USt			8 912,00 Euro
Summe			64 612,00 Euro

Zahlbar innerhalb von 14 Tagen mit 2 % Skonto oder innerhalb von 60 Tagen netto Kasse.
Deutsche Bank AG Balingen (BLZ 400 735 00) Kto.-Nr. 8 659 324
Volksbank Rottweil (BLZ 600 692 00) Kto.-Nr. 1262 587

Anlage 7

Spedition Logistik Bronner
Kanalstraße 3 – 5
72172 Sulz / N.

Spedition Bronner KG, Postfach 20, 72172 Sulz

Firma
Lohrmann
Holzbearbeitungsmaschinen
Postfach 231
72172 Sulz

Kunden-NR : 10820
Datum : 2002-09-29

Bankverbindung:
Raiffbk Oberer Neckar eG
(BLZ 600 696 67) 81 547 008

RECHNUNG

Auftrag vom 24.09.02, telefonisch durch H. Ritzler

durchgeführt mit LKW RW-ES- 765

Strecke : Sulz – Hamburg

am: 27.09.2002

Nettobetrag in Euro	1 324,80
USt. 16 %	211,97
Bruttobetrag in Euro	1 536,77

Zahlungsbedingungen: Zahlbar rein netto innerhalb 30 Tagen

Anlage 8

KONTOAUSZUG VOLKSBANK ROTTWEIL	Kontonummer	Auszug	Blatt	Anlage	Letzter Auszug	Kontostand alt	
	162875000	154	1		6.10.02	23 671,45 HABEN	
	BLZ: 642290120	Buchungstag	Wertstellung		Belastungen (Euro)	Gutschriften (Euro)	
Überweisung Maschinengroßhandel Robert Meyer KG, Hamburg, Rechnung v. 27.9. abz. Bonus und 3 % Skonto		7.10.	8.10.			55 809,92	
					Kontostand neu (Euro)	79 481,37 HABEN	
Lohrmann-Holzbearbeitungsmaschinen, Sulz SB-KONTOAUSZUG per 9.10.2002 – 9:20 Uhr							

Anlage 9

STUTTGARTER ZIEGEL AG	Esslinger Straße 39 70188 Stuttgart Telefon 0711 9669-0 Telefax 0711 63053	STUTTGARTER ZIEGEL POROTON ®

Stuttgarter Ziegel AG • Postfach 43 45 • 70182 Stuttgart

Ziegelei Hermann KG
Müllerstraße 20-22

72768 Reutlingen

RECHNUNG 2854626			Datum 03-01-27	ab Werk	Besteller Kd.- Nr. 8006		Auftrags-Nr. 39337	
Lieferschein						Preis/		
Datum	Nr.	Art.-Nr.	Bezeichnung/Abmessung		Stück	1.000 St.		Nettopreis
2003	86523	88259	Planziegel T16 248/300/249		10 000	1.500,00 €		15.000,00 €

Rechn.-Nr.	Buchungs-Nr.	Rabatt %	Rabatt	USt. %	USt.	Rechnungs-endbetrag
2854626	17817	20	3.000,00 €	16	1.920,00 €	**13.920,00 €**

Zahlungsbedingungen: Bei Zahlungseingang innerhalb 8 Tagen ab Rechnungsdatum 2 % Skonto oder 30 Tage rein netto. Unberechtigte Skontoabzüge werden nicht anerkannt.

Bankverbindungen:
BW-Bank Ulm (BLZ 630 201 30) 11 232 485
Postgiro München (BLZ 700 100 80) 532 97 123

Steuerung und Kontrolle: Geschäftsvorfälle mit Abschluss   296

Anlage 10

Telefon: 0721 6363-0
Telefax: 0721 6363-1
http://www.ziegelei-hermann.de

Ziegelei Hermann KG
Müllerstraße 20-22
72768 Reutlingen

Ziegelei Hermann KG

Baugeschäft Winter KG
Ehinger Straße 67

72525 Münsingen

RECHNUNG

Beleg-Nr.	Kunden-Nr.	Datum
387/03	28	03-02-01

Baustelle: 72525 Bremelau (Müller)

Artikel-Nr.	Bezeichnung	Menge	Preis EUR	Rabatt (%)	Rabatt EUR	gesamt (netto) EUR
88259	POROTON® Planziegel T16 248x300x249	10 000 St.	22.000,00	15	3.300,00	18.700,00

Nettobetrag EUR	MwSt. 16 %	Bruttobetrag EUR
18.700,00	2.992,00	21.692,00

Bitte zahlen Sie unter Abzug von 3 % Skonto innerhalb von 10 Tagen oder innerhalb von 30 Tagen ohne Abzug auf eines der unten genannten Konten.
Reklamationen werden innerhalb von 8 Tagen nach Warenempfang berücksichtigt. Unsere allgemeinen Verkaufs-, Lieferungs- und Zahlungsbedingungen werden anerkannt.

Bankverbindungen
Sparkasse Überall BLZ 600 000 00, Konto-Nr. 9876545
Postgiro München BLZ 700 100 80, Konto-Nr. 152 85 89

Anlage 11

Sparkasse Überall BLZ 60000000		Auszug 8/1	Konto 9876545
alter Kontostand vom 31.01.2003		EUR	586,87+
Datum	Vorgang	Wert	Abgänge - / Zugänge +
01.02	SCHOTTERWERK STUTTGART RECHNUNG-NR. R03-69 v. 27.1.	01.02	20.000,00-
10.02	WINTER KG RECHNUNG-NR. 387/03 v. 1.2. ABZÜGLICH 3 % SKONTO	10.02	21.041,24+
12.02.	SCHOTTERWERK STUTTGART RECHNUNG-NR. R03-81 v. 1.2.	12.02	15.820,00-

| ZIEGELEI HERMANN KG MÜLLERSTRASSE 20-22 72768 REUTLINGEN | neuer Kontostand vom 12.02.2003 | EUR | 14.191,89- |

Steuerung und Kontrolle: Geschäftsvorfälle mit Abschluss

Anlage 12

SITZGUT GMBH
Fabrik für Polstermöbel

Industriestraße 12, 76646 Bruchsal
Telefon 07251/40678, Telefax 07251/40987

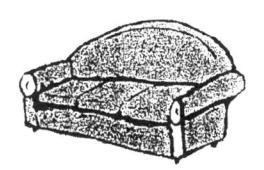

Registergericht: AG Bruchsal HRB
Geschäftsführer: Walter Sitzgut
UST-ID: DE 3456543

Volksbank Bruchsal
(BLZ 660 695 82) Konto: 10 910 04
Sparkasse Bruchsal
(BLZ 660 501 01) Konto: 900 190 2

Möbelgroßhandlung
Werner Zimmer KG
Ringstraße 56

76120 Karlsruhe

RECHNUNG Nr. 2034   2002-09-18

Kunden-Nr.: 19087   Bestellung vom: 17.08.02   Versandart: Abholung

Anzahl	Bezeichnung	Artikel-Nr.	Einzelpreis	Gesamtbetrag
2	Couch „Nappa"	33078-02	4.999,- €	9.998,- €
1	Couch „NewTrend"	99972-00	2.650,- €	2.650,- €
Verpackung	Fracht	Netto	16 % USt.	Endbetrag
---	---	12.648,- €	2.023,68 €	14.671,68 €

Zahlbar innerhalb 10 Tagen mit 2 % Skonto oder innerhalb 30 Tagen ohne Abzug.

Anlage 13

Tucher GmbH
Stuttgart

Neustraße 1, 70565 Stuttgart

Kurzbrief mit der Bitte um
[x] Kenntnisnahme [ ] Erledigung [ ] Rückgabe
[ ] Rücksprache   [ ] Anruf   [ ] Verbleib
[ ] Entscheidung   [ ] Stellungnahme [ ] Prüfung

Ihre Zeichen   Ihre Nachricht vom   Unsere Zeichen

Bearbeiter   Telefondurchwahl   Datum
Frau Michel   0711/34502-25   02-10-20

Empfänger

Firma
Sitzgut GmbH
Industriestraße 12

76646 Bruchsal

Ihre Rücksendung – Telefongespräch vom 01.10.02:

2 Ballen Bezugsstoff „Velvet"   Warenwert   1.670,90 €
Art.-Nr. 0987634   + 16 % USt   267,34 €
                                 Gesamtwert   1.938,24 €

Wir bitten um entsprechende Buchung.

Marlies Michel

Verständnisfragen

1. Erklären Sie die Begriffe   a) Rohstoffeinsatz

     b) Wareneinsatz

2. Erklären Sie die beiden Möglichkeiten der buchhalterischen Stoffverbrauchsermittlung.

3. Wann bevorzugen Unternehmen die verbrauchsorientierte Buchung?

4. Wie wirken sich Lieferer- bzw. Kundenskonti erfolgsmäßig aus?

Steuerung und Kontrolle: KLR (Abgrenzungsrechnung)

2 KOSTEN- u. LEISTUNGSRECHNUNG - I:
Grundlagen – Abgrenzungsrechnung

2.1 Grundbegriffe und Aufgaben

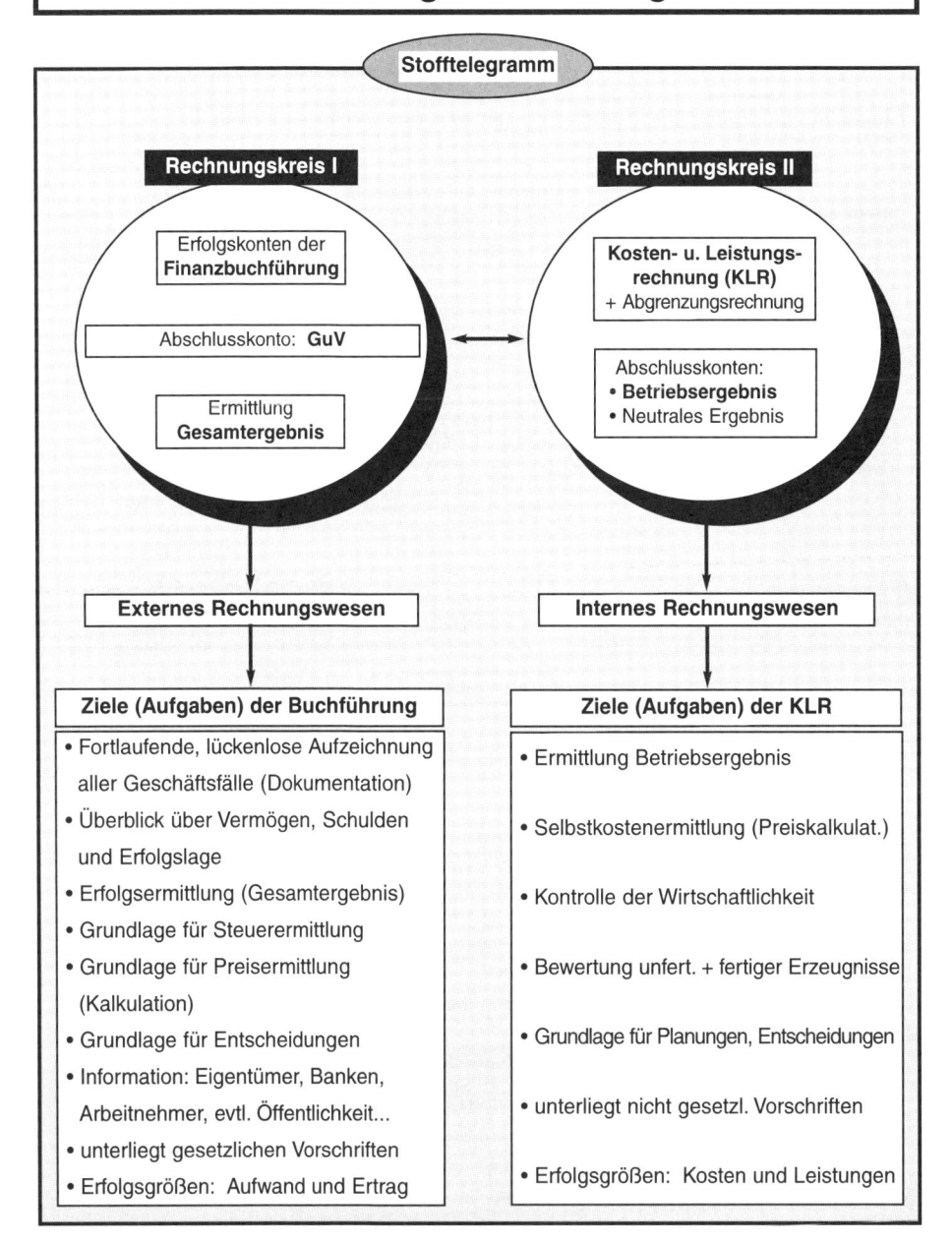

Stofftelegramm

Rechnungskreis I
- Erfolgskonten der **Finanzbuchführung**
- Abschlusskonto: **GuV**
- Ermittlung **Gesamtergebnis**

Rechnungskreis II
- Kosten- u. Leistungsrechnung (KLR) + Abgrenzungsrechnung
- Abschlusskonten:
  - **Betriebsergebnis**
  - Neutrales Ergebnis

Externes Rechnungswesen

Internes Rechnungswesen

Ziele (Aufgaben) der Buchführung

- Fortlaufende, lückenlose Aufzeichnung aller Geschäftsfälle (Dokumentation)
- Überblick über Vermögen, Schulden und Erfolgslage
- Erfolgsermittlung (Gesamtergebnis)
- Grundlage für Steuerermittlung
- Grundlage für Preisermittlung (Kalkulation)
- Grundlage für Entscheidungen
- Information: Eigentümer, Banken, Arbeitnehmer, evtl. Öffentlichkeit...
- unterliegt gesetzlichen Vorschriften
- Erfolgsgrößen: Aufwand und Ertrag

Ziele (Aufgaben) der KLR

- Ermittlung Betriebsergebnis
- Selbstkostenermittlung (Preiskalkulat.)
- Kontrolle der Wirtschaftlichkeit
- Bewertung unfert. + fertiger Erzeugnisse
- Grundlage für Planungen, Entscheidungen
- unterliegt nicht gesetzl. Vorschriften
- Erfolgsgrößen: Kosten und Leistungen

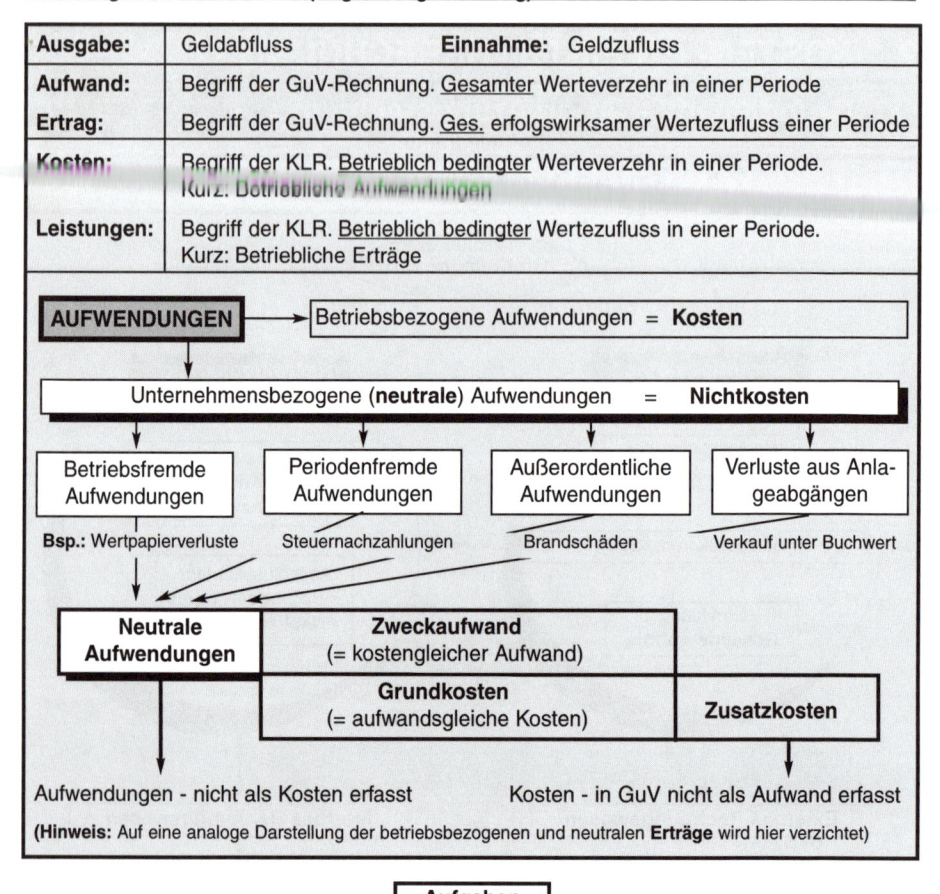

Steuerung und Kontrolle: KLR (Abgrenzungsrechnung) 300

Ausgabe:	Geldabfluss	Einnahme: Geldzufluss
Aufwand:	\multicolumn{2}{l	}{Begriff der GuV-Rechnung. <u>Gesamter</u> Werteverzehr in einer Periode}
Ertrag:	\multicolumn{2}{l	}{Begriff der GuV-Rechnung. <u>Ges.</u> erfolgswirksamer Wertezufluss einer Periode}
Kosten:	\multicolumn{2}{l	}{Begriff der KLR. <u>Betrieblich bedingter</u> Werteverzehr in einer Periode. Kurz: Betriebliche Aufwendungen}
Leistungen:	\multicolumn{2}{l	}{Begriff der KLR. <u>Betrieblich bedingter</u> Wertezufluss in einer Periode. Kurz: Betriebliche Erträge}

AUFWENDUNGEN → Betriebsbezogene Aufwendungen = **Kosten**

Unternehmensbezogene (**neutrale**) Aufwendungen = **Nichtkosten**

- Betriebsfremde Aufwendungen
  - Bsp.: Wertpapierverluste
- Periodenfremde Aufwendungen
  - Steuernachzahlungen
- Außerordentliche Aufwendungen
  - Brandschäden
- Verluste aus Anlageabgängen
  - Verkauf unter Buchwert

Neutrale Aufwendungen	Zweckaufwand (= kostengleicher Aufwand)	
	Grundkosten (= aufwandsgleiche Kosten)	Zusatzkosten

Aufwendungen - nicht als Kosten erfasst   Kosten - in GuV nicht als Aufwand erfasst

(**Hinweis:** Auf eine analoge Darstellung der betriebsbezogenen und neutralen **Erträge** wird hier verzichtet)

Aufgaben

1. Definieren Sie kurz: Ausgabe - Aufwand - Kosten.
2. Entscheiden Sie, ob Ausgaben u./oder Aufwendungen vorliegen:
   a) Abschreibungen   b) Zinszahlung bar   c) Kredittilgung   d) Kauf Maschine auf Ziel
   e) Verbrauch Rohstoffe
3. Nennen Sie die vier Gruppen neutraler Aufwendungen.
4. Definieren Sie kurz: a) Neutrale Aufwendungen   b) Zweckaufwand   c) Grundkosten
   d) Zusatzkosten   e) Anderskosten
5. Zeigen Sie mit Hilfe einer Skizze den Zusammenhang zwischen neutralen Aufwendungen, Zweckaufwand, Grundkosten und Zusatzkosten.
6. Ordnen Sie die Begriffe neutrale Aufwendungen (betriebsfremd, außerordentlich, periodenfremd, Verluste aus Anlageabgängen) bzw. Kosten zu.
   a) Gehälter
   b) Nachzahlung betriebl. Steuern für Vorjahr
   c) Verlust aus LKW-Verkauf
   d) Fertigungslöhne
   e) Abschreibung auf nicht betriebsnotw. Gebäude
   f) Sozialaufwendungen
   g) Verlust aus Wertpapierverkauf
   h) Rohstoffaufwand
7. Welche Aufgabe hat die Abgrenzungsrechnung?
8. Nennen Sie fünf Aufgaben der Kostenrechnung.

2.2 Kalkulatorische Kosten

Stofftelegramm

Merke: Kalkulatorische Kosten = Kosten, die in der GuV überhaupt nicht (z. B. kalkulatorischer Unternehmerlohn = Zusatzkosten) oder in anderer Höhe als Aufwendungen berücksichtigt werden (= Anderskosten).

```
   Kalk. Abschreibungen              Kalkulatorische Zinsen
                         Kalkulatorische
                             Kosten
   Kalk. Unternehmerlohn             Kalkulator. Wagnisse
```

Laut Lehrplan sind lediglich die kalkulatorischen Abschreibungen und der kalkulatorische Unternehmerlohn zu behandeln und damit für die Prüfung von Bedeutung!

Kalkulatorische Abschreibungen

Gründe für das Auseinanderfallen von bilanziellen und kalkulatorischen Abschreibungen

Bilanzielle Abschreibungen (GuV)	Kalkulatorische Abschreibungen (KLR)
• Erfassung des gesamten Vermögens	• Erfassung nur des betriebsnotw. Vermög.
• meist degressive Abschreibung	• lineare Abschreibung
• Nutzungsdauer laut AfA-Tabelle	• betriebsindividuelle Nutzungsdauer
• Grundl.: Anschaff.- oder Herstellungskosten	• Grundlage: Wiederbeschaffungskosten
• steuerliche Sonderabschreibungen möglich	• keine steuerl. Sonderabschreibungen

Kalkulatorischer Unternehmerlohn

Ansatz nur bei **Einzelunternehmen und Personengesellschaften**, weil bei Kapitalgesellschaften der Unternehmerlohn bereits aufwands- und kostenmäßig erfasst ist (Geschäftsführergehalt bzw. Vorstandsgehalt).
Folge: kostenmäßige Gleichstellung von Personen- und Kapitalgesellschaften

Höhe:

Vergleichbares Gehalt eines vergleichbaren Geschäftsführers bzw. Vorstands in einer vergleichbaren Unternehmung derselben Branche.

Aufgaben

1. a) Was versteht man unter kalkulatorischen Kosten?

   b) Nennen Sie die vier typischen kalkulatorischen Kostenarten.

2. Nennen und begründen Sie die Unterscheidungsmerkmale zwischen kalkulatorischen und bilanziellen Abschreibungen.

3. a) Begründen Sie die Notwendigkeit des Ansatzes eines kalkulatorischen Unternehmerlohnes in der Kostenrechnung.

   b) Wie wird der kalkulatorische Unternehmerlohn ermittelt?

4. Ermitteln Sie den Zweckaufwand, neutralen Aufwand, die Grundkosten und Zusatzkosten.

   Kalkulatorische Abschreibungen: 100.000,00 €
   Bilanzielle Abschreibungen: 120.000,00 €

5. Kalkulatorische Abschreibung (Maschine A): 15.000,00 €
   Bilanzielle Abschreibung (Maschine A): 20.000,00 €

   Worauf könnte der Unterschied beruhen, wenn

   - keine Sonderabschreibungsmöglichkeiten vorliegen,

   - die Bewertungsfreiheit für geringwertige Wirtschaftsgüter nicht in Anspruch genommen wurde, und

   - das betriebsnotwendige Vermögen dem bilanziellen Vermögen entspricht?

   (Drei Beispiele mit Begründung)

6. Gegeben sind folgende Größen:

   Aufwendungen laut GuV: 110.000,00 €
   Erträge laut GuV: 70.000,00 €
   Neutrale Aufwendungen: 60.000,00 €
   Leistungen: 60.000,00 €

   Ermitteln Sie folgende Größen:

   a) Gesamtergebnis

   b) Betriebsergebnis

   c) Neutrales Ergebnis

   d) Kosten

Steuerung und Kontrolle: KLR (Abgrenzungsrechnung)

2.3 Ergebnistabelle

Stofftelegramm

Abkürz.: UA = unternehmensbezogene Abgrenzungen; nA = neutrale Aufwendungen; nE = neutrale Erträge
KK = kostenrechnerische Korrekturen; KLR = Kosten- und Leistungsrechnung

Ergebnistabelle (Kopfzeilen)

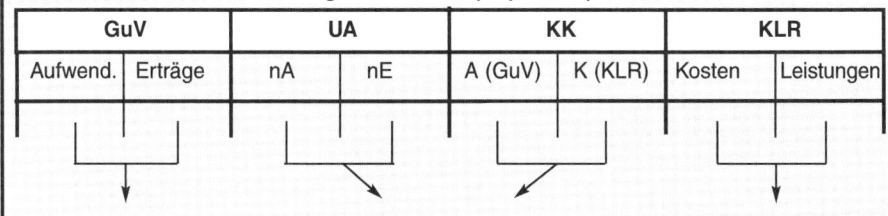

GuV		UA		KK		KLR	
Aufwend.	Erträge	nA	nE	A (GuV)	K (KLR)	Kosten	Leistungen

- GuV → **Gesamtergebnis** (Gewinn/Verlust)
- UA → **Neutrales Ergebnis** (Neutraler Gewinn / Verlust)
- KLR → **Betriebsergebnis** (Betriebsgewinn/-verl.)

Hinweis zur Spalte „**Kostenrechnerische Korrekturen**":

Linke Seite = Aufwendungen laut GuV, die in der Kostenrechnung in anderer Höhe als Kosten angesetzt werden.

Rechte Seite = Kosten laut KLR, die in der GuV in anderer Höhe als Aufwendungen angesetzt werden.

Aufgaben

1. <u>Sachverhalt:</u> Aufwendungen / Erträge einer Metallfabrik im vergangenen Quartal (T€):

500	Umsatzerlöse	3.200	6201	Hilfslöhne	100
521	Mehrbestand FE	100	63	Gehälter	380
53	Eigenleistungen	60	64	Soziale Aufwendungen	260
571	Zinserträge	40	65	Abschreibungen	280
600	Rohstoffaufwendungen	880	679	Sonst. Aufwendungen (Kosten)	40
602/3	Aufw. f. Hilfs-, Betr.stoffe	250	696	Verluste aus Abgang von Anl.vermög.	50
613	Reparaturen	120	70	Steuern (Kostensteuern)	90
620	Fertigungslöhne	540	751	Zinsaufwendungen	80

   Weitere Angaben: kalk. Abschreibungen = 250; Kalkulatorischer Unternehmerlohn = 300

   a) Ermitteln Sie tabellarisch: Gesamtergebnis, Neutrales Ergebnis, Betriebsergebnis

   b) Welche betriebswirtschaftlichen Ziele verfolgt die kalkulatorische Abschreibung und wie werden sie erreicht?

Steuerung und Kontrolle: KLR (Abgrenzungsrechnung) 304

2.4 Prüfungsaufgaben

Prüfungsaufgabe 2003/2004 (Aufgabe 2)

2.1 Der SITZGUT GmbH liegen die Aufwendungen und Erträge der Geschäftsbuchführung (GuV-Rechnung) für die abgeschlossene Rechnungsperiode 2002 vor (**Anlage 6**)
Für die Kosten- und Leistungsrechnung sind folgende Angaben zu berücksichtigen:
- Die kalkulatorischen Abschreibungen betragen 100.000,00 €.
- Der Betrag für die Gewerbesteuer enthält eine Steuernachzahlung in Höhe von 5.350,00 €.

Erstellen Sie eine Abgrenzungsrechnung in tabellarischer Form und ermitteln Sie das Unternehmensergebnis, das neutrale Ergebnis und das Betriebsergebnis (**Anlage 6**).

Anlage 6

		Rechnungskreis I		Rechnungskreis II						
		Geschäftsbuchführung GuV-Konto		Abgrenzungsbereich				Kosten- und Leistungsrechnung Betriebsergebnisrechnung		
				Unternehmensbezogene Abgrenzung		Kostenrechnerische Korrekturen				
Kto-Nr.	Kontenbezeichnung	Aufwendungen	Erträge	Aufwendungen	Erträge	Aufwendungen	Erträge	Kosten	Leistungen
500	Umsatzerlöse		1.500.400						
571	Zinserträge		50.000						
600	Rohstoffaufwand	760.000							
62/63	Löhne, Gehälter	304.000							
640	Arbeitgeberanteil zur Sozialversicherung	38.760							
650	Abschreibungen auf Sachanlagen	120.000							
670	Mieten und Pachten	24.000							
677	Rechts- und Beratungskosten	3.800							
680	Büromaterial	16.000							
696	Verluste Abgang Sachanlagevermögen	8.240							
770	Gewerbesteuer	35.350							
	Summe	1.310.150	1.550.400						
	Unternehmensergebnis								
	Neutrales Ergebnis								
	Betriebsergebnis								

3 KOSTEN- u. LEISTUNGSRECHNUNG - II:
Vollkostenrechnung

3.1 Die Kostenstellenrechnung (BAB)

Stofftelegramm

Einzelkosten

Kosten, die einem Produkt (Kostenträger) unmittelbar (direkt) zugerechnet werden können.

Beispiele: Fertigungslöhne (= Fertigungseinzelkosten = FEK) und Fertigungsmaterial (= Materialeinzelkosten = MEK = Rohstoffaufw.)

Gemeinkosten

Kosten, die für mehrere Kostenträger gemeinsam anfallen u. nicht unmittelbar dem Produkt zugerechnet werden können. Sie werden mithilfe von im Betriebsabrechnungsbogen (BAB) ermittelten Zuschlagsätzen auf die Kostenträger verrechnet.

Fixe und variable Kosten → vgl. Kapitel 7 BWL

Allgemeine Hilfskostenstellen

Geben Leistungen an Gesamtbetrieb ab. Umlage auf alle anderen Kostenstellen.

Beispiele: Werksfeuerwehr, eigenes Kraftwerk, Fuhrparkstelle...

Besondere Hilfskostenstellen

Geben Leistungen nur an ihnen übergeordnete Hauptkostenstellen ab.

Beispiel: Fertigungshilfsstelle Reparaturwerkstatt (zuständig z. B. für 2 Fertigungsstellen)

Hauptkostenstellen: Werden nicht auf andere Kostenstellen umgelegt, sondern nach Umlage der Hilfskostenstellen mit Hilfe von Kalkulationszuschlägen auf die Kostenträger verrechnet. Bsp.: Material, Fertigung, Verwaltung, Vertrieb

Mehrstufiger BAB (Aufbau) (AHK = Allg. Hilfskostenstelle)

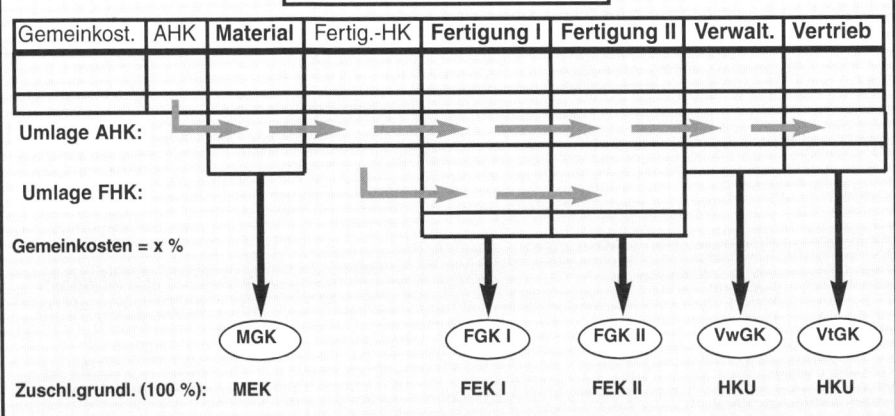

Gemeinkost.	AHK	Material	Fertig.-HK	Fertigung I	Fertigung II	Verwalt.	Vertrieb
Umlage AHK:	→	→	→	→	→	→	→
Umlage FHK:			→	→	→		
Gemeinkosten = x %		↓		↓	↓	↓	↓
		MGK		FGK I	FGK II	VwGK	VtGK
Zuschl.grundl. (100 %):		MEK		FEK I	FEK II	HKU	HKU

Steuerung und Kontrolle: KLR (Vollkostenrechnung)   306

Gesamtkalkulation	Stückkalkulation	Abkürzungen:

MEK
+ MGK
+ FEK
+ FGK
= HKP
+ Bestandsminderung
- Bestandsmehrung
= HKU
+ VwGK
+ VtGK
= Selbstkosten
	MEK
	+ MGK
	+ FEK
	+ FGK
	= Herstellkosten
	+ VwGK
	+ VtGK
	= Selbstkosten
	
	Aufgaben vgl. Kap. 3.4!
		HKP = Herstellkosten der
		       Produktion (Periode)
		HKU = Herstellkosten des
		       Umsatzes
		MEK = Materialeinzelkosten
		MGK = Materialgemeink.
		FEK = Fertigungseinzelk.
		FGK = Fertigungsgemeink.
		VwGK= Verwaltungsgemeink.

3.2 Normalkosten und Istkosten

Stofftelegramm

Istgemeinkosten: Tatsächlich entstandene Kosten laut BAB
Normalgemeinkosten: Im Laufe der Periode verrechnete Gemeinkosten. Normalzuschlagsätze sind Durchschnittssätze.

Überdeckung: Normalkosten > Istkosten (zu viel kalkuliert)
Unterdeckung: Normalkosten < Istkosten (zu wenig kalkuliert)

Ermittlung der Über- und Unterdeckungen

Alternative 1: Unterhalb des BAB

Normalzuschlagsätze: MGK = 10 %   VwGK = 12 %   MEK = 100.000,00 €
                                       FGK = 120 %   VtGK = 4 %   FEK = 80.000,00 €

Minderbestand Unfertige Erzeugnisse: 50.000,00 €
Mehrbestand Fertigerzeugnisse: 10.000,00 €

BAB mit Normalgemeinkosten:

Gemeinkosten	Material	Fertigung	Verwaltung	Vertrieb
....	....	....	....	....
Istgemeinkosten (Summen) Verrechnete Normalgemeinkosten	9.500,00 10.000,00	88.000,00 96.000,00	39.690,00 39.120,00	19.050,00 13.040,00
Überdeckung (+) Unterdeckung (-)	+ 500,00	+ 8.000,00	- 570,00	- 6.010,00

Steuerung und Kontrolle: KLR (Vollkostenrechnung) 307

Alternative 2: Kostenträgerzeitblatt

KOSTENTRÄGERZEITBLATT

	Istkosten		Normalkosten		Unterdeckung (−) Überdeckung (+)
MEK		100.000,00		100.000,00	
MGK	9,5 %	9.500,00	10 %	10.000,00	+ 500,00
FEK		80.000,00		80.000,00	
FGK	110 %	88.000,00	120 %	96.000,00	+ 8.000,00
HK der Produktion		277.500,00		286.000,00	
+ Minderbestand		50.000,00		50.000,00	
− Mehrbestand		10.000,00		10.000,00	
HKU		317.500,00		326.000,00	
VwGK	12,5 %	39.690,00	12 %	39.120,00	− 570,00
VtGK	4 %	19.050,00	4 %	13.040,00	− 6.010,00
Selbstkosten		376.240,00		378.160,00	+ 1.920,00
Umsatzerlöse		500.000,00		500.000,00	
Umsatzergebnis		*************		121.840,00	
+ Überdeckung		*************		1.920,00	
Betriebsergebnis		123.760,00		123.760,00	

3.3 Kostenträgerstückrechnung

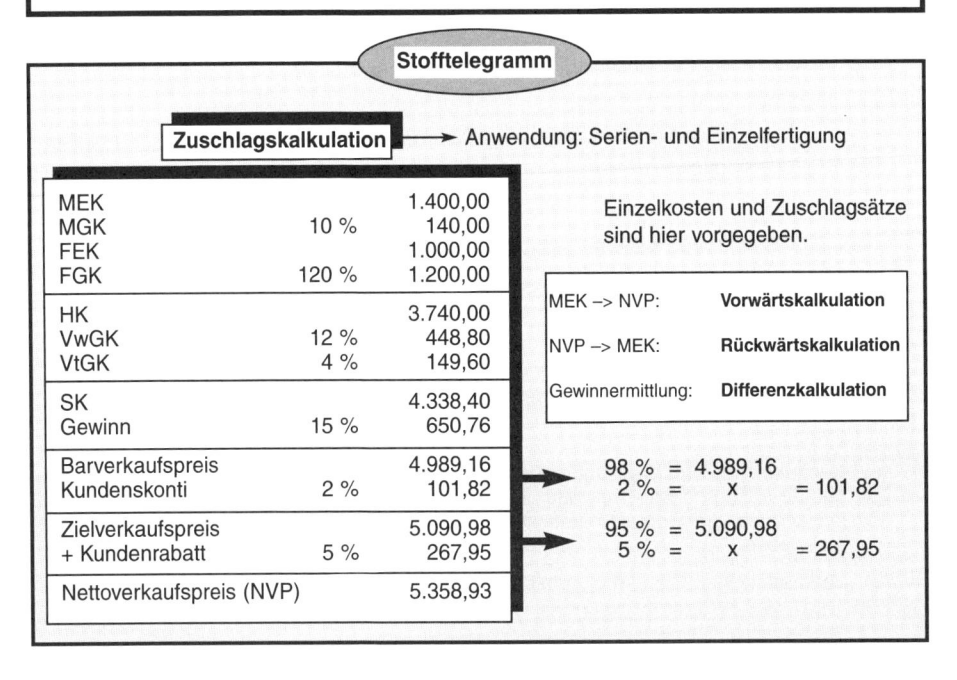

Stofftelegramm

Zuschlagskalkulation → Anwendung: Serien- und Einzelfertigung

MEK		1.400,00
MGK	10 %	140,00
FEK		1.000,00
FGK	120 %	1.200,00
HK		3.740,00
VwGK	12 %	448,80
VtGK	4 %	149,60
SK		4.338,40
Gewinn	15 %	650,76
Barverkaufspreis		4.989,16
Kundenskonti	2 %	101,82
Zielverkaufspreis		5.090,98
+ Kundenrabatt	5 %	267,95
Nettoverkaufspreis (NVP)		5.358,93

Einzelkosten und Zuschlagsätze sind hier vorgegeben.

MEK –> NVP: **Vorwärtskalkulation**

NVP –> MEK: **Rückwärtskalkulation**

Gewinnermittlung: **Differenzkalkulation**

98 % = 4.989,16
2 % = x = 101,82

95 % = 5.090,98
5 % = x = 267,95

3.4 Aufgaben zu den Kapiteln 3.1 bis 3.3

Aufgaben

1. Welche Aufgaben hat die Kostenstellenrechnung?
2. Definieren Sie die Begriffe **Einzelkosten** und **Gemeinkosten**.
3. Definieren Sie kurz den Begriff **Kostenstelle**.
4. Nach welchem Kriterium werden die Gemeinkosten im BAB auf die Kostenstellen **verteilt**?
5. Unterscheiden Sie: **Kostenstelleneinzelkosten** - **Kostenstellengemeinkosten**. Nennen Sie je ein Beispiel.
6. Konkretisieren Sie die **Materialkostenstelle**.
7. a) Ermitteln Sie die üblichen Zuschlagsätze.

Fertigungsmaterial	100.000,00 €	Mehrbestand Fertig-erzeugnisse	10.000,00 €
Materialgemeinkosten	65.000,00 €		
Fertigungslöhne	70.000,00 €	Verwalt.gemeinkosten	49.500,00 €
Fertigungsgemeinkosten	105.000,00 €	Vertriebsgemeinkosten	16.500,00 €

   b) Zur Herstellung des Produkts A werden für 200,00 € Fertigungsmaterial benötigt. Außerdem sind zwei Arbeiter mit je 1,5 Std. am Produkt tätig. Verrechnete Lohnkosten je Arbeitsstunde: 14,00 €.

   Ermitteln Sie die **Selbstkosten** unter Verwendung obiger Zuschlagsätze.

8. Begründen Sie die Behandlung der **Bestandsveränderungen** in der Gesamtkalkulation.
9. Warum werden üblicherweise die **Herstellkosten des Umsatzes** als Basis für die Ermittlung des Vertriebsgemeinkostenzuschlagsatzes herangezogen?
10. **Sachverhalt**

    Von einer Metallfabrik liegt Ihnen der Quartals-BAB (s. u.) als Auszug vor. Außerdem stehen folgende Angaben zur Verfügung:

Fertigungsmaterial:	160.000,00 €
Fertigungslöhne Fertig.stelle I:	50.000,00 €
Fertigungslöhne Fertig.stelle II:	82.000,00 €

Bestände:	unfertige Erzeugnisse	Fertigerzeugnisse
Anfangsbestand	255.000,00 €	160.000,00 €
Endbestand	275.000,00 €	130.000,00 €

    Zuschlagsgrundlagen: Verwaltungsgemeinkosten: Herstellkosten der Periode
    Vertriebsgemeinkosten: Herstellkosten des Umsatzes

    Aufgaben

    a) Nach welchen Gesichtspunkten würden Sie im BAB die Gemeinkosten „Aufwendungen für Hilfs- und Betriebsstoffe" und „freiwilliger sozialer Aufwand" auf die Kostenstellen und wie die Gemeinkosten der Hilfskostenstelle „Fuhrpark" und „technische Betriebsleitung" auf die Hauptkostenstellen verteilen?

    b) Vervollständigen Sie den Quartals-BAB.

Steuerung und Kontrolle: KLR (Vollkostenrechnung)

Gemeinkosten	Zahlen Buchh.	Material	Fertigungsstellen I	Fertigungsstellen II	Verwaltung	Vertrieb
....	....	....	....	....	....	....
Summen	244.000	8.000	70.000	80.000	63.000	23.000
Zuschlagsgrundlage		MEK 160.000	FEK I 50.000	?	450.000	?
Istzuschläge		5 %	140 %	?	14 %	?
Normalzuschläge		6 %	136 %	100,48 %	? 13 %	462.000 8 %
Normalgemeinkosten		?	68.000	82.400	?	36.960
Überdeckung Unterdeckung		+ 1.600	?	+ 2.400	?	13.960

11. a) Ergänzen Sie im unten stehenden BAB die fehlenden Daten und berechnen Sie den Gesamtbetrag der Kostenüber- oder Kostenunterdeckung. Bestandsmehrung: 10.000,00 €.

b) Warum wird bei der Kalkulation von Verkaufspreisen meist mit Normalgemeinkostenzuschlagsätzen gerechnet?

BAB - Auszug: (AHK = Allgemeine Hilfskostenstelle)

Gemeinkosten	AHK	Material	Fertig.hilfsst.	Fertigung I	Fertigung II	Verwaltung	Vertrieb
....	....	....	....	....	....	....	....
877.000	43.500	69.500	29.000	114.000	331.500	120.000	169.500
Umlage I	→	1.600	800	13.000	26.500	800	800
		?	?	?	?	?	?
Umlage II			→	9.800	20.000		
				?	?		
Zuschlagsgrundlagen:		MEK 1200000		FEK I 120.000	FEK II 330.000	HK des Umsatzes ?	
Normalgemeinkostenzuschlagsätze: Normalgemeinkost. Über-,Unterdeckung		6 % ? ?		120 % ? ?	115 % ? ?	5 % ? ?	8 % ? ?

12. Ermitteln Sie den Nettoverkaufspreis anhand folgender Daten:

    Fertigungsmaterial 2.650,00 €, Fertigungslöhne 3.400,00 €, besonderer Konstruktionsaufwand 352,00 €

    Normalzuschläge: MGK 12 %, FGK 120 %, VwGK 15 %, Gewinnzuschlag 10 %, Vertreterprovision 8 %, Kundenskonto 2 %

13. Eine Unternehmung muss den Nettoverkaufspreis für ein Produkt mit 600,00 € festsetzen.

    Folgende Daten liegen vor:

    Fertigungszeit Fertigungsstelle I: 2 Std. zu je 20,00 €
    Fertigungszeit Fertigungsstelle II: 4 Std. zu je 14,00 €
    Modellkosten: 4,48 € je Stück

    Zuschlagsätze: MGK 8 %, FGK I 120 %, FGK II 125 %, Verwaltungsgemeinkosten 10 %, Vertriebsgemeinkosten 15 %, Gewinnzuschlag 8 %, Vertreterprovision 8 %, Kundenskonto 2 %, Kundenrabatt 20 %

    Wie viel € können für das Fertigungsmaterial des Produktes maximal ausgegeben werden?

3.5 Maschinenstundensätze

Stofftelegramm

Maschinenstundensatzrechnung sinnvoll, wenn:

- Produkte teilweise auf Maschinen mit hohen, teilweise auf Maschinen mit niedrigen Kosten hergestellt werden;

- bestimmte Produkte mehr, andere weniger Maschinenstunden benötigen;

- Höhe der FGK hauptsächlich durch Maschineneinsatz bestimmt wird. Die geringen Fertigungslöhne eignen sich nicht mehr als Zuschlagsbasis für alle FGK (riesige Zuschlagsätze - ungenau!)

```
  Fertigungsgemeinkosten insgesamt
- maschinenabhängige Fertigungsgemeinkosten
= Restfertigungsgemeinkosten
```

Fertigungsgemeinkosten	
maschinenabhängige FGK	**Restfertigungsgemeinkosten**
- kalkulatorische Abschreibungen - kalkulatorische Zinsen - Instandhaltungskosten - Raumkosten - Energiekosten - Werkzeugkosten	- Hilfslöhne - Gehälter - Sozialkosten - Hilfsstoffe - Heizungskosten - Sonstige Fertigungsgemeinkosten

```
  Kalkulatorische Abschreibung (linear,
  Basis: Wiederbeschaffungskosten)
+ kalkulatorische Zinsen (Zinsformel,
  wobei k = 1/2 der Wiederbesch.kost.)
+ Instandhaltungskosten
+ Raumkosten
+ Energiekosten
+ Werkzeugkosten
= maschinenabhängige FGK pro Jahr
```

```
  Maschinenlaufzeit pro Jahr in Stunden
- Ausfallzeiten (Reparatur, Urlaub...)
= Sollmaschinenlaufzeit pro Jahr
```

Ermittlung des Maschinenstundensatzes

$$\text{Maschinenstundensatz} = \frac{\text{maschinenabhängige FGK pro Jahr}}{\text{Sollmaschinenlaufzeit pro Jahr}}$$

Steuerung und Kontrolle: KLR (Vollkostenrechnung) 312

Mehrstufiger BAB mit Maschinenstundensätzen

Abkürzungen für folgenden BAB-Auszug:
Hi = Hilfslöhne   Ab = Abschreibungen
Ge = Gehälter   Zi = Zinsen

Gemein-kosten	Maschinen Gruppen A	B	C	Rest-Gemein-kosten	Allg Kosten-stelle	Fertigung I	II	III	Ferti-gungs-hilfsst.	Mat.	Verw.	Vertr.
Hi 400				400	30	80	80	90	30	40	20	30
Ge 2000				2000	40	150	300	200	80	90	1000	140
Ab 3000	500	700	400	1400	80	400	200	300	50	80	200	90
Zi 600	80	120	50	350	20	70	110	120	---	5	20	5
....	.....	.....	.....	.....	.....	.....	.....	.....	.....	.....	.....	.....
Su. 9000	800	980	600	6620	410	880	940	990	410	520	2000	470
						60	180	120		10	30	5	5
	: Sollmaschinen- laufzeit = Masch.std.satz					50	280	90				
						990	1400	1200			550	2005	475

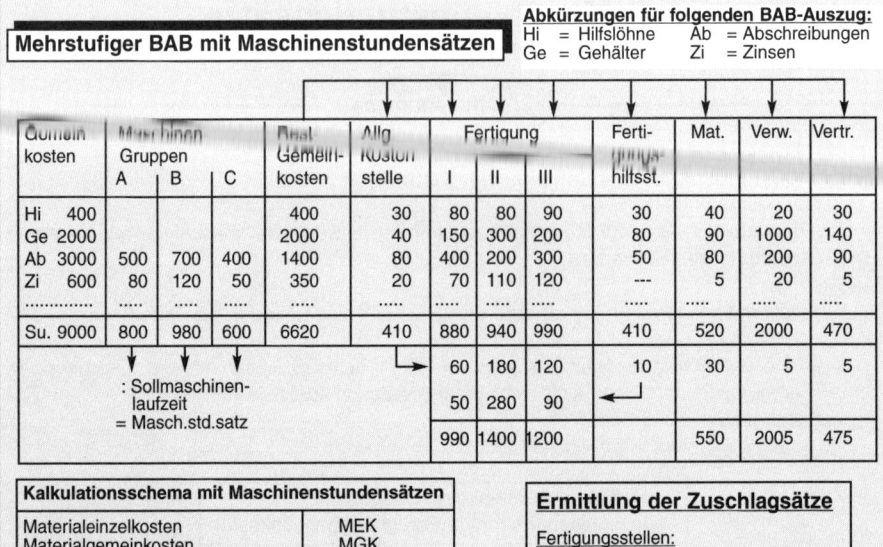

Kalkulationsschema mit Maschinenstundensätzen		Ermittlung der Zuschlagsätze		
Materialeinzelkosten	MEK	**Fertigungsstellen:**		
Materialgemeinkosten	MGK			
Fertigungseinzelkosten I	FEK I	FEK	=	100 %
Restfertigungsgemeinkosten I	RFGK I	Rest-FGK	=	x %
Fertigungseinzelkosten II	FEK II			
Restfertigungsgemeinkosten II	RFGK II	**Materialstelle:**		
Fertigungseinzelkosten III	FEK III			
Restfertigungsgemeinkosten III	RFGK III	MEK	=	100 %
Maschinenkosten A	Mako A	MGK	=	x %
Maschinenkosten B	Mako B			
Maschinenkosten C	Mako C	**Verwaltung:**		
Herstellkosten der Produktion	**HKP**			
+ Minderbestand	+ Mi	HKU	=	100 %
− Mehrbestand	− Me	VwGK	=	x %
Herstellkosten des Umsatzes	**HKU**	**Vertrieb:**		
Verwaltungsgemeinkosten	VwGK			
Vertriebsgemeinkosten	VtGK	HKU	=	100 %
Selbstkosten	**SK**	VtGK	=	x %

Aufgaben

1. **Sachverhalt**

   Ein Unternehmen benötigt monatlich etwa 70 000 Stanzelemente, die zum Preis von 0,80 € je Stück beschafft werden. Wegen steigender Nachfrage wird eine Umstellung von Fremdbezug auf Eigenfertigung erwogen. Für die Selbstkostenermittlung stehen folgende Daten zur Verfügung:

Anschaffungswert der Stanzmaschine:	50.000,00 €
Wiederbeschaffungswert:	64.800,00 €
Nutzungsdauer:	6 Jahre
Sollmaschinenlaufzeit / Jahr:	1 800 Std.
Kalkulatorische Zinsen:	6 %
Instandhaltungskosten pro Jahr:	336,00 €
Raumkosten für 20 m^2:	10,00 € je m^2 monatlich
Energiebedarf / Stunde:	14 Kilowatt zu 0,10 € je Kilowattstunde
Kapazität der Maschine je Stunde:	480 Stück

Aufgaben

1.1 Wie hoch ist der Maschinenstundensatz für die Stanzmaschine?

1.2 Ermitteln Sie die Selbstkosten für die Produktionsmenge von 72 000 Stanzelementen insgesamt und je Stück. Folgende Daten sind dabei zu berücksichtigen:

Fertigungsmaterial:	0,50 € je Stück	Rest-Fertigungsgemeinkosten:	10 %
Fertigungslöhne:	20,00 € je Std.	Verwaltungsgemeinkosten:	20 % der
Materialgemeinkosten:	10 %		Herstellkosten

2. **Sachverhalt**

Kostenstellensummen laut <u>Quartals-BAB</u>:

Material:	10.000,00 €	
Fertigung I:	Gemeinkosten insgesamt	90.000,00 €
	Maschinenkosten	75.000,00 €
Fertigung II:	Gemeinkosten insgesamt	55.000,00 €
	Maschinenkosten	50.000,00 €
Verwaltung:	8.560,00 €; Vertrieb:	12.840,00 €
Sollmaschinenlaufzeit Maschine I:		500 Stunden
Sollmaschinenlaufzeit Maschine II:		400 Stunden
Fertigungslöhne I:		20.000,00 €
Fertigungslöhne II:		16.000,00 €
Fertigungsmaterial:		25.000,00 €

	Anfangsbestand	Endbestand
Fertigerzeugnisse	29.000,00 €	34.000,00 €
Unfertige Erzeugnisse	17.000,00 €	14.000,00 €

Aufgaben

a) Ermitteln Sie die Zuschlagssätze.

b) Ermitteln Sie die Maschinenstundensätze.

c) Führen Sie eine Stückkalkulation durch:

  Fertigungslöhne I = 600,00 €

  Fertigungslöhne II = 800,00 €

  Fertigungsmaterial = 1.600,00 €

  Maschinenstunden I = 4 Std.

  Maschinenstunden II = 1 Std.

  Gewinn 20 %

  Kundenskonto 2 %

  Kundenrabatt 10 %

Steuerung und Kontrolle: KLR (Vollkostenrechnung) 314

3.6 Prüfungsaufgaben

Prüfungsaufgabe 2001/2002 (Aufgabe 2)

Die Sanitär Müller GmbH stellt unter anderem Badewannen (Produkt 1) und Waschbecken (Produkt 2) her. Die Gemeinkosten werden mithilfe eines Betriebsabrechnungsbogen (BAB) verteilt. Die Summe der verteilten Gemeinkosten der Sanitär Müller GmbH für das Jahr 2000 können beigefügtem BAB entnommen werden.

Betriebsabrechnungsbogen in €

GK-Arten	Allgem. Hilfskostenstelle	Material	Fertigung Produkt 1	Fertigung Produkt 2	Fertig. hilfskost. stelle	Verwaltg.	Vertrieb
#2.1	30.000	120.000	100.000	140.000	52.000	90.000	60.000
#2.2							
Bezugsgrundl.;#2.3							
Zuschl.sätze in %; #2.4							

2.1 Verteilen Sie die allgemeine Hilfskostenstelle gemäß dem Verhältnis: 1 : 3 : 4 : 2 : 3 : 2.

2.2 Die Fertigungshilfskostenstelle ist auf die Produkte 1 und 2 im Verhältnis 3 : 1 zu verteilen. Errechnen Sie danach die Summen für die einzelnen Hauptkostenstellen.

2.3 Ermitteln Sie die Herstellkosten des Umsatzes unter Berücksichtigung folgender Zuschlagsgrundlagen:
Fertigungsmaterial 800.000,00 €
Fertigungslöhne 1: 120.000,00 €
Fertigungslöhne 2: 140.000,00 €
Bestandsmehrung an Fertigerzeugnissen: 60.000,00 €

2.4 Ermitteln Sie die Zuschlagssätze für die Gemeinkosten. Die Verwaltungs- und Vertriebsgemeinkosten sind auf die Herstellkosten des Umsatzes zu beziehen.
(Ermittlung bis auf zwei Dezimalstellen)

2.5 Erläutern Sie, warum es sinnvoll ist, zwischen allgemeinen und besonderen Hilfskostenstellen zu unterscheiden.

2.6 Geben Sie je ein Beispiel für allgemeine bzw. besondere Hilfskostenstellen.

Prüfungsaufgabe 2001/2002 (Aufgabe 3)

Die Sanitär Müller GmbH erhält eine Anfrage über eine exklusive Eckbadewanne mit Massagedüsen zu einem Nettopreis von 12.000,00 €.

Wie hoch dürfen die Materialeinzelkosten höchstens sein, wenn folgende weitere Kosten anfallen:

Steuerung und Kontrolle: KLR (Vollkostenrechnung)

Fertigungslöhne	3.000,00 €	Materialgemeinkosten	7 %
Fertigungsgemeinkosten	105 %	Verwaltungsgemeinkosten	13 %
Sondereinzelkosten der Fertigung	600,00 €	Vertriebsgemeinkosten	8 %

Die Sanitär Müller GmbH muss 3 % Skonto gewähren und möchte eine Gewinnspanne von 10 % erwirtschaften.

Prüfungsaufgabe 2002 (Aufgabe 2)

2.1 Uns liegt der Monats - BAB für den Monat Juli 2001 vor. Nach Verteilung aller Gemeinkosten weisen die Kostenstellen folgende Daten auf (€):

Material	65.230,00
Fertigung 1	134.870,00
Fertigung 2, insgesamt	289.530,00
davon direkt zurechenbar	
- Masch. Gruppe A 20	23.520,00
- Masch. Gruppe B 30	72.430,00
Verwaltung	125.870,00
Vertrieb	60.740,00

Die Einzelkosten betragen:

Fertigungsmaterial	370.760,00
Fertigungslöhne 1	110.560,00
Fertigungslöhne 2	380.780,00
Sondereinzelkosten der Fertigung	12.820,00
Sondereinzelkosten des Vertriebs	6.990,00
Bestandsminderung	19.000,00

Berechnen Sie die Zuschlagssätze auf 1 Dezimale aufgerundet, indem Sie die Verwaltungsgemeinkosten auf die Herstellkosten der Fertigung und die Vertriebsgemeinkosten auf die Herstellkosten des Umsatzes beziehen. Ermitteln Sie zusätzlich die Maschinenstundensätze. Die Maschinen der Maschinengruppe A 20 laufen zusammen 1 200 Stunden, die Maschinen der Maschinengruppe B 30 laufen zusammen 1 800 Stunden.

2.2 Die Baumarktkette „OBI" will eine größere Menge Feuchtraumleuchten bestellen und ist bereit, pro Leuchte 40,00 € zu zahlen. Da die Kapazitäten der Luolight-Leuchten GmbH nicht ausgelastet sind, ist der Geschäftsführer bereit, den Auftrag anzunehmen, wenn der Preis zumindest die Selbstkosten deckt.

Kalkulieren Sie den Selbstkostenpreis für eine Feuchtraumleuchte. Verwenden Sie die in der Aufgabe 2.1 errechneten Zuschlagssätze.

Eine Maschine der Gruppe A 20 wird pro Leuchte mit 3,6 Minuten, eine Maschine der Gruppe B 30 wird pro Leuchte mit 2,5 Minuten beansprucht.
Pro Stück fallen an: Materialeinzelkosten 5,20 €, Fertigungslöhne 1 : 8,50 €, Fertigungslöhne 2 : 7,80 €, Sondereinzelkosten der Fertigung 0,86 €, Sondereinzelkosten des Vertriebs 0,15 €.

Prüfungsaufgabe 2002/2003 (Aufgabe 2)

2.2 Zur Abgabe eines Angebots soll für ein weiteres Produkt des Unternehmens der Nettoverkaufspreis errechnet werden. Es liegen folgende Angaben vor:
Fertigungsmaterial 135,00 €, Fertigungslöhne 3,5 Stunden zu je 39,80 €.

Die Zuschlagssätze betragen für Material 16 %, für Fertigung 150 %, für Verwaltung 18 % und für Vertrieb 7 %.

Steuerung und Kontrolle: KLR (Vollkostenrechnung) 316

Der Kunde erwartet 10 % Einführungsrabatt und 3 % Skonto.
Wir kalkulieren mit 20 % Gewinn und 5 % Vertreterprovision.

2.2.1 Berechnen Sie auf dieser Grundlage den Angebotspreis (Nettoverkaufspreis).

2.2.2 Aus Konkurrenzgründen müssen wir den Angebotspreis auf 889,00 € senken. Auf wie viel Euro reduziert sich unser Gewinn und wie viel Prozent beträgt damit unser Gewinn?

Prüfungsaufgabe 2003/2004 (Aufgabe 2)

2.2 Die SITZGUT GmbH will einem Geschäftspartner ein Angebot über 50 Fernsehsessel „BelAir" zu einem Verkaufspreis von insgesamt 75.000,00 € netto unterbreiten.

Folgende Kalkulationsdaten liegen vor:

Fertigungslöhne	12 Stunden zu je 20,00 €/Sessel
Materialgemeinkosten	7,5 %
Fertigungsgemeinkosten	106,0 %
Verwaltungsgemeinkosten	12,0 %
Vertriebsgemeinkosten	6,9 %
Kundenskonto	2,0 %
Vertreterprovision	4,0 %
Kundenrabatt	10,0 %

Berechnen Sie, wie hoch das Fertigungsmaterial für einen Fernsehsessel höchstens sein darf, wenn die SITZGUT GmbH an jedem Sessel 300,00 € Gewinn erzielen möchte.

Prüfungsaufgabe 2004 (Aufgabe 1)

Die Textilfabrik Fashional GmbH in Mayen, hat sich auf die Produktion von Jeanskleidung spezialisiert. Die schlechte Konjunkturlage hat zu einem gravierenden Einbruch in den Auftragsbüchern geführt. Die bestehenden Aufträge reichen zwar noch aus, um die Fixkosten zu decken, aber sollte sich die Situation nicht bessern, ist in absehbarer Zukunft mit Kurzarbeit und Personalentlassung zu rechnen.

Im Vertrieb versucht man mit einer aggressiveren Preispolitik verstärkt Neukunden zu gewinnen. So laufen zur Zeit Verhandlungen mit der Textileinzelhandelskette BigBag, deren erfolgreicher Abschluss ein Umsatzpotential von 250.000,00 € erwarten lassen würde.

Letzte Woche wurde BigBag ein Angebot über 200 Jeansjacken unterbreitet, dessen Abwicklung als Testfall für eine erfolgreiche zukünftige Geschäftsbeziehung gesehen wird.

1 Sie finden auf Ihrem Schreibtisch einen Notizzettel (siehe unter 2), den Sie bearbeiten sollen. Berücksichtigen Sie die <u>Anlagen 1 - 4</u>

2 Angenommen das Angebot FM 2386/2003 würde aufgrund der Kalkulation zu einem Verlust von 143,20 € führen. Welche Gründe können die Textilfabrik dazu veranlassen, dennoch den vorgegebenen Preis der BigBag zu akzeptieren?

Steuerung und Kontrolle: KLR (Vollkostenrechnung) 317

Notizzettel: Bitte sofort erledigen

Der Kunde BigBag GmbH hat sich heute per E-Mail gemeldet und eine Auftragserteilung für unser Angebot Nr. 2386/2003 in Aussicht gestellt, wenn wir den Verkaufspreis auf 3.250,00 € reduzieren.

Frau Plüsch / Vertrieb möchte von uns dringend wissen, ob wir unter Berücksichtigung des aktuellen Betriebsabrechnungsbogens und der minimalen Gewinnvorgabe von 2 % diesen Preis noch einhalten können. Bitte nehmen Sie auf Basis der beigefügten Informationen diese Nachkalkulation vor.

In diesem Zusammenhang möchte Frau Plüsch wissen, warum wir für die Verwaltungs- und Vertriebsgemeinkosten unterschiedliche Zuschlagsgrundlagen gewählt haben. Bitte schreiben Sie hierzu eine kleine Erläuterung.

MfG Mautzen

P. S. Bitte achten Sie auf eine übersichtliche und nachvollziehbare Darstellung.

€-Beträge sind auf 2-Dezimalstellen und
%-Sätze sind auf eine Dezimalstelle zu runden.

Anlage 1

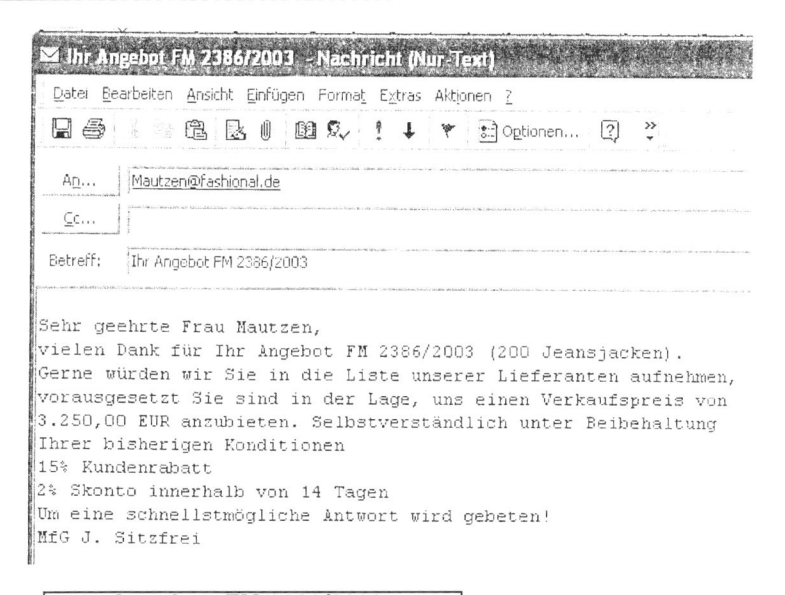

> **Ihr Angebot FM 2386/2003 - Nachricht (Nur-Text)**
>
> Datei Bearbeiten Ansicht Einfügen Format Extras Aktionen ?
>
> An... Mautzen@fashional.de
> Cc...
> Betreff: Ihr Angebot FM 2386/2003
>
> Sehr geehrte Frau Mautzen,
> vielen Dank für Ihr Angebot FM 2386/2003 (200 Jeansjacken).
> Gerne würden wir Sie in die Liste unserer Lieferanten aufnehmen,
> vorausgesetzt Sie sind in der Lage, uns einen Verkaufspreis von
> 3.250,00 EUR anzubieten. Selbstverständlich unter Beibehaltung
> Ihrer bisherigen Konditionen
> 15% Kundenrabatt
> 2% Skonto innerhalb von 14 Tagen
> Um eine schnellstmögliche Antwort wird gebeten!
> MfG J. Sitzfrei

Anlage 2

Angebot: FM 2386/2003

- **Materialeinsatz. 1.750,00 € Jeansstoff**
- Schneiderinnen: 2 Stunden
- Näherinnen: 24 Stunden
- Büglerinnen: 12 Stunden
- Jeweiliger Stundenlohn: 8,00 €

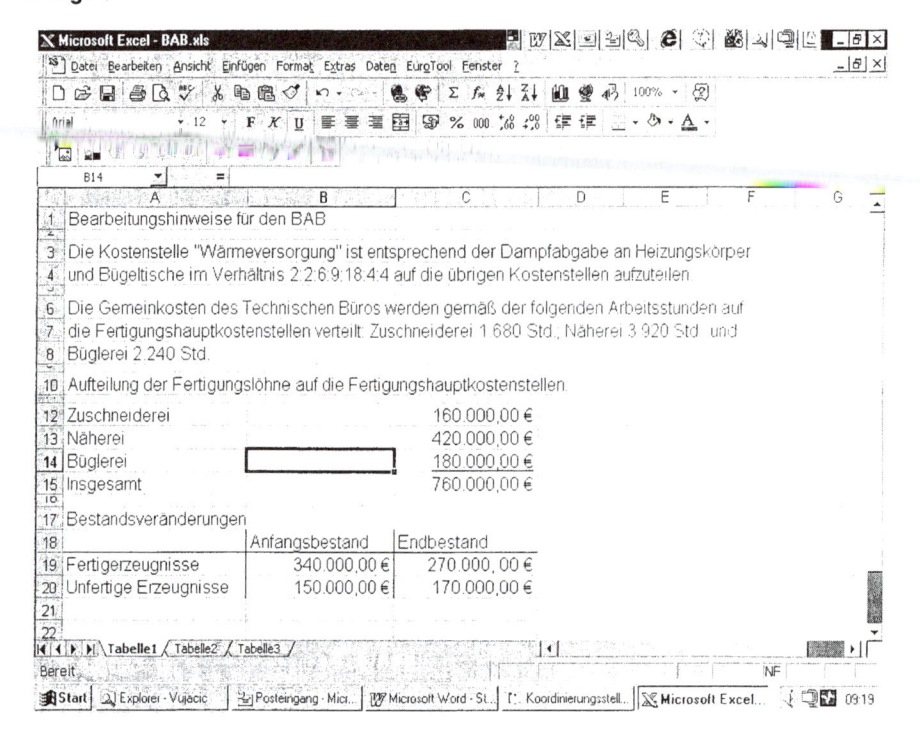

Anlage 3

	A	B	C	D	E	F
1	Bearbeitungshinweise für den BAB					
3	Die Kostenstelle "Wärmeversorgung" ist entsprechend der Dampfabgabe an Heizungskörper					
4	und Bügeltische im Verhältnis 2:2:6:9:18:4:4 auf die übrigen Kostenstellen aufzuteilen.					
6	Die Gemeinkosten des Technischen Büros werden gemäß der folgenden Arbeitsstunden auf					
7	die Fertigungshauptkostenstellen verteilt: Zuschneiderei 1.680 Std., Näherei 3.920 Std. und					
8	Büglerei 2.240 Std.					
10	Aufteilung der Fertigungslöhne auf die Fertigungshauptkostenstellen:					
12	Zuschneiderei		160.000,00 €			
13	Näherei		420.000,00 €			
14	Büglerei		180.000,00 €			
15	Insgesamt		760.000,00 €			
17	Bestandsveränderungen					
18		Anfangsbestand	Endbestand			
19	Fertigerzeugnisse	340.000,00 €	270.000,00 €			
20	Unfertige Erzeugnisse	150.000,00 €	170.000,00 €			

Anlage 4: BAB

Gemeinkostenarten	Zahlen der KLR in EUR	Allgemeine Kostenstelle Wärmeversorgung	Materialstelle M	Fertigungshilfsstelle Technisches Büro	Fertigungshauptstelle Zuschneiderei	Fertigungshauptstelle Näherei	Fertigungshauptstelle Bügelerei	Verwaltungsstelle Vw	Vertriebsstelle Vt
Hilfs- und Betriebsstoffkosten	38.001	0	1.310	1.966	9.828	10.483	14.414	0	0
Energien, Brenn- + Treibstoffkosten	53.999	1.102	1.102	3.306	9.918	13.224	19.837	3.306	2.204
Hilfslöhne	74.000	1.233	1.233	2.467	9.867	24.667	30.833	1.233	2.467
Gehälter	143.999	5.538	11.077	0	27.692	22.154	16.615	44.308	16.615
Sozialkosten	204.001	7.556	7.556	7.556	37.778	45.333	60.444	22.667	15.111
Instandhaltungskosten	35.999	0	818	1.636	9.000	11.455	9.818	1.636	1.636
Steuern, Versicherungen	56.000	0	2.000	2.000	10.000	8.000	12.000	16.000	6.000
Raumkosten	23.999	615	1.231	615	1.846	5.538	9.846	2.462	1.846
Kalk. Abschreibungen	66.000	1.015	2.031	3.045	16.246	20.308	18.277	3.046	2.031
Sonstige Gemeinkosten	43.998	1.257	3.771	2.514	8.171	10.057	11.314	3.143	3.771
Summe der Gemeinkosten	739.996	18.316	32.129	25.106	140.346	171.219	203.398	97.801	51.681
Umlage Wärmeversorgung									
Umlage Technisches Büro									
Istkosten									
Bezugsgrundlagen		310 000	Fertigungsmaterial		Fertigungslöhne Z.	Fertigungslöhne N	Fertigungslöhne B	Herstellkosten der Produktion	Herstellkosten des Umsatzes
Zuschlagssätze			MGKZ		FGKZ Z	FGKZ N	FGKZ B	VwGKZ	VtGKZ

4 KOSTEN- u. LEISTUNGSRECHNUNG - IV:
Deckungsbeitragsrechnung (Teilkostenrechnung)

Stofftelegramm

Abkürzungen: VK = variable Kosten; FK = Fixkosten; P = Preis; vk = variable Stückkosten

Vollkostenrechnung

- Rechnung mit Vollkosten (VK und FK)

- Preisermittlung auf Basis der Vollkosten (Abwälzung **aller** Kosten auf die Preise)

- Annahme: $P < \text{Vollkosten}$

  Entscheidung evtl.: Ausscheiden des Produkts! Dies ist evtl. Fehlentscheidung!

- **Preisuntergrenze** = Vollkosten

Teilkostenrechnung

- Rechnung mit Teilkosten (VK)

- $P < vk$ — Entscheidung: Ausscheiden des Produkts

- $P = vk$ — **Preisuntergrenze**

- $P > vk$ — Verbesserung des Betriebserfolgs. Produkt leistet Beitrag zur Fixkostendeckung.

$$P - vk = \text{Deckungsbeitrag}$$

Problembereiche der Vollkostenrechnung (Fehlentscheidungen!)

Problembereich 1 → **Hereinnahme, Streichung, Rangfolge der Produkte:**

Nur die **Deckungsbeitragsrechnung** kann diese Probleme lösen:

- **Hereinnahme** eines Produkts, wenn es einen positiven Deckungsbeitrag (Beitrag zur Fixkostendeckung) leistet

- **Streichung** eines Produkts nur, wenn sein Deckungsbeitrag negativ ist

- **Rangfolge** der Produkte („Hitparade") nach Deckungsbeiträgen

Problembereich 2 → **Entscheidungsfrage: Eigenfertigung oder Fremdbezug?**

Der Bezugspreis ist mit den eigenen variablen Kosten zu vergleichen. Auch dies ist nur mit Hilfe der Deckungsbeitragsrechnung möglich:

Ist keine Kapazitätserweiterung für die Eigenfertigung notwendig, gilt grundsätzlich: Eigenfertigung, sofern VK < Bezugspreis.

Steuerung und Kontrolle: KLR (Deckungsbeitragsrechnung)

Problembereich 3 → **Beschäftigungsschwankungen:**

Sinkende Beschäftigung (sinkende Nachfrage) führt zu steigenden Stückkosten (Fixkosten verteilen sich auf weniger Stück).

Nach der Vollkostenrechnung würde dies zu Preiserhöhungen führen, obwohl eigentlich zur Nachfrageankurbelung Preissenkung nötig wäre. Der Betrieb sollte somit vorübergehend auf Vollkostendeckung verzichten: Deckungsbeitragsrechnung notwendig.

Einfluss des Beschäftigungsgrades auf BAB - Zuschlagsätze bei Vollkostenrechn.:

- <u>Sinkende Beschäftigung:</u> Gemeinkosten sinken nicht im gleichen Umfang wie Einzelkosten (Begründung: Gemeinkosten enthalten i. Gs. zu den Einzelkosten Fixkosten). Folge: Steigende Zuschlagsätze, steigende Preise (Probleme: s. o.)

- <u>Steigende Beschäftigung:</u> sinkende Zuschlagsätze.

Vermeidung dieser Zuschlagsatzschwankungen durch die Deckungsbeitragsrechnung.

Vorteile der Deckungsbeitragsrechnung (Zusammenfassung)

- Ermittlung der absoluten Preisuntergrenze (= variable Kosten) möglich

- Verbesserte Entscheidungen bezüglich:
  – Hereinnahme
  – Streichung
  – Rangfolge der Produkte

- Verbesserte Wahlentscheidungen:
  – Produkt A oder B produzieren?
  – Eigenfertigung oder Fremdbezug?

- Entscheidung über Zusatzauftrag nur mit Deckungsbeitragsrechnung lösbar

- Verbesserte Kostenkontrolle (i. d. R. nur variable Kosten vom Kostenstellenleiter beeinflussbar)

- Verbesserte Gewinnplanung
- marktorientierte Preispolitik

- Kostenverursachungsprinzip verbessert

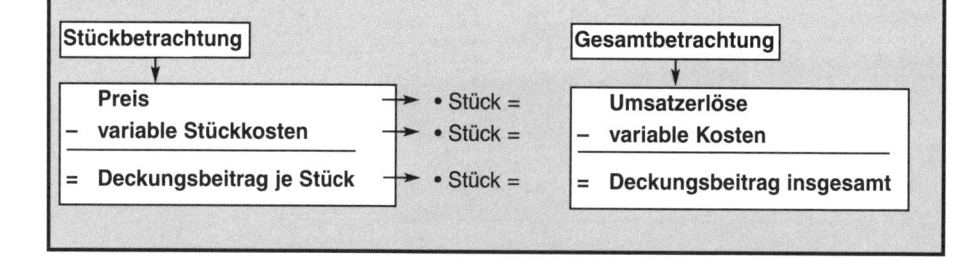

Stückbetrachtung		Gesamtbetrachtung
Preis	→ • Stück =	Umsatzerlöse
– variable Stückkosten	→ • Stück =	– variable Kosten
= Deckungsbeitrag je Stück	→ • Stück =	= Deckungsbeitrag insgesamt

Schema der Deckungsbeitragsrechnung:

	Produkt A	Produkt B	Produkt C	Insgesamt
Umsatzerlöse	72.000,00	20.000,00	5.000,00	97.000,00
− variable Kosten	56.000,00	21.000,00	4.000,00	81.000,00
= Deckungsbeitrag	16.000,00	− 1.000,00	1.000,00	16.000,00
− Fixkosten	− − − − −	− − − − −	− − − − −	5.000,00
= Betriebsergebnis	− − − − −	− − − − −	− − − − −	9.000,00

Produkt B hat **negativen Deckungsbeitrag:** Aus Produktionsprogramm herausnehmen!

Aus folgenden Gründen wird B **trotz negativem Deckungsbeitrag evtl. weiterproduziert**:
- Arbeitsplatzsicherung
- Sortimentsvielfalt
- „Vorzeigeartikel"
- Ergänzung anderer Produkte
- Deckungsbeitrag evtl. nur vorübergehend negativ
- Produkteinführung

Grafische Darstellung der Deckungsbeitragsrechnung

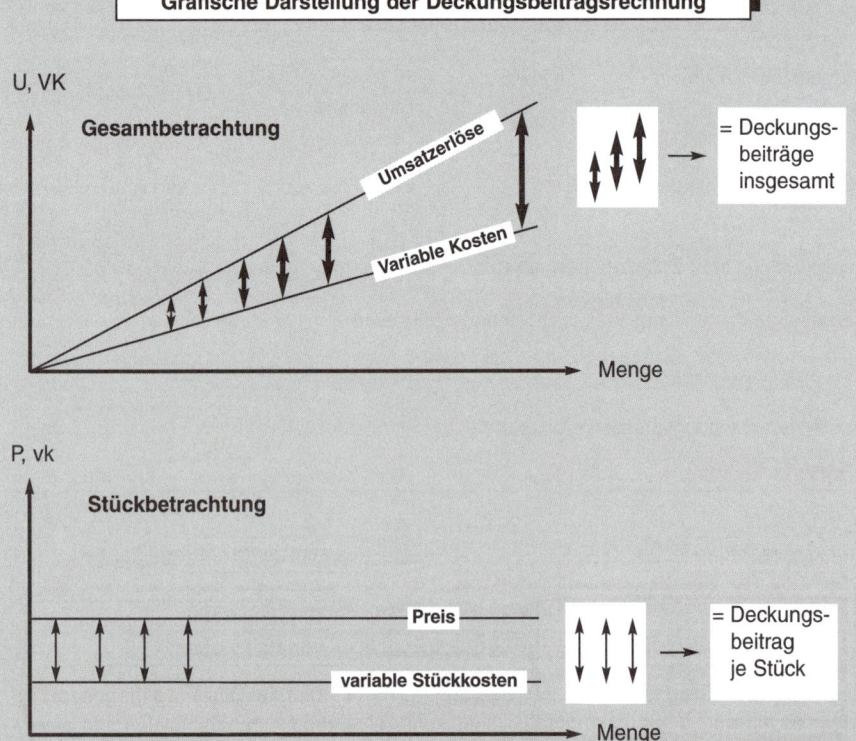

U, VK

Gesamtbetrachtung

Umsatzerlöse
Variable Kosten

→ = Deckungsbeiträge insgesamt

Menge

P, vk

Stückbetrachtung

Preis
variable Stückkosten

→ = Deckungsbeitrag je Stück

Menge

Steuerung und Kontrolle: KLR (Deckungsbeitragsrechnung)

Aufgaben

1. a) Eine Unternehmung hat im abgelaufenen Geschäftsjahr drei neue Artikel in ihr Sortiment aufgenommen. Nach der ersten Periode liegen dazu aus der Buchhaltung folgende Zahlen vor:

	A	B	C
Erlöse (€)	900.000,00	1.700.000,00	1.250.000,00
Gesamtkosten (€)	850.000,00	1.350.000,00	1.360.000,00
Absatzmenge (Stück)	30.000,00	30.000,00	35.000,00

   Wie hoch ist das Betriebsergebnis je Produkt und insgesamt?

   b) Das Verlust bringende Produkt soll aus dem Sortiment genommen werden. Die Kostenanalyse liefert folgendes Bild:

	A	B	C
variable Kosten (€)	650.000,00	1.200.000,00	860.000,00
fixe Kosten (insgesamt)	850.000,00		

   b1) Wie hoch ist der Deckungsbeitrag je Artikel sowie das Gesamtergebnis?

   b2) Wie würde sich eine Streichung des verlustbringenden Produktes (a) auf das Betriebsergebnis auswirken? Begründung.

   b3) Welche Gründe könnten dafür sprechen, Produkte mit negativen Deckungsbeiträgen weiterzuproduzieren?

   b4) Wie viel € betragen die Preisuntergrenzen der Artikel?

2. Nennen Sie fünf Argumente, die gegen die Vollkostenrechnung und für die Deckungsbeitragsrechnung sprechen.

3. Stellen Sie die Deckungsbeitragsrechnung grafisch dar (Gesamt- und Stückbetrachtung).

4. Die Mineralbrunnen AG kalkulierte bisher nur nach dem System der Vollkostenrechnung. Konkurrenzdruck und Konjunkturschwankungen zwingen die Geschäftsleitung zur Einführung der Deckungsbeitragsrechnung.

4.1 Eine Kundenbefragung ergab, dass neben dem Eigenprodukt Mineralwasser auch 15 000 Kasten Bier pro Jahr abgesetzt werden könnten.

   Ermitteln Sie das voraussichtliche Betriebsergebnis mittels Deckungsbeitragsrechnung, wenn folgende Daten erwartet werden:

	Mineralwasser	Bier
Absatzmengen in Kasten	120 000	15 000
Verkaufspreis je Kasten in €	3,50	12,00
Variable Kosten je Kasten in €	1,81	
Einstandspreis je Kasten in €		6,00
Fixkosten des Betriebes in €	185.000,00	

4.2 Preiserhöhungen verteuern den Einstandspreis bei Bier je Kasten um 1,50 €. Gleichzeitig wäre ein Großabnehmer bereit, pro Jahr 30 000 Kasten Bier zu einem Preis von 8,00 € je Kasten abzunehmen.

4.2.1 Soll die Mineralbrunnen AG diese Lieferverpflichtung eingehen?
Begründen Sie rechnerisch Ihre Entscheidung.

4.2.2 Erläutern Sie, wie sich das Betriebsergebnis verändert.

4.2.3 Warum wird in der Praxis dieses theoretische Ergebnis nicht zutreffen?

5. Eine Getränke-AG vertreibt die Fremdprodukte A, B, C u. D. Folgende Zahlen liegen vor:

Produkte:	A	B	C	D
Variable Kosten €/100 Liter	100,00	100,00	100,00	100,00
Erlöse €/100 Liter	200,00	170,00	270,00	285,00

5.1 Nennen Sie die Rangfolge der Produktförderung,

5.1.1 unter Vernachlässigung der Absatzmengen,

5.1.2 wenn folgende Absatzmengen zugrundegelegt werden:

Produkte:	A	B	C	D
Verk.menge (in 100 Liter/Periode)	2 000	500	2 200	1 000

5.2 Der Kostenrechner schlägt vor, Produkte, die nur mit Verlust zu verkaufen sind, aus dem Sortiment zu nehmen. Nennen Sie drei Gründe, die dagegen angeführt werden könnten.

5.3 Erläutern Sie den Zusammenhang zwischen Teilkostenrechnung und Gewinnmaximierung.

Steuerung und Kontrolle: KLR (Deckungsbeitragsrechnung) 325

PRÜFUNGSAUFGABEN

Prüfungsaufgabe 2000/2001 (Aufgabe 2)

Entsprechend der Marktlage wird das Produktionsprogramm der Volta OHG auf drei Typen von Bohrmaschinen erweitert. Ein Unternehmensberater schlägt vor, bei Absatz-, Produktions- und Sortimentsentscheidungen zukünftig die Deckungsbeitragsrechnung anzuwenden.

Die Deckungsbeitragsrechnung ermittelt für den Monat August folgende Daten:

Es stehen maximal 360 Fertigungsstunden (Engpassfaktor) pro Monat zur Verfügung.

	geplante Produktion	Variable Kosten	VK Preis	Fertigungszeit	absetzbare Menge
Typ A Alpha Standard	500 Stck.	50.000,00 €	150,00	6 Min/Stück	700 Stück
Typ B Alpha Spezial	500 Stck.	60.000,00 €	180,00	10 Min/Stück	700 Stück
Typ C Alpha Super	500 Stck.	90.000,00 €	250,00	20 Min/Stück	700 Stück

Die gesamten erzeugnisunabhängigen Fixkosten betragen im August 60.000,00 €.

2.1 Zu wie viel Prozent ist im Monat August die maximale Fertigungszeit (Kapazität) der Volta GmbH ausgelastet, wenn die geplante Produktion realisiert wird.

2.2 Berechnen Sie den Deckungsbeitrag der drei Erzeugnisse pro Stück und insgesamt, sowie das Betriebsergebnis, wenn die geplante Menge erzeugt und abgesetzt werden kann.

2.3 Würde es sich für die Volta OHG lohnen, das Erzeugnis mit dem geringsten Deckungsbeitrag aus dem Sortiment zu streichen, während die Mengen der beiden anderen Erzeugnisse beibehalten werden? (Rechnerischer Nachweis)

Prüfungsaufgabe 2003 (Aufgabe 2)

1 Die Sportrad AG hat sich auf die Produktion hochwertiger Sporträder konzentriert.

Für die Abrechnungsperiode April stellt die Kostenrechnung folgende Daten zur Verfügung:

Fertigungsmaterial	425.000,00 €	Fertigungslöhne	525.000,00 €

BAB (Monat April):

	Material	Fertigung	Verwaltung	Vertrieb
Gemeinkosten	49.300,00 €	789.700,00 €	234.000,00 €	187.000,00 €

Der Lagerbuchhaltung sind für den Monat April folgende Zahlen zu entnehmen:

	Anfangsbestand (€)	Endbestand (€)
Fertige Erzeugnisse	185.000,00	160.000,00
Unfertige Erzeugnisse	115.000,00	120.000,00

Steuerung und Kontrolle: KLR (Deckungsbeitragsrechnung)

Normalzuschlagssätze:

Material	12,0 %
Fertigung	150,0 %
Verwaltung	13,5 %
Vertrieb	10,0 %

Umsatzerlöse (Monat April):
2.375.000,00 €

Hinweis: Die Verwaltungsgemeinkosten werden auf die Kosten der hergestellten Menge, die Vertriebsgemeinkosten auf die Kosten der abgesetzten Menge bezogen.

1.1 Stellen Sie in einer Selbstkostenrechnung die Ist- und Normalkosten einander gegenüber.

Verwenden Sie für die Lösung dieser Aufgabe und von Aufgabe 1.3 folgendes Schema:

Kosten	Ist-kosten €	Ist-zuschläge %	Normal-kosten €	Normal-zuschläge %	Überdeckung (+) Unterdeckung (-) €

1.2 Berechnen Sie die Istkostenzuschlagssätze (1 Dezimale). Bitte die Ergebnisse auch ins Lösungsschema eintragen.

1.3 Stellen Sie die Kostenüber- bzw. Kostenunterdeckung für sämtliche 4 Hauptkostenstellen sowie für die Selbstkosten insgesamt fest (Schema).

1.4 Erläutern Sie die Auswirkung der Bestandsveränderung auf die Kostenabweichung im Vertrieb.

1.5 Bestimmen Sie das Betriebsergebnis der Abrechnungsperiode.

2 Für den Sportradtyp SP1 haben Kostenuntersuchungen ergeben:

Monat	Kosten (€)	Produktion (Stück)
Januar	525.000,00	710
Februar	570.000,00	800

2.1 Mit welchem Gewinnzuschlag in Prozent wurde kalkuliert, wenn der Barverkaufspreis eines Sportrads des Typs SP1 im Februar 755,25 € betrug?

2.2 Ermitteln Sie den Fixkostenanteil für das Sportrad Typ SP1.

2.3 Für Juli könnte ein Zusatzauftrag über 120 Fahrräder vom Sportrad Typ SP1 zu 80 % des Barverkaufspreises vom Februar angenommen werden. Freie Kapazitäten hierfür sind noch vorhanden.

2.3.1 Sollte der Zusatzauftrag angenommen werden? (Rechnerische Begründung)

2.3.2 Um welchen Wert (€) würde sich das Betriebsergebnis im Juli durch den Zusatzauftrag verändern?

Hinweis zu 2.3: Sollten Sie 2.2 nicht gelöst haben, gehen Sie von variablen Stückkosten von 540,00 € und Fixkosten von 180.000,00 € aus.

Steuerung und Kontrolle: Jahresabschluss

5 Erstellung + Auswertung des Jahresabschlusses

5.1 Bestandteile des Jahresabschlusses einer Kapitalgesellschaft
(Ziele des JA vgl. SuK Kap. 2.1)

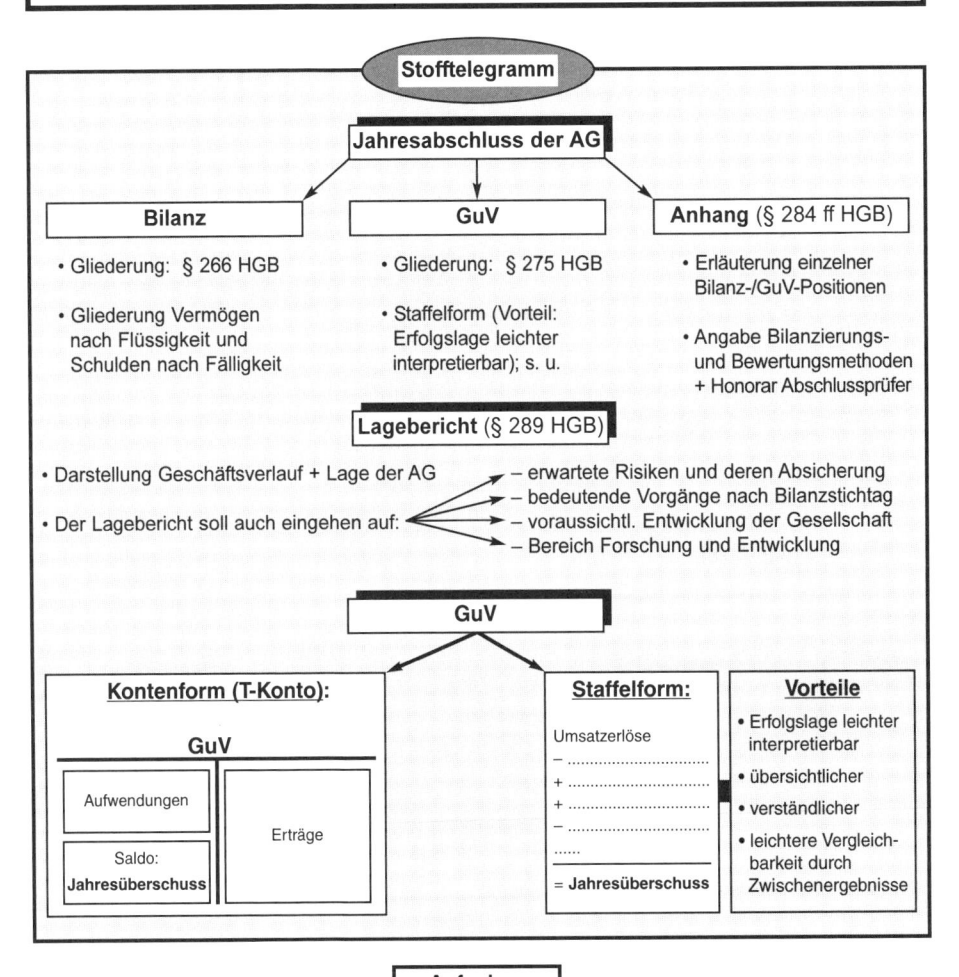

Stofftelegramm

Jahresabschluss der AG

Bilanz
- Gliederung: § 266 HGB
- Gliederung Vermögen nach Flüssigkeit und Schulden nach Fälligkeit

GuV
- Gliederung: § 275 HGB
- Staffelform (Vorteil: Erfolgslage leichter interpretierbar); s. u.

Anhang (§ 284 ff HGB)
- Erläuterung einzelner Bilanz-/GuV-Positionen
- Angabe Bilanzierungs- und Bewertungsmethoden + Honorar Abschlussprüfer

Lagebericht (§ 289 HGB)
- Darstellung Geschäftsverlauf + Lage der AG
- Der Lagebericht soll auch eingehen auf:
  – erwartete Risiken und deren Absicherung
  – bedeutende Vorgänge nach Bilanzstichtag
  – voraussichtl. Entwicklung der Gesellschaft
  – Bereich Forschung und Entwicklung

GuV

Kontenform (T-Konto):

GuV
| Aufwendungen | Erträge |
| Saldo: Jahresüberschuss | |

Staffelform:

Umsatzerlöse
– ....
+ ....
+ ....
– ....
......
= **Jahresüberschuss**

Vorteile
- Erfolgslage leichter interpretierbar
- übersichtlicher
- verständlicher
- leichtere Vergleichbarkeit durch Zwischenergebnisse

Aufgaben

1. Aus welchen Teilen besteht der Jahresabschluss der AG?

2. Wie werden Vermögen und Schulden gegliedert?

3. Welche Aufgaben hat   a) der Anhang

    b) der Lagebericht bei Kapitalgesellschaften?

4. Welche Vorteile hat die Staffelform der GuV im Vergleich zur Kontenform?

Steuerung und Kontrolle: Jahresabschluss 328

5.2 Die Bewertung (Ziele, allgemeine Bewertungsgrundsätze)

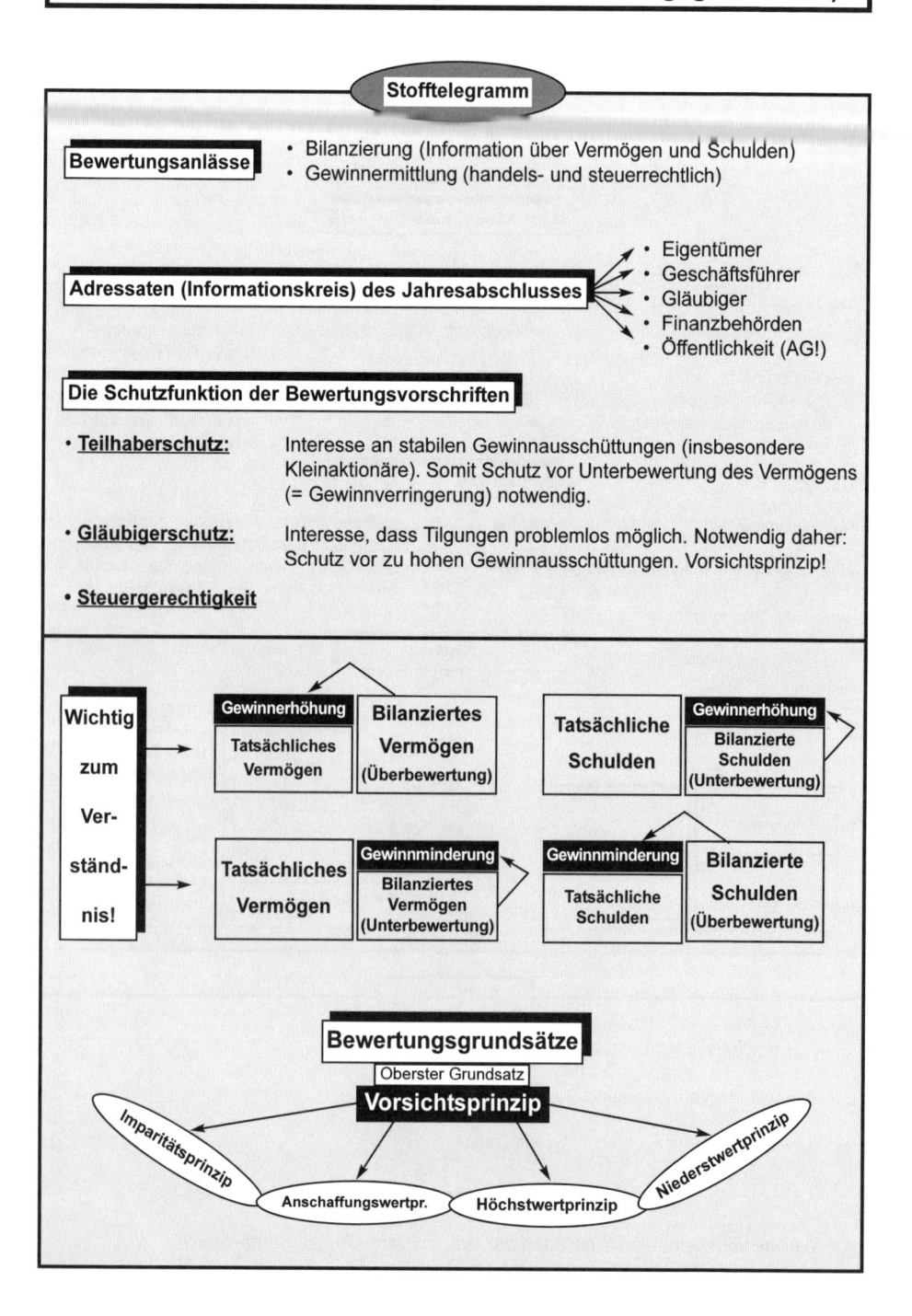

Stofftelegramm

Bewertungsanlässe
- Bilanzierung (Information über Vermögen und Schulden)
- Gewinnermittlung (handels- und steuerrechtlich)

Adressaten (Informationskreis) des Jahresabschlusses
- Eigentümer
- Geschäftsführer
- Gläubiger
- Finanzbehörden
- Öffentlichkeit (AG!)

Die Schutzfunktion der Bewertungsvorschriften

- **Teilhaberschutz:** Interesse an stabilen Gewinnausschüttungen (insbesondere Kleinaktionäre). Somit Schutz vor Unterbewertung des Vermögens (= Gewinnverringerung) notwendig.

- **Gläubigerschutz:** Interesse, dass Tilgungen problemlos möglich. Notwendig daher: Schutz vor zu hohen Gewinnausschüttungen. Vorsichtsprinzip!

- **Steuergerechtigkeit**

Wichtig zum Verständnis!

Gewinnerhöhung			Gewinnerhöhung
Tatsächliches Vermögen	Bilanziertes Vermögen (Überbewertung)	Tatsächliche Schulden	Bilanzierte Schulden (Unterbewertung)
Tatsächliches Vermögen	Bilanziertes Vermögen (Unterbewertung)	Tatsächliche Schulden	Bilanzierte Schulden (Überbewertung)
Gewinnminderung		Gewinnminderung	

Bewertungsgrundsätze

Oberster Grundsatz
Vorsichtsprinzip

- Imparitätsprinzip
- Anschaffungswertpr.
- Höchstwertprinzip
- Niederstwertprinzip

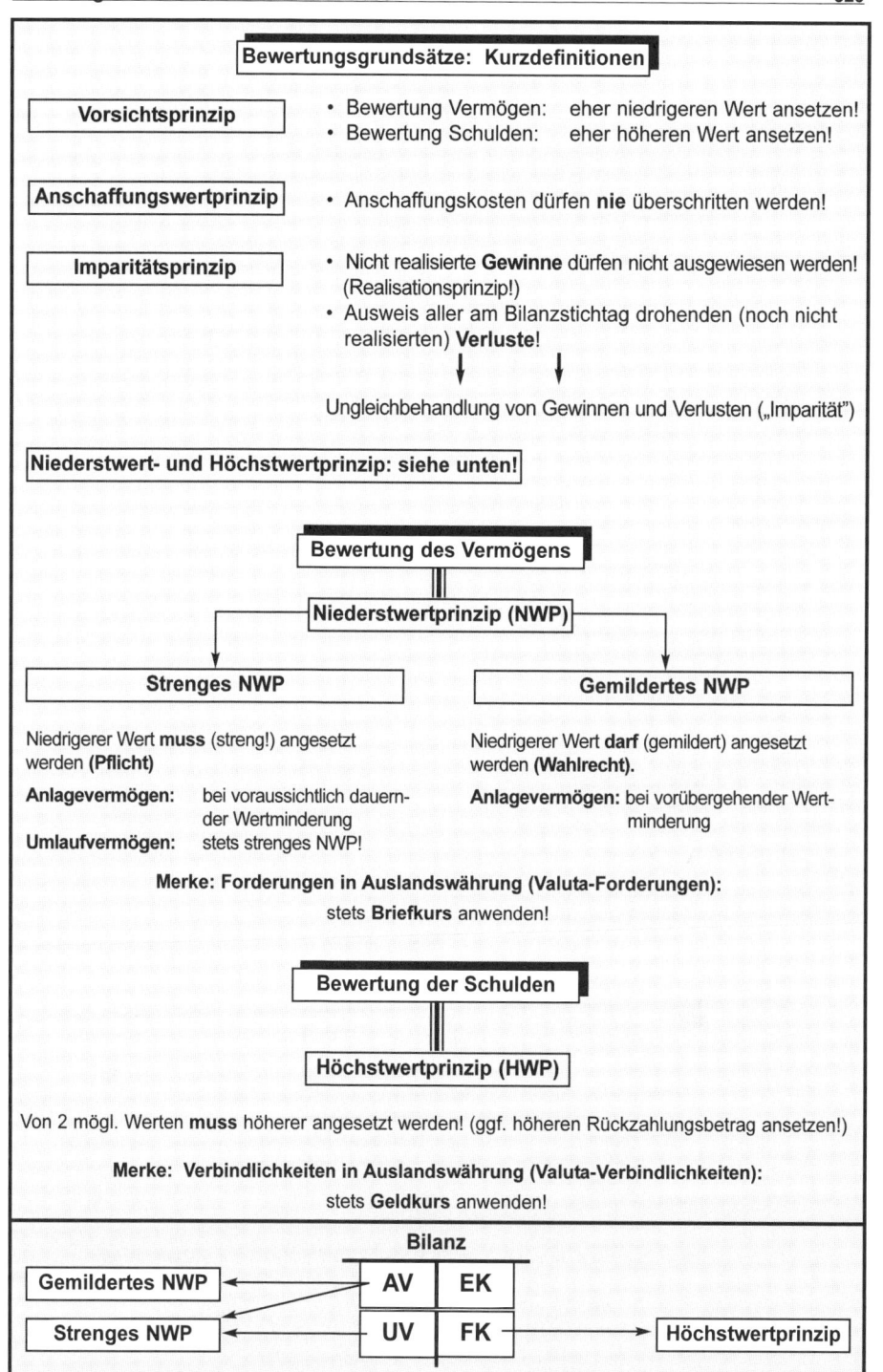

Steuerung und Kontrolle: Jahresabschluss 329

Bewertungsgrundsätze: Kurzdefinitionen

Vorsichtsprinzip
- Bewertung Vermögen: eher niedrigeren Wert ansetzen!
- Bewertung Schulden: eher höheren Wert ansetzen!

Anschaffungswertprinzip
- Anschaffungskosten dürfen **nie** überschritten werden!

Imparitätsprinzip
- Nicht realisierte **Gewinne** dürfen nicht ausgewiesen werden! (Realisationsprinzip!)
- Ausweis aller am Bilanzstichtag drohenden (noch nicht realisierten) **Verluste**!

Ungleichbehandlung von Gewinnen und Verlusten („Imparität")

Niederstwert- und Höchstwertprinzip: siehe unten!

Bewertung des Vermögens

Niederstwertprinzip (NWP)

Strenges NWP	Gemildertes NWP
Niedrigerer Wert **muss** (streng!) angesetzt werden **(Pflicht)**.	Niedrigerer Wert **darf** (gemildert) angesetzt werden **(Wahlrecht)**.
Anlagevermögen: bei voraussichtlich dauernder Wertminderung	**Anlagevermögen:** bei vorübergehender Wertminderung
Umlaufvermögen: stets strenges NWP!	

Merke: Forderungen in Auslandswährung (Valuta-Forderungen):
stets **Briefkurs** anwenden!

Bewertung der Schulden

Höchstwertprinzip (HWP)

Von 2 mögl. Werten **muss** höherer angesetzt werden! (ggf. höheren Rückzahlungsbetrag ansetzen!)

Merke: Verbindlichkeiten in Auslandswährung (Valuta-Verbindlichkeiten):
stets **Geldkurs** anwenden!

Bilanz

	AV	EK	
Gemildertes NWP ←			
Strenges NWP ←	UV	FK	→ Höchstwertprinzip

Steuerung und Kontrolle: Jahresabschluss 330

Geschäftsfälle + Verständnisfragen

Bewertungsanlässe – Adressaten – Bewertungsgrundsätze

1. Nennen Sie die beiden typischen Bewertungsanlässe.
2. Nennen Sie die wesentlichen Adressaten des Jahresabschlusses.
3. Erklären Sie die Begriffe Teilhaber- und Gläubigerschutz.
4. Wie wirken folgende Vorgänge auf den Gewinn?

    a) Unterbewertung des Vermögens c) Unterbewertung der Schulden
    b) Überbewertung des Vermögens   d) Überbewertung der Schulden

5. a) Erklären Sie kurz das Vorsichtsprinzip.
   b) Welche Unterprinzipien umfasst das Vorsichtsprinzip? Erklären Sie diese kurz.

6. Welche Bewertungsprinzipien gelten für folgende Bilanzpositionen:

    a) Anlagevermögen   b) Umlaufvermögen   c) Schulden?

7. a) Erklären Sie den Begriff stille Rücklagen. Wie entstehen sie allgemein?
   b) In welchen Bilanzpositionen sind hohe stille Rücklagen enthalten? Begründung
   c) Nehmen Sie kritisch Stellung zur Bildung stiller Rücklagen.

Umlaufvermögen

8. In einer Schuhfabrik waren am 31. Dez. noch 60 Paar Spezialschuhe im Lager, deren Herstellungskosten 62,00 € betrugen. Aufgrund von Preissteigerungen bei Leder beträgt ihr Wert am Bilanzstichtag 65,00 €. Ermitteln Sie für den gesamten Posten den Bilanzansatz. Begründung.

9. Begründen Sie, mit welchem Betrag der Bestand einer Handelsware per 31. Dezember unter folgenden Bedingungen zu bilanzieren ist:

    a) Bezugspreis: 25,00 €; Marktpreis 31.12.: 27,00 €
    b) Bezugspreis: 25,00 €; Marktpreis 31.12.: 24,00 €

10. a) Im August kauften wir aus Spekulationsgründen Aktien zum Kurs von 450,00 €.
    Wie sind die Aktien am 31. Dezember zu bewerten, wenn der Kurs auf 400,00 € gesunken ist? Begründung
    b) Wie wäre a) zu beantworten, wenn eine langfristige Beteiligung an der AG vorliegt?

Verbindlichkeiten

11. Die Warenverbindlichkeiten gegenüber unserem Lieferanten aus der Schweiz belaufen sich laut Rechnung vom 15. Dez. auf 200.000,00 sfr.

    sfr-Kurse (Basis 1,00 €) 15. Dez.: Geld 1,57 / Brief 1,64   sfr-Kurse 31.12.: Geld 1,60 / Brief 1,67

    Ermitteln Sie den Wertansatz zum 31. Dezember in €. (Begründung).

12. Am 31. Dez. ist eine Schuld von US-$ 120.000,00 zu bilanzieren. Der Dollarkurs (Basis 1,00 €) betrug am Tag der Kreditaufnahme (1. Juli) 1,05 und am 31. Dez. 1,10. Bilanzansatz in €?

13. Die Warenverbindlichkeiten beliefen sich bei Bilanzerstellung einschließlich 16 % Umsatzsteuer auf 406.000,00 €. Der Liquiditätsstand ist äußerst günstig, sodass alle ausstehenden Schulden mit einem Abzug von 3 % Skonto im neuen Jahr beglichen werden können. Als Bilanzansatz sind für die Verbindlichkeiten 393 820,00 € vorgesehen. Die Revisionsabteilung beanstandet diesen Wertansatz und spricht von einem Verstoß gegen das Imparitätsprinzip.

    Erklären Sie dieses Prinzip am Beispiel der Verbindlichkeiten. Welcher Bilanzansatz ist in diesem Fall gültig?

14. Der Rechnungsbetrag für aus Japan bezogene Rohstoffe beläuft sich auf 50.000,00 Yen. Rechnungsdatum: 15. Dez. 01. - Die Devisenkurse in Deutschland betrugen für den Yen (Basis 1,00 €): am 15. Dez. 01   125,65 Geld,   135,65 Brief
                                am 31. Dez. 01   130,65 Geld,   140,65 Brief

    Wie ist diese Verbindlichkeit am 31. Dezember 01 in € zu bilanzieren?

Steuerung und Kontrolle: Jahresabschluss

Prüfungsfragen
---

1. Mit welchem Kurs sind die Bilanzwerte der Wertpapiere des Umlaufvermögens am 31. Dez. 01 bzw. am 31. Dez. 02 zu ermitteln? Kauf 17.04.01: Kurs 386; 31.12.01: Kurs 342; 31.12.02: Kurs 404

2. Ein unbebautes Grundstück, das wir für 220.000,00 € erworben hatten, hat durch seine günstige Lage inzwischen einen Verkehrswert von 280.000,00 €.
Mit welchem Wert ist es zu bilanzieren? Begründung.

3. Eine uns vorliegende Rechnung lautet über 3.000,00 $. Der €-Kurs zum Zeitpunkt der Rechnungserstellung betrug 1,02. Der Tageskurs am Bilanzstichtag beträgt 1,10. Bilanzansatz in €?

4. Die Eingangsrechnung vom 2. Dez. über Edelstahl im Wert von 83.200,00 US-$ liegt vor.
€-Kurs des $ am 2. Dezember ...: 1,05; Kurs des $ am 31. Dezember ...: 1,12
Zu welchem Kurs ist am 31. Dezember ... zu bewerten? Begründung

5. Das Konto Wertpapiere des Umlaufvermögens enthält 50 Stück Aktien, Kaufkurs 315,00 €.
Am Bilanzstichtag beträgt der Kurs 410,00 €. Zu welchem Kurs wird bilanziert? Begründung.

6. Vor 6 Monaten betrugen die Anschaffungskosten beim Kauf eines Grundstückes 500.000,00 €. Aufgrund der Veränderung der geplanten Straßenführung für einen Autobahnzubringer mindert sich der Grundstückswert um 150.000,00 €. Wie würden Sie das Grundstück bilanzieren? Begründung.

7. Am 31. Dez. steht noch die Rohstoffrechnung eines Schweizer Lieferanten über sfr 50.000,00 offen. Devisenkurs 1,60 bei Rechnungseingang, Kurs 1,50 am 31. Dezember.
Wie ist die Rechnung in der Bilanz in € zu bewerten? Wie wirkt die Bewertung auf den Erfolg?

8. Das Prinzip der kaufmännischen Vorsicht ist der wichtigste handelsrechtliche Bewertungsgrundsatz. Erläutern Sie diesen Grundsatz an einem von Ihnen gewählten Beispiel.

9. Im Umlaufvermögen befinden sich 10 XY-Aktien, die im laufenden Geschäftsjahr zum Stückkurs von 240,00 € angeschafft und aktiviert wurden. Am 31. Dez. beträgt der Kurs 210,00 €. Ansatz 31. Dez.?

10. Warum gilt für die Bewertung des Vermögens das Niederstwertprinzip?

Exkurs: Währungsrechnen (Valuta-Forderungen u. -Verbindl.)

Stofftelegramm

Wechselkurs	= die Menge ausländischer Währungseinheiten, die man für einen Euro erhält (Wie viel ausländ. Währungseinheiten erhält man für einen Euro?) **Beispiel: $-Kurs 1,03 –> Kursgleichung: 1 € = 1,03 $**
Briefkurs (= Verkaufskurs)	• Anwendung: – Bank verkauft Euro – Bewertung von **Valuta-Forderungen** (s. o.)
Geldkurs (= Kaufkurs)	• Anwendung: – Bank kauft Euro – Bewertung v. **Valuta-Verbindlichkeiten** (s. o.)

5.3 Kauf von Anlagen

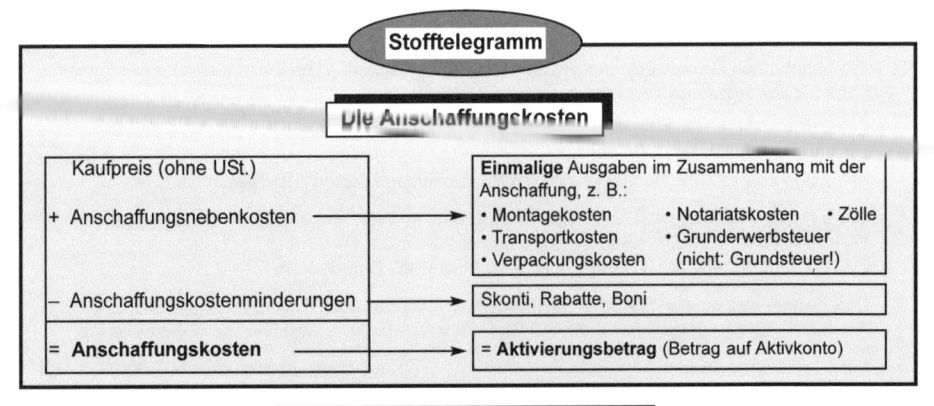

Stofftelegramm

Die Anschaffungskosten

Kaufpreis (ohne USt.)	Einmalige Ausgaben im Zusammenhang mit der Anschaffung, z. B.:
+ Anschaffungsnebenkosten →	• Montagekosten • Notariatskosten • Zölle • Transportkosten • Grunderwerbsteuer • Verpackungskosten (nicht: Grundsteuer!)
− Anschaffungskostenminderungen →	Skonti, Rabatte, Boni
= **Anschaffungskosten** →	= **Aktivierungsbetrag** (Betrag auf Aktivkonto)

Geschäftsfälle + Verständnisfragen

1. Kauf einer Maschine auf Ziel: netto 30.000,00 € + 16 % USt.
   Transportkosten 700,00 € netto + 16 % USt.; Montagekosten 1.500,00 € + 16 % USt.

   a) Buchen Sie die Eingangsrechnung.
   b) Buchen Sie die Zahlung unter Abzug von 2 % Skonto.

2. Kauf eines **LKW**:

   • Kaufpreis 120.000,00 € + 16 % USt. • Überführungskosten 1.000,00 € + 16 % USt.
   • Spezialaufbau 11.000,00 € + 16 % USt. • Zulassungskosten 400,00 € + 16 % USt.
   • Anhängerkupplung 1.200,00 € + 16 % USt.

   Wir überweisen den Gesamtbetrag unter Abzug von 2 % Skonto. Separat überweisen wir die Kfz-Steuer in Höhe von 1.600,00 € und die Haftpflichtversicherung in Höhe von 2.300,00 €.
   Tankfüllung: 500,00 € + USt.

   a) Ermitteln Sie die Anschaffungskosten.
   b) Buchen Sie den Kauf auf Ziel.
   c) Buchen Sie die Zahlung unter Abzug von 2 % Skonto.

3. Kauf eines **Betriebsgrundstücks**. Zahlung durch Banküberweisung.

   • Kaufpreis 400.000,00 € • Kosten Grundbucheintrag 600,00 €
   • 2 % Grunderwerbsteuer vom Kaufpreis • Kanalanschlusskosten 5.000,00 € + 16 % USt.
   • Maklergebühr 9.000,00 € + USt. • Grundsteuer 900,00 €

   Ermitteln Sie die Anschaffungskosten und buchen Sie den Sachverhalt.

4. Was versteht man unter **Aktivierung**?

5. Wie wird der **aktivierungspflichtige** Betrag beim Kauf von Anlagen ermittelt?

6. Erklären Sie den Begriff „**Anschaffungsnebenkosten**". Nennen Sie fünf Beispiele.

7. Nennen Sie drei Beispiele für **Anschaffungskostenminderungen**.

8. Welche der folgenden Kosten sind **nicht** Bestandteil der **Anschaffungskosten**? Begründungen.

   a) Kfz-Versicherung f) Erschließungskosten
   b) Kfz-Steuer g) Baugenehmigungsgebühr
   c) Transportversicherung h) Grundsteuer
   d) Finanzierungskosten im Zusammenhang mit der Anschaffung i) Grunderwerbsteuer
   e) Fundamentierungskosten j) Umsatzsteuer

Steuerung und Kontrolle: Jahresabschluss 333

9. Warum ist der Wert eines **bebauten Grundstücks** in Boden- und Gebäudewert aufzuteilen?

10. Kauf eines **Betriebsgebäudes** am 1. September 03.
    - Kaufpreis Gebäude 216.000,00 € (enthaltener Grundstückswert 50.000,00 €)
    - Kosten für Notar und Makler (ohne USt.) 12.000,00 €   • Grunderwerbsteuer 4.000,00 €
    - Grundsteuer 200,00 €   • Abschreibungssatz 2 %

    Ermitteln Sie den Wertansatz zum 31. Dezember 03. Begründung.

11. Am 1. Nov. kauften wir eine **Maschine** zum Rechnungspreis von 59.160,00 € einschließlich 16 % USt. Die Rechnung wurde unter Abzug von 3 % Skonto bezahlt. Weitere Angaben:
    - Nutzungsdauer 10 Jahre
    - Transportversicherung 230,00 €
    - Kontokorrentzinsen zur Finanzierung der Maschine 1.300,00 €
    - Montagekosten 1.600,00 € + USt.

    Wie lautet der Wertansatz, wenn der Gewinn so niedrig wie möglich ausfallen soll?

12. Im Frühjahr wurde eine hydraulische **Stanzpresse** erworben.

Listenpreis netto	125.000,00 €	Der Rechnungsbetrag wurde Anfang Mai unter Abzug von 2 % Skonto überwiesen.	
Kosten der Verpackung	8.000,00 €		
Kosten der Versendung	2.500,00 €		
Kosten für Versicherung	1.600,00 €	Bis zur Betriebsbereitschaft der Presse fielen noch weitere Kosten an:	
	137.100,00 €		
+ 16 % USt.	21.936,00 €	Rollgeld netto	1.380,00 €
Rechnungspreis	159.036,00 €	Fundamentierungskosten netto	3.800,00 €
		Montagekosten (einschl. 16 % USt.)	812,00 €

    Ermitteln Sie die Höhe der Anschaffungskosten.

13. Am 1. Oktober wurde eine neue **Verpackungsmaschine** in Betrieb genommen. Rechnungspreis inkl. 16 % USt. 104.400,00 € ab Werk.

    Der Rechnungsbetrag für die Maschine wurde unter Abzug von 3 % Skonto überwiesen.

    Im Zusammenhang mit der Anschaffung fielen noch folgende Kosten an (ohne Umsatzsteuer):

Fracht	1.400,00 €	13.1 Wie ist die Maschine zum 31. Dez. zu bewerten, wenn die Nutzungsdauer 10 Jahre beträgt? (Lineare Abschreibung)
Montagekosten	3.300,00 €	
Kosten der Abteilung Einkauf für Angebotsprüfung usw.	2.100,00 €	13.2 Wie hoch wäre der Wertansatz, wenn man die Maschine „frei Haus" geliefert hätte?

Prüfungsfragen

1. Kauf eines Bohrautomaten
   auf Ziel, Listenpreis   23.600,00 €   Für die Aufstellung der Automaten waren Fremdarbeiten notwendig.
   ./. 10 % Messerabatt   2.360,00 €
                                21.240,00 €   Es liegen Rechnungen vor über:
   + Fracht   600,00 €   Elektrikerarbeiten:
                                21.840,00 €   netto 280,00 € + USt.
   + 16 % USt.   3.494,40 €   Maurerarbeiten:
   Rechnungsbetrag   25.334,40 €   netto 400,00 € + USt.

2. Eine Kleiderfabrik kaufte ein Grundstück, wobei folgende Kosten entstanden sind: Notariatsgebühren, Grunderwerbsteuer, Maklergebühren, Gebühr für Grundbucheintrag, Grundsteuer. Welche der aufgeführten Kosten gehören zu den Anschaffungskosten?

3. Wir kaufen einen PKW im Wert von 27.000,00 € netto, Überführungskosten netto 450,00 € auf Ziel.

4. Wie werden die zu aktivierenden Anschaffungskosten für ein Anlagegut berechnet?

Steuerung und Kontrolle: Jahresabschluss 334

5.4 Abschreibungen - geringwertige Wirtschaftsgüter

Abschreibungen — Zweck:
- Erfassung von Wertminderungen
- Verteilung der AHK auf Nutzungsdauer

Ursachen: Abnutzung, techn. Fortschritt, Schadensfälle, wirtschaftl. Entwertung

Planmäßige Abschreibungen: nur auf **abnutzbares** Anlagevermögen!

Abschreibungsbeginn bei beweglichen Anlagegütern:

Jan.	Feb.	März	April	Mai	Juni	Juli	Aug.	Sept.	Okt.	Nov.	Dez.
↓	↓	↓	↓	↓	↓	↓	↓	↓	↓	↓	↓

Abschreibung ab Monat des Erwerbs bzw. Fertigstellung (monatsgenau)

Beispiel

Die Anschaffungskosten eines am **a) 10. Dezember b) 10. Juni** gekauften PC betragen 4.000,00 €.
Nutzungsdauer: 8 Jahre. Abschreibungsmethode: 20 % degressiv.

Ermitteln Sie den Bilanzwert zum 31. Dezember nach der alten und neuen Regelung..

Lösung

a
```
Anschaffungskosten                400.000,00 €
./. Abschreibung: 20 % • 1/12
    = 1,66.. % von 400.000,00 € =   6.667,00 €
=   Bilanzwert 31.12.            393.333,00 €
```

b
```
Anschaffungskosten                400.000,00 €
./. Abschreibung: 20 % • 7/12
    = 11,66.. % v. 400.000,00 € =  46.667,00 €
=   Bilanzwert 31.12.            353.333,00 €
```

Abschreibungsbeginn bei unbewegl. abnutzbaren Anlagegütern (v. a. Betriebsgebäude):

Abschreibung ab Monat der Bezugsfertigkeit. Bei Gebäuden Aufteilung der Anschaffungskosten auf Grundstück und Gebäude! (Nur Gebäude ist abschreibungsfähig!)

Abschreibungsverfahren:

1. Lineare Abschreibung (gleich bleibende Abschreibungsbeträge)

2. Degressive Abschreibung (fallende Abschreibungsbeträge):

- Steuerliche Vorschrift: max. das Zweifache (2006/2007: Dreifache) des linearen Satzes, jedoch maximal 20 % (2006/2007: 30 %).
- Wechsel zur linearen Methode zweckmäßig, sobald der lineare Abschreibungsbetrag für den Restwert den degressiven Abschreibungsbetrag übersteigt.
- Wechsel von der linearen zur degressiven Methode nicht erlaubt.
- Vorteile der degressiven Methode: – Zinsgewinn durch Steuerverschiebung
  – hoher Wertverlust im 1. Jahr besser berücksichtigt
  – jederzeitiger Wechsel zu linear möglich

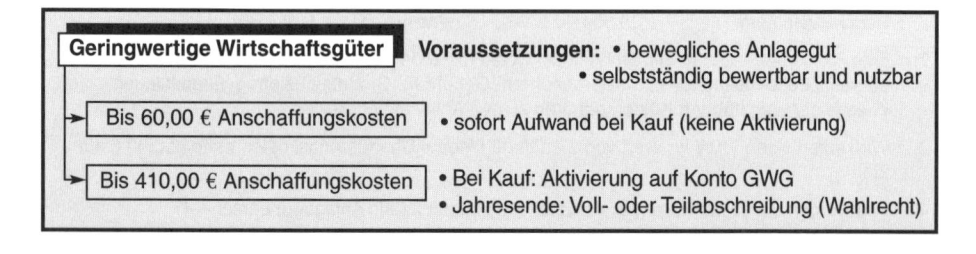

Geringwertige Wirtschaftsgüter — **Voraussetzungen:**
- bewegliches Anlagegut
- selbstständig bewertbar und nutzbar

→ Bis 60,00 € Anschaffungskosten — • sofort Aufwand bei Kauf (keine Aktivierung)

→ Bis 410,00 € Anschaffungskosten — • Bei Kauf: Aktivierung auf Konto GWG
- Jahresende: Voll- oder Teilabschreibung (Wahlrecht)

Steuerung und Kontrolle: Jahresabschluss

Geschäftsfälle + Verständnisfragen

1. a) Begründen Sie die Notwendigkeit von **Abschreibungen**.

   b) Wie wirken sich Abschreibungen erfolgsmäßig aus?

   c) Worin unterscheiden sich lineare und degressive Abschreibungen?

   d) Welcher steuerliche Zusammenhang hinsichtlich der Höhe des Abschreibungssatzes besteht zwischen linearer und degressiver Abschreibung?

   e) Welche Abschreibungsmethode kommt der Realität am nächsten? Begründung.

   f) Vergleichen Sie die degressive und lineare Abschreibungsmethode hinsichtlich ihrer erfolgsmäßigen Auswirkungen in den a) ersten b) späteren Nutzungsjahren.

2. a) Welche Abschreibungsmethode würden Sie bevorzugen, wenn Ihre Bilanz und GuV in den nächsten Jahren aufgrund geplanter Kapitalaufnahmen eine hohe Kreditwürdigkeit ausstrahlen soll? Begründung.

   b) Welche Abschreibungsmethode würden Sie bevorzugen, wenn sich die Unternehmung momentan im ba) Verlustbereich bb) Gewinnbereich befindet? Begründung.

3. Weshalb schreibt die Finanzverwaltung Höchstsätze für die jährliche Abschreibung vor?

4. Was versteht man unter „AfA"?

5. Ermitteln Sie die linearen und degressiven Abschreibungssätze in folgenden Fällen:

   Nutzungsdauer: a) 10   b) 5   c) 8   d) 4   e) 20   f) 12 Jahre

6. Welche Daten enthält ein Abschreibungsplan?

7. Anschaffungskosten eines LKW am 2. Januar 01: 40.000,00 €. Nutzungsdauer 8 Jahre. Erstellen Sie eine Abschreibungstabelle (lineare u. degressive Abschreibung). Wechseln Sie bei der degressiven Methode zum optimalen Zeitpunkt zur linearen Methode.

8. Eine Maschine wurde in den letzten 3 Jahren degressiv mit je 20 % abgeschrieben. Restbuchwert: 55.040,00 €. Wie hoch waren die Anschaffungskosten?

9. Die Eingangsrechnung eines am a) 10. Juli b) 10. Januar gekauften PC lautet über 4.640,00 € einschließlich 16 % USt. Wir zahlen unter Abzug von 2 % Skonto. Nutzungsdauer: 8 Jahre. Abschreibungsmethode: degressiv. Ermitteln Sie den Bilanzwert zum 31. Dezember

10. Wir haben im Januar 01 eine Büroeinrichtung, deren Nutzungsdauer 10 Jahre beträgt, für 100.000,00 € angeschafft. Buchwert vor dem Jahresabschluss 02: 90.000,00 €
    Der Betrieb beabsichtigt eine degressive Abschreibung von 20 %.
    Nehmen Sie dazu Stellung. Ermitteln Sie den höchsten steuerrechtlich zulässigen AfA-Betrag.

11. Die Anschaffungskosten für eine Drehbank betrugen im Juli 75.000,00 €. Die Nutzungsdauer wird auf 15 Jahre geschätzt. Am Ende des Jahres hofft der Buchhalter, die unterste Wertgrenze der Drehbank mit folgender Buchung zu erreichen: Abschreibungen an Maschinen 22.500,00 €. Welche Einwendungen wird der Steuerberater erheben? Berichtigen Sie den Wertansatz.

12. Nennen Sie die Voraussetzungen zur Anerkennung als **geringwertiges Wirtschaftsgut** (GWG).

13. Erklären Sie die buchhalterische Behandlung der GWG.

14. Welche Bewertungsalternative bezüglich GWG würden Sie wählen, wenn sich die Unternehmung augenblicklich in der a) Verlustzone b) Gewinnzone befindet? Begründungen

15. Wir kauften eine Maschine zu   500,00 €   Wir zahlen unter
                         − 17 % Rabatt   85,00 €   Abzug von 2,5 %
                                                  415,00 €   Skonto.
                         + 16 % USt.   66,40 €   Liegt ein GWG
                                                  481,40 €   vor? Begründung

Steuerung und Kontrolle: Jahresabschluss 336

16. Wir kauften wir im Mai 01 einen Projektor für 380,00 € brutto. Wir gingen von einer Nutzungsdauer von 4 Jahren aus und schrieben linear ab. Im Jahr 02 wollen wir den Projektor als GWG behandeln. Nehmen Sie Stellung.

17. Die Motorenwerke kauften am 2. Juli folgende Einrichtungsgegenstände:

```
– 4 Schreibtische zu je 412,00 €      1.648,00 €      Die Zahlung erfolgte am
– 4 Schränke zu je 450,50 €           1.802,00 €      8. Juli unter Abzug von
                                      3.450,00 €      3 % Skonto
+ 16 % USt.                             552,00 €
                                      4.002,00 €
```

Mit welchem Betrag sind die Büromöbel in der Schlussbilanz anzusetzen, wenn man von einer Nutzung von 12 Jahren ausgeht und der Gewinn so niedrig wie möglich sein soll?

Prüfungsfragen

1. Die Anschaffungskosten einer im Juli diesen Jahres gekauften Maschine betrugen 180.000,00 €, die geschätzte Nutzungsdauer 8 Jahre. Berechnen Sie den Buchwert zum 31. Dezember .. diesen Jahres nach linearer Abschreibung.

2. Weshalb haben die Finanzbehörden Höchstsätze für die jährliche AfA des Anlagevermögens festgelegt?

3. Warum sind Abschreibungen beim Anlagevermögen notwendig? Begründung.

4. Eine neue Büroeinrichtung wurde mit 40.000,00 € Anschaffungskosten gebucht. Nutzungsdauer: 10 Jahre. Buchen Sie die Abschreibung für das 1. Nutzungsjahr mit höchstmöglicher Abschreibung.

5. Warum werden bewegliche Anlagegüter i. d. R. degressiv abgeschrieben?

6. Erläutern Sie zwei Gründe, die einen Betrieb dazu veranlassen können, ein Wirtschaftsgut statt linear degressiv abzuschreiben.

7. Wodurch unterscheiden sich degressive und lineare Abschreibung?

8. Ein elektrischer Schwingschleifer mit einer Nutzungsdauer von sechs Jahren wurde zu Beginn des Jahres für 1.500,00 € (netto) angeschafft. Die Abschreibungsbuchung am 31. Dezember soll so vorgenommen werden, dass der Gewinn möglichst gering ausgewiesen wird.

9. Erläutern Sie, warum normalerweise Abschreibungen gemacht werden.

Steuerung und Kontrolle: Jahresabschluss

5.5 Verkauf von gebrauchten Anlagegütern

Stofftelegramm

Fall 1: Verkauf zum Buchwert

Verkauf einer gebrauchten Maschine, Buchwert **10.000,00 €**, für **10.000,00 €** + 16 % USt.

Buchungssatz:	240	Forderungen	11.600	an	5461	Erlöse AV	10.000
				an	480	Umsatzsteuer	1.600
	5461	Erlöse AV	10.000	an	07	Maschinen	10.000

Fall 2: Verkauf über Buchwert

Verkauf einer gebrauchten Maschine, Buchwert **10.000,00 €**, für **12.000,00 €** + 16 % USt.

Buchungssatz:	240	Forderungen	13.920	an	5461	Erlöse AV	12.000
				an	480	Umsatzsteuer	1.920
	5461	Erlöse AV	12.000	an	07	Maschinen	10.000
				an	546	Erträge AV	2.000

Fall 3: Verkauf unter Buchwert

Verkauf einer gebrauchten Maschine, Buchwert **10.000,00 €**, für **7.000,00 €** + 16 % USt.

Buchungssatz:	240	Forderungen	8.120	an	6961	Erlöse AV	7.000
				an	480	Umsatzsteuer	1.120
	6961	Erlöse AV	7.000	an	07	Maschinen	10.000
	696	Verluste AV	3.000				

Fall 4: Kauf LKW - „Zahlung" mit altem LKW

Kauf LKW für 100.000,00 € + 16 % USt. Ein alter LKW (Restbuchwert **25.000,00 €**) wird für **35.000,00 €** + 5.600,00 € USt. in Zahlung gegeben. Restzahlung erfolgt durch Bankscheck.

Buchungssatz:	a)	084	Fuhrpark	100.000	an	44	Verbindlichkeiten	116.000
		260	Vorsteuer	16.000				
	b)	44	Verbindlichk.	116.000	an	5461	Erlöse AV	35.000
					an	480	Umsatzsteuer	5.600
					an	280	Bank	75.400
	c)	5461	Erlöse AV	35.000	an	084	Fuhrpark	25.000
					an	546	Erträge AV	10.000

Fall 5: Kauf LKW - „Zahlung" mit altem LKW

Kauf LKW für 100.000 € + 16 % USt. Ein alter LKW (Restbuchwert **25.000,00 €**) wird für **20.000,00 €** + 3.200,00 € USt in Zahlung gegeben. Restzahlung erfolgt durch Bankscheck.

Buchungssatz:	b)	44	Verbindlichk.	116.000	an	6961	Erlöse AV	20.000
(a wie Fall 4!)					an	480	Umsatzsteuer	3.200
					an	280	Bank	92.800
		6961	Erlöse AV	20.000	an	084	Fuhrpark	25.000
		696	Verluste AV	5.000				

Steuerung und Kontrolle: Jahresabschluss 338

Prüfungsfragen

1. Kauf eines Firmenwagens:

Listenpreis	65.000,00 €
− 10 % Rabatt	6.500,00 €
	58.500,00 €
+ Überführungskosten	700,00 €
	59.200,00 €
+ 16 % USt.	9.472,00 €
Rechnungsbetrag	68.672,00 €

   Das Autohaus nimmt ein gebrauchtes Auto mit 11.600,00 € (einschließlich 16 % USt.) in Zahlung.

   Buchwert: 8.000,00 €

   Den Restbetrag begleichen wir mit Banküberweisung.

2. Kauf eines PKW netto 55.000,00 €
   + Überführungskosten 800,00 €
   + 16 % USt. 8.928,00 €
   64.728,00 €

   Wir geben einen gebrauchten PKW (Buchwert 8.000,00 €) in Zahlung für 11.600,00 € (einschließl. 16 % USt.). Restzahlung durch Banküberweisung.

3. Wir kaufen einen neuen Gabelstapler auf Ziel zum Preis von 56.000,00 € + 16 % USt. Der alte Stapler hat einen Restbuchwert von 10.800,00 € und wird für 13.500,00 € in Zahlung genommen. Die Restzahlung erfolgt durch Banküberweisung.

4.1 Für die Produktion wird eine Hobelmaschine mit folgender Eingangsrechnung geliefert und vom Lieferanten installiert:

Hobelmaschine	24.800,00 €
Installationskosten	2.200,00 €
	27.000,00 €
+ 16 % USt.	4.320,00 €
	31.320,00 €

4.2 Rechnungsausgleich:

   (1) Die alte Hobelbank mit einem Buchwert von 1.500,00 € wird für 2.000,00 € (netto) in Zahlung gegeben.

   (2) Überweisung des Restbetrages vom Postgirokonto.

5.1 Rechnung der Firma Fritz vor.

Audi A6 „Globus"	48.000,00 €
mit Lendenwirbelstütze	165,00 €
Klimaanlage	3.105,00 €
	51.270,00 €
zuzüglich Umsatzsteuer 16 %	8.203,20 €
	59.473,20 €

   Im Rahmen der Anschaffung fallen weitere Kosten für Überführung, Zulassung und Schilder in Höhe von 685,00 € (zuzüglich 16 % USt. = 109,60 €) an. Dieser Betrag wurde mit Bankscheck beglichen.

   Für die Versicherung des Neufahrzeuges liegt ein Überweisungsauftrag über 263,80 € vor.

   Buchen Sie den Sachverhalt.

5.2 Laut Aktennotiz der Firmenleitung wird bei Rechnungsausgleich in Absprache mit dem Autohaus ein Altfahrzeug (Buchwert 14.400,00 €) für 16 500,00 € zuzüglich 16 % USt. in Zahlung gegeben.

6. Anfang November liefert und montiert die Fa. Meier GmbH & Co. KG eine neue Fertigungsmaschine. Die Volta OHG finanziert den Rechnungsbetrag durch den Erlös aus dem Verkauf der alten Fertigungsmaschine (Buchwert 120.000,00 €) an eine Leasinggesellschaft für 100.000,00 € netto sowie durch einen Kredit, den die Hausbank per 30. November 1999 an die Volta OHG auszahlt.

   Buchen Sie als Mitarbeiter der Abteilung Rechnungswesen unter Berücksichtigung der **Anlagen:**

6.1 die Gutschrift des Bankkredites auf unserem Konto,
6.2 die auf dem Kontokorrentkonto angefallenen Zinsen,
6.3 den Eingang der Rechnung Nr. 478 für die Fertigungsmaschine,
6.4 den Verkauf der alten Fertigungsmaschine gegen Banküberweisung,
6.5 die Begleichung der Rechnung Nr. 478 per Banküberweisung unter Abzug von Skonto am 30. November 1999.
6.6 Die neue Fertigungsmaschine, Nutzungsdauer 12 Jahre, wird mit dem steuerlich zulässigen Höchstsatz degressiv abgeschrieben. Ermitteln und buchen Sie den Abschreibungsbetrag.

Steuerung und Kontrolle: Jahresabschluss

Anlage 1

Maschinenfabrik Meier GmbH & Co. KG

Fa. Meier GmbH & Co.KG, Landstr. 3, 96317 Kronach

Volta OHG
Industriegebiet W-15

10539 Berlin

Ihre Nachricht	Unser Zeichen	Telefon	Rechnung	Datum
1999-10-15	M-Gl	09261/490-0	Nr. 478	1999-11-26
			Bitte stets angeben	

Sehr geehrte Damen und Herren,

aufgrund Ihres Auftrages vom 15.10.1999 haben wir Ihnen die Fertigungsmaschine vom Typ SuperVolt 2000 geliefert und montiert.

Wir erlauben uns, Ihnen nach Inbetriebnahme folgende Beträge in Rechnung zu stellen:

Angebotspreis inklusive EDV-Programm, netto	260.000,00
- Rabatt 10 %	26.000,00
Maschinenpreis, netto	234.000,00
+ Montage und Einweisung, netto	16.000,00
Gesamtpreis	250.000,00
+ Umsatzsteuer 16 %	40.000,00
Rechnungsbetrag, brutto	290.000,00

Wir hoffen, den Auftrag zu Ihrer Zufriedenheit ausgeführt zu haben.

Mit freundlichen Grüßen

ppa. Alfred Glaser

Zahlungsbedingungen: 30 Tage netto oder 14 Tage 2 % Skonto vom Maschinenpreis

Die Maschine bleibt bis zur vollständigen Bezahlung unser Eigentum.
Überweisung auf: Genossenschaftsbank Kronach (BLZ 745 800 00) Konto 2346

Anlage 2

Berliner Bank
BLZ 10090000

		Kontokorrent	Kontoauszug	€-Konto
		Kontonummer	Auszug-Nr.	Blatt / von
		0344531	11/99	1/1

Buch.Tag	Buch.Nr.	Wert	Umsatzvorgang	Umsätze	Soll	Haben
30.11.	931	30.11.	Darlehen von: Berliner Bank			200.000,00 H
30.11.	947	30.11.	Zinsen		7.500,00 S	

Kontoinformationen		
akkumulierte Umsätze:	alter Saldo vom	30.11.99
	€	105.000,00 H
Soll 7.500,00	neuer Saldo vom	30.11.99
Haben 200.000,00	€	297.500,00 H

Volta OHG
Industriegebiet W-15

10539 Berlin

Steuerung und Kontrolle: Jahresabschluss 340

5.6 Bewertung von Vorräten

Stofftelegramm

Roh-, Hilfs- u. Betriebsstoffe, Fremdbauteile, Handelswaren

- **Bewertungsgrundsatz Umlaufvermögen:** strenges Niederstwertprinzip (s. o.)
- **Problem:** Eine Einzelbewertung gleichartiger Vorräte ist arbeitsaufwendig! Daher erlaubt der Gesetzgeber eine Durchbrechung des Grundsatzes der Einzelbewertung bei gleichartigen Vorräten –> best. Bewertungsvereinfachungsverfahren sind zulässig, z. B. gemäß § 240 Abs. 4 HGB: gewogener Durchschnitt

Beispiel (Rohstoffe):
Anfangsbestand: 800 kg zu je 7,50 €
Zugang 1: 500 kg zu je 6,30 €   **Wertansatz 31. Dez.?**
Zugang 2: 900 kg zu je 6,40 €
Endbestand: **700 kg** zu je **??????**

Lösung mit gewogenem Durchschnitt:

800 kg	zu je 7,50 € =	6.000,00 €
500 kg	zu je 6,30 € =	3.150,00 €
900 kg	zu je 6,40 € =	5.760,00 €
2 200 kg	=	14.910,00 €
1 kg	(Durchschnittspreis)	**6,78 €**

Wertansatz: 700 kg • 6,78 € = **4.746,00 €**

Buchungen: (verbrauchsorientierte Buchung)

```
    200 Rohstoffe              600 Rstaufwand
AB  6.000 | SB   4.746          3.150 | GuV 10.164
          | 600  1.254          5.760 |
    6.000 |      6.000     200  1.254 |
                                10.164 | 10.164

    Schlussbilanz              GuV
Rst. 4.746 |                RstA 10.164 |
```

Annahme: Tagespreis 31. Dez. < Durchschnittswert –> Ansatz des Tagespreises! (Strenges NWP)

Merke:

- Je höher der Schlussbestand angesetzt wird, umso niedriger ist der Rohstoffaufwand und umgekehrt.

- **Bei Preissteigerungen während des ganzen Jahres:**

  –> Durchschnittswert < Tagespreis –> Durchschnittswert ansetzbar

- **Bei Preissenkungen während des ganzen Jahres:**

  –> Durchschnittswert > Tagespreis –> Tagespreis ansetzen!

Steuerung und Kontrolle: Jahresabschluss

5.7 Bewertung von FE und UFE zu Herstellungskosten

Stofftelegramm

§ 253 Abs. 1 HGB: „Vermögensgegenstände sind höchstens mit den Anschaffungs- oder **Herstellungskosten**... anzusetzen."

Unfertige und fertige Erzeugnisse (UFE, FE) sind mit ihren Herstellungskosten anzusetzen.

Abkürzungen:
- MEK = Materialeinzelkosten
- MGK = Materialgemeinkosten
- FEK = Fertigungseinzelkosten
- FGK = Fertigungsgemeinkosten
- SEKF = Sondereinzelkosten der Fertigung
- VwGK = Verwaltungsgemeinkosten

Herstellungskosten

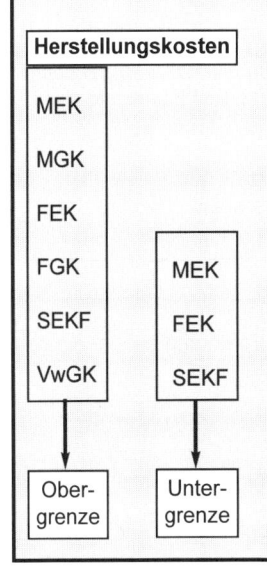

MEK	
MGK	
FEK	
FGK	MEK
SEKF	FEK
VwGK	SEKF
↓	↓
Obergrenze	Untergrenze

Merke:
- **Zusatzkosten** jeweils herausrechnen
- **Vertriebskosten** nicht aktivieren
- Aktivierungswahlrecht bei Gemeinkosten
- **Fremdkapitalzinsen:** § 255 (3) HGB: grundsätzlich nicht Bestandteil der Herstellungskosten; Ausnahme: Zinsen für Fremdkapital, das zur Herstellung benötigt wird, soweit auf Herstellungszeitraum entfallend.

Aufgaben

1. Welche Vermögensgegenstände sind mit Herstellungskosten zu bewerten?

2. Aus der Kostenrechnung liegen für Fertigerzeugnisse folgende Zahlen vor:

Materialeinzelkosten:	20.000,00 €	MGK-Zuschlag:	50 %
Fertigungseinzelkosten:	10.000,00 €	FGK-Zuschlag:	80 %
Sondereinzelkosten der Fertigung:	2.000,00 €	Verw.gemeinkosten:	1.000,00 €
Vertriebsgemeinkosten:	500,00 €		
In Gemeinkosten enthaltene Zusatzkosten:	2.000,00 €		

3. Angenommen, die Unternehmung verzeichnet in diesem Jahr einen außergewöhnlich hohen Gewinn. Wird sie bei der Bewertung der unfertigen und fertigen Erzeugnisse die Ober- oder Untergrenze wählen? Begründung.

4. Warum dürfen Vertriebskosten nicht Bestandteil der Herstellungskosten sein?

Steuerung und Kontrolle: Jahresabschluss 342

5.8 Zweifelhafte und uneinbringliche Forderungen

Geschäftsfälle

1. a) Über das Vermögen unseres Kunden Günter Schock wurde am 13. Oktober das Insolvenzverfahren eröffnet. Unsere Forderung: 9.280,00 € (einschließlich 16 % USt.).

   b) Am 31. Dezember erfahren wir, dass das Insolvenzverfahren mangels Masse abgelehnt wurde. Buchung 31. Dezember?

   c) Statt b: Am 27. Dez. überweist der Insolvenzverwalter nach Abschluss des Verfahrens 920,00 €. Buchung 27. Dezember?

2. Von einer zweifelhaften Forderung über 8.120,00 € (einschließlich 16 % USt.) sind 60 % uneinbringlich geworden. Buchung 31.12.?

3. Von einer zweifelhaften Forderung in Höhe von 4.025,00 € werden am 20. Oktober nach Abschluss des gerichtlichen Vergleichsverfahrens 2 415,00 € auf unser Bankkonto überwiesen. Wie lautet die Buchung am 20. Oktober?

4. Ein Insolvenzverfahren wurde im Vorjahr mangels Masse eingestellt. Wider Erwarten werden uns dieses Jahr 2 320,00 € einschließlich 16 % USt. überwiesen.
   Buchen Sie den Zahlungseingang.

Verständnisfragen

1. Nennen Sie drei Vorfälle, die den Buchhalter veranlassen, eine Forderung auf das Konto „zweifelhafte Forderungen" umzubuchen.

2. In welche drei Arten lassen sich Forderungen hinsichtlich ihrer Bonität einteilen?

3. Nennen Sie drei Vorfälle, die zu einer uneinbringlichen Forderung führen.

4. Wie werden a) zweifelhafte b) uneinbringliche Forderungen buchhalterisch behandelt?

5. Führt die Abschreibung einer uneinbringlichen Forderung zu einer Vorsteuer- oder Umsatzsteuerberichtigung? Begründung.

Prüfungsfragen

1. Eine zweifelhafte Forderung in Höhe von 25.520,00 € ist endgültig uneinbringlich.

2. Ein Kunde beantragt Eröffnung des Insolvenzverfahrens. Forderung: 46.000,00 €.

3. Bilden Sie für nachfolgende Geschäftsvorfälle die Buchungssätze.

3.1 Unser Kunde Lustig hat am 24. Januar 1998 das amtliche Insolvenzverfahren beantragt. Unsere Forderung beläuft sich auf 6.300,00 € inkl. 16 % USt.

3.2 Nach Abschluss des Verfahrens im November 1998 werden 3.780,00 € auf unserem Bankkonto gutgeschrieben.

Steuerung und Kontrolle: Jahresabschluss 343

5.9 Rückstellungen

Stofftelegramm

Rückstellungen

Rückstellungen	= **Verbindlichkeiten**, deren **Höhe oder Fälligkeit ungewiss** ist –> **Schätzungen** notwendig		
Rückstellungen für:	• ungewisse Verbindlichkeiten • unterlassene Instandhaltungsaufwendungen • Gewährleistungen (best. Voraussetzungen!)		
Bildung einer Rückstellung:		Aufwandskonto	an 39 Rückstellungen
Auflösung der Rückstellung:	a) Ertragsfall:	39 Rückstellungen	an 280 Bank an Erträge
	b) Aufwandsfall:	39 Rückstellungen 699 Period.fr. Aufwend.	an 280 Bank

Geschäftsfälle

1. Bei einem laufenden Rechtsstreit mit einem Kunden rechnen wir mit Verfahrenskosten in Höhe von 2.000,00 €.
2. Aufgrund einer Betriebsprüfung müssen wir mit Gewerbesteuernachzahlungen für das vergangene Jahr 02 rechnen. Geschätzter Betrag: 8.000,00 €.
   a) Buchung 31. Dezember 02?
   b) Buchung im Jahr 03: Wir haben richtig geschätzt und überweisen   8.000,00 €
   c) Buchung im Jahr 03: Wir haben zu hoch geschätzt und überweisen nur   6.000,00 €
   d) Buchung im Jahr 03: Wir haben zu niedrig geschätzt und überweisen   9.000,00 €

Verständnisfragen

1. Erklären Sie den Begriff „Rückstellungen" allgemein.
2. In welchen Fällen müssen Rückstellungen gebildet werden?
3. Erklären Sie die Erfolgswirksamkeit der Rückstellungsbildung.
4. Inwiefern unterscheiden sich Rückstellungen von Rücklagen?
5. Welchem Zweck dienen Rückstellungen?

Prüfungsfragen

Angaben zum Abschluss am 31. Dezember:

1. Dringend notwendige Maschinenreparaturen können erst im Januar durchgeführt werden. Voraussichtliche Kosten ca. 9.000,00 € netto.
2. Wir rechnen mit einer Gewerbesteuernachzahlung über 9.000,00 €.
3. Wir rechnen für einen laufenden Prozess mit voraussichtlichen Gerichtskosten in Höhe von 4.500,00 €.
4. Die Reparaturarbeiten an der Werkstattbelüftung sind noch nicht abgeschlossen. Der Kostenvoranschlag lautet auf 1.400,00 € + 16 % USt. Bilden Sie die entsprechende Rückstellung.
5. Es werden Rückstellungen für Gewährleistungsansprüche in Höhe von 8.500,00 € gebildet.

Steuerung und Kontrolle: Jahresabschluss 344

5.10 Bilanzaufbereitung und Strukturbilanz

Hinweis: Analyse des Jahresabschlusses vgl. Kap. 9 BWL!

Stofftelegramm

Bilanzbereinigung = Berichtigung verschiedener Vermögens- u. Kapitalposten, z. B.:

- **Ausstehende Einlagen** mit Eigenkapital verrechnen
- **Bilanzverlust** vom Eigenkapital abziehen
- **Bilanzgewinn:** Bei GmbH nicht ausgeschütteten Teil (Gewinnvortrag) dem Eigenkapital zurechnen
- **Rückstellungen** aufteilen in kurzfristige und langfristige Rückstellungen

(Hinweis: Der Begriff „Strukturbilanz" in Lit. nicht einheitlich definiert!)

Bilanzaufbereitung

= Zusammenfass. + Gruppierung der Bilanzpositionen

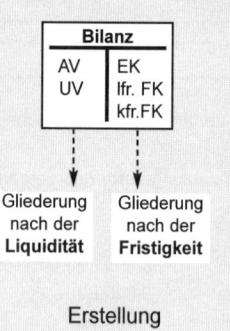

Bilanz
AV	EK
UV	lfr. FK
	kfr.FK

↓ Gliederung nach der **Liquidität**
↓ Gliederung nach der **Fristigkeit**

Erstellung eines **Bilanzaufbereitungsschemas (Strukturbilanz)** z. B. wie nebenstehend:

Bilanzaufbereitungsschema = Strukturbilanz (z. B.)

	Berichtsjahr T€	%	Vorjahr T€	%	Zu-, Abnahme T€
Aktiva					
Sachanlagen					
Finanzanlagen					
Summe AV					
Vorräte					
Forderungen					
Flüssige Mittel					
Summe UV					
Summe Vermögen					
Passiva					
Gez. Kapital					
Rücklagen					
Gewinnvortrag					
Summe Eigenkapital					
Lfr. Fremdkapital					
Kfr. Fremdkapital					
Summe Fremdkapital					
Summe Kapital					

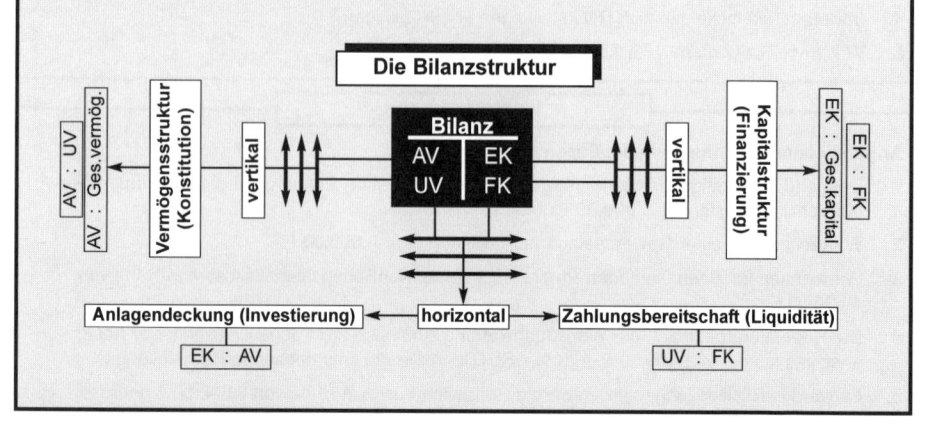

Die Bilanzstruktur

AV : UV
AV :: Ges.vermög.

Vermögensstruktur (Konstitution) ← vertikal

Bilanz
| AV | EK |
| UV | FK |

vertikal → Kapitalstruktur (Finanzierung)

EK : FK
EK :: Ges.kapital

Anlagendeckung (Investierung) ← horizontal → Zahlungsbereitschaft (Liquidität)

EK : AV   UV : FK

Steuerung und Kontrolle: Jahresabschluss 345

Prüfungsaufgaben

Prüfungsaufgabe 2004 (Aufgabe 2)

Das Textilunternehmen Elan GmbH in Radolfzell mit 45 Mitarbeitern sieht sich wegen der schlechten Konjunkturlage und der aggressiven Preispolitik des großen Konkurrenten Fashional GmbH gezwungen, ihre Produktpolitik zu überdenken. Hierzu notwendige Investitionen sollen zum großen Teil über Bankkredite finanziert werden.

Die Geschäftsführerin der Elan GmbH Ingrid Schmidt hat für die nächste Woche ein Beratungsgespräch mit der Hausbank vereinbart und bittet Sie, die notwendigen Daten für dieses Treffen vorzubereiten. Grundlage für die folgenden Auswertungen soll der vorläufige Jahresabschluss des Geschäftsjahres 2003 sein.

1 Erläutern Sie mit Hilfe des Gesetzes, aus welchen Bestandteilen der Jahresabschluss der Elan GmbH bestehen muss. (Anlage 8)

2 Für die Entscheidung der Hausbank, unseren Kreditrahmen zu erweitern, wird nebst anderen Kriterien der Jahresabschluss einer finanz- und ertragswirtschaftlichen Analyse unterzogen.

Die Hausbank der Elan GmbH legt hierbei großen Wert auf folgende Kennzahlen:

- Eigenkapitalquote - Kennzahl zur Kapitalstruktur
- Anlagendeckung (Investierung) Deckungsgrad II - Kennzahl zur Finanzierung
- Eigenkapitalrentabilität - Kennzahl zur Ertragskraft

Ermitteln Sie diese drei Kennzahlen für die Elan GmbH anhand der vorläufigen Daten des Jahres 2003 und beurteilen Sie das Ergebnis. (Anlagen 5, 6 und 7)

3 In den Sachanlagen befinden sich einige Textilpressen (Spann- und Muldenpressen). Sie haben laut AfA-Tabelle eine Nutzungsdauer von 8 Jahren. Die Pressen wurden im Oktober 2003 angeschafft. In der vorläufigen GuV des Jahres 2003 wurde bisher die maximal mögliche Abschreibung angesetzt. (Anlage 6)

Überprüfen Sie nachvollziehbar die für diese Pressen enthaltene Abschreibung (200.000,00 €) und korrigieren Sie diese so, dass die Eigenkapitalrentabilität der des Jahres 2002 so nahe wie möglich kommt. Begründen Sie Ihre Entscheidung.

Steuerung und Kontrolle: Jahresabschluss 346

Anlage 5 Vorläufige Bilanz der Elan GmbH für das Jahr 2003 in TEUR (T€)

Aktiva			Passiva		
A	**Anlagevermögen**		**A**	**Eigenkapital**	
	I. Sachanlagen			I. Gezeichnetes Kapital	1.900,00
	1. Grundstücke u. Bauten	3.000,00		II. Gewinnrücklage	500,00
	2. Technische Anlagen und Maschinen	3.200,00		III. Jahresüberschuss	80,00
	3. Andere Anlagen	1.880,00			
			B	**Rückstellung**	
B	**Umlaufvermögen**			1. Steuerrückstellung	2.100,00
	I. Vorräte:			2. Sonstige Rückstellung	1.600,00
	1. Roh-, Hilfs- u. Betriebsstoffe	1.500,00			
	2. Fertige Erzeugnisse	4.000,00	**C**	**Verbindlichkeiten**	
				1. Verbindl. gegen Kreditinsitute	8.600,00
	II. Forderungen und sonstige Vermögensgegenstände			2. Verbindl. aus L.u.L.	3.700,00
	1. Forderungen aus L.u.L.	4.500,00			
	III.Kassenbest., Guthaben bei KI	300,00			
C	**Rechnungsabgrenzungsposten**	100,00			
		18.480,00			**18.480,00**

Hinweis: Rückstellungen sind ausschließlich kurzfristiger Natur
Verbindlichkeiten gegenüber Kreditinsituten beinhalten ein langfristiges Darlehen in Höhe von 6 Mio. €.

Anlage 6 Vorläufige Gewinn- und Verlustrechnung der Elan GmbH für das Jahr 2003 in T€

1. Umsatzerlöse	3.880,00
2. Erhöhung des Bestandes an fertigen Erzeugnissen	40,00
3. sonstige betriebliche Erträge	190,00
4. Materialaufwand	1.340,00
5. Personalaufwand	1.660,00
6. Abschreibung auf Sachanlagen	260,00
7. sonstige betriebliche Aufwendungen	140,00
8. Zinsen und ähnliche Aufwendungen	70,00
9. Ergebnis der gewöhnlichen Geschäftstätigkeit	640,00
10. außerordentliche Erträge	20,00
11. außerordentliche Aufwendungen	10,00
12. außerordentliches Ergebnis	10,00
13. Steuern von Einkommen und von Ertrag	570,00
14. Jahresüberschuss	80,00

Anlage 7 Daten / Kennzahlen des Jahres 2002

Eigenkapitalquote	Deckungsgrad II	Eigenkapitalrentabilität	durchschnittl. Kapitalmarktzins
15 %	106 %	8 %	5,2 %

Anlage 8: Auszug aus dem Handelsgesetzbuch

§ 264 Pflicht zur Aufstellung

(1) Die gesetzlichen Vertreter einer Kapitalgesellschaft haben den Jahresabschluss (§ 242) um einen Anhang zu erweitern, der mit der Bilanz und der Gewinn- und Verlustrechnung eine Einheit bildet, sowie einen Lagebericht aufzustellen. Der Jahresabschluss und der Lagebericht sind von den gesetzlichen Vertretern in den ersten drei Monaten des Geschäftsjahrs für das vergangene Geschäftsjahr aufzustellen. Kleine Kapitalgesellschaften (§ 267 Abs.1) brauchen den Lagebericht nicht aufzustellen; sie dürfen den Jahresabschluss auch später aufstellen, wenn dies einem ordnungsgemäßen Geschäftsgang entspricht, jedoch innerhalb der ersten sechs Monate des Geschäftsjahres.

6 Prüfung Steuerung und Kontrolle 2004/2005

Aufgabe 1 Jahresabschluss

Unternehmensprofil

Die VTO-GmbH ist ein Zulieferbetrieb der Automobilindustrie. Sie sind Mitarbeiter in der Buchführung des Unternehmens. Erledigen Sie für das Geschäftsjahr 2003 noch folgende Aufgaben. Verwenden Sie hierzu die Anlagen.

1.1 Am 10. Januar 2003 wurde von unserer Firma folgendes Bankdarlehen aufgenommen.
Darlehenssumme: 900.000,00 €
Auszahlungsbetrag: 96 %
Fälligkeit: 9. Januar 2013 zum Nominalwert

1.2 17. Februar 2003:
Banküberweisung der Gewerbesteuernachzahlung in Höhe von 4.586,73 €.
Hierfür wurden beim Abschluss 2002 Rückstellungen in Höhe von 4.500,00 € gebildet.

1.3 Buchen Sie die Eingangsrechnung vom 15. Juli 2003 (**Anlage 1**).

1.4 24. Juli 2003:
Banküberweisung der Eingangsrechnung vom 15. Juli 2003 unter Berücksichtigung der ausgehandelten Zahlungsbedingung (**Anlage 2**).

1.5 2. Oktober 2003:
Eine Ausgangsrechnung für verkaufte Fertigerzeugnisse an die Firma Wagner ist noch zu buchen.
Nettobetrag: 10.800,00 € (**Anlage 3**).

Buchungen zum Ende des Geschäftsjahres

1.6 Die Anlagegüter der Eingangsrechnung vom 15. Juli 2003 sind mit dem höchstmöglichen Betrag abzuschreiben (Nutzungsdauer PC: drei Jahre).

1.7 Ermitteln Sie den Wertansatz nach der jährlichen Durchschnittswertmethode für den Artikel mit der Artikelnummer 12378 (Auszüge aus dem Lagermodul), wenn der Tageswert bei 4,52 €/kg liegt (**Anlage 4**).

1.8 Zum 29. Dezember 2003 informierte uns der Insolvenzverwalter der Firma Wagner (vgl. 1.5), dass deren Insolvenzantrag mangels Masse abgelehnt wurde.

1.9 Das Disagio ist für 2003 anteilig als Aufwand zu berücksichtigen (vgl. 1.1).

Office-Center GmbH

Anlage 1

Office-Center GmbH, Irisweg 15, 68309 Mannheim

Telefon 0621 723041
Fax   0621 723051

VTO-GmbH
Rotweg 33-37
70597 Stuttgart

Bankverbindung.
Volksbank Rhein-Neckar eG
Konto: 3 009 918
BLZ: 670 900 00

Ihre Nachricht	Unsere Zeichen	Rechnung	Datum
03-07-03	Wo/Di	Nr. 3143	15-07-03

Lieferschein: 768945 vom 15-07-03

Pos. 1	3x Pavillon Notebook Ze abzügl. 10 % Rabatt	1.499,00 €	4.497,00 € 449,70 €
Pos. 2	1x Novus Elektrohefter	49,90 €	49,90 €
Pos. 3	4x 500 Blatt Kopierpapier	3,44 €	13,76 €
			4.110,96 €
		16 % USt.	657,75 €
			4.768,71 €

Zahlung: bis 25.07.03 mit 2 % Skonto, bis 15.08.03 rein netto
Umsatzsteueridentifikationsnummer: 796544310

Anlage 2

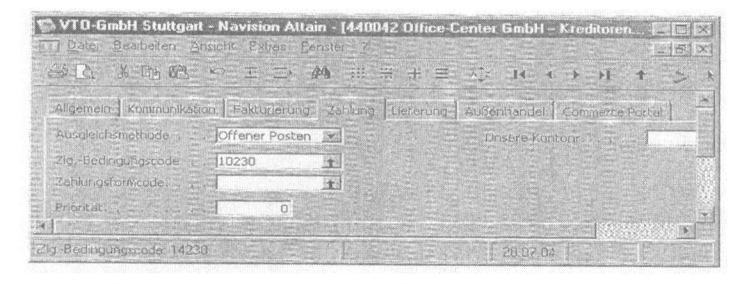

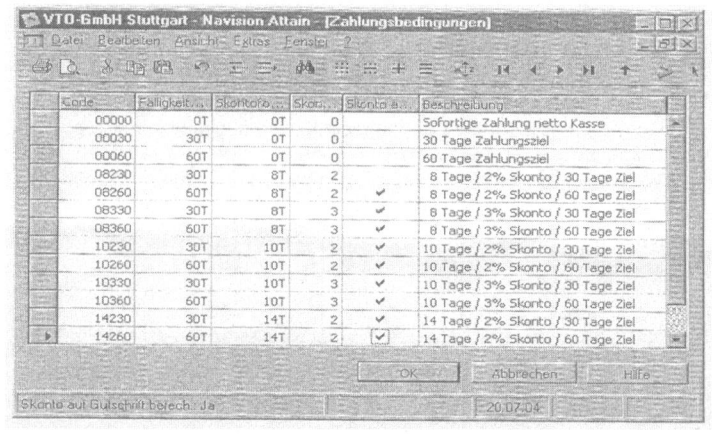

VTO-GmbH Stuttgart - Navision Attain - [440042 Office-Center GmbH - Kreditoren...]

Datei Bearbeiten Ansicht Extras Fenster ?

Allgemein | Kommunikation | Fakturierung | Zahlung | Lieferung | Außenhandel | Commerce Portal

Ausgleichsmethode   Offener Posten
Zlg.-Bedingungscode   10230   Unsere Kontonr. :
Zahlungsformcode
Priorität   0

Zlg.-Bedingungscode: 14230   20.07.04

VTO-GmbH Stuttgart - Navision Attain - [Zahlungsbedingungen]

Datei Bearbeiten Ansicht Extras Fenster ?

Code	Fälligkeit...	Skontofr...	Skon...	Skonto a...	Beschreibung
00000	0T	0T	0		Sofortige Zahlung netto Kasse
00030	30T	0T	0		30 Tage Zahlungsziel
00060	60T	0T	0		60 Tage Zahlungsziel
08230	30T	8T	2		8 Tage / 2% Skonto / 30 Tage Ziel
08260	60T	8T	2	✓	8 Tage / 2% Skonto / 60 Tage Ziel
08330	30T	8T	3	✓	8 Tage / 3% Skonto / 30 Tage Ziel
08360	60T	8T	3	✓	8 Tage / 3% Skonto / 60 Tage Ziel
10230	30T	10T	2	✓	10 Tage / 2% Skonto / 30 Tage Ziel
10260	60T	10T	2	✓	10 Tage / 2% Skonto / 60 Tage Ziel
10330	30T	10T	3	✓	10 Tage / 3% Skonto / 30 Tage Ziel
10360	60T	10T	3	✓	10 Tage / 3% Skonto / 60 Tage Ziel
14230	30T	14T	2	✓	14 Tage / 2% Skonto / 30 Tage Ziel
14260	60T	14T	2	✓	14 Tage / 2% Skonto / 60 Tage Ziel

OK   Abbrechen   Hilfe

Skonto auf Gutschrift berech.: Ja   20.07.04

(Fortsetzung Anlage 2)

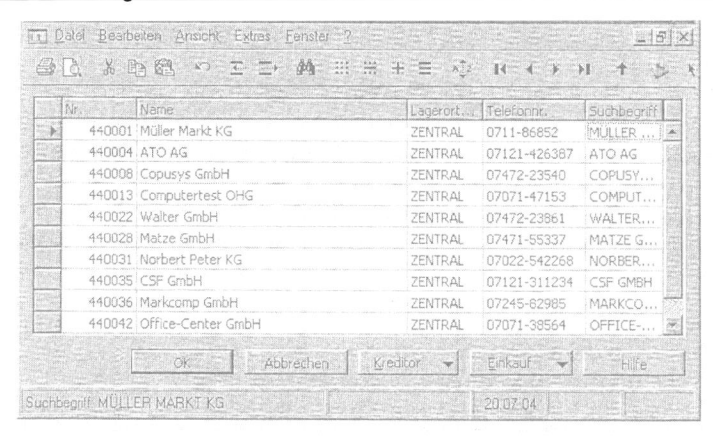

Nr.	Name	Lagerort	Telefonnr.	Suchbegriff
440001	Müller Markt KG	ZENTRAL	0711-86852	MÜLLER ...
440004	ATO AG	ZENTRAL	07121-426387	ATO AG
440008	Copusys GmbH	ZENTRAL	07472-23540	COPUSY...
440013	Computertest OHG	ZENTRAL	07071-47153	COMPUT...
440022	Walter GmbH	ZENTRAL	07472-23861	WALTER...
440028	Matze GmbH	ZENTRAL	07471-55337	MATZE G...
440031	Norbert Peter KG	ZENTRAL	07022-542268	NORBER...
440035	CSF GmbH	ZENTRAL	07121-311234	CSF GMBH
440036	Markcomp GmbH	ZENTRAL	07245-62985	MARKCO...
440042	Office-Center GmbH	ZENTRAL	07071-38564	OFFICE-...

Suchbegriff: MÜLLER MARKT KG — 20.07.04

Anlage 3

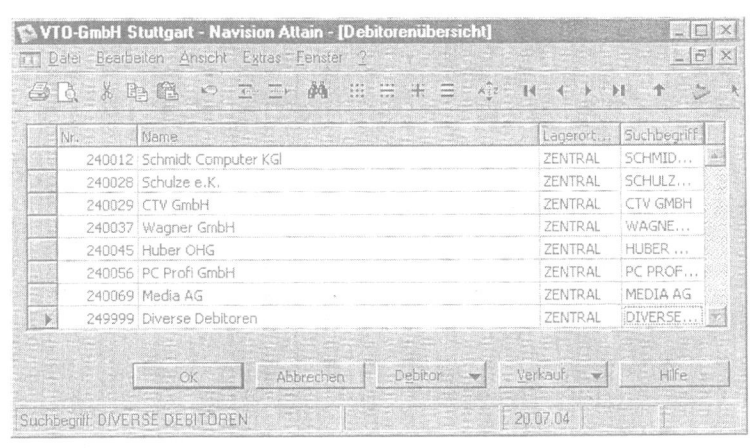

VTO-GmbH Stuttgart - Navision Attain - [Debitorenübersicht]

Nr.	Name	Lagerort	Suchbegriff
240012	Schmidt Computer KGl	ZENTRAL	SCHMID...
240028	Schulze e.K.	ZENTRAL	SCHULZ...
240029	CTV GmbH	ZENTRAL	CTV GMBH
240037	Wagner GmbH	ZENTRAL	WAGNE...
240045	Huber OHG	ZENTRAL	HUBER ...
240056	PC Profi GmbH	ZENTRAL	PC PROF...
240069	Media AG	ZENTRAL	MEDIA AG
249999	Diverse Debitoren	ZENTRAL	DIVERSE...

Suchbegriff: DIVERSE DEBITOREN — 20.07.04

Anlage 4: Auszug aus der Lagerdatei

Artikelnr.	Bezeichnung	Einheitencode		Teileart: Rohstoff	
12378	V4A-Stahlblech	kg		Zentrallager	
Bestellverfahren: Bestellrhythmus					
Liefertermine: 10.01.; 10.04.; 10.07.; 10.10.					
2003	Zugang in kg	EK-Preis pro Einheit	Abgang in kg	Bestand/kg	Wert
AB	-	-	-	1000	4.200,00 €
10. Jan	2000	4,14 €	-	-	
1. Feb	-	-	1600	1400	
10. Apr	2000	4,24 €	-	-	
2. Jun	-	-	2200	1200	
10. Juli	2000	4,56 €	-	-	
5. Sep	-	-	2600	600	
10. Okt	2000	4,48 €	-	-	
1. Dez	-	-	1800		
EB	?		-		

Aufgabe 2 Kostenrechnung

Unternehmensprofil

Bei der VTO-GmbH, einem Zulieferbetrieb der Automobilindustrie, wird in einem Zweigwerk ein Drehzahlmesser komplett hergestellt. Die Kapazität des Werkes beträgt 30 000 Einheiten pro Quartal. Es erfolgt reine Auftragsproduktion.
Die Kapazitätsauslastung ist im 1. Quartal 2004 durch den Verlust eines Großkunden deutlich gesunken. Im 1. Quartal 2004 wurden die im 4. Quartal 2003 ermittelten Istgemeinkostenzuschlagsätze als Normalkostenzuschlagsätze zugrunde gelegt.
Die Kostenrechnungsabteilung ermittelte die in **Anlage 5** ausgewiesenen Ist-Gemeinkosten für diesen Drehzahlmesser.
Der Barverkaufspreis lag in beiden Quartalen bei 90,00 €.
Für das 2. Quartal 2004 liegt eine Anfrage eines neuen Kunden vor, der bereit wäre, 4 000 Stück pro Monat zu einem Preis von 80,00 € pro Stück abzunehmen. Ohne diesen Zusatzauftrag würde die Kapazitätsauslastung weiterhin bei 50 % bleiben. Für diese Produktionsmenge würde weiterhin ein Verkaufspreis von 90,00 € erzielt.

Sie erhalten den Auftrag, eine Sitzung der Geschäftsleitung vorzubereiten.

Tagesordnung.

1 Ergebnisdarstellung der letzten beiden Quartale.
  Gewinnentwicklung im letzten halben Jahr.

2 Analyse der Ergebnisentwicklung und der Kostenunterdeckung.

3 Vergleich der Normalgemeinkostenzuschlagsätze (4. Quartal 2003) und der Istgemeinkostenzuschlagsätze im 1. Quartal 2004 und deren Interpretation.
  (Die Normalgemeinkostenzuschlagsätze sind auf eine Nachkommastelle zu runden.)

4 Entscheidung über Aufnahme des Zusatzauftrages.
  Berechnung der voraussichtlichen Kosten- und Gewinnentwicklung.

Anlage 5

Kapazitätsauslastung: **Einzelkosten:**

4. Quartal 2003:   Kapazitätsauslastung: 80 %   Fertigungslöhne: 25,00 € pro
1. Quartal 2004:   Kapazitätsauslastung: 50 %   Drehzahlmesser

                                                Materialeinzelkosten: 22,50 € pro Stück

Ist-Gemeinkosten

Gemeinkosten	4. Quartal 2003	1. Quartal 2004
Materialgemeinkosten	120.000,00 €	100.000,00 €
Fertigungsgemeinkosten	500.000,00 €	443.500,00 €
Verwaltungsgemeinkosten	176.000,00 €	170.000,00 €
Vertriebsgemeinkosten	88.000,00 €	58.000,00 €

7 Prüfung Steuerung und Kontrolle 2005

Aufgabe 1 Kosten- und Leistungsrechnung

Das mittelständische Unternehmen Metallbau Struck GmbH stellt vorwiegend Geländer, Brüstungen und Zäune entweder aus Edelstahl V2A oder aus nicht rostfreiem Material, das entsprechend verzinkt und lackiert wird, her.
Sie haben nachfolgend die Aufgabe, den Kundenauftrag der Stadtverwaltung von der Angebotsabgabe bis zur Nachkalkulation zu betreuen.

1.1 Kalkulieren Sie den Angebotspreis für die Abschrankungsgitter im örtlichen Stadion anhand der folgenden Daten:
Fertigungsmaterial: 5.000,00 €; Fertigungslöhne: 6.000,00 €
Normalgemeinkostenzuschlagssätze: MGK 18 %, RestFGK 38 %
Laufzeit der Maschine A: 6,5 Stunden;
Maschinenstundensatz: 830,00 €
VwGK 15 %, VtGK 7 %; Kalkulierter Gewinn: 20 %
Wir gewähren 10 % Rabatt und 2 % Skonto.

1.2 Für den Monat Februar 2005 liegt uns der teilweise erstellte BAB vor.
Vervollständigen Sie den BAB. (**Anlage 1**)
Berechnen Sie den Maschinenstundensatz der Maschine A, die am 14. Januar 2001 für die Fertigung angeschafft wurde. Berücksichtigen Sie hierbei die folgenden Angaben und die sonstigen maschinenabhängigen Gemeinkosten aus dem BAB:
die Maschine A läuft durchschnittlich im Monat 170 Stunden
der Strombedarf der Maschine beträgt 45 kwh, Strompreis 0,22 €/kwh, monatliche Grundgebühr 17,00 €.
Angaben zur Maschine A entnehmen Sie der Anlagenkartei (**Anlage 2**). Für die Berechnung des Wiederbeschaffungswertes geht man von einer Verteuerung von 12 % aus, die geplante Nutzungsdauer stimmt mit der steuerlich Zulässigen überein.
Der jährliche kalkulatorische Zinssatz beträgt 6 % vom halben Anschaffungswert.
Als Raumkosten werden pro m² 5,00 € pro Monat angesetzt, die Maschine beansprucht 20 m Länge und 10 m Breite.

Verbrauch an Fertigungsmaterial: 385.000,00 €; Fertigungslöhne: 382.500,00 €
Bestandsveränderungen:
Fertigerzeugnisse: Anfangsbestand: 20.000,00 €   Endbestand: 40.000,00 €
unfertige Erzeugnisse: Anfangsbestand: 50.000,00 €   Endbestand: 28.200,00 €

Berechnen Sie die Ist-Zuschlagssätze (1 Stelle hinter dem Komma).

1.3 Wir erhielten den Zuschlag für unser Angebot und der Auftrag wurde bereits ausgeführt. Erstellen Sie die Nachkalkulation. Verwenden Sie für die Nachkalkulation die im BAB ermittelten Ist-Zuschlagssätze und den Ist-Maschinenstundensatz.
Tatsächlich verbrauchtes Material: 4.900,00 €
Die Fertigungslöhne erhöhten sich um 5 %.
Die Maschinenlaufzeit betrug 7 Stunden.
Ermitteln Sie die Kostenabweichung der Selbstkosten in € und in %.
Wie hoch ist der tatsächlich erzielte Gewinnzuschlag?

Anmerkung: Sollten Sie bei der Aufgabe 1.2 zu keinen Lösungen gelangt sein, so gehen Sie von folgenden Ist-Zuschlagssätzen aus: MGK 21 %, RestFGK 39 %, VwGK 13 %, VtGK 8 %, Maschinenstundensatz 850,00 €.

1.4 Erläutern Sie zwei Gründe, die für eine Kalkulation mit Maschinenstundensätzen sprechen.

Aufgabe 2 Jahresabschluss

2.1 Wir verkaufen seit Jahren an die Mayer GmbH Handelswaren (vgl. Debitorenliste, **Anlage 3**). Formulieren Sie den Buchungssatz, der zu dem offenen Posten geführt hat.

2.2 Am 15.09.2004 entnehmen wir der örtlichen Presse unter der Rubrik „Amtliche Bekanntmachungen" des Handelsregisters (Eintrag 2478) vom 10.09.2004), dass das Unternehmen Insolvenz beantragt hat. Nehmen Sie die erforderliche Buchung vor.

2.3 Am 14.12.2004 erhalten wir vom Insolvenzverwalter die schriftliche Benachrichtigung, dass das Vergleichsverfahren abgeschlossen ist und die Vergleichsquote 40 % beträgt. Buchen Sie diesen Sachverhalt.

2.4 Buchen Sie die Eingangsrechnung der Firma Liebermann (**Anlage 4**)

2.5 Nehmen Sie am 31.12.2004 für die von der Firma Liebermann gekauften Gegenstände die notwendigen Abschreibungen vor, wobei unser Unternehmen die maximal mögliche Abschreibung ansetzen will (**Anlagen 4 u. 5**).

Anlage 1

BAB für Monat Februar Gemeinkosten	€	Verteilungsschlüssel	Material	Fertigung Maschine A	Fertigung RestFGK	Verwaltung	Vertrieb
RHB-Stoffe	8.000,00	1					
Energie	11.000,00	4 nach Verbrauch	1.000,00			5.000,00	2.000,00
Instandhaltung	40.000,00	1					
Gehälter	288.000,00	6 lt. Gehaltsliste	48.000,00	96.000,00		96.000,00	48.000,00
Sozialabgaben	38.400,00	1 lt. Gehaltsliste	6.400,00	16.000,00		9.600,00	6.400,00
Abschreibung	120.000,00 wertmäßig		5.000,00			10.000,00	5.000,00
Büromaterial	10.000,00	1					
Gewerbesteuer	30.000,00 gemäß Schlüssel	10	3.000,00	12.000,00		12.000,00	3.000,00
Zinsaufwand	60.000,00 gemäß Ansch.wert	1	8.000,00			12.000,00	8.000,00
Kalk. Miete	2.000,00 nach qm	8	100,00			200,00	500,00
Summe							
Zuschlagsgrundlage			MEK	FL	FL	HK d. Fert.	HK d. Umsatzes
Ist-Zuschlagssätze							

Steuerung und Kontrolle: Prüfung 2005   353

Anlage 2

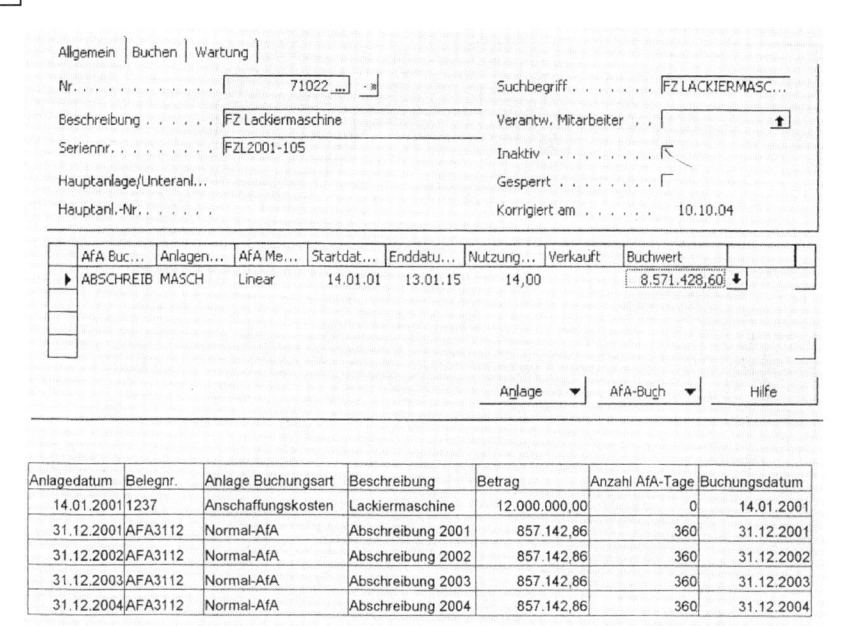

Allgemein	Buchen	Wartung					
Nr.		71022		Suchbegriff		FZ LACKIERMASC...	
Beschreibung		FZ Lackiermaschine		Verantw. Mitarbeiter			
Seriennr.		FZL2001-105		Inaktiv			
Hauptanlage/Unteranl...				Gesperrt			
Hauptanl.-Nr.				Korrigiert am		10.10.04	

	AfA Buc...	Anlagen...	AfA Me...	Startdat...	Enddatu...	Nutzung...	Verkauft	Buchwert
▶	ABSCHREIB	MASCH	Linear	14.01.01	13.01.15	14,00		8.571.428,60

Anlage ▼   AfA-Buch ▼   Hilfe

Anlagedatum	Belegnr.	Anlage Buchungsart	Beschreibung	Betrag	Anzahl AfA-Tage	Buchungsdatum
14.01.2001	1237	Anschaffungskosten	Lackiermaschine	12.000.000,00	0	14.01.2001
31.12.2001	AFA3112	Normal-AfA	Abschreibung 2001	857.142,86	360	31.12.2001
31.12.2002	AFA3112	Normal-AfA	Abschreibung 2002	857.142,86	360	31.12.2002
31.12.2003	AFA3112	Normal-AfA	Abschreibung 2003	857.142,86	360	31.12.2003
31.12.2004	AFA3112	Normal-AfA	Abschreibung 2004	857.142,86	360	31.12.2004

Anlage 3

Auszug aus dem Debitorenübersichtsjournal der Metallbau Struck GmbH

Deb-nr.	Debitor	PLZ	Straße	Ort	bisheriger Jahresumsatz	letzte Rechnung	offene Posten
24198	Kaiser KG	...	...	...	2.345,83	2.345,83	0,00
24199	Maas AG	...	...	...	25.456,48	2.345,11	0,00
24200	Maier GmbH	...	...	...	23.333,33	1.800,00	1.800,00
24201	Mayer GmbH	...	...	...	56.000,80	17.400,00	17.400,00
24202	Müller OHG	...	...	...	46.667,33	14.500,00	7.250,00
24203	Neumann AG	...	...	...	38.889,44	12.083,33	0,00
24204	Plöd KG	...	...	...	32.407,87	10.069,44	0,00
24205	...	...	...	...	...	...	...

Anlage 4

Liebermann e. K

Alles fürs Büro

09783 Leipzig
Maierweg 12
Tel.: 08765-231
Fax: 08765-214

An Metallbau Struck GmbH
Rotweg 3-12
70180 Stuttgart

Rechnung Nr. 4292   09.10.2004

Bezeichnung	Menge	Preis	Gesamt
Pentium4cxv	1	2.459,00	2.459,00
Fax-Gerät Quickmot	1	280,00	280,00
Tischreißwolf	1	56,00	56,00
Papier weiß classic 1.000 Blatt	10	3,90	39,00
Nettobetrag			2.834,00
16 % Umsatzsteuer			453,44
			3.287,44

Rechnung zahlbar sofort ohne Abzug von Skonto

USt-ID-Nr. DE 98534761   Steuer-Nr.: 52781946218

Anlage 5

Auszug aus der Afa-Tabelle für allgemein verwendbare Anlagegüter

Anlagengüter	Nutzungsdauer in Jahren
Abfüllanlagen	10
Außenbeleuchtung	19
Autowaschanlagen	10
Büromöbel	13
CD-Player	7
EC-Kartenleser	8
Handy	5
Ladeaggregate	19
Lagereinrichtung	14
Personalcomputer	3
PKW	6
Warenautomaten	5
Zeichengeräte, elektronisch	8

Steuerung und Kontrolle: Prüfung 2005/2006 355

8 Prüfung Steuerung und Kontrolle 2005/2006

Aufgabe 1: Jahresabschluss

Die Schneider Solar GmbH ist ein mittelständisches Unternehmen im Bereich der Umwelttechnik.
Sie bietet Komplettlösungen für regenerative Energieprojekte an und befindet sich in einer guten Ertragslage. Sie sind im Rechnungswesen des Unternehmens beschäftigt. Erledigen Sie für das Geschäftsjahr 2004 die nachfolgenden Aufgaben.

Verwenden Sie hierzu die **Anlagen 1 – 4**.

1.1 Für die Außendienstmitarbeiter wurde ein weiterer Passat Variant angeschafft. Buchen Sie die ER der Autohandelsgesellschaft mbH vom 28. Oktober 2004.

1.2 Zulassung des Fahrzeugs TÜ-SO 624 beim Landratsamt Tübingen, Barzahlung.

1.3 Die erste Tankfüllung wurde durch Banklastschrift beglichen.

1.4 Lastschrift der Kfz-Steuer.

1.5 Banküberweisung am 05.11.2004 für ER Autohandelsgesellschaft mbH entsprechend der aufgeführten Zahlungsbedingungen.

1.6 Berechnen Sie die Anschaffungskosten des Pkw als Grundlage für die Abschreibung.

1.7 ER Bürowelt Frick: Bezahlung erfolgte durch Bankscheck bei Lieferung.

Buchungen zum Ende des Geschäftsjahres

1.8 Zur Qualitätssicherung bei der Beschichtung von Solaranlagen wurde am 12. Juni 2004 eine neue Hochdruckbeschichtungsmaschine beschafft und in die betriebliche Anlagenbuchhaltung mit ihren Anschaffungskosten übernommen.

1.8.1 Erstellen Sie mithilfe der **Anlagen 5 – 6** einen Abschreibungsplan für die ersten vier Jahre mit zwei möglichen Abschreibungsmethoden.

1.8.2 Begründen Sie, welche Abschreibungsvariante von der Schneider Solar GmbH gewählt werden soll und buchen Sie die Abschreibung am Ende des Geschäftsjahres 2004.

1.8.3 Es besteht die Absicht, während der Nutzungsdauer dieser Maschine die Abschreibungsmethode zu wechseln. Prüfen Sie, unter welchen Voraussetzungen dies möglich ist und bestimmen Sie einen geeigneten Zeitpunkt (ohne Berechnung!).

Aufgabe 2: Kostenrechnung

Die MALUMA-GmbH, ein junges Unternehmen, hat sich auf die Montage von Kaffeeautomaten für Privathaushalte spezialisiert.

Für das erste Halbjahr 2005 liegt die Gewinnstatistik für das Modell McBean nach Monaten vor (**Anlage 7**). Für die Monate Januar bis Mai wurden Ist-Zahlen ausgewiesen, für den Monat Juni wurde eine Prognose vorgenommen.

Die Montagekapazität des Produktionsbereichs McBean ist auf 800 Stück/Monat begrenzt.

Die Unternehmensleitung ist mit dieser Prognose nicht zufrieden und fordert für den Monat Juni ein ausgeglichenes Ergebnis.

Die Leitung des Absatzbereichs wird deshalb aufgefordert, eine etwas aggressivere Absatzpolitik zu betreiben.

Die Geschäftsführung erwartet grundsätzlich eine Umsatzrentabilität von 5 %.

Aufträge:

1 Berechnen Sie, welche Menge im Juni mindestens produziert und abgesetzt werden müsste, um ein ausgeglichenes Ergebnis zu erzielen.

2 Nach großen Bemühungen des Außendienstes geht zusätzlich zu den für Juni prognostizierten Mengen am 20. Juni eine Anfrage des Großkunden Mahl GmbH ein:

200 Stück zum gewünschten Verkaufspreis von 700,00 € pro Stück.

Wie verändert sich die Umsatzrentabilität durch die Annahme des Zusatzauftrags?

3 Langfristig kann für das Produkt ein Verkaufspreis von 900,00 € / Stück am Markt nicht mehr erzielt werden. Geplant ist, den Kunden künftig auf den Listenverkaufspreis einen Rabatt von 10 % einzuräumen. Entsprechende Einsparungen sollen bei den Einkaufspreisen erzielt werden.
Der Gewinnzuschlag basiert auf der Vorkalkulation. Die Vorkalkulation rechnet mit einer Kapazitätsauslastung von 80 % bei monatlichen Fixkosten von 210.000,00 €. Die variablen Stückkosten entsprechen den Werten des 1. Halbjahres 2005. Der Verkaufspreis wurde noch mit 900,00 € / Stück angesetzt. Der Gewinnzuschlag ist auf eine Dezimale zu runden.
(Verwenden Sie das Lösungsblatt **Anlage 9**.)

Wie viel € darf künftig das Fertigungsmaterial pro Stück kosten, wenn auf der Basis der Daten aus dem BAB (**Anlage 8**) kalkuliert wird? Hinweis: Die Zuschlagsgrundlage für die Verwaltungsgemeinkosten sind die Herstellkosten der Produktion, für die Vertriebsgemeinkosten die Herstellkosten des Umsatzes.
(Können Sie keinen Gewinnzuschlag ermitteln, gehen Sie von 8 % aus.)
Welchen Nachlass (in Prozent) muss der Lieferant gewähren?

Anlage 1

AHG Autohandelsgesellschaft mbH	

Schneider Solar GmbH   Rechnungs-Datum: 28.10.2004
Grüne Straße 18   Bestell-Nr.   1705515
72072 Tübingen   Kunden-Nr.   8117

Fahrzeug Rechnung   Nr. 6513

Hersteller	Typ	Farbe	Kfz-Ident-Nr.	Preis EUR
VW	Passat Variant 5 V	schwarz	VW 608144	20.700,00

Überführung nach Tübingen	490,00
Zusatzausstattung:	
Navigationssystem mit farbigem Multifunktionsdisplay	2.270,00
Bi-Xenon-Scheinwerfer mit Leuchtweitenregulierung und Reinigungsanlage	880,00
	24.340,00
zuzügl. 16 % USt	3.894,40
Gesamtbetrag	**28.234,40**

Zahlungsbedingung: 10 Tage 3 % Skonto, 20 Tage ohne Abzug

Banken: Volksbank Tübingen (BLZ 641 901 10) Kto-Nr. 27 28 400
          KSK Tübingen   (BLZ 641 500 20) Kto-Nr. 817 918

USt-ID: DE 172334009

Amtsgericht Tübingen HRB 1028

Anlage 2

Einzahlungsquittung

Landratsamt Tübingen
Bismarckstrasse 110
72072 Tübingen

08299	29.10.2004	09:14
0000	1392	0300

TÜ - SO 624

KBAG KBA-Gebühr	2,60
VERW Verwaltungsgebühr	38,40
Summe	**€ 41,00**
Bar	€ 51,00
Zurück	€ 10,00

Anlage 3

SPARKASSE Tübingen		Auszug 45	Konto 0 190 32 16 8	
	Alter Kontostand vom 28.10.		EUR	2.450,00 +
Tag	Text	Wert	zu Lasten	zu Gunsten
29.10.	Esso-Tankstelle Tübingen-Lustnau vom 27.10.	29.10.	81,20	
29.10.	Finanzamt Tübingen Kfz-Steuer TÜ-SO 624	29.10.	280,00	
	Neuer Kontostand vom 29.10.			2.088,80 +
++++	**NEUER ZINSSATZ SEIT 15.10. 10,75 %**			

Anlage 4

Frick GmbH Bürowelt
Industriestraße 20,   72076 Tübingen

Schneider Solar GmbH
Grüne Straße 18
72072 Tübingen

Rechnungs-Datum: 25.11.2004
Bestell-Nr.:   887516 / 0 4
Kunden-Nr.:   4623

Lieferschein / Rechnung   Nr. 14810

Pos.	Menge	Artikel	Einzelpreis €	Gesamtpreis €
1	3	Drehsessel ViVa MO31	450,00	1.350,00
			abzügl. 10 % Rabatt	135,00
				1.215,00
			zuzügl. 16 % USt	194,40
			Gesamtsumme	**1.409,40**

Zahlungsbedingung: sofort, ohne Abzug

Banken: Volksbank Tübingen (BLZ 641 901 10) Kto-Nr. 51 82 63
            KSK Tübingen   (BLZ 641 500 20) Kto-Nr. 17 76 18

USt-ID: DE 372534014

Amtsgericht Tübingen HRB 1372

Anlage 5

	Datei	Bearbeiten	Ansicht	Extras	Fenster	?			_ 🗗 ×

Nr.	71018		Suchbegriff	H
Beschreibung	Hochdruckbeschichtungsmaschine		Verantw. Mitarbeiter	
Seriennr.	382875		Inaktiv	☐
Hauptanlage/Unteranl...			Gesperrt	☐
Hauptanl.-Nr.			Korrigiert am	

AfA Buc...	Anlagen...	Startdat...	Nutzung...	Verkauft	Buchwert
▶ ABSCHREIB MASCH		12.06.04	13,00		48.420,00

Anlage 6

Anlagevermögen 71018							
Datenblatt: Abschreibungsplan Maschinenbezeichnung	Vergleichsverfahren Hochdruckbeschichtungsmaschine		Hersteller Seriennummer	Zell AG, Ulm 44422	Nutzungsdauer Bilanzposition	2,14	
Anschaffungskosten			Standort	Prod 4/1	Beanspruchungsgruppe	gering	
	Betrag €					Betrag €	

Anlage 7

Gewinnstatistik nach Monaten	Produktions- bzw. Absatzmenge in Stück	Gesamterlöse in €	Gesamtkosten in €	Gesamtgewinn in €	
Jahr 2005					
Januar	680	612.000,00	550.000,00	62.000,00	
Februar	650	585.000,00	535.000,00	50.000,00	
März	600	540.000,00	510.000,00	30.000,00	
April	610	549.000,00	515.000,00	34.000,00	
Mai	450	405.000,00	435.000,00	- 30.000,00	
Juni (Prognose)	460	414.000,00	440.000,00	- 26.000,00	
Summe 1. Halbjahr	3.450	3.105.000,00	2.985.000,00	120.000,00	
Umsatzrentabilität Vorjahr					5 %

Anlage 8

BAB Januar bis Mai 2005						
		Kostenstellen				
Gemeinkostenarten	Zahlen der KLR in €	Allgemein	Material	Fertigung	Verwaltung	Vertrieb
Hilfsstoffe	144.792,00	28.958,00	14.479,00	99.375,00	990,00	990,00
Betriebsstoffe	77.833,00	8.333,00	11.167,00	54.167,00	2.083,00	2.083,00
Fremdleistungen	148.667,00	2.833,00	0	145.833,00	0	0
Gehälter	160.833,00	0	25.000,00	27.083,00	50.000,00	58.750,00
Versicherungen	50.708,00	29.167,00	9.042,00	12.500,00	0	0
Raummiete	81.750,00	11.250,00	8.333,00	50.000,00	6.250,00	5.917,00
Energie	33.333,00	16.667,00	0	16.667,00	0	0
Sonstige	30.333,00	8.333,00	833,00	18.666,00	833,00	1.667,00
Summe	**728.500,00**	**105.542,00**	**68.854,00**	**424.291,00**	**60.156,00**	**69.406,00**
Umlage		- 105.542,00	6.146,00	75.709,00	2.344,00	21.344,00
Summe		**0**	**75.000,00**	**500.000,00**	**62.500,00**	**90.750,00**

Verbrauch von Fertigungsmaterial	Januar - Mai 2005	937.500,00
Fertigungseinzelkosten	Januar - Mai 2005	625.000,00
Fertigungslöhne je Stück		209,03
Anfangsbestand Produkt McBean		2.000.000,00
Endbestand Produkt McBean		2.050.000,00

Anlage 9

Lösungsblatt Aufgabe 2 Kostenrechnung, Auftrag 3

		€
Materialeinzelkosten		
+ MGKZ		
= **Materialkosten**		
Fertigungslöhne		
+ FGKZ		
= **Fertigungskosten**		
Herstellkosten		
+ Verwaltungsgemeinkosten		
+ Vertriebsgemeinkosten		
= **Selbstkosten**		
+ Gewinn		
= Barverkaufspreis		
+ Kundenskonto		
= Zielverkaufspreis		
+ Kundenrabatt		
= **Listenverkaufspreis**		

9 Prüfung Steuerung und Kontrolle 2006

Aufgabe 1: Kosten- und Leistungsrechnung

Die Unterländer Metallwerke GmbH stellt Blechteile für die Automobilindustrie her.
Für das Jahr 2004 weist die Kostenrechnung folgende Zahlen aus:

Fertigungsmaterial		140.000,00 €
Fertigungslöhne		80.000,00 €
Materialgemeinkosten		16.800,00 €
Fertigungsgemeinkosten		120.000,00 €
Verwaltungsgemeinkosten		35.880,00 €
Vertriebsgemeinkosten		25.116,00 €
Fertige Erzeugnisse:	Anfangsbestand	10.000,00 €
	Endbestand	14.000,00 €
Unfertige Erzeugnisse:	Anfangsbestand	20.000,00 €
	Endbestand	14.000,00 €

1.1 Berechnen Sie die Gemeinkostenzuschlagssätze des Jahres 2004.
    Hinweis: Zuschlagsgrundlage für Verwaltungs- und Vertriebsgemeinkosten sind die Herstellkosten des Umsatzes.

1.2 Mit den Istzuschlagssätzen des Jahres 2004 wird im Jahre 2005 kalkuliert.
    Die Buchführung liefert uns am Ende des Jahres 2005 folgende Zahlen:

Fertigungsmaterial	72.000,00 €
Fertigungslöhne	36.460,00 €
Mehrbestand UE	1.690,00 €
Minderbestand FE	1.100,00 €
Materialgemeinkosten	8.430,00 €
Fertigungsgemeinkosten	52.760,00 €
Verwaltungsgemeinkosten	16.220,00 €
Vertriebsgemeinkosten	11.570,00 €
Umsatzerlöse	214.350,00 €

Ermitteln Sie unter Verwendung von Anlage 1 die Kostenüberdeckung bzw. Kostenunterdeckung, das Umsatz- und das Betriebsergebnis.

Hinweis: Auch hier sind die Zuschlagsgrundlage für Verwaltungs- und Vertriebsgemeinkosten die Herstellkosten des Umsatzes.

Aufgabe 2: Buchführung und Jahresabschluss

In der Unterländer Metallwerke GmbH sind noch folgende Geschäftsvorfälle und Abschlussangaben des Jahres 2005 zu buchen. Das Geschäftsjahr entspricht dem Kalenderjahr.

2.1 Bilden Sie die Buchungssätze zu den Anlagen.

2.2 Der Kunde bezahlt die Rechnung unter Abzug von 3 % Skonto per Bank.

2.3 Aufnahme eines Bankdarlehens am 20.07.2005 über nominal 100.000,00 €, Auszahlung 97 %, Zins 5 %, Laufzeit 5 Jahre.

Hinweis: Das Disagio soll aktiviert werden.

2.4 Im August 2005 wird bekannt, dass wir einen Prozess endgültig verloren haben. Die Kosten in Höhe von 9.000,00 € überweisen wir per Bank. Für diesen Prozess wurde 2004 eine Rückstellung über 9.500,00 € gebildet.

2.5 Am 31.12. ist das Disagio (vgl. 2.3) für 2005 zeitanteilig zu buchen.

Anlage 1

Kosten	Istkosten in €	Istzu-schlags-sätze in %	Normal-kosten in €	Normal-zuschlags-sätze in %	Über-/Unter-deckung in €

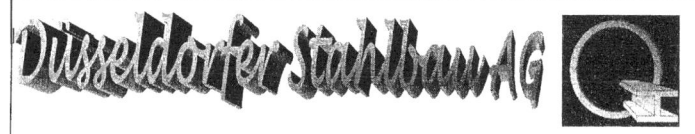

Anlage 2

Düsseldorfer Stahlbau AG

40210 Düsseldorf
Stahlstr. 5
Tel: 0211/143627
Fax: 0211/143628

Unterländer Metallwerke GmbH
Im Lehen 5
72622 Nürtingen

Rechnung Nr. 3784   16.06.2005

Art	Nr.	Beschreibung	Menge	Einheitencode	EK-Preis ohne MwSt.	Zeilenbetrag ohne MwSt.
Artikel	221089	Vierkantstahlrohr Q3	90	STÜCK	20,00 €	1.800,00 €
Artikel	221090	Stahlplatte M6	120	STÜCK	10,00 €	1.200,00 €

			Total EUR ohne MwSt.	3.000,00 €
			+Fracht	100,00 €
			+Verpackung	50,00 €
			Summe	3.150,00 €
			16% MwSt.	504,00 €
			Total EUR inkl. MwSt.	3.654,00 €

Rechnung zahlbar sofort ohne Abzug von Skonto!

Anlage 3

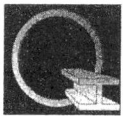

Düsseldorfer Stahlbau AG

40210 Düsseldorf
Stahlstr. 5
Tel: 0211/143627
Fax: 0211/143628

Unterländer Metallwerke GmbH
Im Lehen 5
72622 Nürtingen

Gutschrift Nr. 3784/1   18.06.2005

Art	Nr.	Beschreibung	Menge	Einheitencode	EK-Preis ohne MwSt.	Zeilenbetrag ohne MwSt.
Artikel	221090	Stahlplatte M6	120	STÜCK	10,00 €	1.200,00 €

			Total EUR ohne MwSt.	1.200,00 €
			16% MwSt.	192,00 €
			Total EUR inkl. MwSt.	1.392,00 €

Anlage 4

Unterländer Metallwerke GmbH

Im Lehen 5 72622 Nürtingen

Tel: 07022 / 46734
Fax: 07022 / 46735

Volkswagen AG
Stadtring 9
38440 Wolfsburg

Rechnungsnummer: 5546/05
Datum: 20.06.2005
Kundennummer: 26689

Ihr Zeichen	Unser Zeichen
VW 1437	UM 6689

Menge	Einheit	Artikel	Beschreibung	Stückpreis	Gesamt
80	Stück	Schwel46	Schwellerblech	60,00 €	4.800,00 €
100	Stück	MOble32	Blechstück C5	12,00 €	1.200,00 €
					6.000,00 €
			- 15% Rabatt		900,00 €
					5.100,00 €
			+ Fracht		150,00 €
			+ Verpackung		50,00 €
					5.300,00 €
			16% Ust		848,00 €
			Rechnungsbetrag		**6.148,00 €**

Zahlung innerhalb 14 Tagen nach Rechnungsstellung abzüglich 3% Skonto, innerhalb 30 Tagen netto Kasse.

Schulkontenrahmen Industrie (Auszug)

AKTIVA

Anlagevermögen

0 Kontenklasse

Immater. Vermögensgegenstände
- 02 Konzessionen, gewerbliche Schutzrechte …
- 03 Geschäfts- oder Firmenwert

Sachanlagen
- 05 Grundstücke und Bauten
- 07 Technische Anlagen u. Maschinen
- 08 Andere Anlagen, Betriebs- und Geschäftsausstattung
  - 080 Andere Anlagen
  - 082 Werkzeuge
  - 083 Lager- u. Transporteinricht.
  - 084 Fuhrpark
  - 085 Betriebsausstattung
  - 087 Geschäftsausstattung
- 089 Geringwertige Wirtschaftsgüter

1 Kontenklasse FINANZANLAGEN

- 13 Beteiligungen
- 15 Wertpapiere des Anlagevermögens
- 16 Sonstige Forderungen (z. B. Darlehensforderungen)

Umlaufvermögen

2 Kontenklasse

- 20 Roh-, Hilfs- u. Betriebsstoffe und Fremdbauteile
  - 200 Rohstoffe u. Fremdbauteile
    - 2001 Bezugskosten
    - 2003 Liefererskonti
    - 2004 Liefererboni
  - 202 Hilfsstoffe
    - Untergliederung wie 200
  - 203 Betriebsstoffe (Untergliederung wie 200)
  - 204 Sonstiges Material (z. B. Verpackungsmaterial) Untergliederung wie 200
- 21 Unfertige Erzeugnisse
- 22 Fertige Erzeugnisse und Waren
  - 220 Fertige Erzeugnisse
  - 221 Handelswaren
    - Untergliederung wie 200
- 24 Forderungen
  - 240 Forderungen aus Lieferungen und Leistungen
  - 241 Zweifelhafte Forderungen
  - 245 Wechselforderungen (Besitzwechsel)
- 26 Sonstige Vermögensgegenstände
  - 260 Vorsteuer
  - 263 Sonstige Forderungen an Finanzbehörden
  - 265 Forderungen an Mitarbeiter (z. B. Vorschüsse)
  - 269 Sonstige Forderungen (Jahresabgrenzung)
- 27 Wertpapiere des Umlaufvermögens
- 28 Flüssige Mittel
  - 280 Guthaben bei Kreditinstituten (Bank)
  - 281 Postgiroguthaben
  - 282 Kasse
- 29 Rechnungsabgrenzung
  - 290 Aktive Rechnungsabgrenz.
  - 291 Disagio

PASSIVA

3 Kontenklasse

- 30 Eigenkapital/Gezeichnetes Kapital
  - Bei Einzelkaufleuten:
    - 300 Eigenkapital
    - 3001 Privat
  - Bei Personengesellschaften:
    - 300 Kapital A
    - 3001 Privat A
    - 301 Kapital B
    - 3011 Privat B
    - 307 Kommanditkapital C
    - 308 Kommanditkapital D
  - Bei Kapitalgesellschaften:
    - 300 Gezeichnetes Kapital (Grundkapital/Stammkapital)
- 31 Kapitalrücklage
- 32 Gewinnrücklagen
  - 321 gesetzliche Rücklage
  - 323 satzungsmäßige Rücklagen
  - 324 andere Gewinnrücklagen
- 33 Ergebnisverwendung
  - 332 Ergebnisvortrag aus früheren Perioden
  - 335 Bilanzergebnis (Bilanzgewinn/Bilanzverlust)
  - 339 Ergebnisvortrag auf neue Rechnung
- 34 Jahresüberschuss/Jahresfehlbetrag
- 36 Wertberichtigungen
  - 361 Wertberichtigungen zu Sachanlagen
  - 367 Einzelwertberichtigung zu Forderungen
  - 368 Pauschalwertberichtigungen zu Forderungen
- 37 Rückstellungen für Pensionen und ähnliche Verpflichtungen
- 38 Steuerrückstellungen
- 39 Sonstige Rückstellungen (z. B. für Gewährleistung)

4 Kontenklasse

- 41 Anleihen
- 42 Verbindlichkeiten gegenüber Kreditinstituten
- 43 Erhaltene Anzahlungen auf Bestellungen
- 44 Verbindlichkeiten aus Lieferungen und Leistungen
- 45 Wechselverbindlichkeiten (Schuldwechsel)
- 48 Sonstige Verbindlichkeiten
  - 480 Umsatzsteuer
  - 483 Sonstige Verbindlichkeiten gegenüber Finanzbehörden (z. B. abzuführende Lohnsteuer)
  - 484 Verbindlichkeiten gegenüber Sozialversicherungsträgern
  - 486 Verbindlichkeiten aus vermögenswirksamen Leistungen
  - 489 Sonstige Verbindlichkeiten (Jahresabgrenzung)
- 49 Passive Rechnungsabgrenzung (Jahresabgrenzung)

Schulkontenrahmen Industrie (Auszug)

ERTRÄGE

5 Kontenklasse

50 Umsatzerlöse (UE)
- 500 UE für Erzeugnisse + Leist.
  - 5001 Preisnachlässe und Rücksendungen
  - 5002 Kundenskonti
  - 5003 Kundenboni
- 501 UE für Handelswaren
  - Untergliederung wie 500

52 Erhöhung oder Verminderung des Bestandes an unfertigen und fertigen Erzeugnissen
- 521 Bestandsveränderungen an unfertigen Erzeugnissen
- 522 Bestandsveränderungen an fertigen Erzeugnissen

53 Andere aktivierte Eigenleistungen

54 Sonstige betriebliche Erträge
- 540 Erträge aus Vermietung und Verpachtung
- 541 Provisionserträge
- 542 Eigenverbrauch
- 543 Andere sonst. betriebl. Erträge
- 545 Erträge aus Auflösung oder Herabsetzung von Wertberichtigungen auf Forder.
- 546 Erträge aus dem Abgang von Sachgegenständen des Sachanlagevermögens
  - 5461 **Erlöse** aus Abgang von Gegenständen des Sachanlagevermögens bei Buchgewinn (Verrechn. mit Konto 546)
- 547 Erlöse aus direkt abgeschriebenen Forderungen
- 548 Erträge aus Auflösung oder Herabsetzung von Rückstell.
- 549 And. periodenfremde Erträge

55 Erträge aus Beteiligungen

56 Erträge aus and. Finanzanlagen

57 Sonst. Zinsen u. ähnliche Erträge
- 571 Zinserträge
- 573 Diskonterträge
- 578 Erträge aus Wertpapieren des Umlaufvermögens

58 Außerordentliche Erträge

AUFWENDUNGEN

6 Kontenklasse BETRIEBLICHE AUFWENDUNGEN

60 Aufwendungen für Roh-, Hilfs- u. Betriebsstoffe und für bezogene Waren
- 600 Aufwendungen für Rohstoffe und Fremdbauteile (Fertigungsmaterial)
  - 6001 Bezugskosten
  - 6002 Preisnachlässe u. Rücksendungen
  - 6003 Lieferskonti
  - 6004 Liefererboni
- 602 Aufwendungen für Hilfsstoffe
  - Untergliederung wie 600
- 603 Aufwendungen für Betriebsstoffe
  - Untergliederung wie 600
- 604 Aufwendungen für sonst. Material (z.B. Verpackungsmat.)-Untergliederung wie 600
- 605 Aufwendungen für Energie und Treibstoffe
  - Untergliederung wie 600
- 608 Aufwend. für Handelswaren (Untergliederung wie 600)

61 Aufwendungen für bezogene Leistungen
- 610 Fremdleistungen für Erzeugnisse
- 613 Instandhaltung und Reparaturen
- 614 Frachten und Fremdlager
- 615 Vertriebsprovisionen
- 617 Sonst. Aufwend. für bezogene Leistungen

62 Löhne

63 Gehälter

64 Soziale Abgaben und Aufwendungen für Altersversorgung und Unterstützung
- 640 Arbeitgeberanteil zur Sozialversicherung
- 642 Beiträge zur Berufsgenossenschaft
- 644 Aufwendungen für Altersversorgung
- 649 Aufwendungen für Unterstützung

65 Abschreibungen
- 650 Abschreibungen auf Sachanlagen
- 651 Abschreibungen auf immaterielle Vermögensgegenstände des Anlagevermögens
- 653 Abschreibungen auf Vermögensgegenstände des Umlaufvermögens, soweit diese die üblichen Abschreibungen überschreiten

- 66 Sonstige Personalaufwendungen
- 67 Aufwendungen für die Inanspruchnahme von Rechten u. Diensten
  - 670 Mieten, Pachten
  - 671 Leasing
  - 675 Kosten des Geldverkehrs
  - 677 Rechts- und Beratungskosten
  - 679 Sonst. Aufwendungen für die Inanspruchnahme von Rechten und Diensten
- 68 Aufwendungen für Kommunikation
  - 680 Büromaterial
  - 682 Postgebühren
  - 685 Reisekosten
  - 686 Bewirtung und Repräsentation
  - 687 Werbung
  - 688 Spenden
  - 689 Sonst. Aufwendungen für Kommunikation
- 69 Aufwendungen für Beiträge und sonstiges Aufwendungen für Wertkorrekturen und periodenfremde Aufwendungen
  - 690 Versicherungsbeiträge
  - 692 Beiträge zu Wirtschaftsverbänden und Berufsvertretungen
  - 693 Verluste aus Schadensfällen
  - 695 Abschreibungen auf Forderungen
    - 6951 Abschreibungen auf Forderungen wegen Uneinbringlichkeit
    - 6952 Einstellung in Einzelwertberichtigungen
    - 6953 Einstellung in Pauschalwertberichtigungen
  - 696 **Verluste** aus dem Abgang von Gegenständen des Sachanlagevermögens
    - 6961 **Erlöse** aus dem Abgang von Sachanlagevermögens bei Buchverlust (Verrechnung mit Konto 696)
  - 698 Zuführung zu Rückstellungen für Gewährleistung
  - 699 Periodenfremde Aufwendungen

7 Kontenklasse WEITERE AUFWEND.

- 70 Betriebliche Steuern
  - 702 Grundsteuer
  - 703 Kraftfahrzeugsteuer
  - 707 Verbrauchssteuern
  - 708 Sonstige betriebliche Steuern
  - 709 Steuernachzahlungen/ -rückerstattungen bei betrieblichen Steuern
- 74 Abschreibungen auf Finanzanlagen und auf Wertpapiere des Umlaufvermögens
- 75 Zinsen und ähnliche Aufwendungen
  - 751 Zinsaufwendungen
  - 753 Diskontaufwendungen
- 76 Außerordentliche Aufwendungen
- 77 Steuern vom Einkommen und Ertrag
  - 770 Gewerbeertragsteuer
  - 771 Körperschaftsteuer
  - 772 Kapitalertragsteuer
  - 779 Steuernachzahlungen/ -rückerstattungen bei Steuern vom Einkommen und Ertrag

8 Kontenklasse ERGEBNISRECHNUNG

- 80 Eröffnungsabschluss
  - 800 Eröffnungsbilanz
  - 801 Schlussbilanz
  - 802 G+V